室内设计师培训教材

中国室内装饰协会　组织编写
郑曙旸　主编

郑曙旸　宋立民　李朝阳
张　月　杨冬江　崔笑声　编著

中国建筑工业出版社

图书在版编目（CIP）数据

室内设计师培训教材/中国室内装饰协会组织编写；郑曙旸主编.—北京：中国建筑工业出版社，2009（2024.7重印）
ISBN 978-7-112-11224-1

Ⅰ.室…　Ⅱ.①中…②郑…　Ⅲ.室内设计–技术培训–教材　Ⅳ.TU238

中国版本图书馆CIP数据核字（2009）第151466号

室内设计作为一项综合性颇强的系统学科，应当满足人们心理、生理等多方面的需求。因此，设计师应合理地处理人与环境、人与自然以及人类自身之间的相互关系，并强调以人为本、绿色生态的基本理念，满足使用功能、艺术风格、舒适美观、经济效益等方面的要求。同时，在方案设计和项目实施过程中，还要解决诸如材料、设备和施工管理等相关问题。

众所周知，室内设计行业经过十余年的发展，已经形成一个庞大的社会产业，但设计队伍和设计水平仍存在良莠不齐的现象，缺乏系统的知识结构和体系。本书正是基于这些问题，从基础知识、初级水平、中级水平、高级水平四个方面对室内设计的知识作深入介绍，以期满足不同层面的设计师进行系统学习的需要。

本书力求做到既要有理论上的系统性和指导性，也要有实践方面的经验总结；既要有技术层面的知识介绍，也要有人文艺术方面的特色；既要有文字对专业知识的阐释，也要通过丰富的图片进行解析；既要使设计师掌握专业方面的知识，更要培养设计师具备良好的职业素质和道德规范。

以上这些特点彰显出本书的学术及实用价值。

责任编辑：唐　旭
责任设计：赵明霞
责任校对：关　健　王雪竹

室内设计师培训教材
中国室内装饰协会　组织编写
郑曙旸　主编
郑曙旸　宋立民　李朝阳
张　月　杨冬江　崔笑声　编著
*
中国建筑工业出版社出版、发行（北京西郊百万庄）
各地新华书店、建筑书店经销
北京嘉泰利德公司制版
北京中科印刷有限公司印刷
*
开本：880×1230毫米　1/16　印张：23¾　字数：740千字
2009年12月第一版　2024年7月第十三次印刷
定价：**88.00**元
ISBN 978-7-112-11224-1
　　　（38328）

前　言

　　清华大学美术学院环境艺术设计系，是全国最早开设室内设计课程的艺术设计院系，是国内第一个完整的室内设计教学体系。在室内设计课程建设的基础上，开创了全国环境艺术设计专业教学模式，同时对全国环境艺术设计学科的发展起着积极的引导作用。经过50年的应用与不断发展和进步，日臻完善，可以说是奠定了中国环境艺术设计教学课程的基础。几十年来课程教学研究成果已经辐射到全国，对全国的专业教学计划框架的制定及专业教学理论的建立起了重要作用。

　　2008年清华大学美术学院环境艺术设计系的"室内设计"被评为国家级精品课程。鉴于全国目前开设艺术设计专业的学校主要是以环境艺术设计专业方向为主导，而"室内设计"又是该专业方向重要的主体专业课程。国家级精品课"室内设计"的课程体系与教学特色表现在以下三个方面：

一、先进的理论体系

　　既有针对我国特点的特色，继承传统的中国特色的实用美术教学体系，具有很强的装饰艺术内涵，同时吸收了欧美、日本等国家具有现代设计理论的专业本科课程的优点，是艺术与科学、传统与现代的结合。课程教学体系既有深厚的中国传统文化底蕴，同时又融汇了西方现代的科学理论，历经几十年的教学实践，也历经了中外设计理论思潮的洗礼，被证明是独特而科学的体系。

二、独创的教学理念

　　创新意识的培养无疑成为设计教育最为关键的中心环节，同样也是环境艺术设计课整体建设的核心观念。课程教学在重视基本技法内容的同时，更加强调设计的创意性，设计专业教学模式从以空间效果表现为主向设计概念创意为主转换。

　　独具的艺术设计方法教学程序：以形象思维作为主导模式的设计方法,以综合多元的思维渠道进入概念设计的过程，以图形分析的思维贯穿于设计每个阶段的方式，以对比优选的思维过程确立最终设计结果的项目决策。

三、完整的教学体系

　　1.通过专业基础课的实验教学，掌握必须具备的专业知识与实际操作技能；

　　2.通过专业设计课的实际操作，感受传统与现代的艺术思想和创作精神；

　　3.通过专业实践课的训练过程，培养感性与理性相结合的开放式创新能力。

　　目前出版的这本教材，正是以这样的理论为基础编撰的，主要面向室内设计职业培训的市场。为了适应职业培训的需求，与大学本科与专科的教材，在学习内容、教学要求、编写方法和体例上有所不同。主要是按照室内设计职业的初级、中级、高级三个层次应达到的水平，按照循序渐进的内容进行编排。由于计算机制图惊人的发展速度，这部分内容需要在具体的教学中，按照最新的软件版本进行，但方法和程序应该是符合专业要求的。

郑曙旸

2009年8月29日

目 录

第一部分 | 基础知识

第一章 职业道德基本知识

第一节 职业道德的概念

一、职业

职业是指为适应社会生产和生活的需要而产生的，是人们在社会生产和社会生活中对社会所承担的一定的职责和所从事的专门业务。例如，从事为国家事务的服务工作是公务员的职业，从事教书育人工作是教师的职业，从事室内设计工作是设计师的职业等。

职业是一种社会现象。由于人类的生存、发展、生产、经营、服务、教育、管理等各种社会活动需要社会分工，因而出现了有人从事农业劳动、有人经营商业活动、有人从政、有人做医生等各种专人专门的社会活动，这就形成了不同的职业。

职业属于一个历史的范畴。它不是从来就有的，而是社会发展到一定阶段的产物，是社会分工的结果和表现，到现代社会便形成成千上万个职业。

从宏观来看，任何一种职业都是社会物质生产和精神生产总体系中的一个部分，它对社会的存在和发展有着特殊的作用和意义。从人类个体的角度看，职业又是社会成员的最重要的社会活动形式。一般说来，一个人成年以后，走入社会，就要在社会生产和社会生活中承担一定的职责，从事某种专门的职业活动，作为个人、家庭谋生的手段，同时也是个人对社会所必须承担的义务。因此，职业活动、职业生活是整个社会不断存在和向前发展的基本动力。

二、道德

道德这个概念，存在的历史很长。现今意义上的道德，指的是通过社会舆论、内心信念和传统习惯，主要以善恶、荣辱、正义与否等标准来评价人们的行为，调整人们之间及个人与社会之间的关系的行为准则和规范的总和。道德是通过各种形式的教育与社会舆论的力量，逐渐形成一定的信念、习惯、传统而发生作用。

道德是一种社会意识形态，是一定的社会关系的反映，是由社会的物质生活条件、社会的一定的经济基础所决定的一种特殊的意识形态，并对经济基础和整个社会起极大的反作用。

三、职业道德

职业道德是一般社会道德在职业生活中的具体体现，是从事一定职业的人们在职业活动中应该遵循的道德规范的总和。

职业道德是一种特殊的道德规范，是在职业活动实践中产生和发展的，是社会分工下的产物，具有明显的行业性。同时，职业道德与一般的道德规范具有一致性，即反映社会道德对职业的基本要求。因此，职业道德既是针对某个行业、职业人员制定的特有的行为规范，作为各从业人员在职业活动中的准则和要求，又是从业人员对社会的道德责任和义务。

职业道德是社会公德体系中的一个重要组成部分。良好的职业道德有助于提高社会的整个道德水平，加强从业人员的道德素质的提高，有利于推动社会主义经济的发展。

第二节　职业道德的基本规范

职业道德的基本规范既是职业从业人员的基本守则（它是指导和约束从业人员职业行为的具体要求和准则，它告诉人们在职业活动中应做什么和不应做什么，是确定从业人员处理职业活动中的各种关系、各类矛盾的行为准则），也是用以评价职业活动和职业行为好坏的一般标准。

一、爱业敬岗、忠于职守

爱业敬岗就是要热爱自己的职业、尊重自己的岗位，对本职工作有信心；忠于职守；就是忠诚地履行职业责任和职业义务。这两者是相互联系在一起的。不热爱自己的职业和岗位，就很难做到忠于职守；而工作责任心差，做事马虎，不认真，不履行职业职责的人，则谈不上热爱本职工作。

爱业敬岗、忠于职守，是基于从业人员对本职工作的正确认识而产生的职业责任感和职业献身精神，是从业人员对自身从事的职业的一种正确态度，是做好本职工作的前提。

不可否认，各种职业的环境、报酬、待遇、条件是千差万别的，每个人的爱好、特长、机遇是不同的，选择的职业与原先的要求往往不一致。客观上讲，人们不可能完全按自己的意愿选择职业。即使在经济、文化十分发达的国家也是如此。应该认识到，国家的各行各业的建设正在飞速发展，各个岗位都需要大量的人才，社会的需要是我们择业的第一选择，无论什么岗位，都可以大有作为，无论在什么岗位上，都肩负着振兴祖国经济、创造美好未来的重任。所以，爱岗敬业、忠于职守，是从业人员为国家应尽的基本职责。

爱岗敬业、忠于职守，就应当具有强烈的事业心，树立为实现远大理想而献身于某项事业和工作的决心，才会具有克服工作中一切困难的勇气和胆识，才会有足够的责任心去完成本职工作。

爱岗敬业、忠于职守，就要自觉为国家和社会多作贡献。目前，劳动还主要是社会人员谋生的手段，还不能把不计报酬的共产主义道德作为普通准则来实行。但是，作为社会主义制度下的从业人员，在职业劳动中，就应该有见困难就上、不怕吃苦、不怕吃亏、乐于奉献的思想和团结协作的精神。

二、遵章守纪、举止文明

为保障正常的职业活动，必须有一系列的企业、行为规章制度，包括职业行为规范、劳动组织纪律、安全生产流程等一系列的管理制度。其中的劳动纪律、工作纪律是企业内部人与人之间进行各种职业联系的重要形式，也是保障企业正常生产和进行各项社会活动的必要手段。企业生产规程是职业活动中应严格遵循的工作程序，它具有明显的科学性、合理性、法规性，同时体现了企业行为过程中的安全性。设计从业人员在工作中，必须遵守工作纪律，遵守考勤制度，不迟到早退，病、事请假。设计从业人员在工作中亦要重视自己的举止行为文明得体，要认识到自己的仪表、仪容、谈吐、举止、行为，不再仅仅是个人文化素质的孤立表现，而是职业形象或工作集体形象的再现。公众的亲疏，客户的取舍，将与每个人的行为举止休戚相关。

设计从业人员在工作中的衣着形象应当合乎自己的职业形象，原则上穿着及修饰应稳重大方、整齐清爽、干净利落。社交、谈吐应文雅亲切，在交谈中讲普通话，善于倾听，不随便打断他人谈话，不鲁莽提问，不问及他人隐私，不要恶语伤人。与客户交谈时应诚恳、热情、不卑不亢，语言流利、准确。业务之外，注意话题健康、客观。采用迎送礼节，主动端茶送水。与同行交谈时应注意措辞分寸，谦虚谨慎，客观正派，维护集体形象，不涉及同行机密。

设计从业人员的举止行为还包括应遵守各项规章制度和行为准则及社会习俗，对待上级要尊重，对待同事要热情，处理工作保持头脑冷静，提倡微笑待人，微笑服务。上班时应保持良好的精神状态，精力充沛，精神饱满，乐观进取。

三、刻苦学习、开拓创新

从事设计行业的人员，不仅要有爱业敬岗、遵章守纪的品德，还有很重要的一条，就是要不断学习，树立终身学习的观念。在工作中，向书本学、向社会实践学、向前辈经验学、向同事同行学，只有永不间断地学习才能保证自己的创作可以跟上时代的进步。

当前，科学技术日新月异，改革开放不断扩大、深入，许多新知识、新情况、新问题不断涌现。这就要求设计人员、工作人员要在工作中认真钻研技术，敢于创新。

知识是无止境的，只要肯花费时间和精力去学习，去进行刻苦的钻研，总会有相应的回报。只有具备了丰富的知识和高超的技艺，才有可能解决职业活动中的高难问题，才可能成为行业中的内行或专家。

创新是一种活力，要有坚韧不拔的毅力和敢于打破常规的创造精神，发现问题要从新角度，研究问题要有新思路，解决问题要用新办法。要不断学习新知识、新工艺、新技术，充分应用各方面的知识，进行各个方面的改革、创新，高效率、高质量地做好各项职业活动。

四、重视交流、团结协作

交流是当代社会活动的最重要的方式之一，设计人员要培养自己在工作中的协调、沟通能力，尊重师长。在长期的职业实践中，老先生、老前辈、同行们会形成很多优秀的经验、技巧，对于他们的经验和技巧，后来者应虚心学习，主动地接受教育、指点、帮助。

社会化生产是一个客观的现实，每一个设计产品的生产都需要不同单位、若干工序的相互配合、密切协作才能完成。因而，团结协作不仅是大生产的客观要求，也是从业人员的基本职业道德之一。团结协作要求每一个从业人员识大局、顾大体，懂得"团结就是力量"，明确"集体利益高于个人利益""整体利益高于局部利益"，人与人之间平等、团结、友爱、互助，只有如此才能创造出高质量的设计产品，获得良好的社会效益和经济效益。

五、精心设计、质量第一

设计人员在工作中要牢固树立"精心设计、质量第一"的思想，精益求精，做到好中求多，好中求快，好中求省。

"质量是企业的生命"，高质量的产品，最终是靠从业人员的精心设计和制作才可以产生出来的。

设计从业人员要积极参加技术学习，要了解质量要求，了解工艺技术，了解设备性能，了解检验方法。

要严格遵守工艺流程，对集体的计算机设备、各种仪器工具做到合理使用，精心维护，使其保持良好状态。

对产品质量要认真负责，确保表里如一，严禁弄虚作假。

设计从业人员要经常参加技术学习，针对设计产品的漏洞和出现的质量问题要进行全面的分析并共同研究解决的办法和途径。

总之，设计从业人员应对自己的每一个作品、每一个作品中的每一个环节，高标准、严要求地把好质量关。

六、勤俭节约、关心集体

勤俭节约是一种传统美德。对企业或集体而言，勤俭节约是企业或集体发展生产力、积累再生产资金的一个基本原则，同时也是艰苦奋斗精神的具体体现。作为一个企业或集体的从业人员，在生产、管理过程中，应当从工艺流程、设备设施、操作程序和管理环节上动脑筋、想办法，在确保产品质量的前提下，节约用料，缩短工序操作时间，同时尽量应用新工艺、新技术、新材料，以提高质量和降低成本。

设计从业人员应关心企业或集体，将企业或集体的利益与自己的利益联系起来，作为员工，都应关心企业的发展命运。对有利于企业或集体发展的事，在国家法律允许的范围内坚定去做，敢于同那些随意浪费、损公肥私等不利于企业或集体的行为作斗争，从而形成关心集体的良好精神环境。

第二章　中外建筑与室内装饰基础知识

第一节　中外建筑简史

一、史前时代建筑

人类有历史记载之前，究竟度过了多长时间？是从猿开始直立行走算起，还是以使用火或者有意识地使用石器算起？这是一个至今仍未能确切以年定论的时间，只能有一个大约的时间：从距今700万年前后的古猿到距今230万年前后的能人；从距今150万年前后的直立人到距今12.5万年前的尼安德特人（早期智人），再到距今5万年前后解剖学意义上的现代人（晚期智人）。其间从距今250万年到距今8000年经历了旧石器时代向新石器时代演化的漫长发展过程。使用火的时间大约在距今200万年前后。距今大约9000年前后，人类开始集体定居，出现农耕文明的曙光。这就是史前时代。

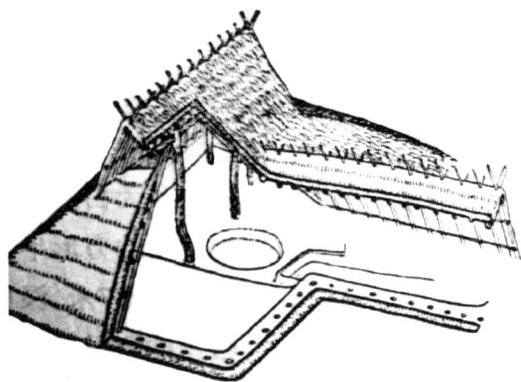

图1-2-1　西安半坡村原始社会方形住房

史前时代早期人类的遮蔽所主要是洞穴，著名的法国拉斯考克斯（Lascaux）岩画和西班牙阿尔塔米拉（Altamira）岩画，可以从一个方面为人类早期的居所形式提供佐证。而以树枝搭建的棚屋，可以认定为人类最早的建筑。至于这种建筑始于何年，则是一道难解的题。这样的建筑遗址在世界各地都有发现，构造方式大致相同，以圆锥形和人字形坡状护棚居多，因为在半穴居的地面这样的构造相对牢固且易于建造。

旧石器时代的建筑有蜂巢屋（石块砌成，密集似蜂巢）、树枝棚（用树枝搭成穹隆形，有的在外面再抹黏土）、帐篷（用树枝和兽皮搭成）等（图1-2-1）。

二、外国西方古代建筑

新石器时代末，人类开始进入奴隶制社会。由于拥有了大量奴隶劳动力，大规模的建筑活动因此开始。在这个时期的埃及、西亚、波斯、希腊和罗马，建筑文化蓬勃兴起。其中的古希腊和古罗马建筑文化，历经2000多年被一直继承下来，成为欧洲建筑的起源。

1.古埃及建筑

人类历史上各种类型的巨型建筑产生于古代埃及，包括宫殿、府邸、神庙和陵墓。所有建筑物都是以巨大的石块作为主要建筑材料的，宏大的工程规模和精细的施工质量，产生了震撼人心的艺术力量。古代埃及的建筑以金字塔为代表反映了当时的几何、测量和起重运输机械的知识已达到相当高的水平。早在公元前4世纪，古埃及人已经会用正投影绘制建筑物的立面图和平面图，并能用比例尺绘制建筑总图和剖面图，至今还留有新王国时期（公元前1570~前1085年）的建筑图样。现今保留的古埃及建筑，除了萨卡拉（Saqqara）的昭塞尔（zoser）金字塔，吉萨（Giza）的齐阿普斯金字塔（Cheops；或称胡夫金字塔，Khufu）等，大多数都是新王国时期以及之后建造的。如著名的卡纳克（Karnak）神庙、阿布辛贝勒（Abu-Simbel）的阿蒙（Amon）神庙、哈特什帕苏（Hatshepsut）墓，还有晚期托勒密（Ptolemaic）王朝的埃德福（Edfu）的赫鲁斯（Horus）神殿和在菲莱（Philae）的伊希斯（Isis）

神庙等。这些恢宏的殿堂成为古埃及建筑的代表（图1-2-2）。

2.古希腊建筑

古希腊是西方文明的摇篮，欧洲文化的发祥地。古希腊人卓越的建筑才能伴随着大批房屋的建设，使得古希腊建筑在世界建筑史上具有十分重要的地位。典雅端庄、匀称秀美是古希腊建筑典型的美学特征。一反古埃及建筑宏大雄伟的风格，古希腊建筑所产生的建筑设计艺术原则对后世影响深远。古希腊建筑将朴素的形式以及与人体活动相适应的尺度进行了完美的结合，并通过材料与施工以及相适应的装饰加以充分体现。现存的石构造建筑，采用了与木构造建筑相同的梁架体系，这些大型庙宇的典型形制是围廊式，柱子、额枋和檐部的艺术处理基本决定了庙宇的面貌。经过长期的演化，在公元前6世纪形成稳定的成套做法，这就是"柱式"（Order）。出现最早的是多立克柱式（Doric），是以希腊大陆的多利安人命名的。柱身矮粗的多立克柱，开有凹槽，向上收分，顶部采用朴拙的方形柱头，没有底座。爱奥尼柱式（Ionic）流行于小亚细亚沿岸和爱琴海诸岛。爱奥尼柱柱身一般较细，凹槽较为精致，柱头的每一面都刻有精美的爱奥尼盘螺图案，通常有一个方形的底座。两种柱式，阳刚与阴柔相映生辉，成为古希腊庙宇典雅样式的代表。这个时期的雅典卫城（Acropolis，Athens）成为古希腊建筑文化的典型代表，其中的帕提农神庙（Parthenon，公元前447~前438年）是西方建筑史上的瑰宝（图1-2-3）。到希腊化时期（公元前332~公元前30年），公共建筑的类型增多，建筑活动的领域扩大。随着结构和施工技术的进步，艺术手法也逐渐丰富。发明于公元前5世纪雅典的科林斯柱式（Corinthian）虽然当时很少被使用，却在这个时期流行起来。科林斯柱式的柱头被设计成更加精美而略显浮夸的忍冬草叶形。

3.古罗马建筑

版图跨越欧亚非三洲的古罗马帝国，在历史上最强大的时期是1~3世纪。同时，也是其建筑最繁荣的时期。古罗马建筑直接继承了古希腊建筑的成就，无论建筑的类型、数量和规模都大大超过古希腊。古罗马人发展了拱券和穹隆结构的技术，并开始使用天然混凝土材料，以取得高大宽广的室内空间，而从古希腊引进的柱式则成为建筑上的装饰，这是古罗马建筑最大的成就。虽然古罗马建筑不如古希腊建筑精美，但却以数量众多、分布广泛、类型丰富、形制成熟和规模宏大、气势雄伟而著称。当时的罗马城拥有百万人口，最重要的建筑都集中在这里。古罗马城一反古希腊以神庙为城市中心的格局，而是以许多世俗性的公共建筑，如集市广场、宫殿、浴场、角斗场、府邸、法院、凯旋门、桥梁等同神庙一起构成了旷古未有的城市景象。

古罗马建筑的代表作有：斗兽场（Colosseum，75~80年）。是平面为椭圆形的建筑物，长轴188m，短轴156m，高度48m。中央的平地为表演区，周围看台逐排升起，其形制一直影响到现代的大型体育场（图1-2-4）。万神庙（Pantheon，120~124年）是古罗马穹顶技术的最高代表。圆形的庙宇穹顶直径达43.3m，顶端高度也是43.3m，穹顶中央开有直径8.9m的圆洞。卡拉卡拉浴场（Thermae of Caracalla，211~217年）和戴克利提乌姆浴场（Thermae of Diocletium，305~306年）。卡拉卡拉浴场长216m，宽122m，可容纳1600人（图1-2-5）；戴克

图1-2-2 埃及金字塔

图1-2-3 帕提农神庙

图1-2-4　罗马斗兽场

图1-2-5　古罗马卡拉卡拉浴场

利提乌姆浴场长240m，宽148m，可容纳3000人。其中面积最大的温水厅用3个十字拱覆盖，是古罗马结构技术的代表。而三层叠起连续拱券的输水道则被认为是工程技术史上的奇迹。因此，古罗马建筑在世界建筑史上具有里程碑意义。

公元前1世纪，古罗马建筑师维特鲁威（Vitruvius）所著的《建筑十书》是流传下来最早的建筑学著作。书中第一次提出了"坚固、实用、美观"的建筑三原则，为欧洲建筑学奠定了基础。228年，罗马城出现了第一所工程技术学校。东罗马帝国从334年起在各地设立建筑工程训练学校。

476年，西罗马帝国灭亡，欧洲进入了漫长的中世纪。近千年的封建分裂状态和教会的统治，使宗教建筑成为这一时期建筑成就的最高代表。

4.拜占庭建筑

5~6世纪是拜占庭帝国最强盛的时期，也是拜占庭建筑最繁荣的时期。罗马皇帝君士坦丁早在东西罗马分裂之前，就动用全国力量在拜占庭（Byzantine，即君士坦丁堡）兴建新的首都。于是，古典装饰主题以及古罗马的建筑技术被引入，由于继承了古希腊、古罗马的建筑遗产，同时吸取了波斯、两河流域等地的经验，因此，形成了独特的建筑体系。拜占庭建筑的主要成就在于创造了新的建筑结构形式，这就是在教堂建筑中用4个或更多的柱墩通过拱券支撑穹隆顶的结构方法，以及相应的中心对称式建筑形制。在拜占庭建筑中，中心对称式构图的纪念性艺术形象同结构技术相协调。兴建于君士坦丁堡的圣索菲亚大教堂（Hagia Sophia，532~537年）是集中式的教堂，东西长77.0m，南北长71.7m，高度54.8m。教堂正中是直径32.6m、高15m的穹顶，有40个肋，通过帆拱架在4个7.6m宽的墩子上。卓越的结构体系，延展复合的空间，灿烂夺目的室内色彩，使其成为拜占庭建筑的代表作（图1-2-6）。

5.哥特式建筑

哥特式（Gothic）建筑是在10~12世纪流行于欧洲基督教地区的古罗马建筑风格——罗曼建筑的基础上发展起来的。随着罗马帝国的灭亡，古罗马的建筑技术和艺术失传了，这个时期，由于当时建筑上的木构架易受火灾又难以加大木结构跨度，于是开始探索石拱券技术，由此形成了罗曼建筑。罗曼建筑是哥特建筑的过渡形式，它的贡献不仅在于把沉重的墙体结构与垂直上升的动势结合起来，而且在于第一次成功地把高塔组织到了

图1-2-6　圣索菲亚大教堂

建筑的完整构图之中。著名实例是意大利的比萨主教堂（Pisa Cathedral，1063~1118年；1261~1272年），以其斜塔最为著名。斜塔每层都有拱廊，而教堂的立面上也设有三层拱廊。

随着石拱券技术的不断发展，最终造就了哥特式建筑。由于运用了复合飞券（flying buttress）使其达到了很高的建筑高度。运用这种近似框架式的肋骨拱券石结构技术建造的教堂，与相同空间的古罗马建筑相比，重量大大减轻，材料显著节省。用来抵挡尖拱券的水平推力的扶壁和飞扶壁、细长的竖向窗花格、彩色嵌花铅条玻璃窗以及林立的尖塔成为它显著的外部特征。哥特式建筑的这种外形和内部空间特征给人以向上飞升的感觉，体现了追求天国幸福的宗教意识。哥特式教堂的结构技术和艺术形象达到了高度的统一。12世纪下半叶，建筑工匠的分工已经很细，有石匠、木匠、铁匠、焊接匠、抹灰匠、彩画匠、玻璃匠等，技艺日益精湛。巴黎圣母院（Notre-Dame de Paris，1163~1250年）坐落于法国巴黎市中心，是哥特式建

图1-2-7　巴黎圣母院

筑的早期代表作。巴黎圣母院东西长约125m，南北宽约47m，高度90m，内部可容万人（图1-2-7）。

6.文艺复兴建筑

文艺复兴是欧洲文化和思想发展的一个重要时期。14世纪发端于意大利，之后扩大到德国、法国、英国、荷兰等欧洲国家，一直延续到16世纪。文艺复兴运动反对神权，要求人权，追求自由、现实、幸福的人文主义思想，同时重视科学理性的思想，形成了以复兴希腊罗马古典文化为旗帜，反对教会文化统治的浪潮。

15世纪初，文艺复兴运动的浪潮涌进建筑学领域，被遗忘的古罗马建筑文化，再次成为被崇奉的对象。伯鲁涅列斯基（Fillipo Brwnelle-schi，1379~1446年）通过对罗马废墟的研究，了解古罗马建筑的做法之后，顺利解决了佛罗伦萨大教堂（Florence Cathedral，1296~1462年）大穹顶的建造问题。1434年穹顶建成，标志着文艺复兴建筑的开端。佛罗伦萨大教堂又称百花圣玛利亚教堂（Santa Maria Del Fiore），始建于1296年，建造期间因设计与人事变更以及技术问题，屡建屡停，直到1420年才由伯鲁涅列斯基动工建造。穹顶完成后，1462年又在其上建了一个八角采光亭，亭顶距地面115m。教堂采用拉丁十字形平面，外墙面比较整齐，没有小尖塔和飞扶壁。八角形平面的大穹顶落在12m高的鼓座上，穹顶有内外两层壳体，内径42m，高超过30m（图1-2-8）。

在此之后，众多的艺术家纷纷涉足建筑领域，他们的成就集中地体现在意大利文艺复兴建筑的纪念碑——圣彼得大教堂上。先后有伯拉孟特（Bramante，1444~1514年）、米开朗琪罗（Michelangelo，1475~1564年）、拉斐尔（Raphael，1483~1520年）、伯尼尼（Gian lorenzo Bernini，1598~1680年）、帕鲁奇（Baldassare Peruzzi，1481~1536年）、小桑迦洛（Sangallo，1485~1546年）等参加了教堂的设计与建造，使其成为文艺复兴鼎盛时期蜕变过程的例证。圣彼得大教堂（St. Peter，1506~1626年）是现存最大的天主教堂。伯拉孟特最初设计的教堂平面是正方形的，在希腊十字平面的正中，覆盖大穹隆顶。其后几经反复，最终还是回归于以圆顶为中心的米开朗琪罗的设计。大穹顶1590年竣工，

图1-2-8　佛罗伦萨大教堂

图1-2-9 圣彼得大教堂

顶高137.7m，成为罗马城最高的建筑。17世纪初，教皇保罗五世决定将希腊十字平面改为拉丁十字平面，在教堂的前面加了一段巴西利卡式大厅，以致在近教堂正面的位置看不到完整的穹顶。这个拉丁十字平面的大厅长183m，两翼宽137m。1655~1667年，由伯尼尼建造了教堂入口广场。广场由梯形和椭圆形平面组成，椭圆形平面的长轴为198m，周围被由284棵塔斯干柱子组成的柱廊所环绕（图1-2-9）。

被认为是文艺复兴全盛时期建筑的最完美范例的意大利罗马的圣彼得小神殿，是伯拉孟特的作品。圣彼得小神殿（Tempietto san Pietro，1502~1510年），是一座集中式的圆形建筑物。神殿外墙面直径6.1m，内部直径只有4.5m，周围一圈多立克式柱廊，16棵柱子，高3.6m，连穹顶上的十字架在内，总高为14.7m，地下有墓室。

文艺复兴时期的府邸建筑同样引人注目。建筑师帕拉第奥（Andrea Palladio，1508~1580年）1552年在维琴察建造的圆厅别墅（Villa Rotonda）是文艺复兴晚期的典型代表。别墅采用了古典的严谨对称手法，平面为正方形，四面都有门廊，正中是一圆形大厅，直径为12.2m，穹顶内部装饰华丽。

7.巴洛克建筑

巴洛克建筑是18世纪在意大利文艺复兴建筑基础上发展起来的一种建筑和装饰风格。其特点是追求外形动感自由，喜好富丽的装饰和雕刻以及强烈的色彩，常采用穿插的曲面和椭圆形空间。巴洛克（Baroque）一词的原意是奇异古怪，古典主义者用它来称呼这种被认为是离经叛道的建筑风格。意大利文艺复兴晚期建筑师维尼奥拉（Giacomo Barozzi da Vignola，1507~1573年）设计的罗马耶稣会教堂（IL Gesú，1568~1584年）被认为是第一座巴洛克建筑，是由风格主义向巴洛克风格过渡的代表作。巴洛克风格冲破了文艺复兴晚期古典主义者制定的种种清规戒律，反映了向往自由的世俗思想。富丽堂皇的教堂，营造出强烈的神秘气氛，十分符合天主教会的需求。于是，这种风格很快就从罗马传遍欧洲。波罗米尼（Francesco Borromini，1599~1677年）设计的罗马圣卡罗教堂（San Carlo alle Quattro Fontane，1638~1667年）是意大利巴洛克建筑的典型代表（图1-2-10）。

图1-2-10 圣卡罗教堂

相对于建筑的外观而言，巴洛克风格更多地反映在内部空间。贝尼尼在圣彼得大教堂穹顶下方设计的华盖，造型丰富，装饰奢华，柱子的线条扭曲得像流动的麦糖，以此表现出建筑的气派（图1-2-11）。德国班贝格郊区的维森海里根教堂（Vierzehnheiligen，1743~1772年）的穹顶重叠着错综复杂的椭圆形和圆形，阳光从大窗倾泻而入，白、金、粉红的室内色彩加上雕塑和绘画创造出奇异的光感与动感。

8.洛可可风格

洛可可（Rococo）通常用来形容巴洛克风格最后阶段的建筑，这些建筑主要集中在奥地利和德国南部，其内部空间非常复杂。作为一种建筑风格，则主要表现在室内装饰上。在巴洛克建筑基础上发展起来的洛可可风格，主要指产生于18世纪20年代的法国样式。洛可可装饰的特点是：轻松、浅色调、不对称、细腻柔媚。不像巴洛克风格那样色彩强烈，装饰浓艳。室内氛围明快、纤巧、精致，通常具有乡村景致，喜欢运用自然

| 图1-2-11　罗马圣彼得大教堂华盖 | 图1-2-12　凡尔赛宫王后寝宫 |

的曲线和S形线以及像贝壳一样的形状。洛可可一词源于法国的贝壳工艺（rocaille）。

洛可可风格反映了法国路易十五时代宫廷贵族的生活趣味，曾风靡欧洲。巴黎的苏俾士府邸（Hotel de Soubise，1735年）公主沙龙和凡尔赛宫（Palais de Versailles，1661~1756年）王后寝宫是这种风格的代表作（图1-2-12）。

三、外国东方古代建筑

外国东方是一个地理和文化地域的概念，主要泛指亚洲地区。亚洲在历史上的社会政治形态与西方世界有着较大的区别，中央集权的统一帝国使得宫廷建筑成为建筑发展的主流，即使是宗教建筑也成为世俗政权的纪念碑。同时，亚洲各国和各地区的历史与文化差异很大，变化复杂，发展很不平衡。亚洲的建筑可分为三个大的文化区域，分别是：伊斯兰世界，包括北非与跨越亚欧的土耳其；印度和东南亚；中国、朝鲜和日本。

1.伊斯兰风格

伊斯兰建筑主要是指7~13世纪的阿拉伯国家、14世纪以后的奥斯曼帝国、16~18世纪波斯苏菲王朝的建筑，包括印度和中亚等国的一些建筑。7世纪崛起的阿拉伯人在8世纪建立了横跨亚、非、欧的阿拉伯帝国。这个帝国后来又分裂为一些独立的国家。阿拉伯人汲取了古希腊、古罗马及印度古代的建筑经验，在继承两河流域和波斯建筑传统的基础上，形成了独特的建筑风格，这就是伊斯兰风格。

在建筑的形制上，伊斯兰建筑的礼拜堂通常是一个封闭的庭院，围绕院落建造拱廊或柱廊，朝麦加方向的一边加宽，做成礼拜殿，礼拜殿和廊均向院落敞开。院落中央有水池或洗礼堂。寺内耸立的宣礼塔供阿訇授时和召唤信徒做礼拜用。少则1个，多则4~6个。埃及开罗的伊本·土伦礼拜寺（Ibn Tulun清真寺，876~879年）是早期的实例。11世纪后，波斯和中亚地区的礼拜寺一般围绕中央院落建造殿堂，中央的方形大厅上有高耸的穹顶。1453年，土耳其灭拜占庭，以君士坦丁堡为首都后，模仿拜占庭建筑的圣索菲亚教堂，采用集中式平面布局建造礼拜寺。蓝色清真寺即苏丹艾哈麦德清真寺（Sultan Ahmed Mosque，1609~1616年）成为奥斯曼帝国时期这种形制的典型（图1-2-13）。

穹顶结构是伊斯兰建筑造型的主要特征。8世纪的双圆心尖券、尖拱和尖穹顶，14世纪的四圆心券拱和穹顶，表现出砌筑精确，形式简洁，外形轮廓平缓，曲线柔和的特点。建筑装饰采用大面积的图

图1-2-13　蓝色清真寺

图1-2-14　泰姬陵

案，门窗和券面成为装饰的重点。装饰券形变化丰富，除了双圆心券、四圆心券外，还有马蹄形、火焰形、扇贝形、花瓣形等。材料常用雕花木板和大理石。由于《古兰经》禁用人像和写实的动植物题材作装饰，早期的装饰纹样都是几何形，后来才用一些程式化的植物图案。经过装饰的伊斯兰建筑华丽精美，风格纤丽。

现在伊朗的伊斯法罕皇家清真寺是波斯苏菲王朝伊斯兰建筑的代表；印度阿格拉的泰姬玛哈陵（Taj Mahal，1630~1653年）是莫卧儿王朝伊斯兰建筑的代表（图1-2-14）。

2.印度建筑

印度河与恒河孕育了灿烂的古印度文明。前2000年前后产生婆罗门教；前5世纪末产生佛教，并大盛于前3~4世纪；6~9世纪婆罗门教又重新排斥了佛教，后来转化为印度教；同时还存在着专修苦行的耆那教。11~12世纪，中亚和阿富汗来的伊斯兰教徒在印度北部建立了几个王朝。15世纪末，又一支从中亚来的伊斯兰教徒统一了印度的大部分地区。可以说古印度建筑就是宗教演化与更替的历史象征。

婆罗门教建筑的典型是位于印度中部卡杰拉霍的昌德拉王朝时期的逾80座建筑物，目前仅存24座神庙。形制参照农村的公共集会建筑和佛教的支提窟，用石材建造，采用梁柱和叠涩结构。其外形从台基到塔顶连成一个整体，布满雕刻。坎达里亚·摩诃提婆神庙是其中的典范。

佛教建筑以遗存下来的窣堵波、石窟和佛祖塔为代表。窣堵波作为瘗埋佛陀或圣徒骸骨的建筑，造型比较独特。这种半球形的建筑和世界各地许多早期的坟墓形制一样，脱胎于住宅。印度北方古代的住宅是近于半球形的竹编抹泥构造。桑契大窣堵波（Sañchi Stupa，约公元前250年）为现存最大的。它的半球体直径32m，高12.8m，立在4.3m高的圆形台基上。它的3根石料横排的仿木结构立柱栏杆门是印度建筑特有的（图1-2-15）。

图1-2-15　桑契大窣堵波

耆那教建筑主要是1000~1300年间，大量建造于印度北部的庙宇。其形制与婆罗门教的建筑很相似，但相对开敞一些，柱厅的外墙不完全封闭。耆那教石构造庙宇的内外所有部位都精雕细琢，满铺满盖。雕刻一般很深，甚至作透雕和圆雕，成为它突出的特点。最著名的是北印度西部阿部山上的迪尔瓦拉庙（Dilwarra Temple，1032年）和泰加巴拉庙（Tejahpāla Temple，1232年）。

3.东南亚建筑

东南亚多数国家的中世纪文化受印度的影响很大。

由于佛教和印度教的传播，建造了不少庙宇，最初与印度的大致相似，后来逐渐形成了民族特色并有所创造。现在的柬埔寨、印度尼西亚、缅甸、泰国和尼泊尔都遗存有风格各异的宗教建筑。

柬埔寨的宗教建筑在早期与印度的相同，10~13世纪，形成了自己鲜明的特色，并且创造了东南亚最宏伟壮丽的吴哥建筑群。吴哥窟（Angkor Wāt，12世纪上半叶）是吴哥古迹的精华，初建时为印度教毗湿奴神神庙，后为兴建它的古高棉国王苏利耶跋摩二世的陵墓，是兼有佛教与婆罗门教意义的庙宇。这座建筑是典型的金刚宝座塔形制：即在3~5层台基上建造5座塔，中央1座，四角各1座，偶或只建中央1座。吴哥窟最外一圈围墙东西长约1480m，南北约1280m，墙外有190m宽、8m深的人工河，建筑群的中心是一座金刚宝座塔。塔座台基底长211m，宽184m，连台基的塔高约65m（图1-2-16）。

7~8世纪，在印度尼西亚的爪哇流行着佛教与婆罗门教相混合的宗教。其宗教建筑中最独特的是：波罗步达窣堵波（Borobudur Stupa，8世纪）即婆罗浮屠。该建筑圈进一座小丘，用石块砌筑成9层台基，下面6层是正方形，基底每边略向前凸出，边长111m。上面3层是圆形，建有72个透空的钟形塔，最上层中心最大的钟形塔直径9.9m，连台基总高35m（图1-2-17）。

图1-2-16　吴哥窟

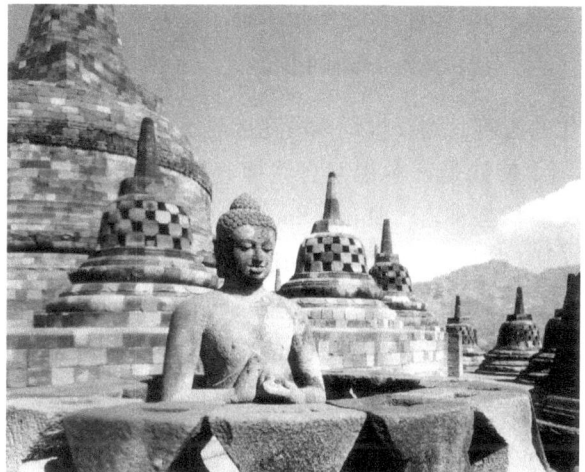

图1-2-17　婆罗浮屠

缅甸是盛行佛教的国家。其典型的宗教建筑是：瑞德宫塔（Shwe Dagon Pagoda），即仰光大金塔。初建时仅高9m，经过多次改建，现在的塔高107m。

朝鲜和日本属于东亚文化圈的范畴，由于地域关系以及历史上与中国的密切交流，两国古代的建筑和建筑群，无论在平面布局、结构造型或装饰细节方面，都与中国古代建筑有共同的特点。不同时期的建筑风格变化，在朝鲜和日本的建筑中都有所反映。尤其是中国唐朝建筑的风格，对两国建筑的影响最大。在漫长的中世纪里，创造了富有特色的建筑和别具一格的传统。

4.朝鲜建筑

朝鲜建筑受中国建筑的影响较早。约6世纪，高句丽时代的平壤双楹冢和天王地神冢，与中国汉代和北魏的建筑细部样式十分相似，反映出中朝之间十分密切的建筑关系。7世纪，新罗国统一朝鲜半岛，建都庆州。随之佛教兴盛，典型的建筑是庆州附近土含山的佛国寺（Sokkuram Grotto，751年）。佛国寺坐落于台地石构的基座之上，平面布局类似于中国唐代的佛寺，并列两个院落，表现出平衡和谐之美。金堂前的多宝塔比较特殊，高约10m，全部采用花岗石砌筑，逼真地模仿木构（图1-2-18）。

13世纪，高丽遭到蒙古的侵略。1392年，国家重新独立统一，国号朝鲜，定都朝鲜。由于朝鲜国王崇儒灭佛，佛教建筑从此衰落。遗留下来的重要建筑是城郭和宫殿。具有代表性的建筑是首尔的

图1-2-18　佛国寺多宝塔

昌德宫（The Changdokkung Palace Complex，1404~1405年，1607~1610年重建）。昌德宫的特点在于其平面布局，整组建筑没有中轴线，殿阁脱离了对称的布局，依照地形建筑。朝鲜的住宅建筑具有同样的特点，单层的内院式格局，四面连续而没有轴线。厨房烧灶，集中式地炕或墙内供暖，建筑造型较中国样式更为低平。

5.日本建筑

日本建筑以洗练简约、优雅洒脱见长。自然材料的合理应用和材质美的体现是其典型的特征。木架草顶是日本建筑的传统形式。房屋采用开敞式布局，地板架空，出檐深远，柱梁壁板均不作油饰。室内木地板上铺设垫层，通常用草席制作，称为"疊"即"榻榻米"，坐卧起居都在上面。6世纪，随着中国文化的影响和佛教传入，日本建筑开始采用瓦屋顶、石台基、朱白相间的色彩以及有举架和翼角的屋顶，体现于佛寺和宫室。住宅和神社的建筑式样也发生变化。经过吸收中国南北朝和隋唐文化，在9世纪末逐渐日本化，又经过中国宋、元、明文化的影响，到16世纪以后完成建筑的日本化。

神社是日本祀奉自然神、氏族祖先和英烈人物的重要建筑物。因此具有日本建筑史上的典型意义。伊势神宫（Shinto Shrine Kamiji Yamain Ise，公元前70年创建，至1973年"造替"60次）是其代表（图1-2-19）。为"神明造"样式。佛寺同样是日本古代建筑的主要类型。法隆寺（Horiuji Monastery，607~739年）和唐招提寺（Toshodaiji Monastery，759年）是典型代表。法隆寺塔共5层，总高32.45m，出檐很大，其中底层达4.2m，屋檐重叠而造型轻快俊逸（图1-2-20）。唐招提寺金堂是典型的中国唐代建筑风格，面阔7间28.18m，进深4间16.81m。

图1-2-19　伊势神宫

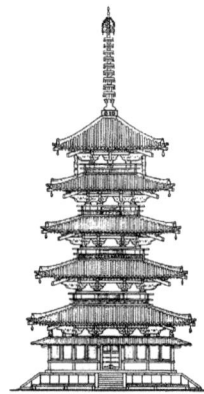
图1-2-20　法隆寺塔

四、中国古代建筑

中国古代建筑在世界建筑之林独树一帜，这是一个源远流长的独立发展体系。该建筑体系远在3000多年前的商殷时期就已经初步形成，在自身地域和文化的影响下逐步发展起来。直到20世纪初，始终保持着自己的结构和布局原则，并且传播和影响到邻近国家。中国古代建筑的特点主要体现于以下几点：①使用木材作为主要建筑材料；②保持构架制原则；③创造斗栱结构形式；④实行单体建筑标准化；⑤重视建筑组群平面布局；⑥灵活安排空间布局；⑦运用色彩装饰手段。

1.商周建筑

商周时期是中国建筑的一个大发展时期。商代早期的河南偃师二里头遗址（Erlitou remain，约公元前1900~前1500年）和后期的安阳殷墟遗址（Yin remain，公元前1250~前1050年），属于两种性质不同的建筑遗址。前者是以木结构为骨架的纵架形式，是迄今所知中国最早的宫殿建筑基址，反映了早期封闭式庭院的面貌，宫殿建筑基址的夯土范围东西约108m，南北约100m。后者已发现的建筑基地有53座，台基都由夯土筑成，其中大墓葬的墓室属井干式结构形式。这两种结构形式，对以后的中国建筑发展产生了重大影响。周代遗留的青铜器上已经出现斗栱等建筑构件的形象，可见在周代的建筑上已经开始使用斗和栱。湖北蕲春发掘出的周代遗址，则明确地说明干阑结构已经被普遍使用。

2.秦汉建筑

秦代的建筑气势恢弘，秦始皇于始皇帝三十五年建造的阿房宫（Epang Palace，公元前212年）前殿现存夯土基址，东西长1000m余，南北宽500m，残高8m。从尺度上看，"上可坐万人，下可建五丈旗"确有可能。西汉初期仍沿袭前代台榭建筑形式和纵架结构，至西汉末叶楼阁建筑开始兴起。汉武帝刘彻于太初元年建造的建章宫（Jianzhang Palace，公元前104年）为台榭形制，跨城筑有飞阁辇道，可从未央宫直至建章宫（图1-2-21）。东汉在建筑史上是一个重要的转折期，从遗留下来的壁画、画像砖、画像石和明器中的陶楼、陶屋中可以间接地看到建筑造型、室内布置、组群布局的形象，汉代崖墓（Han Burial Case On Cliff，）则是模拟木构造的"准实例"，通过外廊、外门、石柱、斗栱表示出木结构的一些构造细节。

3.三国两晋南北朝建筑

这个时期佛教建筑开始兴起，据史籍记载最早的佛教建筑，是东汉末年笮融建造的浮屠祠。北魏时在洛阳建造的永宁寺是木结构的浮屠（塔），共有九级。遗址的阶基为方形，长宽均为38.2m，按每面九间，高九层估算，应有100m的高度，当是中国历史上最高大的木结构建筑。据记载，南北朝所

图1-2-21　建章宫

图1-2-22 登封嵩岳寺塔

建的佛寺达数千所，但唯一留存的建筑实例，是建于北魏正光四年的砖结构登封嵩岳寺塔（Pagoda in Songyue Temple，523年），塔高40m，砖砌塔壁厚2.45m（图1-2-22）。佛教建筑在中国是以其特有的建筑形式来体现的，并没有照搬印度的形式，即使是"塔"这种特殊的形式，也是由中国自己创造的。通过这个时期遗留下来的石窟，如天水麦积山石窟（Maijishan Grotto，384~417年）、大同云冈石窟（Yungang Grotto，460~510年）等的窟廊和中心塔柱，可以想见同时期木构建筑的真实形象。南北朝时期受外来影响最深刻持久的是建筑装饰图案的母题：莲花和卷草。此后花样翻新且历代相承不绝。

4.隋唐五代建筑

中国古代木结构建筑实例的留存始于这个时期。山西的南禅寺大殿（Main Hall Nanchan Temple，782年）和佛光寺（Foguang Temple，857年）成为现存最早的中国建筑。通过佛光寺大殿，可以判断自战国时起创始台榭建筑以来，经由斗、栱、枋组合成的"铺作"，进而创造出整体的铺作结构层，成为木结构建筑发展成熟的标志。这是一种由井干楼、台榭、阁道、斗栱等构造形式汇合发展而成的新形式（图1-2-23）。这种结构形式，至迟在初唐已经成熟，从敦煌石窟壁画的间接资料来看，佛光寺大殿不一定是水平最高的作品。唐代这两座建筑的形制，都能够在后来宋《营造法式》所记载的技术制度中得到印证。可以推断，这些技法在唐代或唐代以前均已创造并应用。

这一时期各地所存的唐代砖石塔，如西安的慈恩寺塔即大雁塔（Pagoda in Ci'en Temple，701~704年）、登封会善寺净藏禅师塔（Abbot Jingzang Pagoda in Huishan Temple，746年）、大理崇圣寺千寻塔（Qianxun Pagoda in Chongsheng Temple，836年）等，不仅数量多，而且造型多变。这些独具风格的宗教建筑已经完全改变了它在起源地的窣堵波样式。

自南北朝开始人们改变了席地而坐的习惯，到唐代更多的人采用垂足坐。随着桌椅的使用，室内高度需要增加。影响到建筑，柱高增加而出檐相对减小，从而导致房屋外观立面比例的改变。门窗的安装和门窗花格的制作，也是起源于这个时期。

5.宋辽金元建筑

宋、辽均继承唐代建筑形制，尤以辽代建筑风格更接近于唐代。位于现在天津蓟县的独乐寺（Dule Temple，984年）的观音阁、山门，都保持着唐代豪劲、朴实、典雅的风格（图1-2-24）。而位于现在浙江宁波的北宋初期保国寺大殿（Main Hall of Baoguo Temple，1013年）、位于现在山西太原的晋祠圣

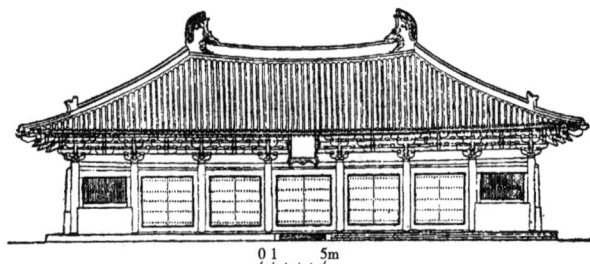
0 1   5m
图1-2-23 佛光寺大殿

图1-2-24 独乐寺

母殿（Hall of Saintly Mother of Jinci Memorial Temple，1023~1032年），已渐失豪劲而趋于秀丽。后来兴建的位于现在河北正定县的隆兴寺摩尼殿（Longxing Temple，1052年），则完全以秀丽取胜。这种建筑风格为金代所继承。

北宋末汇编成的《营造法式》作为中国古代建筑的理论总结，为中国建筑学作出了重大贡献。书中确立了材份制和各种标准规范（如铺作构造、结构形式、分槽形式）以及各种比例关系（如间椽比例、柱高、层高、总高比例等）。

金、元时期出现了两个特殊现象：一是使用了复合纵架，上承间缝梁架，如金代建现在山西的朔县崇福寺弥陀殿；一是使用了与屋面平行的斜梁，拼合成梁架，如元代建现在山西洪洞县的广胜寺下寺前殿和大殿（Guangsheng Temple，1305年）。元代建筑形制，除上述情况外，大都可视为宋《营造法式》制度的延续。自元代初期建造现在山西芮城县的永乐宫（Yongle Taoist Temple，1252~1262年）至末期建造的广胜寺明应王殿，同宋式建筑都无显著差异，只是昂嘴、耍头等装饰性部分略有不同。元代宗教建筑中，由尼泊尔匠师阿尼哥参与建成的北京妙应寺白塔（White Pagoda of Miaoying Temple，1271年），使中国佛塔中又增加了"喇嘛塔"样式。

6.明清建筑

明清两代遗留的建筑实物是中国古代建筑中最多的。现在北京的紫禁城宫殿（Palace in Forbidden City，1417年）（图1-2-25）、天坛（Temple of Heaven，1420年）（图1-2-26）、山东曲阜的孔庙（Temple of Confucius，1504年）都是典型的代表。除了有计划、分期建造的宏大宫苑陵庙外，还有各地的衙署寺庙、私人住宅和园林。

图1-2-25　故宫太和殿

图1-2-26　天坛祈年殿

明代洪武年间的建筑，尚与元代建筑相同或差别很小，而自永乐年间开始出现变化。这就是斗栱变小，攒数增多；斗栱的结构功能小，装饰效果强；出檐减小，举架增高等。这种变化到清代以清工部《工程做法》的规定而固定下来。同明清以前的建筑实物相比，标准化、定型化的程度很高，而风格呆滞。

明清时代中国各少数民族的建筑均有相当发展，如西藏布达拉宫（Potala Palace，1645年）、而承德外八庙（Eight Outer Temples，Chengde，1713年）建筑则反映了汉藏建筑艺术的交流融合。

五、近现代建筑

18世纪下半叶，工业革命开始，由此加速了资本主义发展的进程。建筑物日益商品化，城市得到迅猛发展，建筑类型大量增加，对建筑的功能要求也日趋复杂，形式和内容之间不相适应的状况十分严重，导致建筑师在200年间不断地进行建筑形式的探求，由此产生了完全不同的两种倾向。其一，

图1-2-27 水晶宫

图1-2-28 美国华盛顿国会大厦

是将建筑的新内容不同地屈从于旧的艺术形式，于是产生了古典复兴建筑、浪漫主义建筑、折中主义建筑等流派。其二，是充分利用先进的生产力和科学技术，探索新的建筑形式。第二种倾向顺应了资本主义生产发展的要求，成为近代建筑发展的主流。19世纪下半叶，钢铁和水泥的应用，为建筑革命准备了条件。1851年在英国伦敦，为了布置第一届万国博览会（the Great Exhibition）而兴建的水晶宫（Crystal Palace），采用铁架构件和玻璃，现场装配，成为近现代建筑的开端（图1-2-27）。至20世纪初，终于出现了现代主义建筑和有机建筑等流派。

1.古典复兴建筑

古典复兴建筑是指18世纪60年代到19世纪流行于欧美国家的采用严谨的古代希腊、古代罗马形式的建筑，也称为新古典主义建筑。当时的人们受启蒙运动的思想影响，崇尚古代希腊、古代罗马文化。在建筑方面，古罗马的广场、凯旋门和记功柱等纪念性建筑成为被仿效的对象。同时，伴随着大量的古希腊、古罗马建筑艺术珍品出土，而取得的考古成绩，为这种思想的实现提供了良好的条件。采用古典复兴建筑风格的主要是国会、法院、银行、交易所、博物馆、剧院等公共建筑和一些纪念性建筑，而非一般的住宅、教堂、学校等。典型的代表有：法国的巴黎万神庙（The Pantheon，1755~1792年），雄师凯旋门（Arc de Triomphe，1806~1836年）；英国伦敦的大英博物馆（The British Museum，1825~1847年）；德国柏林的勃兰登堡门（Brandenburger Tor，1789~1793年）、宫廷剧院（Schauspielhans，1818~1921年）、阿尔提斯博物馆（Altes Museum，1824~1828年）；美国华盛顿的国会大厦（The Capitol，1793~1867年）（图1-2-28）。

2.浪漫主义建筑

浪漫主义建筑是18世纪下半叶到19世纪下半叶，受文学艺术中浪漫主义思潮的影响，在欧美国家流行的一种建筑风格。浪漫主义在艺术上强调个性，提倡自然主义，主张用中世纪的艺术风格与学院派的古典主义艺术相抗衡。追求超凡脱俗的趣味和异国情调是这种思潮在建筑上的表现。浪漫主义建筑的发展分为两个阶段：第一阶段从18世纪60年代到19世纪30年代，又称先浪漫主义。出现了中世纪城堡式的府邸，甚至东方式的建筑小品。第二阶段从19世纪30年代到70年代，这时已经发展成为一种建筑潮流。由于追求中世纪的哥特式建筑风格，又被称为哥特复兴建筑。浪漫主义建筑主要流行于英国和德国，也一度流行于美国，而在法国和意大利则不太流行，并且主要限于教堂、大学、市政厅等中世纪就有的建筑类型。英国是浪漫主义的发源地，最具代表性的建筑是西敏宫（Palace of Westminster），即国会大厦（The House of Parliament，1836~1848年）。匈牙利布达佩斯的国会大厦（图1-2-29）（Houses of Parliament，1883~1901年）几乎照搬了西敏宫的方案（图1-2-30）。

3.折中主义建筑

19世纪上半叶到20世纪初，折中主义建筑流行于欧美一些国家。这种建筑风格实际上成为古希腊、古罗马、拜占庭、中世纪、文艺复兴以及东方情调样式纷乱杂陈的综合。折中主义建筑师任意模仿历史上的各种建筑风格，或自由组合各种建筑形式，可以不讲求固定的法式，只讲求比例均衡，注重纯形式美。折中主义建筑在19世纪中叶的法国最为典型，巴黎高等艺术学院是当时传播折中主义艺术和

图1-2-29 匈牙利国会大厦

图1-2-30 西敏宫

建筑的中心；而在19世纪末到20世纪初期，则以美国最为突出。折中主义建筑的代表作有：法国的巴黎歌剧院（Paris Opera，1861~1874年）。剧院立面模仿意大利晚期巴洛克建筑风格，并掺进了繁琐的雕饰。巴黎的圣心教堂（1875~1919年）。高耸的穹顶和后世的墙身呈现拜占庭建筑的风格，兼取罗曼建筑的表现手法（图1-2-31）。意大利罗马的伊曼纽尔二世纪念碑（The Victor Emmanuel monument，1885~1911年）。是为纪念意大利重新统一而建的，采用了罗马的科林斯柱廊和希腊古典晚期的祭坛形制。

4.现代主义建筑

18世纪晚期，法国开始重新使用混凝土。19世纪下半叶，法国的埃内比克（Francois Hennebique，1842~1921年）使用可以弯曲成各种角度的圆钢筋，解决了梁柱的连接问题。这种构造成为建造大型框架结构的基础，从而在建筑领域开创了钢筋混凝土结构的时代。到20世纪初期，钢筋混凝土框架已成为标准结构。在技术革命的推动下，一批思想敏锐的青年建筑师，在前人革新实践的基础上，提出了比较系统而彻底的建筑改革主张。德国建筑师格罗皮乌斯（Walter Gropius，1883~1969年）、密斯·凡德罗（Ludwig Mies van der Rohe，1886~1969年）、法国建筑师勒·柯布西耶（Le Corbusier，1887~1965年）和美国建筑师赖特（Frank Lloyd Wright，1867~1959年）成为现代建筑思潮的杰出代表。格罗皮乌斯的建筑创作——德国德绍的包豪斯校舍（Bauhaus Building，1925~1926年），密斯·凡德罗的建筑创作——西班牙巴塞罗那的巴塞罗那博览会德国馆（German Pavilion of Barcelona International Fair，1929年）、美国纽约的西格拉姆大厦（Seagram Building，1954~1958年），勒·柯布西耶的建筑创作——法国巴黎的萨伏伊别墅（Villa Savoye，1928~1930年）（图1-2-32）、法国马赛的"居住单位"（Unité Habitation，1947~1952年），同时成为现代主义建筑的典型代表。

图1-2-31 圣心教堂

图1-2-32 萨伏伊别墅

图1-2-33　流水别墅

现代主义建筑成为20世纪中叶在西方建筑界居主导地位的一种建筑。现代主义建筑思潮发端于19世纪后期，成熟于20世纪20年代，在20世纪50~60年代风行全世界。现代主义建筑的理论体现于以下几点：①在应用现代科学技术的基础上，强调建筑形式与内容的统一，以建筑的使用功能作为设计的出发点；②强调建筑艺术处理的合理性与逻辑性，突出艺术和技术的高度统一，反对不合理的外加建筑装饰；③强调建筑艺术处理的空间化，重点在于空间组合与建筑环境的创造；④强调建筑与公众生活的密切关系，重视建筑的社会性和经济性。

由于这样的建筑观点，有人也将现代主义称为"功能主义"、"理性主义"，甚至根据现代主义建筑的相近形式特征，将这类建筑叫做"国际式"建筑。

作为现代建筑运动中的一个派别，美国建筑师赖特所代表的有机建筑流派，在现代主义建筑中具有特殊的意义。受到中国传统哲学思想，尤其是老子"道法自然"观念的影响，赖特在典型的"草原风格"基础上，发展出"有机建筑"的理论：认为每一种生物所具有的特殊外貌，是由它能够生存于世的内在因素所决定的。同样，每个建筑的形式和构成，以及与之相关的各种问题的解决，都要依据各自的内在因素来考虑，力求合情合理。其思想的核心就是要求建筑依照大自然所启示的道理行事，而不是模仿自然。自然界是有机的，因而取名为"有机建筑"。有机建筑的理论在建筑学方面开创了新的境界。尤其是在建筑与环境的关系问题上，主张建筑应与大自然和谐，就像从大自然里生长出来一样，并力图把室内空间向外伸展，把大自然景色引入室内。同时，认为装饰不应该作为外加于建筑的东西，而应该与建筑融为一体，就像花之于树木一样自然。赖特在美国芝加哥设计的罗比住宅（Robie House，1908~1910年）是他草原风格系列的最后一件作品。而在美国宾夕法尼亚州熊跑溪创作的流水别墅（Falling Water，Bear Run，1936~1937年）则是有机建筑流派的典型（图1-2-33）。

六、后现代建筑

20世纪50年代以来，现代建筑大量兴建。由此出现了某些忽视精神生活需求、忽视民族和地区文化差异的倾向，人们对某些建筑师的设计手法公式化的倾向产生了怀疑，重新探讨继承传统和发展创新等问题，在建筑风格上又出现了多元化倾向。1966年，美国建筑师文丘里（Robert Venturi，1925~）在《建筑的复杂性和矛盾性》一书中提出了一套与现代主义建筑针锋相对的建筑理论和主张，在建筑界特别是年轻的建筑师和建筑系的学生中，引起了震动和响应。到20世纪70年代，建筑界中反对和背离现代主义的倾向更加抬头。这种倾向导致了后现代建筑诸流派的产生。

1.后现代主义

后现代主义是一个并无定论的后现代建筑流派，即使是被认为真正给后现代主义提出比较完整的指导思想的文丘里，也不愿被别人看做后现代主义者。一般认为后现代主义建筑的特征是：采用装饰，装饰主题多借用历史形式而不是表现风格；具有象征性或隐喻性，借用历史上的风格，但没有任何功能上的目的；能够与现有环境融合，很少外露混凝土，但却大量使用玻璃。尽管后现代主义的声势较大，但实际上直到20世纪80年代中期，堪称具有代表性的后现代主义建筑，在欧美仍然为数寥寥。美国建筑师约翰逊（Philip Johnson，1906~2005年）20世纪30年代曾致力于国际风格，70年代成为后现代主义的领袖人物。他和伯奇（John Burgee）设计的纽约美国电话电报公司大厦（AT&T Building，1978~1983年），常被人引用来说明是后现代主义建筑。这座现代摩天楼的主立面采用了对称的古典主义和构成（图1-2-34）。

图1-2-34　美国电话电报公司大厦

图1-2-35　蓬皮杜中心

2.高科技派

　　暴露的结构，纵横交错的钢架和设备管路，表面闪现强烈的金属光泽，犹如机器一般复杂的建筑，就是被称为高科技派（Hi-Tech）的建筑。高科技派建筑强化了工业文明的时代特点，突出构造的技术细节，强调新技术手段的运用。由意大利的皮亚诺（Renzo Piano，1937~）和英国的罗杰斯（Sir Richard Rogers，1933~）主持设计的法国巴黎的国立文化艺术中心（CNAC——Centre National d'Art et de Culture，前称蓬皮杜中心，Centre Pompidou，1977年）是高科技派建筑的范本（图1-2-35）。这栋建筑的设施管道和结构都暴露在外部，使得建筑的内部空间能够适应任何种类的临时展览，空间的功能得以最大优化。罗杰斯在伦敦设计的劳埃德大厦（Lloyds Building，1979~1984年）也采用了同样的形式（图1-2-36）。另一位英国建筑师诺曼·福斯特（Sir Norman Foster，1935~）设计的香港汇丰银行大厦（Hong Kong and Shanghai Bank，1981~1985年）也属于高科技派的典型风格。

图1-2-36　劳埃德大厦

<h2 style="text-align:center">第二节　室内设计史概况</h2>

　　室内设计作为一门独立的专业，在世界范围内的真正确立是在20世纪六七十年代之后，现代主义建筑运动是室内设计专业诞生的直接动因。在这之前的室内设计概念，始终是以依附于建筑内界面的装饰来实现其自身的美学价值的。自从人类开始营造建筑，室内装饰就伴随着建筑的发展而演化出众多风格各异的样式，因此在建筑内部进行装饰的概念是根深蒂固而易于理解的。现代主义建筑运动使室内装饰从单纯的界面装饰走向空间的设计，从而不但产生了一个全新的室内设计专业，而且在设计的理念上也发生了很大的变化。

　　按照人工环境与自然环境融会的程度来区分建筑的内部空间——室内的发展阶段，可将其划分为以下三个阶段。以界面装饰为空间形象特征的第一阶段，开放的室内形态与自然保持最大限度的交融，贯穿于过去的渔猎采集和农耕时期；以空间设计作为整体形象表现的第二阶段，自我运行的人工环境系统造就了封闭的室内形态，体现于目前的工业化时期；以科技为先导真正实现室内绿色设计的第三阶段，在满足人类物质与精神需求高度统一的空间形态下，实现诗意栖居的再度开放，成为未来的发展方向。

从整个人类的营建历史来看，室内装饰的历史甚至早于建筑。岩壁上的绘画是人类栖身于洞穴时的室内装饰；坐立于地面的彩绘陶罐成为最初的建筑样式——人字形护棚穴居的装饰器物；石构造建筑以墙体作为装饰的载体，从而发展出西方建筑以柱式与拱券为基础要素的装饰体系；木构造建筑以框架作为装饰的载体，从而发展出东方建筑以梁架变化为内容的装饰体系，形成天花藻井、隔扇、罩、架、格等特殊的装饰构件。发端于19世纪后期的现代主义建筑思潮，是建立在理性的功能主义之上的。钢筋混凝土框架结构和玻璃的大量使用，为室内空间争得了发展的更大自由，使空间的流动在技术上变得可能。这是人类建筑史上的一次革命，它促进了现代室内设计的诞生。而恰恰在这时，依附于建筑内外墙面的的装饰被减到了最少，而代之以从室内环境整体出发的装饰概念。在现代建筑的国际式室内设计中，装饰的效果是通过运用简洁的造型和材料纹理，在布置手法上注重各种器物之间的统一和谐，创造平静惬意的整体室内环境气氛来实现的。

人工环境的主体是建筑。在生产工具极其简陋的狩猎采集时期，生活方式和生产力水平，决定了当时的人类不可能营造像样的建筑。正如《韩非子·五蠹》记载："上古之世，人民少而禽兽众，人民不胜禽兽虫蛇，有圣人作，构木为巢，以避群害。"因此这个时期的人工环境显得非常原始，基本上处在与自然环境共融的状态。

农耕时期的建筑无论是单体形制、群体组合，还是比例尺度、细部装饰都达到了相当高的水平。世界文化名城几乎都建成于这个时期。其空间的构图与自然环境高度和谐统一。由于建筑内部的供暖通风设备，相对处于自然的原始状态，所以除了建筑本身所耗的自然资源外，很少有向外的有害排放物。加之人口数量有限，建筑的规模相对较小，极少的生产性建筑，又基本是为农耕服务的水利设施，因此农耕时代的人工环境，在促进了人类社会向前发展的同时，基本上做到了与自然环境共融共生，尽管这时人类生活的质量仍处于较低的水平。

进入工业化时代，人类的生产方式出现了革命性的变化。机器的使用，大大解放了生产力；生产的高速运转，促进了社会分工的加速发展；城市化的趋势，使建筑的类型猛增；建筑空间的功能需求日趋复杂，农耕时代原有的传统建筑形式已很难适应新的功能要求。对功能的需求促进了现代建筑理论的诞生。"形式随从功能""住宅是居住的机器"等言论，成为现代主义建筑产生的催化剂。随着钢筋混凝土框架结构和玻璃的大量使用，营造更大的内部空间成为可能。灵活多变的空间形式，完全打破了农耕时代传统建筑较为呆板的空间布局，创造出功能实用、造型简洁的建筑样式。

在这个时期，建筑的体量和规模都达到了前所未有的程度。大批的生产性建筑冒出了地平线，机器轰鸣的巨大厂房，高耸林立的烟囱，一度成为时代的骄傲与象征。居住与公共建筑内部开始大量使用人工的供暖通风设备，从而造就了一个个隔绝于自然的封闭人工气候。这样的人工环境造就了现代的物质文明。虽然人类的物质生活水平达到了相当高的程度，但是人类违背自然规律的"自私"行为，却很快使我们尝到了苦果。温室效应加速了自然灾害的频率，臭氧层空洞的出现，预示了人类生存危机的到来。事实证明，工业化时代人工环境的建造，没有能够完全做到与自然环境的共融共生。

展望未来，人工环境还将继续发展，与自然环境的共融共生，将会被摆在最重要的位置上予以考虑。建筑领域"绿色设计"的生态建筑将会成为发展的主流。室内环境只有在生态建筑的基础上，才能达到更高的水平。

无论是"室内设计"还是"室内装饰"都存在具体的设计问题。室内设计是包括空间环境、室内装修、陈设装饰在内的建筑内部空间的综合设计系统，涵盖了功能与审美的全部内容。而室内装饰则是以空间的视觉审美作为其设计的主旨。室内设计的概念代表了现代世界的主流，而室内装饰的概念则具有强烈的传统意识。

第三节　室内设计的风格样式和流派知识

一、风格样式与演变的条件

任何一门设计艺术，都有其自身所特有的风格。室内设计的风格，受地理环境、人类历史的影响，受材料、技术、经济的制约，呈现出丰富多彩的的流派、样式。

1.地理环境

炎热潮湿、季风多雨、寒冷干燥等诸多的气候条件，以及高山平原、江河湖海、沙漠草滩等不同的地理环境，造就了各式的建筑。北方的窑洞，南方的竹楼，草原上的蒙古包，使生活的空间千变万化（图1-2-37）。

2.人文历史

历史的发展以及不同的社会制度、宗教信仰，造就了不同国家和民族的文化传统。中国的隔扇花罩、匾额楹联，欧美的柱式帷幔、壁炉烛台，使空间的装饰各具异彩（图1-2-38）。

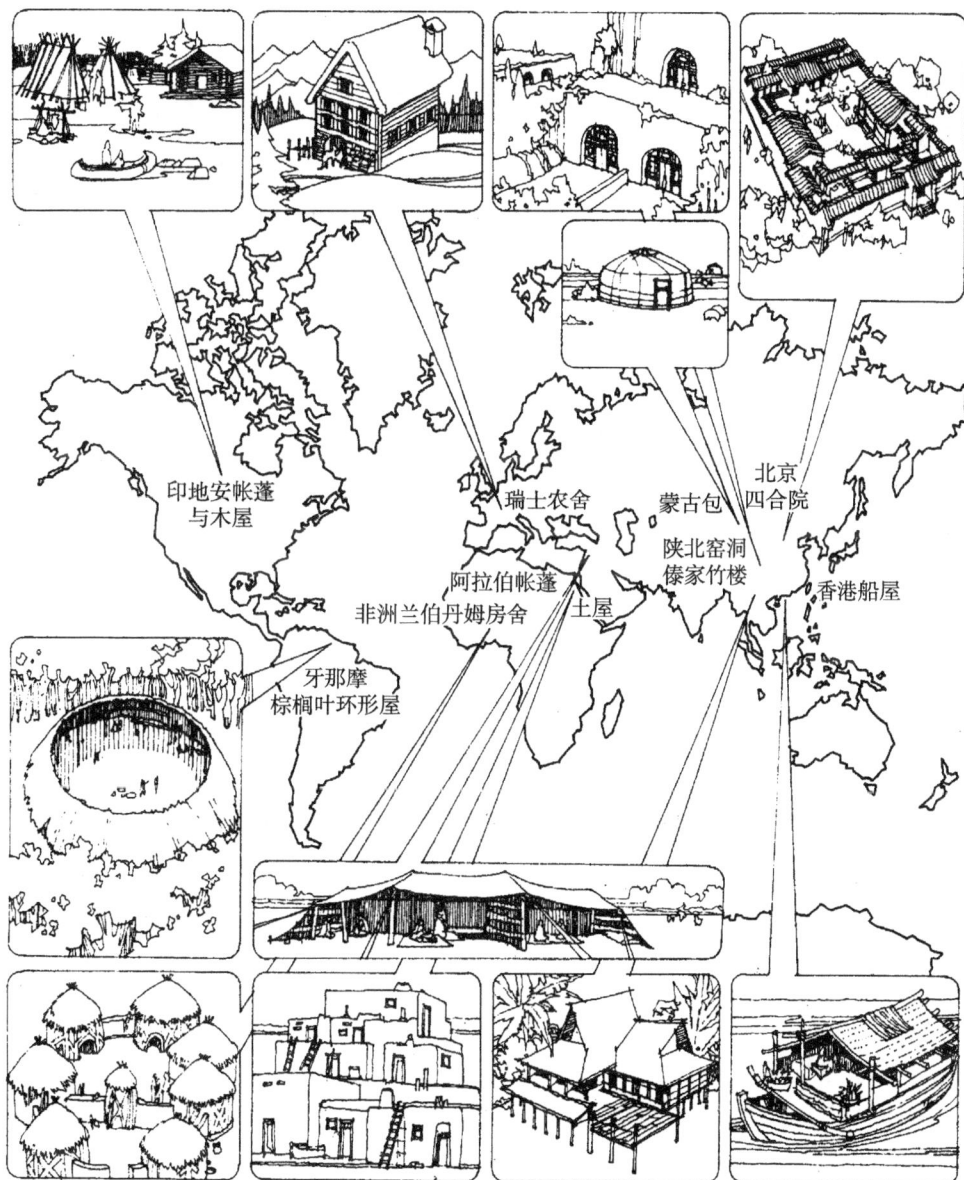

图1-2-37　世界各地不同风格的民居

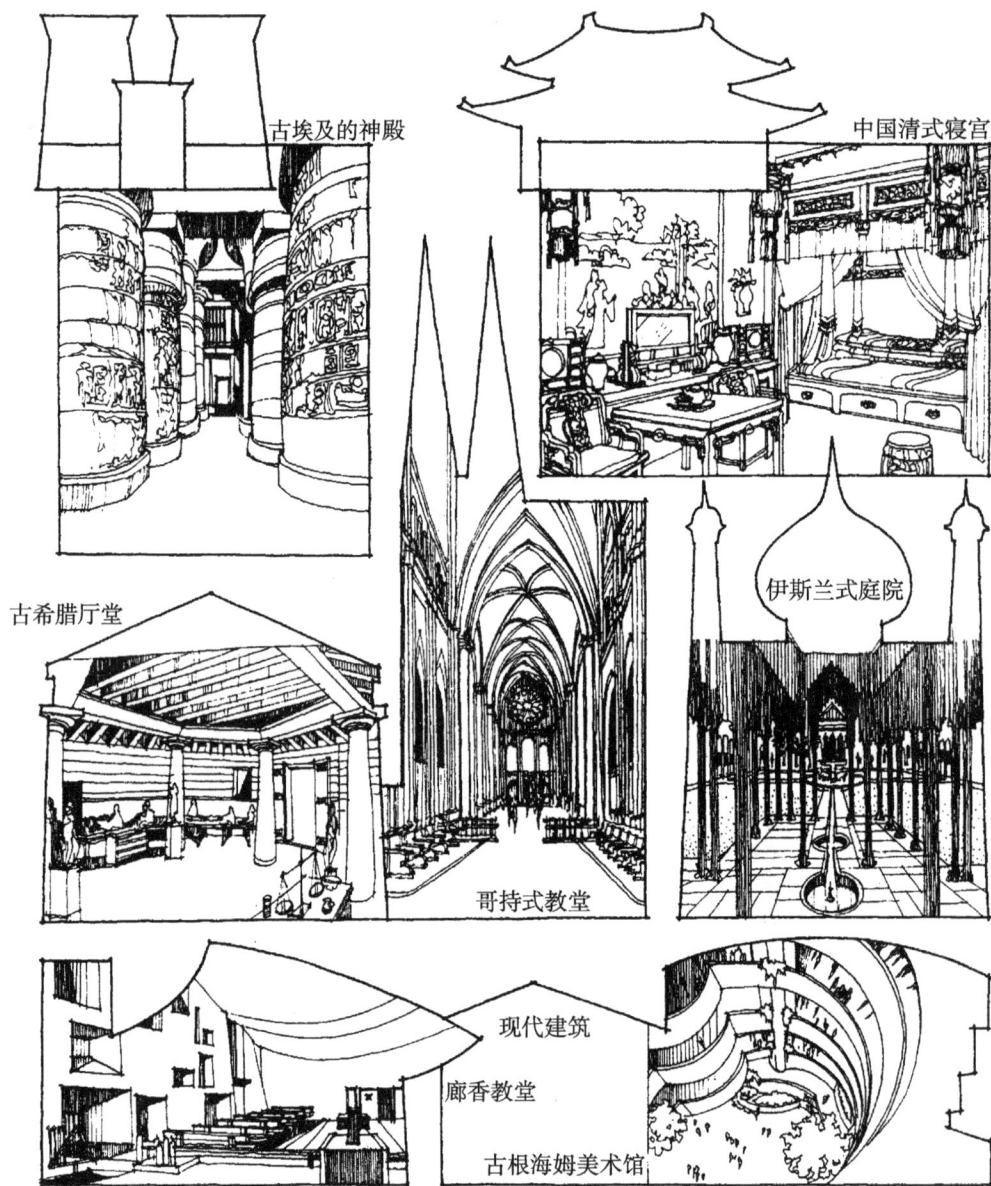

图1-2-38 不同形态的室内空间

3.材料构造

彩陶、青铜、钢铁、水泥等，每一种新材料的使用，都会给室内艺术风格的发展带来革命性的演变。
柱梁、拱券、桁架、悬索等等，每一种新构造的出现，都会赋予室内空间形式以新的生命（图1-2-39）。

二、以天然材料构造分类的传统样式

1.木构造体系

中国独特的木构造建筑体系，代表了东方典型的传统样式。这种构造由于承重系统是由柱与梁组成的框架，所以墙体可以随意设置，从而赋予了内部空间最大的自由。单个建筑的群体组合变化，演变出中国建筑丰富的空间内涵，造就了动静统一、内外交流、含蓄变化的空间形式。代表作品当属明清江南园林建筑。在这里，空间处理开敞流通，空廊、空门、空窗、漏窗、透空屏风隔扇的运用和灵活的空

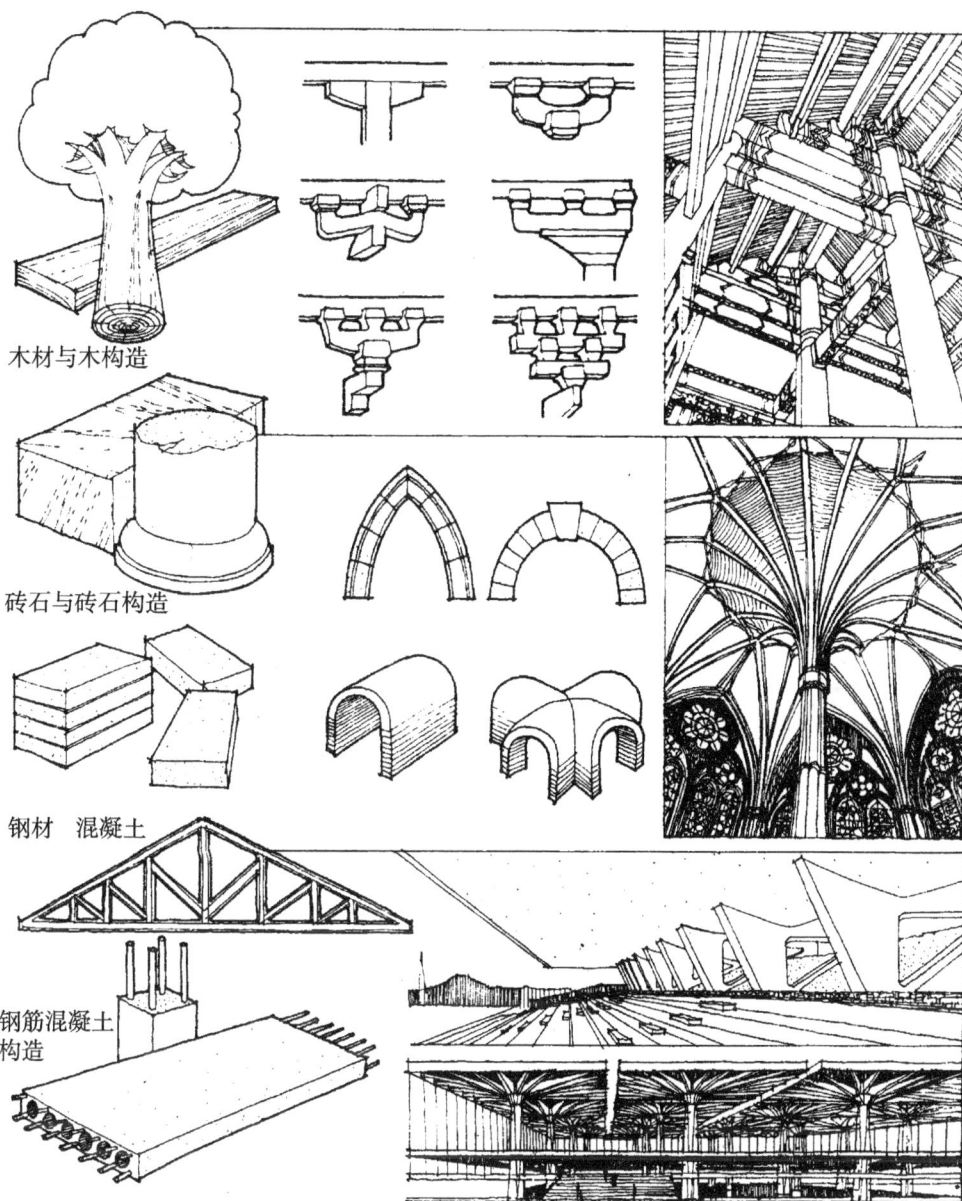

木材与木构造

砖石与砖石构造

钢材　混凝土

钢筋混凝土
构造

图1-2-39　材料与构造

间组合处理，使建筑内外空间形成了融为一体的有机联系。

　　木构造体系的内外檐装修，同样成为室内空间特殊的设计语汇。天花藻井、隔扇、罩、架、格，成为划分内部空间的极富装饰性的构件。其工艺的精致，结构图案的精美与变化都是独树一帜的。

　　在木构造梁架基础上发展起来的中国传统室内装饰陈设艺术，以其深邃的文化内涵达到了相当高的境界（图1-2-40、图1-2-41）。

　　以明式家具为代表的中国传统家具，以质地坚硬、纹理美丽、色泽柔润的黄花梨、紫檀等硬木名贵材料，结合工匠的精湛技艺，创造出了造型大方、结构科学、精于选材、雕刻线脚处理得当的浓厚的中国气息。

　　以优美形象的方块文字作为装饰室内的艺术语言，是世界上独一无二的范例。无论皇家宫寝，士大夫阶层的宅院，还是平民百姓的家居，无不以对称的中轴线家具陈设布置自己最重要的厅堂。匾额、对联、书画、太师椅、八仙桌、条案，再加上象征平安吉祥的瓶镜陈设，构成一幅完美的装饰图画（图

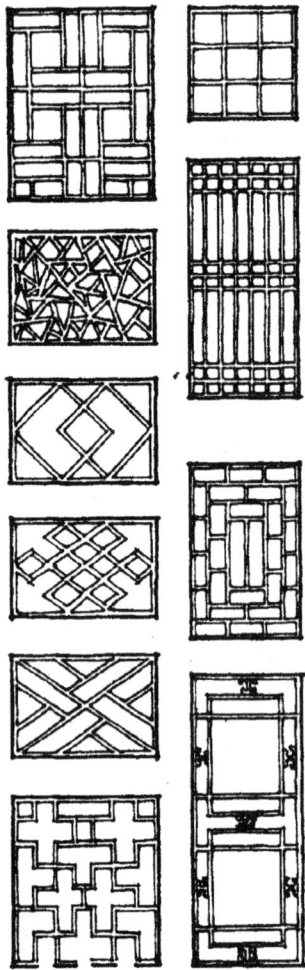

图1-2-40 中式木窗格

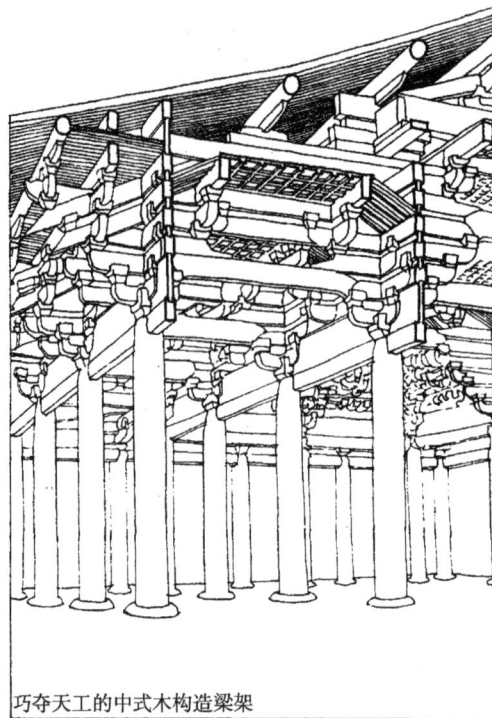

巧夺天工的中式木构造梁架

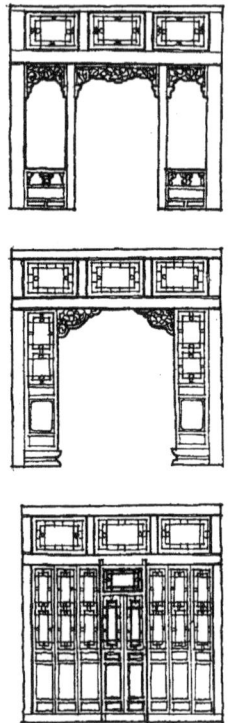

以木构造分隔室内空间的中式内檐装修

图1-2-41 中式木构造梁架与内檐装修

1-2-42）。

2.石构造体系

源于地中海沿岸的古希腊、古罗马的石构造建筑体系，代表了西方典型的传统样式。

古希腊石造大型庙宇的围廊式形制，决定了柱子、额坊、檐部的空间艺术地位。这些构件的形式、比例与相互组合，成为建筑艺术的主体研究对象，并由此形成了一整套完整、严谨的"柱式"体系。富于阳刚之气的多立克柱式以及具有阴柔之美的爱奥尼柱式，一直影响到后来的内部空间设计（图1-2-43）。

古罗马时代发展起来的拱券技术和天然混凝土的使用，使石构造建筑的空间跨度出现革命性的变化，从而创造出像万神庙这样宏大壮丽、尺度比例适度的内部空间，成为罗马穹顶技术的最高代表。

此后的西方建筑基本上就是沿着这条道路继续发展下去的，其间最有代表性的是中世纪采用飞券技术建造的哥特式教堂，筋骨嶙峋的石构飞架，在内部空间中造成一种强烈升腾的动势，构造技术与教堂使用功能的配合达到极致（图1-2-44）。

西方传统的室内装饰艺术，从万神庙的回纹形壁饰，到哥特式教堂的彩色玻璃长窗，从法式住宅中富丽的墙板装修，到英式居室壁炉的线脚，无不具有石构造文脉所形成的空间雕塑感。

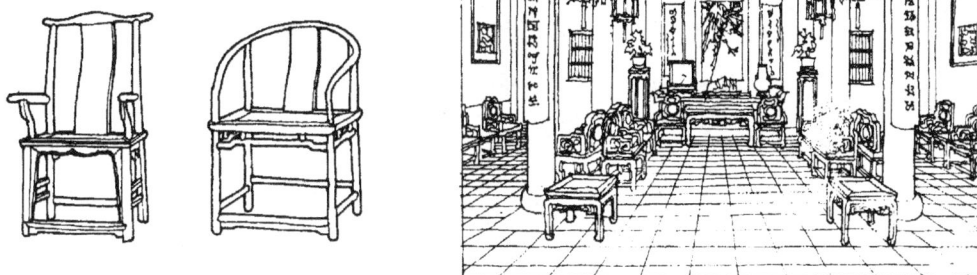

充分发挥木构造特性
的中国古建筑和家具

图1-2-42　中国古建筑和家具

古希腊爱奥尼柱式　　　罗马多立克柱式　罗马爱奥尼柱式　罗马科林斯柱式

图1-2-43　古希腊、古罗马柱式体系

三、以技术进步引发的近现代流派

1.工业革命带来的变化

自18世纪下半叶开始的工业革命，对建筑的发展产生了不可估量的影响。机器大生产加速了资本主义的发展，城市化和建筑类型的猛增，使内部空间的功能需求日趋复杂，以至于原有的传统形式已很难适应新的功能要求。在这期间，虽然出现了"旧瓶装新酒"的古典复兴式、浪漫主义、折中主义建筑流派，但它们毕竟不能成为新时代建筑的主流。

19世纪下半叶时，钢铁和水泥的应用，为建筑革命准备了条件。1851年，采用铁架构件和玻璃现场装配的伦敦国际博览会水晶宫，成为近现代建筑的开端。1877年建造完成的意大利米兰商场，在两幢建筑之间飞架的拱形铁架玻璃长廊，造就出宏大的内部空间，成为当时欧洲最大的室内市场（图1-2-45）。

在这一时期真正改变室内装饰风格的，则首推开始于比利时的新艺术运动。这一流派的设计师力图适应工业时代的精神，简化室内的装饰。他们以模仿自然界生长繁盛的植物形曲线为装饰主题，充分发挥铁件易于弯曲的特点，在墙面、窗棂、家具和栏杆中大量使用。虽然这种形式只局限于装饰手法，

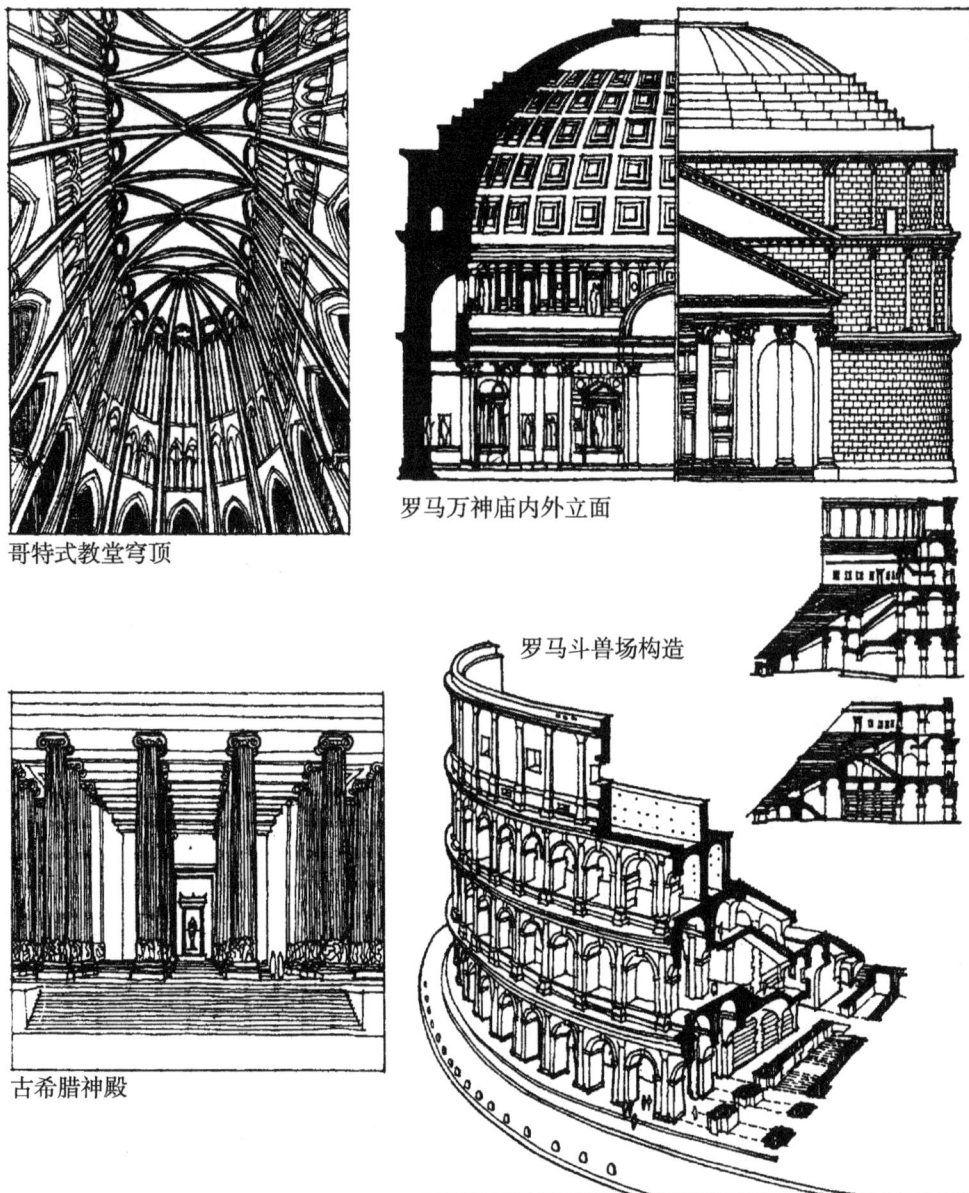

哥特式教堂穹顶

罗马万神庙内外立面

罗马斗兽场构造

古希腊神殿

图1-2-44 古希腊、古罗马建筑

并没能解决建筑空间形式与内部使用功能的关系，但它却对后来的室内装饰设计产生了深远的影响（图1-2-46）。

2.国际式的影响

从19世纪末到20世纪初，钢筋混凝土开始在建筑上被广泛地采用，这是建筑史上一件具有划时代意义的大事。由于钢筋混凝土框架结构的大楼，空间的可塑性极强，使得室内设计开始名副其实起来，因此，室内设计师从传统的墙面装饰设计，转向了空间环境设计。

伴随着钢架结构的玻璃盒子耸立于大地，大批的现代建筑终于以不可逆转的势头遍布于全球。与这种国际式的建筑相适应的室内设计样式也同时产生。这是一种从室内环境整体设计概念出发的装饰风格。在这里，装饰的效果是通过运用简洁的造型和材料纹理，在布置手法上注重各种器物之间的统一和谐，创造平静、惬意的整体室内环境气氛来实现的。在这里，国际著名设计师设计的家具成为装饰的主角。贮藏家具立面的构图与组织似乎都受到了"蒙特里安"绘画作品的影响。柔美的、含灰色调的背景

英国伦敦国际博览会水晶宫内外景，
整幢建筑由铸铁和玻璃组成

意大利米兰商场内外景

维也纳邮政储蓄银行内景

图1-2-45　近现代建筑

布鲁塞尔都灵路12号
住宅内部

新艺术运动室内装饰代表作

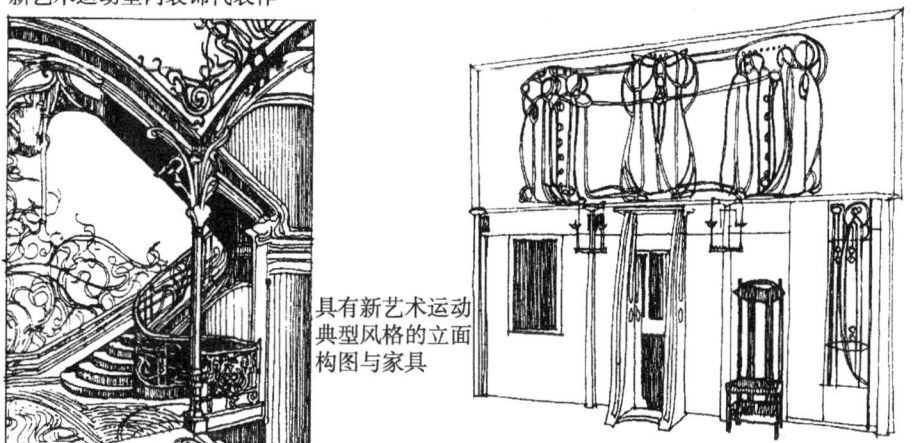

具有新艺术运动
典型风格的立面
构图与家具

图1-2-46　新艺术运动代表作

下，衬托出的简洁皮质沙发与具有优雅曲线的镀铬钢管椅，形成特殊的装饰韵味。艺术地毯上，使用功能和装饰功能相结合的活动灯具与室内配置的植物相互辉映，形成了如同雕塑艺术品般的装饰效果（图1-2-47、图1-2-48）。

1949年建于美国康涅狄格州新坎南的玻璃住宅，具有典型的国际式风格，建筑设计菲利普·约翰逊

图1-2-47 国际式风格建筑

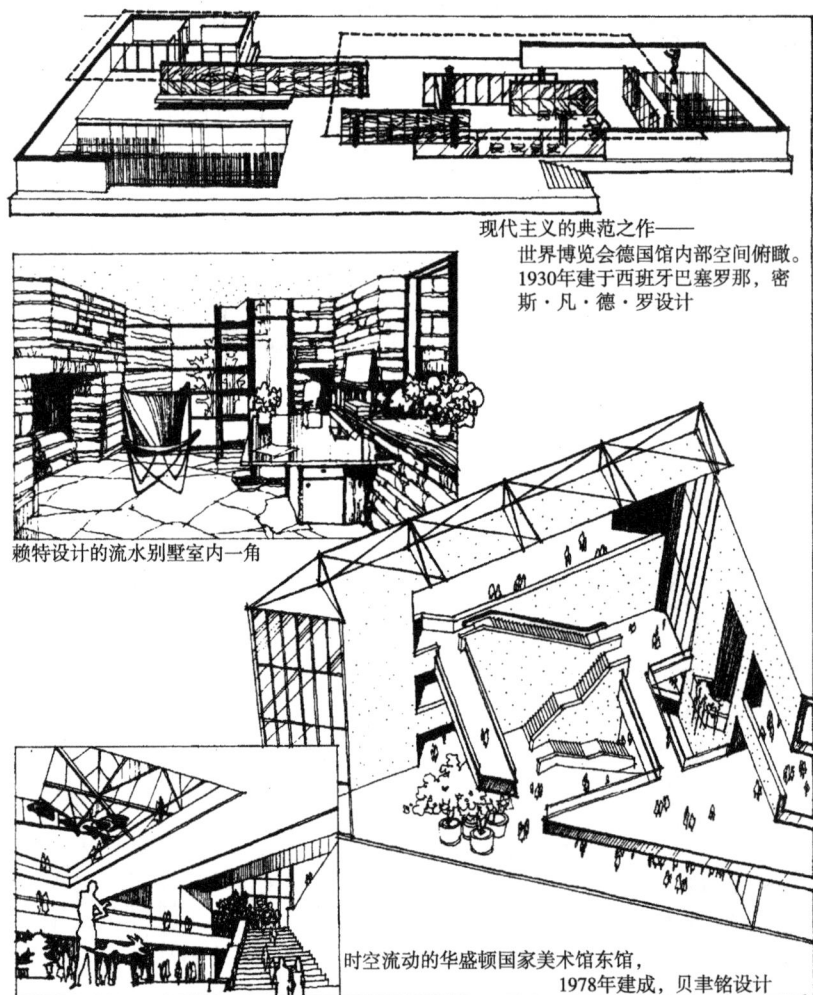

现代主义的典范之作——世界博览会德国馆内部空间俯瞰。1930年建于西班牙巴塞罗那，密斯·凡·德·罗设计

赖特设计的流水别墅室内一角

时空流动的华盛顿国家美术馆东馆，1978年建成，贝聿铭设计

图1-2-48 受国际式风格影响的室内设计样式

3.多元化的当代

随着时间的推移，人们开始厌倦于钢筋混凝土的森林与闪着炫光的镜面玻璃，这些东西太多，只能使人感到单调和乏味。20世纪60年代后期，一些西方建筑师主张建筑要有装饰，要有象征，不必追求纯净、明确，并创造出一批讲究装饰性、象征性、隐喻性以及能与现有环境取得联系倾向的建筑。这种对现代主义建筑的否定，被称之为后现代主义建筑思潮。室内设计受其影响，同样引发出各种各样的装饰手法，形成不同的流派，如高技派、结构主义、新古典主义、新地方主义、超现实主义等等，呈现出五花八门的多元化倾向（图1-2-49、图1-2-50）。

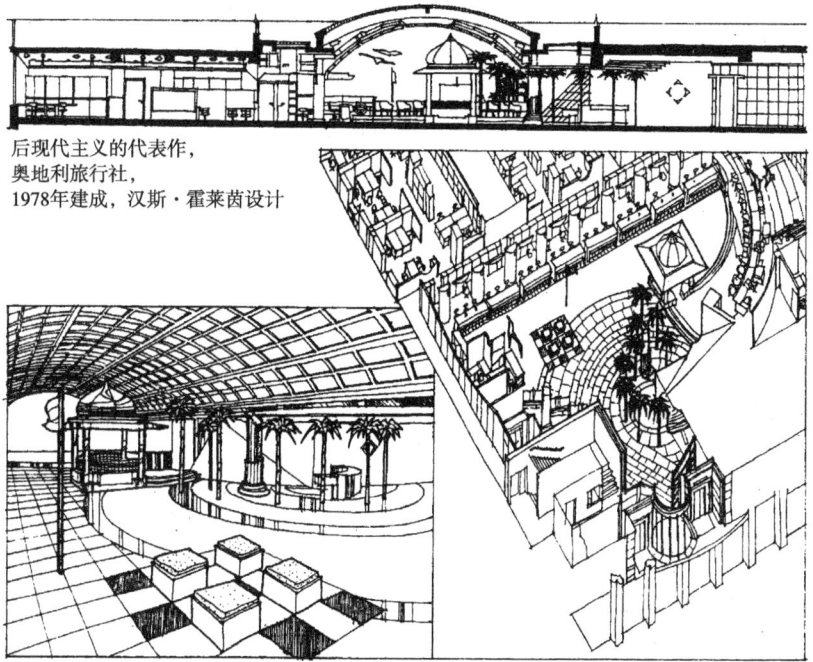

后现代主义的代表作，奥地利旅行社，1978年建成，汉斯·霍莱茵设计

图1-2-49 奥地利旅行社

精细与粗犷共熔一炉

现代建筑中乡土气息浓郁的室内装饰

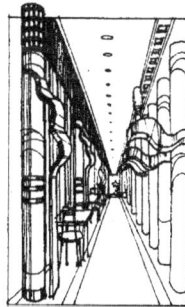

以点、线、面、体组构的就餐环境

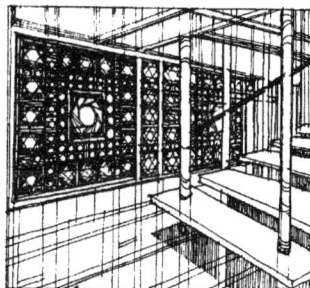

造型奇巧的室内灯柱

钢架之下的一方绿野
——慕尼黑新机场候机厅

宛如照相机镜头，能够自动调节光线射入的窗户
——法国巴黎阿拉伯世界研究所

图1-2-50 多元化的当代设计

第三章　艺术设计基础知识

第一节　艺术设计概况

一、艺术设计

艺术设计专业是横跨于艺术与科学之间的综合性边缘学科。艺术设计产生于工业文明高度发展的20世纪。具有独立知识产权的各类设计产品，成为艺术设计成果的象征。艺术设计的每个专业方向在国民经济中都对应着一个庞大的产业，如建筑室内装饰行业、服装行业、广告与包装行业等。每个专业方向在自己的发展过程中无不形成极强的个性，并通过这种个性的创造以产品的形式实现其自身的社会价值。

1.艺术与设计

艺术与设计在本质上反映的是同一概念的问题。

艺术，按照我们今天的解释：是通过塑造形象反映社会生活的一种社会意识形态。属于社会的上层建筑。尽管有史以来存在着不同的艺术理论，但艺术仍然是一个为公众所普遍理解的概念。

设计，在权威的汉语大型词典《辞海》里仅解释为："根据一定的目的要求，预先制定方案、图样等。如：服装设计；厂房设计。"在汉语中"设计"是作为表示人的思维过程与动作行为的动词而出现的。但本书所讲的设计在含义上与以上解释有很大不同。目前所说的设计是源于英语"design"的外来语。这个词在英语中既是动词又是名词，同时包括了汉语中设计、策划、企图、思考、创造、标记、构思、描绘、制图、塑造、图样、图案、模式、造型、工艺、装饰等多重含义。一句话，在"Design"中，除了汉语"设计"的基本含义外，"艺术"一词的含义占了相当大的比重。由于我们很难在现代汉语中找到一个与之完全对等的词汇，若姑且以"设计"应对不免会使公众的理解产生偏颇，于是不得不采用一种折中的办法，在"设计"前面冠以"艺术"，形成"艺术设计"的词组，以满足公众理解的需要。

设计的本质在于创造，创造的能力来源于人的思维。对客观世界的感受和来自主观世界的知觉，成为设计思维的源动力。

2.装饰与艺术设计

按照《辞海》的解释："装饰——修饰；打扮。""装"是一个动作的过程，"饰"则具有遮掩美化的意味。从字面上讲，装饰是针对某一主体而言的，失去主体，装饰就失去了意义。

艺术设计是以人的主观意识为出发点，通过空间造型的过程，以特定的目标来提升客观物质生活质量的综合设计系统。

装饰的概念是以空间的视觉审美作为其实施目标的主旨，设计的概念则涵盖了空间形态功能与审美的全部内容，代表了现代世界的主流。一般来讲，装饰的概念具有强烈的传统意识，而设计的概念则具有时尚的现代意识。

3.艺术与科学的边缘定位

艺术，按照我们今天的解释为："人类以情感和想象为特征的把握世界的一种特殊方式。即通过审美创造活动再现现实和表现情感理想，在想象中实现审美主体和审美客体的互相对象化。具体说，它是人们现实生活和精神世界的形象反映，也是艺术家知觉、情感、理想、意念综合心理活动的有机产物。"

科学，是在人们社会实践的基础上产生和发展的。按照我们今天的解释为："是运用范畴、定理、定律等思维形式反映现实世界各种现象的本质和规律的知识体系。社会意识形态之一。按研究对象的不同，可分为自然科学、社会科学和思维科学以及总结和贯穿于三个领域的哲学与数学。"

然而提到科学，在社会公众的概念中总是以自然科学取而代之。即使是学术界，在涉及艺术与科学的关系时，也总是以自然科学作为讨论的对象。这是因为，自然科学的研究方法所代表的人类思维方式，最集中地反映了科学工作方法的实质，对于设计来讲具有十分重要的现实指导意义。

自然科学是研究自然界的物质形态、结构、性质和运动规律的科学。一般把现代自然科学分为基础理论科学、技术科学和应用科学三大类。

艺术与科学，作为人类认识世界和改造世界的两个最强有力的手段，同样体现于设计中。可以说设计的整个过程，就是把各种细微的外界事物和感受，组织成明确的概念和艺术形式，从而构筑起满足于人类情感和行为需求的物化世界。设计的全部实践活动的特点就是使知识和感情条理化，这种实践活动最终归结于艺术的形式美学系统与科学的理论系统。

应该说艺术设计专业是艺术与科学的边缘定位。

二、艺术设计的历史与发展
1.工艺美术与艺术设计

设计是工业化时代的产物。真正意义上的设计（Design）应该说起始于工业革命。在这之前的漫长年代里，人们一直是用手工来制作一些日常用品的。为了使它们看上去更加漂亮悦目，具有吸引力，人们常常对这些物品加以装饰，从而形成了世界各地不同的手工技艺，制成了各具特色的工艺品。手工制作工艺品需要特殊的技能和一定的审美能力，这种技术性的手艺和审美性的装饰结合，就形成了专门的行业——工艺美术。工艺美术的产品具有两种类型：一类是日常生活用品；一类是纯粹的装饰陈设用品。同一种物品可以具有以上两种形态。如中国的陶瓷、墨西哥的织布、波斯的地毯、威尼斯的玻璃等。

工具和材料是手工制作的基础，不同时代使用不同的工具和材料，创造出性质完全不同的工艺品。如石器时代的陶器、青铜器时代的青铜器。由于材料的特性和使用工具的技术差异，每一种类型的工艺品都形成了特殊的制作技巧。由于是手工制作，即使是同样的物品，其形态也不会完全一样，因此也就具有较高的艺术性。几乎没有一种手工艺品，是在它诞生之前就完成其全部设计的。各种工艺品的制作，都是直接用手或借助于工具，在反复的实践中，不断完善而最后定型的。各种制作工艺都是个体的手艺人长期探索的结果，并因历史时期、地理环境、经济条件、文化技术水平、民族习惯和审美观点的不同而形成不同的风格与潮流。这种工艺的发展几乎无一例外的采用师承制，而且很多是单线的家族承袭，一旦线性继承的某个环节出现问题，就可能使一门手艺失传。因此，传统的工艺美术并不具有设计（Design）的全部内涵。

工业革命以后，人们逐渐开始使用机器进行生产。由于机器可以大量地制造完全相同的物品，不仅比手工快而且便宜，因此许多古老的工艺渐渐消失了。虽然机器代替了手工，但满足人们物质生活和精神生活的实用美观依然是衡量产品好坏的标准。一件产品的定型生产，需要经过市场调研、概念构思、方案规划、模型图样等一系列严谨周密的逻辑与形象思维过程然后才产生最后的施工图纸。这种建立在现代科学研究成果基础之上的缜密过程，确立了设计（Design）的全部内容，从而使它完全脱离了传统的工艺美术，诞生了一门崭新的学科——现代艺术设计。

2.现代艺术设计的发展

现代艺术设计包括以印刷品为代表的平面视觉设计，以日用器物为代表的造型设计，以建筑和室内为代表的空间设计等。从20世纪初到70年代末，现代艺术设计在发达国家蓬勃发展。没有设计的产品就没有竞争力，没有竞争力就意味着失去市场——艺术设计的观念在这些国家成为共识。

不同空间形态的表象所传递的信息具有不同的特征。二维空间实体表现为平面，在艺术表达的类型中，绘画是典型的平面表象；设计门类中视觉传达的书籍装帧、海报招贴、包装标识属于平面表象。

三维空间实体表现为立体，在艺术表达的类型中，雕塑是典型的立体表象；设计门类中产品造型的陶瓷、家具、交通工具属于立体表象。四维空间实体是时空概念的组合，它的表象是由实体与虚空构成的时空总体感觉形象。在艺术表达的类型中，戏剧影视是典型的时空表象；设计门类中环境艺术的建筑、景观、室内属于时空表象。

第二节　设计方法

一、设计思维的特点

1.理性与感性思维的融合

理性思维重在逻辑的推理，而感性思维则重在形象的推敲；理性的思维得出的结论往往是明确的，而感性思维得出的结果可能是含混的；使用理性思维进行的科学研究，所得出的正确答案只能是一个，而使用形象思维进行的艺术创作，其优秀的标准则是多元化的。

室内设计属于艺术设计的范畴，同时又是一门边缘学科。就空间艺术本身而言，形象思维占据了主导地位。但是在相关的功能技术性门类中，则需要具备理性思维的概念。因此，进行一项室内设计，丰富的形象思维与缜密的逻辑思维必须兼而有之、相互融合（图1-3-1）。

2.多元的思维方式

由于室内设计所受制约因素很多，因此在设计的思维过程中，不能死钻牛角尖，如果一条路走不通，就换一条路试试。在实际生活中，十全十美的设计是没有的，任何一个方案都可能有这样或那样的缺点。所以，室内设计师要善于解决主要矛盾，在不影响主要功能的使用和艺术效果基本完美的情况下做到适可而止。在很多情况下，单元的线性思维很难应付纷繁的设计问题，只有多元的思维方式才能产生可供选择的方案。山穷水复疑无路，柳暗花明又一村——换个角度想问题，往往会取得意想不到的收获。

3.提高设计素质的渠道

设计师设计思维的高低，并不是只靠专业知识本身就能够决定的。由于设计与人们的社会生活息息相关，广泛的社会生活经验以及较深的艺术修养对设计思维素质的提高，具有不可估量的作用。生活和艺术是每一个室内设计者提高自己素养的主要渠道。只有认真观察生活，热爱艺术创作，在大量的感性积累中汲取养分，才能建立起自己完整的设计思维体系（图1-3-2）。

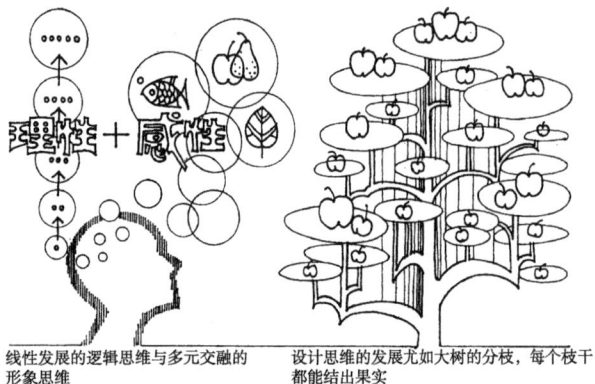

线性发展的逻辑思维与多元交融的　　设计思维的发展尤如大树的分枝，每个枝干
形象思维　　　　　　　　　　　　都能结出果实

图1-3-1　形象思维与逻辑思维在艺术设计中的相互融合　　图1-3-2　生活中的一切事物都可触发设计的灵感

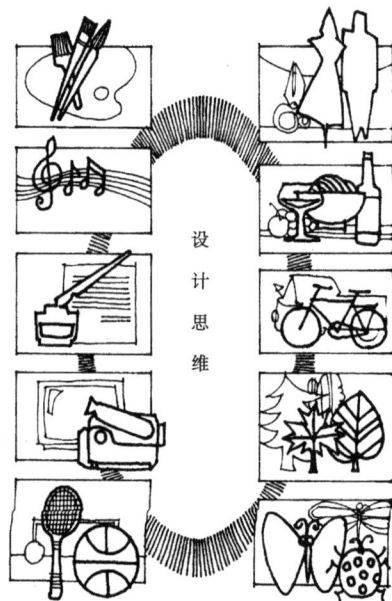

二、设计方法的内容

1.设计项目分析与调研

（1）设计项目分析

每一项设计，根据其空间类型和使用功能，都可以从不同的构思概念进入设计。虽然条条道路都可能到达目的地，但如何选取最佳方案，则是让人颇费脑筋的。因此，在正式进入设计角色之前，一定首先要明确设计任务的要求，对设计项目进行深入认真的分析，这样往往会使设计取得成功，达到事半功倍的效果。设计项目的任务分析，主要从以下方面进行。

1）用户的功能需求分析。

2）预算情况分析。

3）环境系统情况分析。

4）可能采用的设计语汇分析。

5）材料市场情况分析。

（2）设计项目调研

设计项目的分析与调查研究的关系是密不可分的。调查研究不细，分析也就不可能深入。科学的分析结论都是建立在调查研究的基础之上的。设计项目的调查研究，主要从以下几方面进行。

1）查阅收集相关项目的文献资料，了解有关的设计原则。

2）调查同类设计的使用情况，找出功能上存在的主要问题。

3）广泛浏览古今中外优秀的设计作品实录，如有条件应尽可能实物或实地参观，从而分析他人的成败得失。

4）测绘关键性部件的尺寸，细心揣摩相关的细节处理手法，积累设计创作的"语汇"。

尽管如此，即使是一个经验丰富的设计师，也仍然不可能做到对各种设计类型中出现的问题了如指掌，因为制约设计的因素是很多的，同一类型的设计，也会因各种具体条件的变化而有所不同。所以，对于每一个设计师来讲，任何设计项目，任何设计阶段，调查研究都是必不可少的重要环节（图1-3-3）。

2.掌握图形思维的技巧

对形象具有敏锐的观察和感受能力，是进行设计思维必须具备的基本素质。这种素质的培养，有赖于图形思维能力的建立。不少初学者喜欢用口头的方式表达自己的设计意图，这样是很难被人理解的。在室内设计的领域，图形是专业沟通的最佳语汇。因此，掌握图形思维技巧就显得格外重要。

无论在设计的哪一阶段，设计师都要习惯于用笔将自己一闪即逝的想法落实于纸面。而在不断地绘制图形的过程中，又会触发出新的灵感。这种图形思维纯粹是个人的辅助思维形式，优秀的设计往往

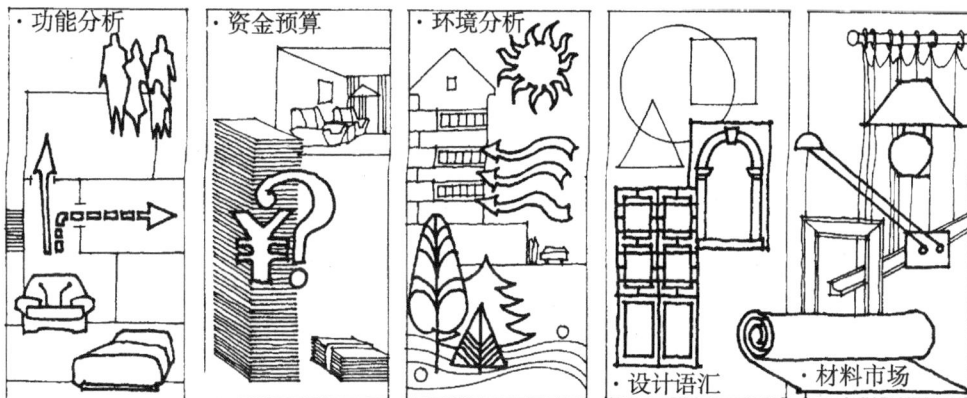

图1-3-3 设计项目的分析与调研

就诞生于这种看似纷乱的草图之中。

学会使用半透明拷贝纸，是图形思维的基本条件。要在图面上不断地更新自己的想法，不要随意扔掉任何一张看似很乱的草图。积累、对比、优选，好的方案就可能产生（图1-3-4）。

3.学会类比优选的方法

设计的构思在经过海阔天空式的畅想后，最终会落实到将概念与空间的实际相结合，转化成一个可行的设计方案。这时候类比优选就显得格外重要。有些构思看上去挺新颖，但是一与材料、技术、经费发生关系，往往就变得不那么美妙。优选实际上就是设计者自己首先进行的方案可行性研究，这些研究就是针对功能分析与审美条件所展开的。

在经过权衡利弊的反复比较后，才能在众多的构思中选定一两个基本可行的方案，待深入到方案设计阶段后方能最后定稿。

设计项目构思概念的确立，在很大程度上反映出设计者自身的艺术素养与设计的经验。初学者设计经验少，头脑中的束缚也少，有时反而容易产生好的点子；成熟的设计师经验丰富，工作中求稳，有时反而影响了好的构思产生。所以设计师之间的相互启发和促进是十分重要的（图1-3-5）。

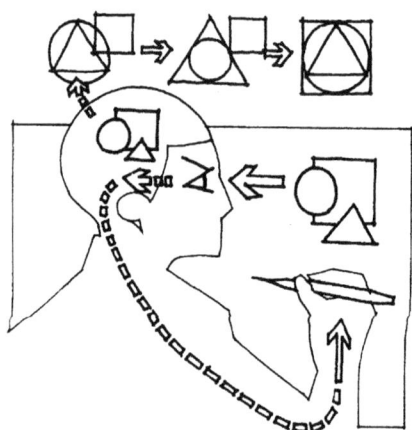

图1-3-4　通过手、眼、脑配合完成的图形思维

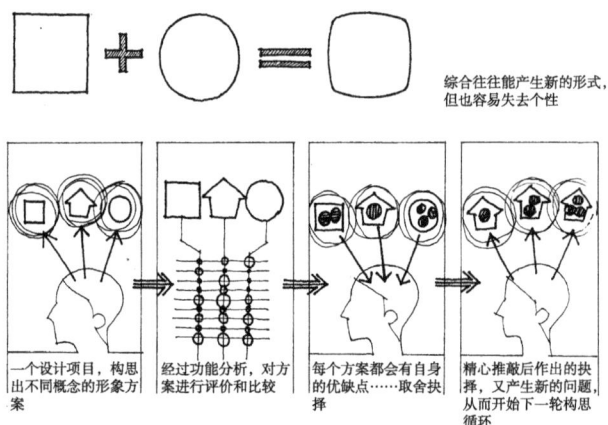

综合往往能产生新的形式，但也容易失去个性

一个设计项目，构思出不同概念的形象方案 | 经过功能分析，对方案进行评价和比较 | 每个方案都会有自身的优缺点……取舍抉择 | 精心推敲后作出的抉择，又产生新的问题，从而开始下一轮构思循环

图1-3-5　构思的类比优选过程

第三节　环境艺术

环境艺术与环境设计，在概念上具有不同的含义。环境艺术品创作与环境艺术设计，同样在概念上具有不同的含义。这里似乎有点文字游戏式的咬文嚼字，但是如果搞不清楚环境艺术与设计之间的关系，就不能确立全新的环境艺术设计概念。

一、环境艺术与环境设计

环境艺术是以人的主观意识为出发点，建立在自然环境美之外，由人对美的精神需求所引导而进行的艺术环境创造。这种创造最初源于现代艺术诸流派中的一个分支。在这种现代艺术观念下创造出的艺术品，综合了平面与立体诸要素，以现成物和创造品组成由观者直接参与的艺术空间，通过视觉、听觉、触觉、嗅觉的综合感受，使人们产生一种身临其境的感觉。这种艺术创造既不同于传统的雕塑，也不同于建筑，它更多地强调空间氛围的艺术感受。这种重视实体与虚空整体综合效果的艺术形式，造就了环境艺术的基本模式。当然，我们今天所说的环境艺术，已远远超出艺术品的概念，成为研究"环境与艺术"的课题。

虽然这种人为的艺术环境创造，可以存在于自然界美的环境之外，但是它又不可能脱离自然环境本体，它必须植根于特定的环境，成为融会其中与之有机共生的艺术。可以这样说，环境艺术是人类生存环境的美的创造。

环境设计是建立在客观物质基础上，以现代环境科学研究成果为指导，创造理想生存空间的工作过程。人类理想的环境应该是生态系统的良性循环，社会制度的文明进步，自然资源的合理配置，生存空间的科学建设。这中间包含了自然科学和社会科学涉及的所有研究领域。因此，环境设计是一项巨大的系统工程，属于多元的综合性边缘学科。

环境设计以原有的自然环境为出发点，以科学与艺术的手段协调自然、人工、社会三类环境之间的关系，使其达到一种最佳的运行状态。环境设计具有相当广的含义，它不仅包括空间实体形态的布局营造，而且更重视人在时间状态下的行为环境的调节控制。环境设计比环境艺术具有更为完整的意义，环境艺术应该是从属于环境设计的子系统。

环境艺术品创作是有别于艺术品创作的。环境艺术品的概念源于环境艺术设计，几乎所有的艺术与工艺美术门类，以及它们的产品都可以列入环境艺术品的范围。但只要加上环境二字，它的创作就将受到环境的限定和制约，以达到与所处环境的和谐统一。

为了不使公众对环境设计概念的理解产生偏差，我们对环境设计冠以"环境艺术设计"的全称，以满足目前社会文化层次认识水平的需要。显然，这个词组包括了环境艺术与设计的全部概念。

二、环境艺术设计的产生

环境艺术设计的产生，完全是现代化的结果。当人类进入21世纪的时候，已经有三分之一的人生活在城市，展现在我们面前的是：快速的交通工具，迅捷的通信方式，拥挤的街道，密如蚁群的人流，比肩继踵的高楼大厦。伴随着信息时代的到来，世界人口急剧膨胀，城市滚雪球式的畸形发展，使我们的生存空间变得越来越狭小。数十年间的变化，远远超过人类历史上任何一个时期的变化（图1-3-6）。

在农耕时代，城镇的规模要小得多，建筑的类型相对显得简单，由此形成的空间造型与它所在的环境容易取得协调，各类环境艺术品有着相对固定的位置和较为宽松的观赏时空。古典主义的艺术作品正是在这样的环境下产生发展的。诸如西方的雕塑，东方的书画，都与建筑有着密不可分的关系，由此演化的东西方古典主义艺术，呈现出千姿百态的风格。文化在时空中积淀，逐渐形成符合于特定时代的模式。我们很难想象没有雕塑的古希腊古罗马建筑会是什么样子，同样很难想象没有书法匾额楹联装饰的中国古典建筑会是什么样子。

进入信息化时代，东西方文化交流融会的速度骤然加快，国际化和民族化共处，统一多元成为时代最显著的特征。创造出和谐完整的艺术作品作为这个多元化时代必须遵守的设计原则，已成为衡量艺术与设计质量的标准。生存空间的拥塞，信息爆炸的冲击，促使人们生活的节奏加快、再加快。直观醒目、对比强烈、节奏快且富于变化而又能与环境和谐统一的艺术与设计，成为被追求的目标。在这种情况下，尽管传统艺术与设计的各个门类依然顽强地寻求着自己的发展领地，但如果不能够通过创新以适应环境的整体要求，而是与其相互冲突，那么，即使艺术与设计的成品个体做得再漂亮，也

图1-3-6　人与环境的关系

不免落得个被淘汰的下场。

总而言之，环境艺术设计就是艺术与设计的各个门类在现代化的环境中，经过痛苦磨合从而融会贯通后，产生的综合艺术设计类型。由此可见，环境艺术设计的概念包含了极其广阔的内容。

第四节　景观艺术

景观（Landscape）是一个地理学名词。它包含了三种概念——一般的概念；特定区域的概念；类型的概念。泛指地表自然景色是景观的一般概念；专指自然地理区划中起始的或基本的区域单位是景观的特定区域概念；同一类型单位的通称是景观的类型概念。而在景观学中则主要指特定区域的概念。由于在狭义的环境艺术设计概念中建筑的外部空间组合设计也是一个特定区域的概念，因此将以建筑、雕塑、绿化诸要素综合进行的外部空间环境设计，冠以景观设计的名称也就显得顺理成章了。

景观艺术设计虽然是建立在环境艺术设计概念之上的艺术设计门类。但它所蕴含的内容却涉及美术、建筑、园林和城市规划四个专业。景观艺术设计最通俗的解释就是美化环境的景色。可以说它是以塑造建筑外部的空间视觉形象为主要内容的艺术设计。这是一个综合性很强的环境系统设计：它的环境系统是以园林专业所涵盖的内容为基础，它的设计概念是以城市规划专业总揽全局的思维方法为主导，它的设计系统是以美术与建筑专业的构成要素为主体。

一、以园林为基础的环境系统

"人类同自然环境和人工环境是相互联系、相互作用的。园林学是研究如何合理运用自然因素（特别是生态因素）、社会因素来创建优美的、生态平衡的人类生活境域的学科。"[①] 因此将景观设计建立在以园林学为基础的环境系统上，是符合环境艺术设计基本概念的。

园林是在一定的地理境域中以工程技术和艺术手段，通过筑山、叠石、理水、绿化、建筑、置路、雕塑来创造的美的环境。园林的环境系统是以土地、水体、植物、建筑这四种基本要素构成的。在这四种要素中，前三种原本属于自然环境的范畴，在经过了人为的处理后，形成了造园的专门技艺，从而使其转化为人工环境；而后一种要素——建筑，本身就是人工环境的主体。

园林有着自己悠久的历史，中国、西亚和希腊是世界园林三大系统的发源地，从中产生了灿烂的古代园林文化。作为研究园林技术和艺术的专门学科——园林学则是近代才出现的。由于社会环境的影响，东西方的文化传统呈现出不同的形态，园林也由此产生出东西方的差异。东方古典园林以中国园林为代表，崇尚自然，讲究意境，从而发展出山水园；西方古典园林则以意大利台地园和法国园林为代表，从建筑的概念出发追求几何图案美，从而发展出规整园。

近代以后，城市化的速度加快，人工建筑对自然环境的破坏所产生的后果，促使人们日益重视自然和人工环境之间的平衡。园林以其自然要素占绝对优势的地位的特点，很快在城市规划系统中占据了重要的位置。以绿化为主，协调城乡发展的"大地景观"（Earthscape）概念，使有计划地建设城市园林绿地系统，成为现代城市规划设计中最重要的基础环节之一。

本书所讲的景观艺术设计，实际上也是立足于城市规划系统之上的。它的设计虽然涉及建筑、园林、美术等艺术门类，但其基本的环境系统要素却是构成园林专业的基础要素，只不过景观艺术设计的特定区域性更强。一般来讲，景观艺术设计是以建筑组成的特定环境为背景（如广场、街区、庭院），由一个标识性强的主体艺术品作为该环境的中心，形成的具有一定审美意趣、可供观赏的人工风景。因此景观设计是以协调主体观赏点与所处环境的关系为主旨的。它研究的内容并不是环境系统本身，它只是以园林专业

---

① 汪菊渊.中国大百科全书.建筑园林城市规划卷.

的基础要素作为自己的环境系统，在对自然因素的研究方面远没有达到园林学所涉及的深度和广度。

二、以城市规划为主导的设计概念

景观艺术设计既然是一门涉及面极广的艺术设计学科，那么它的设计必然是建立在自身的环境系统之上的总体的综合性的系统概念。要树立起这样的设计概念显然不能以一般造型艺术的设计方法作为立意的出发点，因为景观设计中标识性强的主体艺术品通常都是以协调环境中实体与虚形关系的砝码出现的。只有单体造型能力，缺乏总体环境意识，是很难做好景观设计的。因此，了解城市规划专业的一般知识，以城市规划设计的概念去主导景观艺术设计，就成为设计概念确立的重要环节。

城市规划属于建筑学的范畴。"城市的发展是人类居住环境不断演化的过程，也是人类自觉和不自觉地对居住环境进行规划安排的过程。"① 虽然在古代也有不少城市规划的典范，如古罗马的罗马城、中国明清的北京城，但是城市规划学科的形成则是在工业革命之后。大工业的建立使农业人口迅速向城市集中，城市的规模在盲目的发展中不断扩大。由于缺乏统一的规划，城市居住环境日益恶化。在这样的形势下，人们开始从各方面研究对策，从而形成了现代的城市规划学科。城市规划理论、城市规划实践、城市建设立法成为构成现代城市规划学科的三个部分。

在建筑学的所有门类中，城市规划是一个较为宏观的专业，同时也是一个相对年轻的发展中的专业。很多专业问题在学术界尚无定论，尤其是在出现了超大城市集团群落的当代。城市规划专业更多的是探讨研究相关课题，以求能够解决实际问题。于是，城市布局模式、邻里和社会理论、城市交通规划、城市美化和城市设计、城市绿化、自然环境保护与城市规划、文化遗产保护与城市规划等等课题，就成为构成现代城市规划设计的主要内容。

从城市规划所包含的内容来看，更多的是属于总体性的战略宏观设计问题。虽然也有涉及实物的具体详细规划，但从城市规划设计的具体运作方式来看，规划设计部门所起到的作用主要是帮助政府进行政策性宏观调控，很难直接影响到对建筑物、街道、广场、绿化、雕塑等具体要素的造型设计协调。这类工作往往由建筑师、园艺师、市政工程师承担。由于现代城市的庞大尺度以及城市功能、建筑功能的日趋复杂，这些专业设计师往往自顾不暇，远不能深入到具体的环境艺术设计中去。因此，建筑内外、建筑与建筑、建筑与道路、建筑与绿化、建筑与装饰之间的空间过渡部分几乎处于设计的空白。只有以城市规划为主导设计概念的景观设计，才能从环境艺术设计的角度出发，对这些被遗漏的边缘空间进行设计，担当起环境美化的重任。

三、以美术和建筑作品为主体的设计系统

就像一篇文章要有主题，一首乐曲要有主旋律一样，景观艺术设计同样也有自己的主体。由于景观设计通常是以标识性强的造型实体作为设计的主体的，所以，在一个特定的环境区域中，往往以美术作品和建筑物的构成要素作为环境的主体，同时在环境系统的空间构图、尺度比例、色彩质感等方面注意协调与周边景物的关系，从而形成景观设计自己完整的设计系统。

美术亦称"造型艺术"，通常指绘画、雕塑、工艺美术、建筑艺术等。它的特点是，通过可视形象创造作品。可见建筑艺术属于美术的范畴，是空间造型艺术的一种。但是建筑艺术又有着自身的特殊性。建筑，是建筑物和构筑物的通称，是工程技术和建筑艺术的综合创作。"建筑学在研究人类改造自然的技术方面和其他工程技术学科相似。但是建筑物又是反映一定时代人们的审美观念和社会艺术思潮的艺术品，建筑学有很强的艺术性质，在这一点上和其他工程技术学科又不相同。"② 建筑在提供了人

---

① 吴良镛.中国大百科全书.建筑园林城市规划卷.
② 戴念慈，齐康.中国大百科全书.建筑园林城市规划卷.

们社会生活的种种使用功能之外，又以其自身的空间和实体所构成的艺术形象，在构图、比例、尺度、色彩、质感、装饰等方面，通过视觉给人以美的感受。

在以往的建筑和园林设计系统中虽然也应用绘画和雕塑，但是，往往由于美术创作者的个性太强，缺乏环境整体意识，最后完成的作品不能形成完美的景观。这与景观设计以美术和建筑作品为主体的设计系统有着本质的区别。在景观设计中，主体与环境的关系是互为依存的，它的设计系统是建立在环境艺术设计概念之上的。这个设计系统非常强调设计的整体意识，因为整体意识原本就是艺术创作最基本的法则。

整体意识同样也是艺术设计创作最基本的法则。因为，设计本身就是艺术与科学的统一体。审美因素和技术因素综合体现在同一件作品上，使美观实用成为衡量艺术设计成败的标准。艺术审美的创作主要依据感性的形象思维，科学技术的设计主要依据理性的逻辑思维，而艺术设计恰恰需要融会两种思维形式于一体。如果没有整体意识，以美术和建筑作品为主体的设计系统是很难进入艺术设计创作思维的。

在单项的艺术和艺术设计创作中具有整体意识，并不意味着具备了景观设计的环境整体意识。由于创新和个性是艺术创作的生命，因此，每一个艺术家和设计师在进行创作时总是尽可能地标新立异。尽管完成的每一件作品创作的整体意识很强，却并不一定能与所处的环境相融会。例如，一件具象的古典主义雕塑，本身的艺术性很强，造型的整体感也不错，而且人物的面部表情塑造得非常丰富，细部处理也很精致，但是，却被安放在高速公路边的草坪里，人们坐在飞驰的汽车里一晃而过，根本就不可能有时间细心地观赏。一件很好的艺术品被放错了地方，说明公路规划的设计者缺乏设计的环境整体意识。又如，城市街道两旁的绿地边经常可以看到用铸铁件做成的栅栏，往往要被设计成梅兰竹菊之类具有一定主题的图案，如果单看图案本身也许很漂亮，但是安装在赏心悦目生机勃勃的绿色植物周围，不免喧宾夺主大煞风景。诸如此类，不但不为环境生色，反而影响环境整体效果的例子还有很多。所有这些都是缺乏环境整体意识的表现。

确立环境整体意识的设计概念，关键在于设计思维方式的改变。在很长一段时间里，艺术家和设计师总是比较在意自己作品的个性表现，注重于作品本身的整体性，而忽视其在所处环境中的作用，以主观到客观的思维方式进行创作，希冀环境客体成为作品主体的陪衬，而不是将作品主体融会于环境客体之中。艺术作品和设计实体是服从于环境，还是凌驾于环境之上，成为时代衡量单项艺术和艺术设计创作成败的尺子。因此，具备环境意识，具备环境整体意识的设计概念，处理好美术和建筑作品主体与环境系统客体之间的关系，就成为景观艺术设计的关键。

第四章　人体工程学基础知识

建筑的内部空间主要为人所使用，它的绝大部分都与人类的活动有关。在过去，建筑和室内设计师在设计时都是参考前人和个人的经验来决定设计问题的。然而在今天，这样的设计方法已经不能适应现代的人类需求。随着社会生活水平的提高和科学技术的进步，人们对生活环境在舒适性、效率性和安全方便等方面有了更高的要求，技术和科学的进步也要求室内设计对解决这一系列的问题有更严谨和科学的方法。这就要求室内设计师对"人"有一个科学的全面的了解，人体工程学正是这样的一门关于"人"的学科。

第一节　人体工程学与室内设计

人类的生活中总是在使用着某些物质设施，这些物质设施可以为人们的生活和工作服务。它们有些是生活和工作的工具，有些构成了人类生活的空间环境，人们生活的质量和工作的效能在很大程度上取决于这些设施是否适合人类的行为习惯和身体方面的各种特征。因此，室内设计（不论是工作的室内或是非工作的室内）质量的好坏不是单纯的空间组合或是设计人员主观臆测的结果，而是人的因素这门学科是否纳入室内设计领域的问题。人体工程学的宗旨是达到舒适、安全和高效的目的。人体工程学的研究，过去只局限于提高工作效能，避免或防止环境中各项刺激对于人体产生危害，以及提高人类对于各种刺激的耐受极限等。近年来，开始注意到生活、特别是居住问题的舒适和质量以及各种情况下人的因素的问题。

从室内设计的角度来说，人体工程学的主要功用在于通过对生理和心理的正确认识，根据人的体能结构、心理形态和活动需要等综合因素，充分运用科学的方法，通过合理的室内空间和设施家具的设计，使室内环境因素适应人类生活活动的需要，进而达到提高室内环境质量，使人在室内的活动高效、安全和舒适的目的。

人体的结构非常复杂，从室内人类活动的角度来看，人体的运动器官和感觉器官与室内空间的关系最密切。运动器官方面，人的身体有一定的尺度，活动能力有一定的限度，无论采取何种姿态进行活动，皆有一定的距离和方式，因而与活动有关的空间和家具器物的设计必须考虑人的体形特征、动作特性和体能极限等人体因素。感觉器官方面，人的知觉与感觉与室内环境之间存在着极为密切的关系。诸如室内的温度、湿度、光线、声音等环境因素皆直接和强烈地影响着人的知觉和感觉，并进而影响人的活动效果（图1-4-1）。因而了解人的知觉和感觉特性，可以为室内设计建立环境条件的标准。人体工程学在室内设计中的作用主要体现在以下几个方面：

1）为确定空间范围提供依据。

2）为设计家具提供依据。

3）为确定感觉器官的适应能力提供依据。

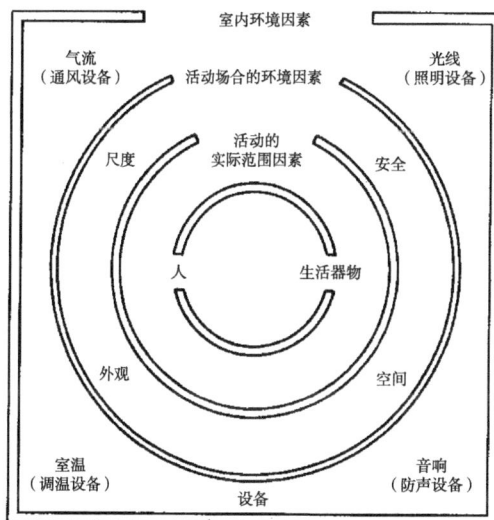

图1-4-1

一、人体工程学

实际上，自从有了人类和与之同时诞生的人类
文明，人们就一直在不断地改进自己的生活质量和
生产的效能。尽管上古时代不可能产生今天这样的
科学研究方法，但在人们的创造与劳动中已经潜在
地存在着人体工程学的萌芽，这些可以从新旧石器
时代的文物中看出。例如，旧石器时代制造的石器

图1-4-2

多为粗糙的打制石器，造型也多为自然形，不太适合于人的使用；而新石器时代的石器多为磨制石器，
造型也更适合于人的使用（图1-4-2）。因此，可以说，人体工程学自有人类以来就存在。从某种意义
上说，人类技术发展的历史也就是人体工程学发展的历史。

人体工程学是一门新学科，作为一门独立的学科只有很短的历史（迟至20世纪40年代第二次世界
大战后）。它以人—机关系为研究的对象，以实测、统计、分析为基本的研究方法。人体工程学是在战
争中诞生的，首先用于军事上，主要用来解决各种武器如何便于操作、如何提高命中率和安全可靠性等
问题。第二次世界大战结束后，人体工程学迅速渗透到空间技术、工业生产、建筑设计以及生活用品等
领域，并且成了室内设计不可缺少的基础之一。在美国、德国和日本等国家，人体工程学已经成为一门
比较成熟的学科。1984年1月，我国正式决定对人体尺寸进行测量和统计，这对建立适合我国国情的人
体工程学来说，是极为重要的决策。

二、人体工程学的定义

人体工程学是研究"人—机—环境"系统中人、机、环境三大要素之间的关系，为解决该系统中
人的效能、健康问题提供理论与方法的科学。为了进一步加以说明，需要对定义中提到的几个概念作以
下几点解释。

人、机、环境三个要素中，"人"是指作业者或使用者，人的心理特征、生理特征以及人适应机
器和环境的能力都是重要的研究课题。"机"是指机器，但较一般技术术语的意义要广得多，包括人操
作和使用的一切产品和工程系统。"环境"是指在人们工作和生活的环境中，噪声、照明、气温等环境
因素对人的工作和生活的影响。

了解了上述几个基本概念以后，就能更好地理解关于人体工程学的定义。关键应掌握两点：①人
体工程学是在人与机器、人与环境不协调，甚至存在严重矛盾这样一个历史条件下逐步形成建立起来
的，直至今天仍在不断发展。②人体工程学研究的重点是系统中的人。

三、人体工程学研究的主要内容

人体工程学研究的主要内容大致分为三方面。

1. 工作系统中的人

1）人体尺寸。

2）信息的感受和处理能力。

3）运动的能力。

4）学习的能力。

5）生理及心理需求。

6）知觉与感觉的能力。

7）环境对人体能的影响。

8）人的长期、短期能力的限度及快适点。

9）人的反射及反应形态。

10）人的习惯与差异（民族、性别等）。

2.工作系统中直接由人使用的机械部分如何适应于人的使用

这些部分分为三大类：

1）显示器。仪表、信号、显示屏。

2）操纵器。各种机具的操纵部分，杆、钮、盘、轮、踏板等。

3）机具。家具、设备等。

3.环境控制如何适应于人的使用

（1）普通环境

建筑与室内空间环境的照明、温度、湿度控制等。

（2）特殊环境

比如冶金、化工、采矿、航空、宇航和极地探险等行业，有时会遇到极特殊的环境，包括高温、高压、振动、噪声、辐射和污染等。

四、人体工程学的研究方法

我们生活和工作使用的各种设施及器具，大到整个生活环境、小到一个开关，都与我们身体的基本特征有着密切的联系。判断它们是否适应于人的使用，舒适程度如何，是否有利于提高效率，有利于健康，首先需要解决的问题就是获得有关人体的心理特征和生理特征的数据。在进行人体工程学研究时，为了便于进行科学的定性定量分析，所有这些数据都要在人体上测量而得，都涉及人体的测量。人体测量的目的就是为研究和设计者提供依据。

人体测量包括很多的内容，它以人体测量学和与它密切相关的生物力学、实验心理学为主，综合了多学科的研究成果，主要包括以下几方面内容。

1.形态测量

长度尺寸、体形（胖瘦）、体积、体表面积等。

2.运动测量

测定关节的活动范围和肢体的活动空间，如动作范围、动作过程、形体变化、皮肤变化。

3.生理测量

测定生理现象，如疲劳测定、触觉测定、出力范围大小测定等。

在建筑与室内设计中相关的人体测量数据主要有以下几类：人体尺寸、人体活动空间、出力范围、重心等。

第二节　人体与室内空间

人们在生活和工作中使用的各种设施（如椅子、桌子、工作场所等）与人们身体的基本特征和尺度有关。人的舒适感的获得、身体的健康和工作的效能等在很大程度上都与这些设施和人体配合得好不好有关。影响空间大小、形状的因素相当多，但是最主要的因素还是人体的尺寸、人体的活动范围以及家具设备的数量和尺寸。因此，在确定空间范围时，首先要准确测定出不同性别的成年人与儿童在立、坐、卧时的平均尺寸；还要测定出人们在使用各种家具、设备和从事各种活动时所需空间范围的体积与高度；每个人需要多大的活动面积；空间内有哪些家具设备以及这些家具和设备需要占用多少面积等。还必须搞清使用这个空间的人数，一旦确定了空间内的总人数就能定出空间的面积与高度（图1-4-3~图1-4-7）。

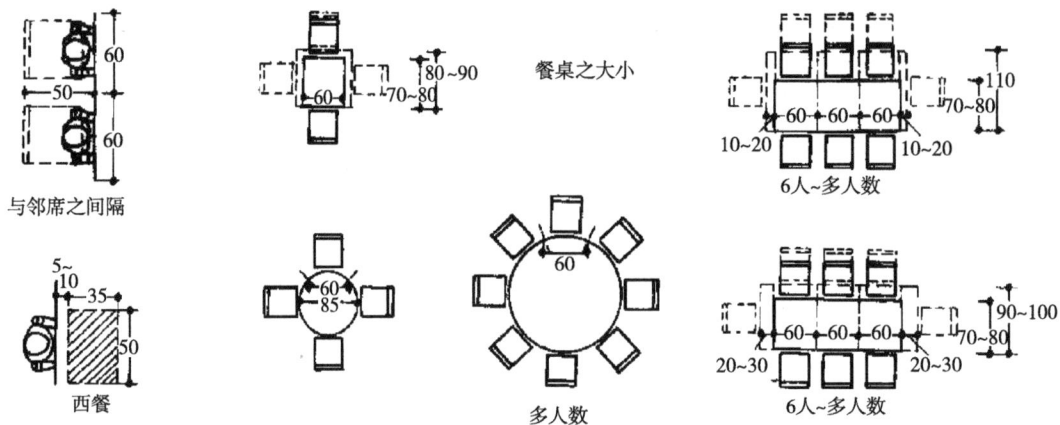

图1-4-3

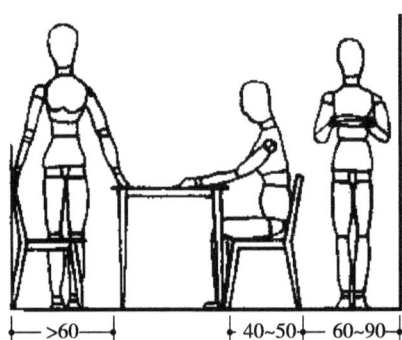

图1-4-4

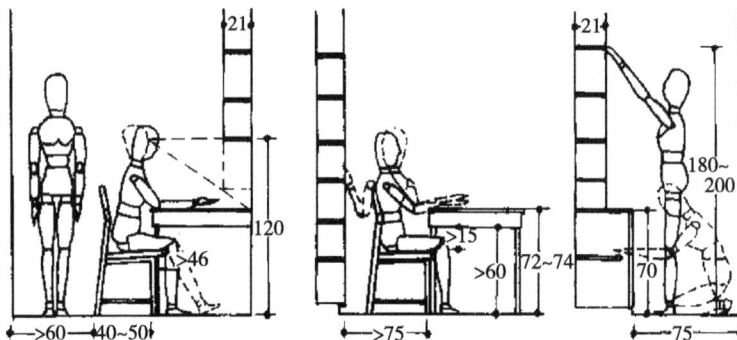

图1-4-5

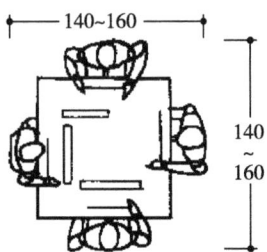

图1-4-6　四人围坐游戏的净距空间

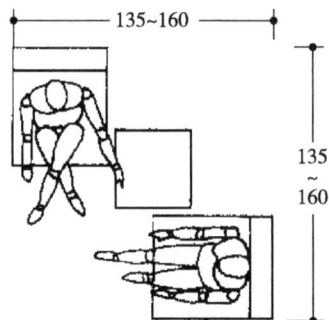

图1-4-7　两人L形聚谈的净距空间

从以上内容可以看出，室内空间环境涉及的人的问题主要有两个——人体尺寸和人体活动空间。而这些问题的研究主要依靠人体测量学。

一、人体测量学

人体测量学是通过测量各个部分的尺寸来确定个人之间和群体之间在尺寸上的差别的学科，它是一门新兴的学科，但同时又具有古老的渊源。人们开始对人体尺寸感兴趣并发现人体各部分之间的相互关系的历史可追溯到2000年前。公元前1世纪，罗马建筑师维特鲁威（Vitruvian）就从建筑学的角度对人体尺寸进行了较完整的论述。发现人体基本上以肚脐为中心，一个男人挺直身体、两手侧向平伸的长度恰好就是其高度，双足和双手的指尖正好在以肚脐为中心的圆周上。按照维特鲁威的描述，文艺复兴时期的达芬奇（Da-Vinci）创作了著名的人体比例图（图1-4-8）。但是，直到1940年前后，工业化社会迅速发展，为了适应工业发展的需要，人们迫切需要人体测量学知识及其数据，这门学科才开始从理论学科进入到应用学科。第二次世界大战后，建筑师和室内设计师意识到了人体测量学在建筑和室内设计中的重要性，将它应用到整个建筑室内外的环境设计中去，提高了人工环境的质量。

人体测量学及与它密切相关的生物力学论述了人体的特征和功能的测量，包括人体尺寸、重量、体积、动作的范围及其他类似的问题。下面仅阐明一些基本概念和使用范围。

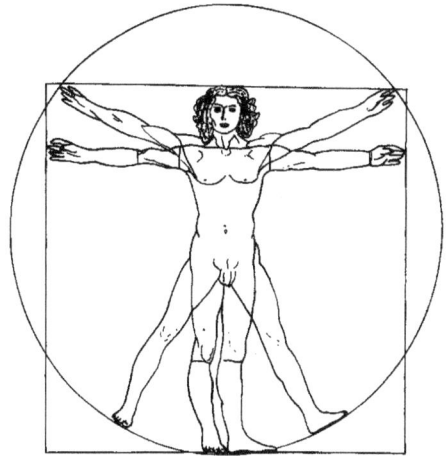

图1-4-8

二、人体尺寸

人体尺寸是所有涉及与人有关的设计门类共同遇到的首要问题，也是最基础的问题。人体尺寸可分为两类，即构造尺寸和功能尺寸。

1.构造尺寸

人体构造尺寸往往是指静态的人体尺寸，它是在人体处于固定的标准状态下测量出来的。可以测量许多不同的标准状态和不同部位，如手臂长度、腿长度、坐高等（图1-4-9、图1-4-10）。构造尺寸较为简单，它对于与人体关系密切的物体的设计有较大影响，如家具、服装和手动工具等。主要为人体各种装具设备提供数据。

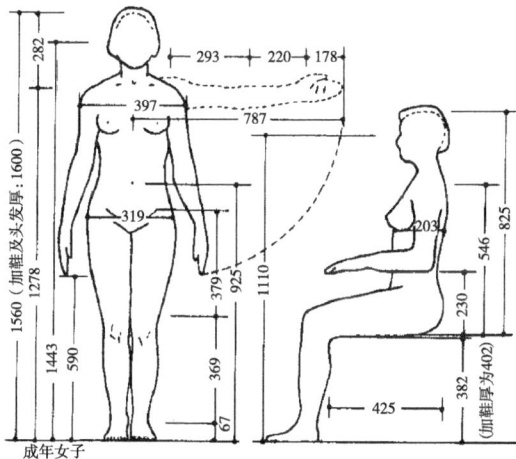

图1-4-9

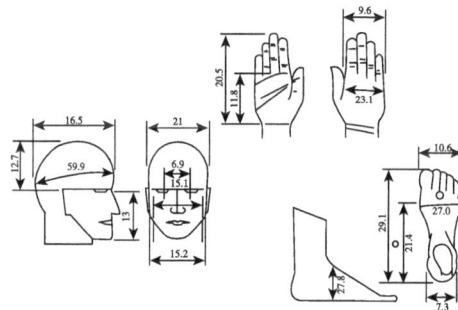

图1-4-10

2.功能尺寸

功能尺寸是指动态的人体尺寸，包括人在工作状态下或运动中的尺寸，是人在进行某种功能活动时肢体所能达到的空间范围。它是在动态的人体状态下测得的，是由关节的活动、转动所产生的角度与肢体的长度协调所产生的范围尺寸。功能尺寸比较复杂，它对于解决许多带有空间范围、位置的问题很有用。

构造尺寸和功能尺寸是不同的。虽然构造尺寸对某些设计很有用处，但对于大多数的设计问题而言，功能尺寸可能有更广泛的用途。因为，人总是在运动着的。也就是说，人体结构是活动的、可变的，而不是保持固定、僵死不动的（图1-4-11）。在使用功能尺寸时强调的是，在完成人体的活动时，人体各个部分是不可分的，它们不是独立工作，而是协调动作的。例如，手所能达到的限度并不是单纯

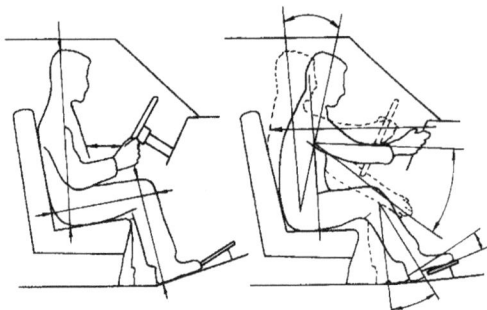

根据构造尺寸来设计　根据功能尺寸来设计

图1-4-11

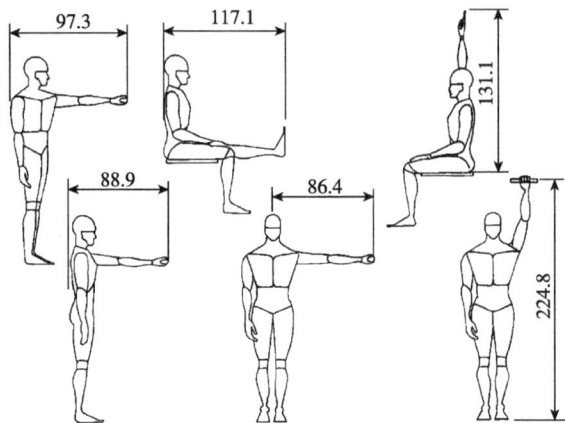

有功能作用的人体尺寸

图1-4-12

以手臂尺寸来决定的，它部分地也受到肩的运动和躯体的旋转、背的弯曲等动作的影响（图1-4-12）。再如，有一种翻墙的军事训练，2m高的墙，人站在地面上是很难翻过去的，但是如果借助于助跑跳跃就可轻易做到。人可以通过运动能力扩大自己的活动范围，因此在考虑人体尺寸时，只参照人的构造尺寸是不行的，有必要把人的运动能力也考虑进去。

在室内设计中，最有用的人体构造尺寸有十项，它们是：身高、体重、坐高、臀部至膝盖长度、臀部的宽度、膝盖高度、膝弯高度、大腿厚度、臀部至膝弯长度、肘间宽度。

3.人体尺寸的差异

由于很多复杂的因素都在影响着人体尺寸，所以个人与个人之间，群体与群体之间，在人体尺寸上存在很多差异，不了解这些就不可能合理地使用人体尺寸的数据，也就达不到预期的目的。差异的存在主要在以下几方面：

（1）种族差异

不同的国家，不同的种族，因地理环境、生活习惯、遗传特质的不同，人体尺寸的差异是十分明显的，从越南人的160.5cm到比利时人的179.9cm，身高差幅竟达19.4cm（表1-4-1）。

各国人体尺寸对照表（cm）　表1-4-1

人体尺寸（均值）	德国	法国	英国	美国	瑞士	亚洲
身高	172	170	171	173	169	168
身高（坐姿）	90	88	85	86	—	—
肘高	106	105	107	106	104	104
膝高	55	54	—	55	52	—
肩宽	45	—	46	45	44	44
臀宽	35	35	—	35	34	—

（2）年龄差异

年龄造成的差异也应注意。体形随着年龄变化最为明显的时期是青少年期。人体尺寸的增长过程，妇女在18岁结束，男子在20岁结束，男子到30岁才最终停止生长（图1-4-13）。此后，人体尺寸随年龄的增长而缩减，而体重、宽度及围长的尺寸却随年龄的增长而增加。一般来说，青年人比老年人身高高一些，老年人比青年人体重大一些。在进行某项设计时，必须经常判断人体尺寸与年龄的关系，所用尺寸是否适用于不同的年龄。对工作空间的设计，应尽量使其适应于20~65岁的人。

关于儿童的人体尺寸的数据历来是很少的，而这些资料对于设计儿童用具、幼儿园、学校是非常重要的，考虑到安全和舒适的因素则更是如此。儿童的意外伤亡与设计不当有很大的关系。例如，由于儿童的头部比较大，所以一般只要头部能钻过的间隔身体就可以过去。按此考虑，一般公共场所栏杆的间距应必须能够阻止儿童头部的钻过。5岁幼儿头部的最小尺寸约为14cm，如果以它为平均值，为了使大部分儿童的头部不能钻过，设计时多少要窄一些，最多不超过11cm（图1-4-14）。

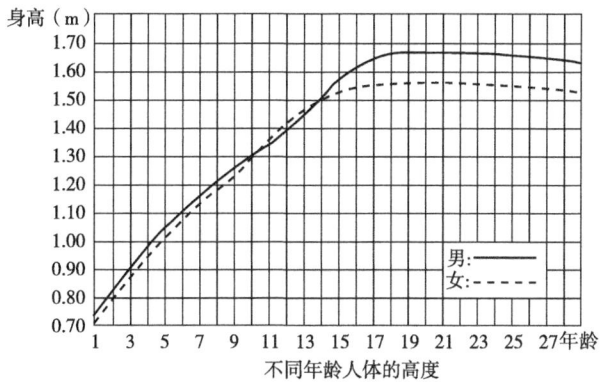

不同年龄人体的高度

图1-4-13

图1-4-14

另一方面，针对老年人的尺寸数据资料也相对较少。由于人类社会生活条件的改善，人们寿命的增加，现在世界上进入人口老龄化的国家越来越多，所以设计中涉及老年人的各种问题不能不引起我们的重视。至少老年人有两大特征应引起我们的注意：

1）无论男女，上年纪后身高均比年轻时矮。

2）伸手够东西的能力不如年轻人。

设计人员在考虑老年人的使用时，务必对上述特征给予充分的考虑。家庭用具的设计，首先应当考虑到老年人的要求。因为家庭用具首先需要考虑的是使用方便，一般不必讲究工作效率，在使用方便方面，则年轻人可以迁就老年人一些。所以，家庭用具（尤其是厨房用具、橱柜和卫生设备）的设计，照顾老年人的使用是很重要的（图1-4-15）。

（3）性别差异

3~10岁这一年龄阶段，男女的差别极小，同一数值对两性均适用。两性身体尺寸的明显差别从10岁开始。一般妇女的身高比男子低10cm左右，但设计时不能像以前常常做的那样，把女子按较矮的男子来处理。调查表明，妇女与身高相同的男子相比，身体比例是不同的。妇女臀部较宽，肩窄，躯干较男子为长，四肢较短。在设计中应注意这种差别。根据经验，在腿的长度起作用的地方，考虑妇女的尺寸非常重要（图1-4-16、图1-4-17）。

（4）残疾人

在各个国家里，残疾人都占一定比例，全世界的残疾人约有4亿。

1）乘轮椅患者。因为存在着患者类型不同、程度不一样（有四肢瘫痪或部分肢体瘫痪）、肌肉机能障碍程度和由于乘轮椅对四肢的活动带来的影响等种种因素，所以，设计时必须全面考虑。重要的是，决定适当的、手臂能够得到的距离、各种间距及其他一些尺寸，这要将人和轮椅一并考虑，因此对轮椅本身应有一些相关了解。应指出的是，大多数乘轮椅的人，活动时并不能保持身体挺直，相应地，人体各部分也不是水平或垂直的。

2）能走动的残疾人。对于能走动的残疾人，必须考虑他们是使用拐杖、手杖、助步车还是支架（甚至是用狗）帮助行走的。由于这

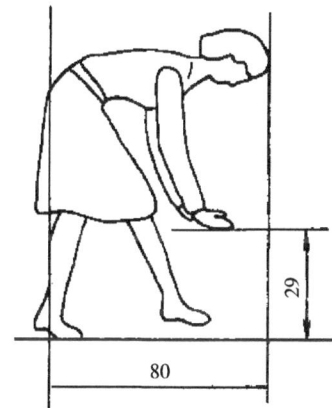

老年妇女弯腰能及的范围（cm）

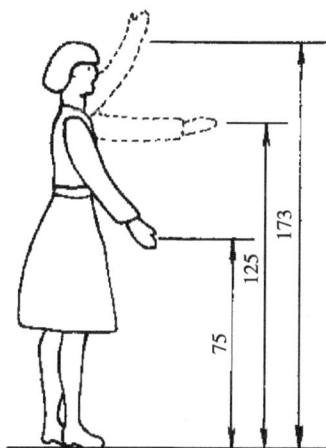

老年妇女站立时手所能及的高度（cm）

图1-4-15

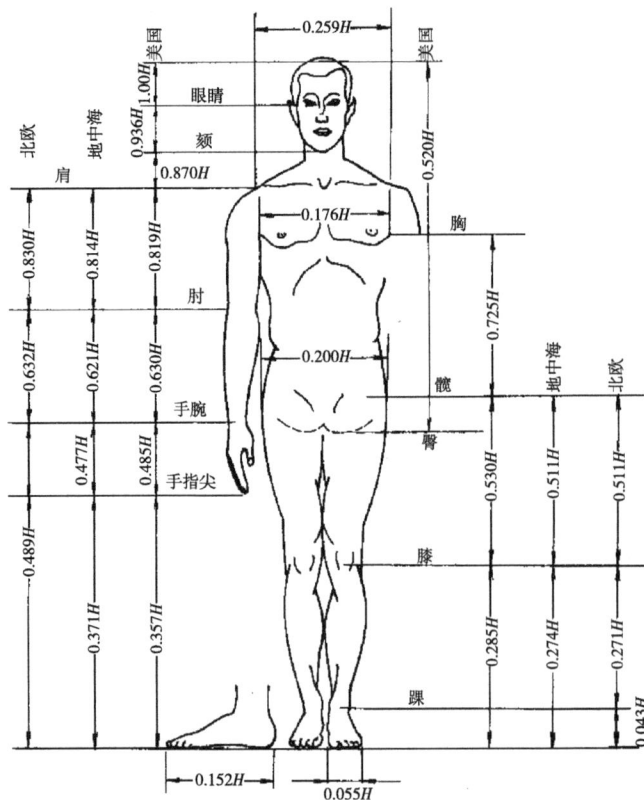

图1-4-16

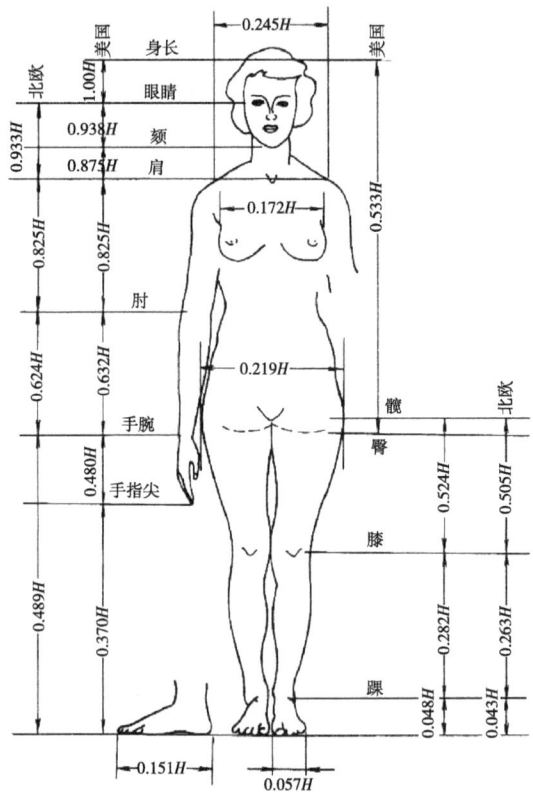

图1-4-17

些东西是这些病人功能需要的一部分，所以为了做好设计，除应知道一些人体测量数据之外，还应把这些工具当做一个整体来考虑。

另外，关于残疾人的设计问题，有一个专门的学科在进行研究，被称为无障碍设计，在国外已经形成相当系统的体系。

（5）其他差异

此外，还有许多其他的差异：像地域性的差异，如寒冷地区的人平均身高均高于热带地区的人，平原地区的平均身高高于山区。再有职业差异，如篮球运动员与普通人身高有很大差异。社会的发达程度也是一种重要的差别，发达程度高，营养好，平均身高就高。了解了这些差异，在设计中就应充分注意它对设计中的各种问题的影响及影响的程度，并且要注意手中数据的特点，在设计中加以修正，不可盲目地采用未经细致分析的数据。

4.人体尺寸运用中的问题

人体测量的资料在现代工业化生产中是一切产品的基础，它不仅与工作人员的健康、安全和效率等方面有关，并且由于在今天，制造者与使用者是互不相识的（不像在手工业生产时代，生产者和使用者个人之间一般有可能直接接触），因此更有必要收集各种不同的具有代表性的身体尺寸，按年龄、性别以及其他特征进行分类和整理。有了完善的人体尺寸数据，还只是达到了第一步，而学会正确地使用这些数据才能说真正达到了人体工程学的研究目的。

（1）数据的选择

人体测量资料可以在设计人们使用的装置和设施方面有广泛的用途。然而在使用这些资料时，设计者应选择与实际应用这种设施的人适当相似的样本资料。由于在具体设计中变化的因素很多，所以，选择适应设计对象的数据是很重要的。要搞清楚使用者的年龄、性别、职业、民族以及前述差异中所讲到的各种问题，才能使得所设计的室内环境和设施适合使用对象的尺寸特征。在多数情况下，要得到具体的设计对象的人体尺寸数据是不可能的，应该借助人体测量学家为我们提供的大量数据资料进行设计分析。

（2）百分位的运用

人体尺寸有很大的变化，它不是某一确定的数值，而是分布于一定的范围内（如亚洲人的身高是151~188cm这个范围）。但我们设计时只能用一个确定的数值，而且并不能像我们通常所理解的那样用平均值，那么，如何确定该使用哪一数值呢？这就是百分位的方法要解决的问题。

百分位的定义是这样的：百分位表示具有某一人体尺寸和小于该尺寸的人占统计对象总人数的百分比。大部分的人体测量数据是按百分位表达的：把研究对象分成一百份，根据一些指定的人体尺寸项目（如身高），从最小到最大顺序排列，进行分段，每一段的截止点即为一个百分位。以身高为例：第5百分位的尺寸表示，有5％的人身高不高于这个尺寸。换句话说，就是有95％的人身高高于这个尺寸。第95百分位则表示，有95％的人不高于这个尺寸，5％的人具有更高的身高。第50百分位为中点，表示把一组数平分成两组，即较大的50％和较小的50％。第50百分位的数值可以说接近平均值（图1-4-18）。

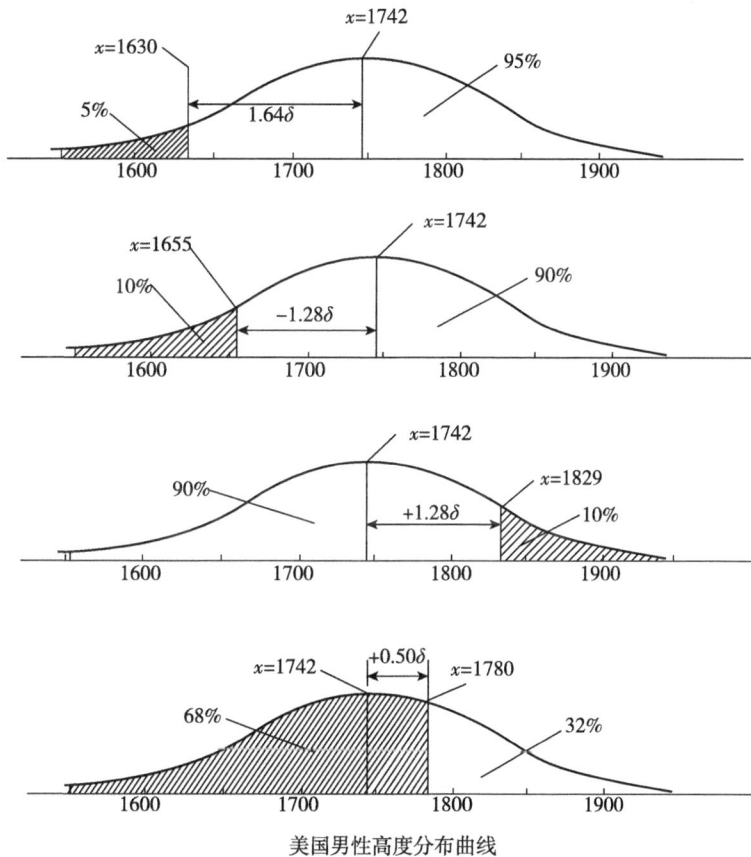

美国男性高度分布曲线

图1-4-18

在很多的数据表中，只给出了第5百分位、第50百分位和第95百分位，因为这三个数据是人们经常见到和用到的尺寸。最常用的是第5和第95百分位，一般不用第50百分位。有人可能产生疑问，为什么不用平均值？下面的例子可以回答这个问题。

例如，若以第50百分位的身高尺寸来确定门的净高，这样设计的门会使50％的人有碰头的危险。再比如，座位舒适的最重要的标准之一是，使用者的脚要稳妥地踏在地板上，否则两腿会悬空挂着，大腿软组织会过分受压，双腿会因坐骨神经受压而麻木。假设小腿连脚的长度（包括鞋）的平均值是46cm，若以此为依据进行设计，则设计出的椅子会有50%的人脚踩不到地，妇女们的腿较短，使用它时会感觉不舒适。因此座位平面高度的尺寸不能使用平均值，而是要用较小的尺寸才合适——长腿的人坐矮椅子时把腿伸出去就可以了。由此可见，平均值不是普遍适用的。

在某些场合，由于某种原因不适合用极值（最大或最小）的时候，可能会用到"平均值"，即第50百分位的尺寸数据。例如，柜台的高度如果按第50百分位的尺寸设计会比按侏儒或巨人的尺寸设计更合适。

在不涉及安全问题的情况下，使用百分位的建议如下：

1）由人体总高度、总宽度决定的物体，诸如门、通道、床等，其尺寸应以第95百分位的数值为依据。物体能满足大个的需要，小个子自然没问题。

2）由人体某一部分决定的物体，诸如臂长、腿长决定的座平面高度和手所能触及的范围等，其尺寸应以第5百分位为依据。小个子够得着，大个子自然没问题。

3）特殊情况下，如果以第5百分位或第95百分位为限值会造成界限以外的人员使用时不仅不舒适，而且有损健康和造成危险时，尺寸界限应扩大至第1百分位和第99百分位。如紧急出口的直径应以第99百分位为准，栏杆间距应以第1百分位为准。

4）目的不在于确定界限，而在于决定最佳范围时，应以第50百分位为依据。这适用于门铃、插座和电灯开关。在设计某种装置或设施时，特别是那些由于合理的原因不适宜于按极值（最小或最大）设计或者提供一个调节幅度时，可以使用"平均"值。例如，一个超级市场的付账柜台按平均身高的顾客建造时，会比按侏儒或巨人来设计引起的麻烦少。

这里所举的例子只是表明，应注重各种人体尺度和特殊百分位的适用范围。而实际设计中应该考虑适合越多的人越好，如果一个搁板可以容易地降低2.5~5cm而不影响设计的其他部分和造价的话，那么使之适用于98%或99%的人显然是正确的。

（3）可调节性

在某些情况下，我们选择可以调节的做法，能够扩大使用的范围，并可使大部分人的使用更合理和理想。例如，可升降的椅子和可调节的搁板。

（4）分别考虑各项人体尺寸

实践中常发生以比例适中的人为基准的错误做法。身高一样的人，例如，有人理所当然地认为，身高都是第5百分位的人，他们的坐高、坐深、伸手可及的范围也相应的一样小，但这种情况实际上是很少见的。实际上，身高相等的一组人里，身体坐高的差在10cm内。不同项目的人体尺寸相互之间的独立性很大，因此在设计时要分别考虑每个项目的尺寸。

（5）尺寸的定义

由于人体测量还是一门新兴的学科，受过专门训练的人不多，各国和地区的标准又不尽相同，所以很多的人体尺寸资料在文字和定义上相互是很难统一的，故使用中的一个重要问题是：人体尺寸应有明确的定义，仅仅以人体尺寸的名称去理解是不够的。此外，对测量方法的说明也很重要。下面的例子说明了测量数值的变化与人体尺寸的关系。

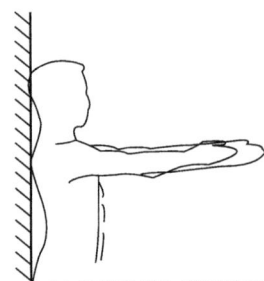

"上肢前伸长"测量值的
变化与该尺寸定义的关系

图1-4-19

图1-4-19表示了"向前可及范围值"的变化与这一尺寸定义的关系。测量时被测人的肩胛骨是否紧贴墙面，对于测量，结果的精确性和测量结果的应用有很大影响。测量方法上的差别，使成年男子"向前可及范围值"的变化幅度可达10cm。这种差别在有些设计中会有重要的影响，如是否戴有安全带。

图1-4-20为身体坐高测量值的变化与该尺寸定义的关系。这里起关键作用

的是坐姿对测量值的影响。身体坐高的差别在成年男子中可达6cm以上。

（6）尺寸的衡量标准

前面我们讲的是人体尺寸运用的一个原则："够得着的距离，容得下的空间。"但这仅仅是满足了最基本的功能需要，也就是满足了最低限度的需要。而要达到舒适则是另一个标准。举一个例子：火车卧铺按照功能尺寸的要求肯定是合理的，但睡起来肯定没有五星级饭店中的大床舒服。这个例子告诉我们，舒适的程度也是一个尺寸选择的标准。

（7）使用数据的约束性

在特定的设计问题中应用人体测量资料时，不可能按照现成的成套方法去做，因为所涉及的情况是不同的，并且使用该设施的人的类型也是各异的。然而下列建议可作为一个普遍适用的方法（不仅是用来设计座位）。

1）确定设计中的重要的人体尺寸。

2）决定使用这种设施的人口组成，此即确定需要考虑的尺寸范围（例如，儿童、家庭主妇、不同的年龄组、不同的人种等）。

3）决定使用什么"原则"（例如，按最大或最小设计，按可调节的幅度设计，或是按"平均"设计）。

4）确定与人口组成相适应的人体测量表，并摘出有关的数值。

5）如果穿着特殊的服装，应增加相应的间隙。

尽管建筑与室内设计人员考证正负公差并不像工业产品设计要求的那样复杂、精确，但衣服对人体尺度和室内空间的影响仍是一个重要的因素。多数的人体测量尺寸是裸体或穿着很薄的衣服测量出来的，因此必须给服装留出余量。这些余量还会随着季节、特定环境、性别及流行式样而变化。还要注意的是，有时特别笨重的服装也会减少人手伸到远处的距离和关节活动的范围。

经验法则、标准和其他一些省事省时的设计方法是容易被接受的，在某些情况下也是完全可以满足设计要求的。然而当设计到诸如人体与周围环境之间的关系等人为因素时，考虑到各种人体尺度和众多可能存在的相互关联的情况，完全依靠这些资料又是行不通的、不恰当的。经验法则的用途在于使设计人员理解概念、步骤和原理，而不是简单地利用它们的结果。它只能是设计的范例与参考，使设计人员在做初步设计时对如何使室内环境更适合人体的需要有一个初步的概念。

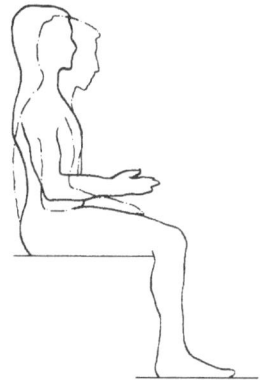

坐高（躯干高）测量数值的变化与该尺寸定义的关系

图1-4-20

三、肢体活动范围与作业域

人体尺寸无论是结构尺寸还是功能尺寸，皆是相对静止的某一方向的尺寸，而人们在实际的生活中是处于一种运动的状态下的，并且总是处在空间的一定范围内。在布置人的工作作业环境时，需要了解这一活动范围，也就是肢体的活动范围。它是由肢体转动的角度和肢体的长度构成的。在工作和生活活动中，人们的肢体围绕着躯体做各种动作，由肢体的活动所划出的限定范围即是肢体的活动空间，实际上它也就是人在某种姿态下肢体所能触及的空间范围。因为这一概念常常被用来解决人们在工作中的各种作业环境的问题，所以也被称为"作业域"。

1.肢体的活动范围

人的肢体围绕关节转动而划出的范围，也就是肢体活动所占用的空间范围。由活动角度和肢体长度构成的肢体活动范围在实际情况下可以千变万化。人在工作中有各种姿态，它们的动作空间不同，但由于我们不可能对所有的情况都进行研究，因此，只能考虑比较常见的情况（图1-4-21、图1-4-22）。

2.手脚的作业域

人在日常工作和生活中，无论是在厨房还是在办公室，总是或坐或立，手脚在一定的空间范围内

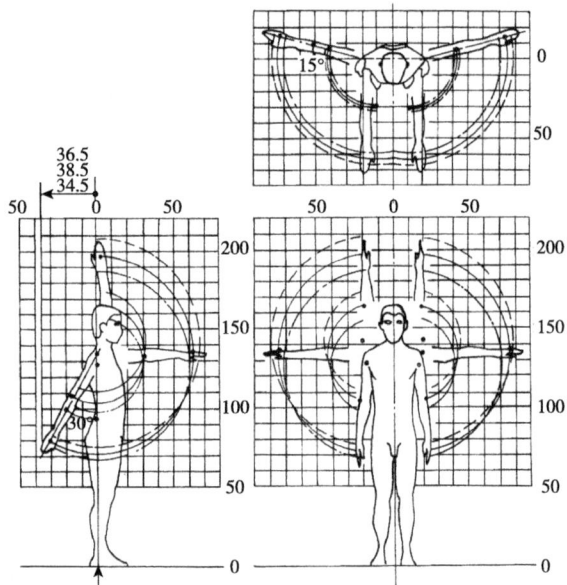

图1-4-21

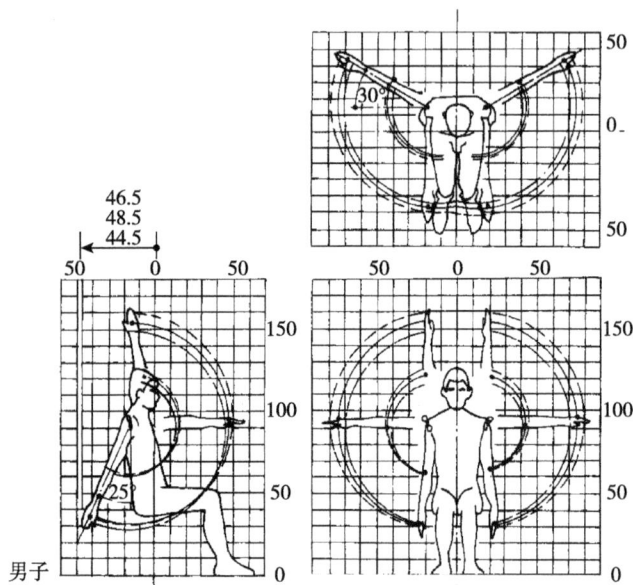

男子

图1-4-22

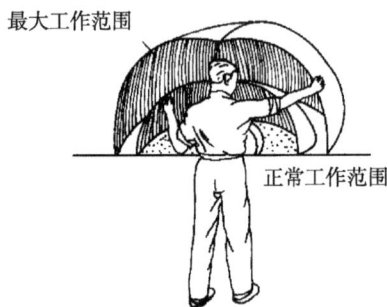

最大工作范围

正常工作范围

图1-4-23

作各种活动，而形成包括左右水平面和上下垂直面的动作区域，这个域的边界是站立或坐姿时手脚所能达到的范围，叫做人的作业域。而由作业域扩展到人—机系统的全体所需的最小空间即为作业空间（Working Space）。一般来说，作业域是包括在作业空间中的。作业域是二维的，作业空间是三维的（图1-4-23）。这个范围的尺寸一般用比较小的尺寸，以满足多数人的需要。

人们工作时由于姿态不同，其作业域也不同。把人们经常采取的姿态归纳起来基本上是四种：站、坐、跪和躺（图1-4-24）。

（1）水平作业域

是人于台面前和台面上左右运动手臂而形成的轨迹范围。手尽

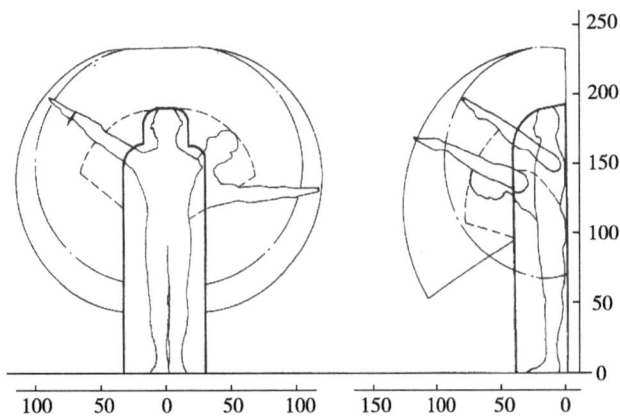

立姿活动空间，包括上身及手臂的可及范围（男子，第95百分位）

—— 稍息站立时的身体范围，为保持身体姿势所必须的平衡活动已考虑在内

—— 上身一起动时手臂的活动空间

------ 头部不动，上身自髋关节起前弯、侧弯时的活动空间

------ 上身不动时，手臂的活动空间

（a）

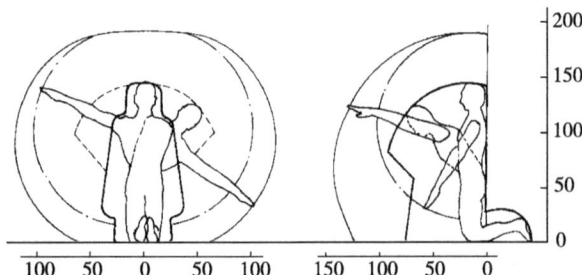

（b）

图1-4-24

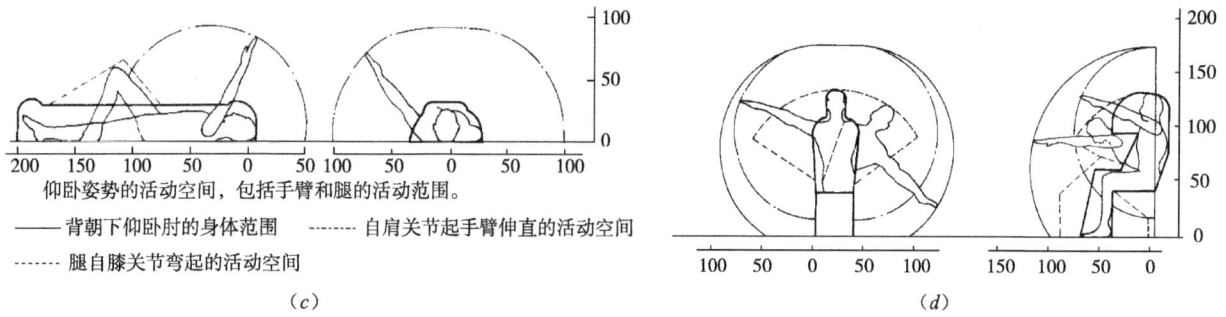

仰卧姿势的活动空间，包括手臂和腿的活动范围。

—— 背朝下仰卧肘的身体范围   ······ 自肩关节起手臂伸直的活动空间
···· 腿自膝关节弯起的活动空间

（c）

（d）

图1-4-24（续）

量外伸所形成的区域为最大作业域，而手臂自然放松运动所形成的区域为通常作业域。如写字板、键盘等手活动频繁的活动区应安排在此区域内。从属于这些活动的器物则应安排在最大作业域内。由图（1-4-25）可以看出，按照通常的手臂活动范围，桌子的宽度有40cm就够了，但是，由于需要摆放各种用具，所以实际的桌子要大得多。掌握水平作业域对于确定台面上的各种设备和物品的摆放位置是很有用的。如收款台、计算机工作台、绘图桌等的设计。

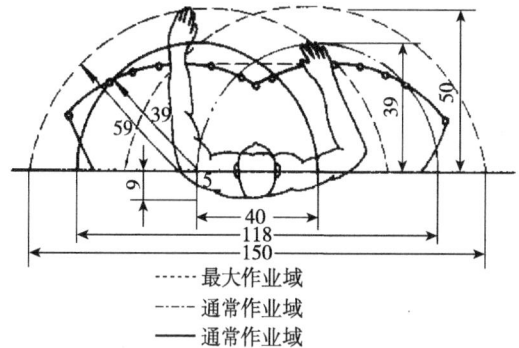

······ 最大作业域
─·─·─ 通常作业域
──── 通常作业域

图1-4-25

（2）垂直作业域

指手臂伸直，以肩关节为轴作上下运动所形成的范围。垂直作业域对决定人在某一姿态时手臂触及的垂直范围有用，如搁板、挂件、门拉手等，带书架的桌子也常用到上述物体的高度（图1-4-26）。

1）摸高。是指手举起时达到的高度，身高与摸高的关系，如图1-4-27所示。垂直作业域与摸高是设计各种柜架和扶手的依据，柜架经常使用的部分应该设计在这个范围内。除此之外，用手拿东西和操作时通常需要眼睛的引导，因此架子的高度不得超过男150~160cm，女140~150cm。由视线所考虑的还有

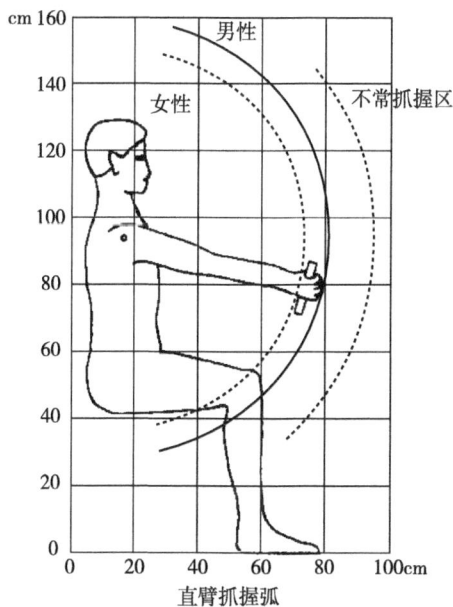

直臂抓握弧

图1-4-26

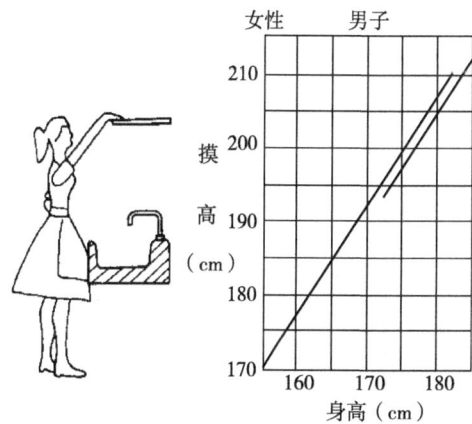

身高与摸高的关系

图1-4-27

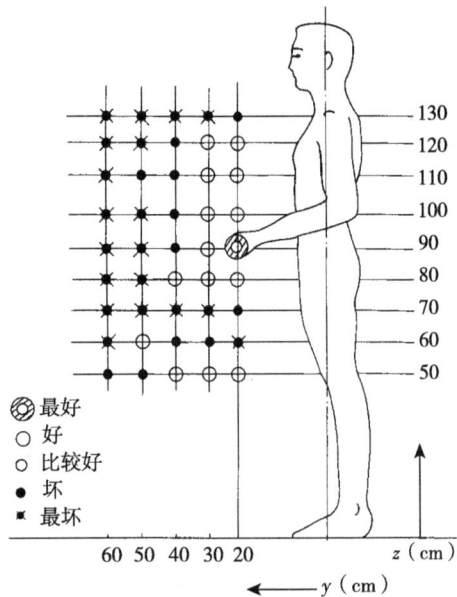

图1-4-28

抽屉的高度。

2）拉手。人要取东西，伸手就能拿到是最方便的。这样的说法可能会被认为是懒惰，但和工作效率联系起来就能了解其深刻的意义。人想要一伸手就毫不费力地抓到的东西之一就是拉手，拉手位置与身高有关。开门的人老少皆有，身高相差悬殊，往往找不到唯一适合的位置。在欧洲，有的门上装两个拉手以供人和儿童使用。用磁铁对拉手的位置进行了试验，结果为90~100cm（图1-4-28）。因此，一般办公室用100cm，一般家庭用80~90cm比较合适，幼儿园还要低一些。

（3）影响

作业域的因素

1）在活动空间内是否有工作用具。

2）需保持一定的活动行程。

3）手的操纵方式是持着载荷还是移动载荷。

4）并非任何地方都是能触及目标的最佳位置。

3.人体与动作空间

人的动作空间主要分为两类：一是人体处于静态时的肢体的动作空间（作业域），二是人体处于动态时的全身的运动空间（作业空间）（Working Space）。

虽然肢体的动作空间是立体的，但作业域中的人是保持着某种静态的姿势的。我们讨论的目标是人的肢体究竟可以伸展到何种程度的范围，可是在现实生活中人们并非总是保持一种姿势不变，总在变换着姿态，并且人体本身也随着活动的需要而移动位置，这种姿势的变换和人体移动所占用的空间即构成了人体动作空间。人体动作空间大于作业域。人体动作空间的研究对于工业生产、军事设施中的人的作业活动空间的确定很有用。因此也叫"作业空间"。在室内设计中，它的作用更是显而易见的。人体的活动大体上可分为静态的手足活动、姿态的变换和人体的移动。人体的活动还与相关的物体有一定联系。

（1）静态的手足活动

人体在静态的手足活动时有不同的姿态，归纳的基本姿态有四种：立位、坐位、跪位和卧位。当人采取某种姿态时，即占用一定的空间。通过对基本姿态的研究，我们可以了解人在一定的姿态的手足活动时占用的空间的大小。每个姿态对应一个尺寸群（图1-4-29、图1-4-30）。

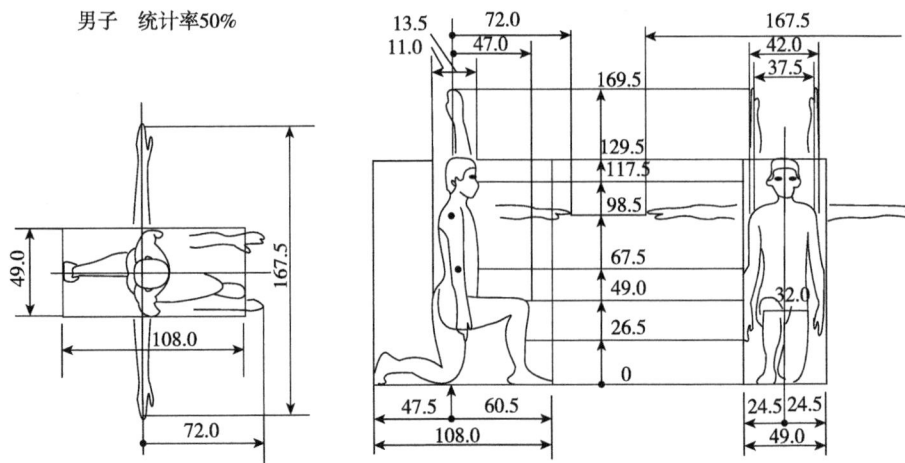

图1-4-29

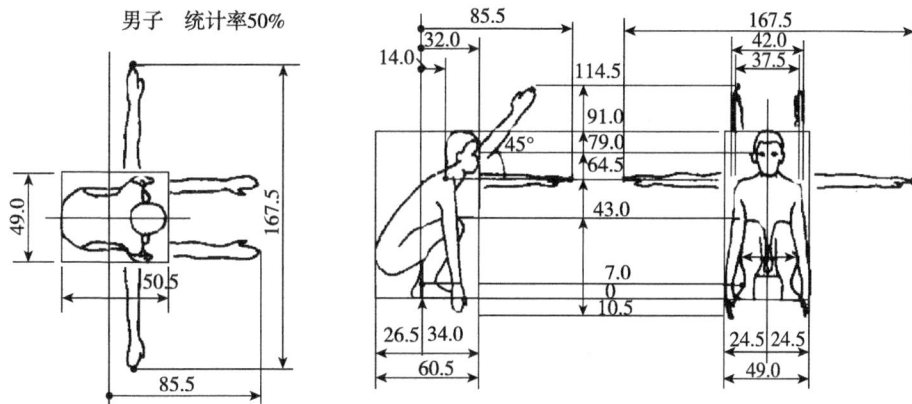

图1-4-30

（2）姿态变换

姿态的变换集中于正立姿势与其他的可能姿态之间的变换，姿态的变换所占用的空间并不一定等于变换前的姿态和变换后的姿态占用空间的重叠，因为人体在进行姿态的改变时，由于力的平衡问题，会有其他的肢体伴随运动。因而占用的空间可能大于前述的空间的重叠（图1-4-31、图1-4-32）。

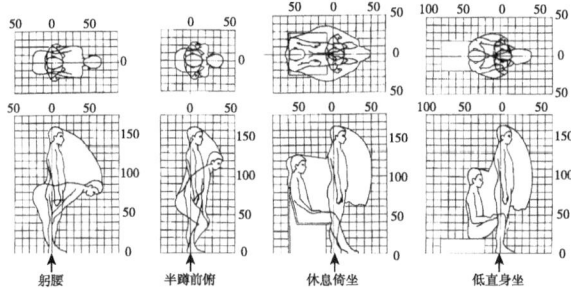

图1-4-31

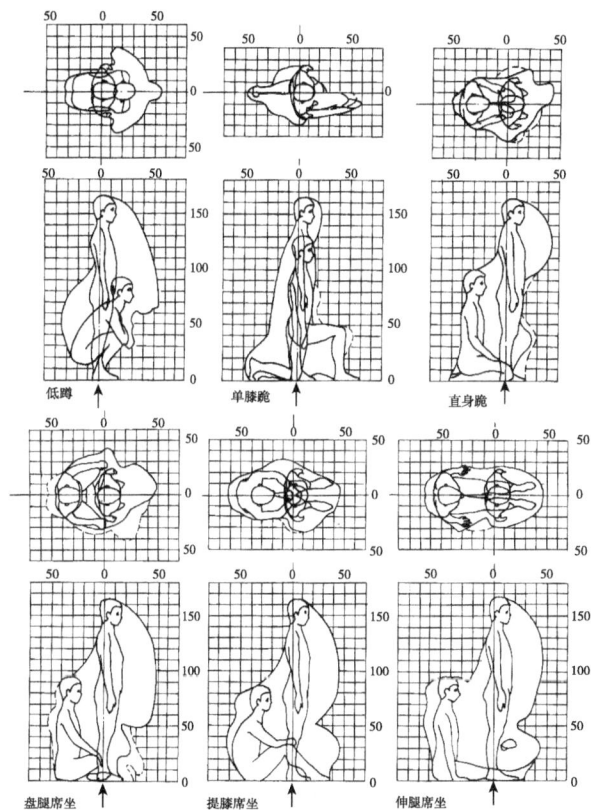

图1-4-32

（3）人体移动

人体移动占用的空间不应仅仅考虑人体本身占用的空间，还应考虑连续运动过程中由于运动所必需的肢体摆动或身体回旋所需的空间（图1-4-33）。

（4）人与物的关系

人体在进行各种活动时，很多的情况下是与一定的物体发生联系的，这些物体大致可分三类。

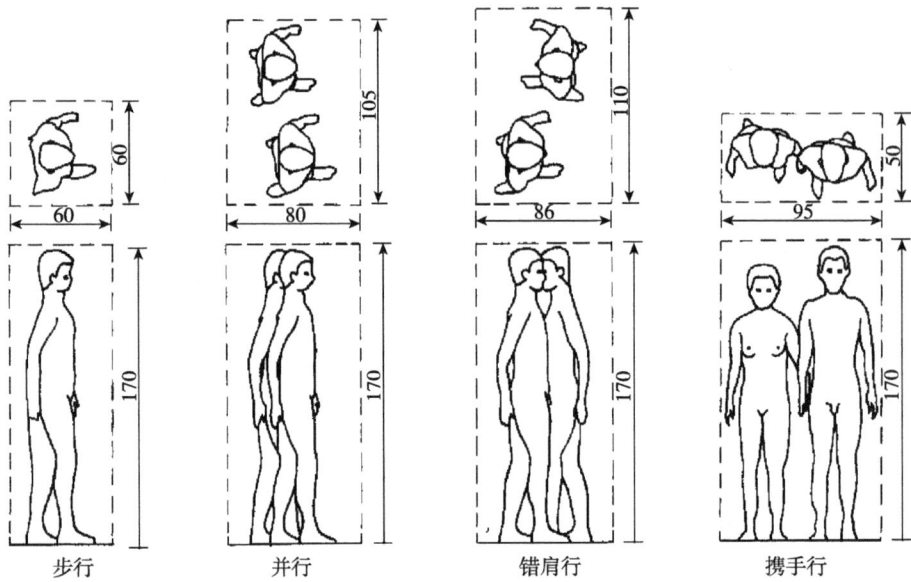

步行　　　　　并行　　　　　错肩行　　　　　携手行

(a)

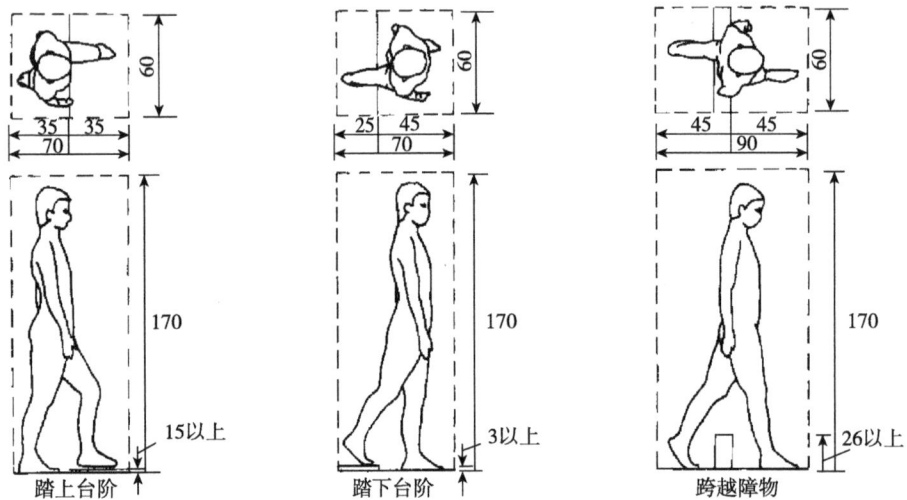

踏上台阶　　　　　踏下台阶　　　　　跨越障物

(b)

图1-4-33

用具：持于身前、身后、体侧，托于身上，可挥舞的等；

家具：移动家具，支撑人体家具，贮藏家具；

建筑构件：门、通道阶梯、栏杆等。

人与物体相互作用产生的空间范围可能大于或小于人与物各自空间之和。所以人与物占用的空间的大小要视其活动方式而定（图1-4-34~图1-4-37）。

（5）影响活动空间的因素

人的工作空间可以有许多不同的身体位置，例如，水管工在一个被堵塞了的洗涤盘下工作、宇航员在他的密闭小舱中工作、装配工在他的装配线上工作等。由于我们不可能对各种情况都进行研究，因此，只能考虑某些比较常见的工作位置。活动空间受到下列因素的影响：

1）动作的方式。

2）在各种姿态下工作的时间。

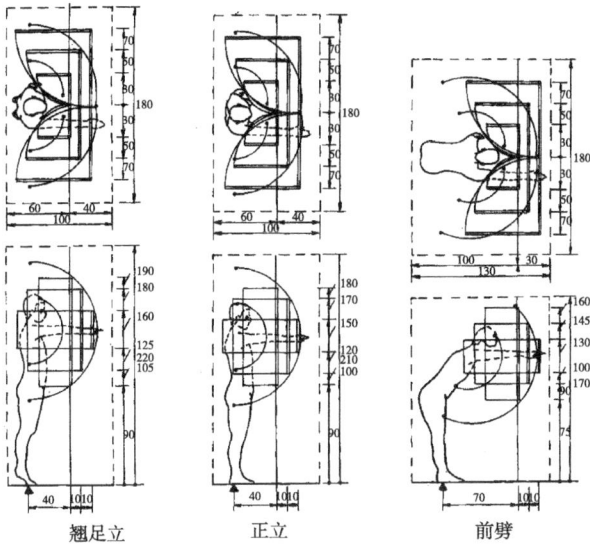

翘足立　　　　　正立　　　　　　前劈

图1-4-34

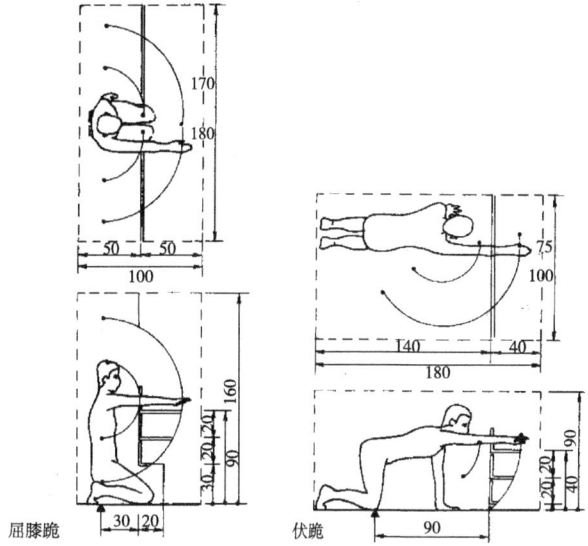

屈膝跪　　　　　伏跪

图1-4-35

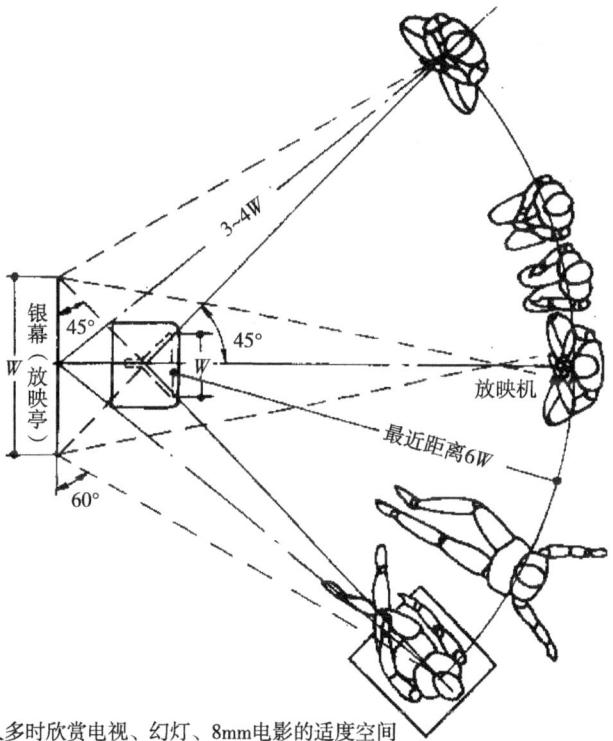

人多时欣赏电视、幻灯、8mm电影的适度空间

图1-4-36

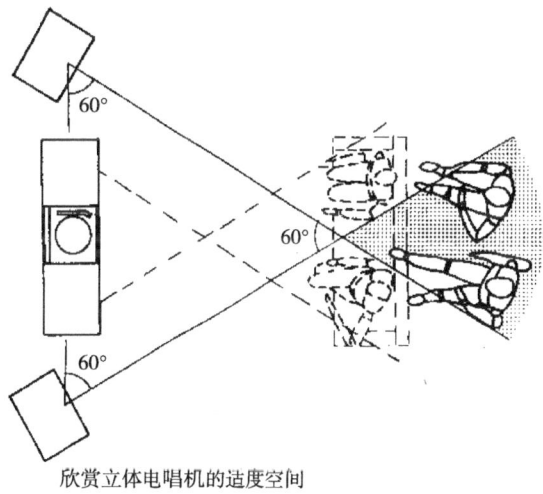

欣赏立体电唱机的适度空间

图1-4-37

3）工作的过程和用具。

4）服装。

5）民族习惯：如日本、韩国人大都席地而坐，无论是空间的尺度还是形态都与我们的一般情况不同。在设计这类的空间时，对于人体活动空间必须重新进行研究。

6）在活动空间内有工作用具（如工作台、仪器）等。

7）需保持一定的活动行程。

8）并非任何地方都是能触及目标的最佳位置。

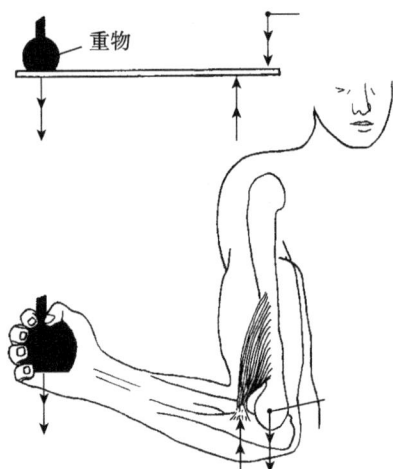
重物

手臂受力的简化杠杆力系

图1-4-38

四、其他因素
1.静态肌肉施力

无论是人体自身的平衡稳定还是人体的运动，都离不开肌肉的机能。肌肉的机能是收缩和产生肌力，肌力可以作用于骨，通过人体结构再作用于其他物体上，称为肌肉施力（图1-4-38）。

肌肉施力有两种方式：动态肌肉施力和静态肌肉施力。

动态施力和静态施力的基本区别之一在于它们对血液流动的影响。静态施力时，收缩的肌肉组织压迫血管，阻止血液进入肌肉，肌肉无法从血液得到糖和氧的补充，不得不依赖于本身的能量储备；同时，代谢废物不能被迅速排除，积累的废物造成肌肉酸痛，引起肌肉疲劳。由于酸痛难忍，静态作业的持续时间受到限制。与此相反，动态施力时，肌肉有节奏地收缩和舒张，这对于血液循环而言，相当于一个泵的作用，肌肉收缩时将血液压出肌肉，舒张时又使新鲜血液进入肌肉，此时血液输送量比平常提高几倍，血液大量流动不但使肌肉获得足够的糖和氧，而且迅速排除了代谢废物。因此，动态作业可以延续很长时间而不产生疲劳。心脏的工作就是动态作业，在人的一生中，心脏不停地搏动，心肌从不"疲劳"（图1-4-39、图1-4-40）。

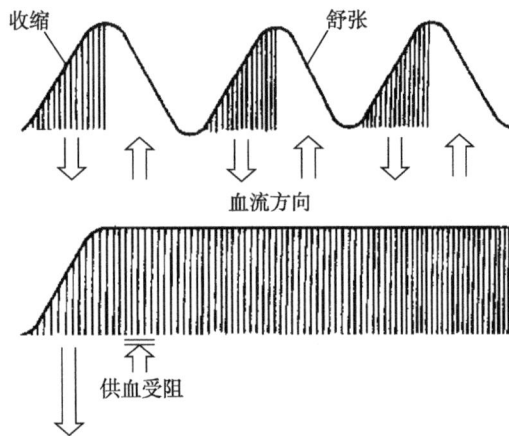

动态和静态施力对肌肉供血的影响

图1-4-39

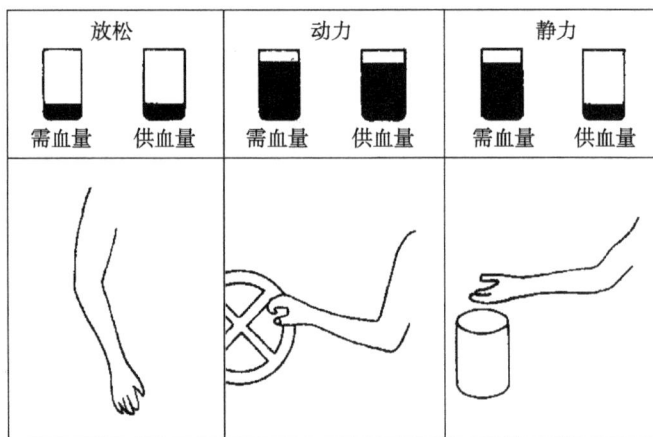

图1-4-40

日常生活中，有许多静态施力的例子。人站立时，从腿部、臀部、腰部到颈部，有许多块肌肉处于长时间的静态施力状态。实际上，无论人的身体姿势怎样，都有部分肌肉静态受力，只是程度不同而已。还必须说明，并不是每项工作都可明确划分静态施力与动态施力之间的界限的，通常某项作业既有静态施力又有动态施力。由于静态施力的作业方式比较"费力"，因此当两种施力方式同时存在时，首先要处理好静态施力。静态施力的划分可以参照下列标准：

1）持续10s以上，肌肉施大力。

2）持续1min以上，肌肉中等施力。

3）持续4min以上，肌肉施小力（约为个人最大肌力的1/8）。

几乎所有的职业劳动都包括不同程度的静态施力，例如

1）工作时，向前弯腰或者向两侧弯腰。

2）用手臂夹持物体。

3）工作时，手臂水平抬起。

4）一只脚支撑体重，另一只脚控制机器。

5）长时间站立在一个位置上。

静态肌肉施力一方面加速肌肉疲劳过程，引起难忍的酸痛。另一方面，长期受静态施力的影响，就会发生永久性疼痛的病症，不仅肌肉酸痛，而且扩散到关节、腿和其他组织，因而损伤关节、软骨和腿。静态负荷太大，可引起下列病症：

1）关节部炎症。

2）腱膜炎。

3）腱端炎症。

4）关节慢性病变。

5）椎间盘病症。

无论是设计机器设备、仪器、工具还是进行作业设计和工作空间设计，都应遵循避免静态肌肉施力这一人体工程学的基本设计原则。例如，应避免使操作者在控制机器时长时间地抓握物体。避免静态肌肉施力的几个设计要点如下：

1）避免弯腰或其他不自然的身体姿势。当身体和头向两侧弯曲造成多块肌肉静态受力时，其危害性大于身体和头向前弯曲所造成的危害性（图1-4-41）。

2）避免长时间地抬手作业。抬手过高不仅引起疲劳，而且降低操作精度和影响人的技能发挥。

3）坐着工作比站着工作省力。工作椅的坐面高度应调到使操作者能十分容易地改变站和坐的姿势的高度，这就可以减少站起和坐下时造成的疲劳，尤其对于需要频繁走动的工作，更应如此设计工作椅。

4）双手同时操作时，手的运动方向应相反或者对称运动，单手作业本身就造成背部肌肉静态施力。

5）作业位置（工作台的台面或作业的空间）高度应按工作者的眼睛和观察时所需的距离来设计。观察时所需要的距离越近，作业位置应越高。作业位置的高度应能保证工作者的姿势自然，身体稍微前倾，眼睛正好处在观察时要求的最佳距离（图1-4-42）。

6）当手不得不在较高位置作业时，应使用支承物来托住肘关节、前臂或者手。支承物的表面应为毛巾或其他较柔软而且不发凉的材料，支承物应可调。

7）支持肢体。如果一个人的体重是90kg；那么一只手大约0.6kg，一只手加一段前臂大约2kg，一条手臂的重量大约为4.4kg。因此，当他手中捏着一根25g的鸡毛时，同时还需支持4.4kg的整个手臂。而当他双手捏物需要近跟前细看时，则必须支持两个手臂的重量。因此，应避免过长时间的敬礼姿势以及越过头顶的操作，如仰焊、油漆顶棚等（图1-4-43）。

图1-4-41

图1-4-42

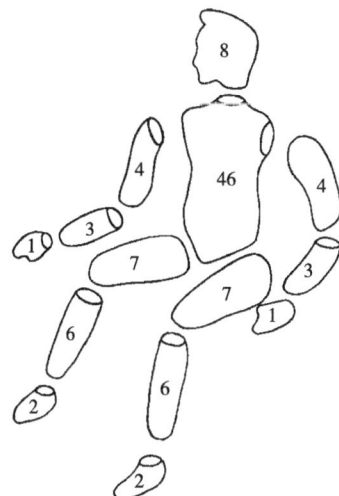

图1-4-43

2.重心问题

在设计中，许多尺寸的考虑还有个重心的问题。例如栏杆的设计。简单地说，栏杆的高度应该高于人的重心，重心是考虑全部重量集中作用的点。当考虑人的重量时，就可以用这个点来代替人体重量之所在，所以如果栏杆低于这一点，人体一旦失去稳定，就可能越过栏杆而坠落。而重心一般在人的肚脐后，所以当人们站在栏杆附近时，如果发现栏杆比自己的肚脐还低，就会产生恐惧感。理论上，如以身高为100，则人体重心高度为56。例如，平均身高为163cm，则重心高度为92cm。这是平均值，修正一下取110cm较好。

一般来说，每个人的重心位置不同。这主要是受身高、体重和体格不同的影响。通常躯干低的人重心偏向下方，反之则偏上。根据测定，重心在身高一半以上的人不到50%。此外重心还随人体位置和姿态的变化而不同。比如，椅子的设计。现代家具的设计形式丰富多样，尤其是椅子，四条腿的一般稳定性较好，但是三条腿、一条腿的就有个重心问题。人在坐姿时的重心很多人可能以为在坐板的重心，其实不然，除了直立的重心，还要考虑重心的移动（图1-4-44）。

图1-4-44

第三节　家具设计中的人体工程学

家具的主要功能是实用，因此，无论是人体家具还是贮藏家具都要满足使用要求。属于人体家具的椅、床等，要让人坐着舒适，书写方便，睡得香甜，安全可靠，减少疲劳感。属于贮藏家具的柜、橱、架等，要有适合贮存各种衣物的空间，并且便于人们存取。为满足上述要求，设计家具时必须以人体工程学作为指导，使家具符合人体的基本尺寸和从事各种活动需要的尺寸。

一、工作面的高度

工作面是指作业时手的活动面。工作面的高度是决定人工作时的身体姿势的重要因素。不正确的工作面高度将影响工人的姿势，引起身体的弯曲，以致腰酸背痛。不论是坐着工作还是站立工作，都存在着一个最佳工作面高度的问题。这里需要强调，工作面高度不等于桌面高度，因为工作物件本身是有高度的。例如，打字机的键盘高度，一般有25~50mm。工作面可以是工作台的台面，也可以是主要作业区域。工作面的高度取决于作业时手的活动面的高度。例如绣花时，绣面的高度。不考虑具体的工作人员，一概采用固定的工作面高度，这不是一项好的设计。

1.肘部高度

最佳的工作面高度是在人的肘下50mm。这个数值是根据生产效率和工作人员的生理情况两方面因素确定的。很早就有人在研究后指出，工作面在肘下25~76mm是合适的。随后许多研究都证明了这一点。众多研究得到的重要结论是：

工作面高度应由人体肘部高度来确定，而不是由地面以上的高度来确定。由于不同人的肘部高度是不一样的，所以使用一个固定的数字来设计工作面高度显然是不合理的。

工作面的最佳高度略低于人的肘部。虽然不同的研究者提出了不同的肘下距离，但是一致的看法是工作面在人的肘下。人的肘部高度是人体高度的63%。

2.能量消耗

有人对烫衣板高度与工作人员生理方面的关系做了试验研究。试验中使用了人的能量消耗（kW）、心跳次数、呼吸次数等指标。多数参加试验者选择烫衣板距肘下150mm为宜。如果把烫衣板置于距肘下250mm，出现了受试验者呼吸情况稍有变化的现象。其他一些人的类似试验都一致指出，当搁架高度低于肘部时，随着搁架高度的下降，人的能量消耗增加较快。这是由于人体自身的重量所造成的。例如，一个58kg体重的女工，搬运0.5kg的罐头到高于肘部的搁架上，她必须举起0.5kg的罐头，1kg重的前臂，1.5kg重的上臂。为了搬动0.5kg的罐头到低于肘部的搁架上，除上述动作外，她还需要不同程度地移动身体，则能量消耗增加很快。

3.作业技能

作业面的高度影响人的作业技能。一般认为，手在身前作业，肘部自然放下，手臂内收呈直角时，作业速度最快，即这个作业面高度最有利于技能作业。但另一个对食品包装的研究的结果与以上观点稍有不同（图1-4-45）。由图可见，当手臂在身体两侧，外展角度为8°~23°，前臂内收平放在工作台上时，食品包装的作业效能最高，即包装速度快，质量好，而且人体消耗的能量也随之减少。如果座椅太低，上臂外展角度达45°时，肩承受了身体的平衡重量，将导致肌肉疲劳，所以作业效能下降，人体能耗增加。

从适应性而言，可调工作台是理想的人体工程学的设计。在轻负荷作业条件下，不同身高的人应采用的调节高度如图1-4-46所示。

工作面的高度设计按基本作业姿势可分为三类:站立作业；坐姿作业；交替式作业。

4.站立作业

站立工作时，工作面的高度决定了人的作业姿势。工作面过高，人不得不抬肩作业，可引起肩背、颈部等部位疼痛性肌肉痉挛。工作面太低，迫使人弯腰弯背，引起腰痛。站立作业的最佳工作面高度为肘高以下5~10cm。男性的平均肘高约为105cm，女性约为98cm。因此，按人体尺寸考虑，男性的最佳作业面高度为95~100cm，女性的最佳作业面高度为88~93cm。

作业性质也可影响作业面高度的设计。对于精密作业（例如绘图），作业面应上升到肘高以上

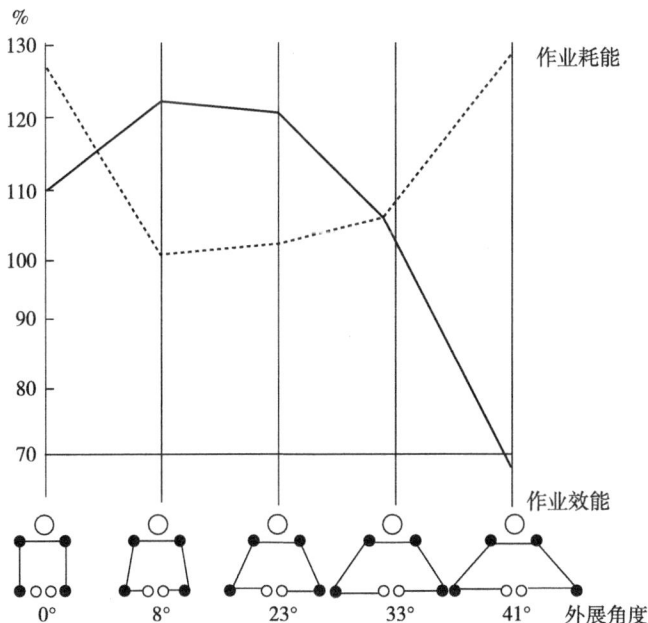

图1-4-45

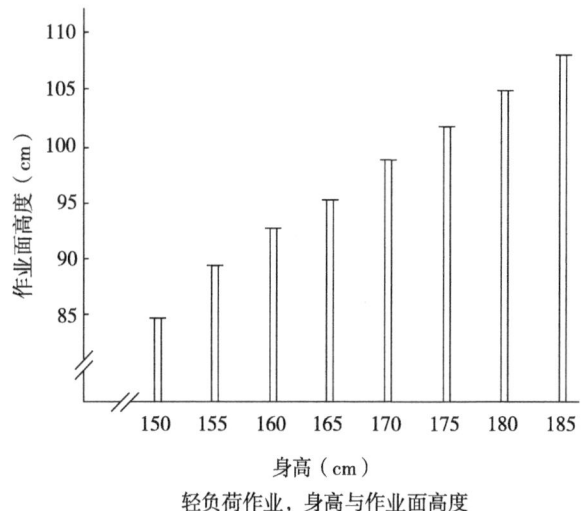

轻负荷作业，身高与作业面高度

图1-4-46

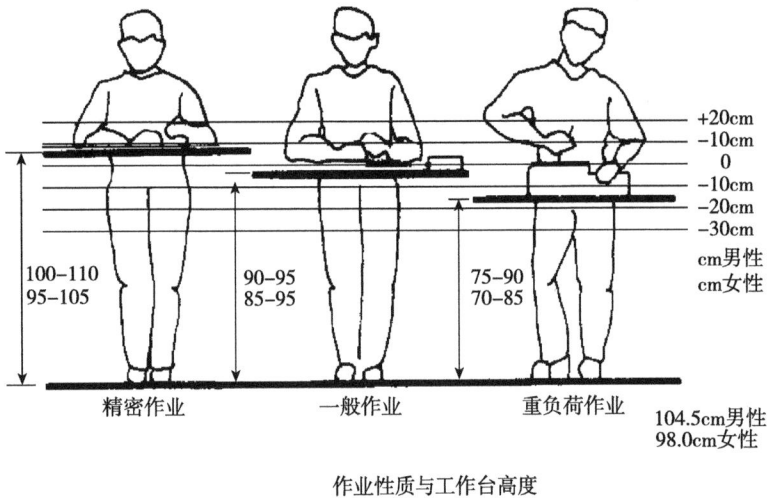

作业性质与工作台高度

图1-4-47

5~10cm，以适应眼睛的观察距离。同时，给肘关节部位一定的支承，以减轻背部肌肉的静态负荷。

对于工作台，如果台面还要放置工具、材料等，台面高度应降到肘高以下10~15cm。

若作业体力强度高，例如需要借助身体的重量（如木工），作业面应降到肘高以下15~40cm。对于不同的作业性质，设计者必须具体分析其特点，以确定最佳作业面高度（图1-4-47）。

5.坐姿作业

对于一般的坐姿作业，作业面的高度仍在肘高（坐姿）以下5~10cm比较合适。同样，在精密作业时，作业面的高度必须增加，这是由于精密作业要求手眼之间的精密配合。在精密作业中，视觉距离决定了人的作业姿势。

随着中文计算机的发展，打字工作越来越多。打字时的作业面高度取决于打字机的键盘高度和工作台高度。降低工作台的高度受到腿所必需的空间的限制，最低的工作台高度可由以下公式求得：

$$LH=K+R+T$$

式中　LH——最低工作台高度；

　　　K——膑骨上缘高（坐姿）；

　　　R——活动空隙，男性为5cm，女性为7cm；

　　　T——工作台面厚度。

办公室工作由于受到视觉距离和手的较精密工作（如书写、打字等）的要求，一般办公桌的高度都应在肘高以上。办公桌的高度是否合适，还取决于另外两个因素：面部与桌面的距离和桌下腿的活动空间。前者影响人的腰部姿势；后者决定腿是否舒服。

一般而言，办公桌应按身材较大的人的人体尺寸设计。这是因为身材小的人可以加高椅面和使用垫脚台，而身材较大的人使用低办公桌就会导致腰腿的疲劳和不舒服。

设计办公桌时，应保证办公人员有足够的腿的活动空间。因为，腿能适当移动或交叉对血液循环是有利的。抽屉应在办公人员两边，而不应在桌子中间，以免影响腿的活动。

6.坐立交替式作业

这是指工作者在作业区内，既可坐也可站，可坐立交替地工作（图1-4-48）。这种工作方式很符合生理学和矫形学（研究人体，尤其是儿童骨骼系统变形的学科）的观点。坐姿解除了站立时人的下肢的肌肉负荷，而站立时可以放松坐姿引起的肌肉紧张。坐与站各导致不同肌肉的疲劳和疼痛，所以坐立之间的交替可以解除部分肌肉的负荷，坐立交替还可使脊椎中的椎间盘获得营养。

另外，坐立交替设计还很适合需频繁坐立的工作。例如美国UPS邮政车司机的座椅就比一般汽车司机的座椅高，它可以坐立交替，从而大大减轻了频繁坐立的劳动强度。

7.斜作业面

实际工作中，头的姿势很难保持在理想的范围内，如最常见的在写字台上读写书画，头的倾角就超过了舒服的范围（即8°~22°），因此出现了桌面或者作业面倾斜的设计（图1-4-49）。特别是当

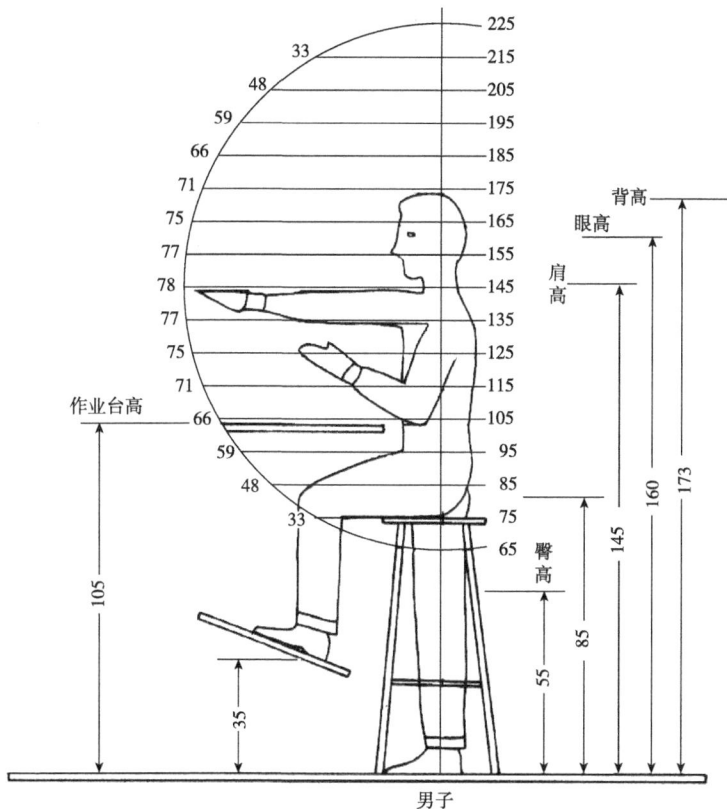

图1-4-48

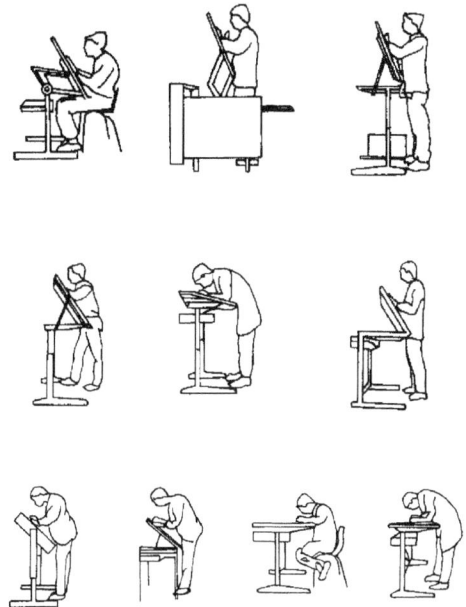

图1-4-49

水平作业面过低时，由于头的倾角不可能过多地超过30°，所以，人不得不增加躯体的弯曲程度。因此，绘图桌的设计应注意以下几条要求：

（1）高度和倾斜度都可调；

（2）桌面前缘的高度应在65~130cm内可调；

（3）桌面倾斜度应在0°~75°内可调。

对学生使用课桌时的姿势的研究已经发现，躯体倾斜（第12节胸椎与眼睛的连线同水平面之间的夹角）程度与桌面倾斜程度有关系。可见，倾斜桌面有利于保持躯体的自然姿势，避免弯曲过度。另外，肌电图和个体主观感受测量都证明了倾斜桌面的优越性。倾斜桌面还有利于视觉活动。但桌面斜了，放东西就困难，这一点设计时亦应予以考虑。

二、座位的设计

不论在工作单位、在家中、在公共汽车中或任何其他地方，每人在他的一生中有很大一部分时间是花在坐的上面的，从经验可知，椅子和座位必须舒适并配合不同工作的需要，这不仅与工作效率有关，而且与人体的健康有着密切的关系。

1.一般的座位设计原理

当然，与座位和椅子有关的舒适程度和功能效用是由它们的设计与人体的身体结构和生物力学，关系所构成的。椅子和座位的用途不同（从看电视的躺椅至运动场的露天看台），显然要求不同的设计，并且由于人个体的差别更使这个设计问题复杂化了。但仍然有些通用的准则，可以帮助我们选择设计并满足我们预期的目标。

在很多情况下，座椅与餐桌、书桌、柜台或各种各样的工作面有直接关系，但以下所讲的内容仅仅涉及了椅子本身。椅子设计的关键包括座高、座深、座宽和斜度，扶手高度和间隔，椅背大小和倾斜角度。

（1）重量分布

各种对座位的研究得出了以下这个结论：当一个人坐在椅子内时，他身体的重量并非全部在整个臀部上，而是在两块坐骨的小范围内。当人体的重量主要是由坐骨的结节支承时，人们通常就感到最舒适。从臀部的骨结构来看，似乎很适合这个支承重量的任务。图1-4-50、图1-4-51给出了座椅所受到的压力分布。每一根线代表相等的压力分布，从坐骨结节下的最大值90g/cm²至最外边的10g/cm²。一把好的座椅可以适应姿势的改变。软的坐垫是需要的，因为它可以增加接触表面，从而减小压力分布的不均匀性。一般坐垫高度是25mm。太软太高的坐垫造成身体不易平衡稳定，反而不好。椅子表面的材料应采用纤维材料，既可透气，又可减少身体下滑。不要采用塑料面。塑料面不透气，表面太滑，使人坐着感到不舒服。

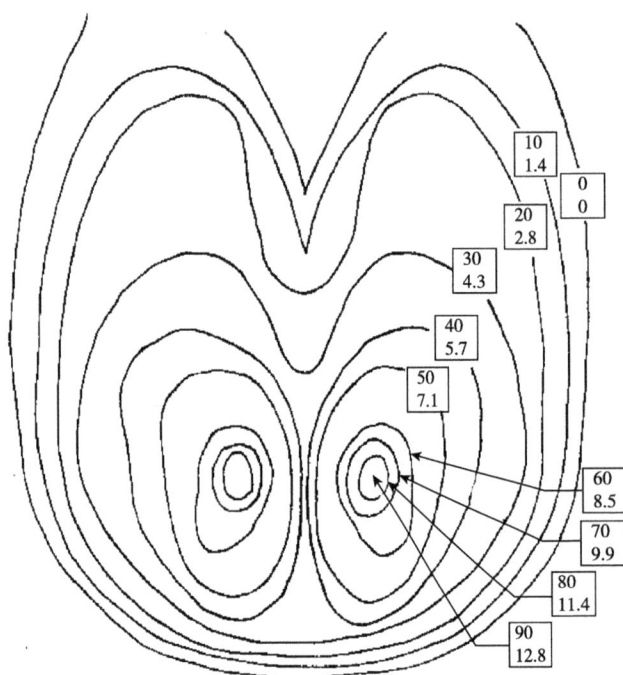

图1-4-50

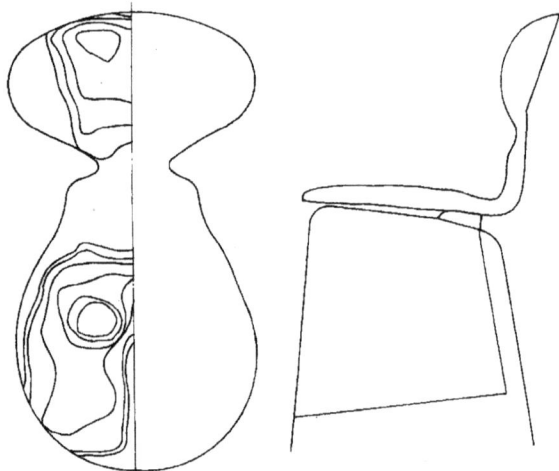

图1-4-51

（2）座位高度

座椅的高度是很重要的。应该根据工作面高度决定座椅高度。常常出现的错误是从地面起量座椅的高度。决定座椅高度最重要的因素是，该高度应能造成人的肘部与工作面之间有一个合适的距离是275±25mm，在这个距离内，大腿的厚度占据了一定高度（图1-4-52）。当上半身有了好的位置后，再注意到下肢。舒服的坐姿是大腿近乎水平以及两脚被地面所支持。由于考虑到工作面的需要，可能椅子高度会导致人脚达不到地面，这时应该使用脚垫。

为了避免大腿下有过高的压力（一般发生在座位的前部），座位前沿的高度不应大于坐着时从地板到大腿下面的距离（脚弯处和高度）。这个尺寸的选择一般应适合所有第5百分位以上的人。然而这个值对于固定座位的高度来说，可能会使较高的人的腰背部分成凸出而不是凹进去的姿势。因此将脚后跟最好比第5百分位的值略提高3~5cm（妇女要多一些）。在实践中非常普遍地采用43cm的座位高度。能调节的座位高度（38~48cm）可以适合各种高度的人的需要。

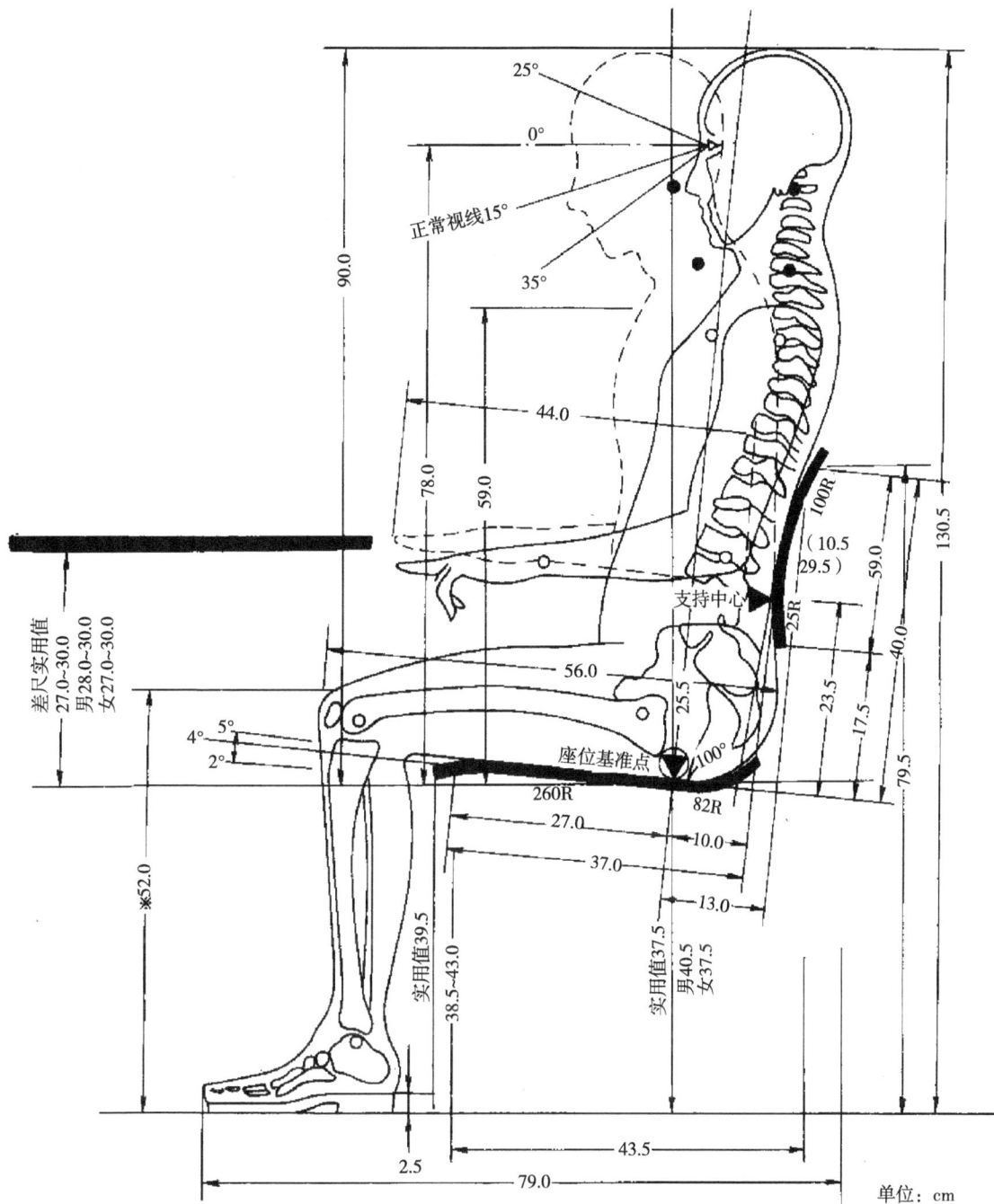

图1-4-52

（3）座位的深度和宽度

座位的深度和宽度应取决于座位的类型（不论是多用途的椅子或是打字员用的椅子甚至躺椅等）。然而一般讲，这个规定的深度应适合小个子（为小腿提供余隙，并且减少大腿压力）。座椅的深度要恰当。如果座椅太深，坐者不能靠背。通常的深度是375~400mm为宜。座位面的宽度不能小于40cm。这样一个座位宽度对于单只座位来讲，可达到预期的目的；但如果是排成一行的，或者座位是一个靠着一个的，还必须考虑肘与肘的宽度，而规定的宽度应适合大个子。即使采用第95百分位的值也会产生一定的拥挤。在任何情况下这些数字是带靠手的椅子的最小值。座椅的宽度是从宽为好。宽的座椅允许坐者姿势变化。最小的椅子宽度是400mm再加上50mm的衣服和口袋装物的距离。对于有靠手的座椅，两靠手之间的距离最小是475mm。会妨碍手臂的运动。如果需要手臂支撑，可以把手臂放在桌子

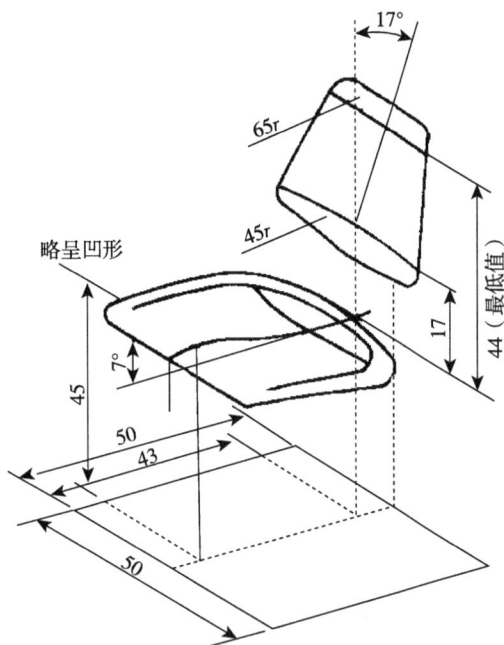

略呈凹形

尺寸以厘米计算

图1-4-53

上，手臂下面还可以放小的垫子。对于有靠手的座椅，靠手高度应在椅面以上200mm为宜。靠手太高是错误的设计（图1-4-53）。

（4）身躯的稳定性

身体的稳定性大部分是由设计决定的，设计应使得身体主要的重量由围绕坐骨结节的面积来承受。对于这一点，座位的角度和靠背的角度起着重要的作用，座位靠背的曲线也有关系（图1-4-54）。然而这些方面又与座位的功能缠绕在一起。例如，就办公室座位来讲，推荐的座位角度为3°，而靠背的角度（靠背和座位之间的夹角）为100°。然而，对于休息和阅读来讲，大多数人喜欢较大的角度。身体的稳定性也可以靠手来帮助，甚至将手臂先靠在桌子或工作面上，但是这些也应在能使手臂自然垂下的高度，从而使肘部能在一种自然的位置上休息（图1-4-55、图1-4-56）。

（5）按不同用途设计的座位

因为座位的细节问题是必须由其特定的用途决定的，

良好的背部支持位置与角度

条件　　　支持点		上体角度（°）	上部		下部	
			支持点高（cm）	支持面角度（°）	支持点高（cm）	支持面角度（°）
一个点支持	A	90	25	90	—	—
	B	100	31	98	—	—
	C	105	31	104	—	—
	D	110	31	105	—	—
两个点支持	E	100	40	90	19	100
	F	100	40	98	25	94
	G	100	31	105	19	94
	H	100	40	110	25	104
	I	100	40	104	19	105
	J	100	50	94	25	129

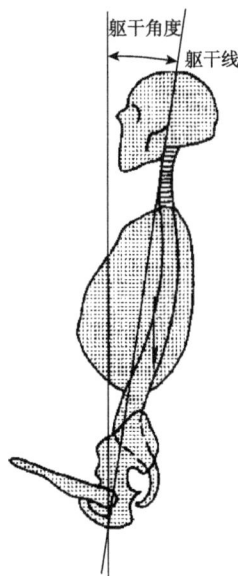

图1-4-54

故我们只能选择一些实例来加以说明。

工作椅。人工作时坐着的座椅叫工作椅。图1-4-55中，左侧的多功能工作椅具有高靠背低垫腰凸缘。人在工作时，身体前倾，凸缘支撑住腰部，而放松休息时人体后靠，靠背又保持了脊柱的自然"S"形曲线。工作椅并不一定需要靠背，工厂车间和医院的工作椅一般就没有靠背，而办公室的工作椅一般需要靠背，这取决于工作性质。图1-4-52是一种典型的工作椅。

就这两种座椅对66个办公室工作人员的征询调查表明，绝大多数人更喜欢高靠背工作椅。因此，只要工作环境和性质允许，就应使用高靠背的工作椅。设计工作椅应注意：

1）高度可调。工作椅的高度调节范围为38~53cm。

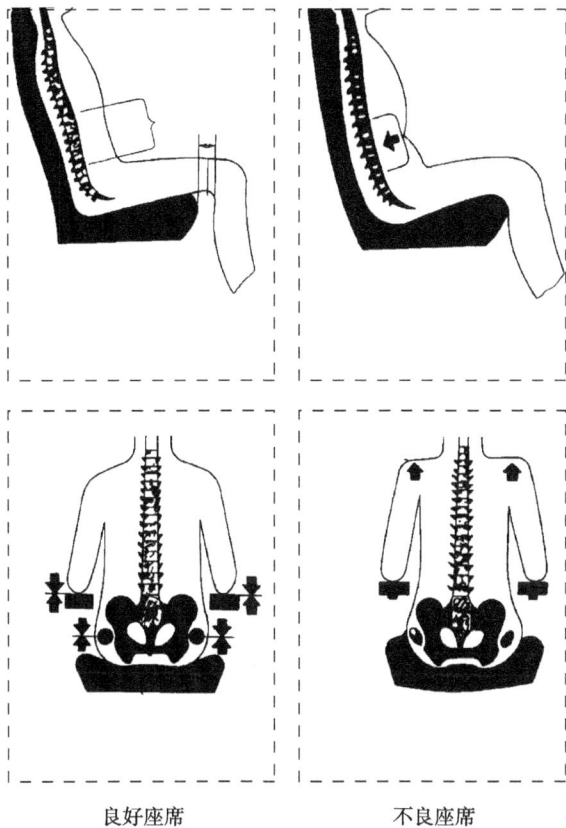

良好座席　　　　　　　不良座席

图1-4-55

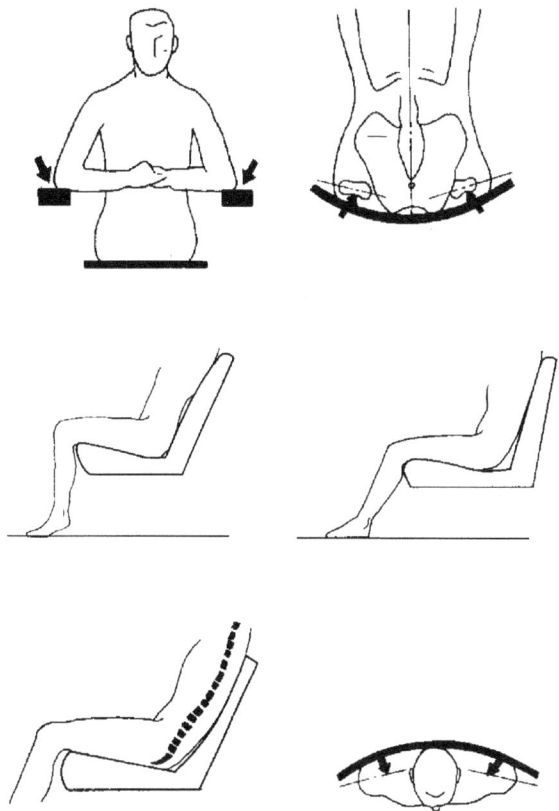

图1-4-56

2）可防止座椅滑动和翻倒。椅脚应设计5个，平分在直径为40~45cm的圆周上。

3）给人留有足够的活动空间。需要经常站起的座椅应采用小脚轮。

4）应保证腿的活动空间，以减轻腿的疲劳。

5）坐面应为40~45cm宽，38~42cm长，坐面中部稍微下凹，前缘呈弧曲面，坐面后倾4°~6°。

6）坐面的材料应透气而且不打滑（例如毛料），以增加坐面的舒适感。

2.坐的解剖学和生理学

前面介绍的座位设计的一般原理主要是建立在舒适的判断基础上的。但是现实情况却是，在我们这个工业化世界中近乎一半的人口忍受着某种程度的腰背的疾苦。每年为病假工资、医药处理等耗费大量的钱。多年来对办公室、工厂等方面的椅子已做了大量研究工作，打字员的椅子似乎是这类椅子的典范。其特点是能够调节高度和靠背，并且很轻，可以移动，座位的坡度大约为向后倾斜5°，这为打字和休息提供了一个最适宜的姿势。

为了了解坐的姿势中存在的问题，我们必须研究当一个人从站立的姿势改变为坐的姿势时，所发生的解剖学上的变化。当一个人从站立的姿势改变成坐得笔直的姿势时，大多数人想象为，是臀部关节转动了90°，然而实际上这个动作是比较复杂的，因为这个弯曲中只有60°是来自于臀部关节的，而另外的30°是来自于腰椎曲线的变平（图1-4-57～图1-4-59）。曾有一项研究显示，人在坐下时腰椎曲线平均变平了30.5°，这样的腰椎弯曲几乎都发生第四和第五个腰椎间盘上。恰好这两个盘是发生脱盘最多之处。因此尽可能地减少这个部位的过度弯曲很重要。即使在一般放松休息的姿势时，那里也有相当的荷载。慢性的腰背痛常常就发生在下腰部范围内，并且患者的特征是，他们不能以笔直的姿势坐随便怎样长的时间。即使是一个健康的背，30°的弯曲似乎也已是背部能容忍较长时间的最大负担。

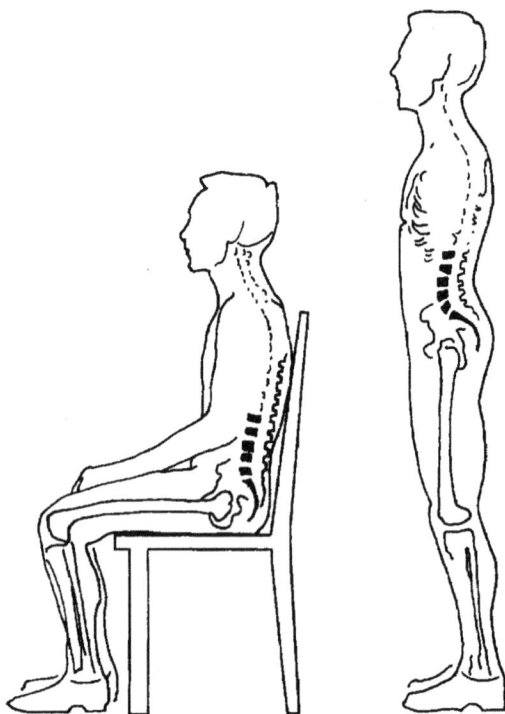

图1-4-57

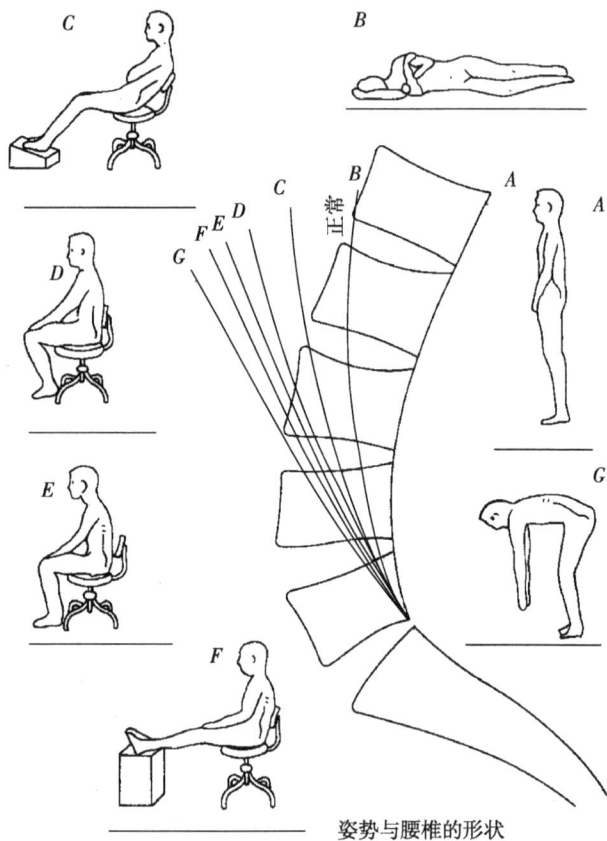

姿势与腰椎的形状

图1-4-58

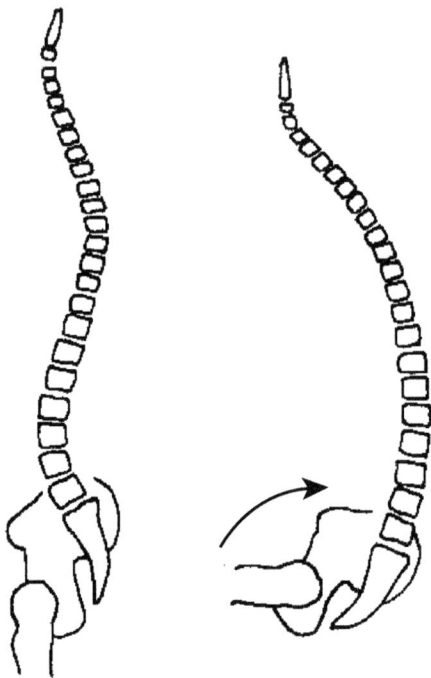

图1-4-59

坐姿的最严重问题是对腰椎和腰部肌肉的有害影响。不正确的坐姿不但不能减轻腰的负荷，反而加重了这一负荷。60%的人都有过腰痛的体验，其中最常见的痛因就是椎间盘的问题。椎间盘由纤维环构成，由于某种原因，椎间盘也可能退化，从而丧失强度。这时椎间盘变得扁平，严重时黏液还会被挤出，整个脊柱的机能因此受到损害，造成一些组织和神经受挤压，引起各种骨盆部位的病症以及腰部风湿病，甚至下肢瘫痪。不正确的作业姿势和坐姿可能加速椎间盘退化，引起上述种种病痛。

许多人建议人应直腰坐着，以保持脊柱的自然S形。在人直腰坐着时。椎间盘内压力比弯腰坐时小，但是，在坐着时适当放松，稍微弯曲身体，可以解除背部肌肉的负荷，使整个身体感觉舒服。由肌电图可以很容易地证明这一点。如图1-4-60所示，当直腰坐时肌电图波形变化大，而放松坐时机电图波形平稳。这说明，身体稍微前倾的放松坐姿，有利于整个身体的平衡。事实上，多数人的坐姿是放松的。细心的读者一定已经发现，肌肉和椎间盘对坐姿的要求是矛盾的。直腰坐有利于降低椎间盘内压力，但肌肉负荷增大；弯腰坐有利于肌肉放松，却增加了椎间盘的内压力。靠背倾角和靠背的形状都可影响椎间盘和背部肌肉。靠背倾角是指靠背与坐面的夹角。图1-4-61是不同靠背倾角下的肌电图和椎间盘内压力。图中椎间盘的内压力以靠背倾角为90° 时的压力值

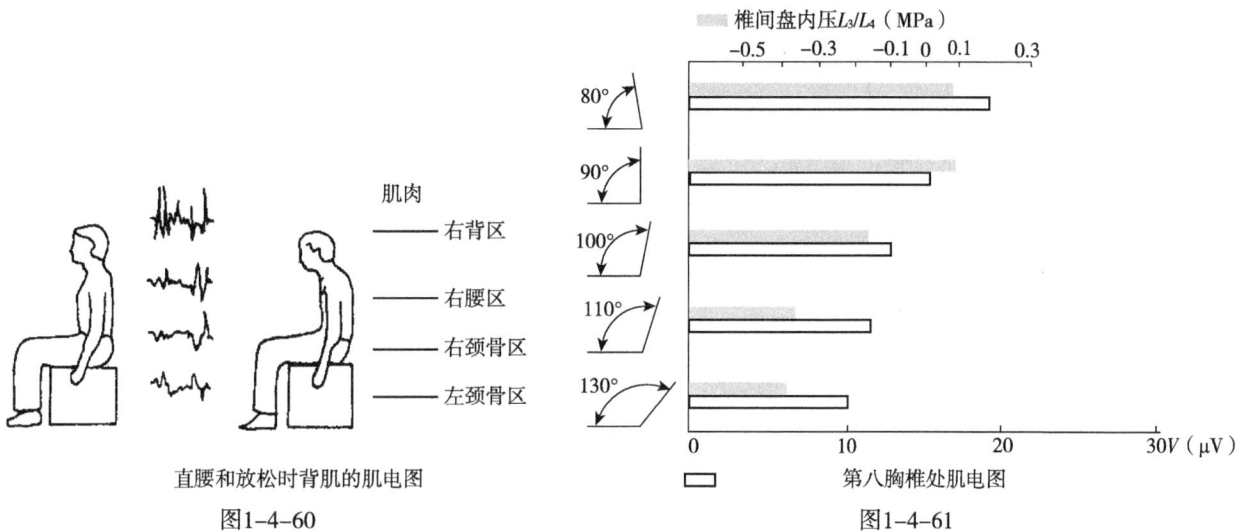

椎间盘内压L_3/L_4（MPa）

直腰和放松时背肌的肌电图

图1-4-60

图1-4-61

为零点，其绝对压力为0.5MPa，所以，图中为相对压力。

综合上述内容和图中的数据，可以得出以下几点结论：

1）人的背后仰和放松时，椎间盘内压力最小。

2）靠背倾角越大，肌肉负荷越小，

3）5cm厚的短靠腰（靠住腰部，也叫低靠腰）与平面的靠背相比，可降低椎间盘内压力，减轻肌肉负荷。

4）靠背最佳倾角（与水平面夹角）为120°，坐面最佳角度（与水平面夹角）为14°，靠背应为5cm厚的低靠腰。当靠背倾角超过110°后，倾斜的靠背支承着身体上部分的重量，从而减小了椎间盘内压力。

第四节　人的感知与室内环境

在我们的各种生活环境中，除了人的形态与空间有关，人的知觉与感觉因素也是一个非常重要的因素。知觉和感觉是指人对外界环境的一切刺激信息的接收和反应能力。它是人的生理活动的一个重要的方面。了解知觉和感觉，不但有助于对人类心理的了解，而且为在环境中人的知觉和感觉器官的适应能力的确定提供了科学依据。人的感觉器官在什么情况下可以感觉到刺激物、什么样的环境是人可以接受的、什么是不能接受的，是人体工程学需要研究的课题。它为室内环境设计确定适应于人的标准，有助于我们根据人的特点去创造适应于人的生活环境。

一、人与环境的关系

人类总是生活在具体的环境中的。良好的生活环境可以促进人的身心健康，提高工作效率，改善生活质量。环境与人类是息息相关的。影响人类的环境因素可分为以下四种：

1）物理环境。声、光、热的因素。

2）化学环境。各种化学物质对人的影响。

3）生物环境。各种动植物及微生物对人的影响。

4）其他环境。

这其中，物理环境与环境设计的关系又最密切。知觉与环境是相互对应的：视觉——光环境，听觉——声学环境，触觉——温度和湿度环境。

人类对环境进行各种工作的最重要的目的，就是研究环境与人体的相互关系。把这种关系仅仅单纯解释成为来自环境的作用（刺激）和对之产生反应或适应（影响）的结构模式是不够的。作为基础本能，其他生物也有生来就具备的适应能力。忽略了人的适应能力或者超过了人的适应限度，就会出现在环境建设过程中导致公害和产生某些职业病等问题。

1.体内环境稳定

针对体外环境条件的变化，身心要进行种种的调整和适应，以便使包括大脑在内的体内各机能保持平衡。事实上，尽管外部环境经常在变化，但体内机能却表现出惊人的稳定。外部环境变化时，体内环境稳定不变是生物的特征。所谓稳定状态，不仅是指血液和组织液的化学成分是稳定的，而且是指，只要处于安静状态，人体的生理机能也是稳定的，虽然有个人差别，但差别范围也是很小的。血压、脉搏、呼吸数等，虽然也因为姿势、运动、劳动而变化，但也仍然保持接近安静状态时的正常值。

生理机能尽管由于环境变化以及因劳动、饮食、睡眠等的生活活动会在狭小的范围内波动，但仍然保持稳定，这种现象称为体内环境稳定（Homeostasis，恒常性）。体内机能的稳定性是由自律神经系统与激素系统的控制而保持的。维持体内的环境稳定是身体健康的标志。医生进行健康诊断时，测量体温、脉搏、血压，采血、取尿进行化学分析，与正常值做比较，当发现偏离正常值时，则说明体内环境稳定遭到破坏，表明患病或者健康不良。

2.身体对环境的适应

身体对环境变化的调整适应能力是有限度的，所以并不是任何变化都能够适应。不过，环境变化在多数情况下是反复的，长期持续不断的，而身体的调整是很快的，所以调整的范围也在不断扩大。身体与环境之间相互的变化过程就是适应的过程，也可以称为调整的熟练、练习、习惯。譬如，人在夏天和冬天穿着同样厚度的服装进入10℃的房间，对寒冷作出反应的代谢量，冬天比夏天增加得更迅速，增加率也大。相反，人对炎热的调整，在夏天比较快。若在30℃的房间里放一盆浴水，使盆内水温在40℃左右，人站在浴盆里，夏天比冬天出汗快，汗量也多得多。从这种对寒暑的调整反应当中，不仅可以看出明显的季节变化，也可以很好地了解人对季节的适应。

3.调整与适应的条件

身心对环境条件变动的调整与适应是有条件的，这取决于环境方面的作用力和身心方面的调整与适应能力的平衡。当环境过度的严酷时，调整与适应失败，便会影响健康。例如，因炎热而中暑，因严寒而冻伤、冻死，因高山低气压缺氧而患高山病、神经痛、脑出血发作，因有害物污染而中毒，各种传染病，因精神环境引起的精神病等等，都是因作用力一方与适应能力一方失去平衡而导致的恶果。身心的调整能力和适应能力除因人而异外，还因人种、性别、年龄而有差别。一般来说，幼儿与老人调整的幅度比较狭窄；同健康人相比，病人和孕产妇的调整能力要低一些；在个人差别当中会有性格、体力和体质上的差别。人对环境的调整能力与适应能力的培养，同锻炼与营养有很大关系。

为了达到对于环境的调整与适应的目的，改造环境使之成为易于被调整与适应的对象，是很重要的。改善环境就是首先从这个意义开始的。人类同其他动物相比，改善环境的能力特别突出。很久以前，人们就利用衣服和房屋来缓和严酷的自然条件，以发展交通手段来扩大行动的范围，这些都是人工改造自然环境，以使调整与适应比较容易实现的手段。然而，人工环境并不总是优于自然环境的，环境污染及公害等就是人们创造的不健康的环境。只着眼于优先考虑生活方便和生产效益，而不顾及人们自身本来的调整能力和适应能力，其结果就必然会破坏环境。迅速改变环境所引起的不健康状态过去就有，那是在产业革命时期，由于开始了大工厂化，同自然环境相协调的农村人口大量集中到大工厂参加劳动，并在大工厂周围逐渐形成了城市，与此同时，产生了前所未有的职业病和传染病等。在追求便利和舒适的现代化过程中，虽然没有达到直接破坏环境的程度，但是，却产生了不健康的后果。如大厦和公寓里的空调给人们带来的障碍，闭塞恐怖与高层恐惧带来的精神病态，由于乘飞机旅行使身体节奏生物钟失调等等。这些均可以看成是对新环境、新生活条件的调整与适应的失败。

二、视觉与视觉环境设计

1.视觉的特征

这里我们不准备细述人眼复杂的生理构造，尽管它与视觉的特征有密切的关系。我们只对视觉特征本身与环境的关系感兴趣。视觉是光进入眼睛而产生的。由于有了视觉，我们才能知道各种物体的形状、色彩、明度。一般来说，人类所获得的信息有80%是来自于视觉的。

2.视觉的要素

（1）视野

视野是指眼睛固定于一点时所能看到的范围，若眼睛平视，主观感觉大约向上能看到眉毛，向下能看到鼻子及唇部，向上约55°，向下约70°，左右各约94°（图1-4-62、图1-4-63）。

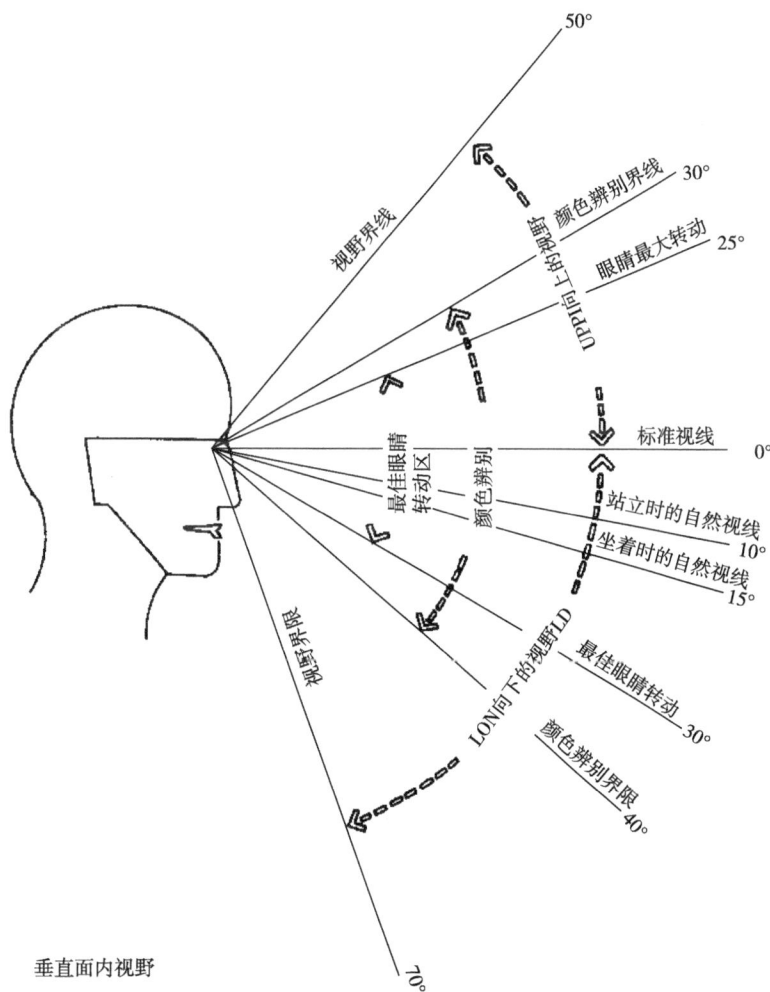

垂直面内视野

图1-4-62

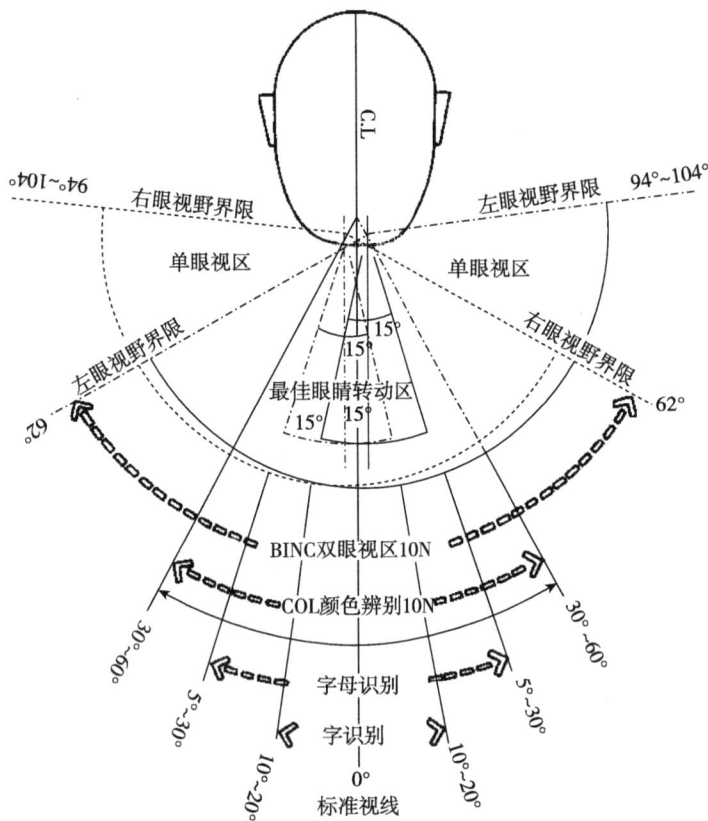

图1-4-63

我们可将视野分为主视野、余视野。主视野位于视野的中心，分辨率较高。余视野位于视野的边缘，分辨率较低。不同色彩的视野是不同的，人眼中绿、红、黄色的视野较小，而白、青色的视野较大（图1-4-64、图1-4-65）。

视野的研究对于操作控制及视觉空间的设计非常重要。例如，在飞机座舱、汽车驾驶室和各种控制室里，人们往往需要注视某一方向，并兼顾控制仪表。这时，显示器的位置就要在不影响观察的情况下尽量安排在视野内，并且，使用频率高的、需要辨认的放在主视野内，不常用的或提示与警告性的放在余视野内。相关规则如下。

重要的：3°以内；一般的：20°~40°以内；次要的：40°~60°。一般不在80°视野之外设置，因其视觉效率太低。对于视觉观察不利的因素应尽量安排在视野之外，如强烈的眩光。

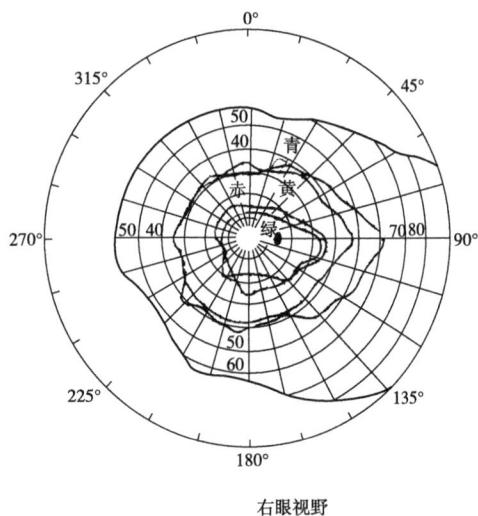

右眼视野

图1-4-64

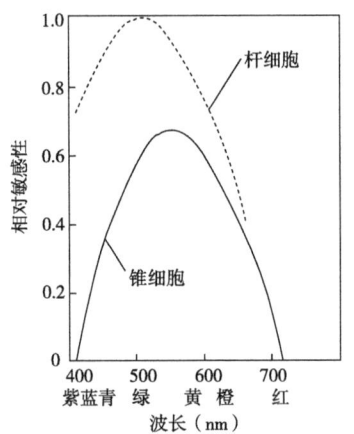

锥细胞和杆细胞的相对敏感性

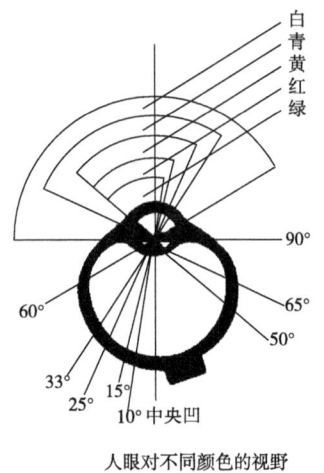

人眼对不同颜色的视野

图1-4-65

（2）光感

1）绝对亮度。眼睛能感觉到的光的强度。人眼是非常敏感的，其绝对值是0.3烛光/平方英尺的十亿分之一。完全暗适应的人能看见80km（50英里）远的火光。

2）相对亮度。对于一般的使用来说，绝对亮度意义不大，而相对亮度更有意义。相对亮度是指光强度与背景的对比关系，称为相对值。在一个暗背景中，亮度很低的光线也可以看得很清楚；然而在一个亮背景中，同样的光线就可能看不出来。这种现象可以用白天看不见星星的例子来说明。

3）光亮范围。光感不仅与光的强度有关，还与光的范围大小有关，并与其成正比。

4）辨别值。光的辨别难易与光和背景之间的差别有关，即明度差。

根据光感的特性，在视觉设计中，如果我们希望光或由光构成的某种信息容易被人们感觉到，就应提高它与背景的差别，增大光的面积；反之，如果不希望如此，则应相反处理。问题的关键不在于光的绝对亮度，而在于它与背景的差别和面积的大小。

（3）视力

视力是眼睛观测小物体和分辨细节的能力，它随着被观察物体的大小、光谱、相对亮度和观察时间的不同而变化。视力在眼球上的分布是不均匀的，中心部分视力最佳，只有1°的视角内看得最清楚。超过这个范围，则只能看到运动和对比明显的物体，这与人的主观感觉不同，是因为眼球运动的关系。影响视力最主要的因素是光的亮度。视力与亮度成正比，正常人在良好的情况下可以看清800m外的一根电线，因此需要细致观察的场所应提高亮度。

（4）色彩

1）色彩的知觉范围。视野内的色彩感觉并不完全相同，视野的边缘部分虽然能够察觉物体，但感觉不到色彩。在离开视觉中心点90°的地方，除非是在光线很亮的情况下，否则，任何的物体看起来都是灰色的。人眼对波长555μm的光最敏感，介于黄色和绿色之间。

2）色彩与亮度。人的眼睛能分辨出10万种不同的颜色，但当光线很暗时，则一切都成为灰色。

（5）眼的调节

眼调节主要有三方面：眼球的运动，远近调节，双眼的聚焦。眼球的运动是水平比垂直快，所以显示应以水平方向为好。

（6）残像

眼睛在经过强光刺激后，会有影像残留于视网膜上，这是由于视网膜的化学残留作用引起的。残像的问题主要是影响观察，因此应尽量避免强光和眩光的出现。

（7）暗适应

去过电影院的人都有下面的体会，进入黑暗环境时不能立即看清物体。原因是：人眼中有两种感觉细胞——锥体和杆体，锥体在明亮时起作用，而杆体对弱光敏感。人在突然进入黑暗环境时，锥体失去了感觉功能，而杆体还不能立即工作，因而需要一定的适应时间（图1-4-66）。在眼睛已经习惯于户外亮光的时候，突然进入很暗的门厅，在刚刚进屋的一刹那，不只是有一种阴暗的感觉，而且由于眼睛瞬时还不适应，往往要绊倒在门槛上或碰到伞架上，甚至有时在楼梯上一脚踏空，很可能会造成重伤。

3.视觉环境

视觉环境主要指人们生活工作中带有视觉因素的环境问题，视觉环境的问题又主要分为两个问题，一是视觉陈示问题，二是光环境问题。

（1）视觉陈示

陈示是指各种视觉信息通过一定的形式陈列显示出来。陈示有多种多样，视觉陈示顾名思义，即是以视

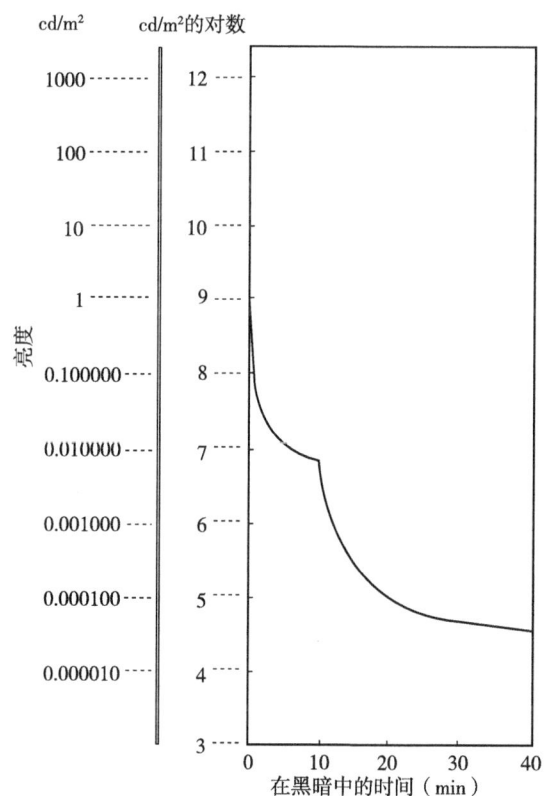

人眼的暗适应
图1-4-66

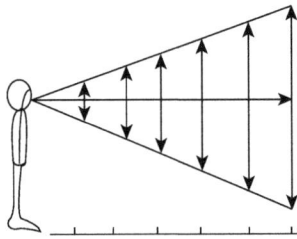

（a）

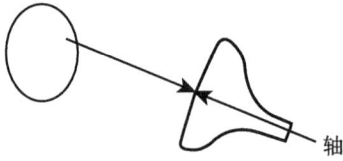

轴

（b）

图1-4-67

觉为感觉方式的形式来传递各种信息。视觉是人们与周围环境接触的主要方式，生活中大量的信息都通过眼睛传递给我们的大脑。然而这大量的信息并不是都对人有用，如何根据眼睛的特征，使需要的信息更容易被视觉接收，而且接收得更准确，这就是视觉陈示研究的问题。如交通标志采用何种形式为好、哪种光适合作夜间标志、标志的大小尺寸如何等（图1-4-67）。

（2）视觉陈示的原理

良好的视觉陈示比起只是可以看，更需要进行选择和设计，要表现出易于使人了解和解释的形式，良好的视觉陈示应注意以下几个因素：

1）视距。陈示的视距对细节的设计、位置及色彩和照明等的处理都非常重要。如一般的书和地图都是设计成不超过正常的观看距离，而有些陈示如（控制台等）通常为不超过手臂的长度，还有些标志（如路标）则设计成很远。

专家对观察行为的研究表明，博物馆成年观众的，平均视距为7.3~8.5m（据我在博物馆中所做的现场观察，观众的视距与陈列物品的尺寸有关，美术馆观众的视距远小于上述数字。当画幅在0.6m×0.6m左右时，观众的平均视距为0.8~1.2m，当画幅在1.2m×1.2m左右时，观众的平均视距则为2.5~3.0m）。陈列室的空间形状和放置展品的位置都要考虑这个有效范围，否则会造成眼睛的疲劳，甚至造成错觉。减少可能加速眼睛疲劳的一个有效方法是改变放置展品的水平面，使眼睛在观看时可以不断调节焦距而不是固定在某一点上。

2）视角。一般来说，视觉陈示在水平方向上为最佳，但有时因条件的限制无法做到，此时应注意因视角造成的视差和暧昧不明（电视等）。

3）照明。有些陈示本身是光亮的，有些则要靠其他光源的照明；有些要在较暗的环境，有些则要求较佳的照明；有时需要强烈的色彩，有时则要接近自然光。

4）环境状况。视觉陈示总是在一定的环境气氛中，如坐在汽车或火车中。良好的设计应避免不利的情况，使视觉陈示在其环境中设计适当。

5）整体效果。有时视觉陈示不是孤立的，这时应能保证表现方式因内容而异，人们应能迅速地找到所需的陈示内容。

（3）视觉陈示的方式：

视觉陈示的方式多种多样，如光线、显像管、仪表、图形、印刷等。通常大致可分为两种：动态和静态。随时间变化的为动态的；固定不变的为静态的。动态的多数是仪表和显像管等；静态的大多数是各种标识，如标志、图片、图形等。

（4）视听空间中的电视、幻灯陈示

1）周围照明。周围照明是指屏幕外的照明。长期以来，人们总以为周围的照度最好是黑暗的，其实并非如此。试验表明：屏幕黑暗部分的明度与周围的明度相一致时观察效果最优，周围过暗易造成视觉疲劳。

2）暗适应。在显示器前工作的场所应注意的问题是：一是人眼要适应显示器的亮度；二是周围环境不宜过暗，以免需要观察周围时出现暗适应问题。

3）屏幕的大小和位置。因为人的视野是一定的，在较少移动目光的情况下，人观察的范围的大小是一定的，它与屏幕的大小有一定的关系。过大只能观察到中心的信息，而过小则会造成视觉疲劳且只注意边缘的信息。因此，屏幕的面积与视距是成正比的，屏幕的位置最好与人的视线垂直，视点在屏幕的中心（图1-4-67）。

（5）灯光陈示

灯光陈示主要有灯箱、信号灯和由灯组成的图形等。灯光陈示最主要的是亮度因素，亮度的大小取决于环境背景的要求，而不是越大越好。灯光若要引起人们的注意，则其亮度至少要两倍于背景的亮度。灯光陈示还应避免分散注意力和眩光，因此，与环境相适应时还要控制光强的变化。同样的亮度，闪光更易引起人们的注意。是否采用灯光应根据环境而定，如果照明很好，则无必要。

1）灯光陈示的色彩。应尽量避免含混不清的色彩同时使用，色彩也不应太多，为了使人能分辨，不应超过22色，最好是在10种以内。

2）安全色。各国均有规定，一般情况下：红——警告；黄——危险；绿——正常。

3）与周围环境的关系。就个别信号的清晰度而言，蓝绿色最好（同样的亮度），受背景影响也小，但不易混淆的程度不如黄紫色。就同一色彩来说，色彩饱和度高的受背景的影响也小。红光的波长长，射程远，可保证大视距，但从功率耗损而言，越纯的红光功率损失越大。而蓝绿光的功率消耗小，而且人的主观感觉亮度高，所以实际上在同等的功率下，蓝绿光的射程较远。

强光、弱光最好不要太近，以免相互影响。单个光的陈示往往最明显，光陈示过多会冲淡对重要信号的注意，应当有主次。

4.光环境设计

我们生活和工作中的大量活动，都需要良好的光线，而光线的来源有两种——自然采光和人工照明。自然采光与人工照明不同，且主要是建筑上的问题。由于现代建筑的内部空间越来越复杂，完全采用自然采光已不可能，因此光环境的设计更显重要，照明设计的好坏对工作和生活的影响很大。

（1）照明设计的一般要点

1）适当的亮度。视力是随着照度的变化而变化的，对于为保持足够的观察能力而必须提供的照度，不同的活动、不同的人，有不同的要求。照度与视觉观察之间的对应关系是：细微的工作照度高，粗放的工作照度低；观察运动物体照度高，静止物体照度低；用视觉工作照度高，不用视觉工作低；儿童要求低，老人要求高。

照度低会看不清，那是不是越高越好呢？也不是。当超过一定的临界时，视力并不随照度的提高而提高，而且会造成眩光，影响视力。还有，过亮的环境会使眼睛感到不适，增大视觉的疲劳（因虹膜的高度紧张）。因此，照度应保持在一个舒适的范围之内。

2）工位与背景的亮度对比。局部的照明与环境背景的亮度差别不宜过大，太大容易造成视觉疲劳。这是因为，光线变化太大，眼睛需不断地调节以适应。

3）眩光和阴影。眩光是在视野范围内亮度差异悬殊时产生的。如夜间行车时对面的灯光，夏季的太阳下眺望水面等。产生眩光的因素主要有直接的发光体和间接的反射面两种。浅色的眼睛比黑眼睛更易受到眩光的干扰。眩光的主要危害在于，产生残像，破坏视力，破坏暗适应，降低视力，分散注意力，降低工作效率，产生视觉疲劳。消除眩光的方法主要有两种：一是将光源移出视野。人的活动尽管是复杂多样的，但视线的活动还是有一定的规律的，大部分集中于视平线以下，因而可将灯光安装在正常视野以上，即水平线上25°，45°以上更好。二是间接照明。反射光和漫射光都是良好的间接照明，可消除眩光。阴影也会影响视线的观察，间接照明可消除阴影（图1-4-68~图1-4-70）。

4）暗适应问题。某些活动往往要在比较黑暗的环境中进行，如电影院、舞厅、机场塔台、声光控制室等。

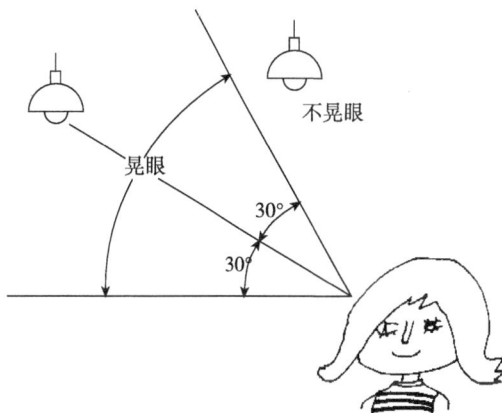

图1-4-68

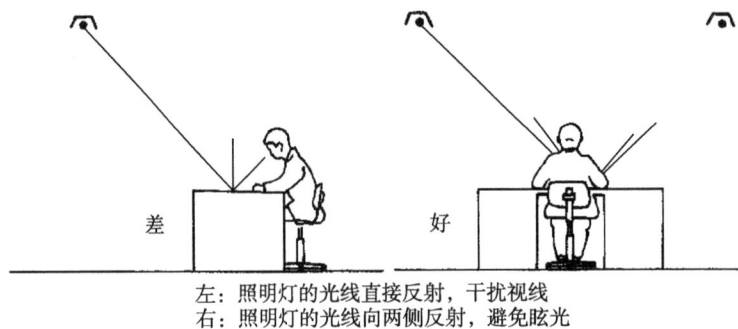

左：照明灯的光线直接反射，干扰视线
右：照明灯的光线向两侧反射，避免眩光

灯泡空间布置

图1-4-69

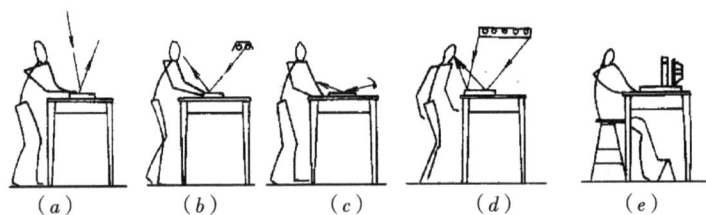

（a）　　（b）　　（c）　　（d）　　（e）

5种不同的照明方法

图1-4-70

在这里，既要有一定亮度的局部照明，以便能看清需要的东西，又要保持较好的对黑暗环境的暗适应，以便观察其他的较暗的环境，因此只能采用少量的光源进行照明。在上述环境下，我们采用弱光照明。然而，采用普通的灯光其暗适应性较差，红色光是对暗适应影响最小的，因此在暗环境下多用较暗的红光照明。

5）光色。光是有不同的颜色的，对照明而言，光和色是不可分的。在光色的协调和处理上必须注意的问题是：①色彩的计划必须注意光色的影响。其一是光色会对整个的环境色调产生影响，可以利用它去营造气氛色调。其二是光亮对色彩的影响，眼睛的色彩分辨能力是与光亮度有关的，与亮度成正比。因对黑暗敏感的杆体是色盲，所以，在黑暗环境下眼睛几乎是色盲，色彩失去意义。因此，在一般环境下色彩可正常处理，在黑暗环境中应提高色彩的纯度或不采用色彩处理，而代之以用明暗对比的手法进行处理。②色彩的还原。光色会影响人对物体本来色彩的观察，造成失真，影响人对物体的印象。日光色是色彩还原的最佳光源，食物用暖色光、蔬菜用黄色光比较好。

三、听觉与声环境

1.听觉

听觉是除视觉以外人类的第二大感觉系统，它由耳和有关神经系统组成。听觉要素主要包括：音调（频率）、响度、声强。人类可听到的声音频率范围是20~2000Hz，但随着响度、强度会有变化，这三者互相影响。

听觉有两个基本的机能：

1）传递声音信息。

2）引起警觉，即警报作用。

室内听觉环境设计主要包括了两大方面，一类是要使人爱听的声音能够被人听得更清晰，效果更好，这主要是音响、声学设计的问题。第二类是对于人不爱听的声音，如何去消除，即噪声控制。下面我们主要介绍噪声控制问题。

2.噪声控制

（1）噪声的定义

最简单的定义是：噪声是干扰声音。凡是干扰人的活动（包括心理活动）的声音都是噪声，这是从噪声的作用角度来对噪声下定义的。噪声能引起人强烈的心理反应，如果一个声音引起了人的烦恼，即使是音乐的声音，也会被人称为噪声。例如，某人在专心读书，任何声音对他而言都可能是噪声。因此，也可以从人对声音的反应这个角度来定义噪声，即噪声是引起烦恼的声音。

（2）噪声的心理和生理作用

1）噪声的心理影响。噪声对人心理的影响主要反映在警觉干扰、睡眠干扰、心理应激三个方面。

同时，噪声通过网状激活系统刺激脑的自律神经中枢，可以引起内脏器官的自律反应，如心率加快。此外，噪声还可干扰人们相互之间的语言交流。当噪声增大时，我们听觉某特定声音的能力便会逐渐下降。例如，在嘈杂的大厅内，想听懂别人说的话就很困难。从许多声音中听觉一种声音，取决于对该声音的听觉阈限。当噪声在80dB以下时，此听觉阈限与噪声程度呈线性关系，作业区的语言交流质量取决于说话的声音强度和背景噪声的强度。说话声强高于噪声10dB时，音节的听懂率达到40%~56%，这就是说可以听懂93%~97%的句子含义。试验证明，这种语言交流质量能够满足大部分工厂和办公室的要求。所以，只要背景噪声比说话声音小就可认为语言交流能够正常进行。街道两旁的建筑内，尤其在夏季当窗子打开后，受交通噪声的影响，室内噪声可达70~75dB，故对语言交流有极大干扰。图1-4-71及表1-4-2、表1-4-3列出了办公室内的噪声和不同地方允许的极限值。

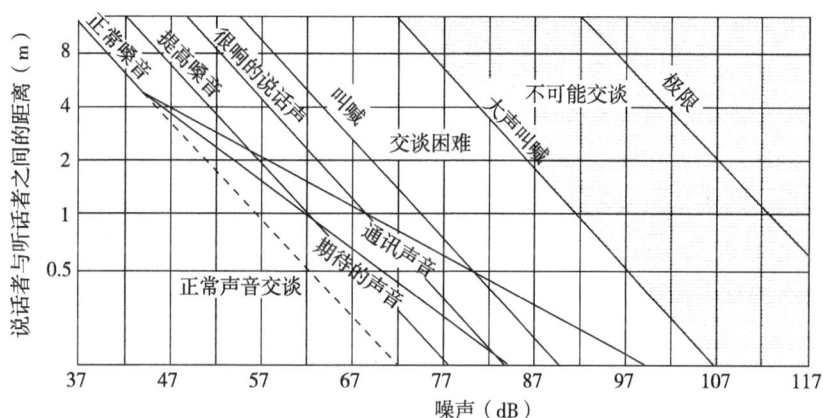

图1-4-71　说话者应有的声音大小

办公室内的噪声　表1-4-2

办公室	Leg · dB（A）
安静的小办公室及绘图室	40~45
安静的大办公室	46~52
嘈杂的大办公室	53~60

不同地方的噪声允许极限值（dBA）　表1-4-3

dBA	不同地方
28	电台播音室，音乐厅
33	歌剧院（500坐位，不用扩音设备）
35	音乐室，教室，安静的办公室，大会议室
38	公寓，旅馆
40	家庭，电影院，医院，教堂，图书馆
43	接待室，小会议室
45	有扩音设备的会议室
47	零售商店
48	工矿业的办公室
50	秘书室
55	餐馆
63	打字室
65	人声嘈杂的办公室

2）噪声与作业效能。噪声的有害作用更多地是损害人的作业效能。噪声对体力作业的影响很小，但对人的思维活动和需要集中精力的活动干扰极大。例如，噪声对于一些要求高技能和处理许多信息的复杂的脑力活动都起着干扰作用。噪声妨碍人学习精细灵活的动作，体育教练都知道噪声能降低运动员做高难度动作的成绩。间断性或无法预料的强噪声（90dB以上），可使脑力活动迟钝。事实上，人们从日常生活的经验中都会知道噪声会降低人的作业效能和生产量。对一些工厂进行的研究还发现：加工车间的噪声降低25dB，废品率下降50%；装配车间的噪声降低20dB，生产率提高30%；打字室的噪声降低25dB，打字错误率下降50%。这些研究说明了控制噪声的重要意义。当然，在这些研究里，作用效能的提高，除了噪声降低这个原因外，也许还有其他原因。

噪声对脑力活动的影响可归纳如下：间断的，尤其是无法预料的噪声比连续噪声干扰大；高频噪声比低频噪声干扰大；正在学习某项事物比已经熟练的情况下更容易受噪声干扰。

把噪声直接作为作业效能下降的原因时，必须仔细研究。分析噪声对作业的影响必须考虑以下因素：噪声的强度；噪声的性质，是连续的还是间断的，是预料之内的还是预料之外的；噪声中也可能包含着有用的信息，如纯机器噪声（监视发电机工作就需要分辨噪声信息）；作业性质，例如是单调工作还是充满刺激的活动。

噪声的有利作用是：如果作业是单调的或者有许多分散注意力的刺激因素，则适当的噪声对作业是有利的。在单调作业时，噪声可提高人的觉醒程度，从而提高作业效能。噪声还能遮掩其他声音刺激，防止人们分散注意力，因而也有利于脑力作业。

3）噪声的生理作用。许多生理学研究都发现，当人受噪声影响时会有如下生理反应：血压升高、心率加快、皮下血管收缩、代谢加快、消化减慢、肌肉紧张。所有这些现象都与觉醒程度是否进入了警觉状态有密切的关系。在动物世界内，听觉是基本的报警系统。人的听觉系统的两个机能之一，仍是引起警觉。这些生理反应的生物意义是噪声的心理作用，噪声对人的情绪影响很大，这种情绪引起强烈的心理作用。自然界的声音，如树叶的沙沙声、流水的淙淙声听起来使人心旷神怡，而噪声和噪声环境使人感到讨厌，这种讨厌的情绪取决于主观和客观的各种因素。人能否逐渐适应噪声仍不清楚，但从目前噪声问题日趋严重和噪声引起的讨厌心理来看，只能说人是无法适应噪声的，即使存在一定的适应能力，也远远小于噪声的有害作用。

体力恢复是身体健康的基本保证，夜间睡眠、工间休息和午休都有利于体力恢复。如果噪声对自律神经系统的刺激作用不限于工作时间，而是延续到休息和睡眠时间，则人在应激和恢复之间的平衡就被破坏，噪声就成了造成慢性劳损、作业效能下降以及各种慢性疾痛的原因之一。

（3）听力与噪声

次强噪声只引起短时的听力丧失，但经常发生短时的听力丧失，就会导致永久性的听觉丧失，成为噪声聋。内耳的感声细胞受噪声影响逐步退化是出现永久听力丧失的原因。

年龄与听力丧失有关。随着年龄的增加，人的听力会有所下降，听力下降是从高频部分开始的，以3000Hz纯音的听觉阀限为例，不同年龄的人，其听力丧失情况如下：50岁：10dB；60岁：25dB。

对于噪声负荷和听力丧失规律的研究，使我们能够预测噪声对听力的损害，国际标准局也有相关数据可查。预测的听力丧失称为可能听力丧失，它与噪声强度及受噪声影响的时间有密切的关系，见表1-4-4所列。

表中的百分数表示出现听力丧失的人数占总人数的百分比。显然，90dB以上的噪声对听力有损坏作用，而且噪声强度和受噪声影响时间都直接决定了听力丧失的危险性的大小。图1-4-72显示了听力下降与噪声的关系。

可能听力丧失　表1-4-4

Leg, dB（A）	受噪声影响时间（年）		
（一周工作40h）	5	10	20
80	0%	0%	0%
90	4%	10%	16%
100	12%	29%	42%
110	16%	55%	78%

（4）噪声防护

实行噪声防护，可以从以下几个方面入手：

1）噪声防护设计。

2）减少噪声源。

3）组织噪声传播。

4）个人防护措施。

噪声防护设计的重要技术性步骤是选用消声的建筑材料和在建筑内合理地进行房间布局。所以，噪声防护工作在绘图时就已开始了，离噪声源越远，噪声强度衰减就越大。所以，办公室、绘图室和任何进行脑力作业的房间应尽量远离交通噪声。在进行设计时，应使噪声大的房间尽量远离要求集中精力和高技能的房间，中间用其他房间隔开，作为噪声的缓冲区。

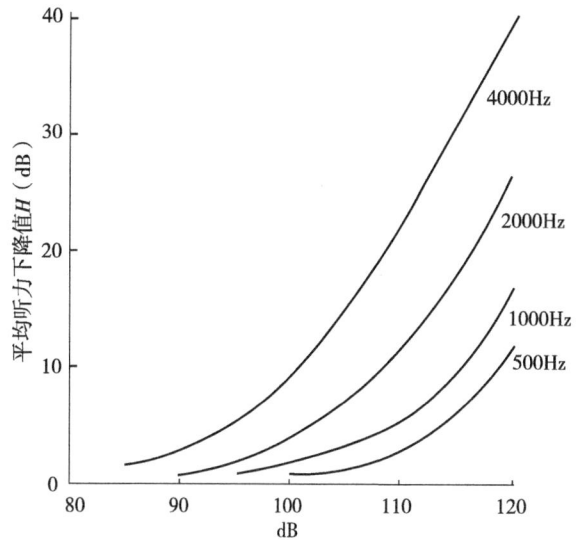

图1-4-72

设计两个房间的隔层时，应考虑墙、门、窗以及天窗等对噪声的隔声作用。

对于产生噪声的振动体，可以通过加固、加重、弯曲变形或者改用不共振材料等措施来使振动体降低噪声。运转着的机械和交通工具，不仅会产生噪声，而且能引起周围物体的振动，甚至引起整个建筑物的振动。因此，重型机械必须牢固地固定在水泥和铸铁地基上，根据机器的类型，可使用弹簧、橡胶、毛毡等消声材料。

封闭噪声源是一个有效降低噪声的方法。选用合适的材料建造的噪声源隔声罩和隔声间可使噪声降低20~30dB。一般情况下，隔声墙内应安装吸声材料，墙的自重要大，以保证隔声效果。为了便于电源引线的安装和维修，可在隔声墙上开口，但一般而言，开口的面积不得超过整个隔声间面积的10%。各种建筑面的隔声效果见表1-4-5所列。

在采取了诸如声源消声、声源隔声等措施以后，还可在房间的墙和顶棚上安装吸声材料，进一步消除噪声。吸声板的作用是吸收部分声能，可以减少声音的反射和回声的影响（表1-4-6）。在以下情况下应考虑安装吸声板：

1）安装吸声板后可使厂房内回声时间下降1/4，办公室回声时间下降1/3。

各种建筑面的隔声效果　表1-4-5

	隔声作用（dB）	说明
普通单门	21~29	听懂说话
普通双门	30~39	听懂大声说话
重型门	40~46	听到大声说话
单层玻璃窗	20~24	
双层玻璃窗	24~28	
双层玻璃，毛毡密封	30~34	
隔墙，6~12cm砖	37~42	
隔墙，25~38cm砖	50~55	
双墙，2×12cm砖	60~65	

不同材料表面的吸声系数　表1-4-6

材　　料	频率（Hz）			
	125	500	1000	4000
上釉的砖	0.01	0.01	0.01	0.02
不上釉的砖	0.08	0.03	0.01	0.07
粗糙表面的混凝土块	0.36	0.31	0.29	0.25
表面油漆过的混凝土块	0.10	0.06	0.07	0.08
铺地毯的室内地板	0.02	0.14	0.37	0.65
混凝土上面铺有毡，或橡皮，或软木	0.02	0.03	0.03	0.02
木地板	0.15	0.10	0.07	0.07
装在硬表面上的25cm厚的玻璃纤维表面	0.14	0.67	0.97	0.85
装在硬表面上的76cm厚的玻璃纤维表面	0.43	0.99	0.98	0.93
玻璃窗	0.35	0.18	0.12	0.04
抹在砖或瓦上的灰泥	0.01	0.02	0.03	0.05
抹在板条上的灰泥	0.14	0.06	0.04	0.03
胶合板	0.28	0.17	0.09	0.11
钢	0.02	0.02	0.02	0.02

2）房间高度低于3m。

3）房间高于3m，但体积小于500m³。

3.音乐与工作

从物理学的角度来看，音乐只是一种声音。然而多少年来，音乐一直在帮助人们减轻劳累。例如，《劳动号子》、《战士进行曲》、《伏尔加河船夫曲》，音调悦耳，节奏感强，能鼓舞人们更加努力地工作。

（1）声音的生理作用

我们已经讨论过，听觉刺激经过内耳转变为神经冲动，沿听觉神经进入中脑，也传入网状激活系统，使整个大脑皮层进入准备反应的兴奋状态。所以，声音也有兴奋大脑的作用，尤其是在工作单调的情况下。音乐有鲜明的节奏，有规律的声强变化，其效果更加显著。音乐使整个人体处于兴奋状态，而刺激性和节奏性很强的音乐，也能分散人的注意力，影响脑力作业和持续警觉的作业。所以音乐只适合于重复单调的工作。音乐分散注意力和干扰作业的情况，取决于音乐的选择，适当的音乐可以大大减轻其分散注意力的作用。工业界近几十年来为了改善工作条件，多次试验在单调的工作环境中运用音乐。英国的一项研究曾发现，音乐可以提高服装厂女工的生产速度。他们还发现，从上午10时至11时15分，放音乐的效果更好。对美国人的一项调查发现，绝大多数人希望在每天的工作时间内，放10~16次音乐。上午10时左右和下午3时左右，是最受欢迎的放音乐的时间。青年人和女工对音乐的要求则更为强烈。例如，在某装配车间放轻音乐后，日班产量提高了17%。放古典音乐似乎不如放轻音乐的效果好。

（2）背景音乐

上述劳动音乐有明快的节奏和曲调。近代起源于美国的所谓背景音乐，是一种在政府机关、商店、候车室、饭馆甚至宿舍内播放的音乐。这种音乐是持续不断的，声音极轻，不引人注意，几乎不容易意识到。它的作用是把人包围在一个愉快和谐的气氛里，而不分散人的注意力，因此也适合于脑力作业。音乐可为工作创造一个愉快的气氛，唤起人的热情，对于单调重复的工作尤为有效。音乐对噪声大的厂房和脑力作业的有利作用不多。

四、触觉与触觉环境

皮肤的感觉即为触觉，皮肤能反应机械刺激、化学刺激、电击、温度和压力等。

1.触觉

痛觉、压力感、温感、冷感，它们是由皮肤上遍布的感觉点来感受的。感觉点的分布是不均匀的。压点约50万个，广泛分布于全身，疏密不同，舌尖、指尖、口唇最密，头部、背部最少。痛点约有200万~400万个，其中角膜最多。冷点12~15个/cm²，温点2~3个/cm²，在面部较多。由于感觉点的分布疏密不同，所以，人体触觉的敏感程度在身体的各个部分是不同的。舌尖和指尖最敏感，背部和后脚跟最迟钝。指尖的敏感是由于细小的指纹，细小的纹理对细小的物体敏感，汗毛也是同样的道理。人体感觉敏感度的分布如图1-4-73。痛觉是最普遍分布于全身的感觉，各种刺激都可以造成痛觉。温度觉：一般10~30℃刺激冷点，10℃以下刺激冷点和痛点，35~45℃刺激温点，46~50℃刺激冷温点，50℃以上刺激冷点、温点和痛点而产生痛感。

2.触觉环境

综上所述，触觉的问题主要是痛觉、压力觉和温度感觉等问题的处理。痛觉实际上是各种刺激的极限，压力太大、太冷或太热都可产生。因此，触觉问题也就主要表现为解决温度和压力的问题。

（1）选择体感好的材料

很多人都有下面这样的体验，在冷天，皮肤接触浴室里冰冷的瓷砖时，身体觉得发冷，会产生一种畏缩的感觉。我们之所以会感到发冷，或者感到温暖，是因为在人的皮肤上分布有称做冷点和热点的

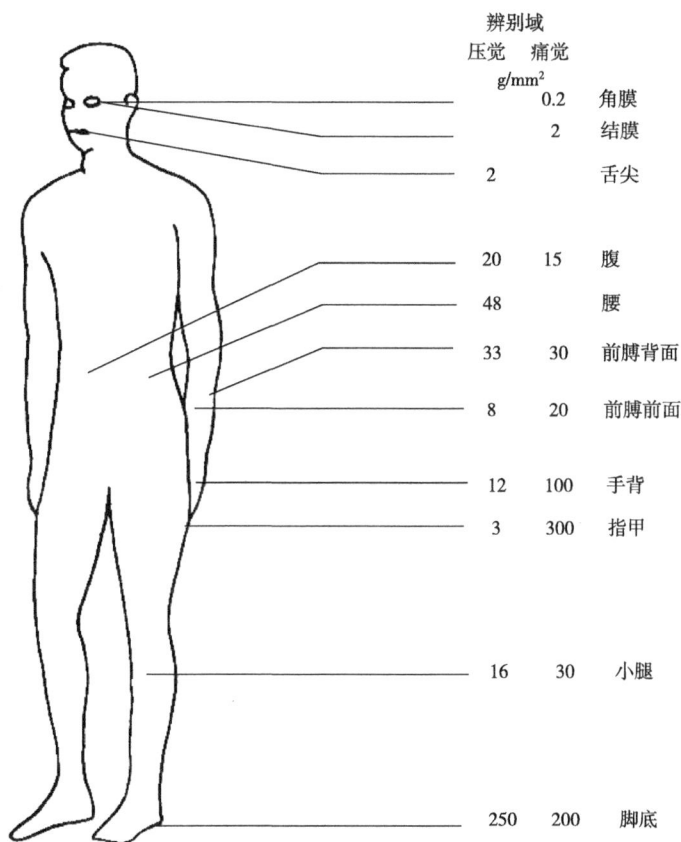

辨别域
压觉 痛觉
g/mm²

压觉	痛觉	部位
	0.2	角膜
	2	结膜
2		舌尖
20	15	腹
48		腰
33	30	前膊背面
8	20	前膊前面
12	100	手背
3	300	指甲
16	30	小腿
250	200	脚底

图1-4-73

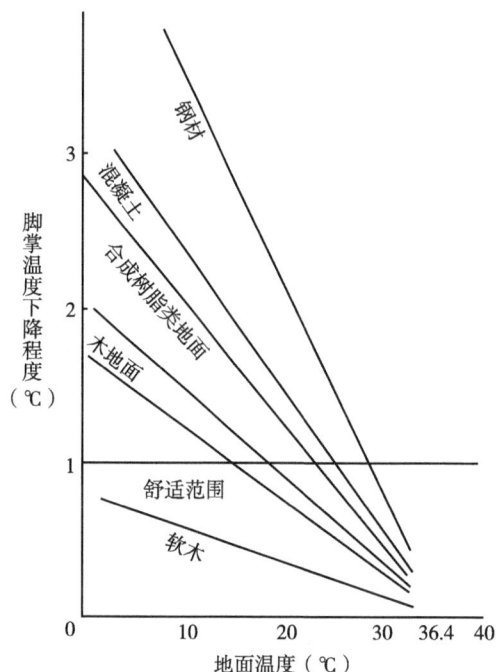

脚掌温度下降程度（℃）

钢材
混凝土
合成树脂类地面
木地面
舒适范围
软木

地面温度（℃）

图1-4-74

组织，它们对周围的温度敏感，使人产生了冷或热的感觉。很显然，这些冷点或热点都是为接受感觉而准备的，这就是通常所说的鲁菲尼小体和克劳斯氏小体。由于皮肤上分布有感觉接收器，人对冷热的感觉，在很大程度上被皮肤的温度所左右。从而作为恒温动物的体温调节机构，也是为了控制皮肤表面温度而设置的。例如，热的时候可以出汗散热，冷的时候皮肤收缩（俗语称起鸡皮疙瘩），抑制皮肤的散热反应。此外，人虽然穿衣服，但露着的部分皮肤接触各种东西的机会还是相当多的。以光脚为例，如果冬天地板是凉的，当然会感到不舒服。但夏天就不同了，本来是使人感到不舒服的冰凉，却变成了说不出的凉爽。在住宅里，皮肤经常直接接触的地方很多，这些地方使用什么材料，才不至于在冷的时候使人感到不适？关于这个问题，有个很有趣的答案。当皮肤接触物质的时候，之所以产生不愉快的感觉，应当认为是由于接触的瞬间，皮肤温度迅速下降所致。其下降的程度，因材料而异（图1-4-74）。于是就会产生舒服或不舒服的不同感觉。他还实际测量了脚掌和地面装修材料之间温度下降的情况，发表了一幅曲线图。纵轴表示接触瞬间的脚掌温度下降程度，横轴表示接触瞬间的地面温度。例如，当地面温度为20℃时，如果是木地板，则脚掌温度下降1℃。从这个图可以明显地看出，由于材料不同，温度下降的程度也不同。

（2）地面材料的防滑

石材或者像水磨石一类的人造石材，是容易打滑的。在行进中跌倒时。可能会发生骨折、脑震荡等重伤，是很危险的。关于地板打滑问题，要更多考虑的还是对腿和脚引起的疲劳问题。地板发滑会使人极度疲劳，这是因为人会把注意力始终集中在防止摔跤上，腿的肌肉相当紧张，很容易引起疲劳。用一种叫做肌肉电测仪的医疗仪器，可以测定走路时究竟有哪些部位的肌肉在活动。在人的肌肉收缩过程中，能够发出很微弱的电流。把这个微弱的电流加以放大，当人活动的时候，就能够读到肌肉产生的电流。这种电流的大小与肌肉的活动成正比，肌肉电测仪的指针摆动越大，说明肌肉的活动越激烈。用肌

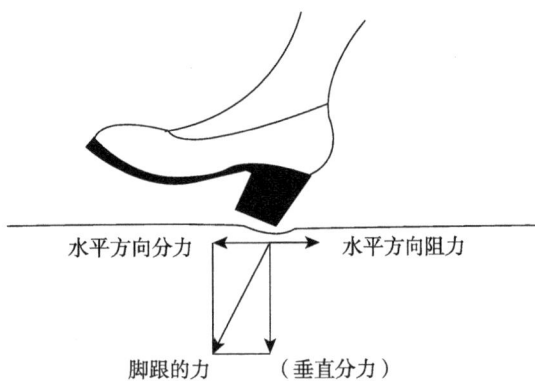

水平方向分力　　　　水平方向阻力

脚跟的力　　（垂直分力）

图1-4-75

肉电测仪检查人走步时的肌肉活动情况发现，腰部下面的臀大肌，迎面骨下的前胫骨肌，还有小腿上的腓肠肌等部位的肌肉连同其附近的肌肉，活动非常激烈，但是一旦地面打滑，就打乱了这些肌肉的活动状态和活动顺序，使之不再按一般的状态进行活动。这种情况对身体有什么影响，现在还不清楚。但在地面上打滑，很可能不仅使腿部感到疲劳，而且也会引起心情的紧张。特别是从侧面进行观察发现，在这种情况下步距要比正常时小10cm。可以这样来比喻，就像不会溜冰的人，穿着冰鞋在冰上站着一样，不仅姿势十分难看，而且绝不敢迈

大步，只好一点点地小步挪动。迈小步是为了保持脚掌同时着地。因打滑而跌倒的原因如图1-4-75所示，当脚跟接触地面的一瞬间，在地面和脚跟之间，作用着一个水平方向的力，是否打滑，要看这个力和阻止打滑的阻力两者之间是否平衡。如果水平方向的力大，则打滑。如果阻力大，则偏于安全。能防止打滑的阻力中包含了两个力，一个是一般熟知的脚跟和地面装修材料之间的摩擦力，另一个是由身体重量引起的地板和脚跟两者都有的微小变形，并由这种变形而产生的一种"卡"力。为了保持较大的摩擦力，在地板上不要多打蜡，也不要洒上水或油。为了增加"卡"住的力量，地板采用软的材料较好。迈小步走路，当然水平方向的力就小些，人就不容易滑倒。

（3）静电

我们经常听到静电这个词，夏天打雷是云雾的放电现象，脱内衣时衣服粘着身体也是静电的作用。静电一般在物体相互摩擦时产生。它和磁铁一样有吸引东西的能力，像灰尘这样的物质就可以被吸附上。静电还会带来危害，当它积累到一定数量时，就会放出火花。问题是停留在人身上的静电，一旦找到出路就会毫不留情地放电。人体之所以有静电，在走路时鞋底和地板的摩擦是一个很重要的原因。在这种情况下，人体上产生的电压虽然因材料而异，但据说有时甚至可达10000V以上。若是一般情况下，这样高的电压，将会是很危险的，但是由于电流很小，所以还是安全的。当人体电压达到3000V以上时，就会和门的金属把手之间产生放电现象。当我们想要开门时，"啪"的一声，手指尖感到有些刺痛，有时会看到电火花，这就是被静电打了。在一、二月份空气干燥的时候，这种令人不愉快的现象发生较多（图1-4-76）。

为了防止这种现象发生，可以采用很多方法。首先需要研究地面的装修材料。某地毯生产公司发表了人在各种地毯上行走时可能带上的静电量的实验数值。由图1-4-77可知，羊毛和尼龙地毯在空气

图1-4-76

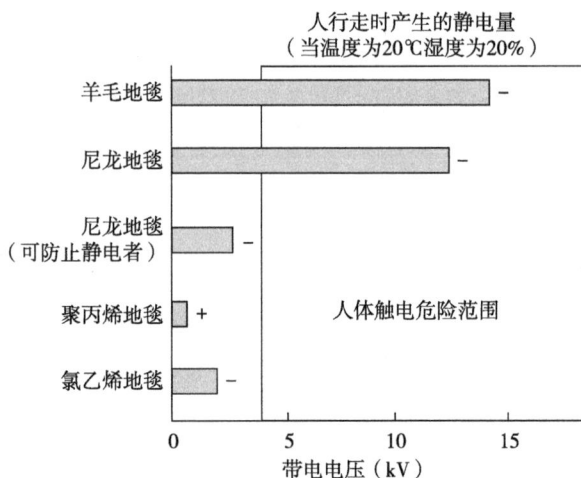

人行走时产生的静电量
（当温度为20℃湿度为20%）

羊毛地毯

尼龙地毯

尼龙地毯
（可防止静电者）

聚丙烯地毯　　　　+　　　　　人体触电危险范围

氯乙烯地毯

带电电压（kV）

图1-4-77

干燥时产生的静电量大，而且容易放电；与此相反，近来开始常用的聚丙烯或过去一直用的乙烯树脂地毯等在这个问题上可以大体使人放心。不论哪一种地毯，在冬季使用时都需要注意。防止产生静电的另一种方法，是控制湿度。如果室内湿度高，就不易产生静电。例如，当室内温度为20℃，湿度大于60%时，就不会发生静电打人的现象。

（4）动作用力与受力面大小

人身体皮肤的各个部分承受力的大小不同，食指受力16kg，中指21kg，小指10kg。超过人体承受的极限会产生不舒适、疼痛的感觉，甚至引起肌体损伤。受力的大小与力的绝对大小有关，但更重要的而且多数情况下与人的身体受力接触面的大小有关。日常生活中经常有这样的例子：拉紧的纤细的绳索、承受重物的细细的提手等都会使人有不快的感觉。建筑和家具设计中经常会遇到这个问题，这个问题常发生在各种门窗扶手和家具拉手上（图1-4-78）。为了造型的美观，很多的拉手和受力部件被设计成纤细、细薄的形状，一旦遇到紧急情况，由于受力面积很小，很容易造成无法使用或意外伤害等情况的出现。问题的核心就是，在设计这些产品时，没有考虑到受力部位与人体接触面积的大小会产生不同的受力状况。因此，很多像这样看起来美观的产品在关键时刻很可能潜伏着危险。

图1-4-78

第五章　绘图基础知识

第一节　制图与透视

一、基本概念

1.各类表现手段特征的比较

设计师要将自己的设计意图充分地表达给观者，就必须掌握设计的表现技法。各种进行视觉传递的图示学技术——制图、透视效果图、模型、摄影、电影、录像等，都可以作为室内设计空间表现的手段。

室内设计是一门具有四维空间的环境艺术。在表现这样一门具有时间度量的艺术时，以上诸种表现手段，都有着各自的局限性。

（1）正投影制图

利用正投影原理所绘制的平面图、立面图、剖面图，只能解决空间的构图设计和施工的需要，但它并不表现人们对室内空间环境的直接感受。

（2）透视效果图、摄影

通过绘制室内空间的环境透视效果图或使用摄影技术拍摄下来的室内空间图像，都可以使人们看到室内环境。然而它只能静止地记录一个局部，从一个视点上观看，完全没有一个观者行进在室内时所体验到的连续的视点变换，失去了动态的空间感。

（3）模型、电影及录像

模型、电影及录像几乎解决了四维空间概念提出的一切问题，可是室内设计往往具有比四维空间更多的量度。

同处于一个空间环境，餐厅内站着的端盘子的侍者与坐着吃饭的顾客，感受到的是两个截然相反的空间概念；教室中在台上站着讲课的教师与台下坐着听课的学生，心情与体验也完全不同。这是因为，室内空间艺术的特征是由尺度的基本因素决定的，而要想完全地感受空间尺度，就必须把人自身包含其中，从而感觉到自己是该空间机体的组成部分，同时又是它的量度。

由此可见，每一个室内设计师必须掌握多种表现技法，同时清醒地认识到各种表现技法的不足，从而在实际设计中重视现场体验的作用。

室内设计的表现技法应是以上所有表现手段的总和。

2.表现室内设计所使用的空间语汇

如果说绘画艺术所使用的是二维空间语汇，雕塑艺术所使用的是三维空间语汇，那么，室内设计艺术所使用的则是四维空间语汇。室内像一具空心的雕塑，人在室内行动，从连续的各个视点察看，观看角度，这种在时间上的延续移位就给传统的三维空间增添了新的一维空间。正是人的行动赋予了第四维空间以完全的实在性。可见，观者所处的位置使他们得出完全不同的空间印象。

二、制图知识

建筑的内部是由长、宽、高三个方向构成的一个立体空间，称为三维空间体系。要在图纸上全面、完整、准确地表示它，就必须利用正投影制图，绘制出空间界面的平、立、剖面图。

正投影制图能够科学地再现空间界面的真实比例与尺度。就像是一个被拆开的方盒子（1是平面、2是顶平面、3~6分别是四个立面），在每个界面上纵横切割所呈现出来的截面，就是我们所说的剖面与节点（图1-5-1）。

正投影制图要求使用专业的绘图工具，在图纸上所作的线条必须粗细均匀，光滑整洁，交接清楚。因为这类图纸是以明确的线条，描绘建筑内部空间形体的轮廓线来表达设计意图的，所以严格的线条绘制和严格的制图规范是它的主要特征。

就室内设计而言，目前国家还没有正式颁布制图的标准。室内设计专业基本上是沿用建筑或家具的制图规范。由于室内设计的专业特点，在某些图线的表达方面与建筑和家具尚有区别。于是，在实际的绘制工作中，往往出现与建筑制图相违背的情况。也有不少是直接搬用的国外规范，从面造成了制图的混乱。在国内目前的情况下，室内设计的正投影制图，还是应该遵循建筑制图的规范。

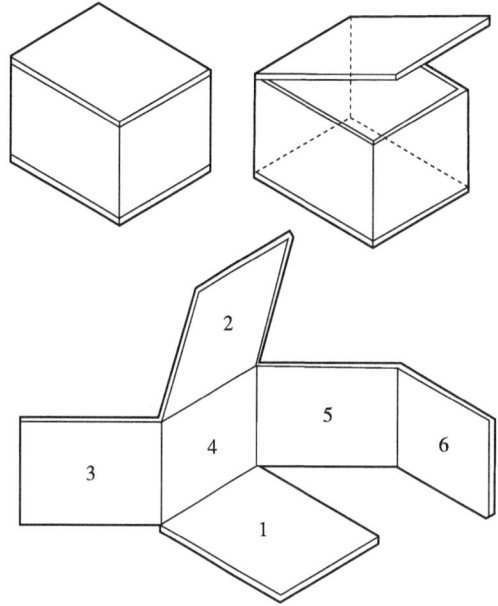

图1-5-1

1.尺寸标准

1）标高及总平面图以m为单位，其余均以mm为单位。

2）尺寸线的起止点，一般采用短划和圆点（图1-5-2）。

3）曲线图形的尺寸线，可用尺寸网格表示（图1-5-3）。

4）当尺寸线不在水平位置时，尺寸数字应尽量避免在下图有斜线范围内注写（图1-5-4）。

5）圆弧及角度的表示法（图1-5-5）。

2.标高

一般注到小数点以后第三位为止，如20.000、36.00及-15.00等（图1-5-6）。

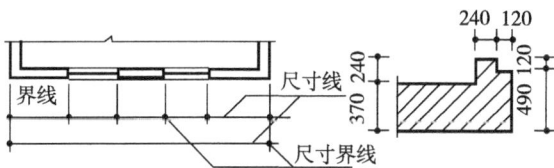

图1-5-2

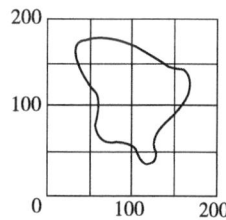

图1-5-3

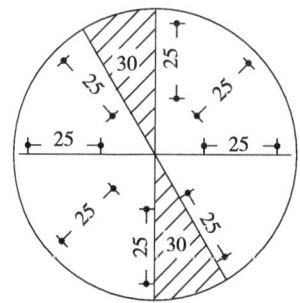

图1-5-4

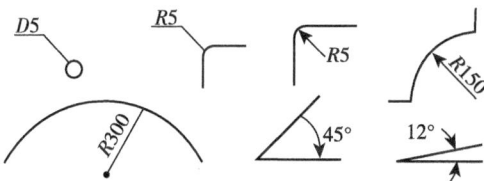

图1-5-5

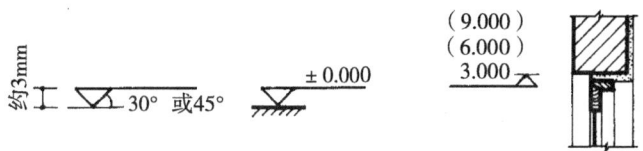

用于剖面或立面图上　　用于平面图上　　同时表示几个不同高度时的标高注法

图1-5-6

3.图纸幅面规格

1）所有建筑图纸的幅面应符合规定，具体规定如图1-5-7所示。

2）允许加长0~3号图纸的长边，加长部分的尺寸应为长边的1/8及其倍数。

4.图标

1）大图标用于0号、1号及2号图纸上，位置在图纸的右下角（图1-5-8）。

2）小图标用于2号、3号及4号图纸上，位置在图纸的右下角（图1-5-9）。

3）签字图标供配合小图标签字用，放在图纸左面图框线外的上端（图1-5-10）。

5.图线

（1）图面线条

图面的各种线条应按表1-5-1规定采用。

基本幅面代号	0	1	2	3	4
b×1	841×1189	594×841	420×594	297×420	210×297
c	10	10	10	5	5
a	25	25	25	25	25

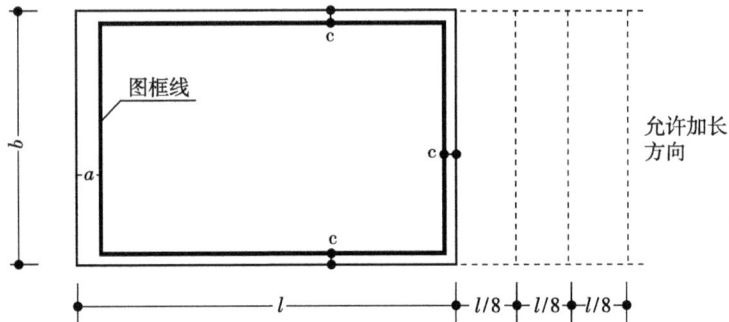

图1-5-7

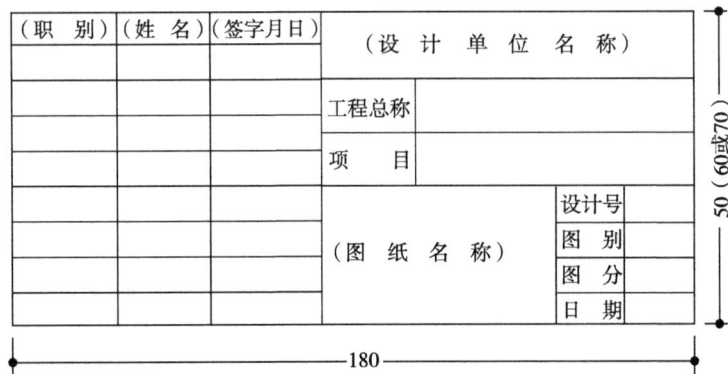

图1-5-8

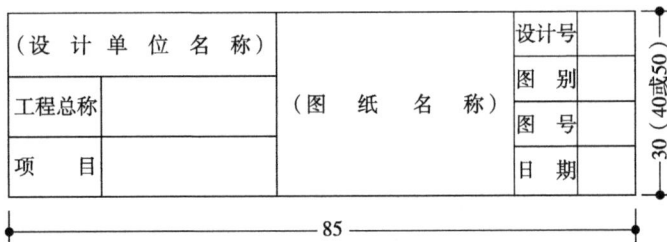

图1-5-9

图1-5-10

序号	名称	线型	宽度	适用范围
1	标准实线		1b	立面轮廓线；表格的外框线等
2	细实线		b/4或稍细	尺寸线及引出线等；可见轮廓线剖面中的次要线条（如粉刷线、图例线等）；表格中的分格线等
3	中实线		b/2	立面图上的门窗及凸出部分（檐口、窗台、台阶等）的轮廓线
4	粗实线		b或更粗	剖面图的轮廓线；凸面的剖切线；图框线等
5	折断线		b/4或稍细	长距离图面断开线
6	点划线		b/4或稍细	中心线；定位轴线
7	虚线		b/4或稍细	不可见轮廓线

（2）定位轴线

定位轴线的编号在水平方向的采用阿拉伯数字，由左向右注写；在垂直方向的采用大写汉语拼音字母（但不得使用I、O及Z三个字母），由下向上注写。

一般定位轴线的注法如图1-5-11所示。

个别定位轴线的注法如图1-5-12所示。

（3）剖面的剖切线剖视方向

一般向图面的上方或左方，剖切线尽量不穿越图面上的线条。剖切线需要转折时，以一次为限（图5-1-13）。

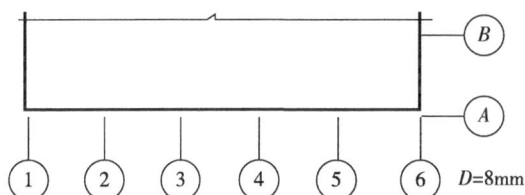

图1-5-11

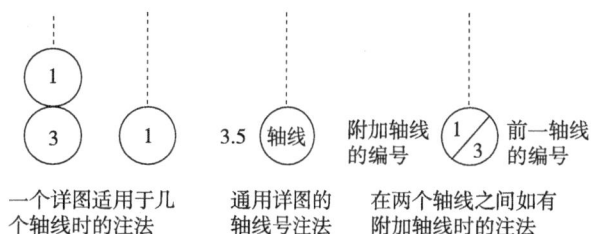

一个详图适用于几个轴线时的注法　通用详图的轴线号注法　在两个轴线之间如有附加轴线时的注法

图1-5-12

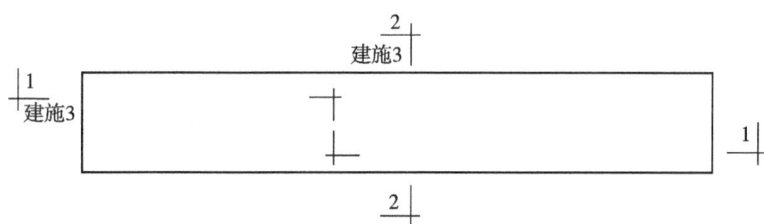

图1-5-13

（4）折断线

圆形的构件用曲线折断，其他一律采用直线折断，折断线必须经过全部被折断的图面（图5-1-14）。

（5）引出线

引出线应采用细直线，不应用曲线（图1-5-15）。

索引详图的引出线，应对准圆心（图1-5-16）。

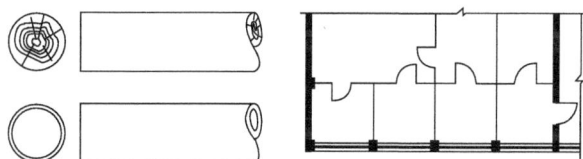

图1-5-14

引出线同时索引几个相同部分时，各引出线应互相保持平行（图1-5-17）。

多层构造引出线，必须通过被引的各层，并需保持垂直方向。方字说明的次序，应与构造层次一致，一般由上而下，从左到右（图1-5-18）。

图1-5-15

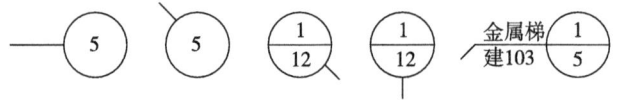

图1-5-16

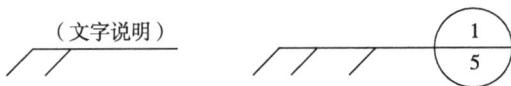

图1-5-17

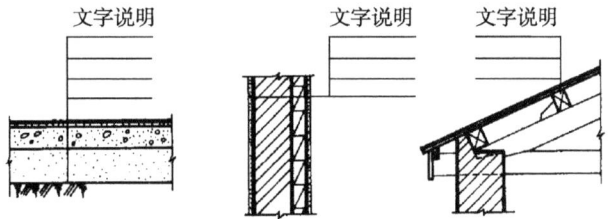

图1-5-18

6.详图索引标志

1）详图在本张图纸上，标志方法如图1-5-19所示。

2）详图不在本张图纸上，标志方法如图1-5-20所示。

3）详图的标志，如图1-5-21所示。

4）标准详图的索引标志，如图1-5-22所示。

5）局部剖面的详图索引标志，如图1-5-23所示。

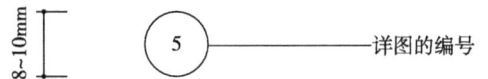

图1-5-19

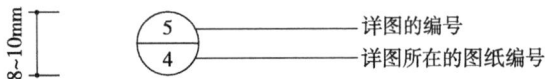

图1-5-20

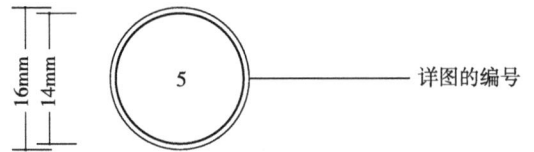

图1-5-21

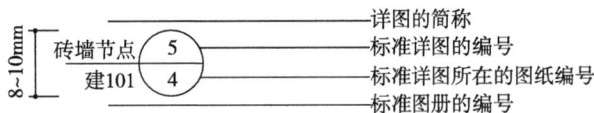

图1-5-22

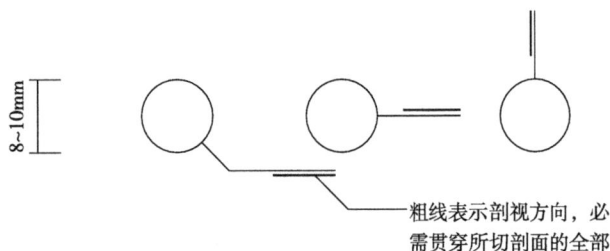

图1-5-23

图1-5-24

三、制图工具与方法

作为专业的室内设计师，必须配备全套的制图工具，建立功能合理、实用舒适的制图环境（绘图室或绘图工作台面）（图1-5-24）。

绘图工作室按使用功能，分为制图空间和图纸资料存放空间两个部分。两部分应有机联系，以工作顺手、拿取方便为宜。制图空间以制图桌为中心，设置各类附属设备。图纸资料存放空间，以能存放各种规格图纸及资料的贮存柜架为主。

1.绘图工作环境（图1-5-25）

1）可调角度绘图工作台面

2）卷式图柜

3）全开低存放柜

4）16开立式文件资料抽屉

5）薄型笔类仪器抽屉

6）颜料杂品柜

7）橡胶刀刻工作台面

8）软木贴图板面

9）工作进度表格

10）工作台灯

11）旋转升降式工作椅

12）废纸桶

13）图纸架

14）图纸桶

15）资料架

16）绘图仪器架

17）材料样品架

18）手提式图纸箱

19）肩背式图筒

20）幻灯放映屏幕

2.工具种类（图1-5-26）

（1）最基本的传统制图工具

1）图板

2）图纸

3）拷贝台

4）丁字尺

5）三角板

6）圆规

7）分规

8）量角器

9）比例尺

10）曲线板、尺

11）直尺

12）铅笔

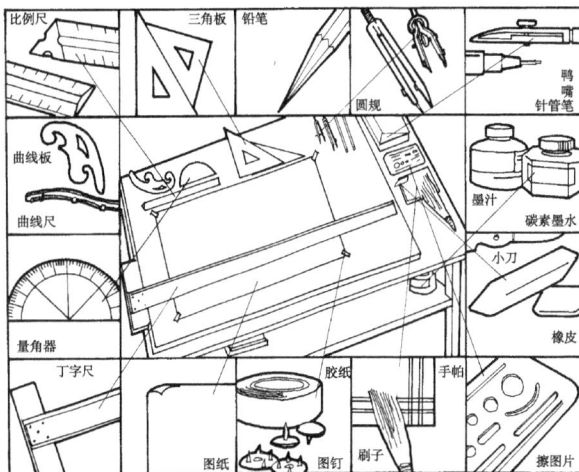

图1-5-25

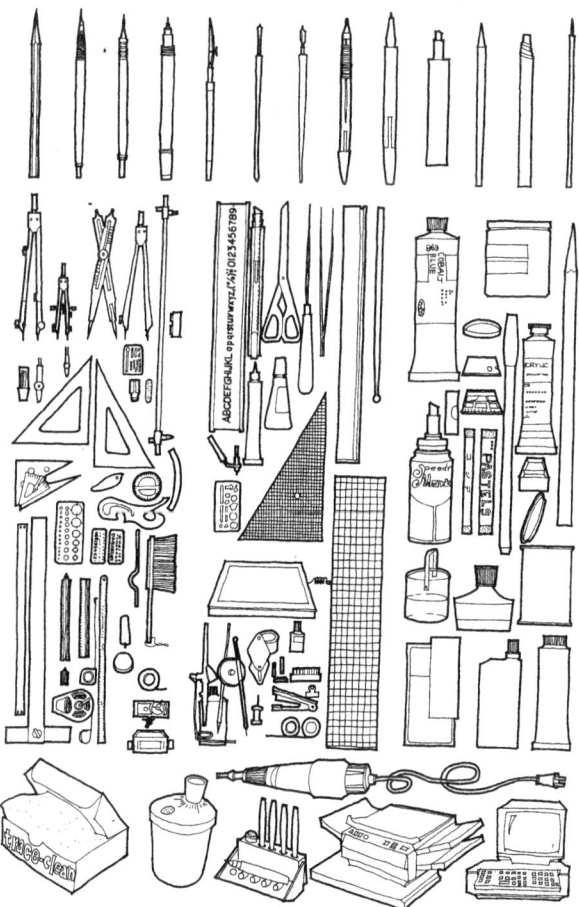

图1-5-26

13）直线笔

14）碳素墨水

15）橡皮

16）擦图片

17）图钉

18）胶纸

19）胶水

20）毛刷

21）裁剪刀

22）钉书器

23）钢卷尺

24）刮图片

（2）先进的现代制图工具

1）针管式绘图笔

2）专用绘图墨水

3）专用洗笔器

4）专用笔架

5）专用描图纸

6）专用模板

7）不干胶转移印刷字模

8）滑轮轴承钢丝直线尺

9）可调角度三角板

10）无反光专用绘图铅芯

11）专用刮刀

12）电动橡皮

13）电动铅笔磨削器

14）各式专用胶条

15）专用涂改液

16）图面清洁袋

17）打字机

18）复印机

19）小型晒图机

20）幻灯机

21）电子计算机绘图系统

3.丁字尺与三角板的用法（图1-5-27、图1-5-28）

丁字尺与三角板是最常用的正投影制图工具，使用前必须擦拭干净。使用要领是：

1）丁字尺尺头要紧靠图板左侧，不能在图板的其他侧向使用。

2）三角板必须紧靠丁字尺尺边，角向应在画线

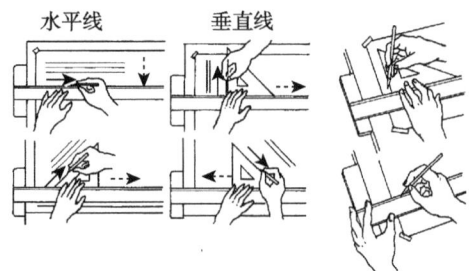

正确的画法

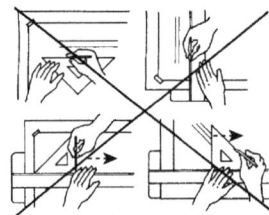

不正确的画法

→ 曲线的方向　　　--▶ 丁字尺或三角板移动的方向

图1-5-27

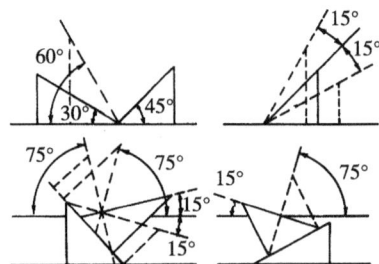

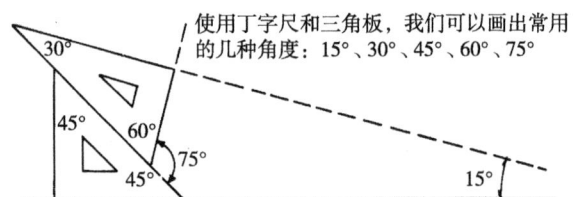

使用丁字尺和三角板，我们可以画出常用的几种角度：15°、30°、45°、60°、75°

图1-5-28

的右侧。

3）水平线要用丁字尺自上而下移动，笔道从左向右。

4）垂直线要用三角板从左向右移动，笔道自下而上。

4.圆规的用法

1）按顺时针方向作图（图1-5-29a）

2）笔尖与纸面尽量垂直，画大圆可接连杆（图1-5-29b）

3）注意保护圆心，先曲后直（图1-5-29c）

4）接点光滑，要位于切线，铅芯作圆要使芯尖方向与弧向一致（图1-5-29d）

5.分规的用法

1）度量线段长度（图1-5-30a）。

2）由已知线段N等分任何线段AB（图1-5-30b）。

3）在线段上连续截取M长度（图1-5-30c）。

4）分规圆规都可以等分线段和角（图1-5-30d）。

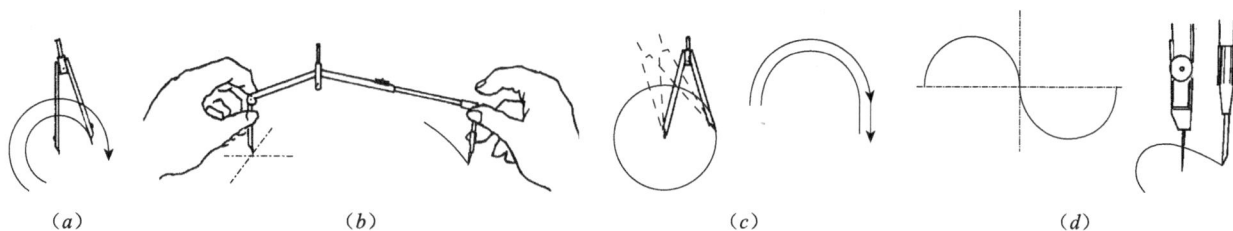

（a）　　　　　　　（b）　　　　　　　（c）　　　　　　　（d）

图1-5-29

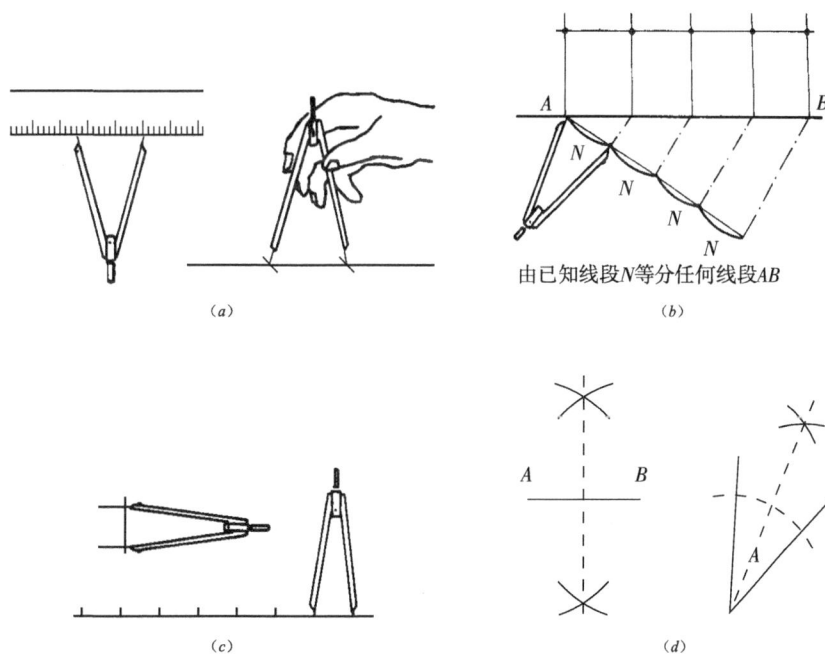

由已知线段N等分任何线段AB

（a）　　　　　　　　　　　　　　　（b）

（c）　　　　　　　　　　　　　（d）

图1-5-30

6.比例尺的用法

1）三棱尺有六种比例刻度，片条尺有四种，它们还可以彼此换算。比例尺上刻度所注的长度，代表了要度量的实物长度，如1∶100的比例尺上1cm的刻度，代表了1m长的实物，因为实际尺上的长度只有10mm即1cm，所以用这种比例尺画出的图形上的尺寸是实物的百分之一，它们的比例关系是1∶100（图1-5-31、图1-5-32）。

2）各类建筑图样常用比例，见表1-5-2所列。

3）比列尺尺面换算举例，见表1-5-3所列。

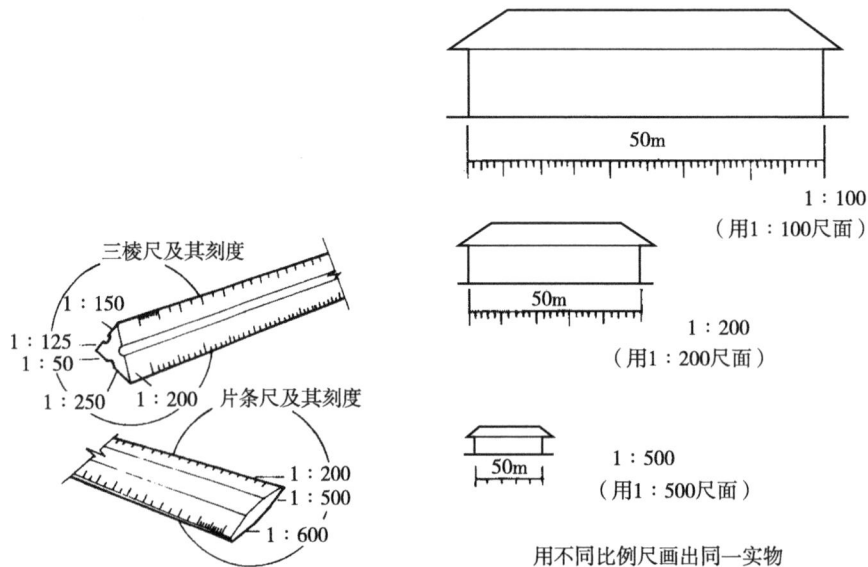

图1-5-31

用不同比例尺画出同一实物

图1-5-32

各类建筑图样常用比例尺举例   表1-5-2

图样名称	比例尺	代表实物长度（m）	图画上线段长度（mm）
总平面或地段图	1∶1000	100	100
	1∶2000	500	250
	1∶5000	2000	400
平面、立面、剖面图	1∶50	10	200
	1∶100	20	200
	1∶200	40	200
细部大样图	1∶20	2	100
	1∶10	3	300
	1∶5	1	200

比例尺尺面换算   表1-5-3

比例尺	比例尺上读数	代表实物长度	换算比例尺	比例尺上读数	代表实物长度
1∶100	1（m）尺面读数 实际长度10（mm）	1（m）	1∶1000	1（m）	10（m）
			1∶500	1（m）	5（m）
			1∶200	1（m）	2（m）
1∶500	10（m） 读数实长20（mm）	10（mm）	1∶250	10（m）	5（m）

7.铅笔、铅笔线的用法

铅笔线条是一切制图的基础，通常多用于起稿和方案草图，现代新型的无反光铅芯，可以直接在描图纸上作图翻晒。

铅笔线条要求画面整洁，线条光滑，粗细均匀，交接清楚（图1-5-33*a*、*b*，图1-5-34）。

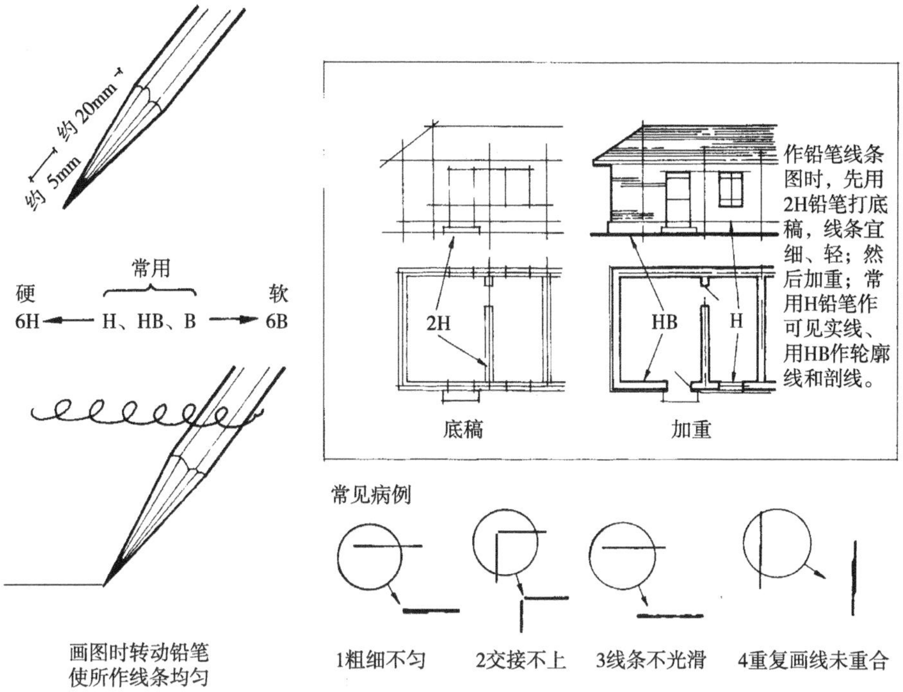

约 20mm
约 5mm
常用
硬
软
6H
H、HB、B
6B
画图时转动铅笔
使所作线条均匀
作铅笔线条图时，先用2H铅笔打底稿，线条宜细、轻；然后加重；常用H铅笔作可见实线、用HB作轮廓线和剖线。
2H
HB
H
底稿
加重
常见病例
1粗细不匀
2交接不上
3线条不光滑
4重复画线未重合

（*a*）　　（*b*）

图1-5-33

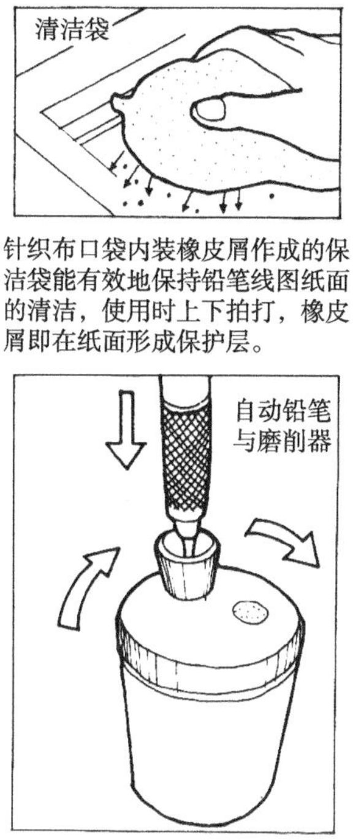

清洁袋
针织布口袋内装橡皮屑作成的保洁袋能有效地保持铅笔线图纸面的清洁，使用时上下拍打，橡皮屑即在纸面形成保护层。
自动铅笔与磨削器

自动铅笔磨削器削出的铅芯，粗细均匀，画出的线条规格标准

图1-5-34

8.直线笔、针管笔和墨线线条的用法

直线笔用墨汁或绘画墨水，色较浓，所绘制的线条较挺拔。针管笔用碳素墨水，使用较方便，线条色较淡，质量较高的Rotring，Staed-tler，Faber-Castell针管笔，线条基本上可达到直线笔的水平，且必须与专用墨配套使用。

直线笔又名鸭嘴笔，使用时要保持笔尖内外侧无墨迹，以免洇开，上墨水量要适中，过量易滴墨，过少易使线条干湿不均匀。

直线笔与针管笔画线，笔尖正中要对准所画线条，并与尺边保持一微小的距离，运笔时要注意笔杆的角度，不可使笔尖向外斜或向里斜，行进的速度要均匀。此外，还要注意，笔尖上墨后要揩擦干净，上墨量要适当，线条交接处要准确、光滑。

直线笔、针管笔作图顺序为：先上后下，丁字尺一次平移而下；先左后右，三角板一次平移；先曲后直，用直线更容易准确连接曲线；前细后粗，粗墨线不易干，要先画细线不影响绘图进度（图1-5-35*a*、*b*）。

9.模板的使用

使用各种类型的模板，能提高制图效率，使用时要注意与其他工具的配合，否则易产生错位和墨水渗洇的毛病。

成品模板有三种类型：2型和3型比较实用，墨水不易洇渗。3型以点状接触图面，不易污损。

1）运笔。笔尖与纸面垂直成90°，紧贴模板内沿均匀画线。

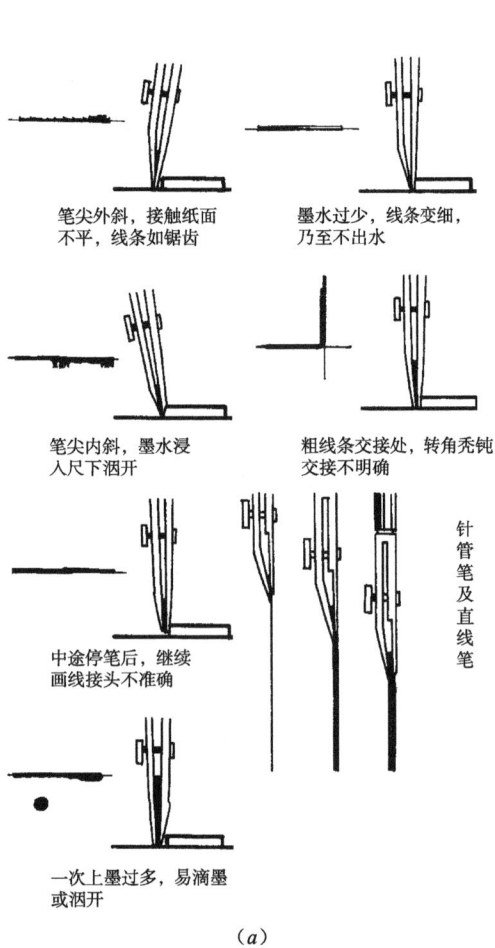

笔尖外斜,接触纸面
不平,线条如锯齿

墨水过少,线条变细,
乃至不出水

笔尖内斜,墨水浸
入尺下洇开

粗线条交接处,转角秃钝
交接不明确

针管笔及直线笔

中途停笔后,继续
画线接头不准确

一次上墨过多,易滴墨
或洇开

(a)

图1-5-35

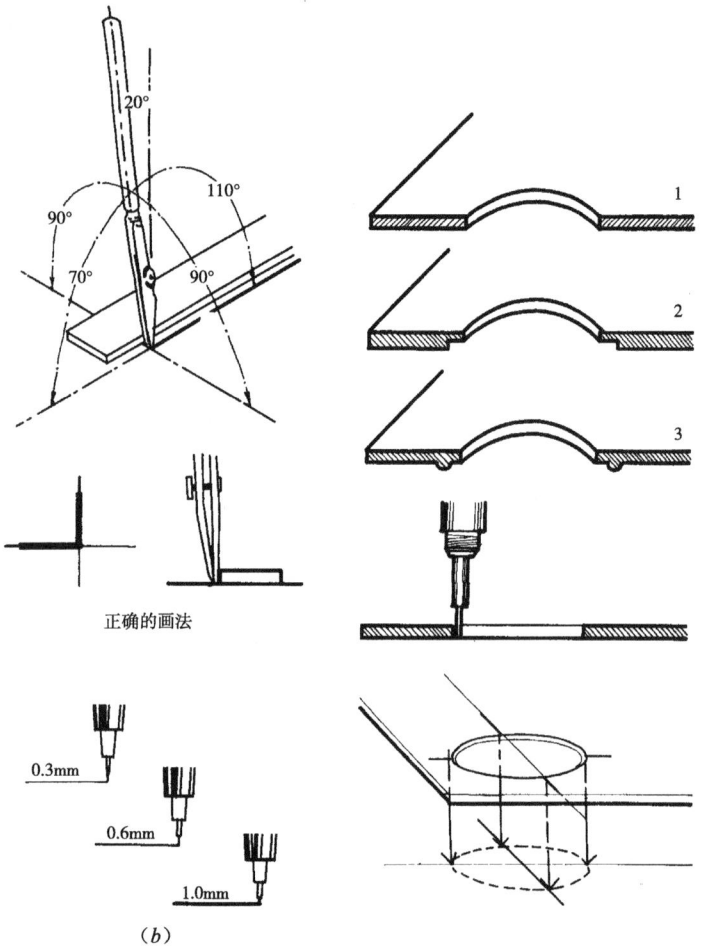

正确的画法

0.3mm

0.6mm

1.0mm

(b)

图1-5-36

2)圆孔板使用。画圆形时,应在图面上先画好十字线,然后将模板上的坐标线对准十字线就位后,再行画线(图1-5-36)。

10.文字与数字的书写

大标题可用正楷、隶书或美术字,一般中文字应采用仿宋字书写,并应采用国家公布实施的简化汉字。文字、数字的大小和运用范围,见表1-5-4所列。

文字、数字的大小,如图1-5-37所示。

制图常用仿宋字的写法,如图1-5-38(a)、(b)所示。

文字、数字的大小和适用范围 表1-5-4

字号	20	14	10	7	5	3.5	2.5
h/(mm)一般使用范围	14~20号 标题页或封面中的"工程总称"及"项目"等(必要时,字体可再放大)		7~10号 各种图样的标题		3.5~5号 1.详图的数字标题 2.标题后的比例数字 3.各种图样中的总尺寸及剖面代号 4.一般说明文字		
			5~7号 1.表格的名称 2.详图及附注的标题		2.5~3.5号 一般尺寸、标高及其他数字		

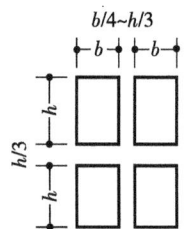

图1-5-37

名称	笔 划	要 点	名称	笔 划	要 点
横		横以略斜为自然，运笔时应有起落，顿挫棱角一笔完成	横钩		由两笔组成，末笔笔锋应起重落轻钩尖如针
竖		竖要垂直，运笔同横	弯钩		由直转弯，过渡要圆滑
撇		撇应同字格对角线基本平行，运笔时起笔要重，落笔要轻	挑		起笔重，落笔尖细如针
捺		捺也应同字格对角线基本平行，运笔时起笔要轻，落笔要重，与撇正好相反	点		
竖钩		竖要挺值，钩要尖细如针			

（a）

仿宋字练习一二三四五六七丁戊己庚辛东西南北内外上
面总图灰沙泥瓦石木混凝土电力照明分配排水卫生供热
声比例公尺分厘毫米直半径

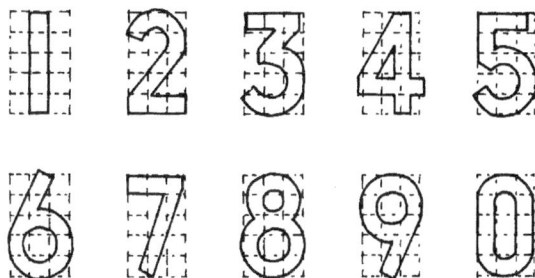

（b）

图1-5-38

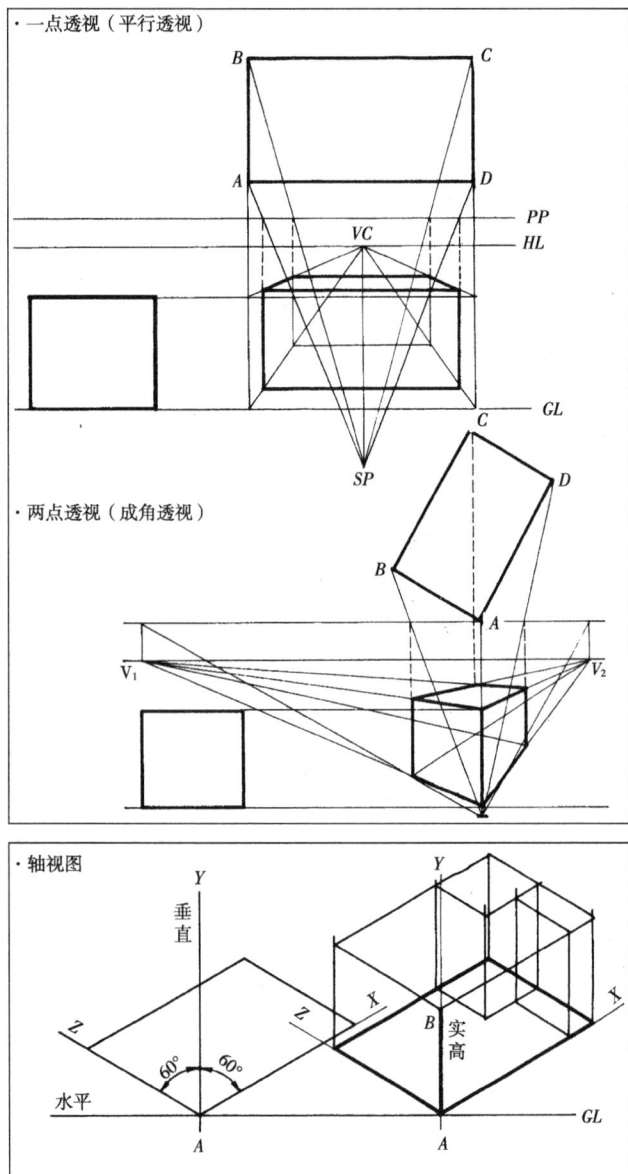

· 一点透视（平行透视）

· 两点透视（成角透视）

· 轴视图

图1-5-39

四、透视知识

透视效果图是一种将三维空间的形体转换成具有立体感的二维空间画面的绘图技法，它能将设计师预想的方案比较真实地表现出来。

透视效果图的技法源于画法几何的透视制图法则和美术绘画基础。

1.透视制图的分类

掌握基础的透视制图法则，是绘制透视效果图的基础。

作为室内设计经常使用的透视图画法有以下几种（图1-5-39）。

（1）一点透视

一点透视表现范围广，纵深感强，适合表现庄重、严肃的室内空间。缺点是比较呆板，与真实效果有一定距离。

（2）两点透视

两点透视图效果比较自由、活泼，反映空间比较接近于人的真实感觉。缺点是角度选择不好，易产生变形。

（3）轴测图

能够再现空间的真实尺度，并可在画板上直接度量，但不符合人眼看到的实际情况，感觉别扭，严格地讲不属于透视的范围。

（4）俯视图

这是一种将视点提高的画法，便于表现比较大的室内空间群体，可采用一点、二点或三点透视作图。

2.透视基本原理

（1）概念解释（术语）

1）立点（SP）。也称停点，是作画者停立某点不动而画之意。

2）视点（EP）。作画者眼睛的位置。

3）视高（EL）。从视点EP到立点的地面点为视高，视高一般与视平线同高。

4）视平线（HL）。视平线必定通过视中心并与视点同高。

5）灭点（VP）。从作画者一直延伸到视平线上，通过物体的所有视线的交叉点（消失点）称灭点。

6）画面（PP）。物体与作画者之间的位置。

7）测点（M）。也称量点，求透视中物体长、宽、高的测量点。

8）中央视线（CVR）。从视点到视中心的线称中央视线。

9）基点（GLP）。从视中心垂直到画面底线相交的点为基点。

10）基线（GL）。画面底线为基线。

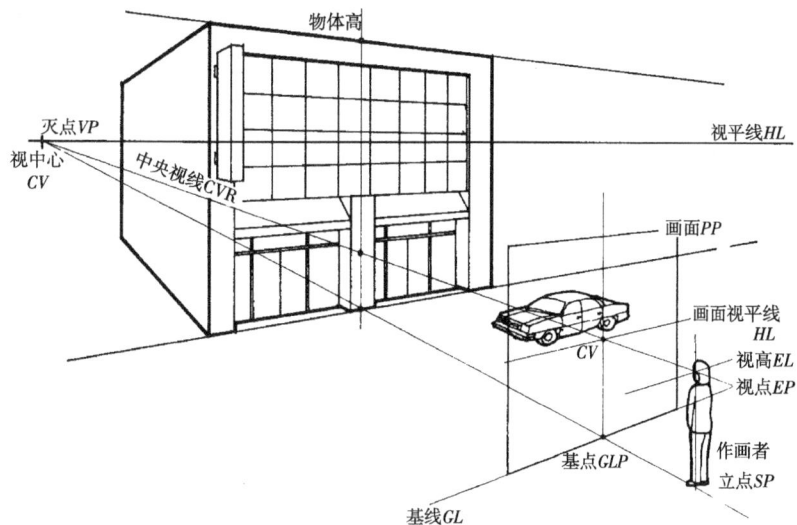

图1-5-40

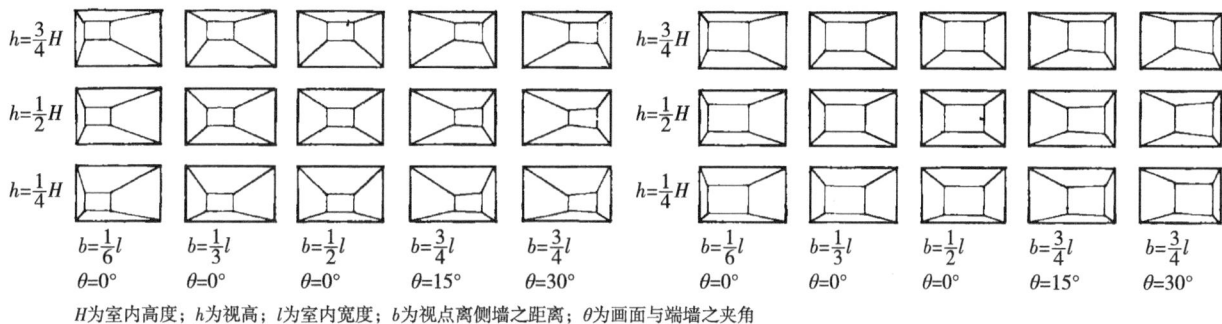

H为室内高度；h为视高；l为室内宽度；b为视点离侧墙之距离；θ为画面与端墙之夹角

图1-5-41

（2）视觉安定区域

根据人眼的生理条件，视觉区域最佳夹角一般不小于60°，测点的确定与视距有关，测点距视中心越近，物体透视缩减，越显得不稳定；距视中心越远，越感觉相对稳定（图1-5-40）。

不同视高、视距、视角的室内透视，如图1-5-41所示。

透视作图初步，如图1-5-42所示。

3.平行透视（一点透视）

这是一种简易的室内平行透视画法（图1-5-43）。

1）首先按实际比例确定宽和高$ABCD$。然后利用测点，即可求出室内的进深$AB-ab$。

测点与灭点任意定。

$A\text{-}B = 6m$（宽）

$A\text{-}C = 3$m（高）

视高$EL = 1.6$m

$A\text{-}a = 4$m（进深）

2）从测点分别向1234划线与$A\text{-}a$相交的各点1′ 2′ 3′ 4′ 即为室内的进深（图1-5-44a、b）。

3）利用平行线画出墙壁与天井的进深分割线，然后从各点向灭点引线（图1-5-44b、c）。

4）图1-5-44c灭点在室内正中央，为绝对平行透视，因此视觉感稳定。

图1-5-44d的视点向左侧移位，离开正中心称为相对平行透视，只要灭点不超过2~3的画面1/3范围，视觉感仍较为稳定，如需要超出，请选用两点透视法（图1-5-44d）。

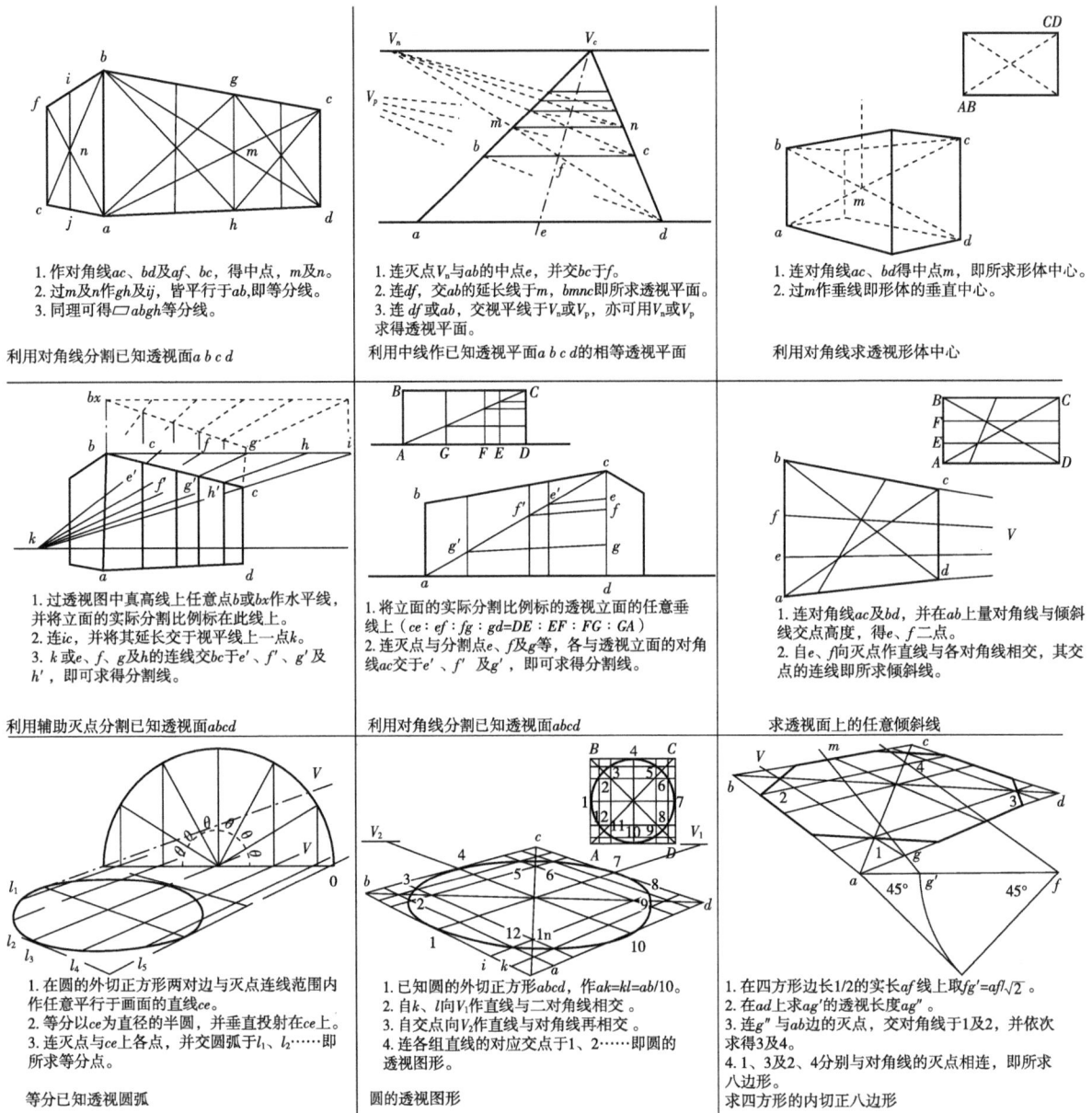

1. 作对角线ac、bd及af、bc，得中点，m及n。
2. 过m及n作gh及ij，皆平行于ab，即等分线。
3. 同理可得□abgh等分线。

利用对角线分割已知透视面abcd

1. 连灭点V_n与ab的中点e，并交bc于f。
2. 连df，交ab的延长线于m，bmnc即所求透视平面。
3. 连df或ab，交视平线于V_n或V_p，亦可用V_n或V_p求得透视平面。

利用中线作已知透视平面abcd的相等透视平面

1. 连对角线ac、bd得中点m，即所求形体中心。
2. 过m作垂线即形体的垂直中心。

利用对角线求透视形体中心

1. 过透视图中真高线上任意等点b或bx作水平线，并将立面的实际分割比例标在此线上。
2. 连ic，并将其延长交于视平线上一点k。
3. k与e或f、g及h的连线交bc于e'、f'、g'及h'，即可求得分割线。

利用辅助灭点分割已知透视面abcd

1. 将立面的实际分割比例标的透视立面的任意垂线上（ce:ef:fg:gd=DE:EF:FG:GA）。
2. 连灭点与分割点e、f及g等，各与透视立面的对角线ac交于e'、f'及g'，即可求得分割线。

利用对角线分割已知透视面abcd

1. 连对角线ac及bd，并在ab上量对角线与倾斜线交点高度，得e、f二点。
2. 自e、f向灭点作直线与各对角线相交，其交点的连线即所求倾斜线。

求透视面上的任意倾斜线

1. 在圆的外切正方形两对边与灭点连线范围内作任意平行于画面的直线ce。
2. 等分以ce为直径的半圆，并垂直投射在ce上。
3. 连灭点与ce上各点，并交圆弧于l_1、l_2……即所求等分点。

等分已知透视圆弧

1. 已知圆的外切正方形abcd，作ak=kl=ab/10。
2. 自k、l向V_1作直线与二对角线相交。
3. 自交点向V_2作直线与相交。
4. 连各组直线的对应交点于1、2……即圆的透视图形。

圆的透视图形

1. 在四方形边长1/2的实长af线上取$fg'=afl/\sqrt{2}$。
2. 在ad上求ag'的透视长度ag"。
3. 连g"与ab边的灭点，交对角线于1及2，并依次求得3及4。
4. 1、3及2、4分别与对角线的灭点相连，即所求八边形。

求四方形的内切正八边形

图1-5-42

灭点平面图放大平行透视法，如图1-5-45所示。

4.成角透视（两点透视）

1）当灭点超出画面中央1/3处，为避免视觉不稳定感，应修正视觉误差。采用简略两点透视法，既可使画面稳定，又能避免呆板。

先用测点求出室内的进深，然后任意定出灭点（VP_1）线。

2）先求1的透视线。

延长1的垂直线，求出C点，再作C点的垂直线求出d点。

再由d点画水平线求出e点，e和1连接即可得到1

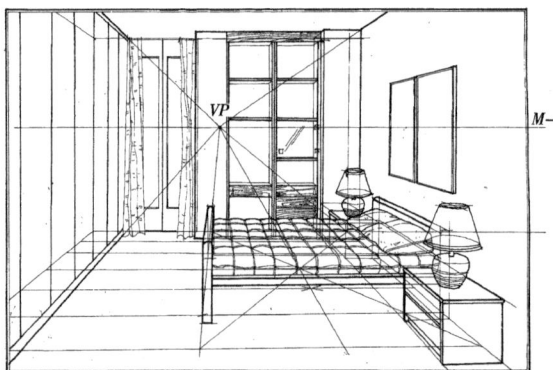

图1-5-43

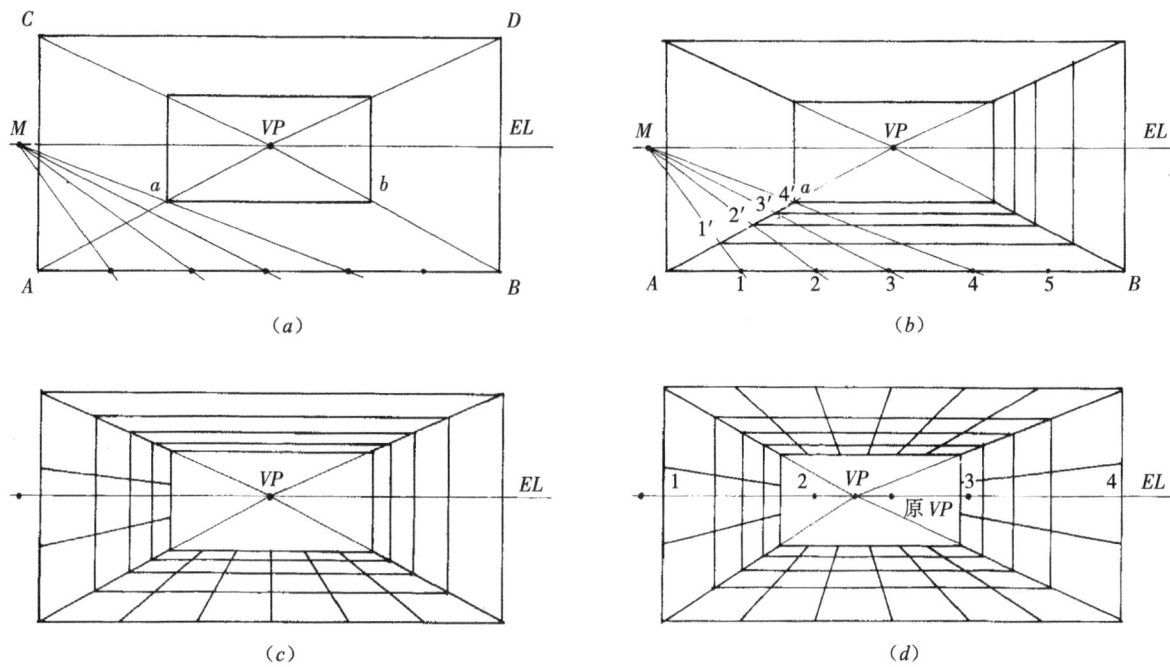

(a)

(b)

(c)

(d)

图1-5-44

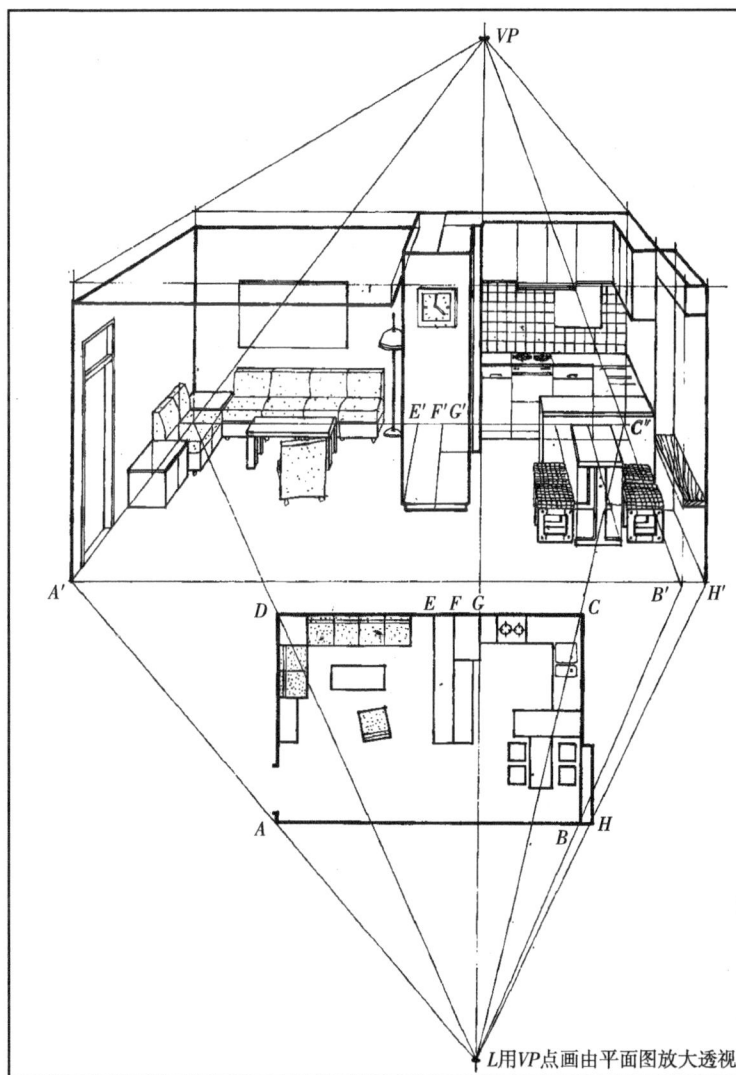

L用VP点画由平面图放大透视

图1-5-45

的透视线。

3）2、3、4的透视线用此方法类推。

4）最后作5、6、7、8的垂直线。

5）图1-5-46（d）的灭点继续向画面左边移位，当灭点离边线过近时，上述方法已不适宜。需采用对角线与中心线分割法求出各透视点。先用测点求出室内的进深A-a，再按下列顺序作图：1，2，3，4，5，6，7，8……（图1-5-46a、b、c、d）。

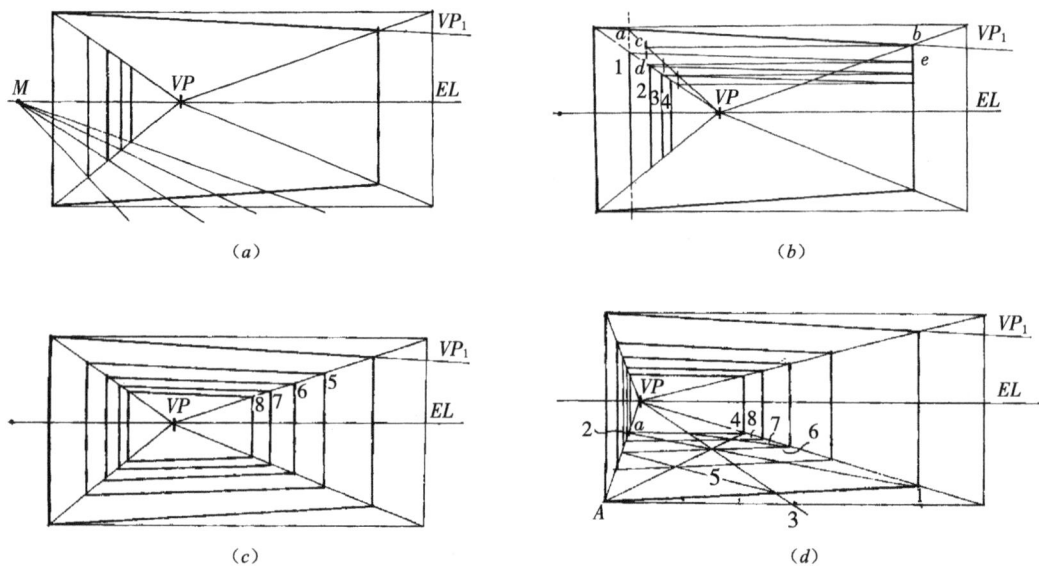

图1-5-46

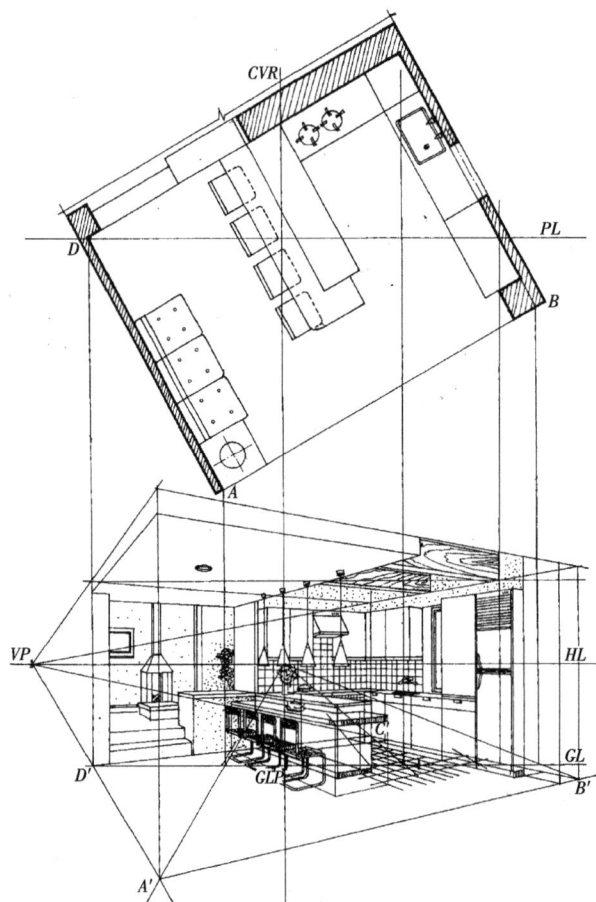

图1-5-47

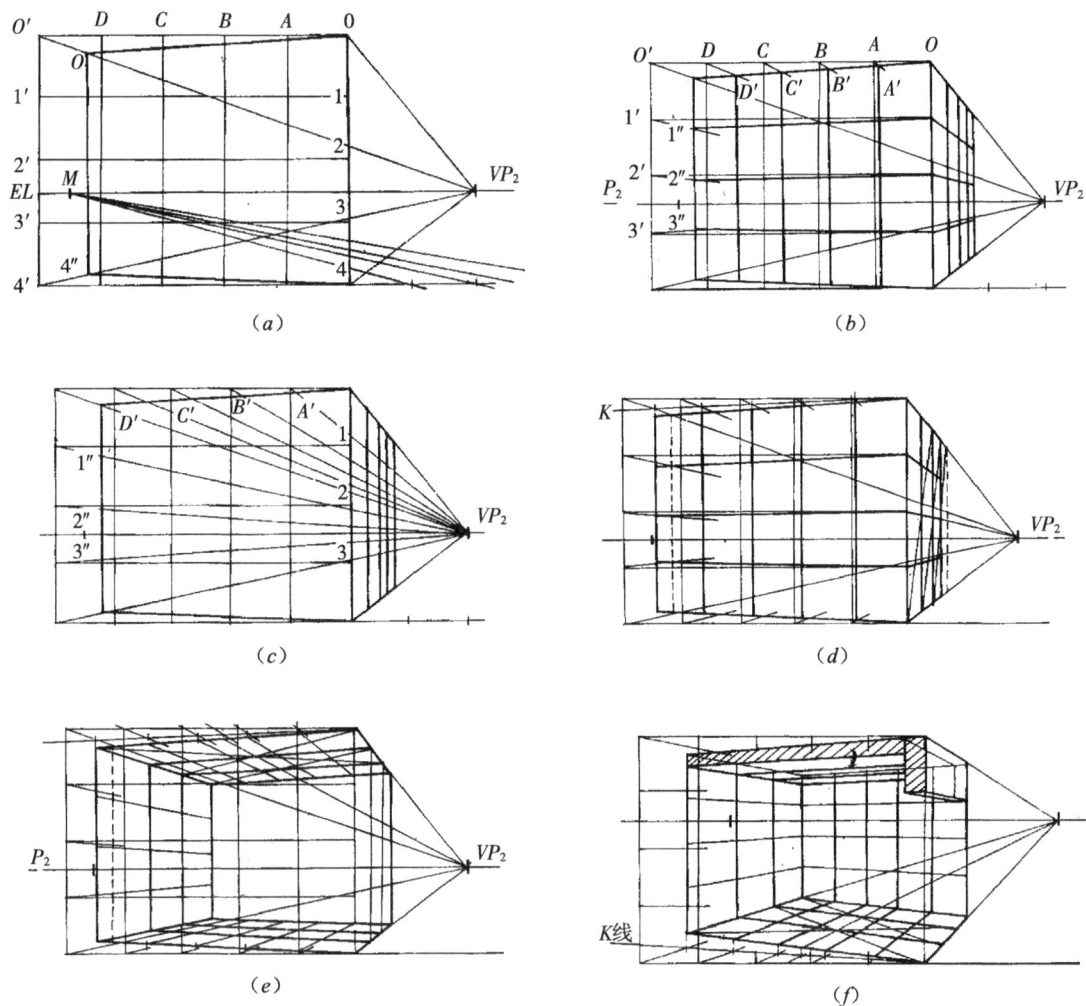

图1-5-48

CV点平面投影透视法,如图1-5-47所示。

K线法如图1-5-48所示。

5.轴测图

轴测正投影,如图1-5-49所示。

轴测斜投影,如图1-5-50所示。

轴测图的作图步骤,如图1-5-51所示。

6.俯视图（三点透视）

首先设定作图的条件,如图1-5-52（a）所示。

确认两点透视图上各点的关系和求出的条件,如图1-5-52（b）所示。

先作出两点透视图形（30°,60°）,由水平线画出垂直线往EP方向延长,在线上取任意一点C,作为VP_3,连接VP_1-VP_2、VP_1-VP_3、VP_2-VP_3,就会产生三角形ABC,其顶点A、B、C即为三个灭点（图1-5-52c）。

以VP_1=A,VP_2=B,VP_3=C来描述三点透视所需的测点（M）,从已知的两点透视法之图形得到M_1,M_2,所以,只要取出M_3即可。先画出以AC为直径的半圆,从B点画出与AC垂直的b线,b线与半圆的交点即为视点（EP）。以AB为水平线的两点透视图,同样以C点为圆心,C到EP的长为半径画圆弧,圆弧和AC的交点即为M_3（图1-5-52d）。

垂直线a和b的焦点就是基点（GP），这是为描画三点透视图求出各必要点时所必需的基本图形（图1-5-52e）。

画出通过基点（GP），而且与水平线AB平行的基线（GL），从基点画出平行于AC的高测线。以基点为圆心，在左右方取宽度尺寸和深度尺寸，然后，在高测线上取物体的高度尺寸（图1-5-52f）。

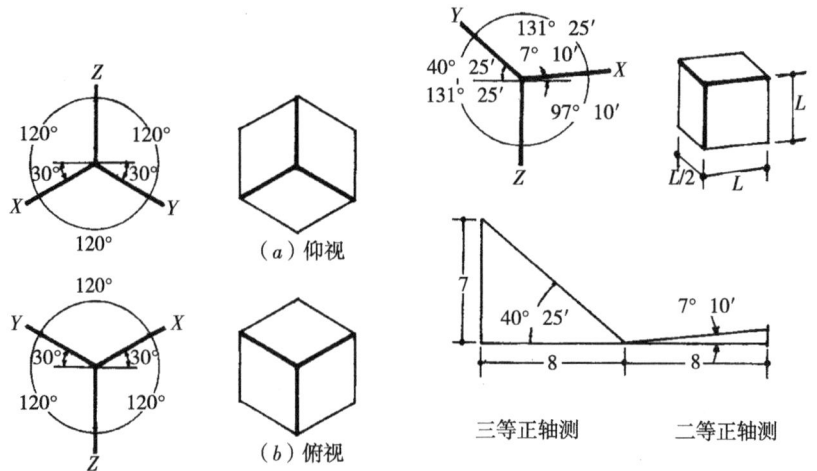

（a）仰视

（b）俯视

三等正轴测　二等正轴测

图1-5-49

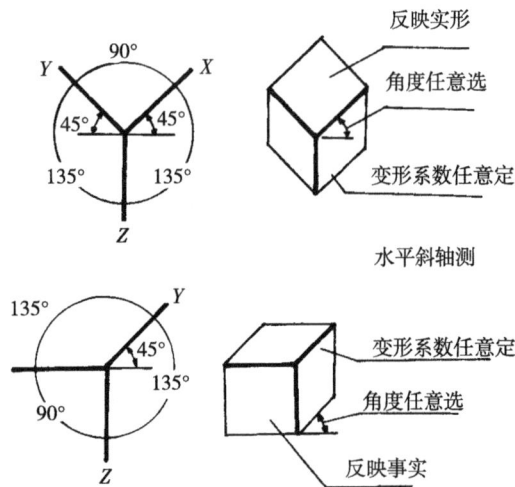

水平斜轴测

图1-5-50

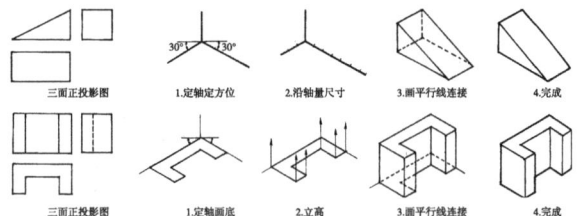

三面正投影图　1.定轴定方位　2.沿轴量尺寸　3.面平行线连接　4.完成

三面正投影图　1.定轴画底　2.立高　3.面平行线连接　4.完成

图1-5-51

　　先连接基点和A，再连接深度尺寸4和M_1，即可得到交点E，同样，连接基点和B，宽度尺寸4和M_2，便可得到交点F，再连接E和B、F和A，又可得到交点G，连接D、E、F、G各点，所产生的图形就是物体顶面的平面透视图（图1-5-52g）。

　　在高测线上取一高度，尺寸为4，连接M_3和4时，与垂直于AB的a线交于D'，连接D'和B、D'和A，以及顶面平面透视图中的点D、E、F、G连接C，可以得到交点E'、F'、G'。连接点D'、E'、F'、G'，即可求出底部的平面透视图。将顶面平面图与底部平面图之间的各点连接，如D和D'、E和E'、F和F'、G和G'，即可得到物体的立体透视图（图1-5-52h）。

　　使用M_1，M_2，M_3，设计图中的各面分割点1、2、3、4，移动于透视图形上（图51-5-52i）。将移动于透视面的分割点与灭点A、B、C、D连接，即得到分割宽和深的面（图1-5-52j）。

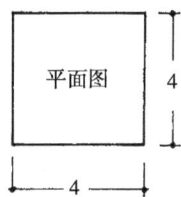

平面图

4

4

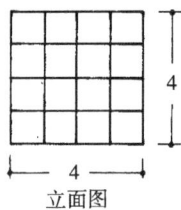

立面图

4

4

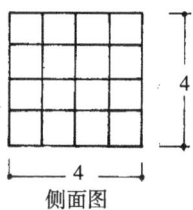

侧面图

4

4

（a）

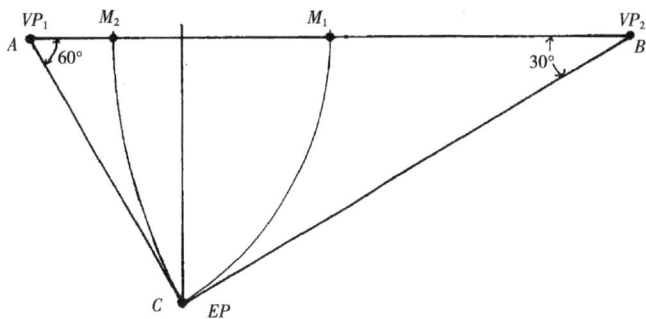

（b）

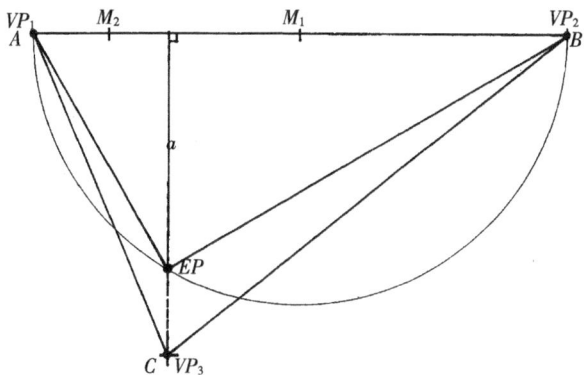

（c）

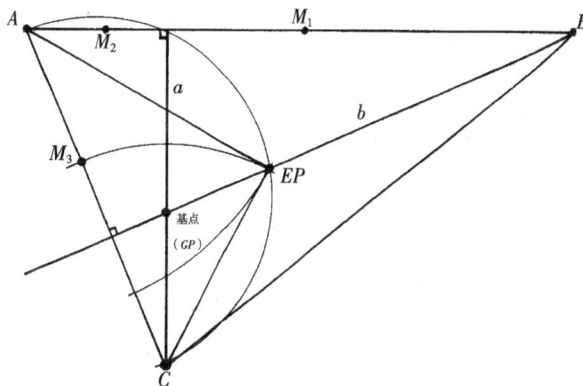

（d）

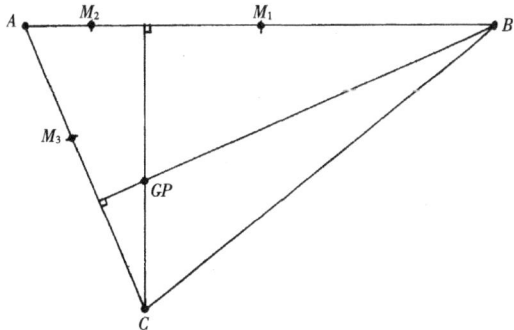

（e）

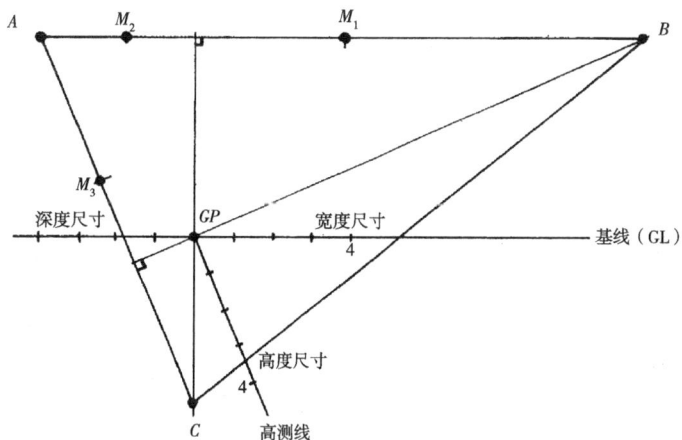

（f）

图1-5-52

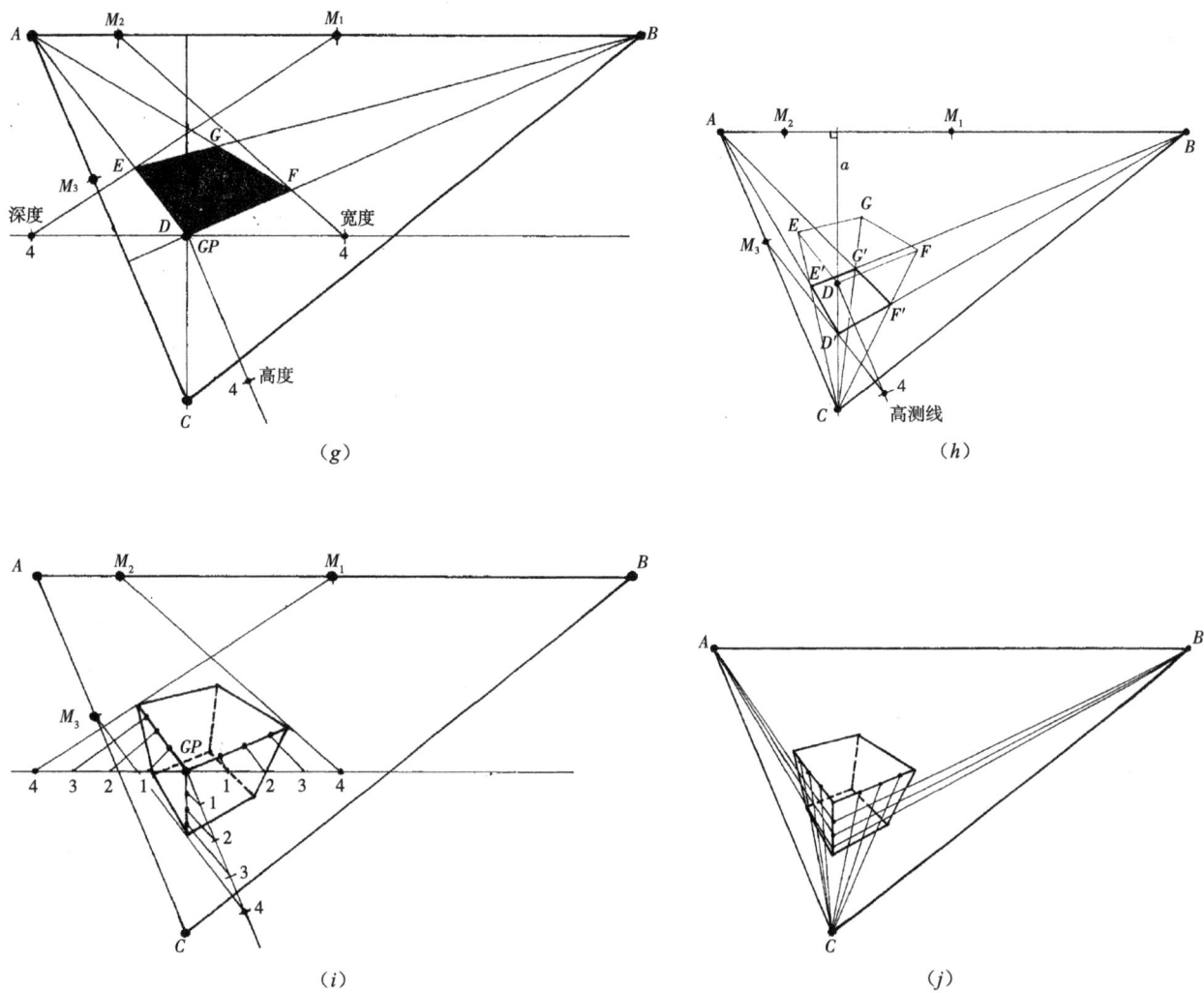

（g）

（h）

（i）

（j）

图1-5-52（续）

第二节　素描与色彩

　　如果说透视制图法则是透视效果图的骨架，那么素描、色彩等绘画技巧就是它的血肉。一个室内设计师审美修养的培育，透视效果图表现能力的提高，都有赖于美术基本功的训练。准确的空间形体造型能力，清晰的空间投影概念，可以通过结构素描得到解决。活跃的思路，快速的表现方法，可以通过大量的建筑速写得到锻炼。丰富敏锐的色彩感觉，要有色彩知识和色彩（水彩、水粉）写生、记忆默写练习作基础。室内设计师应把素描、速写、色彩作为自己专业设计基础课程的练习。构成透视效果图的三要素，如图1-5-53所示。

一、素描（结构）

　　设计师的素描练习，不同于绘画艺术的习作，它侧重于对形体的空间结构的理解。在方法上从感性认识出发，最后还要落实于理性认识。虽然运用各种技法和绘画手段来表现对象，但更着重于概括线的造型能力。应当加强想象与记忆力的训练，不但要表现看得见的一面，还要表现看不见的一面，不但能对着对象来画，而且可以凭记忆背着对象来画。

　　适用于设计师的结构素描解决三个方面的问题（图1-5-54）。

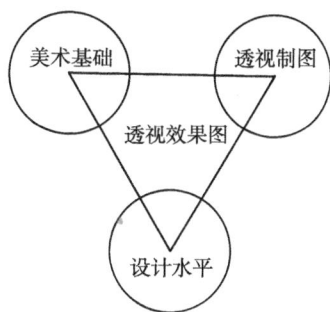

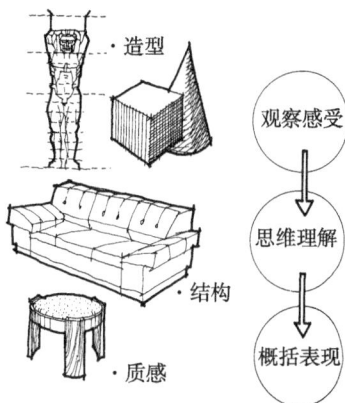

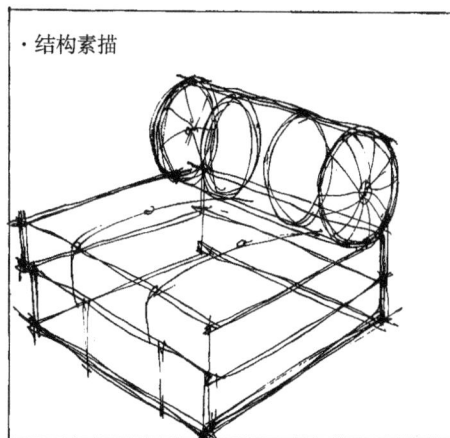

图1-5-53   图1-5-54

（1）造型

时刻把握整体与局部之间的比例关系，准确概括地表现对象的体面关系。

（2）结构

用线强调对象能够被看见与不能被看见的各个面，表现出空间结构的前后层次关系。

（3）质感

表现各种不同材质的能力。

二、色彩（水彩、水粉）

"色彩的感觉是一般美感中最大众化的形式。"一张透视效果图摆在眼前，颜色总是首先被感觉到的。色彩练习是取得丰富敏锐的色彩感觉的一种手段，可以使用水彩或水粉作为工具。设计师的色彩训练，不仅要求具备绘画色彩练习的一般方法和技巧，而且要求通过写生、临摹、记忆默写、归纳整理，以加深对色彩的理解。头脑中主观的东西要多，就是要有尽可能多的色彩配方，达到呼之欲出，运用自如的境地。

1.色彩练习的两个重点

1）掌握对比色的绘画调色方法。

2）各种色相、明度、纯度倾向的色调表现方法。

2.色轮上和谐的补色关系

要学会互补色的色彩调配方法，使画面的色彩既统一和谐，又不显得怯火生硬。

所有的成对互补色，在色轮中的所有十二个成员色中，凡是构成等边三角形或等腰三角形的三种色彩，以及所有构成正方形或长方形的四种色彩，都是和谐的（图1-5-55）。

3.色彩训练的几种方法

（1）写生

图1-5-55

写生是色彩训练最直接的方法，对照实物、实景，在头脑中分析色彩的构成与搭配，通过手再现于纸面（图1-5-56a）。

（2）临摹

临摹优秀的绘画、摄影作品，可以从别人现成的经验中得到直接的启示。但运用此种方法要通过自己的分析，不宜一味地照搬（图1-5-56b）

（3）记忆默写

记忆默写是色彩训练中最见效果的一种方法，由于没有参照物，迫使你凭借已经掌握的色彩配方，再现看到过的色彩场景。电影电视画面，外出游历的感受都可以用来进行记忆默写（图1-5-56c）。

（4）归纳整理

归纳整理是一种高度概括的色彩训练方法，在复杂纷繁的写生、临摹、默写作品中，选取最具代表性的几组色彩，进行再创作。此法对透视效果图的练习，具有最直接的效果（图1-5-56d）。

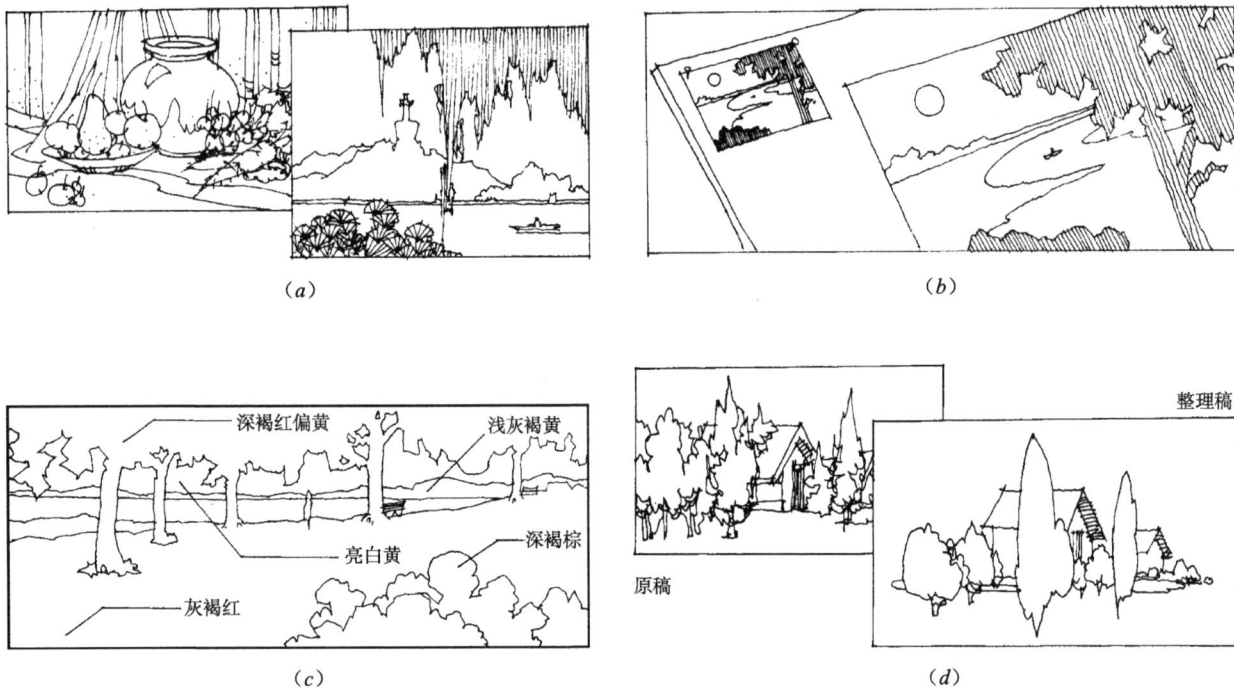

（a）

（b）

（c）

（d）

图1-5-56

第三节　透视效果图

一、设计透视效果图的种类

透视效果图的绘画表现技法很多，主要的有以下几种。

（1）水粉色技法（图1-5-57）

水粉色表现力强，色彩饱和浑厚，不透明，具有较强的覆盖性能，以白色调整颜料的深浅。用色的干、湿、厚、薄能产生不同的艺术效果，适用于多种空间环境的表现。使用水粉色绘制效果图，绘画技巧性强，由于色彩干湿度变化大，湿时明度较低、颜色较深，干时明度较高、颜色较浅，掌握不好易产生"怯"、"粉"、"生"的毛病。

水粉色分为袋装与瓶装两种。

图1-5-57　　　　　　　　　　　　　　　　　　　图1-5-58

（2）水彩色技法（图1-5-58）

水彩色彩淡雅，层次分明，结构表现清晰，适合表现结构变化丰富的空间环境。水彩的色彩明度变化范围小，图面效果不够醒目，作图较费时。

水彩的渲染技法有平涂、叠加、退晕等。颜料分瓶装、袋装、块装。颜料透明，便于多次叠加渲染。颜料的成品出售多为12和24色盒装，以高质量的块装水彩颜料最为好用。

（3）透明水色技法（图1-5-59）

色彩明快鲜艳，比水彩更为透明清丽，适合于快速表现。由于其具有调色时叠加渲染次数不宜过多、色彩过浓时不宜修改等特点，故多与其他技法混用，如钢笔淡彩法、底色水粉法等。

透明水色分为两种：一种是纸形，有本装与单片；一种是瓶装，分12色成盒或散装。本装使用时可裁成方块，12色贴于一纸，便于调色。此色的颗粒极细，色分子异常活跃，易于流动，对纸面的清洁要求比较苛刻，起草时不可动用橡皮，否则易出现痕迹，大面积渲染时要将画板倾斜。

（4）中国画技法（图1-5-60）

这是以中国传统绘画的笔墨、颜料、纸张为工具，从中国绘画的"根"中吸取营养，以其特有的内涵、神韵、气质来表现室内空间的一种技法，多用兼工带写的手法。工，是指画的室内空间实体，应以工笔的手法描绘，从比例、尺度、质感等入细地推敲。写，是写意，除空间实体外，可用写意的手法描绘配

图1-5-59　　　　　　　　　　　　　　　　　　图1-5-60

图1-5-61

景，以求相互衬托。此法尤其适合于表现中国传统的室内空间。

（5）铅笔画技法（图1-5-61）

铅笔是透视效果图技法中历史最久的一种。这种技法所用的工具容易得到，技法本身也容易掌握，绘制速度快，空间关系也能表现得比较充分。

黑白铅笔画，图面效果典雅，尽管没有色彩，仍为不少人所偏爱。彩色铅笔画，色彩层次细腻，易于表现丰富的空间轮廓，色块一般用密排的彩色铅笔线画出，利用色块的重叠，产生出更多的色彩。也可以笔的侧锋在纸面平涂，涂出的色块系由规律排列的色彩组成，不仅速度快，且有一种特殊的类似印刷的效果。

（6）钢笔画技法（图1-5-62）

钢笔质坚，画线易出效果，尽管没有颜色，但画的风格较严谨，在透视图技法中，除了用于淡彩画的实体结构描绘外，自己也可单独成章。细部刻画和面的转折都能做到精细准确，有一种特殊的严谨气氛。多用线与点的叠加表现室内空间的层次。

（7）马克笔技法（图1-5-63）

马克笔分油性、水性两种，具有快干，不需用水调和，着色简便，绘制速度快等特点。画面风格豪放，类似于草图和速写的画法。是一种商业化的快速表现技法。

马克笔色彩透明，主要通过各种线条的色彩叠加取得更加丰富的色彩变化。马克笔绘出的色彩不易修改，着色过程中需注意着色的顺序，一般是先浅后深。马克笔的笔头是毡制的，具有独特的笔触效果，绘制时要尽量利用这种笔触特点。

马克笔在吸水与不吸水的纸上会产生不同的效果。不吸水的光面纸，色彩相互渗透，五彩斑斓；吸水的毛面纸色彩洇渗，沉稳发乌。可根据不同需要选用。专用的马克笔纸是国外近年新发明的，乳白色、半透明、透写方便。

（8）喷绘技法（图1-5-64）

喷绘技法，画面细腻，变化微妙，有独特的表现力和现代

图1-5-62

图1-5-63

图1-5-64

感，是与画笔技法完全不同的。它主要以气泵压力经喷笔喷射出的细微雾状颜料的轻、重、缓、急，配合专用的阻隔材料，遮盖不着色的部分进行作画。

以上所有的技法既可单独使用，也可多种在一张画上同时使用，以取得最佳的表现效果。多种技法同时使用的方法统称为综合技法。

二、绘图工具

（1）笔

1）铅笔（6H~6B）彩色铅笔。

2）炭笔。

3）钢笔（包括直线笔、针管笔）。

4）马克笔（包括签字笔）。

5）色粉笔。

6）油画棒。

7）油画笔。

8）水粉笔。

9）水彩笔。

10）中国画笔（衣纹、叶筋、大、中、小白云）。

11）棕毛板刷。

12）羊毛板刷。

13）喷笔。

（2）纸

1）绘图纸。

2）描图纸。

3）水彩纸。

4）素描纸。

5）书写纸。

6）铜板纸。

7）白卡纸。

8）黑卡纸。

9）色卡纸。

（3）尺

界尺。

三、绘图程序

绘图程序，如图1-5-65所示。

1）整理好绘图的环境。环境的清洁整齐，有助于绘画情绪的培养，各种绘图工具应齐备，并放置于合适的位置，使其使用起来轻松顺手。

2）充分进行室内平面图的设计思考和研究。充分了解委托者的要求和愿望，了解其对经济要素的考虑与材料的选用。

3）根据表达内容的不同，选择不同的透视方法和角度（如一点平行透视或二点成角透视）。一般应选取最能表现设计者意图的方法和角度。

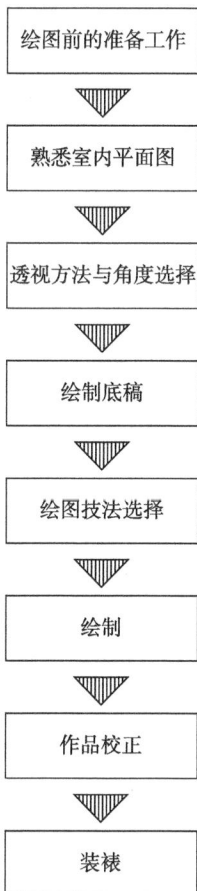

绘图前的准备工作

↓

熟悉室内平面图

↓

透视方法与角度选择

↓

绘制底稿

↓

绘图技法选择

↓

绘制

↓

作品校正

↓

装裱

图1-5-65

4）用描图纸或透明性好的拷贝纸绘制底稿，准确地画出所有物体的轮廓线。

5）根据使用空间的功能内容，选择最佳的绘画技法，或按照委托图纸的交稿时间，采用快速、精细的表现技法。

6）按照先整体后局部的顺序作画。要做到：整体用色准确，落笔大胆，以放为主；局部小心细致，行笔稳健，以收为主。

7）对照透视图底稿校正。尤其是水粉画法，在作画时轮廓线易被破坏，需在完成前予以校正。

8）依据透视效果图的绘画风格与色彩，选定装裱的手法。

四、技法与工具应用

绘图技法与相应工具，见表1-5-5所列。

绘图技法与相应工具

表1-5-5

技法种类	笔	纸	颜料
水粉平涂渲染法	水粉笔、白云笔、叶筋笔	绘图纸、水彩纸、白卡纸	水粉色
薄水粉底色法	棕毛板刷、水粉笔、衣纹笔	绘图纸、水彩纸、白卡纸	水粉色
厚水粉笔笔触法	棕毛板刷、油画笔、叶筋笔	绘图纸、白卡纸	水粉色
水彩渲染法	水彩笔、白云笔	水彩纸	水彩色
透明水色渲染法	羊毛板刷、白云笔	水彩纸、绘图纸、白卡纸	透明水色
透明水色墨线法	针管笔、羊毛板刷、白云笔	水彩纸、绘图纸、白卡纸	透明水色、墨水
马克笔法	马克笔、针管笔、签字笔	绘图纸、硬卡纸、马克笔纸	油性或水性马克笔、墨水
喷绘法	喷笔	绘图纸、白卡纸	水质颜料
水质颜料综合法	上列笔综合运用	各类纸	各类水质颜料

1.裱纸技法

凡是采用水质颜料作画的技法，都必须将图纸裱贴在图板上方能绘制，否则纸张遇湿膨胀，纸面凹凸不平，绘制和画面的最后效果都要受到影响。

（1）水彩、水墨渲染裱纸法（图1-5-66）

沿纸面四周折边2cm，折向是图纸正面向上；注意勿使折线过重造成纸面破裂。

使用干净排笔或大号毛笔蘸清水在图面折纸内均匀涂抹，注意勿使纸面起毛受损。

用湿毛巾平敷图面保持湿润，同时在折边四周薄而均匀地抹上一层浆糊。

按图示序列，双手同时固定和拉图纸，注意用力不可过猛，还应注意图纸与图板的相对位置。

（2）水粉画快速裱纸法（图1-5-67）

在纸背面四周刷1cm左右的浆糊。

用毛巾或排笔在纸背上刷水（不宜过多，视纸的吸水量而定）。

把纸翻过正面，再用手压实四边。

用吹风机先吹四边，然后再吹中间，大约5分钟左右一张纸可全部裱好，即可使用。

2.拷贝技法

为了保证透视效果图图面的清洁（尤其是透明水色与水彩），在绘制前一般都要先在描图纸或拷贝纸上绘制透视底稿，然后再将底稿描拓拷贝到正图上。为了校正的方便，底稿最好能粘贴在图板的上方（尤其是水粉技法）。

（1）拷贝台法（图1-5-68）

直接在拷贝台上描拓。

将描拓完毕的图纸裱贴在图板上。

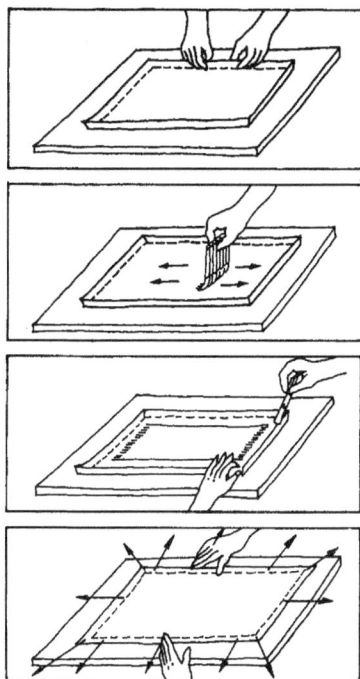

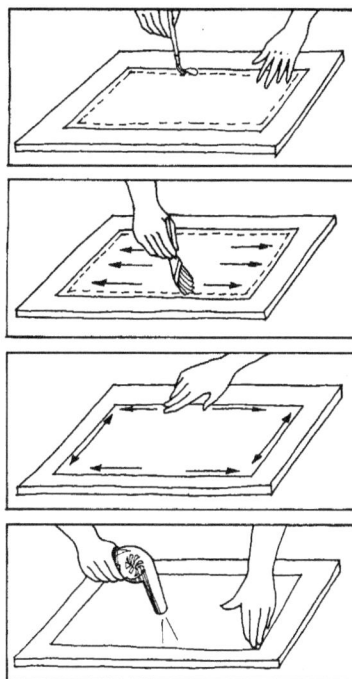

图1-5-66 　　　　　　　　　　　　　图1-5-67

（2）反向绘制底稿法

用HB铅笔在描图纸或拷贝纸上绘制相反的透视图
（图1-5-69*a*）。

用胶条将画好的拷贝纸反贴于裱好的图表面（铅笔
痕面向图板）（图1-5-69*b*）。

用硬铅笔（3H～6H）描拓轮廓线（图1-5-69*c*）。

图纸上呈现出所需方向的透视图稿（图1-5-69*d*）

（3）软铅描涂法（图1-5-70）

在描图纸或拷贝纸上绘制底稿。

用软铅在画稿背面有线条的地方描一遍。

图1-5-68

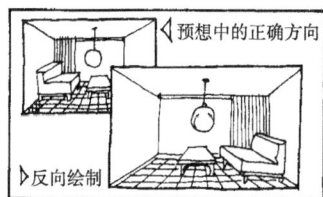

（*a*）

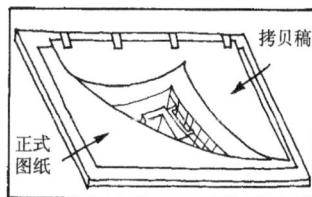

（*b*）

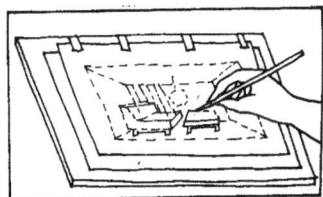

（*c*）

（*d*）

图1-5-69

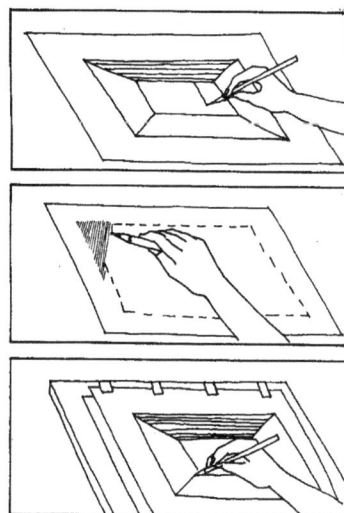

图1-5-70

翻过来描拓于正式图纸上。

3.界尺技法（图1-5-71、图1-5-72）

界尺是水粉颜料画线条不可缺少的工具。虽然直线笔是画线条理想的工具，但因为每次填入的颜料有限，且颜料易干，因此，绘制速度较慢，远不如界尺来得方便快捷。只是界尺技法需要有一定的使用技巧，否则线条不易平直挺拔。

（1）界尺的制作

1）台阶式。把两把尺或两根边缘挺直的木条或有机玻璃条错开边缘粘在一起即可。

2）凹槽式。在有机玻璃或木条上开出宽约4mm的弧形凹槽。

（2）界尺的运用

1）握笔的姿势。右手握两支笔，与拿筷子的姿势完全相同，一支为衣纹或叶筋笔，沾水粉颜料，笔头向下；另一支笔头向上，笔杆向下，端部抵在界尺槽上。

2）运笔的要领。左手按尺，右手拇指、食指、中指控制画笔，距尺约6~10mm处落笔于纸面。中指、无名指与拇指夹住滑槽的笔杆，由左向右，均匀用力，沿界尺移动，即可画出细而均匀的线条。

3）界尺平涂法。①调色适中，避免过厚或过稀。②按水平方向从左往右，或按垂直方向从上而下依次均匀平涂。

4.色纸制作技法

在不同深浅色调的色纸上作画，不但图面整体效果好，而且简便快速，适合于多种绘画工具的表现。由于目前色纸的种类还不能完全满足设计者的需求，所以自己制作色纸就成为一种必须掌握的技法。

水彩、透明水色和水粉都可以用来制作色纸。水彩和透明水色的色纸制作基本上是运用大面积渲

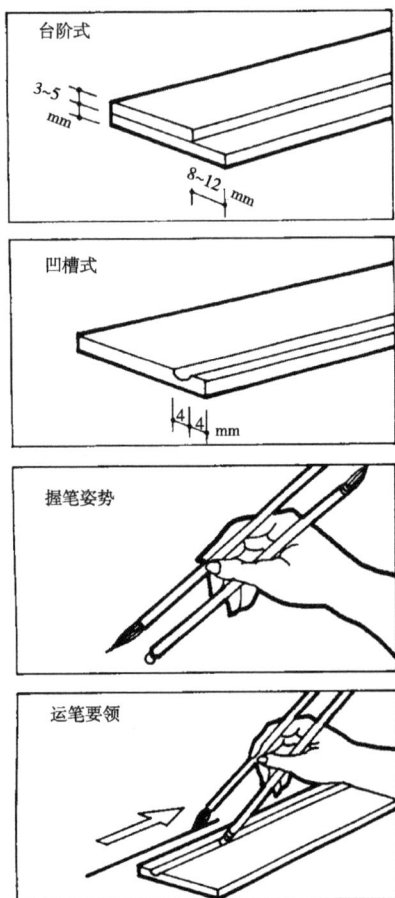

图1-5-71

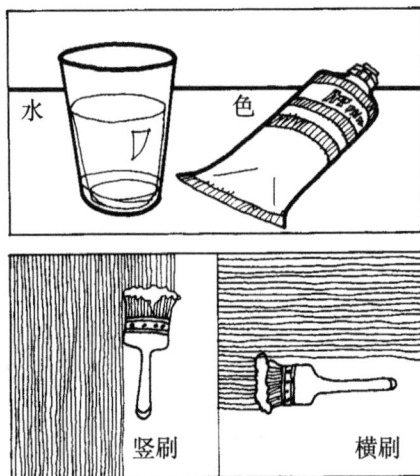

图1-5-72

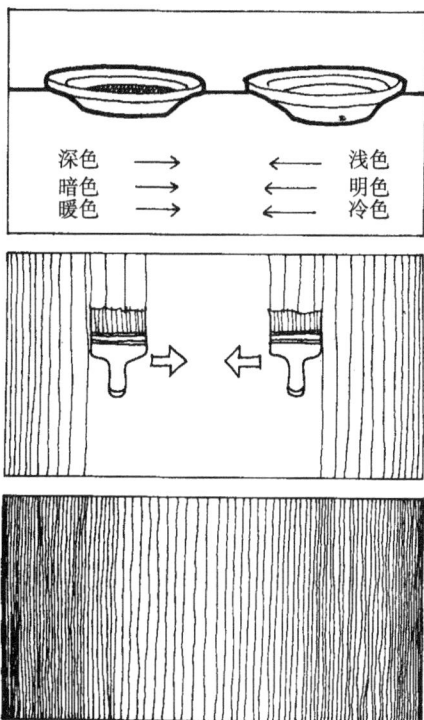

图1-5-73

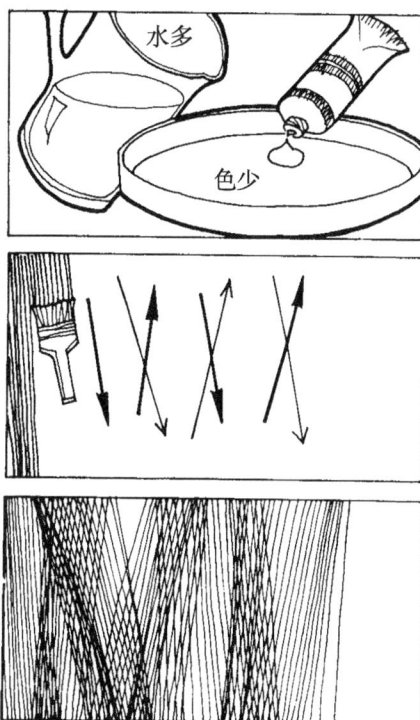

图1-5-74

染的技法（参见渲染技法）。这里主要介绍水粉色的色纸制作。

（1）退晕法（图1-5-73）

调配出两色，或色相变化，或明度变化。

1号色从左往右平涂，2号色从右往左平涂。

两色自然衰减，达到退晕效果。

（2）笔触法（图1-5-74）

调色水量较多，颜料稀薄。

用棕色刷（旧刷最优），运笔力度大、速度快。

颜料与纸面产生具有方向性笔触。

5.线条绘图技法（图1-5-75）

运用铅笔、钢笔等工具，主要以各种线条的排列与组合产生不同的效果。由于线条叠加时间、方向、曲直长短、疏密的不同，组合后在纸面上残留的小块白色底面给人以丰富的视觉印象，从而达到表现不同对象的目的。

6.渲染技法

渲染是水质颜料表现的一种基本技法，它是用水来调和颜料，在图纸上逐层染色，通过颜料的浓、淡、深、浅来表现对象的形体、光影和质感。

（1）运笔

渲染的运笔方法大体有三种：

1）水平运笔法。用大号笔作水平移动，适宜作大片渲染和顶棚、地面、大块墙面等的渲染（图1-5-76a）。

2）垂直运笔法。宜作小面积渲染特别是垂直长条的渲染。上下运笔，一次的距离不能过长以避免上色不均匀；同一排中运笔的长短要大体相同，防止过长的笔道使色水急速下淌（图1-5-76b）。

3）环形运笔法。常用于退晕渲染。环形运笔时笔触能起搅拌作用，使后加的色水与已涂上的色能不断地均匀调和，从而使图面有柔和的渐变效果（图1-5-76c）。

用直线表现退晕

渐变退晕　　　　　　　　　　分格退晕

用曲线表现退晕

分格退晕　　　　　　　　　　渐变退晕

用点或小圈表现退晕

渐变退晕　　　　　　　　　　分格退晕

（a）

线条的组合

直线线条

曲线线条

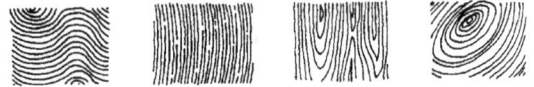

点和小圈

直线线段

各类曲线

（b）

线条的叠加

直线线条

直线线段

曲线线条

（c）

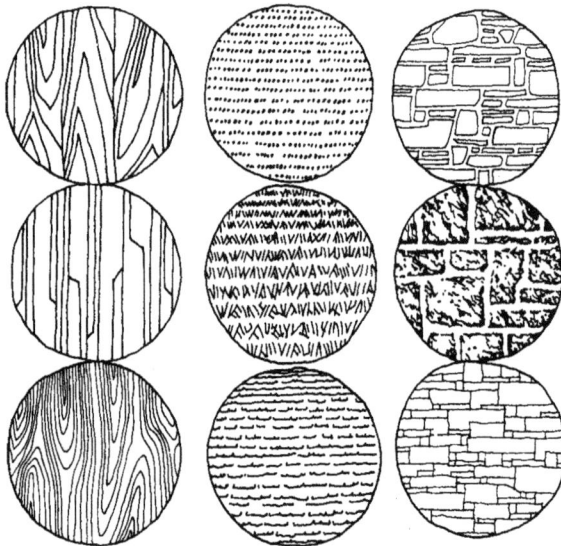

（d）

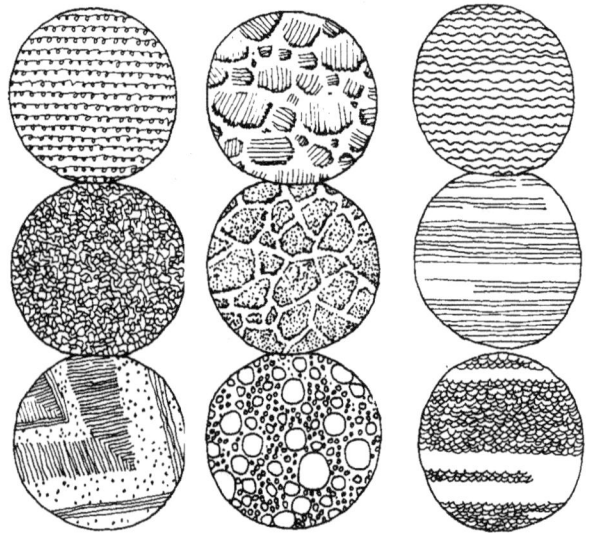

（e）

图1-5-75

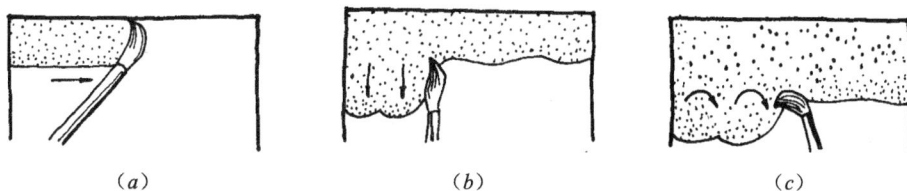

（a）　　　　　　　　　（b）　　　　　　　　　（c）

图1-5-76

（2）大面积渲染方法（图1-5-77）

1）平涂法。表现受光均匀的平面。

2）退晕法。表现受光强度不均匀的面或曲面，画法可由深到浅或由浅到深。

3）叠加法。表现需细致、工整刻画的曲面（如圆柱）。事先将画面按明暗光影分条，用同一浓淡的色水平涂，分格逐层叠加。

（3）渲染用笔

渲染用笔一般都是使用羊毫，羊毫笔毛软易于存水，且不会将底色刷起。

（4）注意事项

注意事项，如图1-5-78所示。

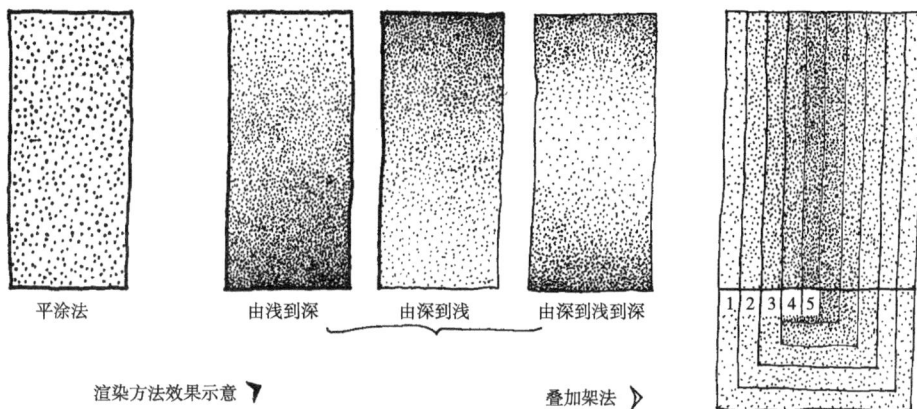

平涂法　　　　由浅到深　　　由深到浅　　由深到浅到深

渲染方法效果示意 ▼　　　　　　　　　　叠加架法 ▷

图1-5-77

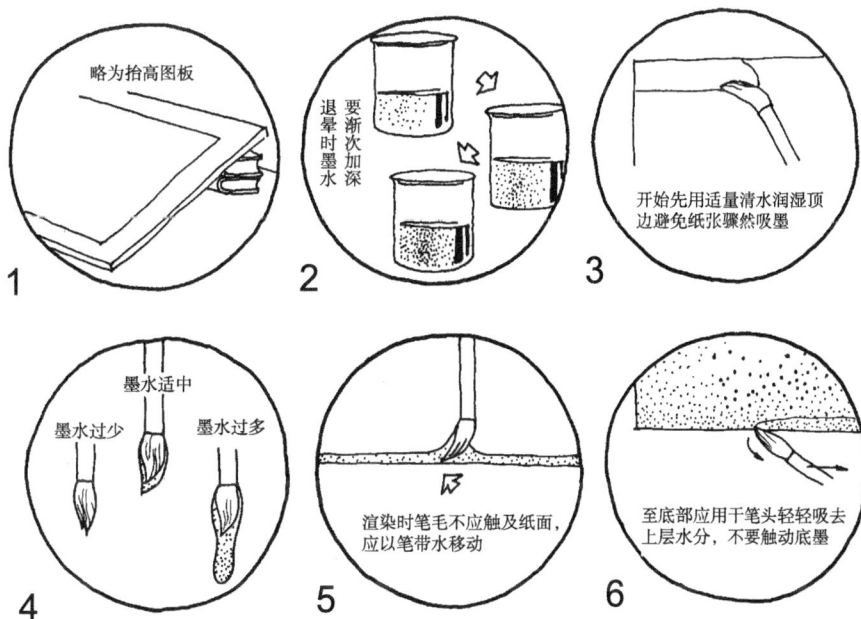

图1-5-78

第六章　计算机辅助设计基础知识

第一节　计算机辅助设计及相关软件

一、计算机辅助设计的概念

计算机辅助设计是指设计者通过计算机这一辅助工具进行设计与推敲，并获得设计成果的一种设计手段与方法。随着科学技术的不断发展，计算机早已摆脱了人们传统观念中单纯的计算工具的意义，在工程建造、设计制造、检验检测、系统管理等诸多领域，计算机已成为不可替代的辅助工具。

计算机辅助设计概念最早是在20世纪50年代由美国人提出的。它的英文是Computer Aided Design，简称CAD。

计算机辅助设计（CAD）是计算机应用较早的领域，它推动了设计的不断创新与发展。计算机辅助设计的技术及应用水平已经成为衡量一个国家工业生产技术现代化水平的重要标志，而现代设计也已不再是一个设计领域内孤立的技术问题，而是综合了相关领域、相关过程、相关技术资源和相关组织形式的系统化工程。计算机辅助设计在设计领域中的广泛应用，带来了设计方法与设计观念的巨大变革，成为了设计与创作的新趋势。

二、计算机辅助设计在室内设计领域的应用

在我国，室内设计领域对于计算机辅助设计的应用大概是从20世纪的90年代开始的。那时设计师还主要是运用Auto CAD软件进行平面、立面及施工图设计，在表现图阶段还主要以手绘为主。但随着相关专业软件的开发和进步，计算机自身强大的优势得以显现，同时对传统的设计方法与表现手段产生了越来越大的冲击。

到了90年代中期，使用计算机绘制的效果图与施工图已开始被设计者和使用者广泛接受。与传统的手绘图纸相比，它具有以下几方面的优势：

1）计算机模拟出的三维空间效果使设计师对于空间的理解与思考变得更加真实和有效。在设计概念阶段可以利用计算机，以简单的结构来组成虚拟的模型，通过不同角度推敲空间的体量。也可以简单地设置相机，以动画的方式来体验虚拟的空间流动性。

2）计算机所绘制出的三维画面透视准确，材质表现清晰，更加接近于真实状况。同时它可以做成动画，更全面、细致地展现设计构思，丰富了渲染图的表现力。

3）在当今的信息社会中，许多商业行为并不发生在谈判桌上，有时是依靠远距离的通信设备，及时准确地传递给对方并得到反馈的。计算机便具备这个条件，绘图者与业主之间只需联网便可沟通。

4）计算机绘图与其他技法相比，最大的优点是便于修改与保存，在已完成的图面基础上可以进行形体、色彩、材质等方面的再选择与再创造。这既有利于设计师优化设计方案，同时也有助于多角度地展示设计构思，使绘画者与业主之间都有陈述自己意见的机会，密切双方的合作，最终作出比较理性的选择。

三、相关软件
1.操作系统类软件

目前，国内的室内设计师主要采用PC机即Personal Computer。常用的PC操作系统有Windows 98、

Windows NT、Windows 2000、Windows XP等，它们都属于微软（Micro Soft）公司的产品，从操作系统的开发初衷来看，Windows NT、Windows 2000和Windows XP专业版都是面向专业用户的产品。

2.二维平面、三维建模、动画类软件

这一类的软件种类较多，比较常用的主要有3DS Max、3DS VIZ、Maya、Auto CAD以及国内开发的天正、圆方、中望软件等。

Auto CAD是Autodesk公司最有影响的软件产品，主要应用于绘制建筑、机械、电路、服装等二维图形，同时也可生成三维立体，是优秀的计算机辅助作图软件。而3DS Max软件在建筑、室内设计以及影视动画、游戏制作等领域则应用较广。

3.渲染插件、软件

这一类软件主要是针对于计算机三维建模渲染中"光"的算法而派生出来的。主要有Lightscape、Mental Ray、Rendermen、Brazil等。

4.影视数字合成及非线性编辑软件

随着计算机技术的不断发展变化，多媒体技术开始在室内设计的表现领域中广泛应用。

多媒体技术的核心便是特技合成。目前比较优秀的数字合成软件有After Effect、Combustion以及Maya Fusion等。

对于影视素材的编辑，传统的手段是线性剪辑，有着不易修改的缺陷。数字存取技术引发了这种编辑手段的革命，也就是集音频、视频为一体的非线性编辑。目前比较常用的软件有Premiere、Edit等。

第二节　计算机制图

一、关于计算机制图

计算机制图如今已经在建筑、景观及室内设计领域得到了广泛的认可与应用。

计算机制图的软件有很多种，其中以美国Autodesk公司研发的Auto CAD最受设计师们的欢迎，并被广泛使用。自Autodesk公司1982年开始推出通用的计算机辅助绘图和设计软件包以来，Auto CAD已先后历经V1.0、V2.6、R9、R10、R12、R13、R14以及Auto CAD2000等版本，它的操作与使用更加简便和稳定，功能日趋完善。Auto CAD软件已经从最初的二维绘图发展到目前所具有的集三维设计、Internet远程访问、通用数据库管理为一体的强大功能。Auto CAD不仅是一个具有独立绘图功能的软件包，同时也是一个CAD系统的开发平台。目前，国内开发的天正建筑、圆方室内设计系统、中望室内设计系统等都是在Auto CAD的基础上研制和开发的。

二、计算机制图的绘图要点与基本步骤

Auto CAD是一个相对较为复杂与专业的软件，要真正做到熟练的掌握与使用，需要了解很多具体的操作规程。目前，图书市场上关于Auto CAD软件基础与应用的书籍有很多，在这里我们只是对于它的绘图要点与基本步骤作一简要的介绍。

1.相关设置

（1）图幅设置

通常以一个绘图单位代表实际的1mm（图1-6-1）。

（2）目标捕捉与正交开关的设置

目标捕捉最常用的有端点（End）、交点（Int）、中点（Mid），这几项都可预先设置好，制图过程中再根据需要进行调整。正交开关先设置为打开状态，以后根据需要切换（图1-6-2）。

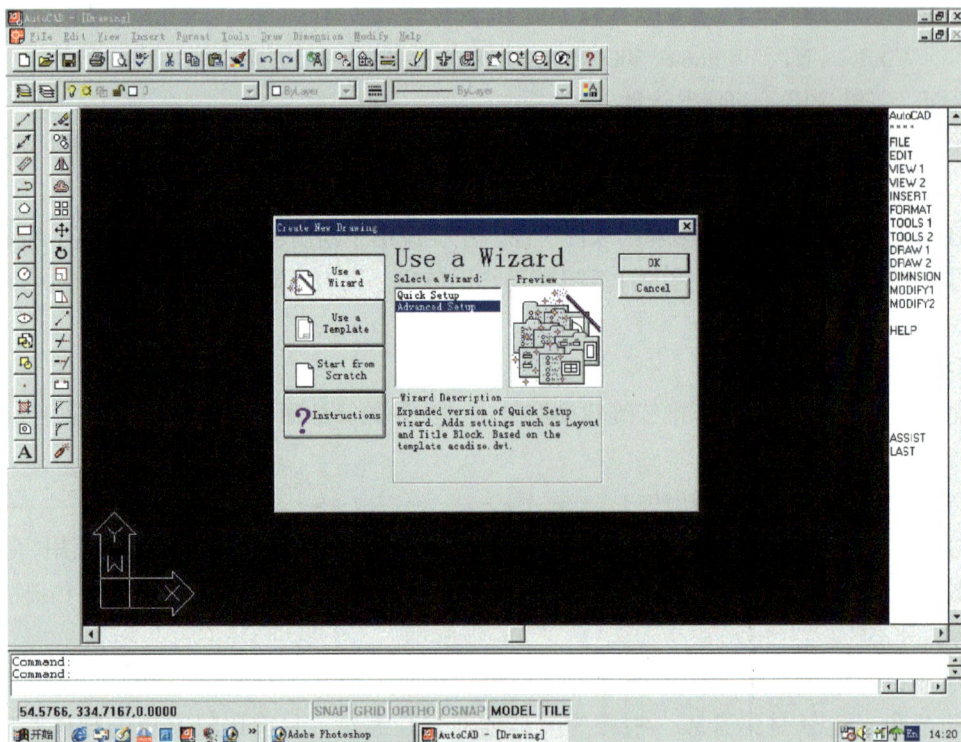

图1-6-1

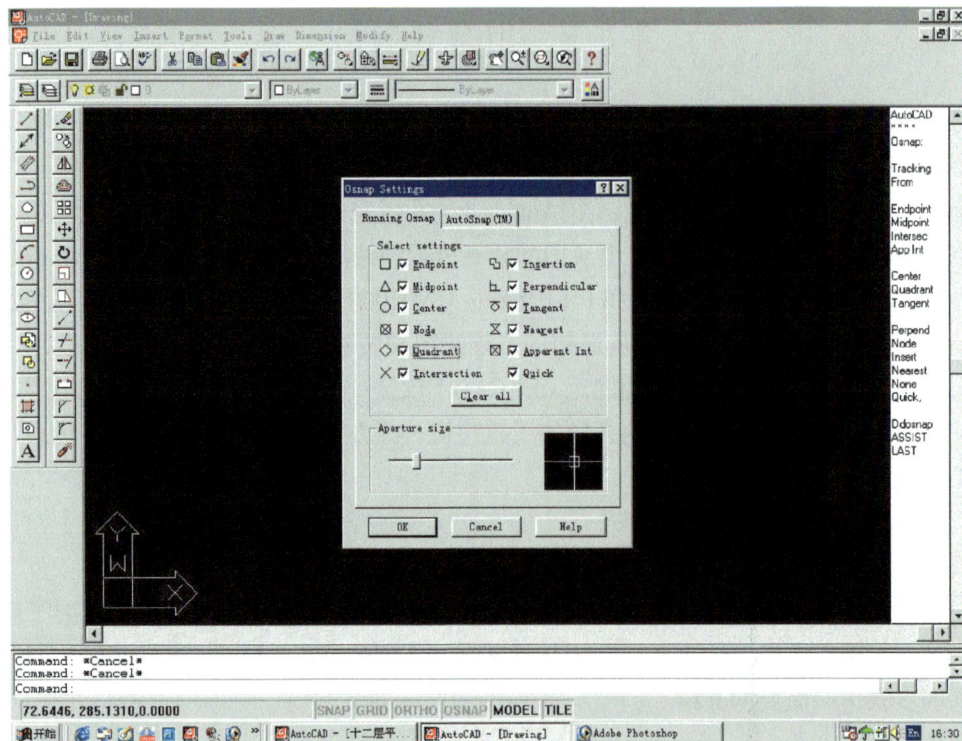

图1-6-2

（3）尺寸标注参数的设置

尺寸标注参数的设置应以制图统一标准的要求为原则，即输出图样的尺寸标注要符合制图统一标准的要求（图1-6-3）。

（4）图层的建立与设置

平面图的图层设置较为复杂。在考虑建筑图被地平面、顶棚平面以及电气平面所共用的同时，也要考虑图层颜色的划分，因为不同的颜色在图纸中代表了不同的线宽（图1-6-4）。

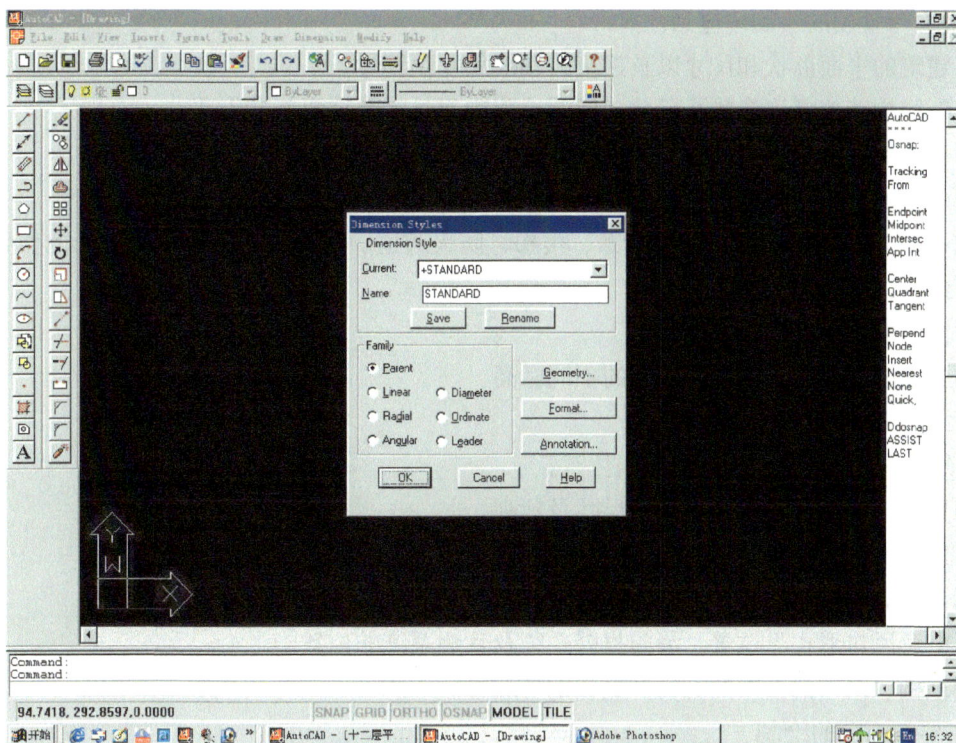

图1-6-3

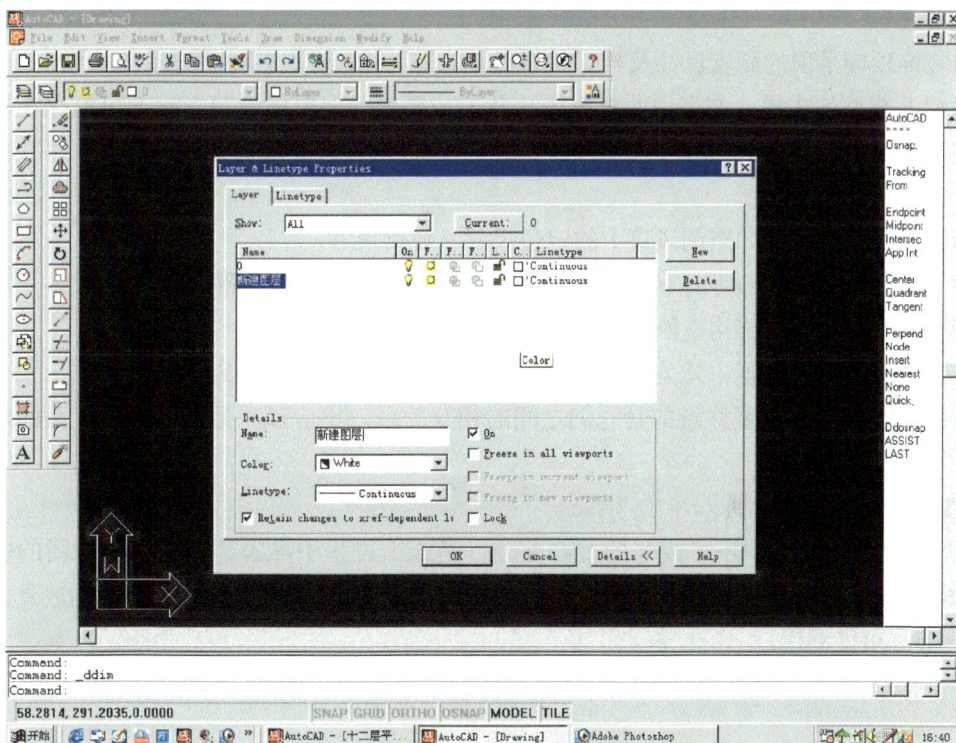

图1-6-4

2.建筑基础平面的绘制

建筑基础平面的绘制主要包括轴线的绘制、墙体的绘制、窗及阳台的绘制以及建筑尺寸线的标准等几大部分。

3.室内平面布置图的绘制

在室内平面布置图的绘制中应当注意：

1）标明建筑的平面形状和尺寸以及建筑的轴线尺寸及编号。

2）标明装饰构造的具体形状及尺寸，标明地面饰面材料及重要工艺做法。

3）标明各立面图的视图投影关系和视图位置编号。

4）标明各剖面图的剖切位置、详图等的位置及编号。

5）标明各种房间的位置及功能。走廊、楼梯、防火通道、安全门、防火门等空间的位置与尺寸，该情况一般出现在施工总平面图中。

6）标明门、窗的位置及开启方向。

7）标明平面图中地面高度变化形成的不同标高。

4.室内顶棚平面布置图的绘制

在室内顶棚平面布置图的绘制中应当注意：

1）标明顶棚、吊顶装饰造型样式、尺寸及标高。

2）说明顶棚所用材料及规格。

3）标明灯具名称、规格、位置或间距。

4）标明空调风口形式、位置，消防报警系统及音响系统的位置。

5）标明顶棚、吊顶剖面图的剖切位置和剖切编号。

5.室内主要立面图的绘制

在室内主要立面图的绘制中应当注意：

1）在立面图上一般采用相对标高，即以室内地面作为正负零，并以此为基准点来标明地台、踏步、吊顶的标高。

2）标明装饰顶棚吊顶的高度尺寸及相互关系尺寸。

3）标明墙面造型的式样，文字说明材料用法及工艺要求。但要搞清楚立面上可能存在许多装饰层次，要注意它们之间的关系、收口方式、工艺原理和所用材料。这些收口方法的详图，可在剖面图或在详图上反映。

4）标明墙面所用设备（如空调风口）的定位尺寸、规格尺寸。

5）标明门、窗、装饰隔断等的定位尺寸和简单装饰样式（应另出详图）。

6）搞清楚建筑结构与装饰构造的连接方式、衔接方法、相关尺寸。

7）要注意设备的安装位置，开关、插座等的数量和安装定位，符合规范要求。

8）各立面绘制时，尤其要注意的是它们之间的相互关系。不应孤立地关注单个立面的装饰效果，而应注重空间视觉整体。

6.室内节点及大样图的绘制

节点详图是整套施工图中不可或缺的重要部分，是施工过程中准确地完成设计意图的依据之一。常用的施工图细部节点其比例一般为1∶1、1∶2或1∶5。在图面条件许可的情况下或构造具体尺度不过大的条件下，应尽可能利用1∶1的比例。

第三节　计算机透视图

一、计算机透视图的特征

计算机透视图的制作目前也是人为的制作过程，但是在绘画的媒介和制作程序上同传统的应用工具和手法相比已有了本质的区别。计算机表现图以它对空间尺度的准确表现，对建筑材料以及光影变化的真实再现受到了普遍的欢迎。随着科技的迅猛发展，绘图软件开发的速度也在不断加快，因此计算机表现技法的学习应当是随时补充新知识的过程。

二、计算机透视图的绘图要点

计算机表现技法主要分为建模、渲染和后期处理三大部分。目前，一张完整的计算机透视图一般要依靠3DS Max、Lightscape和Photoshop软件的综合使用来完成。主要的绘图步骤和要点有：

1）方案设计，绘制出方案草图，在草图的绘制过程中应尽量将各个立面和局部的节点大样考虑详细（图1-6-5）。

2）用3DS Max软件建模，建模可以按照地面—墙面—顶棚—家具陈设的顺序进行，但根据个人不同的习惯也不必非拘泥于这一顺序（图1-6-6）。

3）在建模过程中，根据设计构思附材质（图1-6-7）。

4）建模完成后将文件导出，使之变成Lightscape文件格式，同时在场景中根据设计进行布光（图1-6-8）。

5）在Lightscape中，光能传递是一个叠代的过程，随着光能传递的深入，场景会逐渐变亮，并最终达到预期的效果（图1-6-9）。

6）Lightscape渲染完毕后，运用Photoshop软件进行后期处理。首先对整个画面的对比度进行调整，使其达到相对真实的光源效果，适当运用贴图增加画面的情趣（图1-6-10）。

7）在场景中设置摄像机，增加漫游效果（图1-6-11）。

图1-6-5

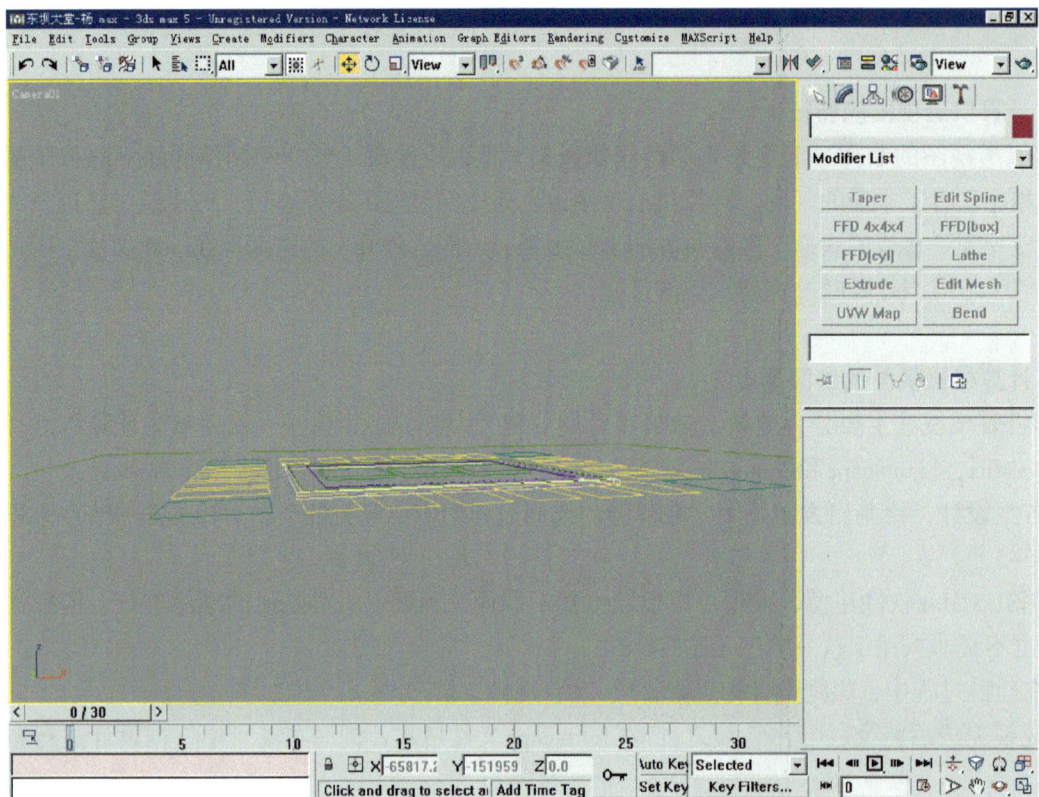

（a）

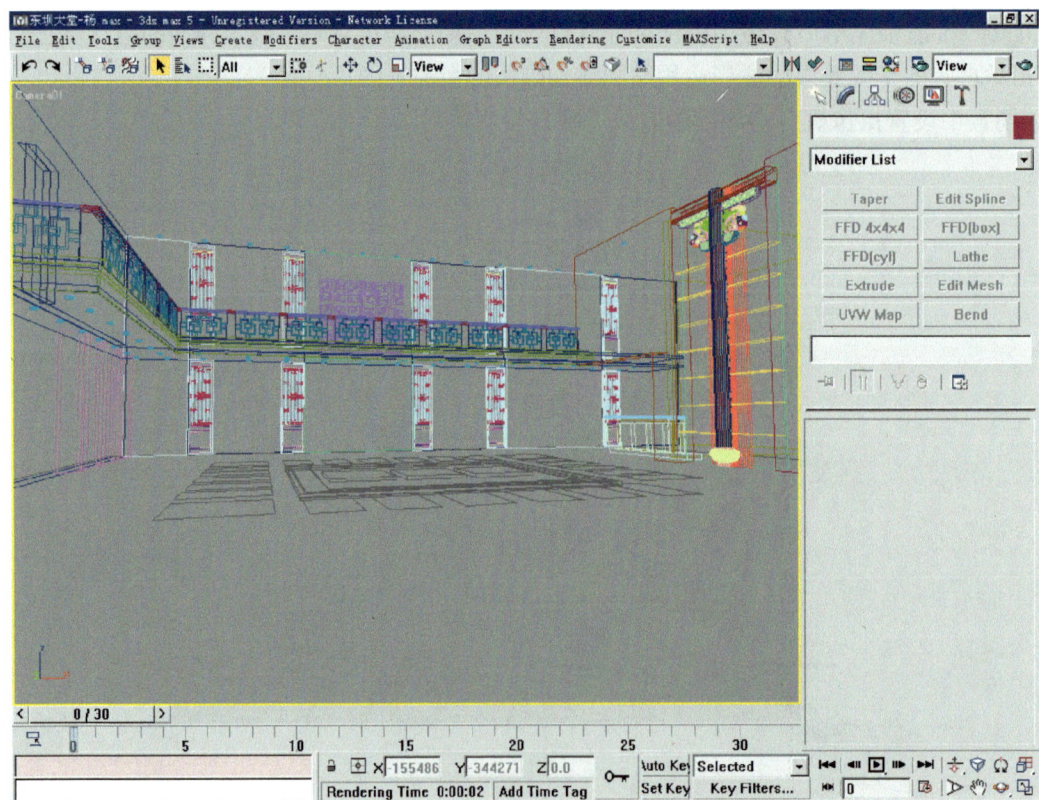

（b）

图1-6-6

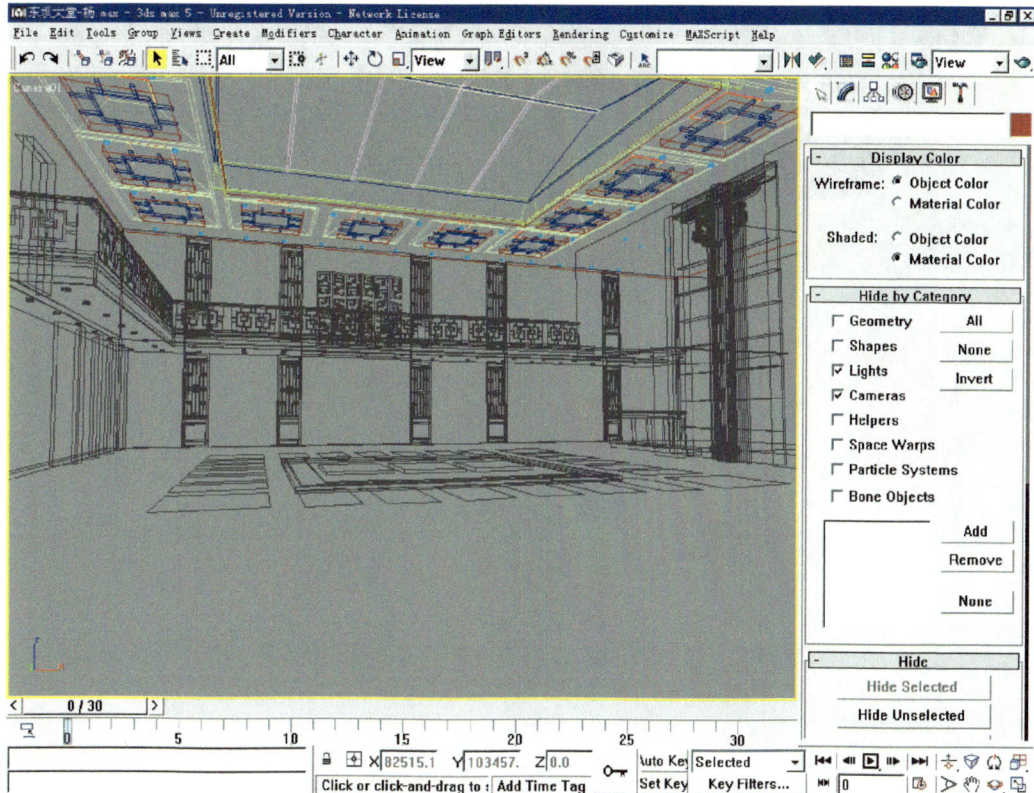

（c）

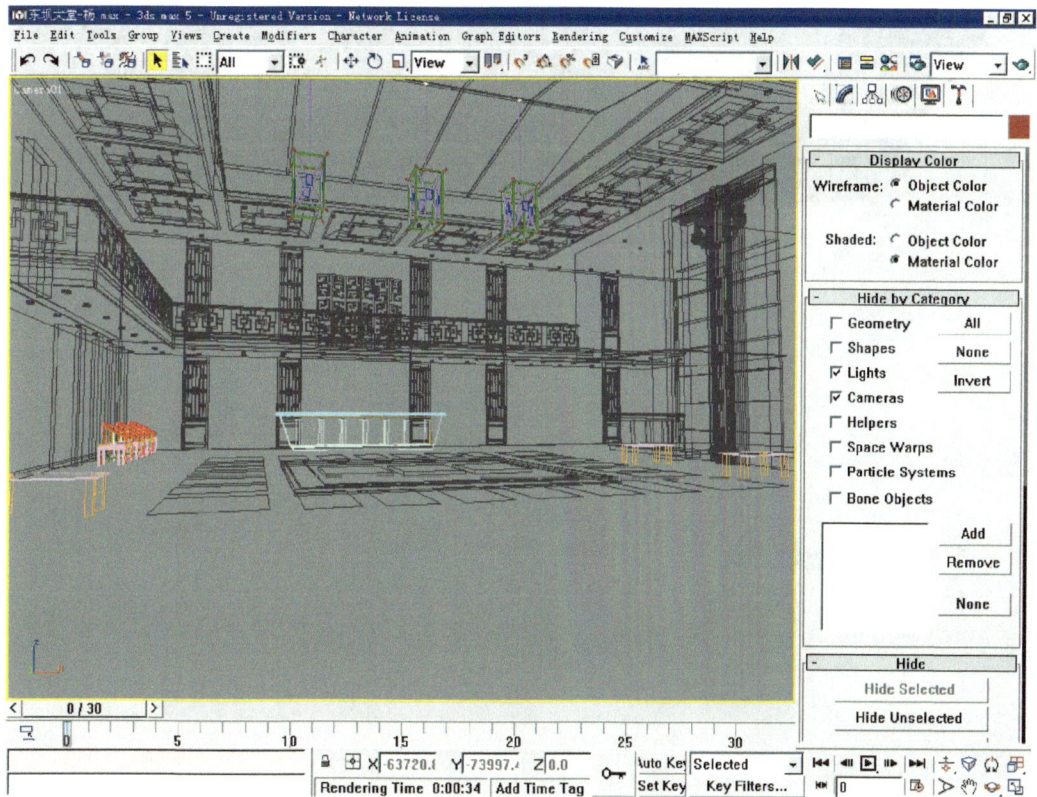

（d）

图1-6-6（续）

（a）

（b）

图1-6-7

（c）

（d）

图1-6-7（续）

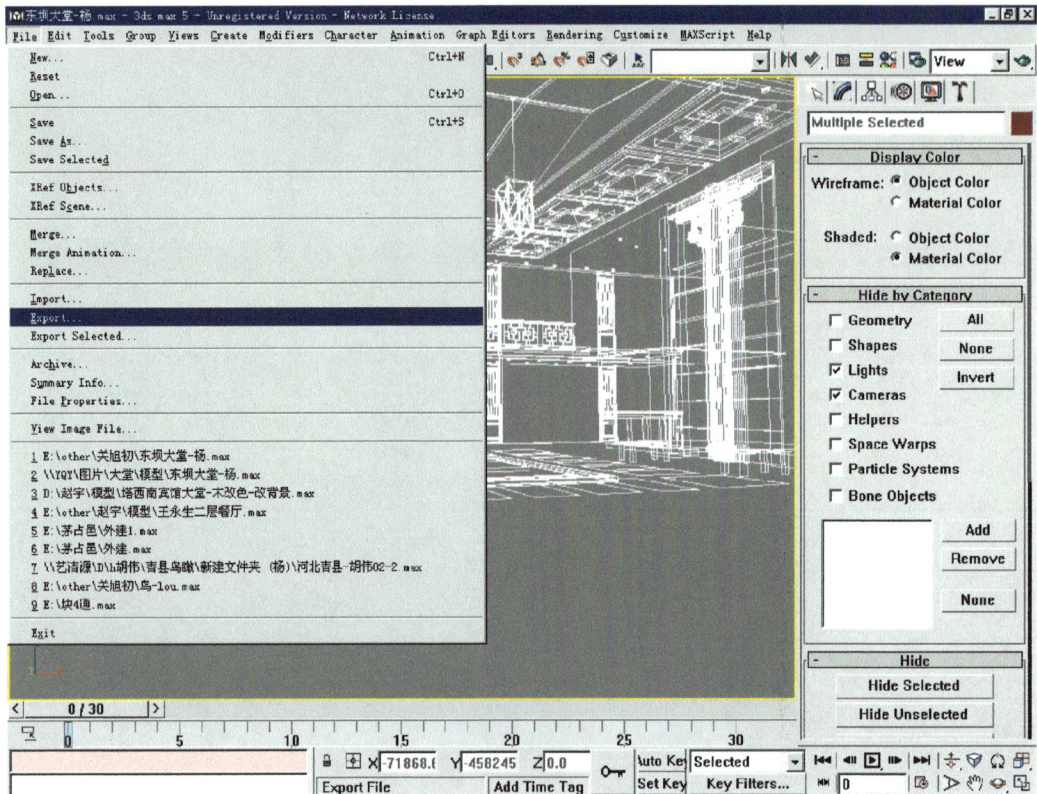

（a）

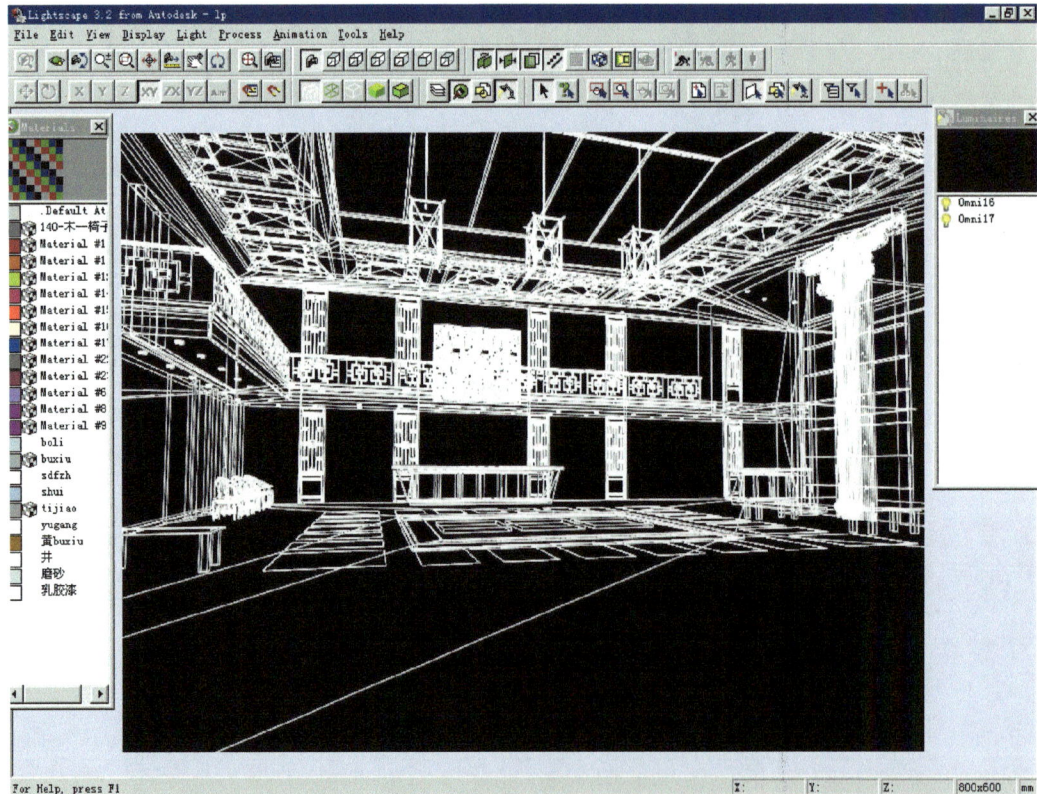

（b）

图1-6-8

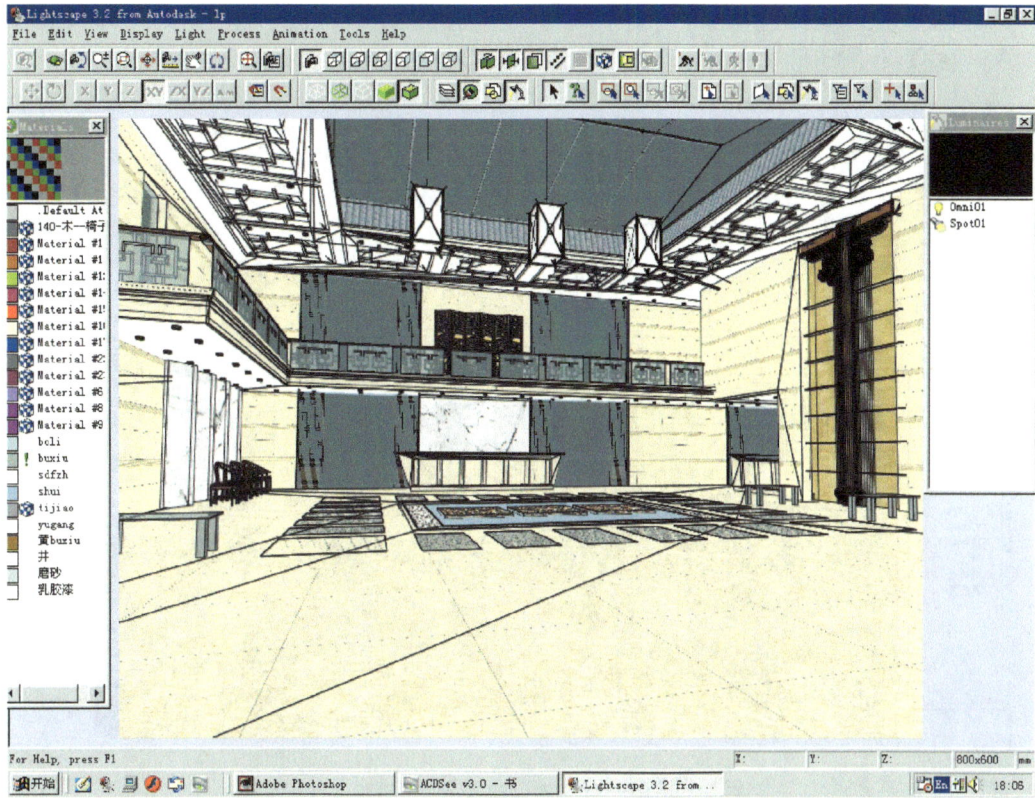

（c）

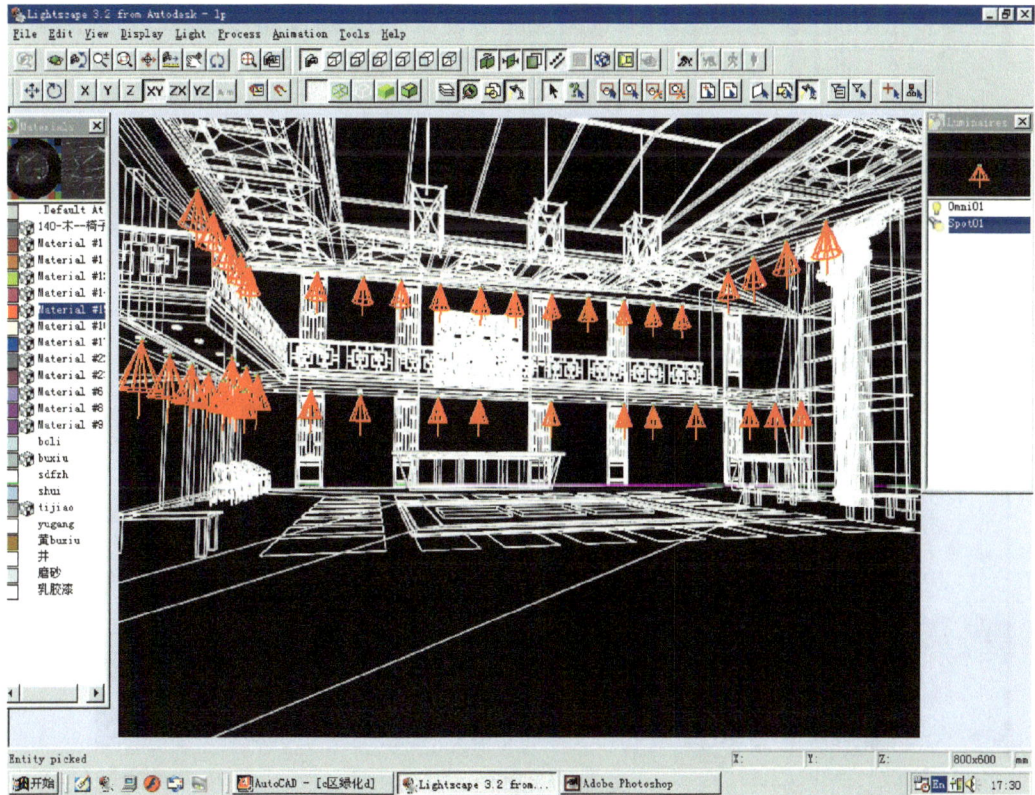

（d）

图1-6-8（续）

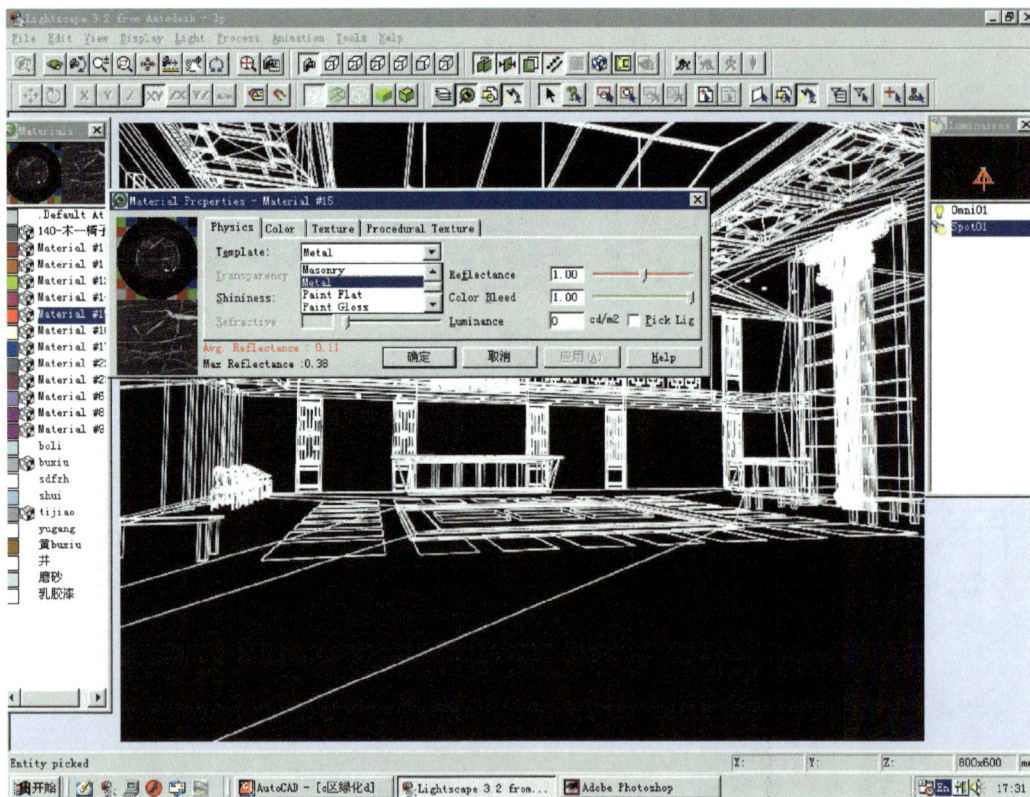

（a）

（b）

图1-6-9

（c）

（d）

图1-6-9（续）

(a)

(b)

图1-6-10

（a）

（b）

图1-6-11

(c)

(d)

图1-6-11（续）

（e）

（f）

图1-6-11（续）

第四节　多媒体表现

一、多媒体表现的特征和制作手法

近几年，CG（Computer Graphic）技术在建筑及室内设计中被广泛应用。就表现技法的性质而言，它不同于其他的艺术门类，它的目的性及技术性更强，因而人们在探讨它的优劣和发展方向时应当充分考虑到这一点。现在大家普遍采用的3DS Max软件能够为我们营造出丰富的空间层次和逼真的艺术效果，似乎已经达到了一个很高的境界。但如果我们从业主的角度出发，他们所希望了解的并不只是三维效果图所展示出的五个面，画面的背后以及其他相关联的空间也同样让人们充满期待。因此，带有动画漫游的多媒体应当说是目前较为先进的表现形式，它能够直观地表现出方位感，时间因素的加入使人犹如身临其境，同时视频、音频合成及后期剪辑技术的应用，将专业表现技法带入了一个全新的领域。

多媒体表现本身包含很多种类，像Power Point、Flash以及用Premiere合成的计算机图像都属于这一类范畴。但是从发展的角度讲，多媒体表现应当是一个综合体，作品应力求通过视频与音频的完美结合，从多角度、全方位去表达设计创意，在展示作品的同时带给观赏者与众不同的视觉冲击和审美享受。

多媒体表现的制作工作最好由一个团队来配合完成，它应当分为脚本、动画、特效、音乐和后期制作五部分。涉及的软件主要有3DS Max（建模及制作动画，图1-6-12）、Combustion（3D动画特效，图1-6-13）、After Effects（特效制作，图1-6-14）、Premiere（后期剪辑，图1-6-15）、Illusion（粒子制作，图1-6-16）等。

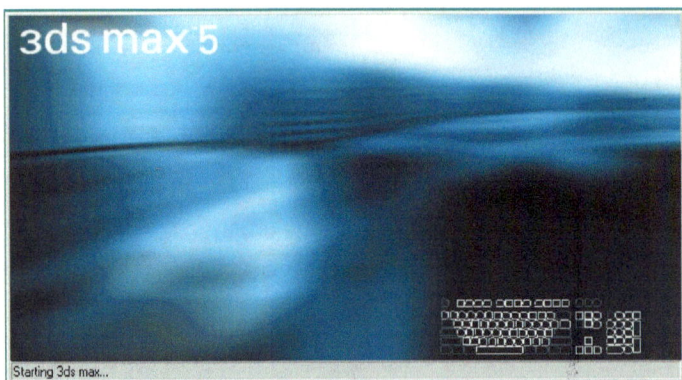

图1-6-12

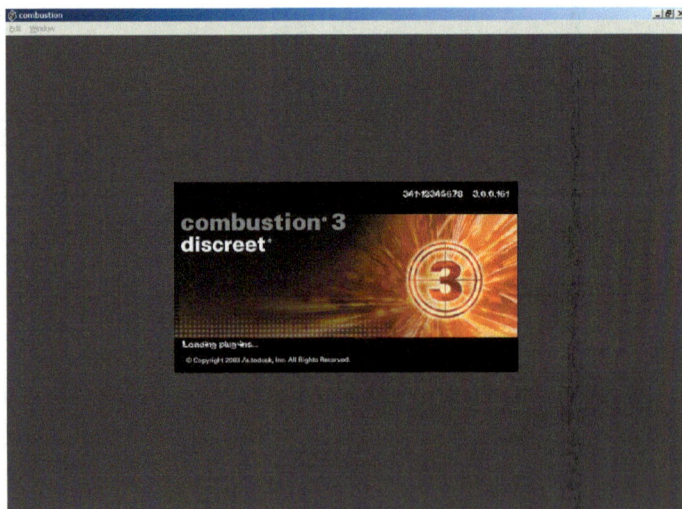

图1-6-13

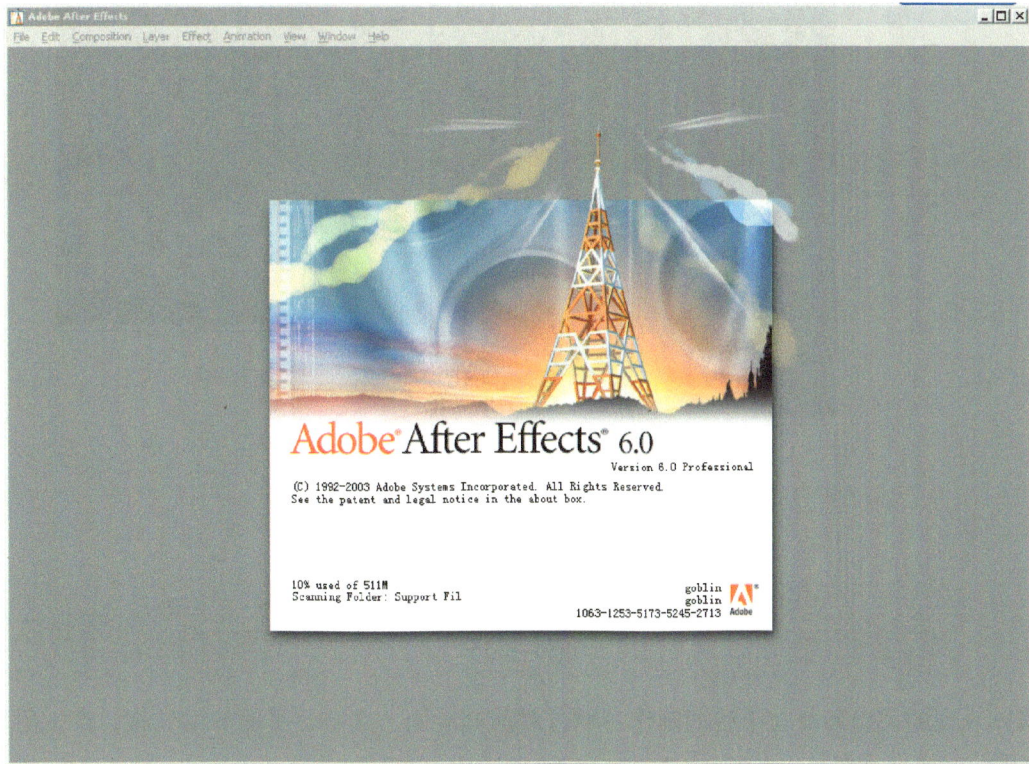

图1-6-14

图1-6-15

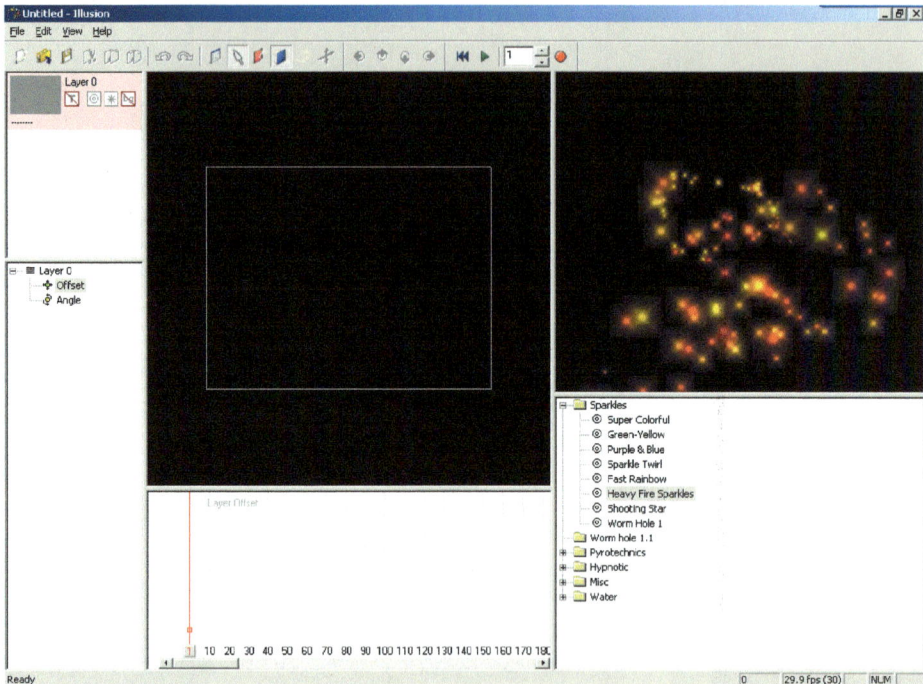

图1-6-16

　　多媒体表现的关键环节在于后期制作，通过对前期动画、文字、平面等的处理，产生更具现代感和视觉效果的艺术设计作品。

二、多媒体表现的制作步骤

（1）Photoshop的前期平面制作（图1-6-17）

前期制作中主要是运用Photoshop软件进行平面图形的制作，通过Photoshop强大的平面制作功能我

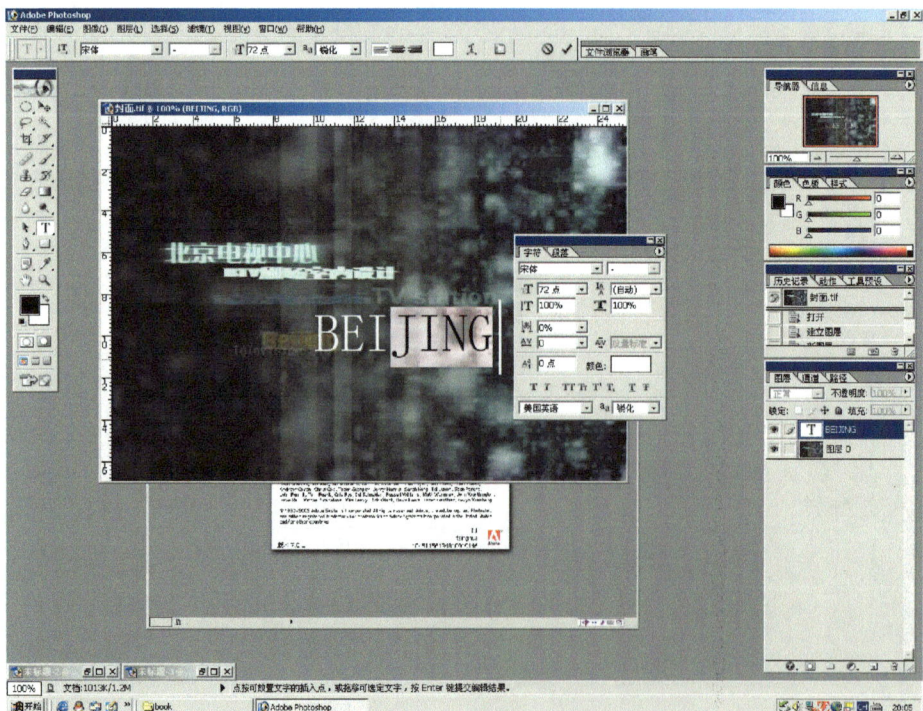

图1-6-17

们可以制作出各类丰富的效果。

（2）After Effects的后期制作（图1-6-18）

After Effects是目前使用比较广泛的后期特效制作软件，其出众的分层功能以及与Photoshop的兼容性、层融合透明信息、扣像以及众多的插件等功能更加适合后期编辑。

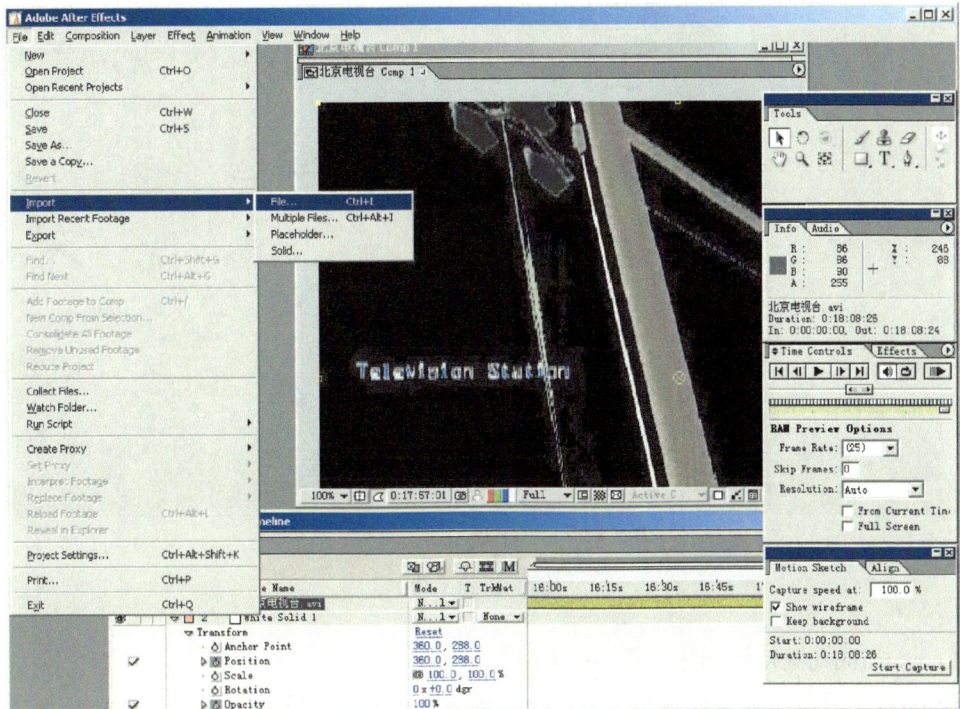

（a）

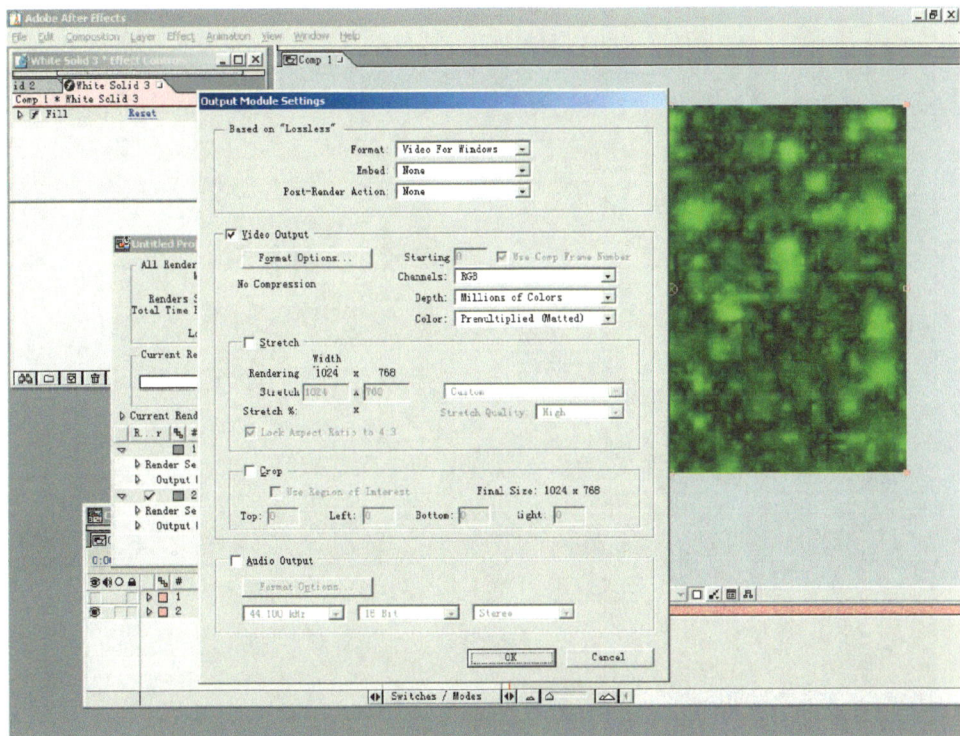

（b）

图1-6-18

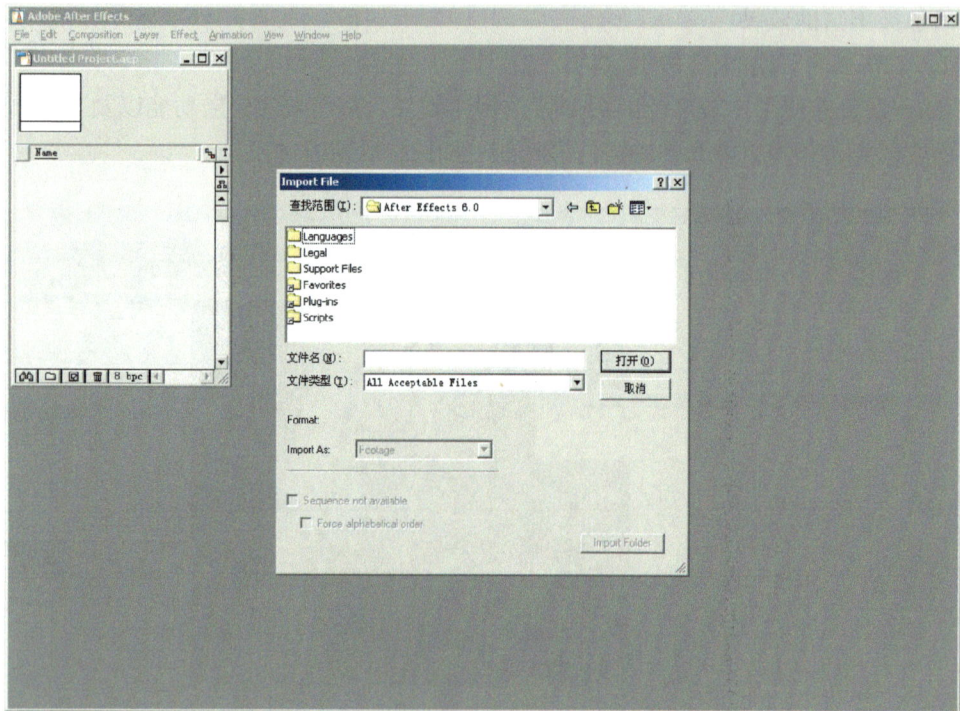

（c）

图1-6-18（续）

（3）Combustion动画特效制作（图1-6-19）

Combustion对于后期动画合成制作是不可缺少的软件，其和3DS Max的兼容大大超过了After Effect，粒子制作及扣像技术也更加简捷。

（a）

图1-6-19

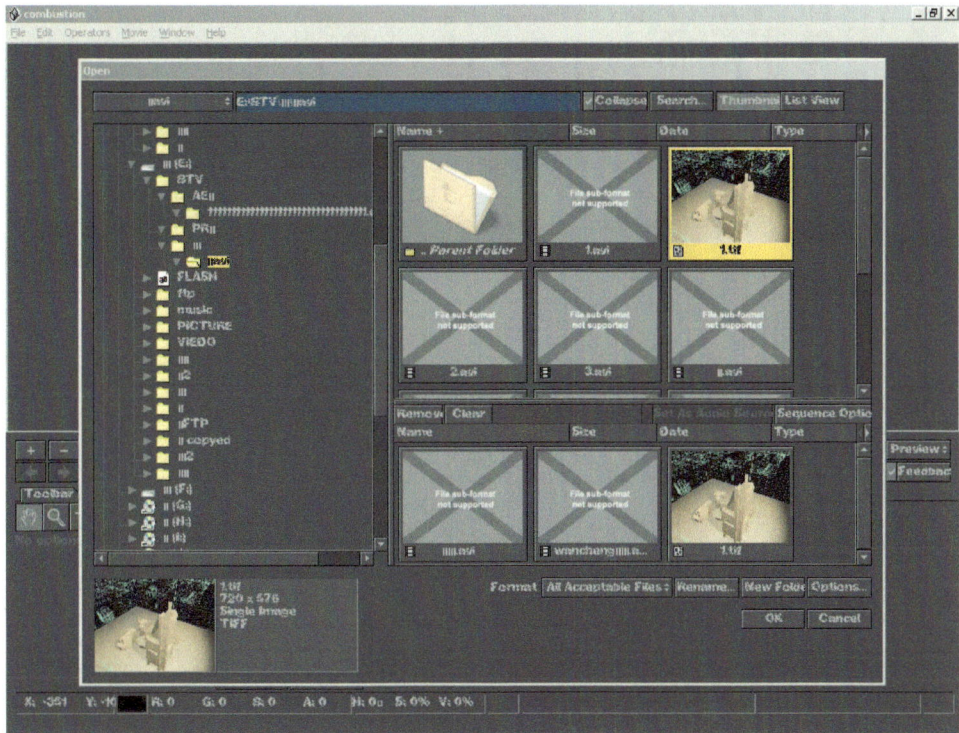

（b）

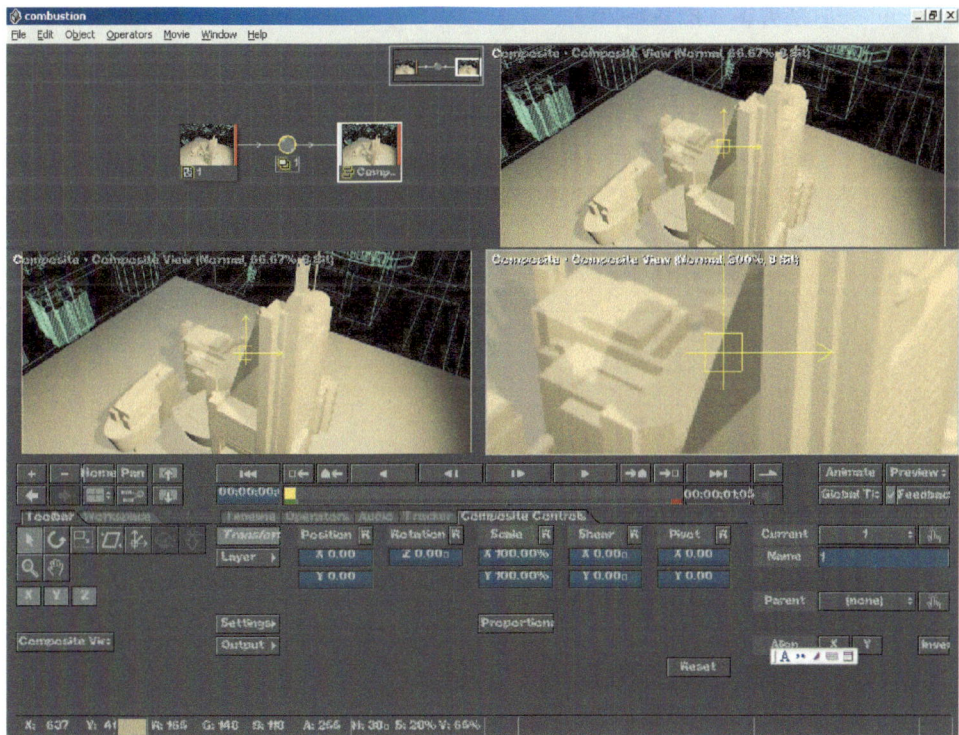

（c）

图1-6-19（续）

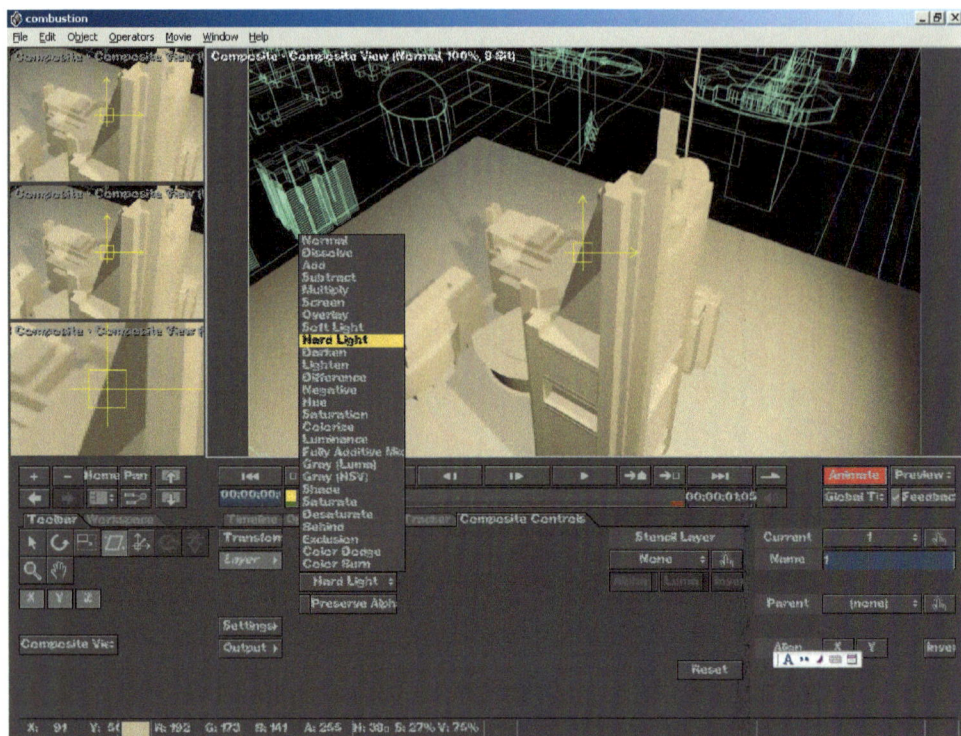

（d）

图1-6-19（续）

（4）Premiere后期剪辑（图1-6-20）

Premiere是后期剪辑过程中最为重要的制作软件，支持多种输出、输入格式，视频及音频的运用使我们在多媒体的制作中更加得心应手。

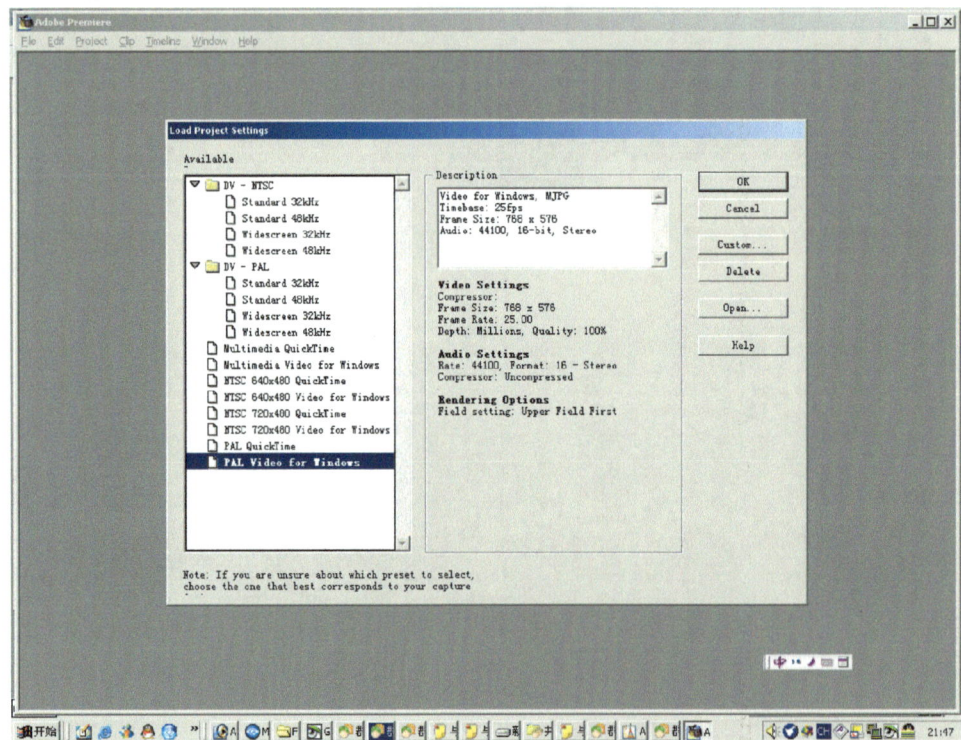

（a）

图1-6-20

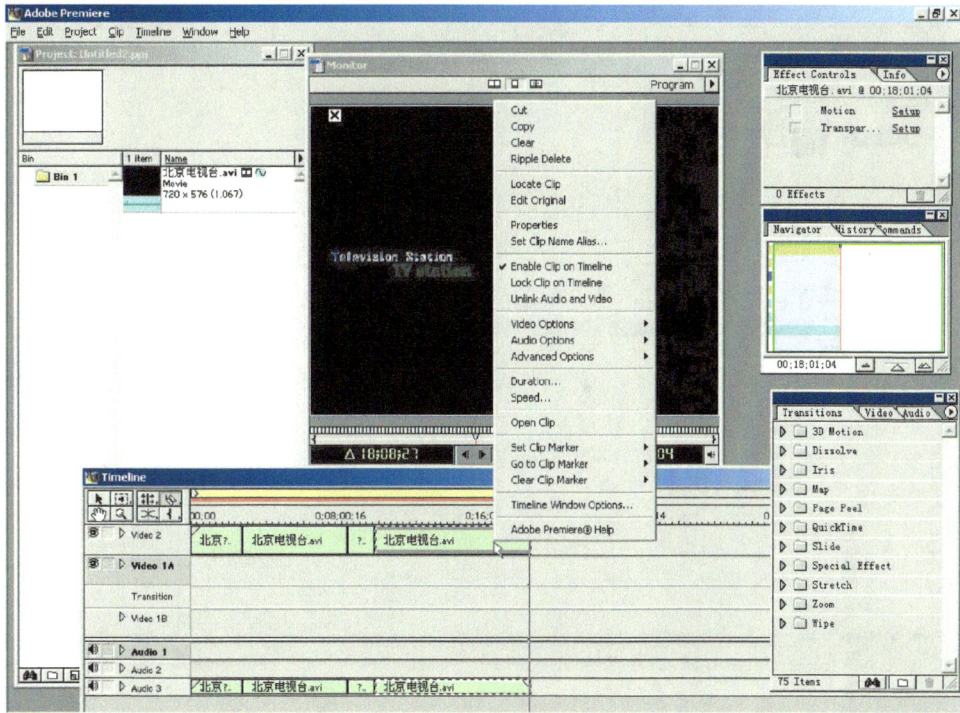

（b）

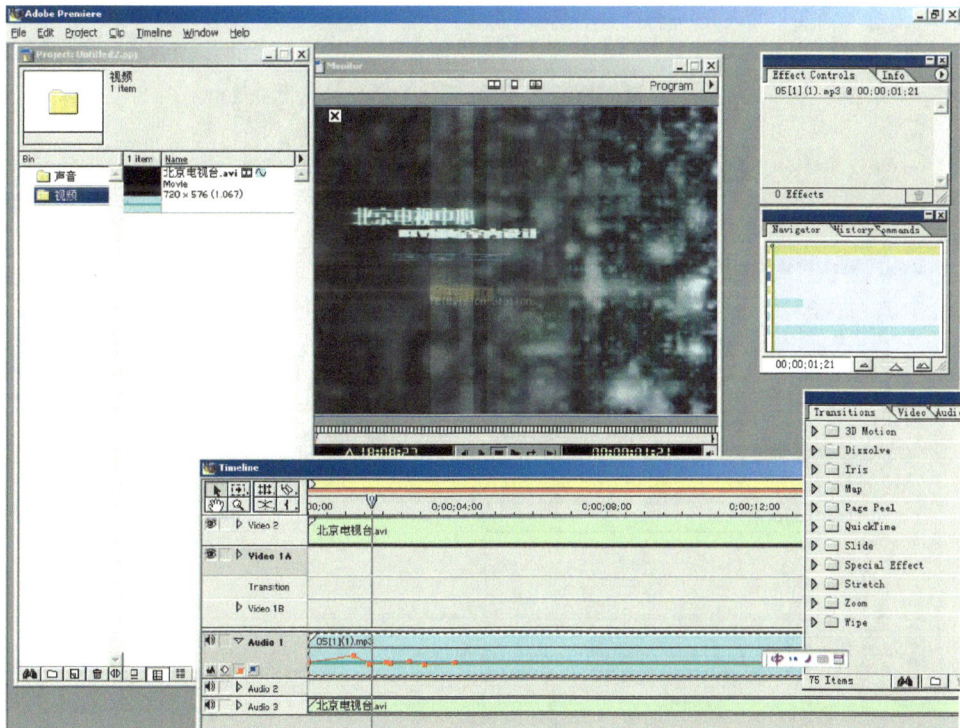

（c）

图1-6-20（续）

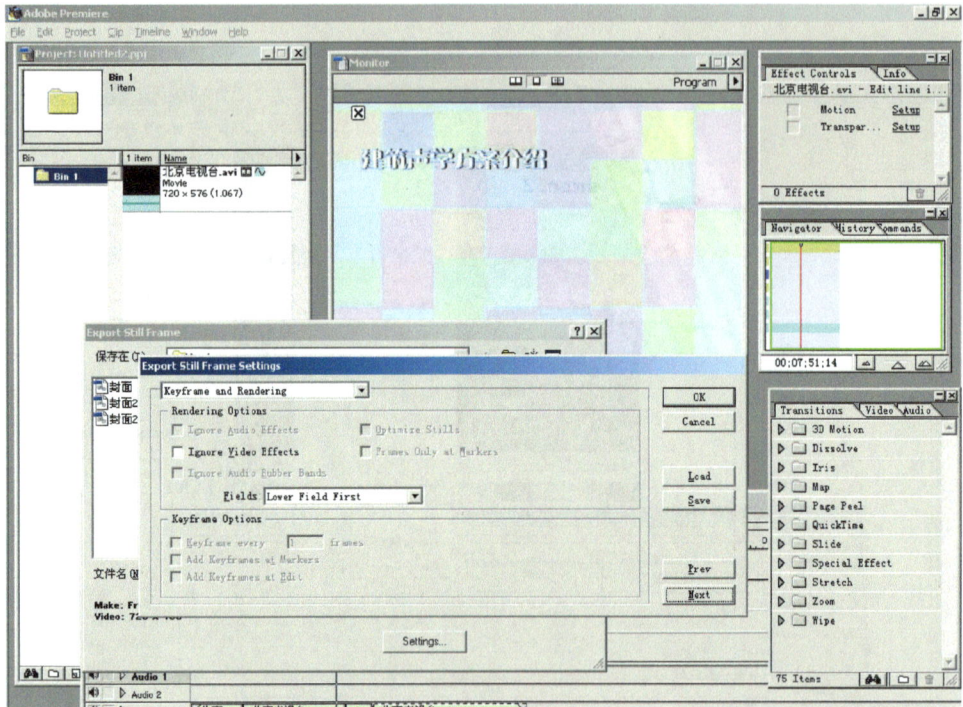

（d）

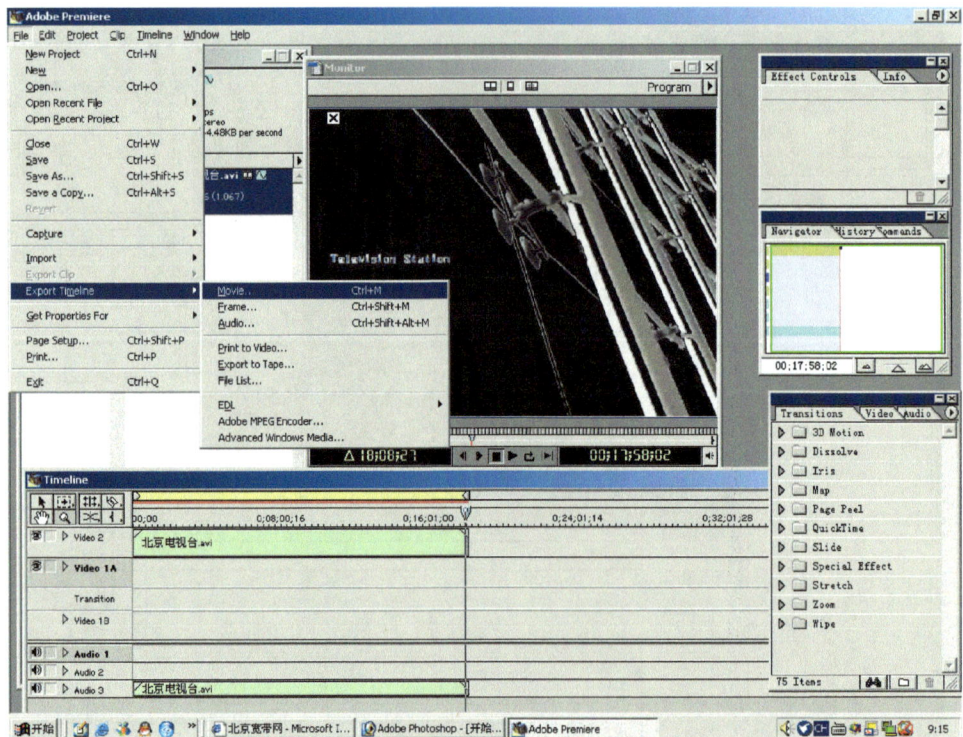

（e）

图1-6-20（续）

第七章　应用文写作基础知识

对于室内装饰设计这个专业来说，应用文的写作基础知识是设计师应该了解和掌握的基本技能，这也是设计项目表达的重要方式之一。一个设计师不仅要关注设计的构思和创意、设计的图面表达和表现技法（诚然这些都是颇为重要的），还应关注设计的文字表达。

在一般概念里，设计注重的应该是"画"的能力的提高，而对"写"的方面却相对忽视，不知"写"也是设计师应该具备的专业能力之一。因此，适当在这方面多加以关注和训练，对我们的专业综合素质的提高会大有裨益。

本章主要介绍本专业的一些相对格式化的文本知识，介绍写作中应该掌握的基本的规范化、程序化的内容，旨在通过学习使我们能找出基本的写作方向及规律。

第一节　项目调研与勘测文本

一、项目调研

项目调研一般是在设计任务书制定完成以后进行的，项目调研的深度直接影响到项目概念设计的决策。项目调研包括两方面的工作：项目分析与调查研究。

项目分析是指根据每项室内设计的空间类型和使用功能，寻找切入点和突破口，从不同的构思概念进入设计。尽管设计思路多种多样，但如何优选出最佳方案，则需要下一些功夫、动一番脑筋。因此设计师要尽快进入设计状态，明确设计任务的要求，对设计项目深入分析，这样才有可能使设计取得较为理想的效果。

1.设计项目的任务分析

1）业主的功能需求分析。各部门的功能关系；各房间的面积分配比例；使用人数及人流出入情况；空间风格的取向；希望达到的艺术表现力等。

2）预算情况分析。业主计划投入的资金情况分析；定额情况下的资金分配；不同档次标准的资金分配。

3）环境系统情况分析。建筑所处的位置、环境特点及人文特征对室内设计产生的影响；计划采用的人工环境系统及设备情况。

4）设计语汇情况分析。室内空间性格把握；空间形态的确立；界面构图及装修的样式、风格的推理。

5）材料市场情况分析。材料的种类与价位；材料的市场流行与时尚；室内空间的色彩、质地、图案与材料表现和结合的可行性。

调查研究与项目分析存在着密不可分的关系。调查研究进行得不深入，分析也就很难准确、到位。分析的结论均是建立在科学、严谨的调查研究基础之上的。

2.调查研究主要内容

1）查阅收集相关项目的文献资料，了解有关的设计原则，掌握相同类型空间的尺度比例、功能划分等。

2）调查同类室内空间的使用情况，发现功能方面存在的主要问题。

3）广泛浏览先进、优秀的室内设计作品，尽可能进行实地现场感受。设计资料的图片毕竟是静态的、二维的，不容易全面反映出设计的空间关系。

4）测绘或记录关键部位、关键部件的组合关系及尺寸关系，琢磨相关的处理手法，积累设计创作的素材。

尽管如此，任何一个经验丰富的设计师都不可能做到对所有室内类型中出现的问题了如指掌、胸有成竹，因为空间环境的影响因素存在着很多变数，同一类型的室内空间会因各种具体条件的变化而有所不同。因此，不论何种设计项目，调查研究这一重要环节应是不可或缺的。

二、项目勘测

项目勘测是设计师在接到设计任务后，对该项工程进行设计前的实地现场勘测。目的是了解装修前现场的具体情况，有无与甲方提供的建筑图纸不相符之处，实地感受原室内结构空间的比例尺度关系，为下一步的设计做好针对性的前期准备工作，以做到有的放矢。

项目勘测时一般应把握以下几方面：

1）实地感受建筑及室内的空间尺度和空间关系。

2）发现现场有无与建筑图纸不符之处，以便及时更改。

3）了解建筑空间的结构承重情况，以免设计时对承重构件产生破坏。

4）注意现场的建筑设备、管道、接口等位置是否影响设计创意的发挥，有无调整的可能。

5）注意现场是否存在容易在建筑图纸中被忽视、不易发现的结构"梁"等构件，因为其存在与否及尺寸大小都会影响到设计的空间高度和空间形象。

6）对现场关键部位、关键构件的组合关系及尺寸关系做必要的测绘或记录。

第二节　设计任务书与设计草案文本

室内设计是一项复杂的系统工程，一个具体的室内设计项目，其项目实施程序对于不同的部门、不同的专业都含有不同的具体内容。所谓设计任务书，就是在项目实施前期确定设计方向的一个文件。这个方向自然要包括空间设计中使用功能与艺术审美两方面内容。单纯从字面上理解，设计任务书似乎是专门向设计单位下达设计任务、介绍设计要点的文书，而实际上，设计任务书也恰恰是项目审批、决策、实施的重要依据，同时也是项目管理层面的重要法律文件，是项目在后续的实施程序中手续办理的法定前提依据。切莫简单化理解、认识这个概念。

一、设计任务书的作用

设计任务书也称计划任务书，是确定建设项目及其建设方案，包括建设规模、建设依据、建设布局和建设进度的重要文件，是编制设计文件的主要依据。设计任务书是在可行性研究报告的基础上对最佳方案作进一步的实施性研究，并在这些基础上形成的制约建设项目全过程的指导性文件。建设项目经过可行性研究，证明其建设是必要和可行的，则编制设计任务书。

设计任务书的作用有以下几个方面：

1）按照我国现行基本程序，任何建设项目（包括工业建筑工程、民用建筑工程、室内外环境工程等）都必须经主管部门批准并列入相应的投资计划，建设项目才算正式成立。否则，建设项目就成为通常所说的计划外项目。因此，申请项目建设列入国家正式计划的过程，也就是建设单位编制设计任务书、报请主管部门批准的过程。

2）设计任务书是建设项目列入建设的主要文件。拟建中的建设项目只有经建设规划部门作出相应的建设规划后，项目建设才算有了安身之地。主管部门批准建设规划，主要依据已列为投资计划的设计任务书。

3）设计任务书是建设项目申请银行贷款的主要文件。任何建设项目，如果想得到银行贷款进行建设，必须将经主管部门批准的设计任务书报送银行，才能作为银行安排贷款项目的依据。

4）设计任务书是进行工程设计和其他准备工作依据。各专业设计单位接受并进行建设总方案的专业设计主要是依据经批准的设计任务书来进行的。同时，设计任务书还是项目建设过程中取得土地使用权、拆迁工程招标、设备洽谈订货的主要依据。

二、设计任务书编制的内容

1.设计任务书的编制

建设项目设计任务书的编制组织工作及程序，与项目可行性研究报告的编制过程相类似。建设单位可委托专业设计单位、工程咨询单位来承担，也可以由建设单位主管部门组织专门人员来进行。现阶段按照国家规定，建筑工程项目的设计任务书的编制工作应由设计单位参考甲方意见承担，但室内项目的设计任务书的制定具体操作起来可能会存在不少问题，缺乏一定的现实性和可行性。因此，室内设计任务书的制定还是应该以建设单位（甲方）为主，设计方则以对项目负责的精神提出建设性意见，供甲方参考。

2.设计任务书的主要内容

设计任务书是在可行性研究报告基础上形成的，它包括了可行性研究报告的内容，又不完全是可行性研究报告的照搬。设计任务书与可行性研究报告的区别就是，可行性研究报告是对建设方案的论证，并经过论证作出最佳方案和其他可供选择的方案，因而具有一定的选择性；而设计任务书涉及项目建设各个方面的问题，不是论证和方案，而是确定的建设方案和实施意见，不具有选择性，一经批准，即可实施。

一般建筑工程项目的设计任务书所涉及的概念会像上述的那样综合性强一些、复杂一些，而室内设计项目的设计任务书相对来讲可以进行一些简化。

根据项目的规模大小、专业特点，设计任务书在表现形式上会存在不同的类型，如意向协议、深化可行性研究报告、招标文件、正式合同等。不管表面形式如何变化，其实质内容都应是相同的。应该说设计任务书是制约甲方（委托方或称发包方）和设计方的具有法律效力的文件。只有共同遵守设计任务书规定的条款，才能保证工程项目的顺利实施。

一般来讲，设计任务书的制定在形式上表现为以下四种：

1）按照甲方的要求制定。这种形式建立在甲方成熟的设计概念基础上，希望设计人忠实委托者自己的构思想法。加强与甲方的交流，通过沟通思想，尽量体现甲方的意向，在满足甲方要求的基础上，制定出较为理想的设计任务书。

2）按照等级档次的要求制定。该种形式根据甲方的经济实力、建筑自身的条件以及地理环境位置所制定。可按照所谓高、中、低的档次来要求，也可按照星级饭店的标准来要求。

3）按照工程投资额的限定要求制定。此种形式是建立在甲方的投资额已经确定并且工程总造价不可突破的前提下来制定设计任务书。因此要求设计任务书确定的设计内容在不超出投资额的情况下，力争达到预想的工程效果。

4）按照空间使用要求制定。这种形式一般针对专业性较强的空间处理，此时甲方很难过多地进行插手和干预。在这种情况下，设计人具有相当的发言权，可以最大限度地发挥自身的专业优势。甲方只不过在设计任务书的制定时可能会提出材料选择和做工方面的一些具体意见。

目前，设计任务书往往是以合同文件的附件形式出现的。一般包括以下主要内容：

1）工程项目的地点；

2）工程项目在建筑中的位置；

3）工程项目的设计范围与内容；

4）工程项目的智能化技术设计；

5）不同功能空间的平面区域划分；

6）艺术风格的发展方向；

7）设计进度与图纸类型等。

3.设计草案

是在设计前期对设计进行的一系列宏观分析和计划安排，是对设计整体进行系统分析的文字性说明。一般来说，设计草案应着重阐述以下几个方面：

1）整体构思及设计创意；

2）功能安排及空间组织；

3）材料选择及组合搭配；

4）采光照明及色彩处理；

5）细部处理及装饰陈设。

第三节 项目设计协议与合同文本

项目设计合同，是指建设单位（甲方或称委托方、发包方）与设计单位（乙方或称承包方、承接方）为完成特定的工程项目的设计任务，明确双方权利、义务关系的协议。在此类合同中，委托方通常是装饰装修工程项目的业主或者项目管理部门；承包方是持有与其承担的委托任务相符的设计资质等级的设计单位。根据设计合同，承包方完成委托方的设计项目，委托方接受符合约定要求的设计成果，并付给承接方相应的设计费报酬。

从设计的商业角度和法律角度来看，合同应起着桥梁作用，项目设计合同作为经济、法律、管理三合一的载体，是设计人和发包人对装饰工程设计全过程的履约依据，在市场经济中维系着设计和甲方等各个方面的信誉品牌和经济利益关系。项目合同类似装饰装修施工承包合同，是发包人与设计人为完成工程设计项目而订立的明确双方权利与义务关系的合同。

项目设计协议是在甲乙双方对项目设计的基本权益、基本要求达成共识的情况下，草签的相对简化了的意向性协议。待双方逐步对项目进行深层次可行性研究并取得共识后，双方再签订正式的设计合同。与项目设计合同有一定概念性区别的是，项目设计协议的"签订"，有"订"的意思，并非具有完全法律效力，而项目设计合同的"签订"概念，则含有"定"的意味。

一个项目设计任务的获得，一般应通过招投标或者设计方案的竞投来确定设计单位。标书分为商务标和技术标，其中技术标的科技含量包括对艺术效果的要求应是比较高的，设计技术标是设计合同重要的技术性依据。因此，项目设计合同中甲方（或称发包方）的技术要求与技术规范等技术性条款，是履行设计合同技术工作的主要依据。

项目设计合同的内容包括提交有关技术资料、图纸等文件的设计范围、技术依据、设计周期、质量要求、安全要求、设计费用以及其他协作条件等条款。

一个科学、规范、严谨、合理的设计合同，不仅有利于甲方的切实利益，即以较为合理、科学的经济投资，创造出较为理想的质量、安全、技术、艺术与经济效益，同时也给设计方在履行设计合同的义务中，使知识、技术、艺术、责任和信誉得以良好施展和发挥。显然，合同技术条款的详细与明确，有助于制约双方互相扯皮与违约行为，项目设计合同的签订应倍加关注合同条款的技术性、科学性与规范性，并重点注意以下几项合同技术性要点：

1）明确合同中国家相关法规。应根据项目的需要，写明相关法规的条款作为合同文件的依据。

2）明确设计合同中的项目内容。名称、范围、阶段、等级、投资及付款，合同文件语言要求、度量单位及货币种类，设计期限、违约及其他约定事项。

3）明确甲方责任。对其提交文件资料的完整性、正确性、及时性负责，同时不得要求设计方违反国家有关强制性规范进行设计。

4）明确设计方责任。设计方应在设计中对国家的有关法规负责，同时明确设计人采用的主要技术标准。

5）明确设计知识产权保护。投标方的投标书、设计方案文件、资料、图纸数据、计算软件和专利技术，未经设计人同意，甲方不得擅自向第三方转让或合同以外项目实施，同时设计人也不得将投标方方案向外泄露或在其他项目重复使用。

6）明确违约责任。违约责任条款签订应强调其平等与对等性，同时对双方具有制约性。

7）明确项目其他约定。如果甲方要求设计人增加工作量、文件资料数量，或工程主材由甲方采购时，明确设计人在设计文件与资料中对有关装饰材料、配件和设备应注明其规格、型号、性能等技术性指标，但设计人不得标明生产厂家、供应商等约定及合同内容以外的各类约定，同时也包括设计方对甲方的一些约定。

鉴于项目设计合同技术性条款的明确要求，合同的技术性条款约定与签订，应是越严密，可操作性就越强，设计工作就越彰显其高效。

当事人双方需遵守项目的有关程序，签订设计合同。设计合同必须采用书面形式，并参照国家推荐使用的合同文本签订，对文本条款以外的其他约定事项，也应采用书面形式。一旦合同签订生效，即具有法律效力，任何一方不得擅自变更或解除。若单方面擅自终止合同的，应当依法承担违约责任。

按照国家法律法规，设计方从签订项目合同伊始，就对发包人承担设计项目的安全、技术等法律责任。因此，设计单位无论是法人代表，还是设计负责人或具体设计人员，均应坚守职业道德，认真、负责、严谨、创新，努力贯彻设计相关法律法规，提高项目设计合同和设计方案的技术含量，尽量减少其中的随意性和不科学因素。

附设计合同文本：

建设工程设计合同（二）
[专业建设工程设计合同]

工　程　名　称：＿＿＿＿＿＿

工　程　地　点：＿＿＿＿＿＿

合　同　编　号：＿＿＿＿＿＿

（由设计人编填）

设 计 证 书 等 级：＿＿＿＿＿＿

发　　包　　人：＿＿＿＿＿＿

设　　计　　人：＿＿＿＿＿＿

签　订　日　期：＿＿＿＿＿＿

中华人民共和国建设部

国家工商行政管理局　监制

二〇〇〇年三月

发包人：＿＿＿＿＿＿

设计人：_____

发包人委托设计人承担_____工程设计，工程地点为_____，经双方协商一致，签订本合同，共同执行。

第一条　本合同签订依据

1.1　《中华人民共和国合同法》、《中华人民共和国建筑法》和《建设工程勘察设计市场管理规定》。

1.2　国家及地方有关建设工程勘察设计管理法规和规章。

1.3　建设工程批准文件。

第二条　设计依据

2.1　发包人给设计人的委托书或设计中标文件。

2.2　发包人提交的基础资料。

2.3　设计人采用的主要技术标准是：_____

第三条　合同文件的优先次序

构成本合同的文件可视为是能互相说明的，如果合同文件存在歧义或不一致，则根据如下优先次序来判断：

3.1　合同书

3.2　中标函（文件）

3.3　发包人要求及委托书

3.4　投标书

第四条　本合同项目的名称、规模、阶段、投资及设计内容（根据行业特点填写）_____

第五条　发包人向设计人提交的有关资料、文件及时间_____

第六条　设计人向发包人交付的设计文件、份数、地点及时间_____

第七条　费用_____

7.1　双方商定，本合同的设计费为_____万元。收费依据和计算方法按国家和地方有关规定执行，国家和地方没有规定的，由双方商定。

7.2　如果上述费用为估算设计费，则双方在初步设计审批后，按批准的初步设计概算核算设计费。工程建设期间如遇概算调整，则设计费也应作相应调整。

第八条　支付方式

8.1　本合同生效后三天内，发包人支付设计费总额的20％，计_____万元作为定金（合同结算时，定金抵作设计费）。

8.2　设计人提交_____设计文件后三天内，发包人支付设计费总额的30％，计_____万元；之后，发包人应按设计人所完成的施工图工作量比例，分期分批向设计人支付总设计费的50％，计_____万元，施工图完成后，发包人结清设计费，不留尾款。

8.3　双方委托银行代付代收有关费用。

第九条　双方责任

9.1　发包人责任

9.1.1　发包人按本合同第五条规定的内容，在规定的时间内向设计人提交基础资料及文件，并对其完整性、正确性及时限负责。发包人不得要求设计人违反国家有关标准进行设计。

发包人提交上述资料及文件超过规定期限15天以内，设计人按本合同第六条规定的交付设计文件时间顺延；发包人交付上述资料及文件超过规定期限15天以上时，设计人有权重新确定提交设计文件的时间。

9.1.2 发包人变更委托设计项目、规模、条件或因提交的资料错误，或所提交资料作较大修改，以致造成设计人设计返工时，双方除另行协商签订补充协议（或另订合同）、重新明确有关条款外，发包人应按设计人所耗工作量向设计人支付返工费。

在未签订合同前发包人已同意，设计人为发包人所做的各项设计工作，发包人应支付相应设计费。

9.1.3 在合同履行期间，发包人要求终止或解除合同，设计人未开始设计工作的，不退还发包人已付的定金；已开始设计工作的，发包人应根据设计人已进行的实际工作量，不足一半时，按该阶段设计费的一半支付；超过一半时，按该阶段设计费的全部支付。

9.1.4 发包人必须按合同规定支付定金，收到定金作为设计人设计开工的标志。未收到定金，设计人有权推迟设计工作的开工时间，且交付文件的时间顺延。

9.1.5 发包人应按本合同规定的金额和日期向设计人支付设计费，每逾期支付一天，应承担应支付金额千分之二的逾期违约金，且设计人提交设计文件的时间顺延。逾期超过30天以上时，设计人有权暂停履行下阶段工作，并书面通知发包人。发包人的上级或设计审批部门对设计文件不审批或本合同项目停缓建，发包人均应支付应付的设计费。

9.1.6 发包人要求设计人比合同规定时间提前交付设计文件时，须征得设计人同意，不得严重背离合理设计周期，且发包人应支付赶工费。

9.1.7 发包人应为设计人派驻现场的工作人员提供工作、生活及交通等方面的便利条件及必要的劳动保护装备。

9.1.8 设计文件中选用的国家标准图、部标准图及地方标准图由发包人负责解决。

9.1.9 承担本项目外国专家来设计人办公室工作的接待费（包括传真、电话、复印、办公等费用）。

9.2 设计人责任

9.2.1 设计人应按国家规定和合同约定的技术规范、标准进行设计，按本合同第六条规定的内容、时间及份数向发包人交付设计文件（出现9.1.1、9.1.2、9.1.4、9.1.5规定有关交付设计文件顺延的情况除外）。并对提交的设计文件的质量负责。

9.2.2 设计合理使用年限为_____年。

9.2.3 负责对外商的设计资料进行审查，负责该合同项目的设计联络工作。

9.2.4 设计人对设计文件出现的遗漏或错误负责修改或补充。由于设计人设计错误造成工程质量事故损失，设计人除负责采取补救措施外，应免收受损失部分的设计费，并根据损失程度向发包人支付赔偿金，赔偿金数额由双方商定为实际损失的_____%。

9.2.5 由于设计人原因，延误了设计文件交付时间，每延误一天，应减收该项目应收设计费的千分之二。

9.2.6 合同生效后，设计人要求终止或解除合同，设计人应双倍返还发包人已支付的定金。

9.2.7 设计人交付设计文件后，按规定参加有关上级的设计审查，并根据审查结论负责不超出原定范围的内容作必要调整补充。设计人按合同规定时限交付设计文件一年内项目开始施工，负责向发包人及施工单位进行设计交底、处理有关设计问题和参加竣工验收。在一年内项目尚未开始施工，设计人仍负责上述工作，可按所需工作量向发包人适当收取咨询服务费，收费额由双方商定。

第十条 保密

双方均应保护对方的知识产权，未经对方同意，任何一方均不得对对方的资料及文件擅自修改、复制或向第三人转让或用于本合同项目外的项目。如发生以上情况，泄密方承担一切由此引起的后果并承担赔偿责任。

第十一条　仲裁

本合同在履行过程中发生的争议，由双方当事人协商解决，协商不成的，按下列第_____种方式解决：

（一）提交_____仲裁委员会仲裁；

（二）依法向人民法院起诉。

第十二条　合同生效及其他

12.1　发包人要求设计人派专人长期驻施工现场进行配合与解决有关问题时，双方应另行签订技术咨询服务合同。

12.2　设计人为本合同项目的服务至施工安装结束为止。

12.3　本工程项目中，设计人不得指定建筑材料、设备的生产厂或供货商。发包人需要设计人配合建筑材料、设备的加工订货时，所需费用由发包人承担。

12.4　发包人委托设计人配合引进项目的设计任务，从询价、对外谈判、国内外技术考察直至建成投产的各个阶段，应吸收承担有关设计任务的设计人员参加。出国费用，除制装费外，其他费用由发包人支付。

12.5　发包人委托设计人承担本合同内容以外的工作服务，另行签订协议并支付费用。

12.6　由于不可抗力因素致使合同无法履行时，双方应及时协商解决。

12.7　本合同双方签字盖章即生效，一式_____份，发包人_____份，设计人_____份。

12.8　本合同生效后，按规定应到项目所在地省级建设行政主管部门规定的审查部门备案；双方认为必要时，到工商行政管理部门鉴证。双方履行完合同规定的义务后，本合同即行终止。

12.9　双方认可的来往传真、电报、会议纪要等，均为合同的组成部分，与本合同具有同等法律效力。

12.10　未尽事宜，经双方协商一致，签订补充协议，补充协议与本合同具有同等效力。

发包人名称：	设计人名称：
（盖章）	（盖章）
法定代表人：（签字）	法定代表人：（签字）
委托代理人：（签字）	委托代理人：（签字）
项目经理：（签字）	项目经理：（签字）
住　　所：	住　　所：
邮政编码：	邮政编码：
电　　话：	电　　话：
传　　真：	传　　真：
开户银行：	开户银行：
银行账号：	银行账号：
建设行政主管部门备案：	鉴证意见：
（盖章）	（盖章）
备案号：	经办人：
备案日期：　年 月 日	鉴证日期：　年　月　日

第四节　材料与设备选购文本

材料与设备都是室内设计中不可或缺的组成部分，离开材料谈设计，无异于无米之炊；同样离开设备谈设计，室内基本的物理环境（保温、隔热、照明、供暖、通风、制冷等）都无法保证，那就更是本末倒置甚至华而不实了。因此，一个完整的室内设计不仅仅只是解决空间形象问题，还要重点解决功能实用问题。材料与设备的选购是室内设计一个不容忽视的重要环节。

作为设计师，必须不断了解材料的基本特性、使用范围、施工工艺、经济性以及相互之间的组合搭配，否则很难达到预想的设计效果。如材料的物理特性，通常可以理解为诸如材料的强度、光泽度、吸水率、膨胀系数、耐火等级、耐酸碱性等等以及是否为环保材料。了解了材料的这些特性，可以对比不同材料、同类材料之间的优劣，使材料的魅力在设计中能得到充分地发挥和合理地体现。

材料除了具有装饰功能和保护功能外，还有改善室内环境使用条件的功能。如内墙和顶棚使用的石膏装饰板，能起到调节室内空气的相对温度，改善使用环境的作用；木地板、地毯等能起到保温、隔声、隔热的作用，使人感到温暖舒适，自然宜人，改善了室内的生活环境。

因此，面对众多材料，应较为系统地认识材料的基本特性，循序渐进，逐步深入。

处于学习阶段，对于材料的理解可能只是停留在感性认识上，平时对材料也可能只关注其视觉形象、表面效果，诸如形态、色彩、质感、图案等等，而对于材料的深层次的特性，尤其是材料之间的组合搭配以及材料之间的构造关系，也许更容易忽视或者只是一知半解。显然，掌握材料方面的基本概念和相关知识，对于我们学习室内设计及施工图设计会有很大益处。如何掌握？别无他法，只有多接触材料、多了解材料、多感受材料，才能逐步增加对材料的认识。随着新型材料的不断涌现，我们应时刻关注材料市场和国外先进技术的变化，掌握不同材料的应用规律。因此，对材料的市场和工地进行现场调研，也不失为一个较为有效的方法。

材料选购必然要受到材料品种、材料产地、材料价格、材料质量及材料厂商等因素的制约，同时，也受到流行时尚的困扰。在一个相对稳定的时间段内，某一类或某一种材料使用得比较多，这就可能成为材料流行之时尚，这种流行实际上是人们审美能力在室内设计方面的一种体现。一般来讲，材料的使用总是与不同的功能要求和一定的审美概念相关，但是，随着各种新型材料的不断涌现以及社会的攀比和从众心理，大众在材料的选购和使用上难免也会比较盲目。就设计者来讲，材料是进行室内装修设计最基本的要素，材料应依据设计概念的界定进行选样，而并非一定要使用所谓时尚的或者是昂贵的材料。

充分展示材料的特质，注重材料与空间的整体关系以及强调材料的绿色环保概念是我们在材料选样方面应坚持的不变原则。因此，在材料选购时，应要求材料厂家提供有关材料的技术检测报告，这一环节不可忽视。尤其是那些甲醛、苯、氨等有害物质严重超标的材料，可以说目前还屡禁不止，确实有必要加大严防力度，不可掉以轻心，哪怕对那些"疑似"有害材料，也绝不能轻易放过。

对于材料选购，一般应注意以下要点：

1）根据设计要求确定材料选购的基本原则；

2）考察材料厂家有无规模化的生产能力和技术实力；

3）材料有无产品技术检测报告；

4）材料的大规格产品与材料样板是否统一；

5）材料的工艺质量是否合格、有无偏差；

6）材料的色彩是否统一，有无色差；

7）材料的防火要求能否满足；

8）材料能否达到环保要求；

9）新材料能否有技术安装措施的保障；

10）材料的价格是否合理。

设备难免都要与室内空间尤其是空间界面发生关系，不同设备也都有自身特定的运行方式，设备所处的位置、占用的空间、外在的形象均会对界面构图产生很大的影响。可见设备的选购对于室内设计来说也相当重要。

同样，设备的选购也要关注以下几点：

1）考察设备生产厂家的规模和实力；

2）设备能否有产品质量保证；

3）设备能否满足功能使用要求；

4）设备的尺寸、造型、色彩在审美上能否与空间界面形成统一；

5）设备的日常维护成本能否接受；

6）设备的价格是否合理；

7）设备采购合同的签订。

这里需要强调的是，设计毕竟不是设备方面的专业技术人员，不可能了解得很全面、很透彻。只需要在进行室内设计时，能够做到不要忽略设备方面的相关问题，并与设备专业相互配合，协助设备专业的技术人员选购设备，使设计构思和空间形象更加趋向于合理、可行和富有创造性。

第五节　设计程序控制文本

室内设计是一项复杂的系统工程，设计师面对一项设计任务从何入手，是涉及室内设计的程序问题。控制设计程序，对设计过程的各个环节和对设计系统的整体把握，是给设计带来合理结果的有效方法。

设计程序涉及社会的政治、经济、人文，人们的生理、心理，技术的功能、材料、装饰等。设计师应具备广博的社会科学、自然科学知识，同时还需具有深厚的艺术修养与专业表达能力。只有如此，才能更好地把握设计程序，才能胜任设计工作。

设计程序一般应控制住以下主要环节和步骤：

1）项目分析与调查研究。

2）明确设计构思主题及空间形象的掌控。

3）运用图形思维的方式进行概念设计，通过设计草图或模型等手段表现空间结构。

4）设计方案的发展。

5）设计方案的确立。

6）设计方案图的表现。提供符合国家制图规范的平、立面图，真实再现空间效果的彩色透视图、或模型、或电脑动画以及材料样板，设计说明等。

7）合同文件的签定。

8）设计方案的修改调整和深化。

9）初步设计。

10）施工图设计。重点交代平面立面图中地面、墙面、顶棚的构造样式、材料划分与搭配比例，标注造型、灯具、风口、电气音响、消防烟感喷淋等位置及尺寸关系，表现界面层次与材料构造的剖面图，体现细部尺度与图案样式的节点大样等。

11）施工图审核及技术交底。工程项目施工之前，设计单位应进行图纸审核，并向建设单位（甲方）、施工单位就审核合格的施工图设计文件和有关工程的各项技术要求作出具体解释和详细说明，使参与施工的技术人员了解项目的特点、技术要求、施工工艺及重点难点等。

12）施工监理。

13）竣工验收。

第六节　施工设计洽商文本

洽商记录是对施工过程中的一些变更、修改、调整、增减项等情况进行记录，其主要作用是确定工程量，并贯穿于施工全过程，同时也是绘制竣工图的依据。在装饰装修工程中，办理洽商是相当频繁的，也是一项很艰巨的工作。洽商记录既要靠平时积累，也要注意不要出现漏项的情况，应及时办理，否则结算时会有麻烦，审计单位也不予承认。

严格意义上，施工中每次洽商记录上应有监理或建设单位（甲方）、施工方、设计方代表签字确认。

洽商记录文本，见表1-7-1。

洽商记录格式文本　　　　　　　　　　　　　　表1-7-1

洽商记录		编　号	
工程名称		专业名称	室内设计
提出单位名称	×××设计公司	日　期	年　月　日
内容摘要		举例：关于二层小会议室、卫生间装修做法	
序　号	图　号	洽商内容	
1	室6	小会议室吊顶，原设计为矿棉吸声板，现改为轻钢龙骨石膏板乳胶漆饰面；墙面原设计为耐擦洗涂料，现改为织物壁纸饰面	
2	室14	卫生间洗手台面，原设计为木饰台面玻璃手盆，现改为天然大理石台面陶瓷手盆。原设计中墙面的装饰壁龛，现取消	
3			
签字栏	建设（监理）单位	设计单位	施工单位
	×××	×××	×××

1. 本表由建设单位、监理单位、施工单位等各保存一份。

2. 涉及图纸修改的，必须注明应修改图纸的图号。

3. 不可将不同专业的工程洽商办理在同一份洽商上。

4. "专业名称"栏应按专业填写，如建筑、室内设计、结构、给水排水、电气、通风空调等。

第八章　法律法规知识

第一节　法律的基本知识

法律是阶级社会所特有的一种社会现象，它在人类社会的历史长河中，逐渐形成并发挥越来越大的作用。

一、法律的分类

根据法的来源不同，划分法的形式，作为社会主义国家，我国的法律来源主要为：

1）最高国家权力机关（即全国人民代表大会）制定的宪法。

2）全国人大和人大常委会制定的法律（包括全国人大制定的基本法律及基本法律以外的法律）。

3）最高国家行政机关即国务院制定的行政法规和国务院各个部委局制定的行政规章。

4）省级地方国家权力机关，即省级地方人民代表大会及常委会，省、自治区的人民政府所在地的市和经国务院批准的较大的市人民代表大会及其常委会制定的地方法规；省级地方国家行政机关即省级地方人民政府，省、自治区的人民政府所在地的市和经国务院批准的较大的市的人民政府制定的规章。

5）民族自治地方制定的自治条例和单行条例。

6）特别行政区制定的法律和法规。

7）经济特区特定的法规。

8）军事委员会制定的军事法规等。

从上述内容可以看出，由于制定法律的国家机关的等级不同，所以其法律地位或效力就出现层级的区别。例如宪法是根本大法，而经济特区制定的法规，只能在与经济特区发生关系的问题上才有可能起作用。

法律体系是指一个国家，按照一定的原则和标准划分的同类规范性法律文件所组成的法律部门而构成的一个有机的整体，即部门法体系。根据我国的社会主义法律体系的结构情况分布如下：宪法，行政法，民法和婚姻家庭法，经济法，劳动法和社会保障法，军事法，环境法，刑法，诉讼程序法。

二、法律的本质

法律是统治阶级意志的体现。从法律的制定到法律的实施，都是由统治阶级掌握和参与的，当然法律就反映他们的意志，维护他们的利益。并且，法律反映和维护的是作为统治阶级整体的长远的和根本的利益，所以对于统治阶级内部个别分子的违反法律的行为，统治阶级也是予以制裁的。阶级性是法律的一个根本属性，是产生于一定性质的生产关系，属于特定社会的上层建筑之一，为一定阶级服务的属性。

法律不是人们主观臆造的产物，而是根源于社会物质的生产关系，是为满足经济关系本身的要求所产生的。所以，可以这么讲，法律是社会经济关系的形式，社会关系就是法律的内容。

在世界上，同一个阶级掌权，经济关系或物质生活关系相同或相似的国家、地区，它们的法律也有许多的不同，这是由于政治、哲学、文学、艺术、宗教、历史传统、风俗习惯等上层建筑具有不同的表现形式，包括地理环境这些因素影响而造成的。

三、法律的特征

我们可以把法律看做是一种概括、普通、严谨的行为规范。它之所以区别于其他规范（例如宗教规范、礼仪规范、道德规范），是因为法律具有鲜明的固有特征，主要反映在以下几个方面。

1.法律是一种概括、普遍、严谨的行为规范

法律的概括性，是指它是人们从大量实际、具体的行为中高度抽象出来的一种模式，它的对象是一般的人，是反复适用多次的，不是针对特定的人或仅适用一次。

法律的普遍性（又称一般性），即法律所提供的行为标准是按照法律规定所有公民一概适用的，不允许有法律规定之外的特殊，即要求"法律面前人人平等"和"同样情况同样对待"。

法律的严谨性是指法律有特殊的逻辑构成。构成一个法律的要素有法律原则、法律概念、法律规范，在一个法律中大量出现的是法律规范。法律规范由行为模式和法律后果两部分所组成。行为模式是指法律为人们的行为所提供的标准和方向。行为模式有三种情况：授权性规范——可以这样行为；命令性规范——必须这样行为；禁止性规范——不许这样行为。法律后果是指行为人的具有法律意义的行为在法律上所应承受的结果。法律后果有两种情况：守法后果——合法、有效、保护及奖励；违法后果——非法、无效、制裁。

2.法律是国家制定和认可的行为规范

法律是国家制定和认可的，所以它代表的是国家的意志，具有法律的权威性和统一性。

3.法律是国家确认的权利和义务的行为规范

法律所规定的权利和义务，不同于其他社会规范的权利和义务，它是由国家确认或认可和保障的一种关系。

4.法律是以国家强制力保障实施的行为规范

由于法律是一种国家意志，它的实施就由国家来保障，以国家强制力作为后盾。所以，法律规范具有国家强制性。

四、法律的作用

法律的作用是指法律对社会发生的影响。国家制定法律就是为了利用法律对社会造成有利于统治阶级的影响。法律的作用有法律的规范作用和法律的社会作用两个方面。

1.法律的规范作用

法律的规范作用，是指法律规范能调整人的行为，一般有以下几种情况：

（1）指引作用。指法律规范对于人们的行为的一种指导和引领作用。

（2）教育作用。法律通过对守法行为的承认、保护甚至奖励的肯定性法律后果，作为示范；对于那些违法行为的不承认、制裁的违法后果，作为反面典型。教育其他社会成员，从而达到预防违法犯法的效果。

（3）评价作用。指法律作为一种对于人们行为的评价标准或者尺度的作用。

（4）预测作用。指法律具有对于人们之间将要如何行为能够进行预测和估计的作用。

（5）强制作用。指法律具有制裁和惩罚违法犯罪行为的作用。

2.法律的社会作用

法律的社会作用，是法律在阶级性本质上所起的作用，即维护统治阶级的统治地位，规范执行社会公共事务的作用。

五、社会主义道德和社会主义法律之间的关系

社会主义法律和社会主义道德有密切的关系，它们相互联系、相互渗透、相互补充、相互作用、相辅相成。

一方面，社会主义法律在培养人们的社会主义道德中具有主要的作用。社会主义法律贯穿了社会主义社会性质的精神，可以培养人们的社会主义道德品质和高尚的情操，以法律的规范作用培养人们遵守道德规范的责任感。

另一方面，社会主义道德是健全法制、厉行法治的重要因素。在制定法律、法规时，必然要考虑社会主义道德规范和道德要求，把社会主义道德精神渗透在法律规范中，同时，社会主义道德水平的提高，可以促进人们守法的自觉性，促进国家机关工作人员严格、严肃执行。

在进行物质文明和精神文明的建设中，在同违法犯罪行为斗争时，既要重视社会主义法律的作用，更要重视社会主义道德的作用。

第二节 相关规范

建筑设计防火规范（节选）（GB 50016—2006）

1 总则

1.0.1 为了防止和减少建筑火灾危害，保护人身和财产安全，制定本规范。

1.0.2 本规范适用于下列新建、扩建和改建的建筑：

① 9层及9层以下的居住建筑（包括设置商业服务网点的居住建筑）；

② 建筑高度小于等于24m的公共建筑；

③ 建筑高度大于24m的单层公共建筑；

④ 地下、半地下建筑（包括建筑附属的地下室、半地下室）；

⑤ 厂房；

⑥ 仓库；

⑦ 甲、乙、丙类液体储罐（区）；

⑧ 可燃、助燃气体储罐（区）；

⑨ 可燃材料堆场；

⑩ 城市交通隧道。

注：1.建筑高度的计算：当为坡屋面时，应为建筑物室外设计地面到其檐口的高度；当为平屋面（包括有女儿墙的平屋面）时，应为建筑物室外设计地面到其屋面面层的高度；当同一座建筑物有多种屋面形式时，建筑高度应按上述方法分别计算后取其中最大值。局部突出屋顶的瞭望塔、冷却塔、水箱间、微波天线间或设施、电梯机房、排风和排烟机房以及楼梯出口小间等，可不计入建筑高度内。

2.建筑层数的计算：建筑的地下室、半地下室的顶板面高出室外设计地面的高度小于等于1.5m者，建筑底部设置的高度不超过2.2m的自行车库、储藏室、敞开空间，以及建筑屋顶上突出的局部设备用房、出屋面的楼梯间等，可不计入建筑层数内。住宅顶部为2层一套的跃层，可按1层计，其他部位的跃层以及顶部多于2层一套的跃层，应计入层数。

1.0.3 本规范不适用于炸药厂房（仓库）、花炮厂房（仓库）的建筑防火设计。

人民防空工程、石油和天然气工程、石油化工企业、火力发电厂与变电站等的建筑防火设计，当有专门的国家现行标准时，宜从其规定。

1.0.4 建筑防火设计应遵循国家的有关方针政策，从全局出发，统筹兼顾，做到安全适用、技术先进、经济合理。

1.0.5 建筑防火设计除应符合本规范的规定外，尚应符合国家现行有关标准的规定。

5 民用建筑

5.1 民用建筑的耐火等级、层数和建筑面积

5.1.1 民用建筑的耐火等级应分为一、二、三、四级。除本规范另有规定者外，不同耐火等级建筑物相应构件的燃烧性能和耐火极限不应低于表5.1.1的规定。

构件名称		耐火等级			
		一级	二级	三级	四级
墙	防火墙	不燃烧体 3.00	不燃烧体 3.00	不燃烧体 3.00	不燃烧体 3.00
	承重墙	不燃烧体 3.00	不燃烧体 2.50	不燃烧体 2.00	难燃烧体 0.50
	非承重外墙	不燃烧体 1.00	不燃烧体 1.00	不燃烧体 0.50	燃烧体
	楼梯间的墙 电梯井的墙 住宅单元之间的墙 住宅分户墙	不燃烧体 2.00	不燃烧体 2.00	不燃烧体 1.50	难燃烧体 0.50
	疏散走道两侧的隔墙	不燃烧体 1.00	不燃烧体 1.00	不燃烧体 0.50	难燃烧体 0.25
	房间隔墙	不燃烧体 0.75	不燃烧体 0.50	难燃烧体 0.50	难燃烧体 0.25
柱		不燃烧体 3.00	不燃烧体 2.50	不燃烧体 2.00	难燃烧体 0.50
梁		不燃烧体 2.00	不燃烧体 1.50	不燃烧体 1.00	难燃烧体 0.50
楼板		不燃烧体 1.50	不燃烧体 1.00	不燃烧体 0.50	燃烧体
屋顶承重构件		不燃烧体 1.50	不燃烧体 1.00	燃烧体	燃烧体
疏散楼梯		不燃烧体 1.50	不燃烧体 1.00	不燃烧体 0.50	燃烧体
吊顶（包括吊顶格栅）		不燃烧体 0.25	难燃烧体 0.25	难燃烧体 0.15	燃烧体

注：1. 除本规范另有规定者外，以木柱承重且以不燃烧材料作为墙体的建筑物，其耐火等级应按四级确定。

　　2. 二级耐火等级建筑的吊顶采用不燃烧体时，其耐火极限不限。

　　3. 在二级耐火等级的建筑中，面积不超过100m²的房间隔墙，如执行本表的规定确有困难时，可采用耐火极限不低于0.30h的不燃烧体。

　　4. 一、二级耐火等级建筑疏散走道两侧的隔墙，按本表规定执行确有困难时，可采用耐火极限不低于0.75h的不燃烧体。

　　5. 住宅建筑构件的耐火极限和燃烧性能可按现行国家标准《住宅建筑规范》GB 50368的规定执行。

5.1.2　二级耐火等级的建筑，当房间隔墙采用难燃烧体时，其耐火极限应提高0.25h。

5.1.3　一、二级耐火等级建筑的上人平屋顶，其屋面板的耐火极限分别不应低于1.50h和1.00h。

5.1.4　一、二级耐火等级建筑的屋面板应采用不燃烧材料，但其屋面防水层和绝热层可采用可燃材料。

5.1.5　二级耐火等级住宅的楼板采用预应力钢筋混凝土楼板时，该楼板的耐火极限不应低于0.75h。

5.1.6　三级耐火等级的下列建筑或部位的吊顶，应采用不燃烧体或耐火极限不低于0.25h的难燃烧体：

1　医院、疗养院、中小学校、老年人建筑及托儿所、幼儿园的儿童用房和儿童游乐厅等儿童活动场所。

2　3层及3层以上建筑中的门厅、走道。

5.1.7　民用建筑的耐火等级、最多允许层数和防火分区最大允许建筑面积应符合表5.1.7的规定。

5.1.8　地下、半地下建筑（室）的耐火等级应为一级；重要公共建筑的耐火等级不应低于二级。

5.1.9　当多层建筑物内设置自动扶梯、敞开楼梯等上下层相连通的开口时，其防火分区面积应按上下层相连通的面积叠加计算；当其建筑面积之和大于本规范第5.1.7条的规定时，应划分防火分区。

5.1.10　建筑物内设置中庭时，其防火分区面积应按上下层相连通的面积叠加计算；当超过一个防火分区最大允许建筑面积时，应符合下列规定：

民用建筑的耐火等级、最多允许层数和防火分区最大允许建筑面积 表5.1.7

耐火等级	最多允许层数	防火分区的最大允许建筑面积（m²）	备 注
一、二级	按本规范第1.0.2条规定	2500	1. 体育馆、剧院的观众厅，展览建筑的展厅，其防火分区最大允许建筑面积可适当放宽； 2. 托儿所、幼儿园的儿童用房和儿童游乐厅等儿童活动场所不应超过3层或设置在四层及四层以上楼层或地下、半地下建筑（室）内
三级	5层	1200	1. 托儿所、幼儿园的儿童用房和儿童游乐厅等儿童活动场所、老年人建筑和医院、疗养院的住院部分不应超过2层或设置在三层及三层以上楼层或地下、半地下建筑（室）内； 2. 商店、学校、电影院、剧院、礼堂、食堂、菜市场不应超过2层或设置在三层及三层以上楼层
四级	2层	600	学校、食堂、菜市场、托儿所、幼儿园、老年人建筑、医院等不应设置在二层
地下、半地下建筑（室）		500	—

注：建筑内设置自动灭火系统时，该防火分区的最大允许建筑面积可按本表的规定增加1.0倍。局部设置时，增加面积可按该局部面积的1.0倍计算。

1 房间与中庭相通的开口部位应设置能自行关闭的甲级防火门窗；

2 与中庭相通的过厅、通道等处应设置甲级防火门或防火卷帘；防火门或防火卷帘应能在火灾时自动关闭或降落。防火卷帘的设置应符合本规范第7.5.3条的规定；

3 中庭应按本规范第9章的规定设置排烟设施。

5.1.11 防火分区之间应采用防火墙分隔。当采用防火墙确有困难时，可采用防火卷帘等防火分隔设施分隔。采用防火卷帘时应符合本规范第7.5.3条的规定。

5.1.12 地上商店营业厅、展览建筑的展厅符合下列条件时，其每个防火分区的最大允许建筑面积不应大于10000m²：

1 设置在一、二级耐火等级的单层建筑内或多层建筑的首层；

2 按本规范第8、9、11章的规定设置有自动喷水灭火系统、排烟设施和火灾自动报警系统；

3 内部装修设计符合现行国家标准《建筑内部装修设计防火规范》GB 50222的有关规定。

5.1.13 地下商店应符合下列规定：

1 营业厅不应设置在地下三层及三层以下；

2 不应经营和储存火灾危险性为甲、乙类储存物品属性的商品；

3 当设有火灾自动报警系统和自动灭火系统，且建筑内部装修符合现行国家标准《建筑内部装修设计防火规范》GB 50222的有关规定时，其营业厅每个防火分区的最大允许建筑面积可增加到2000m²；

4 应设置防烟与排烟设施；

5 当地下商店总建筑面积大于20000m²时，应采用不开设门窗洞口的防火墙分隔。相邻区域确需局部连通时，应选择采取下列措施进行防火分隔：

1）下沉式广场等室外开敞空间。该室外开敞空间的设置应能防止相邻区域的火灾蔓延和便于安全疏散；

2）防火隔间。该防火隔间的墙应为实体防火墙，在隔间的相邻区域分别设置火灾时能自行关闭的常开式甲级防火门；

3）避难走道。该避难走道除应符合现行国家标准《人民防空工程设计防火规范》GB 50098的有关规定外，其两侧的墙应为实体防火墙，且在局部连通处的墙上应分别设置火灾时能自行关闭的常开式甲级防火门；

4）防烟楼梯间。该防烟楼梯间及前室的门应为火灾时能自行关闭的常开式甲级防火门。

5.1.14 歌舞厅、录像厅、夜总会、放映厅、卡拉OK厅（含具有卡拉OK功能的餐厅）、游艺厅（含电子游艺厅）、桑拿浴室（不包括洗浴部分）、网吧等歌舞娱乐放映游艺场所，宜设置在一、二级耐火等级建筑物内的首层、二层或三层的靠外墙部位，不宜布置在袋形走道的两侧或尽端。

5.1.15 当歌舞厅、录像厅、夜总会、放映厅、卡拉OK厅（含具有卡拉OK功能的餐厅）、游艺厅（含电子游艺厅）、桑拿浴室（不包括洗浴部分）、网吧等歌舞娱乐放映游艺场所必须布置在袋形走道的两侧或尽端时，最远房间的疏散门至最近安全出口的距离不应大于9m。当必须布置在建筑物内首层、二层或三层以外的其他楼层时，尚应符合下列规定：

1 不应布置在地下二层及二层以下。当布置在地下一层时，地下一层地面与室外出入口地坪的高差不应大于10m；

2 一个厅、室的建筑面积不应大于200m²，并应采用耐火极限不低于200h的不燃烧体隔墙和不低于100h的不燃烧体楼板与其他部位隔开，厅、室的疏散门应设置乙级防火门；

3 应按本规范第9章设置防烟与排烟设施。

5.2 民用建筑的防火间距

5.2.1 民用建筑之间的防火间距不应小于表5.2.1的规定，与其他建筑物之间的防火间距应按本规范第3章和第4章的有关规定执行。

民用建筑之间的防火间距（m） 表5.2.1

耐火等级	一、二级	三级	四级
一、二级	6	7	9
三级	7	8	10
四级	9	10	12

注：1. 两座建筑物相邻较高一面外墙为防火墙或高出相邻较低一座一、二级耐火等级建筑物的屋面15m范围内的外墙为防火墙且不开设门窗洞口时，其防火间距不限。

2. 相邻的两座建筑物，当较低一座的耐火等级不低于二级、屋顶不设置天窗、屋顶承重构件及屋面板的耐火极限不低于1.00h，且相邻的较低一面外墙为防火墙时，其防火间距不应小于3.5m。

3. 相邻的两座建筑物，当较低一座的耐火等级不低于二级，相邻较高一面外墙的开口部位设置甲级防火门窗，或设置符合现行国家标准《自动喷水灭火系统设计规范》GB 50084规定的防火分隔水幕或本规范第7.5.3条规定的防火卷帘时，其防火间距不应小于3.5m。

4. 相邻两座建筑物，当相邻外墙为不燃烧体且无外露的燃烧体屋檐，每面外墙上未设置防火保护措施的门窗洞口不正对开设，且面积之和小于等于该外墙面积的5%时，其防火间距可按本表规定减少25%。

5. 耐火等级低于四级的原有建筑物，其耐火等级可按四级确定；以木柱承重且以不燃烧材料作为墙体的建筑，其耐火等级应按四级确定。

6. 防火间距应按相邻建筑物外墙的最近距离计算，当外墙有凸出的燃烧构件时，应从其凸出部分外缘算起。

5.2.2 民用建筑与单独建造的终端变电所、单台蒸汽锅炉的蒸发量小于等于4t／h或单台热水锅炉的额定热功率小于等于28.MW的燃煤锅炉房，其防火间距可按本规范第5.2.1条的规定执行。

民用建筑与单独建造的其他变电所、燃油或燃气锅炉房及蒸发量或额定热功率大于上述规定的燃煤锅炉房，其防火间距应按本规范第3.4.1条有关室外变、配电站和丁类厂房的规定执行。10kV以下的箱式变压器与建筑物的防火间距不应小于3m。

5.2.3 数座一、二级耐火等级的多层住宅或办公楼，当建筑物的占地面积的总和小于等于2500m²时，可成组布置，但组内建筑物之间的间距不宜小于4m。组与组或组与相邻建筑物之间的防火间距不应小于本规范第5.2.1条的规定。

5.3 民用建筑的安全疏散

5.3.1 民用建筑的安全出口应分散布置。每个防火分区、一个防火分区的每个楼层，其相邻2个安全出口最近边缘之间的水平距离不应小于5m。

5.3.2 公共建筑内的每个防火分区、一个防火分区内的每个楼层，其安全出口的数量应经计算确定，且不应少于2个。当符合下列条件之一时，可设一个安全出口或疏散楼梯：

1　除托儿所、幼儿园外，建筑面积小于等于200m²且人数不超过50人的单层公共建筑；

2　除医院、疗养院、老年人建筑及托儿所、幼儿园的儿童用房和儿童游乐厅等儿童活动场所等外，符合表5.3.2规定的2、3层公共建筑。

公共建筑可设置1个疏散楼梯的条件　　　　　　　　　　表5.3.2

耐火等级	最多层数	每层最大建筑面积（m²）	人数
一、二级	3层	500	第二层和第三层的人数之和不超过100人
三级	3层	200	第二层和第三层的人数之和不超过50人
四级	2层	200	第二层人数不超过30人

5.3.3　老年人建筑及托儿所、幼儿园的儿童用房和儿童游乐厅等儿童活动场所宜设置在独立的建筑内。当必须设置在其他民用建筑内时，宜设置独立的安全出口，并应符合本规范第5.1.7条的规定。

5.3.4　一、二级耐火等级的公共建筑，当设置不少于2部疏散楼梯且顶层局部升高部位的层数不超过2层、人数之和不超过50人、每层建筑面积小于等于200m²时，该局部高出部位可设置1部与下部主体建筑楼梯间直接连通的疏散楼梯，但至少应另外设置1个直通主体建筑上人平屋面的安全出口，该上人屋面应符合人员安全疏散要求。

5.3.5　下列公共建筑的疏散楼梯应采用室内封闭楼梯间（包括首层扩大封闭楼梯间）或室外疏散楼梯：

1　医院、疗养院的病房楼；

2　旅馆；

3　超过2层的商店等人员密集的公共建筑；

4　设置有歌舞娱乐放映游艺场所且建筑层数超过2层的建筑；

5　超过5层的其他公共建筑。

5.3.6　自动扶梯和电梯不应作为安全疏散设施。

5.3.7　公共建筑中的客、货电梯宜设置独立的电梯间，不宜直接设置在营业厅、展览厅、多功能厅等场所内。

5.3.8　公共建筑和通廊式非住宅类居住建筑中各房间疏散门的数量应经计算确定，且不应少于2个，该房间相邻2个疏散门最近边缘之间的水平距离不应小于5m。当符合下列条件之一时，可设置1个：

1　房间位于2个安全出口之间，且建筑面积小于等于120m²，疏散门的净宽度不小于0.9m；

2　除托儿所、幼儿园、老年人建筑外，房间位于走道尽端，且由房间内任一点到疏散门的直线距离小于等于15m、其疏散门的净宽度不小于14m；

3　歌舞娱乐放映游艺场所内建筑面积小于等于50m²的房间。

5.3.9　剧院、电影院和礼堂的观众厅，其疏散门的数量应经计算确定，且不应少于2个。每个疏散门的平均疏散人数不应超过250人；当容纳人数超过2000人时，其超过2000人的部分，每个疏散门的平均疏散人数不应超过400人。

5.3.10　体育馆的观众厅，其疏散门的数量应经计算确定，且不应少于2个，每个疏散门的平均疏散人数不宜超过400~700人。

5.3.11　居住建筑单元任一层建筑面积大于650m²，或任一住户的户门至安全出口的距离大于15m时，该建筑单元每层安全出口不应少于2个。当通廊式非住宅类居住建筑超过表5.3.11规定时，安全出口不应少于2个。居住建筑的楼梯间设置形式应符合下列规定：

1　通廊式居住建筑当建筑层数超过2层时应设封闭楼梯间；当户门采用乙级防火门时，可不设置封闭楼梯间；

2 其他形式的居住建筑当建筑层数超过6层或任一层建筑面积大于500m²时，应设置封闭楼梯间；当户门或通向疏散走道、楼梯间的门、窗为乙级防火门、窗时，可不设置封闭楼梯间。

居住建筑的楼梯间宜通至屋顶，通向平屋面的门或窗应向外开启。

当住宅中的电梯井与疏散楼梯相邻布置时，应设置封闭楼梯间，当户门采用乙级防火门时，可不设置封闭楼梯间。当电梯直通住宅楼层下部的汽车库时，应设置电梯候梯厅并采用防火分隔措施。

通廊式非住宅类居住建筑可设置1个疏散楼梯的条件　　　　　　表5.3.11

耐火等级	最多层数	每层最大建筑面积（m²）	人　数
一、二级	3层	500	第二层和第三层的人数之和不超过100人
三级	3层	200	第二层和第三层的人数之和不超过50人
四级	2层	200	第二层人数不超过30人

5.3.12 地下、半地下建筑（室）安全出口和房间疏散门的设置应符合下列规定：

1 每个防火分区的安全出口数量应经计算确定，且不应少于2个。当平面上有2个或2个以上防火分区相邻布置时，每个防火分区可利用防火墙上1个通向相邻分区的防火门作为第二安全出口，但必须有1个直通室外的安全出口；

2 使用人数不超过30人且建筑面积小于等于500m²的地下、半地下建筑（室），其直通室外的金属竖向梯可作为第二安全出口；

3 房间建筑面积小于等于50m²，且经常停留人数不超过15人时，可设置1个疏散门；

4 歌舞娱乐放映游艺场所的安全出口不应少于2个，其中每个厅室或房间的疏散门不应少于2个。当其建筑面积小于等于50m²且经常停留人数不超过15人时，可设置1个疏散门；

5 地下商店和设置歌舞娱乐放映游艺场所的地下建筑（室），当地下层数为3层及3层以上或地下室内地面与室外出入口地坪高差大于10m时，应设置防烟楼梯间；其他地下商店和设置歌舞娱乐放映游艺场所的地下建筑，应设置封闭楼梯间；

6 地下、半地下建筑的疏散楼梯间应符合本规范第7.4.4条的规定。

5.3.13 民用建筑的安全疏散距离应符合下列规定：

1 直接通向疏散走道的房间疏散门至最近安全出口的距离应符合表5.3.13的规定；

2 直接通向疏散走道的房间疏散门至最近非封闭楼梯间的距离，当房间位于两个楼梯间之间时，应按表5.3.13的规定减少5m；当房间位于袋形走道两侧或尽端时，应按表5.3.13的规定减少2m；

3 楼梯间的首层应设置直通室外的安全出口或在首层采用扩大封闭楼梯间。当层数不超过4层时，可将直通室外的安全出口设置在离楼梯间小于等于15m处；

4 房间内任一点到该房间直接通向疏散走道的疏散门的距离，不应大于表5.3.13中规定的袋形走道两侧或尽端的疏散门至安全出口的最大距离。

5.3.14 除本规范另有规定者外，建筑中的疏散走道、安全出口、疏散楼梯以及房间疏散门的各自总宽度应经计算确定。

安全出口、房间疏散门的净宽度不应小于0.9m，疏散走道和疏散楼梯的净宽度不应小于1.1m；不超过6层的单元式住宅，当疏散楼梯的一边设置栏杆时，最小净宽度不宜小于1m。

5.3.15 人员密集的公共场所、观众厅的疏散门不应设置门槛，其净宽度不应小于1.4m，且紧靠门口内外各1.4m范围内不应设置踏步。

剧院、电影院、礼堂的疏散门应符合本规范第7.4.12条的规定。

人员密集的公共场所的室外疏散小巷的净宽度不应小于3m，并应直接通向宽敞地带。

直接通向疏散走道的房间疏散门至最近安全出口的最大距离（m） 表5.3.13

名　称	位于两个安全出口之间的疏散门			位于袋形走道两侧或尽端的疏散门		
	耐火等级			耐火等级		
	一、二级	三级	四级	一、二级	三级	四级
托儿所、幼儿园	25	20	—	20	15	—
医院、疗养院	35	30	—	20	15	—
学校	35	30	—	22	20	—
其他民用建筑	40	35	25	22	20	15

注：1. 一、二级耐火等级的建筑物内的观众厅、展览厅、多功能厅、餐厅、营业厅和阅览室等，其室内任何一点至最近安全出口的直线距离不宜大于30m。

2. 敞开式外廊建筑的房间疏散门至安全出口的最大距离可按本表增加5m。

3. 建筑物内全部设置自动喷水灭火系统时，其安全疏散距离可按本表和本表注1的规定增加25%。

4. 房间内任一点到该房间直接通向疏散走道的疏散门的距离计算：住宅应为最远房间内任一点到户门的距离，跃层式住宅内的户内楼梯的距离可按其梯段总长度的水平投影尺寸计算。

5.3.16　剧院、电影院、礼堂、体育馆等人员密集场所的疏散走道、疏散楼梯、疏散门、安全出口的各自总宽度，应根据其通过人数和疏散净宽度指标计算确定，并应符合下列规定：

1　观众厅内疏散走道的净宽度应按每100人不小于0.6m的净宽度计算，且不应小于1m；边走道的净宽度不宜小于0.8m。

在布置疏散走道时，横走道之间的座位排数不宜超过20排；纵走道之间的座位数：剧院、电影院、礼堂等，每排不宜超过22个；体育馆，每排不宜超过26个；前后排座椅的排距不小于0.9m时，可增加1倍，但不得超过50个；仅一侧有纵走道时，座位数应减少一半；

2　剧院、电影院、礼堂等场所供观众疏散的所有内门、外门、楼梯和走道的各自总宽度，应按表5.3.16-1的规定计算确定；

3　体育馆供观众疏散的所有内门、外门、楼梯和走道的各自总宽度，应按表5.3.16-2的规定计算确定；

4　有等场需要的入场门不应作为观众厅的疏散门。

剧院、电影院、礼堂等场所每100人所需最小疏散净宽度（m） 表5.3.16-1

观众厅座位数（座）			≤2500	≤1200
耐火等级			一、二级	三级
疏散部位	门和走道	平坡地面	0.65	0.85
		阶梯地面	0.75	1.00
	楼梯		0.75	1.00

体育馆每100人所需最小疏散净宽度（m） 表5.3.16-2

观众厅座位数档次（座）			3000~5000	5001~10000	10001~20000
疏散部位	门和走道	平坡地面	0.43	0.37	0.32
		阶梯地面	0.50	0.43	0.37
	楼梯		0.50	0.43	0.37

注：表5.3.16-2中较大座位数档次按规定计算的疏散总宽度，不应小于相邻较小座位数档次按其最多座位数计算的疏散总宽度。

5.3.17　学校、商店、办公楼、候车（船）室、民航候机厅、展览厅及歌舞娱乐放映游艺场所等民用建筑中的疏散走道、安全出口、疏散楼梯以及房间疏散门的各自总宽度，应按下列规定经计算确定：

1　每层疏散走道、安全出口、疏散楼梯以及房间疏散门的每100人净宽度不应小于表5.3.17-1的规定；当每层人数不等时，疏散楼梯的总宽度可分层计算，地上建筑中下层楼梯的总宽度应按其上层人数最多一层的人数计算；地下建筑中上层楼梯的总宽度应按其下层人数最多一层的人数计算；

2 当人员密集的厅、室以及歌舞娱乐放映游艺场所设置在地下或半地下时，其疏散走道、安全出口、疏散楼梯以及房间疏散门的各自总宽度，应按其通过人数每100人不小于1m计算确定；

3 首层外门的总宽度应按该层或该层以上人数最多的一层人数计算确定，不供楼上人员疏散的外门，可按本层人数计算确定；

4 录像厅、放映厅的疏散人数应按该场所的建筑面积1人/m²计算确定；其他歌舞娱乐放映游艺场所的疏散人数应按该场所的建筑面积0.5人/m²计算确定；

5 商店的疏散人数应按每层营业厅建筑面积乘以面积折算值和疏散人数换算系数计算。地上商店的面积折算值宜为50%～70%，地下商店的面积折算值不应小于70%。疏散人数的换算系数可按表5.3.17-2确定。

疏散走道、安全出口、疏散楼梯和房间疏散门每100人的净宽度（m）　　　表5.3.17-1

楼层位置	耐火等级		
	一、二级	三级	四级
地上一、二层	0.65	0.75	1.00
地上三层	0.75	1.00	—
地上四层及四层以上各层	1.00	1.25	—
与地面出入口地面的高差不超过10m的地下建筑	0.75	—	—
与地面出入口地面的高差超过10m的地下建筑	1.00	—	—

商店营业厅内的疏散人数换算系数（人/m²）　　　表5.3.17-2

楼层位置	地下二层	地下一层、地上第一、二层	地上第三层	地上第四层及四层以上各层
换算系数	0.80	0.85	0.77	0.60

5.3.18 人员密集的公共建筑不宜在窗口、阳台等部位设置金属栅栏，当必须设置时，应有从内部易于开启的装置。窗口、阳台等部位宜设置辅助疏散逃生设施。

5.4 其他

5.4.1 燃煤、燃油或燃气锅炉、油浸电力变压器、充有可燃油的高压电容器和多油开关等用房宜独立建造。当确有困难时可贴邻民用建筑布置，但应采用防火墙隔开，且不应贴邻人员密集场所。

5.4.2 燃油或燃气锅炉、油浸电力变压器、充有可燃油的高压电容器和多油开关等用房受条件限制必须布置在民用建筑内时，不应布置在人员密集场所的上一层、下一层或贴邻，并应符合下列规定：

1 燃油和燃气锅炉房、变压器室应设置在首层或地下一层靠外墙部位，但常（负）压燃油、燃气锅炉可设置在地下二层，当常（负）压燃气锅炉距安全出口的距离大于6m时，可设置在屋顶上。

采用相对密度（与空气密度的比值）大于等于0.75的可燃气体为燃料的锅炉，不得设置在地下或半地下建筑（室）内；

2 锅炉房、变压器室的门均应直通室外或直通安全出口；外墙开口部位的上方应设置宽度不小于1m的不燃烧体防火挑檐或高度不小于1.2m的窗槛墙；

3 锅炉房、变压器室与其他部位之间应采用耐火极限不低于2.00h的不燃烧体隔墙和1.50h的不燃烧体楼板隔开。在隔墙和楼板上不应开设洞口，当必须在隔墙上开设门窗时，应设置甲级防火门窗；

4 当锅炉房内设置储油间时，其总储存量不应大于1m³，且储油间应采用防火墙与锅炉间隔开。当必须在防火墙上开门时，应设置甲级防火门；

5 变压器室之间、变压器室与配电室之间，应采用耐火极限不低于2.00h的不燃烧体墙隔开；

6 油浸电力变压器、多油开关室、高压电容器室，应设置防止油品流散的设施。油浸电力变压器下面应设置储存变压器全部油量的事故储油设施；

7 锅炉的容量应符合现行国家标准《锅炉房设计规范》GB 50041的有关规定。油浸电力变压器的总容量不应大于1260kV•A，单台容量不应大于630kV•A；

8 应设置火灾报警装置；

9 应设置与锅炉、油浸变压器容量和建筑规模相适应的灭火设施；

10 燃气锅炉房应设置防爆泄压设施，燃气、燃油锅炉房应设置独立的通风系统，并应符合本规范第10章的有关规定。

5.4.3 柴油发电机房布置在民用建筑内时应符合下列规定：

1 宜布置在建筑物的首层及地下一、二层；

2 应采用耐火极限不低于2.00h的不燃烧体隔墙和不低于1.50h的不燃烧体楼板与其他部位隔开，门应采用甲级防火门；

3 机房内应设置储油间，其总储存量不应大于8.0h的需要量，且储油间应采用防火墙与发电机间隔开；当必须在防火墙上开门时，应设置甲级防火门；

4 应设置火灾报警装置；

5 应设置与柴油发电机容量和建筑规模相适应的灭火设施。

5.4.4 设置在建筑物内的锅炉、柴油发电机，其进入建筑物内的燃料供给管道应符合下列规定：

1 应在进入建筑物前和设备间内，设置自动和手动切断阀；

2 储油间的油箱应密闭且应设置通向室外的通气管，通气管应设置带阻火器的呼吸阀，油箱的下部应设置防止油品流散的设施；

3 燃气供给管道的敷设应符合现行国家标准《城镇燃气设计规范》GB 50028的有关规定；

4 供锅炉及柴油发电机使用的柴油等液体燃料储罐，其布置应符合本规范第3.4节或第4.2节的有关规定。

5.4.5 经营、存放和使用甲、乙类物品的商店、作坊和储藏间，严禁设置在民用建筑内。

5.4.6 住宅与其他功能空间处于同一建筑内时，应符合下列规定：

1 住宅部分与非住宅部分之间应采用不开设门窗洞口的耐火极限不低于1.50h的不燃烧体楼板和不低于200h的不燃烧体隔墙与居住部分完全分隔，且居住部分的安全出口和疏散楼梯应独立设置；

2 其他功能场所和居住部分的安全疏散、消防设施等防火设计，应分别按照本规范中住宅建筑和公共建筑的有关规定执行，其中居住部分的层数确定应包括其他功能部分的层数。

第二部分 | 初级水平知识

第一章 设计准备

第一节 项目功能分析

项目的功能分析，是室内设计前期工作中十分重要的环节，同时又是更好地完成设计任务的基础与前提。项目的功能分析主要包括人文环境调研、现场勘测和功能分析三方面的内容。

一、人文环境调研

1.掌握要点

人文环境调研是室内设计的基础，只有通过严谨、深入的调查研究才能够得出准确的设计指导原则，人文环境调研的深度直接影响到项目概念设计的决策。

室内设计是一项综合性极强的系统工程，它需要满足人们心理、生理等多方面的需求。应当合理地处理人与环境、人与自然以及人类自身之间的相互关系，以人为本，满足使用功能、艺术风格、舒适美观、经济效益等方面的要求。在方案设计和项目实施过程中，还要解决诸如材料、设备、定额和施工管理等问题。

室内设计的核心是以人为本，因而现代的室内设计应更加重视环境心理学、审美心理学、人体工程学、市场学等方面的研究，深入地、科学地了解人们在生理特点、行为心理和审美取向等方面对于室内环境的设计要求。

2.工作程序和方法

我们生存的环境主要由物质环境、社会环境和精神环境三大部分组成，作为室内设计前期准备环节中的重要内容的人文环境调研也应当从这三方面入手。这种调研应是深入的和全方位的，从逻辑的角度出发我们可以把它归纳为动态层面的调研和静态层面的分析。

（1）动态层面的调研

随着时代的发展，人们的生活方式和消费心理也在不断地发生变化。现代室内设计的一个显著的特点，就是由于时间的推移，室内的要求与功能、性能与评价都在发生相应的变化与改变。在欧洲从巴洛克风格向洛可可风格转移的时代，以沙龙为中心的非仪式生活方式成为中心，与其相符合的空间使用方法得到重视，为此与其相对应的室内装饰也就成为洛可可风格。

当今社会，生活节奏不断加快，建筑主体一般都有数十年甚至是上百年的生命力，而人们的生活需求却在很短的时间内经常发生变化，室内装饰材料、设施设备也在不断地更新换代，因此，室内这一层面上的改造与装修就成为经常要进行的工作。根据这一特点，设计师在工作当中要不断地适应各种变化，深入生活，从地域性、特殊性、流行性、可持续性等几个方面入手，搞好设计前期的社会调研工作。

1）地域性。对于地域性的调研应包含当地风土人情的各个方面，在室内设计中，既要考察带有地域特色的各类装饰风格或设计手法，更要考察当地的风俗习惯对于人们生活方式的影响，并将获得的结论应用到设计当中去。

2）特殊性。任何事物都具有普遍性和特殊性，这里提到的特殊性，也可以称为项目的专有属性。在调研过程中，应当大量地查阅和收集相关的文献资料，了解有关的设计原则，掌握同类型空间的尺度关系以及功能分区等内容，调查同类室内空间的使用情况，找出功能上存在的问题。

3）流行性。不同时期，人的审美取向和价值取向是不断地变化的，今天的流行元素，明天可能就会变为落后的代名词，但是经过一定时期的沉淀，也许它又会被人们重新拾起。设计师应当时刻站在流行的前沿，去引导人们的生活。

4）可持续性。树立动态和可持续的发展观，在调研中充分挖掘项目本身在能源、环境、土地、生态等方面的可持续性，创造出有利于身心健康的室内环境。

（2）静态层面的分析

静态的分析是在经过了充分的动态分析的基础上，对于具体设计任务进行的项目分析。

在设计过程中，根据其空间类型和使用功能，可以由不同的方向展开设计，产生不同的构思概念。虽然获取方案的途径和方式有很多种，但是如何从中选取最佳的一种，是设计师最需要解决的难题。因此，在正式进行设计之前，一定要明确设计任务的要求，对设计项目进行深入认真的分析。

1）功能需求分析。功能需求主要是指用户的功能需求，它所要考虑的内容主要包括：各部门的功能关系；各房间所占的面积；使用人数及人流出入情况；喜欢何种风格；希望达到的艺术效果。

2）投资额度分析。投资额度分析的内容主要包括：用户拟投入的资金情况分析；定额情况下的资金分配；高、中、低档次不同标准的资金分配。

3）环境系统分析。环境系统分析包括：建筑所处的位置及环境特点，会对室内产生何种影响；拟采用的人工环境系统及设备情况。

4）风格定位分析。风格定位分析也就是指对于设计项目可能采用的设计语汇的分析，它所包含的内容一般指：古典风格、现代风格、后现代风格和生态（自然）风格四大类。

5）材料分析。材料分析包括：当时、当地的材料种类与价格；材料的市场流通与流行；拟选用的色彩、质地、图案与相应材料的可行程度。

6）心理学分析。环境心理学是运用心理学的方法对环境进行探讨和研究，从人的心理特征来考虑研究问题，从而使我们对人与环境的关系以及如何创造舒适的室内人工环境有更加深刻的认识。对于行为心理学层面的调研和分析主要从价值取向、从众心理和受众感受等方面入手。

3.相关知识

室内设计的风格与流派，属于室内环境中视觉艺术造型的范畴。

（1）室内设计的风格

室内设计风格的形成，代表着鲜明的时代潮流和不同的地方特色。一种典型风格的形成，与当地的人文因素和自然条件紧密相关。风格虽然表现于形式，但它同时具有艺术、文化、社会发展等深刻的内涵。

当代经常运用的室内设计风格主要可分为古典风格、现代风格、后现代风格和生态（自然）风格四大类。

1）古典风格（图2-1-1（a）、（b））。古典风格的设计作品通常带给人们历史延续和地域文脉的感受，室内空间充满了民族文化渊源的形象特征。

2）现代风格（图2-1-2）。现代建筑的兴起与发展推动了室内设计中现代风格的形成。现代风格的设计强调空间与功能的组织，注意发挥结构本身的形式美，造型简洁，反对多余的装饰，尊重材料的性能，讲究材料自身的质地与颜色的搭配。

3）后现代风格（图2-1-3）。后现代风格反对"少就是多"的观点，主张与传统相联系，在传统中寻求创造的灵感。后现代风格主张以装饰取代无装饰，用传统的装饰符号与新的装饰元素混合，以求得设计语言的双重译码。

4）生态（自然）风格（图2-1-4）。随着工业化所带来的环境的日益恶化，人们对于地球生态平

（a）

（b）

图2-1-1

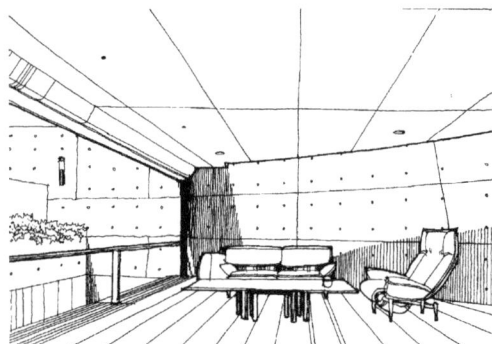
图2-1-2

图2-1-3

图2-1-4

衡的关注也日益突出，于是，追求创造一定范围内的生态平衡的"生态观念"，在室内设计中越来越受到人们的重视。生态（自然）风格的室内设计力求在高节奏的社会生活中，通过设计使人们取得生理和心理的平衡。

图2-1-5

近年来，建筑设计和室内设计在总体上呈现多元化、兼收并蓄的状况。室内布置中也有趋于既现代实用、又吸取传统特征，在装潢与陈设中融古今中西于一体的混合型风格的倾向。

（2）室内设计的流派

1）高技派（图2-1-5）。高技派突出工业技术的成就，暴露结构与设备，强调工艺性与时代感。在大型的公共或办公空间的室内设计中，经常使用高技派的表现手法。

2）光亮派（图2-1-6）。在光亮派的设计中大量地采用新型材料和现代的加工工艺，以玻璃、不锈钢、石材等作

图2-1-6

图2-1-7

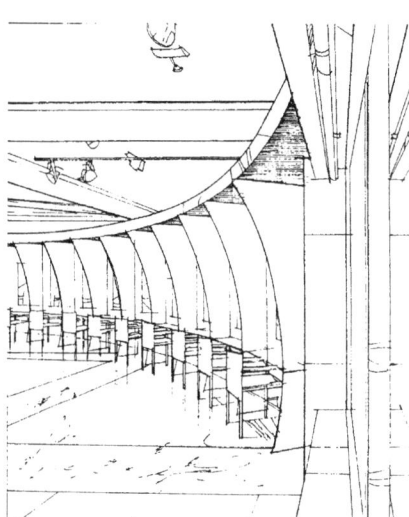

图2-1-8

为装饰材料，在金属和镜面材料的烘托下，形成光怪陆离、绚丽多彩的室内环境。

3）白色派（图2-1-7）。白色派的室内朴实无华，室内各界面以至家具等常以白色为基调，简洁明朗，从某种意义上讲，室内环境只是一种活动场所的"背景"，从而在装饰造型和用色上不作过多渲染。

4）风格派（图2-1-8）。风格派强调"纯造型的表现"。室内装饰风格采用几何形体以及红、黄、蓝等原色，间或以黑、白、灰等色彩相配置。风格派的室内空间，在色彩及造型方面都具有极为鲜明的特征与个性。

5）孟菲斯派（图2-1-9）。孟菲斯派反对单调、冷峻的现代主义，提倡装饰，寻求以"表现特性"作为设计的新意。

6）解构主义派（图2-1-10）。建筑及室内设计中的解构主义派对传统古典、构图规律等采取否定的态度，强调不受历史文化和传统理性的约束，主张设计语汇的分解与重构，注重传统的语言符号，并将这些符号分解，进行新的组合。

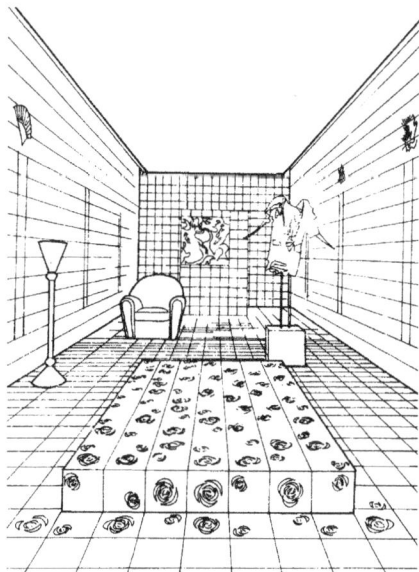

图2-1-9

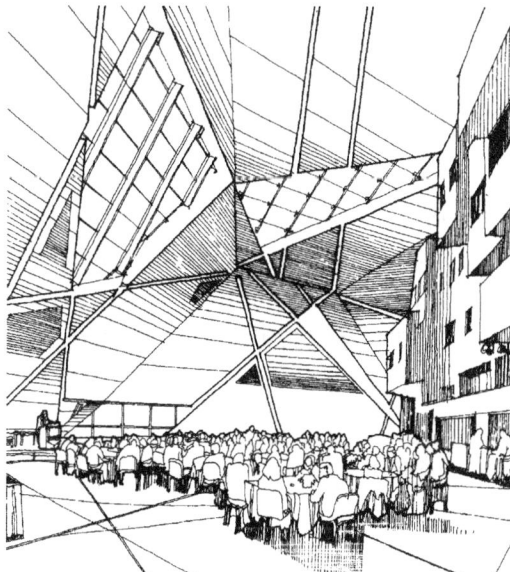

图2-1-10

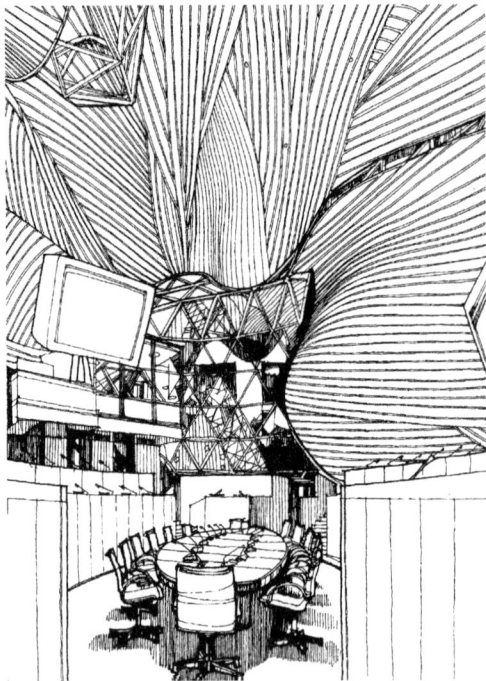

图2-1-11

图2-1-12

7）超现实派（图2-1-11）。超现实派追求所谓超越现实的艺术效果，在室内布置中常采用异常的空间组织、曲面或具有流动弧形线型的界面，浓重的色彩，变幻莫测的光影，造型奇特的家具与设备，有时还以现代绘画或雕塑来烘托超现实的室内环境气氛。

8）新洛可可派（图2-1-12）。新洛可可派继承了洛可可派繁复的装饰特点，但装饰造型的"载体"和加工技术却运用现代新型装饰材料和现代工艺手段，从而形成了华丽而略显浪漫、传统中仍不失时代气息的装饰气氛。

二、现场勘测

1.掌握要点

现场勘测是设计前期准备工作中十分重要的环节。土建施工图纸是着手进行设计前的必备资料，设计师根据施工图纸可以了解建筑空间的内部结构以及其他相关设备的安装情况。作为设计者除了要仔细阅读和分析图纸，建立空间概念外，在条件允许的情况下还应当前往工地现场实地勘测，进行全面、系统的调查和分析，为设计提供细致、可靠的依据。

装饰工程项目，特别是一些改造项目，有时局部的空间或结构与原建筑图纸会有一些出入，这时现场实地勘测就显得尤为重要。设计师在设计前首先应当及时向甲方索取相关图纸及背景资料，及时进行现场踏勘，了解甲方设计意图及相关设计要求。同时，通过对现场的调研，也可以进一步增强设计师对于空间形态的感受，丰富设计思路。在现场的调查和分析过程中，所有资料应尽量采用图例或图解并配以适当的文字说明，做到简明扼要，这样收集到的资料才更加直观、具体、醒目，给设计带来方便。

2.工作程序和方法

设计师在进行方案设计前，应当首先进行基地调查，收集与基地有关的资料，补充并完善不完整的内容，对工地现场及周边的环境状况进行综合分析。在进行现场勘测过程中，主要从实地测量和调查研究两方面入手。

（1）实地测量

主要包括室内的宽度与进深、层高、窗高、门高、柱径等。采用的测量方法如下：

1）使用专业测量工具进行测量。专业的测量工具主要包括：水平仪、水平尺、测量用卷尺。

2）使用照相机或摄像机拍摄室内空间。一般采用此类方式配合土建施工图纸的使用。

3）步测或目测。通常在未携带任何测量工具的前提下使用，准确性较差。

（2）调查研究

主要包括建筑的空间尺度、建筑的结构、设备、基地范围及周边环境等几方面内容。

1）尺度。对于尺度的把握是设计师所要掌握的基本技能，在现场勘测过程中，主要应注意以下几个方面：①建筑的空间尺度是否符合它的使用性质、是否符合人体尺度的要求以及人们在室内停留、活动、通行时所需要的合适的空间范围。②在设计过程中，可根据土建图纸及现场勘测记录，制定合理的家具、灯具、设施等的尺寸以及安装、使用时所需的空间范围。③通过现场测量，标注出与土建施工图比较有尺寸变更的部分。

2）结构。建筑物的结构变化直接影响室内方案的设计与深化，特别是对于改造项目或图纸不全的项目而言，结构系统的现场勘测更显得尤为重要。结构系统的勘测主要应注意以下内容：①室内空间的结构体系。②柱网的轴线与净空间距。③室内的净高、楼板的厚度和主、次梁的高度。

3）设备。设备调研主要指各类与室内发生关系的物理器件的空间占位、风管的断面尺寸以及水电管线的走向和铺设。管线分为表面和预埋两部分，包括强弱电缆线、给水排水管、燃气管等。

4）基地范围及周边环境。基地范围及周边环境调查主要包括：①明确设计范围及其与周围其他相邻空间的关系。②了解基地周围的交通及人流出入情况。③充分了解空间的使用性质并尽量做到与整体建筑的风格相协调。

3.相关知识

（1）专业制图

施工图纸是表达工程设计和指导施工必不可少的依据。专业制图是指符合设计专业使用的国家制图标准。通过对专业制图的掌握和了解，进一步明确投影理论的应用及空间概念的确立。通过训练掌握基本的专业制图技能，从而为绘制方案、施工图纸，进行专业设计奠定基础。需要掌握的制图国家标准及规定画法有：

1）图纸的幅面、标题栏及会签栏。

2）图线和字体的标准。

3）比例。

4）尺寸的标注。

5）定位轴线。

6）标高。

7）指北针。

8）常用的图例和符号。

（2）人体工程学

人体工程学是一门研究人与机械及环境的关系的学说。人体工程学强调理论与实践的结合，重视科学与技术的全面发展，它从基础科学、技术科学、工程技术这三个层次来进行纵深探讨。与人体工程学有关的基础科学知识主要包括：心理学、生理学、解剖学、系统工程学等。在工程技术方面，人体工程学已广泛应用于军事、工业、农业、建筑及交通运输等行业。

人体工程学研究的主要内容大致分为三方面：

1）工作系统中的人。主要包括：①人体尺寸；②信息的感受和处理能力；③运动的能力；④学习的能力；⑤生理及心理需求；⑥对物理环境的感受性；⑦对社会环境的感受性；⑧知觉与感觉的能力；⑨个人差异；⑩环境对人体能的影响，人的长期、短期能力的限度及快适点；⑪人的反应与反射形态；

⑫人的习惯与差异。

2）工作系统中的机械。

3）环境对于人类活动的影响。

三、功能分析

1.掌握要点

室内空间的功能是指为满足使用者的要求而必须考虑的内容与机能。一般来讲，室内空间的使用者和创造者的大部分要求就是物体功能的要求。

在设计准备过程中，应当以环境艺术的意识和系统工程的概念做好项目前期的功能分析，明确功能的要求条件和制约条件，合理地规划和设计各种设施，以满足设计的基本要求。

2.工作程序和方法

空间的功能包括物质功能和精神功能。物质功能主要是指使用性质方面的要求，如空间的大小、形状，适合的家具、设备布置，交通组织、疏散、消防等措施以及创造良好的采光、照明、通风等物理环境方面的要求；而精神功能是在物质功能的基础上，在满足物质需求的同时，从人的文化、心理需求出发，使人们获得精神上的满足和美的享受。

在进行项目的功能分析时，工作的程序和内容主要包括：社会环境的功能分析、建筑环境的功能分析、室内环境的功能分析、技术装备的功能分析、空间形象与装修尺度的功能分析、装饰陈设的功能分析等几个方面。

（1）社会环境的功能分析

现代的室内设计，应当以满足功能、引领时尚作为目标，充分满足人们心理、生理等多方面的要求，综合处理人与环境、人际交往等多项关系，综合解决使用功能、经济效益、环境氛围等问题。

对于社会环境的功能分析，应当从大局出发，既要考虑整体的社会环境以及服务地区、服务群体的综合素质及价值、审美取向，又要针对不同的人群、不同的使用对象，采取不同的设计风格与设计手法。

（2）建筑环境的功能分析

建筑空间是为人们的生活而创造出的由承重结构、围护结构及设备等组成的物质性的构筑物，并以各种各样的形状限定人们的生活方式与生活空间。

在室内空间中，应做到设计风格与整体建筑环境相协调，室内的总体风格应当是建筑风格的发展与延续。

（3）室内环境的功能分析

室内环境主要包括室内的视觉环境、听觉环境、触觉环境以及嗅觉环境等多方面的内容。

作为一名室内设计人员，虽然不可能对室内环境所涉及的内容全部掌握，但根据不同的室内功能应该尽可能地掌握相关的知识与内容，了解与设计项目关系密切的环境因素，在设计中主动和自觉地考虑诸项因素，同时与相关专业的技术人员相互协调、密切配合，有效地提高室内环境设计的内在质量。

（4）技术装备的功能分析

技术装备是制约施工的主要因素，因而在设计前期，应充分考虑自身的技术力量和技术装备的实际情况，制定相应的设计计划与施工工艺，以求达到良好的艺术效果与氛围。

（5）空间形象与装修尺度的功能分析

空间形象与装修尺度所涉及的是室内设计审美与实用性的内容。

室内空间形象是空间形态通过人的感觉器官作用于大脑的反应结果。界面围合的空间样式，围合空间中光照的来源、照度、颜色，界面本身的材质，围合空间中所有的装饰陈设物，综合构成了空间的总体形象。平面布局中功能实体的合理距离，墙面、顶棚装修材料的组合，装饰陈设用品的悬挂与摆放，都与尺度的比例有着密切的关系。

（6）装饰陈设的功能分析

室内装饰陈设主要包括家具、地毯的使用功能配置以及风格样式的确定，室内绿化的配置与管理，室内艺术作品的选用与布置等方面的内容。

室内装饰陈设的选择与布置，关键是要处理好陈设品与家具之间的关系、陈设品与陈设品之间的关系以及家具、陈设和空间界面之间的关系。

第二节　项目设计草案

室内设计空间形象的表达来自于设计师头脑中的概念与构思，在设计草案阶段，设计师的思路是全方位的，考虑的内容也应当是多方面的。设计者应当熟悉并掌握设计的基本步骤与方法，为方案最终的完成与实施奠定基础。

一、设计程序

1.掌握要点

人们在构成复杂、不断变化的人工环境中生存，而决定人工环境变化方向的正是其设计者。室内设计作为一个相对复杂的设计系统，其自身在设计体系及实践中会涉及诸多相关的技术和艺术种类，因而在具体的设计运作过程中必须遵循严格的设计程序。通过本单元对室内设计程序的了解和学习，应初步掌握在二维的平面作图中完成具有四维要素的空间表现的能力，并将设计思想得以完全的展示与实施。

2.工作程序和方法

对于室内设计师来讲，设计方案的最终目的是通过准确、严谨的表现方式与手段来表达设计者的构思与意图，使业主能够通过图纸、模型、说明或动画漫游等手段全面地了解设计意图并感知到最终将要达到的设计效果。

室内设计依据设计的进程，在项目设计草案中一般可以分为五个阶段进行考虑，即设计准备阶段、概念设计阶段、方案设计阶段、施工图设计阶段和设计实施阶段。

（1）设计准备阶段

设计准备阶段主要是指设计师在接受业主委托或参加由业主组织的方案设计招投标前所做的各项准备工作。设计准备阶段所做的工作主要包括：

1）明确设计期限并制定设计计划进度安排，考虑各相关专业的配合与协调。

2）明确设计任务和要求，如设计任务的使用性质、功能特点、设计规模、等级标准、工程造价等，根据任务的使用性质选择所需要采取的设计语言、环境氛围、文化内涵以及艺术风格。

3）从业主的功能需求、预算情况以及材料的市场情况等方面做好深入认真的项目前期分析。

4）熟悉与项目有关的规范和定额标准，收集分析必要的资料和信息，包括对现场的调查、踏勘以及对同类型设计的参考。

（2）概念设计阶段

概念设计阶段的设计语言主要是以草图的形式完成的，它主要是设计师进行自我交流的过程。在概念设计阶段主要从平面功能布局、空间形象的构思、细部设计的语言运用以及时代的发展和人们观念的变化等几个方面入手进行设计。

1）平面功能布局（图2-1-13）。平面功能布局所要解决的问题，是室内空间设计中所涉及的功能

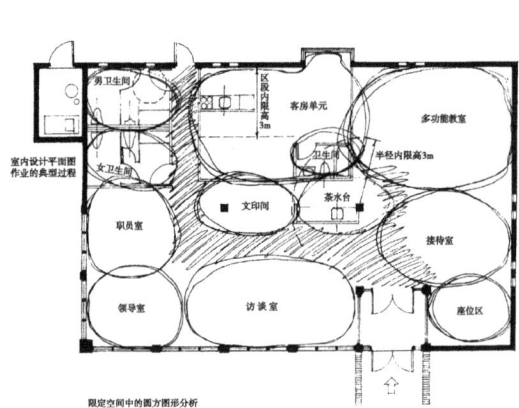

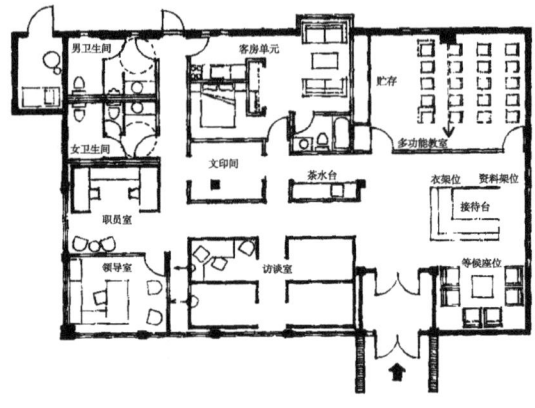

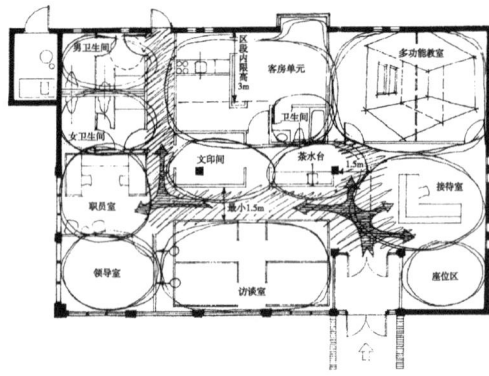

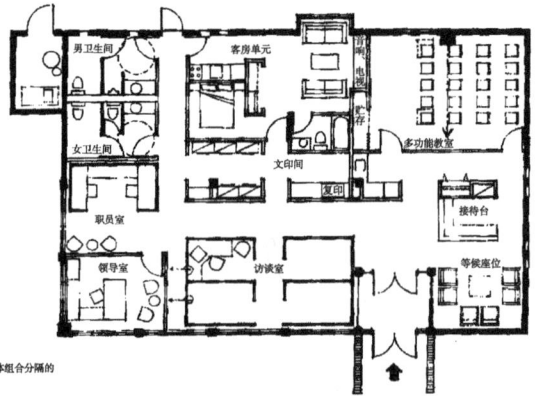

（a）

（b）

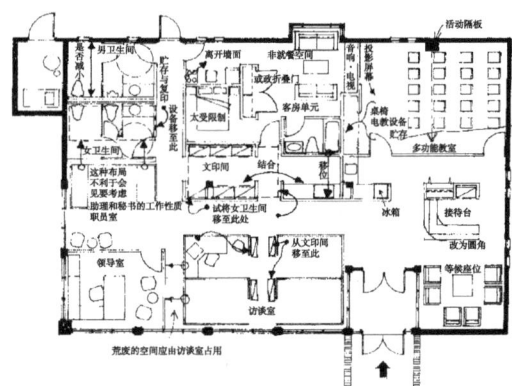

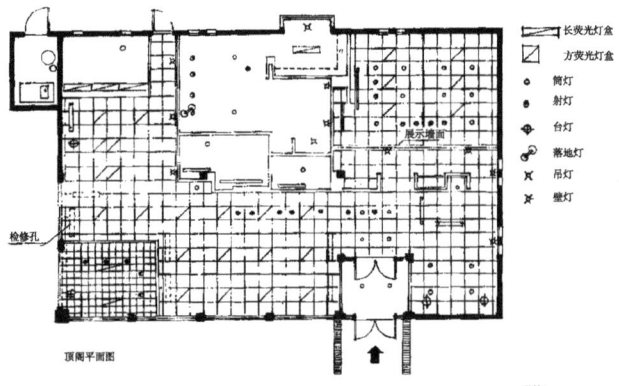

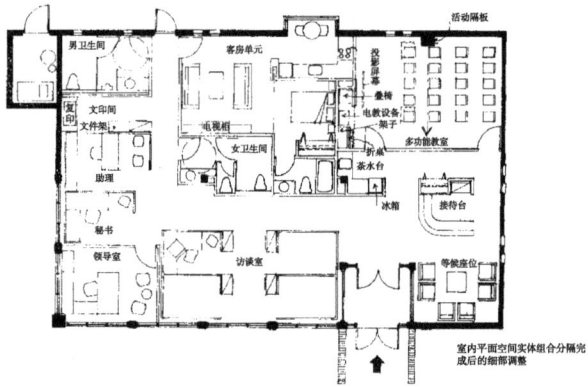

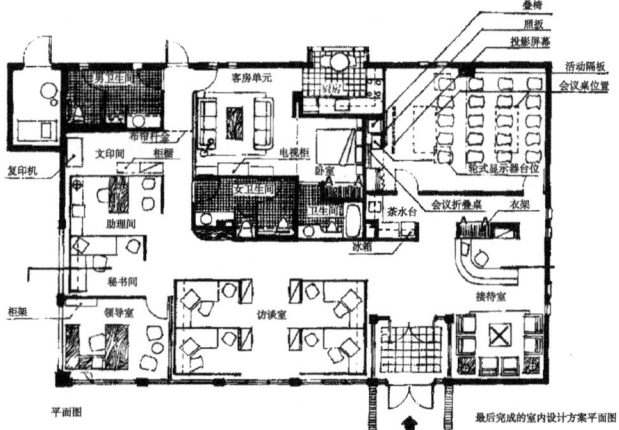

（c）

（d）

图2-1-13

重点。它包括平面的功能分区、交通流向、家具位置、陈设装饰、设备安装等诸多方面的内容。各种因素作用于同一空间，所产生的矛盾是多方面的，如何协调这些矛盾，使平面功能得到最佳配置，是平面功能布局过程中要解决的主要难题。只有通过大量的草图构思，经过反复的对比才能得出理想的平面。

2）空间形象的构思（图2-1-14）。室内空间形象的构思是体现审美意识，表达空间艺术创造的主要内容。由于室内是一个由界面围合而成的相对封闭的虚体，因而空间形象构思的重点应主要放在形体的塑造方面，

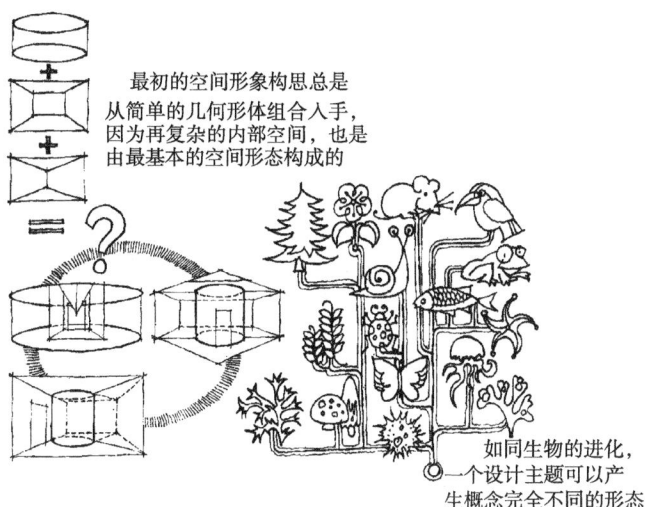

最初的空间形象构思总是从简单的几何形体组合入手，因为再复杂的内部空间，也是由最基本的空间形态构成的

如同生物的进化，一个设计主题可以产生概念完全不同的形态

图2-1-14

在空间形式、艺术风格、建筑构件、材料构成以及装饰手法等方面展开设计与联想。

3）细部设计的语言运用（图2-1-15）。细部设计的语言运用体现了设计精髓，是设计含量最重的一个环节。对细部的推敲与归纳，要遵循室内空间所处的特定环境与功能要求，同时又要考虑到材料的使用和尺度的运用是否合理，还有就是与时代背景的融合以及历史文脉的延续。

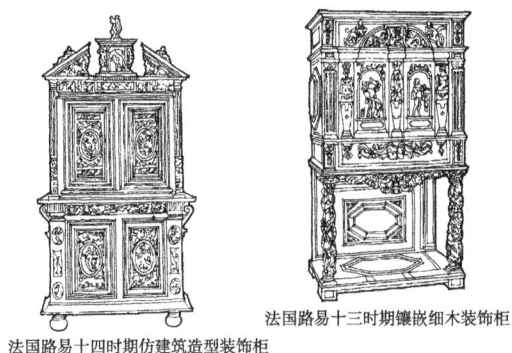

法国路易十三时期镶嵌细木装饰柜

法国路易十四时期仿建筑造型装饰柜

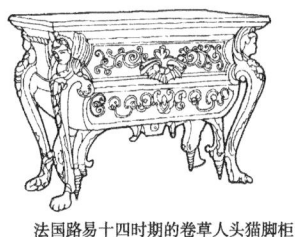

法国路易十四时期的卷草人头猫脚柜

（a）

法国路易十五时期室内墙面浮雕纹样

意大利的室内墙上挂镜边框雕饰

（b）

图2-1-15

（3）方案设计阶段

方案设计阶段是在设计准备与概念设计阶段的基础上，进一步收集、分析、运用与设计任务有关的资料与信息，构思立意，进行方案的分析与比较。方案设计是设计概念思维的进一步深化，同时它又是设计表现的最关键的环节。方案设计阶段主要包含：

1）空间透视效果图。空间透视效果图的目的是将设计者的设计意图通过空间透视效果图独特的表现形式完全地展示给甲方，使甲方预想到方案实施后的艺术效果。它的表现形式多种多样，如水彩、水

粉、透明水色、马克笔、彩色铅笔及喷绘等，随着计算机的普及和计算机软件的快速发展，计算机绘图已经成为当今表现技法的主流。

2）平面、立面图。室内设计的平面、立面图的内容与建筑制图有所不同。建筑设计的平面图只表现空间界面的分隔，而室内设计的平面图则要表现包括家具及陈设在内的所有内容，精细的室内平面、立面图甚至要表现出色彩和材质。平面图的常用比例为1：50、1：100，立面图的常用比例为1：20、1：50。

3）材料样板。室内装饰设计的材料样板，如墙面、地面石材或面砖、地毯、窗帘、木材、墙纸等，均应提供实物样板；家具、灯具、设备等，一般采用实物图片。

4）设计说明。空间透视效果图毕竟只是在二维的空间里表现四维的场景，因此，一套完整的设计方案还需要简要的设计说明来辅助完成，通过设计说明使甲方较为全面地领会设计意图。

（4）施工图设计阶段

施工图设计是以材料构造体系和空间尺度体系作为其基础的，施工图是室内设计施工的技术语言。施工图设计阶段需要补充施工所必需的有关平面布置、室内立面和顶棚平面等图纸，还需包括构造节点详图、细部大样图以及设备管线图、编制施工说明等。施工图设计的主要作用有：

1）能够编制施工组织计划及预算。

2）能够安排材料、设备定货及非标准材料、构件的制作。

3）能够组织工程施工及安装。

4）能够进行工程验收及工程核算。

（5）设计实施阶段

设计实施阶段即工程的施工阶段。在项目的实施过程中应加强管理并做好与各相关专业的技术协调。

1）施工前设计师应向施工单位进行设计意图说明及图纸的设计交底，做好与建筑设计及通风、水、电、消防等设备的衔接。

2）在施工过程中设计师应做好设计监理工作，根据现场实际情况提出对图纸的局部修改和补充，施工结束时会同各验收质检部门和甲方进行工程的各项验收工作。

二、设计任务书

1.掌握要点

设计任务书相当于设计师手中的一本具体项目的设计指南，它决定了设计师在开始实施具体设计内容前的工作目标和方向，明确了设计的任务和要求。设计任务书主要包括项目的地点、使用性质、设计标准、设计范围与内容、设计进度以及表现形式等几方面的内容。设计任务书的制定与产生主要有两种形式：一类是建设方（甲方）来制定相关的设计委托文件（即设计任务书），通过招投标或委托设计的方式交给设计方（乙方）；另一类是设计方（乙方）开始进行具体的方案设计前，自行制定的设计任务书，也可称为设计进度书，对自己的设计工作在内容和时间上给予明确的安排。作为专业的室内装饰设计人员，在今后的工作中，无论是作为甲方还是乙方，都应具备相应的制定设计任务书的能力。

2.工作程序和方法

目前国内比较正规的装饰工程项目大多分为项目设计和工程施工两部分。在项目设计阶段主要采用公开招标和委托设计两种形式。随着我国各项法律、法规的不断发展与完善，公开招标变得更为普遍。公开招标，即招标人（甲方）择优选择设计单位的一种形式。在进行公开招标前，设计任务书主要根据甲方的各项要求而定。

在委托设计中，设计任务书的制定则是以甲方的各项要求为主，同时设计方对任务书的内容提出建设性的意见供甲方参考。

（1）设计任务书制定的基本内容

1）工程项目的地点。在设计任务书中首先应当明确项目具体的地点，以便于设计方根据周边的地理以及人文环境的特性来更好地对项目进行调研与分析。

2）项目的使用性质。项目的使用性质直接决定了它的功能特点。在室内设计中，不同的使用功能应当运用不同的设计语言。例如，设计办公空间与设计娱乐空间无论是色调的选择还是细部手法的运用都会有很大的分别。

3）设计的范围与内容。设计的范围与内容是设计任务书的核心，只有明确范围与内容才能使设计师开展具体的设计工作。

4）装修的标准与档次。在设计任务书中，应当明确装修的标准与档次，以便设计师更好地确定材料和手法。

5）设计进度。在设计任务书中，甲方应当给予明确的设计进度供乙方遵照执行，乙方也应在甲方给予的时间进度的基础上自行制定更为详尽的设计进度表，以保证设计的按时完成。

6）表现形式。室内设计的表现形式多种多样，但是所有表现形式的最终目的都是为了最全面与完整地表达设计师的设计构思。其中计算机透视效果图、手绘透视效果图以及动画漫游是目前最为普遍的几种表现形式。作为委托方，在制定设计任务书时，应尽可能地将设计方案的表现形式阐述清晰，以使设计方案在形式上能够满足甲方的基本要求。

（2）设计任务书制定的标准

1）根据委托方（甲方）的要求制定。这种形式建立在甲方具有成熟的设计概念的基础上，希望设计者忠实体现委托设计者自己的想法构思。

2）根据工程投资额的限定要求制定。这种形式是建立在甲方的投资额业已确定，工程总造价不能突破的前提下的，所以要求设计任务书确定的设计内容在不超支的情况下，能够达到要求的工程效果。

3）根据等级档次的要求制定。这种形式是根据甲方的经济实力以及建筑本身的条件和地理环境位置来制定设计任务书。可以按照高、中、低的档次来要求，也可以按照星级饭店的标准来要求。

4）根据空间使用要求制定。这种形式一般针对专业性强的空间，因此在设计任务书的制定过程中，甲方应多听取专业设计人员的意见，以满足今后的使用要求。

三、设计草案

1.掌握要点

设计草案是室内设计方案最终实施完成的基础，同时也是设计中最重要的一个阶段。通过对多个具体图形空间形象的对比优选来决定设计发展的方向，通过对不同平面草图的对比优选来决定最佳的功能分区，通过对不同空间透视草图的对比优选来决定最终的空间形象。

设计草案是设计师在设计过程中进行自我交流或与甲方进行信息交流的图解思考的一种表达方式。所谓图解思考是我们用速写草图以帮助思考的一个术语，在室内设计中，这种思考与设计构思阶段相联系。在计算机辅助设计被广泛应用的今天，设计草图对于设计师来讲尤其重要。

设计草案可以看做是设计者的自我交谈过程。在交谈中，设计师与设计草图相互交流。交流过程涉及画面中的视觉形象以及眼、脑和手的相互配合。同时，它也是设计师与业主或设计师与绘图员之间交流的最佳途径与方式。

2.工作程序和方法

随着我国各项事业正规化的逐步完善，设计师与业主之间在正式方案完成前的探讨与交流也日益增多，设计师应具备将交流过程中转瞬即逝的创作灵感快速记录下来的能力，同时它也是取得甲方信任与认可的基本素质和要求。

（1）设计草案的特征与绘图要点

我们平时所理解的设计方案大多着重于最终的结果，从这类作品中有时并不能反映设计者的设计意图，而设计草案则更能体现出设计不同阶段的进程。

室内设计是对建筑空间的深化设计，在设计草案中更加注重对于使用功能方面的思考与研究，其中平面布局、交通流向、装饰手法、材料运用是这一阶段主要思考的问题。

作为整体空间形象构思的设计草案，它的表现形式主要以手绘方案为主。在设计构思过程中，应从多方面入手，有时可能只是立面或局部的节点，但它所带来的收获也许是多方面的。

（2）设计草案阶段考虑的设计要素

1）合理的空间组织和平面布局。作为一名设计师，在设计前应当充分考虑到项目的使用功能，并以此决定它的空间组织和平面布局形式，提供符合使用要求的室内空间，以满足室内环境物质功能的需要。

2）风格与流派的运用。室内设计中的风格与流派直接影响到整个空间效果，它属于室内环境中艺术与功能相结合的范畴。室内设计中的风格与流派与建筑本身以及空间的使用功能紧密相连。室内设计的风格虽然表现于形式，但是它又具有艺术、文化、社会发展等深刻内涵。风格与流派，是不同的时代思潮和地区特点通过创作构思与表现，逐步发展成的具有代表性的室内设计形式。

3）空间界面的处理手法。界面围合是空间形象构成的主要方面，同时也是结构设计的主体要素。界面由地面、柱、梁、墙体和顶棚构成。空间界面的处理手法也可以称做室内设计中的细部设计。人们对于室内环境气氛的感受，通常是全面和综合的，它既包含整体的空间形态，也包含作为空间实体的界面。作为空间实体的界面的内容主要有：室内的采光和照明，材料的质地和色彩，界面本身的形状、线脚以及图案肌理等。

4）尺度与比例。作为一名专业的室内设计者，必须具有专业所需的单位尺度概念。包括人体的尺度和动作过程中所需要的尺寸和空间范围，人们在交往时符合心理要求的人际距离以及人们在室内通行时各种有形无形的通道宽度等。

5）色彩与材质。室内设计中的色彩主要以明亮的、中性的和含灰的色调为主。室内设计的空间特殊性，决定了它的色彩表现方式。在设计中应当根据具体的功能需要，选择适当的色彩。色彩的营造，一方面靠界面本身的颜色，但更重要的是依靠室内光环境的设计，通过室内光环境的营造来烘托色彩的主题。

材料的选择受到多重因素的制约，材料的使用总是与不同的功能要求和一定的审美因素有关的。设计师在设计前应充分了解甲方的意图及要求，充分了解材料市场以及各种不同类型材料的使用方法与效果，做到胸有成竹。

6）家具与陈设。在室内空间中，家具与陈设直接影响着室内的整体风格，它与室内环境形成一个有机的统一体。在室内设计中，经常是在一个单位平面中依靠家具及陈设的正确摆放，来决定交通的流向和功能的分区。家具与陈设的设计与摆放，直接体现一名设计师的艺术修养和审美情趣。

第二章　设计表达

第一节　方案设计

一、平面功能布局

1.掌握要点

了解平面功能布局的一般原则及不同功能的室内空间的分类。明确功能布局是整个室内设计过程的基础，只有在合理的功能布局基础之上进行各种艺术风格的室内设计才是有意义的。否则，只能是"空中楼阁"。

2.工作程序和方法

室内设计涉及由界面元素围合成的空间形状、尺度、声、光、电、热等环境因素。随着社会生活和科技的不断进步，对于室内设计又提出了许多新的要求。总体分析各种摆在室内设计师面前的要求和条件，功能的合理布局理所应当是重中之重。

（1）平面功能布局的原则

1）整体性原则。室内空间中各种功能的组织要整体有序，设计时要有全局观念，在整体功能布局合理的前提下，再考虑具体的、细部的功能分布。

2）就近原则。在室内功能布局设计中，各种功能要根据不同的性质，实行就近分区和归类的布局手法。使功能相似的空间置于同一区域中，相互依存，便于使用。比如，在星级宾馆、酒店中，常常将餐饮、娱乐功能设置在同一区域或同一楼层之内，以求客人在使用时的便利，同时，又不打扰客房中就寝的客人。

3）因地制宜的合理性原则。室内的空间大小不同，对于各种功能布局的要求也就有所差别。在功能不同时，要根据空间的大小，结合功能，合理地安排，不要一味求全，否则容易使各功能丧失应有的空间。应按照先后主次的顺序，把最重要的功能处理好，然后再适当分配其他相关的功能区，力求合理而充分。另外，为了求得功能的尽善尽美，可以安排多功能转换使用的区域或陈设物，使某一处空间或家具达到一物多用的效果，事半功倍。

功能布局时要考虑与室内的物理环境相协调。比如，采光的效果、通风的情况、窗与门的关系等。

（2）平面功能布局的方法与步骤

1）认真仔细地分析已具有的设计条件。比如，平面空间大小、空间高度、梁与柱在空间中的位置、设备所占用空间的情况等，还有就是已确定的空间中的若干使用功能。

2）根据上述原则，利用草图的方式反复配置功能区域，在进行类比优选之后，确定最为合理的平面功能布局方向。由内到外，由外到内，在整体合理的原则下，推敲局部，层层深入。注意相关的资料和数据，如人体尺度、活动范围、家具布置、设备尺寸等。协调各功能之间的过渡、衔接处的关系，使之合理有序，自然衔接。在功能布置合理的同时，要注意形式美的问题，使各功能区域达到均衡。统一中有对比，主次分明，使功能技术美与形式美有机统一。

3.相关知识

（1）以功能为依据的室内空间的分类

室内设计中以功能为依据的空间分类与建筑相似，大致可以分为四类:住宅空间室内设计，公共空间室内设计，工业建筑空间室内设计，农业建筑空间室内设计。

各类型室内空间中又有一些功能相似的空间，如楼梯、门厅、厕所等。这些空间在具体的设计项目中，根据不同的要求和标准还会有一定的差别，要具体项目具体分析。

以功能为依据的室内空间的分类如下。

1）住宅空间室内设计：前室设计，起居室设计，餐室设计，书房设计，卧室设计，厨房设计，浴厕设计。

2）公共空间室内设计：文化建筑室内设计（包括学校、图书馆、美术馆、博物馆等），医疗建筑室内设计（包括疗养院、诊所、医院等），商业与娱乐建筑室内设计（包括商场、专卖店、餐厅酒吧、茶室、歌舞厅、俱乐部、游艺厅等），宾馆、酒店建筑室内设计（包括度假村、会所等），办公建筑室内设计，体育建筑室内设计（包括各种比赛场馆和训练馆），会展建筑室内设计（包括展厅、展廊等），交通建筑室内设计（包括候机楼、车站、码头）。

3）工业建筑空间室内设计：各类厂房，车间，机房，实验室等。

4）农业建筑空间室内设计：各类种植房，暖房，饲养房等。

（2）人体工程学

人是室内空间中的主体，因此，对于人的活动范围及人体本身的尺度研究是室内设计的必备知识之一。在平面功能布局时，要考虑人的动态尺寸和静态尺寸，根据不同的要求，设置走廊、门、家具的尺度。

各种不同的人体尺度，如图2-2-1~图2-2-18所示。

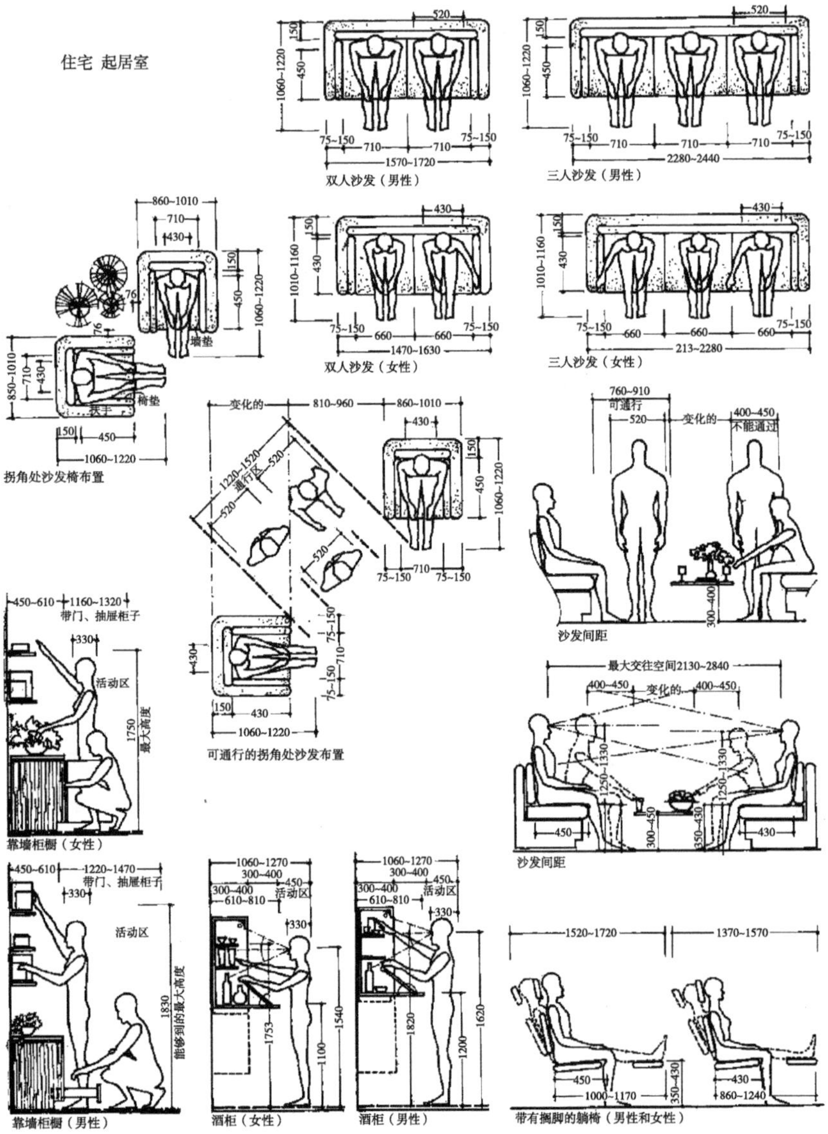

图 2-2-1　起居室常用人体尺度

（3）形式美法则

平面功能布局不能单单是机械地把功能置于室内空间之中，还应讲究形式美感，只有两者有机结合，才能达到较为理想的效果。

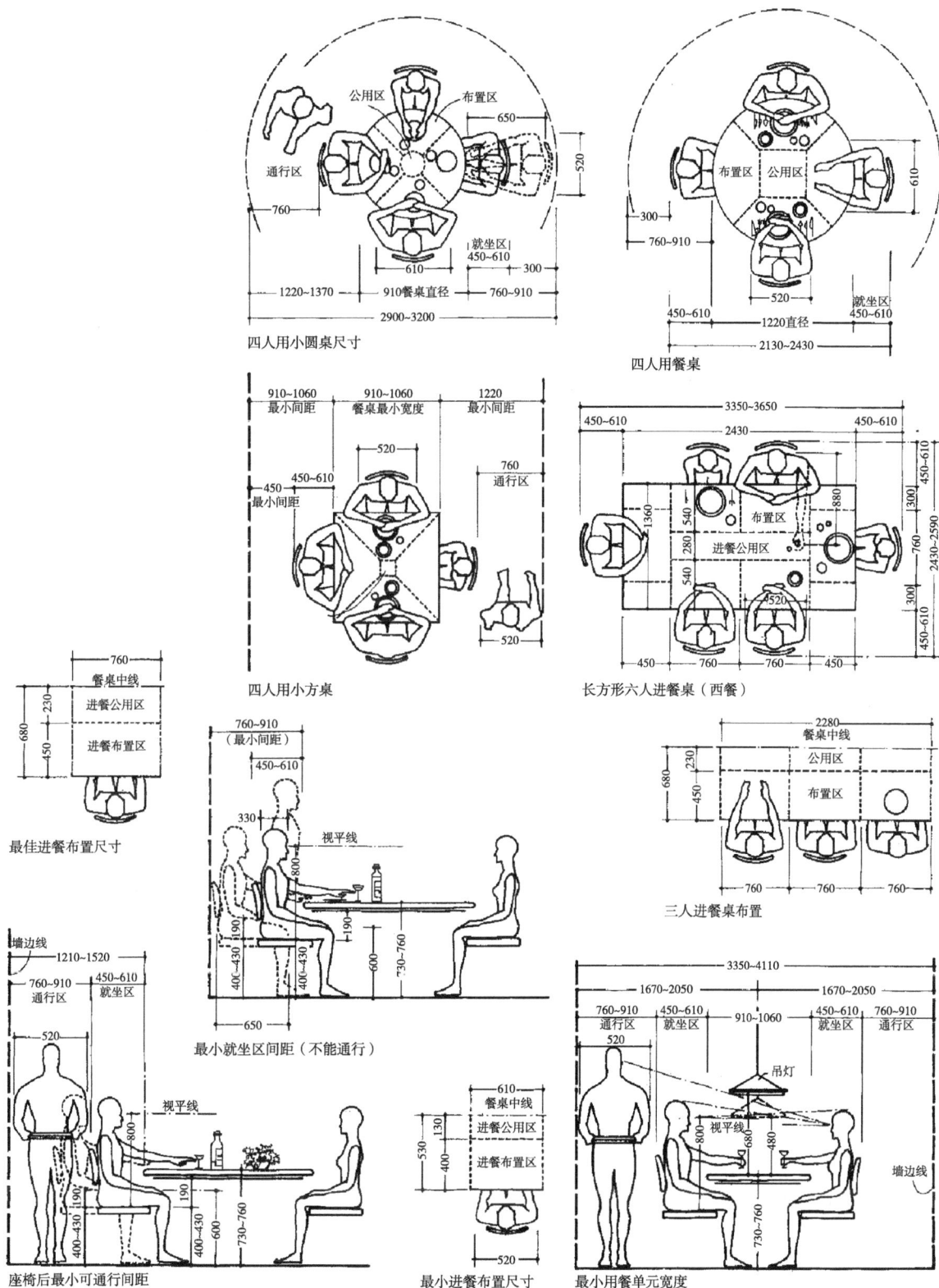

图 2-2-2　餐厅常用人体尺度

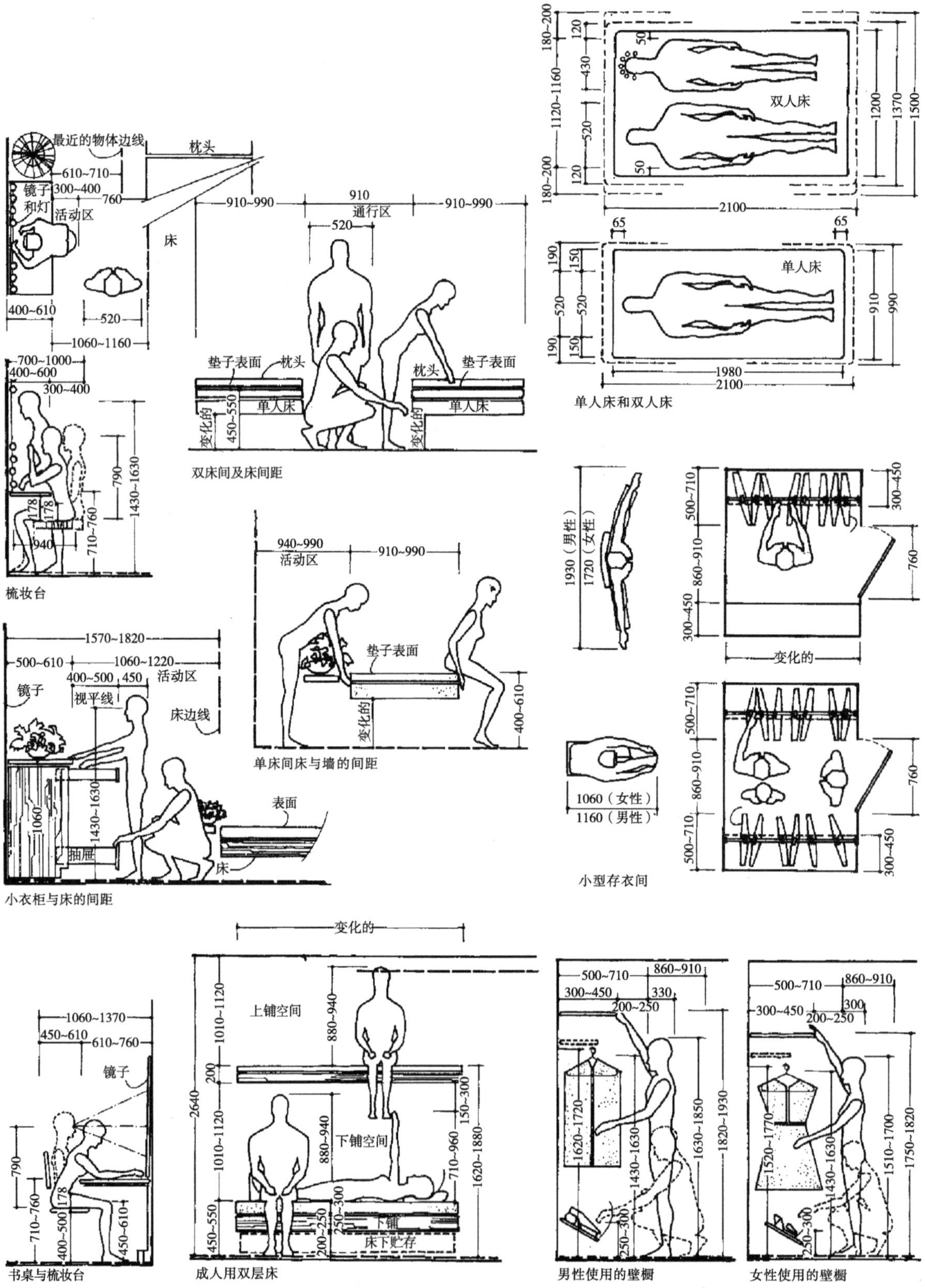

图2-2-3 卧室常用人体尺度

冰箱布置立面

280~350　910
工作区
冰箱顶线
舒适的取存区
1400~1760
1500
880~910
650

冰箱布置立面

910
工作区
贮存区
冰箱
舒适的存取区
底柜
1500
760~910
1540
880~910
640

上方排烟罩
炉灶
侧面空间
烤箱
标准厚度
侧面空间
烤箱工作区
炉灶工作区
设备之间最小间距
300
530~760
490~1160
380
380
1010
1010
1220

炉灶布置立面

3400~2500
610~690 标准厚度
设备最小间距
610~660 标准厚度
贮存柜
烤箱工作区
炉灶工作区
贮存柜
排烟罩
烤箱
450
1010
1010
330
610
760
520
1540
1500
890~920 标准高度
890
炉灶

水池布置尺寸

水池边与拐角案台最小距离
侧面最小空间
水池侧面最小空间
工作区
到墙的最小间距
通行区
洗碗机
450
300
710~1060
610
1770~1930
1010
760~910
450
520

调制备餐布置

水池
主要案台操作区
上部有吊柜
冰箱
450
450
760
1060

水池布置

吊柜
水池上方吊柜底部
水池
底柜
通行区
工作区
450
610~660
1010
670
520
1450
1540
560
890~910
880~910
1630~1700
100
76
760~910

柜式案台间距

案台
工作区
通行区
案台
1520~1670
1220
910
610~760
330
520

人能够到的最大高度

搁板
吊柜
最舒适的存取区
300~330
380
1500
1540
640
450
880~910
610~660
下面设有柜式案台时，1930（男性）1820（女性）
下面没有柜式案台时能够到1852（男性）1820（女性）
下面有柜式案台时能够到1820（男性）1750（女性）

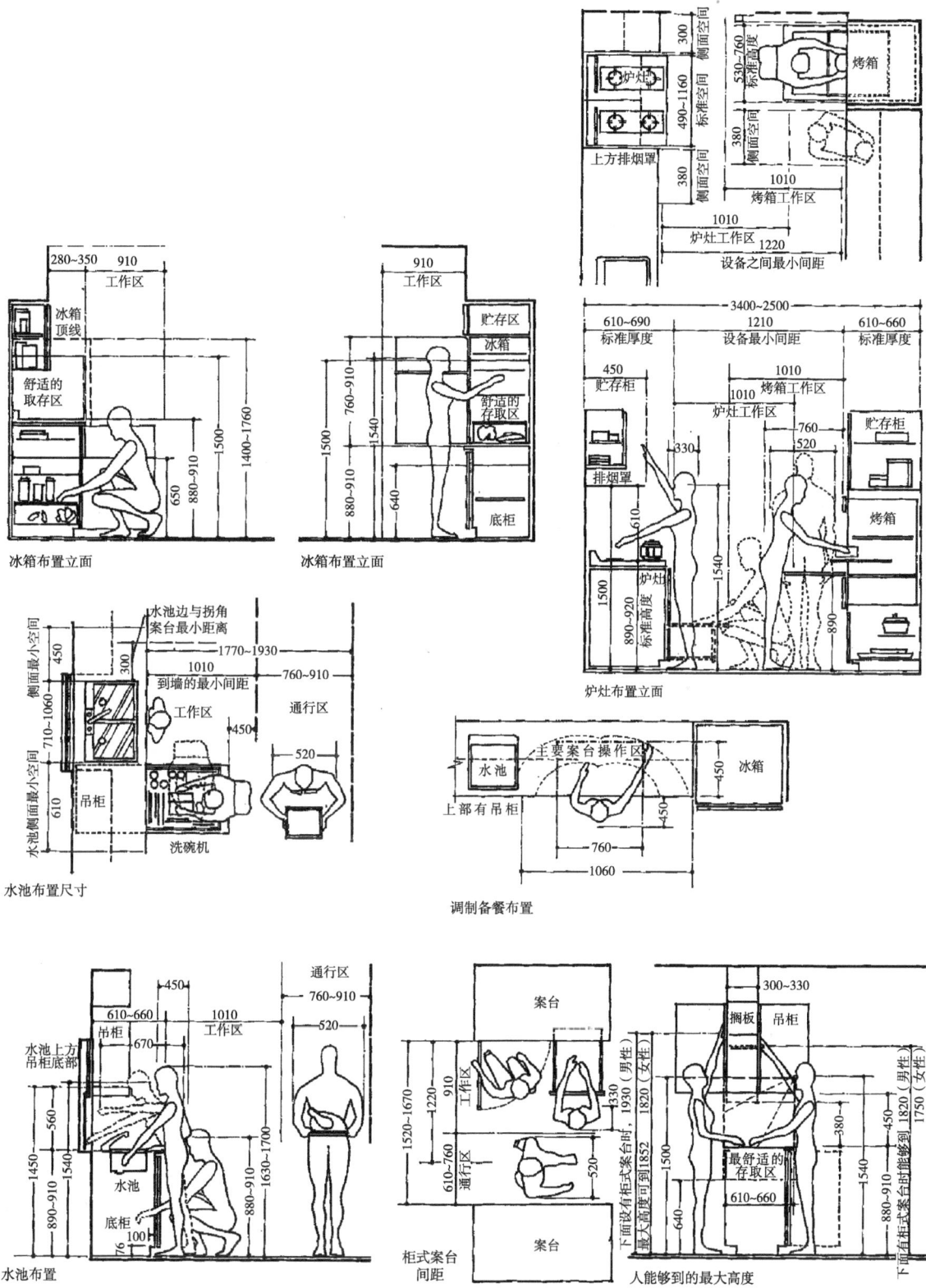

图2-2-4　厨房常用人体尺度

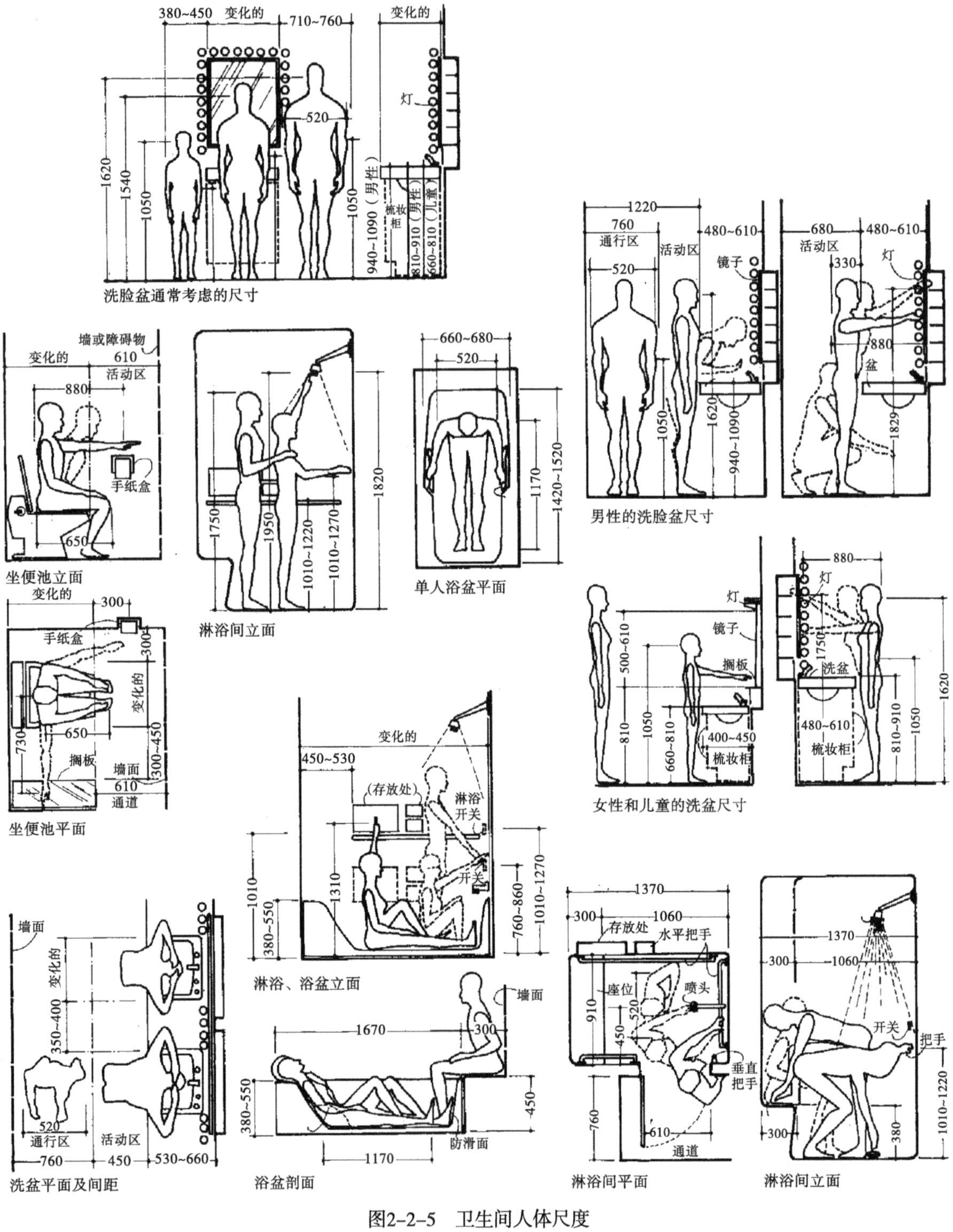

图2-2-5 卫生间人体尺度

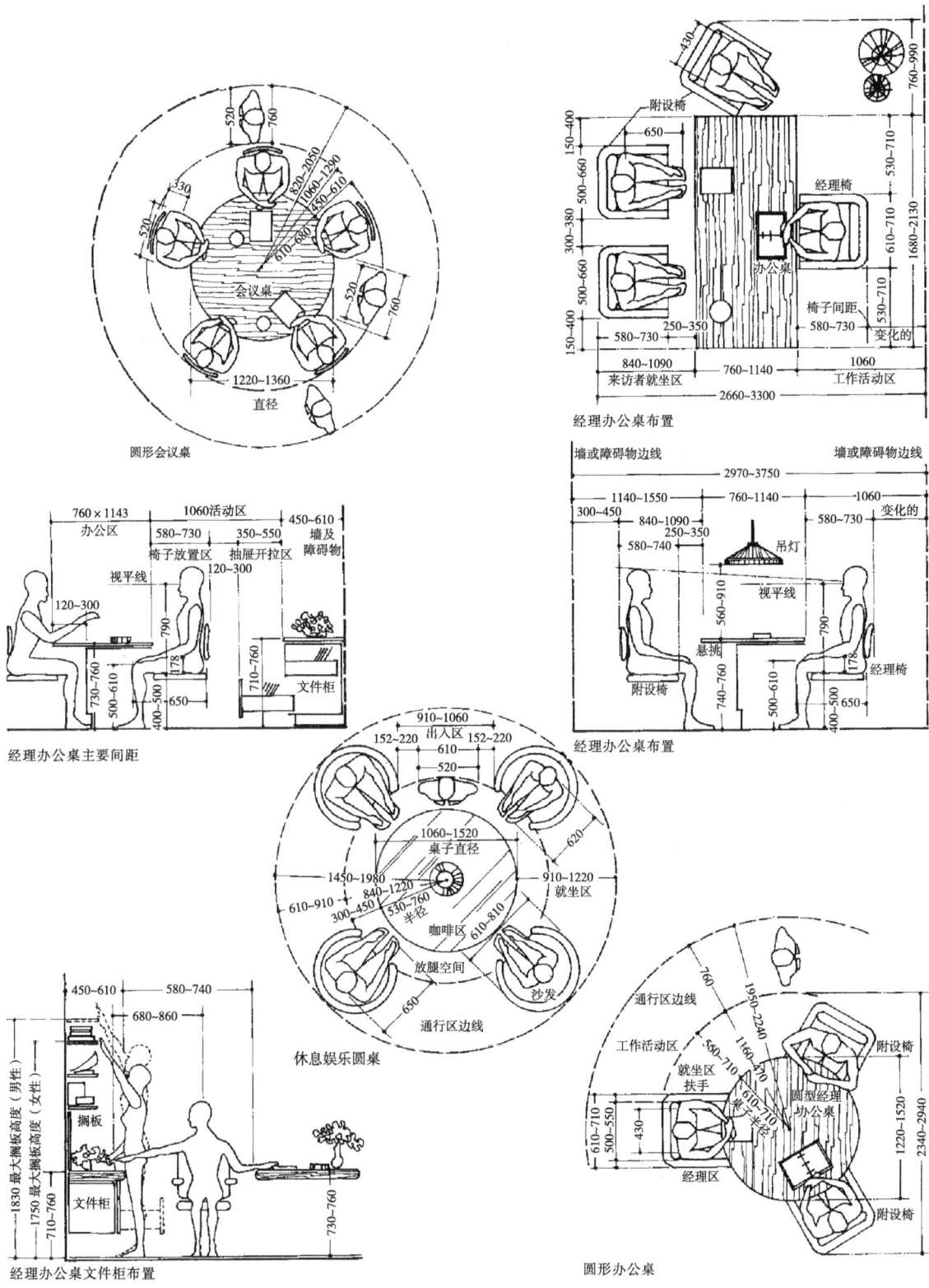

圆形会议桌

经理办公桌布置

经理办公桌主要间距

经理办公桌布置

休息娱乐圆桌

经理办公桌文件柜布置

圆形办公桌

图2-2-6　普通办公室常用人体尺度

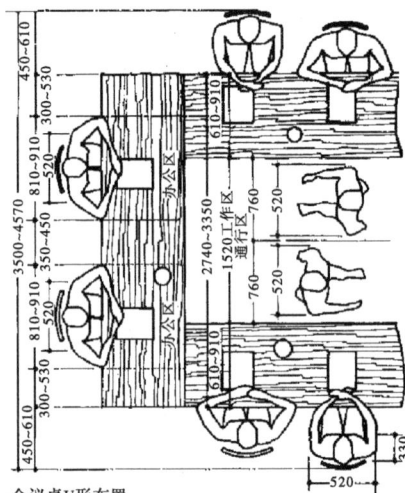

会议桌U形布置

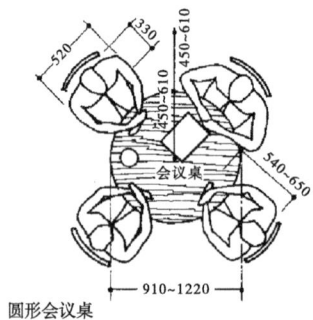

圆形会议桌

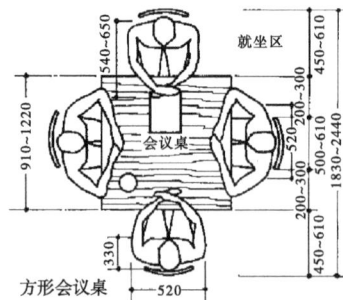

方形会议桌

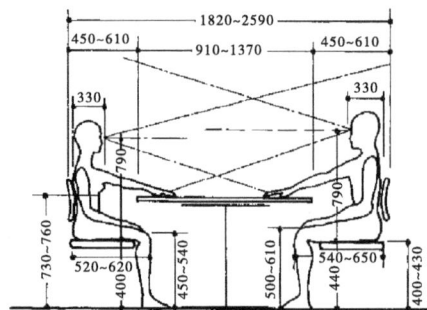

会议桌

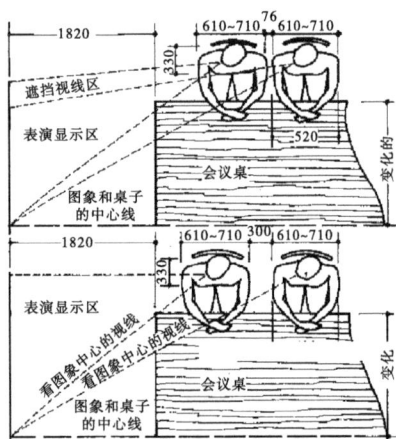

视听会议桌 布置与视线

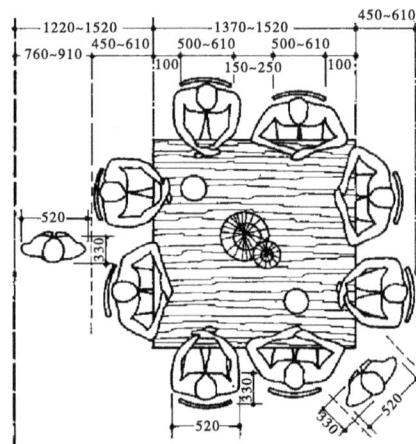

方形会议桌

图2-2-7　会议室中常用人体尺度

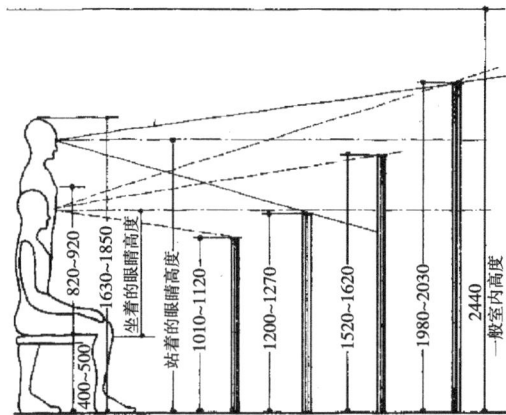

屏风式隔断（男性）

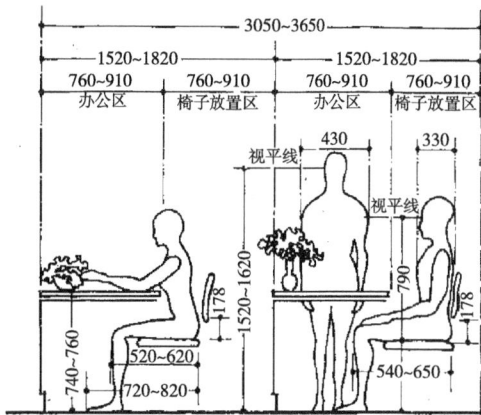

相邻工作单元

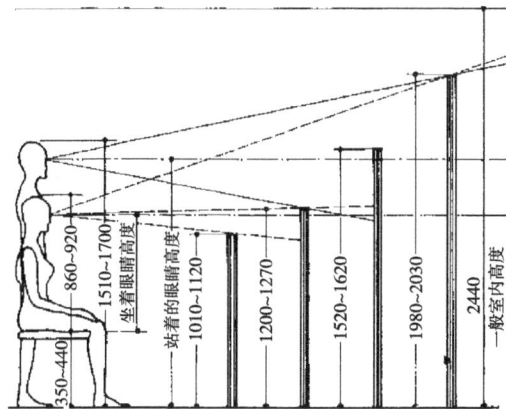

屏风式隔断（女性）

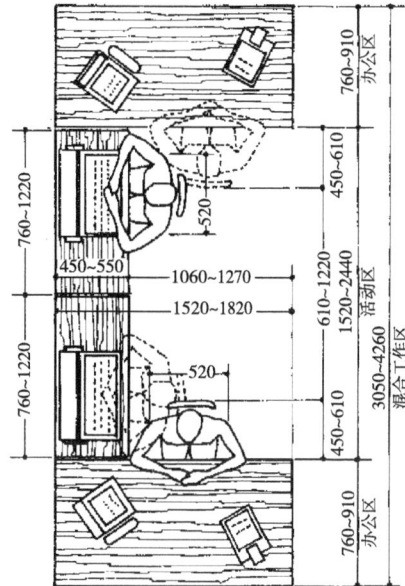

相邻工作单元U形布置

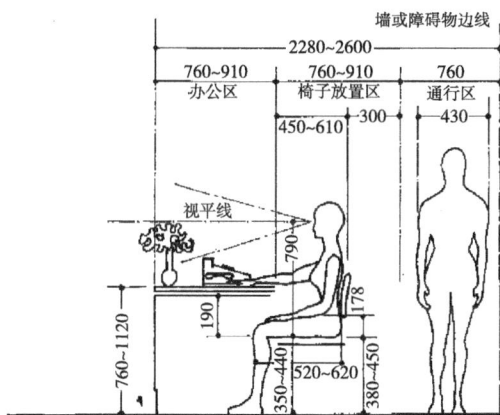

可通行的基本工作单元

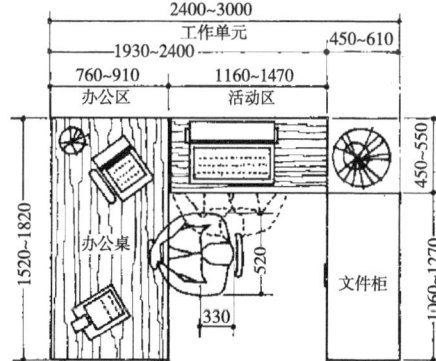

基本的U形布置单元

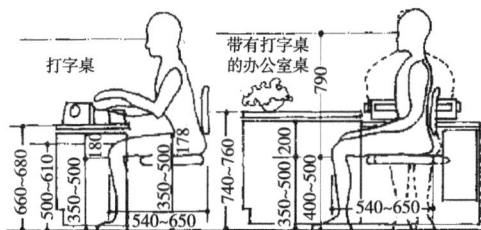

打字桌和办公桌（男性）

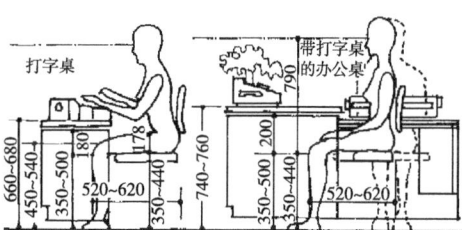

打字桌和办公桌（女性）

图2-2-8　开放式办公室人体尺度

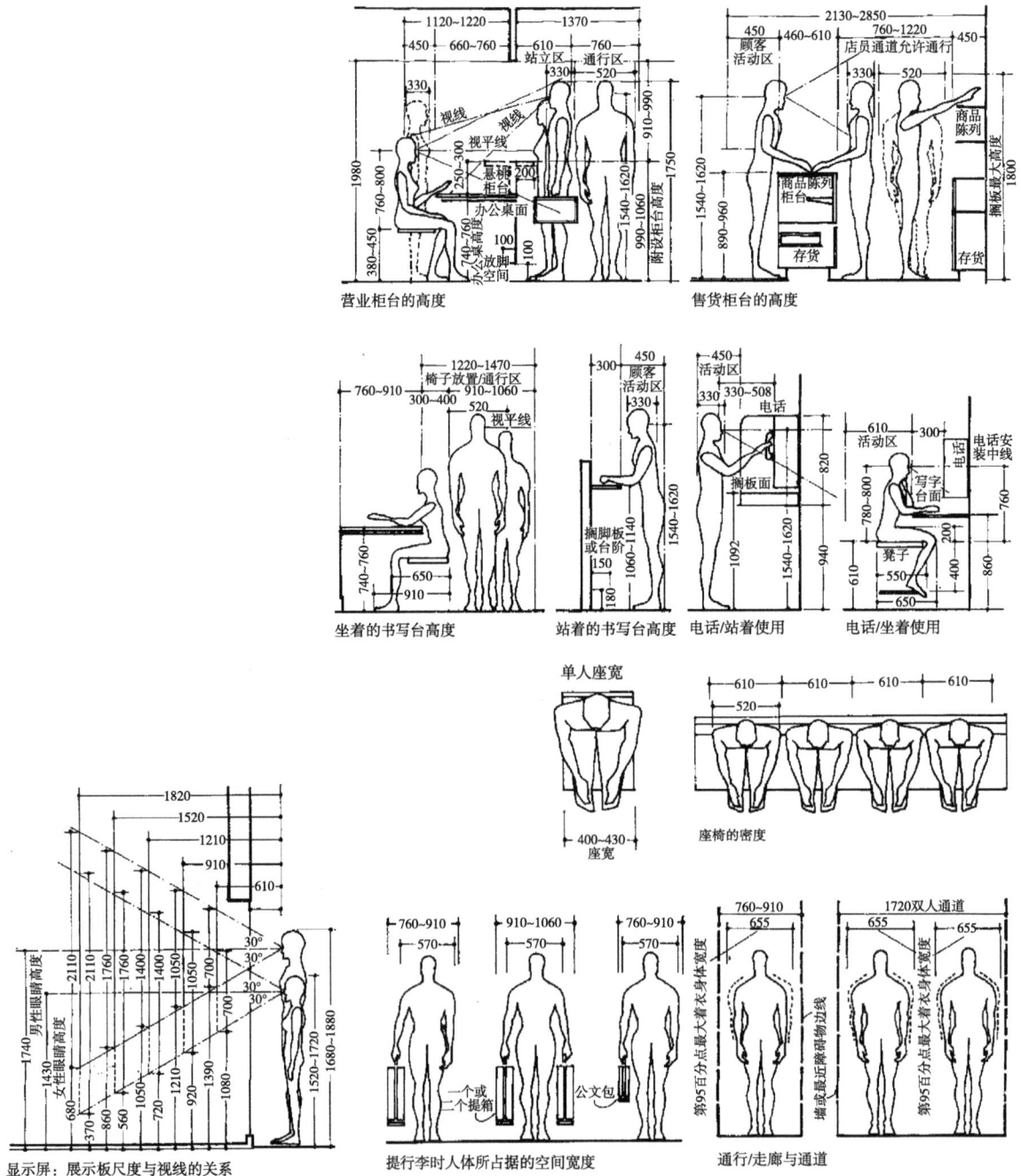

营业柜台的高度

售货柜台的高度

坐着的书写台高度

站着的书写台高度

电话/站着使用

电话/坐着使用

单人座宽

座椅的密度

显示屏：展示板尺寸与视线的关系

提行李时人体所占据的空间宽度

通行/走廊与通道

图2-2-9　常用人体尺度

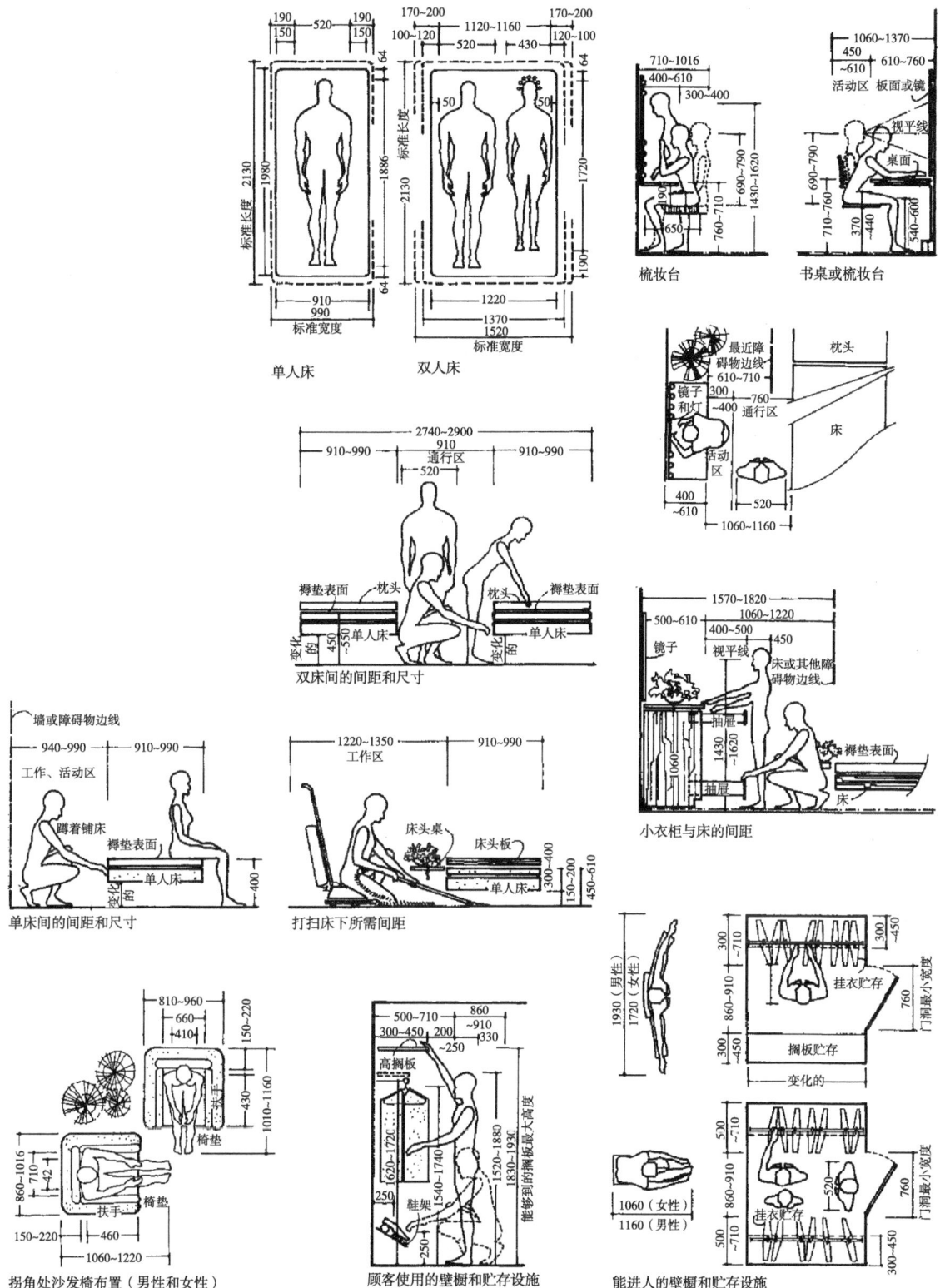

图2-2-10　客房常用尺度

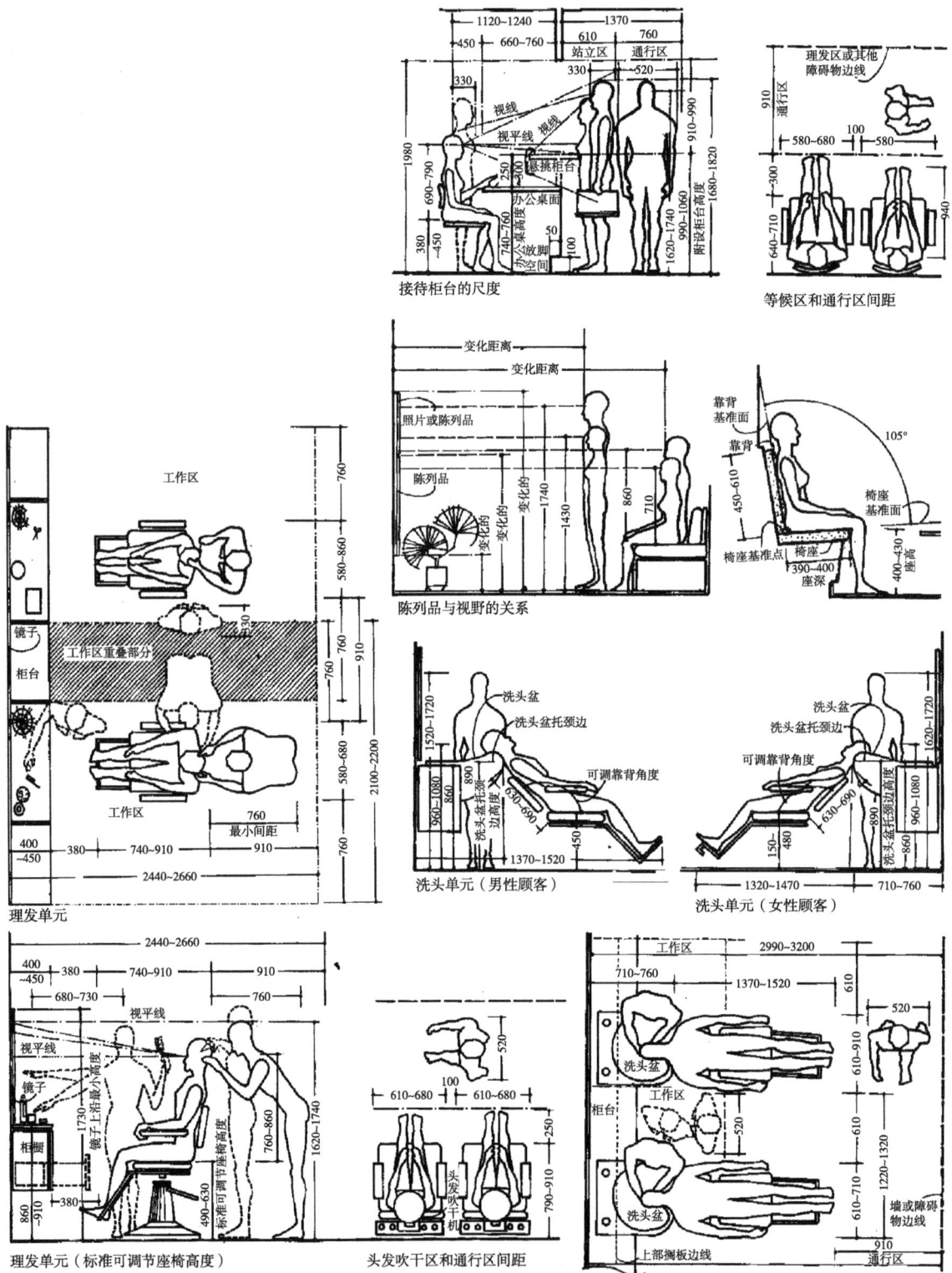

图2-2-11 理发美容常用人体尺度

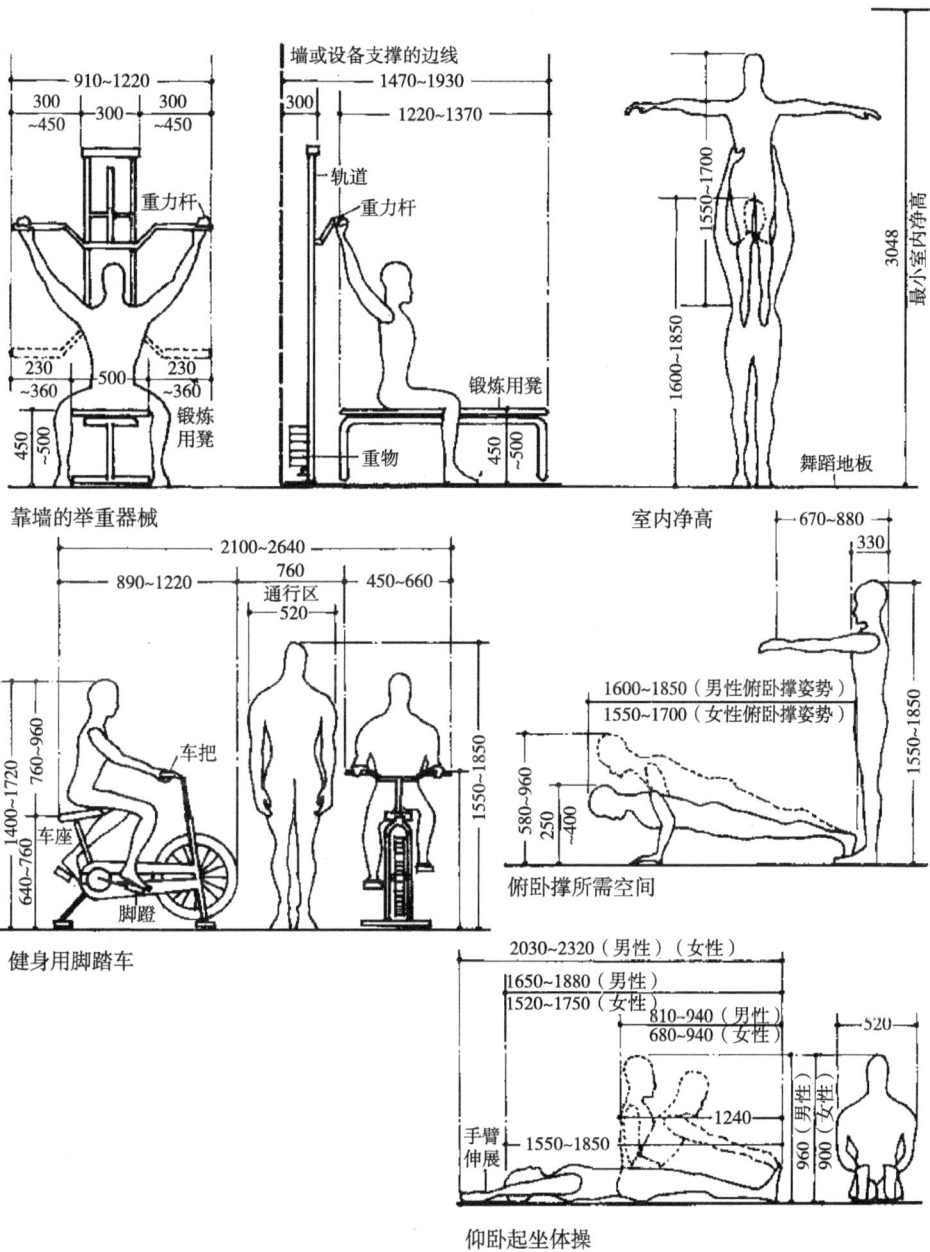

图2-2-12　健身器材常用人体尺度

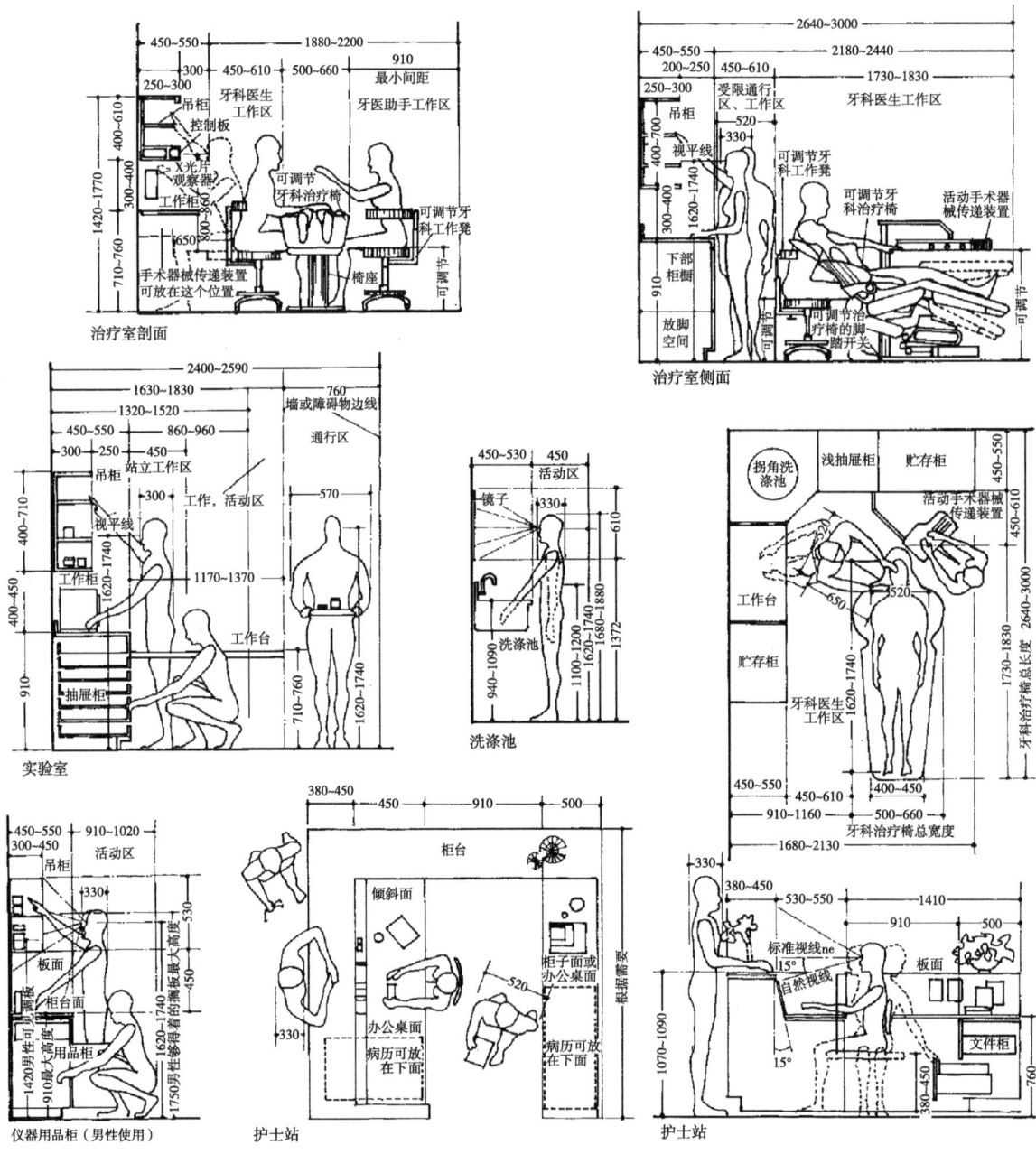

图2-2-13 牙科诊疗所常用人体尺度

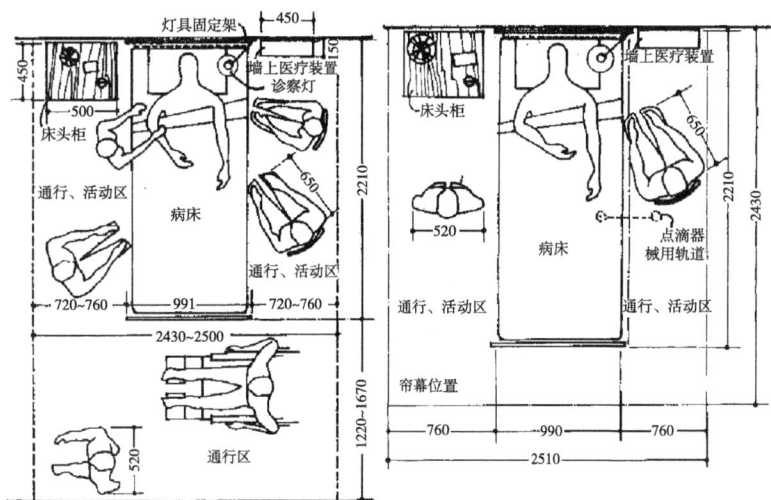

每病床所占面积（双床间或四床间）　　　　帘幕隔开的病床小间

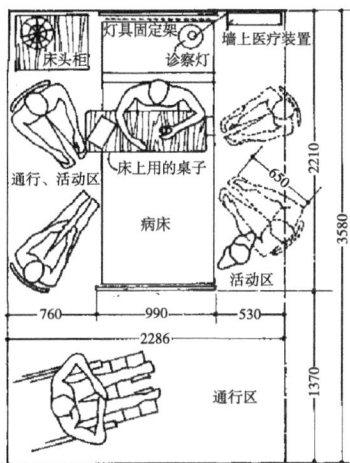

病房

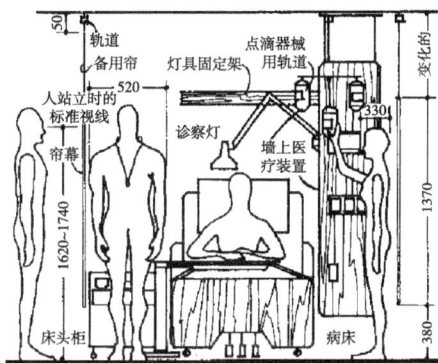

用帘幕隔开的病床小间

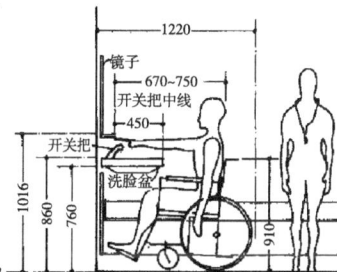

病房洗脸盆

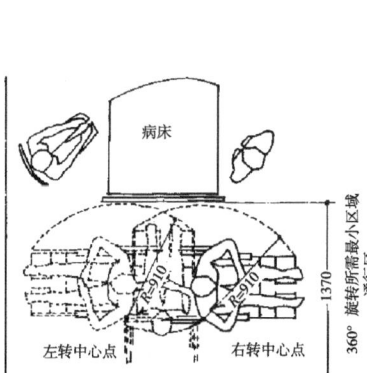

病房、轮椅活动空间

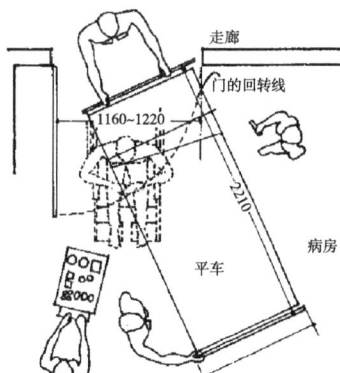

病房出入口

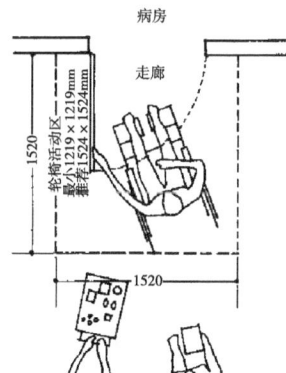

病房出入口

图2-2-14　医院病房常用人体尺度

坐着查找的目录柜人体尺寸

阅览桌椅尺度

书架、期刊架尺度

写笔记　读书

读者需要的阅览桌面积
（括弧内尺寸为儿童读者的要求）

出借处柜台尺寸

出借处柜台尺寸

目录柜常用人体尺寸

目录柜常用人体尺寸

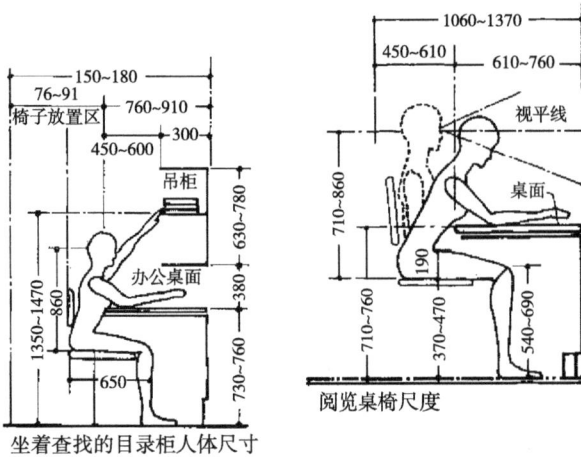

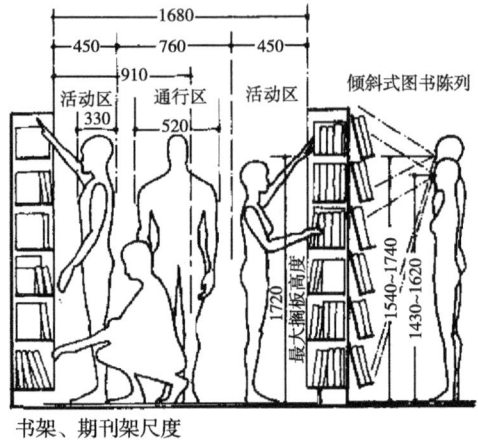

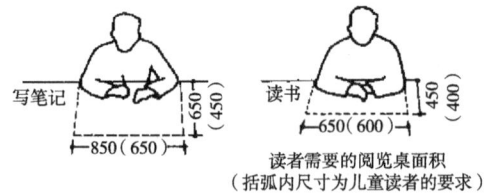

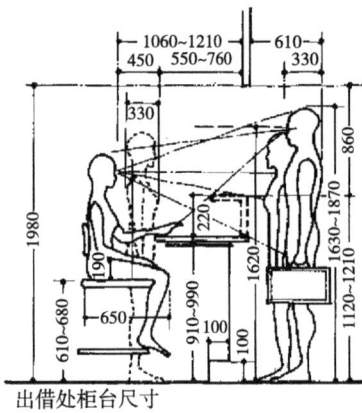

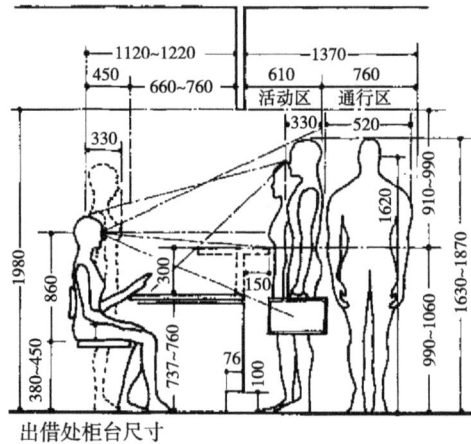

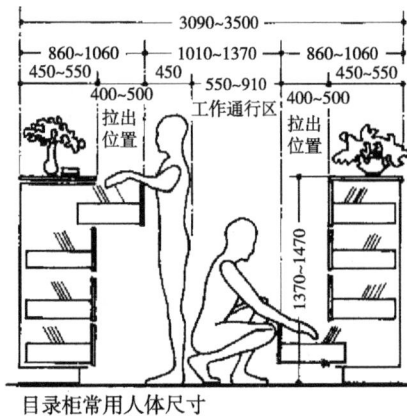

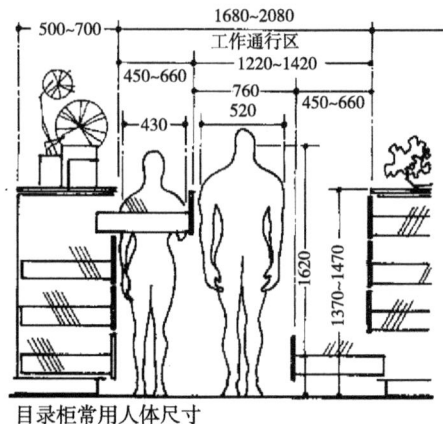

图2-2-15　图书馆阅览室常用人体尺度

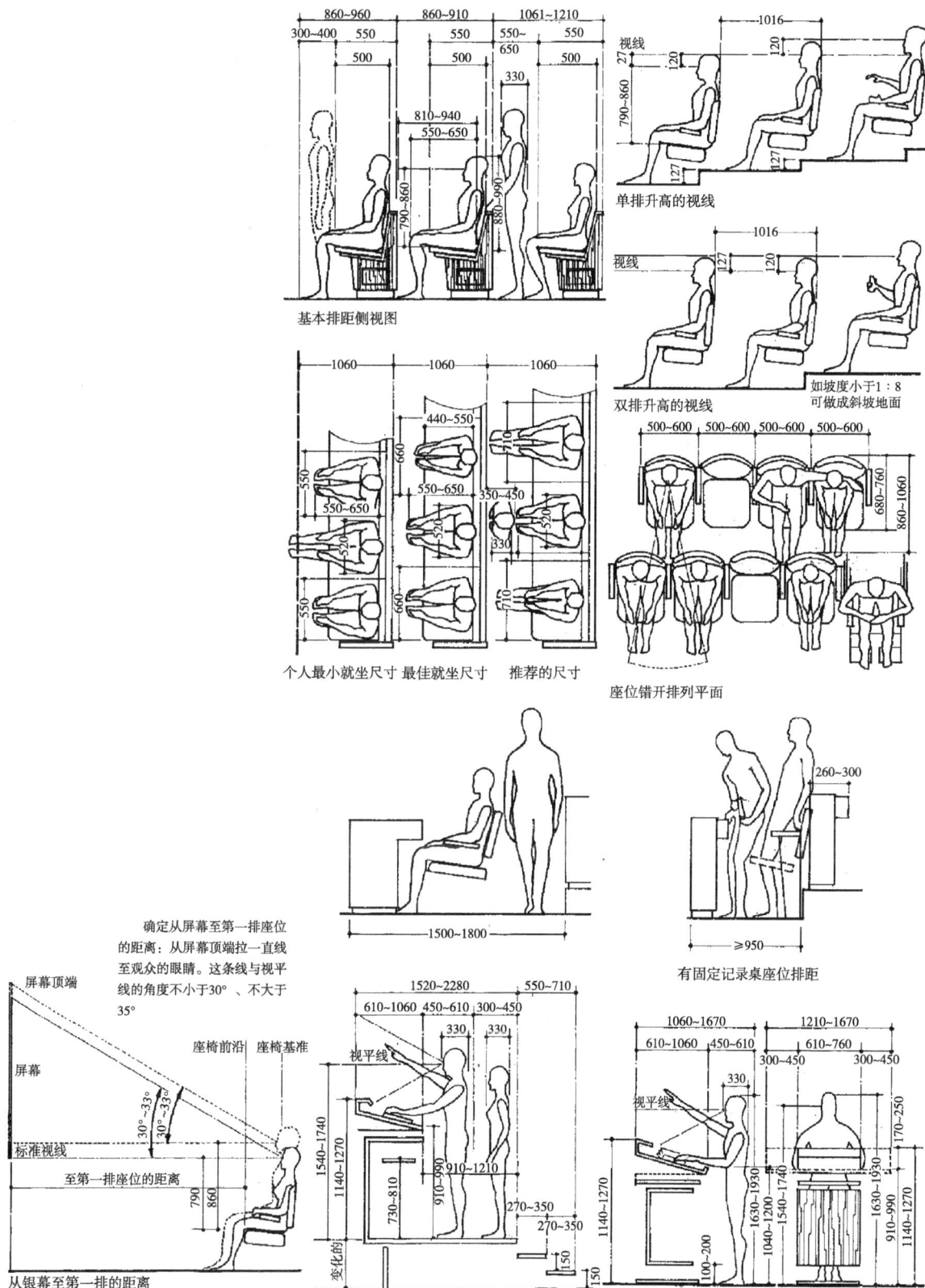

基本排距侧视图

个人最小就坐尺寸 最佳就坐尺寸 推荐的尺寸

单排升高的视线

双排升高的视线

如坡度小于1：8
可做成斜坡地面

座位错开排列平面

确定从屏幕至第一排座位
的距离：从屏幕顶端拉一直线
至观众的眼睛。这条线与视平
线的角度不小于30°、不大于
35°

屏幕顶端

屏幕

座椅前沿 座椅基准

视平线

30°~33°

标准视线

至第一排座位的距离

从银幕至第一排的距离

有固定记录桌座位排距

视平线

变化的

图2-2-16 视听空间中常用人体尺度

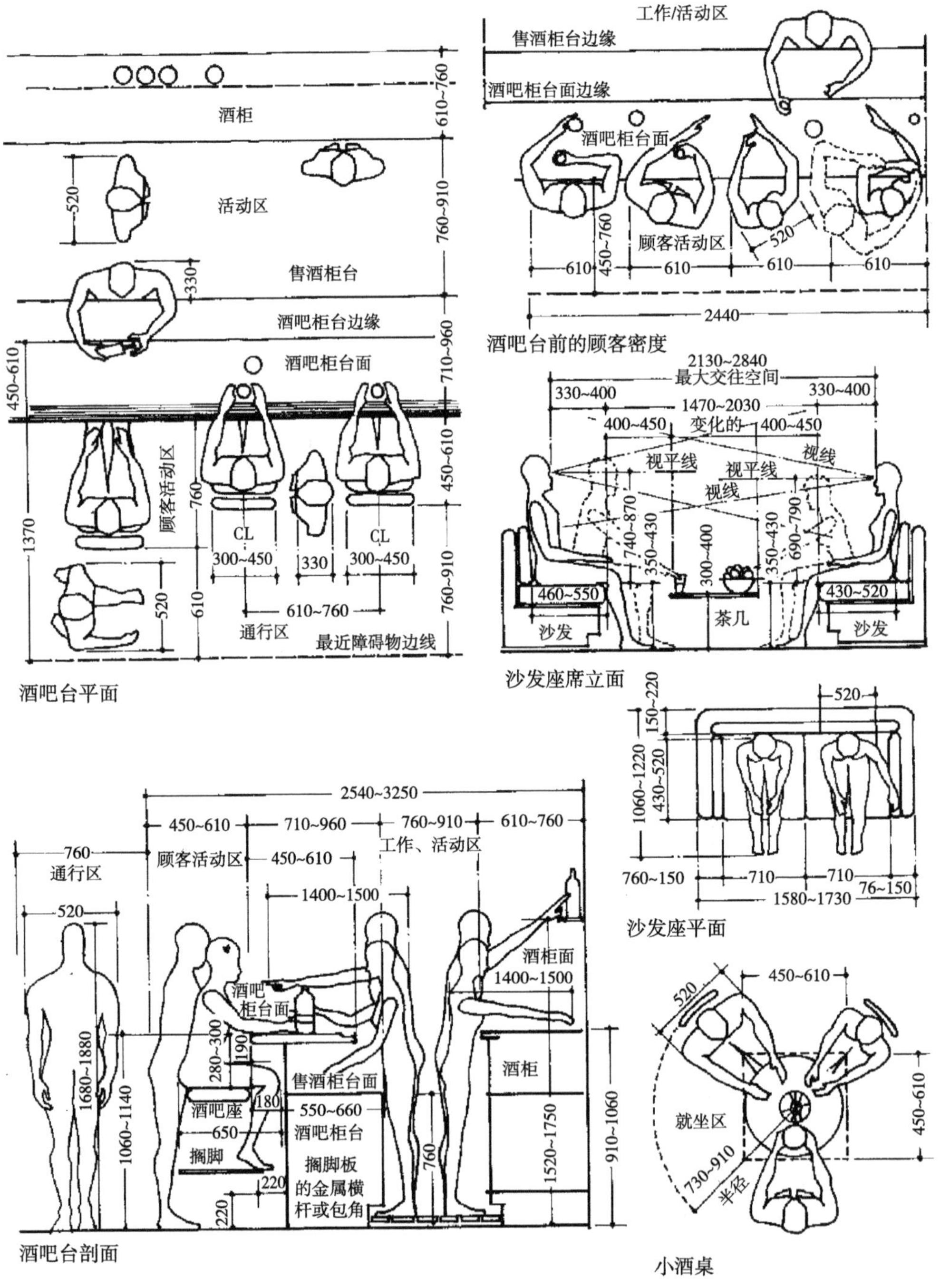

图2-2-17 酒吧间常用人体尺度

最小用餐单元宽度

座椅后可通行的最小间距

最小餐桌宽度

两个人用的餐桌

最小进餐布置

最佳进餐布置

最佳餐桌宽度

直径为1220mm四人用圆桌（正式用餐的最小圆桌）

直径为1830mm的六人用圆桌（正式用餐的最佳圆桌）

最小与最佳深度及垂直间距

最小就坐区间距（不能通行）

餐桌最小间距与非通行区

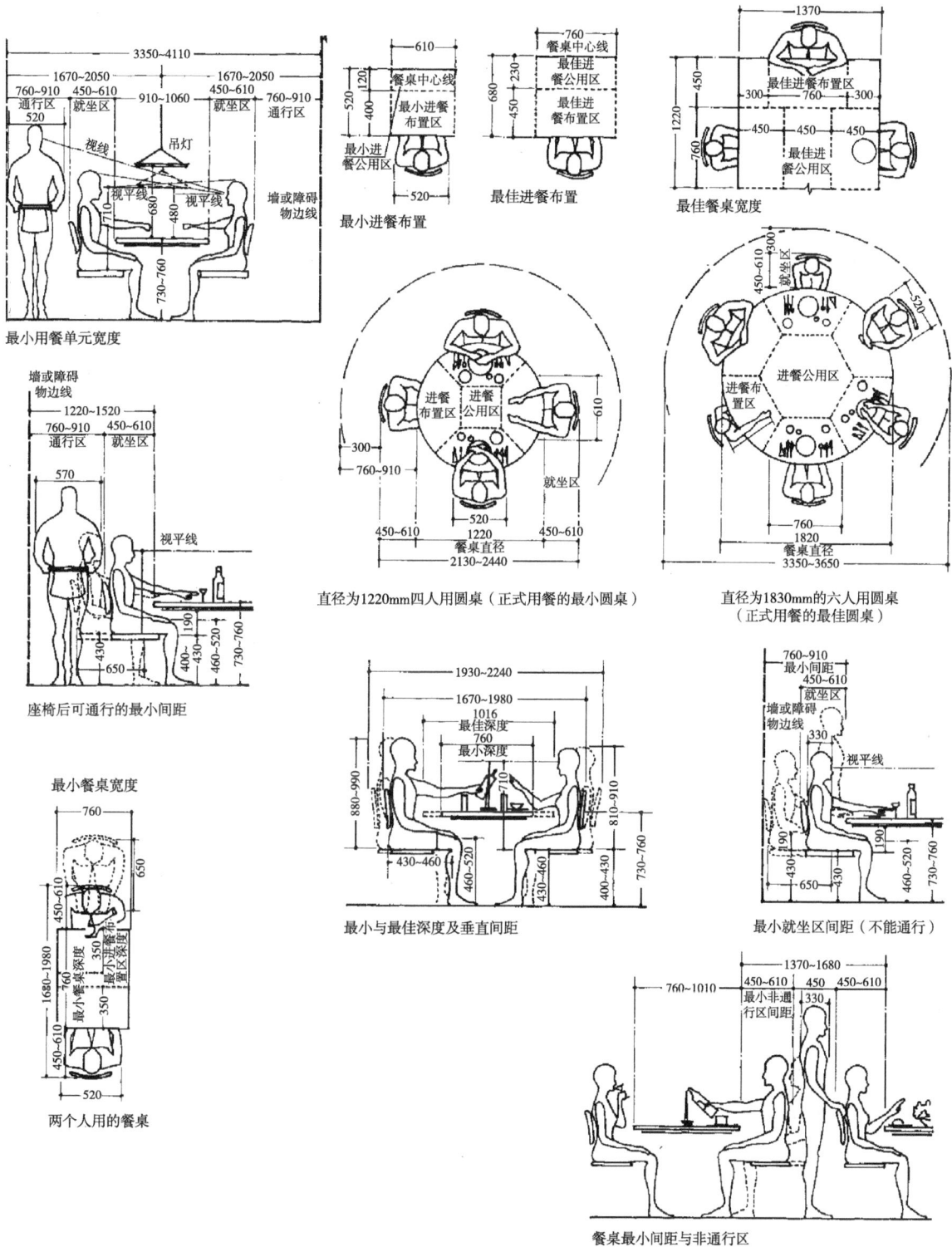

图2-2-18　饮食餐馆与餐厅常用人体尺度

1）均衡。指室内平面构图中的功能区域之间要趋于平衡，面积比例关系协调完整。

2）节奏。即各区域的排列组合有起伏交错的韵律感。

3）对比。即借助区域之间的大小、形式等因素来烘托各自的特点，以求得变化。

4）主次。在平面功能布局中，把主要功能区域作为重点加以设计，在视觉形象上形成中心，成为主要因素，其他则依次类推。

二、空间形象构思

1.掌握要点

明确空间形象的创造是室内设计整体气氛营造的重要因素，了解空间形象创造的手段与途径，认识空间形象创造的相关知识。空间形象创造关系到整个设计的成败，一旦空间形象设计方法不正确，对于以后的设计将产生不可弥补的影响。

2.工作程序和方法

（1）空间形象确立的方法

1）思维过程是一个抽象思维与形象思维有机结合的过程。

2）由于本身具有的跨学科的边缘性特征，所以必须有多层次的复合式思维方式才能满足室内设计的功能和审美要求。

3）运用多种感官功能刺激大脑，达到思维的统一与和谐。

室内设计属于艺术设计的范畴，同时又是一门边缘学科。就空间艺术本身而言，感性的形象思维占据了主导地位，但是在满足相关的功能技术性要求时，则需要逻辑性强的理性抽象思维。因此，室内设计必须是丰富的形象思维和缜密的抽象思维兼而有之、相互融合的。在设计的思维过程中，不能死钻牛角尖。一条路走不通，就换一条试试。"山穷水尽疑无路，柳暗花明又一村。"——换个角度想问题，往往会取得意想不到的收获。许多情况下，设计的结果是多种因素交织融合而成的。在这个过程中，感性的思维与理性的推导相互影响，共同作用，通过交错上升的思维过程达到理想的结果。

（2）室内空间形象设计方法的内容

1）从自然与地域要素出发。我国地大物博、民族众多，不同地域、民族有着不同的居住特点、生活习俗。陕北的窑洞，傣家的竹楼……推而广之，希腊的庄重，罗马的高贵和埃及的神秘……都是我们设计中不可或缺的素材。把这些充分融入设计中，会使设计充满生机。

2）从文学艺术作品出发。《红楼梦》中的大观园，古文中描写的阿房宫，半坡出土的彩陶，汉代的漆器纹样，张择端的《清明上河图》……这些文学艺术作品中的瑰宝，如果能在设计中被认真分析、借鉴，无疑会使作品闪现炫目的火花。

3）从优秀建筑作品中汲取营养。中外优秀建筑师为我们创作了许多经典之作，赖特的"流水别墅"、柯布西耶的"朗香教堂"、密斯的"德国馆"……大师组织空间、处理界面的手法具有独到的特点，从中体会的心得亦可直接运用到设计中去。

4）从历史故事人物中获取灵感。中外历史中流传下来的经典故事、著名人物的生平都是设计的源泉。试想，如果在一个设计方案中讲述一个动人的或是悲壮的故事，那么空间界面就会成为讲故事的载体，这样一来，设计问题也许会变得简单些。

5）通过形式美法则分析问题，运用抽象的几何形体进行室内空间的组合，从空间形态的变化入手。

6）通过合理的材料、肌理搭配，图案、色彩组合，使空间形象富有感染力。

当然，空间形象设计方法的内容是多种多样的，关键是能不能够选择到合适的内容，以便进行理想的功能组合。

3.相关知识

（1）空间设计要素的知识

1）空间形象与尺度。室内空间形象是空间形态通过人的感觉器官作用的反应结果。界面围合的空间样式，围合空间中光照来源、照度、颜色，界面本身的材质，围合空间中所有的装饰陈设物，综合构成了空间的总体形象。

从视觉形象的概念出发，空间形象的优劣是以尺度比例为主要标准的，因此把空间形象与尺度置于同一系统是合乎逻辑的。

在空间形象与尺度系统中，尺度的概念包含了两方面的内容。一方面是指室内空间中人的行为心理尺度因素，这种因素主要体现在与人行为心理有直接联系的功能空间设计上。由于室内尺度是以人体尺度为模数的，人的活动受界面围合的影响，其尺度感受十分敏锐，从而形成以毫米为单位的度量体系。这个体系以满足功能需求为基本准则，同时影响到内部空间中人的审美标准。

尺度的另一概念是指定内界面本身构造或装修的尺度比例。这种主要满足于立面构图的尺度比例标准，在空间形象审美上具有十分重要的意义。

2）空间组合的方式（图2-2-19）。①包容性组合。以二次限定的手法，在一个大空间中包容另一个小空间，称为包容性组合。②邻接性组合。两个不同形态的空间以对接的方式进行组合，称为邻接性组合。③穿插性组合。以交错嵌入的方式进行组合的空间，称为穿插性组合。④过渡性组合。以空间界面交融渗透的限定方式进行组合，称为过渡性组合。⑤综合性组合。综合自然及内外空间要素，以灵活通透的流动性空间处理进行组合，称为综合性组合。

3）空间分隔的形式（图2-2-20）。空间分隔在界面形态上分为绝对分隔、相对分隔、意象分隔三种形式。①绝对分隔。以限定度高的实体界面分隔空间，称为绝对分隔（限定度：隔离视线、声音、温湿度等的程度）。绝对分隔是封闭性的，分隔出的空间界限非常明确。②相对分隔。以限定度低的局部

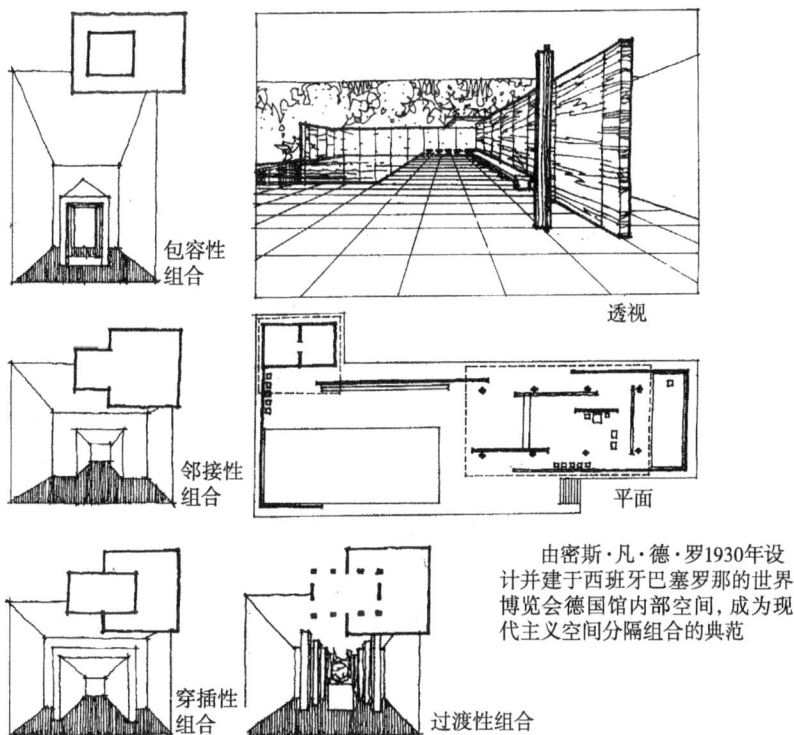

空间组合的基本形式

包容性组合

邻接性组合

穿插性组合

过渡性组合

透视

平面

由密斯·凡·德·罗1930年设计并建于西班牙巴塞罗那的世界博览会德国馆内部空间，成为现代主义空间分隔组合的典范

图2-2-19　空间组合方式

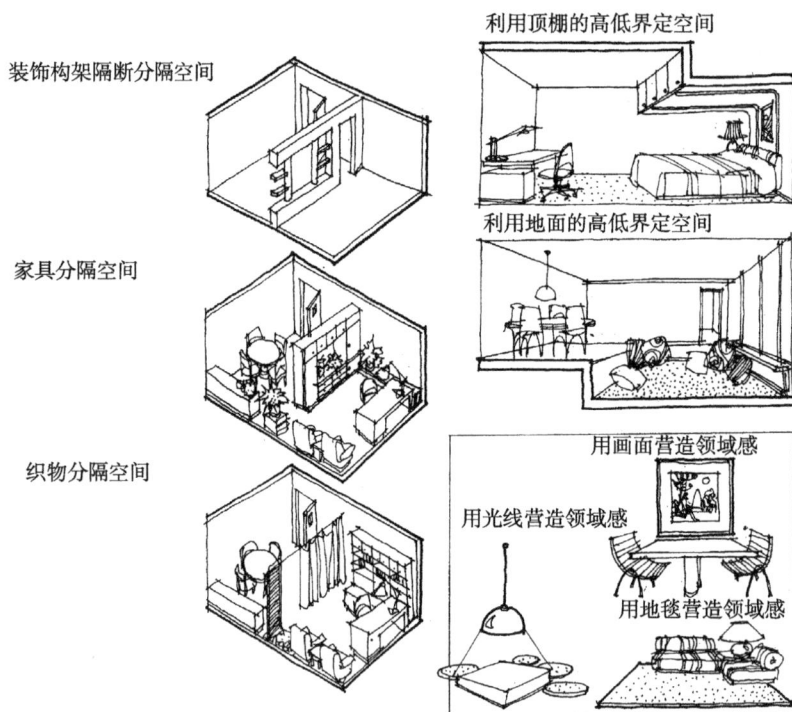

图2-2-20 空间分隔的形式

界面分隔空间,称为相对分隔。相对分隔具有一定的流动性,其限定度的强弱因界面的大小、材质、形态而异,分隔出的空间界限不太明确。③意象分隔。非实体界面分隔的空间,称为意象分隔。这是一种限定度很低的分隔方式。空间界面虚拟模糊,通过人的"视觉完形性"来联想感知,具有意象性的心理效应,其空间划分隔而不断,通透深邃,层次丰富,流动性极强。

非实体界面是以栏杆、罩、花格、构架、玻璃等通透的隔断以及家具、绿化、水体、色彩、材质、光线、高差、音响、气味、悬垂物等因素组成的。

4)空间分隔的方法(图2-2-20、图2-2-21)①建筑结构与装饰构架。利用建筑本身的结构和内部空间的装饰构架进行分隔,具有力度感、工艺感、安全感。结构架以简练的点、线要素组成通透的虚拟界面。②隔断与家具。利用隔断和家具进行分隔,具有很强的领域感,容易形成空间的围合中心。③光色与质感。利用色相的明度、纯度变化,材质的粗糙平滑对比,照明的配光形式区分,达到分隔空间的目的。④界面凹凸与高低。利用界面凹凸和高低的变化进行分隔,具有较强的展示性,使空间的情调富于戏剧性变化,活跃与乐趣并存。⑤陈设与装饰。利用陈设和装饰进行分隔,具有较强的向心感,空间充实,层次变化丰富,容易形成视觉中心。⑥水体与绿化。利用水体和绿化进行分隔,具有美化和扩大空间的效应,充满生机的装饰性,使人亲近自然的心理得到很大满足。

5)空间限定要素(图2-2-22)。从空间限定的概念出发,环境艺术设计的实际意义,就是研究各类环境中静态实体、动态虚形以及它们之间关系的功能与审美的问题。

抽象的空间要素——点、线、面、体,在环境艺术设计的主要实体建筑中,表现为客观存在的限定要素。建筑就是由这些实在的限定要素——地面、顶棚、四壁围合成的空间,就像是一个个形状不同的空盒子。我们把这些限定空间的要素称为界面。界面有形状、比例、尺度和式样的变化,这些变化造就了建筑内外空间的功能与风格,使建筑内外的环境呈现出不同的氛围。

由空间限定要素构成的建筑,再现为存在的物质实体和虚无空间两种形态。前者为限定要素的本体,后者为限定要素之间的虚空。从环境艺术设计的角度出发,建筑界面内外的虚空都具有设计上的意义。建筑界面内的虚空恰恰是室内设计的主要内容。这部分空间的实体与虚空,存在与使用之间是辩证

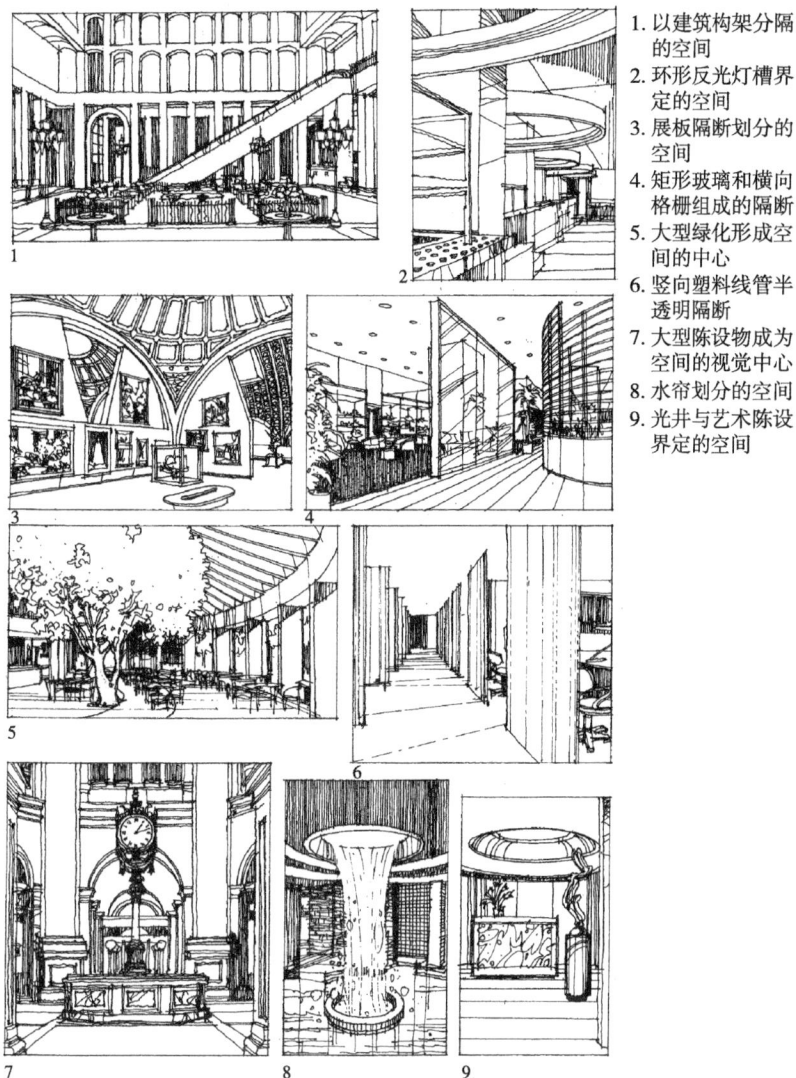

1. 以建筑构架分隔的空间
2. 环形反光灯槽界定的空间
3. 展板隔断划分的空间
4. 矩形玻璃和横向格栅组成的隔断
5. 大型绿化形成空间的中心
6. 竖向塑料线管半透明隔断
7. 大型陈设物成为空间的视觉中心
8. 水帘划分的空间
9. 光井与艺术陈设界定的空间

图2-2-21　空间分隔的方法

而又统一的关系。

建筑中表现为实体的空间限定要素呈四种形态：地面、柱与梁、墙面、顶棚。

地面是建筑空间限定的基础要素，它以存在的周界限定出一个空间的场。

柱与梁是建筑空间虚拟的限定要素。它们之间存在的场构成了通透的平面，可以限定出立体的虚空间。

墙面是建筑空间实在的限定要素。它是以物质实体形态存在的面，在地面上分隔出两个场。

顶棚是建筑空间终极的限定要素。它以向下放射的场构成了建筑完整的防护和隐蔽性能，使建筑空间成为真正意义上的室内。

空间限定"场效应"最重要的因素是尺度。空间限定要素实体形态本身和实体形态之间的尺度是否得当，是衡量室内设计成败的关键。协调空间限定要素中场与实体的尺度关系，成为室内设计师最显功力的课题。

（2）传统艺术要素与相关学科的知识

1）传统艺术要素。一个好的设计师应该亦是一个艺术家，对于艺术的认识，对于美的认识的水平的高低是设计的先决因素。另外，传统艺术往往是许多优秀设计的源泉，赫尔佐格与德梅隆设计的北京

观景、采光、通风用的窗洞口
交通用的门洞口

柱廊构成的虚拟界面具有分隔与连接相邻空间的双重作用

墙体开洞的大小直接影响空间分隔的程度

利用虚拟的梁架限定空间

在大空间中采用非承重墙进行空间的再分隔

梁柱构造体系限定的具有内在联系的空间框架

利用地面材料质感和色彩的变化，构成不同的心理空间，从而达到分隔空间的目的

非承重墙 可以在框架构造的建筑中根据需要任意限定空间

(a)

1. 利用悬桥走廊组合空间
2. 利用中国传统的屋沿构造在室内组合空间
3. 室内构架形成的包容性空间组合
4. 在室内模拟乌篷船构筑的包容性空间
5. 大型柱廊成为室内外的邻接空间
6. 旋转楼梯成为穿插性组合的空间主体
7. 贝聿铭设计的化盛顿国家美术馆东馆是综合性空间组合的杰出范例

(b)

外墙的绝对分隔必须控制热量、湿气和声音的透人，同时要经得起雨淋

风吹和日晒
雨淋 风吹 日晒

内墙的绝对分隔必须控制人的视线，各类声音以及热量和光线的透人

分隔度逐次减弱的墙体和构架

隔断的高低主要对人的视线阻隔与使用功能发生作用

(c)

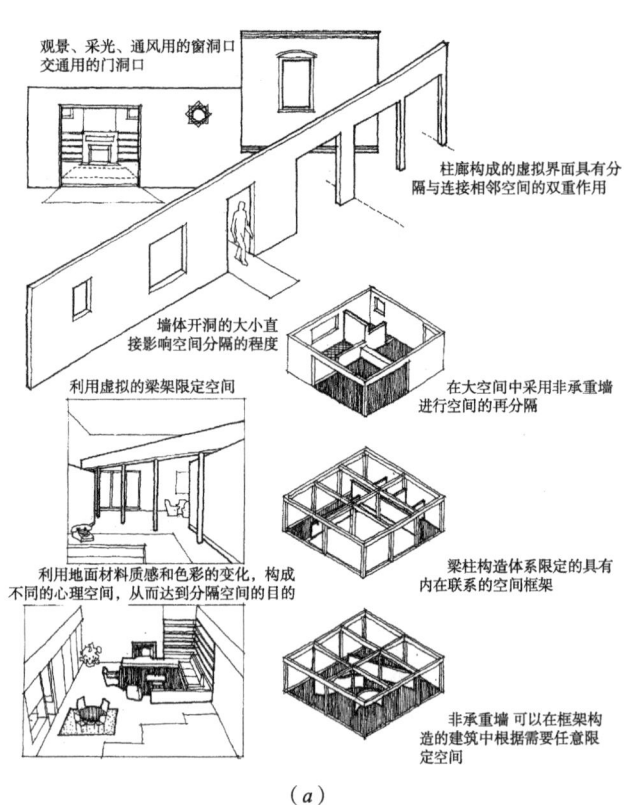

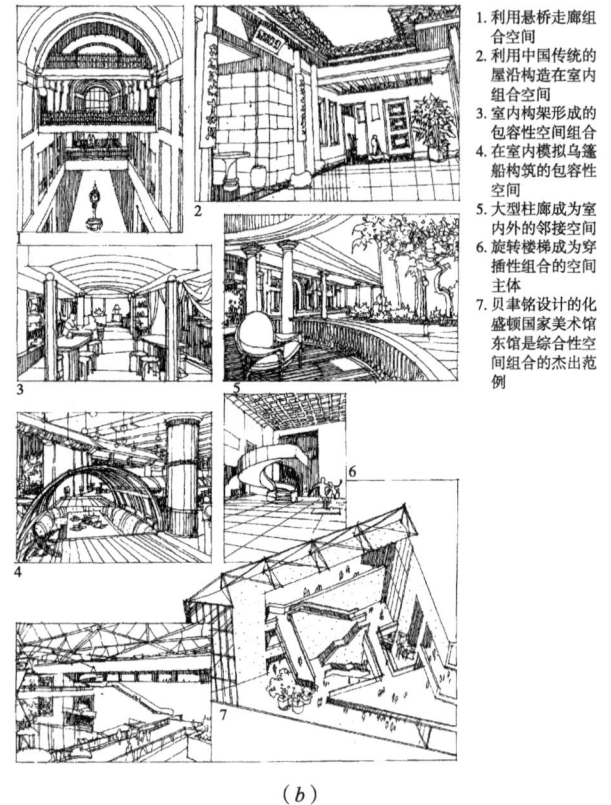

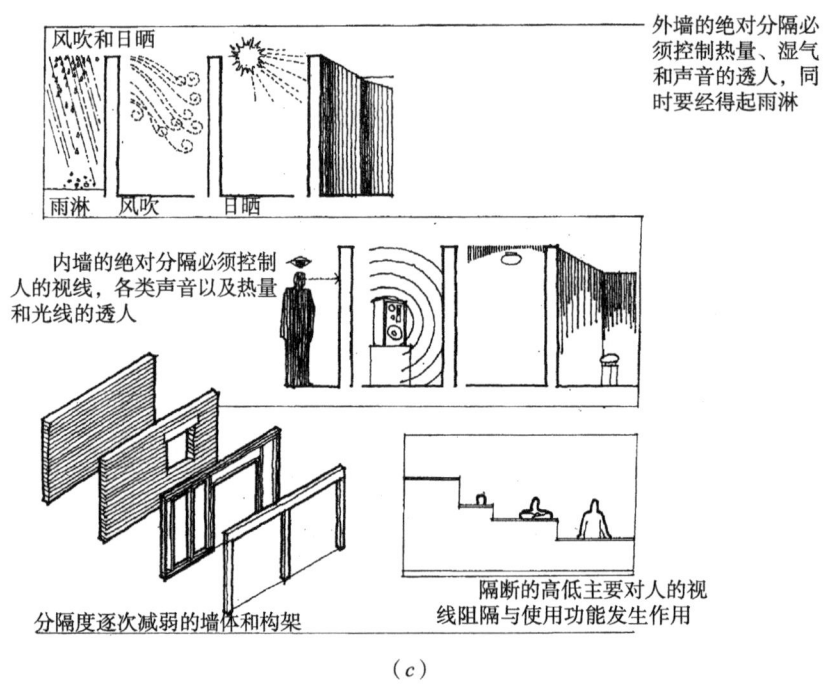

图2-2-22 空间限定要素

2008奥运主体育场就采用了诸多中国传统艺术的元素，如：龟瓷，花窗，彩陶器皿等。因此，艺术的功底是设计师能否走得更远的重要条件。

2）广泛地阅读文学、历史、地理等书籍，丰富创作的源泉。广博的知识能提高设计师的个人修养。同时，设计师的视野不能单单只停留在自己的专业领域，与其他专业的交流与沟通是十分必要的，它山之石可以攻玉。

3）深入学习相关哲学理论，建立正确的认识论，并有效地指导设计。通过对哲学理论的学习可以使自己尽快建立正确的认识论和方法论体系，能有较明确的立场，主动地用认识论体系去分析和研究设计问题，用方法论体系去解决设计问题，真正成为有思想的设计师。

三、方案设计表达

1.掌握要点

方案设计表达是设计过程中的基础环节。一个好的创意需要由一个良好的方式表达出来，这样才能被使用者或是投资者更好地评价、审视。方案设计表达的好坏直接关系到设计方案汇报的成败，因此，要全面了解方案设计表达的各种手段，并能根据不同的设计内容和要求灵活运用不同的表达手段，以求达到最佳效果。

2.工作程序和方法

（1）对于设计表达的理解

理解为动词，是一个过程，一个分析与鉴别的过程；理解为名词，则是一种结果，一种参与社会交流的媒介。

设计表达分解为四个步骤：描述、形式设计、理解、结论。

1）描述是对一项设计或景观的外貌的特征加以记录。

2）形式设计是对建筑、室内设计里所包含的设计原则的运用情况加以描述，这里包括线条、形状、色彩、韵律、明暗等因素。

3）理解是对设计的内含以及内含与整体人文环境的相互关系的把握，图像是对某种特定形体、场景、状况作出判断的重要参照手段，这就要求运用各种手段，使看者有身临其境之感。

4）结论是将项目中使用、经济、美观等方面加以比较。因此，认真选择图像表达方法，前后一致的图像语言或风格会有助于作出正确评价。

（2）设计表达的分类

1）静态图像表达。①直观性图像表达。它不应仅仅限于简单描述，而应是鉴别思维的过程，达到对于方案的进一步理解，它能最直接地反映项目的预期结果（图2-2-23）。②思维性图像表达。这可以看成设计师自己与画面的形象之间的对话过程。其特点在于可以通过从形象到眼睛、到头脑、到手、到又回到形象的循环过程，使设计方案被不断深化（图2-2-24）。③交流性图像表达。以图像的方式对存在的问题作出分析定性，演绎各种可能性，有利于对设计方案作出评价，为设计师与甲方及合作者各方提供了一个相互沟通的渠道（图2-2-25）。

2）动态图像表达。近期较为流行的表达手段，以三维动画、DV影像为主要方式，亦有虚拟现实等较高级的方式。

3）三维实体表达。以三维模型为主要手段表现空间关系、体量组合等设计内容，并对其进行有效的分析。在设计表达过程中，材料样板亦是三维实体表达的一种形式。

（3）图像设计表达的分类与方法

图2-2-23　直观性图像表达之一

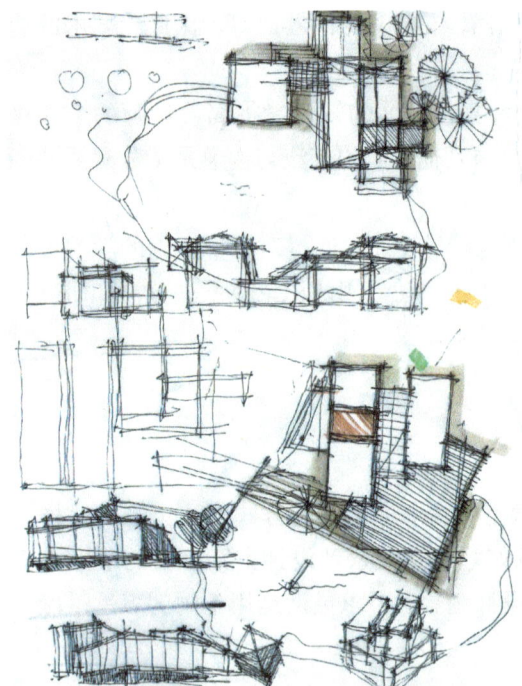

图2-2-24　思维性图像表达之一

图2-2-25　交流性图像表达之一

　　无论一项设计的图像表达多么精美，它所起的作用最终还是取决于设计人对有关项目的理解程度，以及此项设计方案被业主和其他相关人士接受的可能性。

　　1）直观性图像表达。制图、立面、立体立面（带阴影）；剖面、平面、立体平面（带阴影）、轴测面；透视图：一点透视图、一点偏透视、两点透视图、三点透视图（图2-2-26，理查德·迈耶）。

　　2）思维性图像表达（图2-2-27a，伯纳的·屈米）。①利用图像模拟实体及空间的体量、环境气氛、光照效果　（包括反射、人造光、自然光等），对比各种设计制约因素（图2-2-27b，保罗·斯蒂文森·奥勒斯）。②利用图像编辑各个功能空间、局部细节、空间骨架的构成关系，分析空间构件的组织关系等（图2-2-27c，斯蒂文·霍尔）。③利用图解的方式，抽象化或符号化各个设计因素，比较相互之间的关系，把它们分类、等级化，从中找出适合的关系进行变化或转变，使之成为较好的设计方案（图2-2-27d）。

　　3）交流性图像表达（图2-2-28，马克·英格利希）。一项建筑从落实项目建设任务开始，直至工程竣工业主入住，涉及到人际之间一系列复杂的交流过程，其中包含各种不同群体的人士和纷繁迥异的话题。这种交流的复杂性，会因不同项目各不相同的具体情况，而变得更为复杂。一位成功的设计师必须同时是一名卓越的人际交流专家，具有从事规划、设计、组织高效率交流的能力。设计人一般都倾向于采用他们所惯于使用的交流媒介，这种习惯的形成通常取决于他所采用的各种媒介之间是否能相互兼容，以及他在设计方面的思维模式。一个着重关心在景观内行走时所形成的感受的建筑师，有可能采用系列透视图作为促进自身设计思维的工具；另一位强调体形是否轮廓明确、清晰的建筑师，则可能选用实物模型或经渲染的轴测图。设

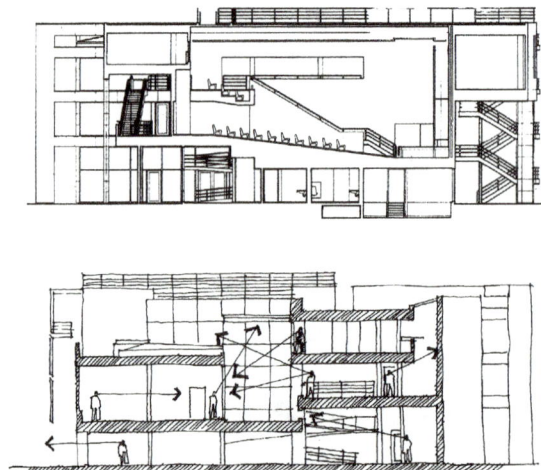

图2-2-26　直观性图像表达之二

(a)

(b)

(c)

主要入口

抽象化的最佳流通路线   决定与基本概念

相对大小与主要流通路线   可供选用的形式

(d)

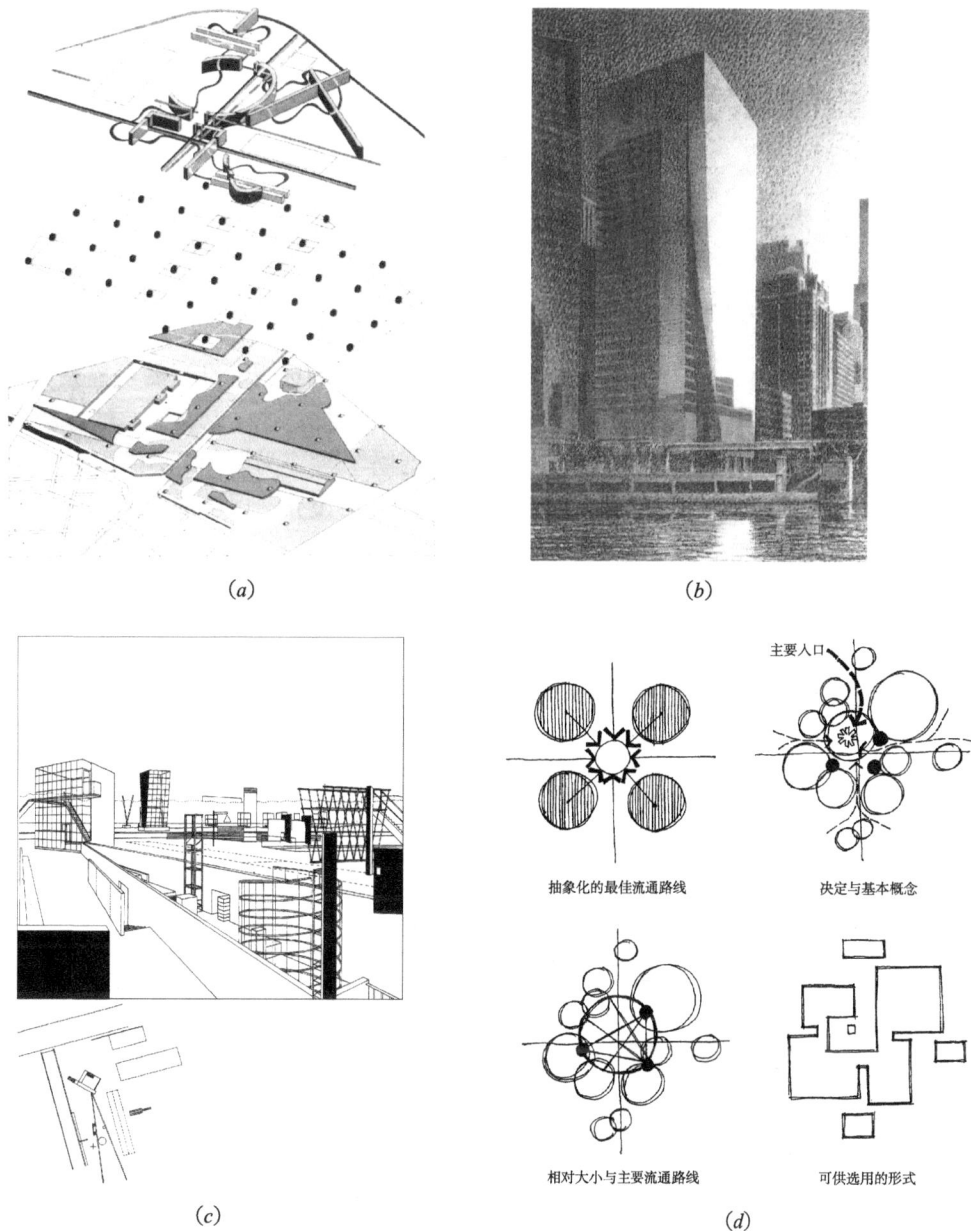

图2-2-27 思维性图像表达之二

计人要特别记住，与业主之间的交流并不仅仅是表达设计人自己的意见，而是要建立一种能相互自由交换意见的图像对话关系。

（4）透视效果图的分类及表现方法

透视效果图在展现一项设计实施后的形象方面有重要作用。是设计师用来表达设计思想的最直接的一种表现形式，是具有交流性的直观性图像，是国内较为普遍的设计交流媒介。

1）水粉画技法（图2-2-29a）。水粉画技法的特点是画面厚重，具有很强的表现力，能够很精细地表现出空间的结构、气氛以及材料的质感和光感，是色彩表现力很强的画种。同时，水粉颜料又有很强的覆盖能力，易于进行画面的修改。

2）喷绘技法（图2-2-29b）。利用喷笔绘制表现图，画面细腻、真实，但绘制较麻烦，时间较长，效率不高。

3）透明水色技法（图2-2-29c）。透明水色技法的优点是画面色彩明快，空间造型的结构轮廓表

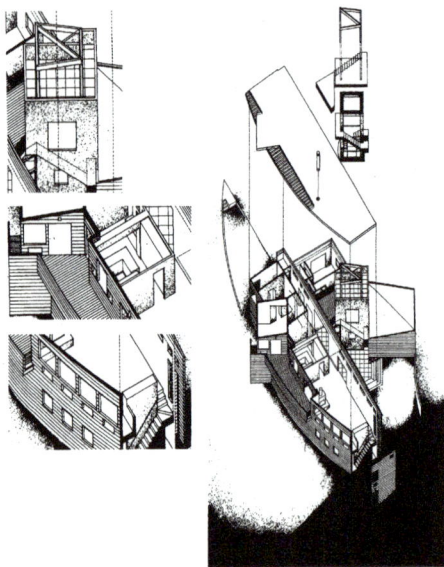

图2-2-28 交流性图像表达之二

达清晰，适于快速表现。它可以在较短的时间内，通过简便、实用的绘图方法和绘图工具，达到最佳的预想效果。

4）彩色铅笔及马克笔技法（图2-2-29d）。适用于应试以及设计师与业主及现场工作人员的设计交流，但对设计者的专业基础有较高的要求。

5）综合技法（图2-2-29e）。综合表现技法顾名思义就是将大家比较容易接受的各种技法综合起来使用，相互取长补短，使画面更加趋于完善。它所遵循的原则与其他画法也是相通的，也就是要具备严谨的透视、准确的素描关系和色彩关系。

6）计算机绘图（图2-2-29f）。日益发展的更加高级复杂的计算机图像制作程序，为设计人提供了更多的图像表达技术和工具，包括模拟传统媒介，以及基于电子技术的图像组合、剪辑、动画制作或打印。

（a）

（b）

（c）

（d）

图2-2-29 各种技法

(e)

(f)

图2-2-29 各种技法（续）

第二节 方案深化设计

一、材料与装修

1.掌握要点

了解常见材料在室内设计中的运用方法和技巧，能根据不同的空间性质选择、搭配材料，使之较好地体现空间的使用要求和效果。明确装修的概念，并对装修有比较正确的理解，解决对装修理解的若干误区。

2.工作程序和方法

（1）从"空间的角度"进行设计

不少初学者在室内设计中往往仅孤立地注意单向的界面处理，而忽略了其他界面，形成"头痛医头、脚痛医脚"的错误。必须注意：室内设计要以空间的四维特征为基础考虑问题，界面处理要同时兼顾空间中所有的界面与构件。否则，必定导致整体空间的杂乱无章。用一个设计中常用的术语，就是要"交圈"，即界面材料要有机地衔接在一起。比如，踢脚线或是相邻两个或多个界面的材料风格的延续等等。

（2）注意材质的衔接与过渡

在室内设计中，界面相交处往往是细部设计的重点部位，设计的精彩之处也可能产生于此。在界面材质衔接的地方，或是肌理的对比（如粗糙与光滑、软与硬），或是样式的变化，或是色彩的变化，或是另外一种材质的穿插过渡配合界面的凹凸、叠加、留缝、转折等空间处理手段，使空间界面产生丰富的视觉感受。即使是在单一界面中的细部的处理，也会在统一中求得变化。

（3）界面材质的图案与尺度

由于不同的材料自身有不同的色彩、纹样，所以在界面设计中，不同材料置于同一界面时，会使界面产生不同的图案。或是完整、含蓄，或是丰富、鲜明，或是横竖有序，或是杂乱无章。不论是什么样的界面图案，一定要尊重室内设计的整体风格，不能喧宾夺主；图案样式的尺度要与空间的尺度相协调，同时要考虑人的视觉感受和使用要求；材质图案的搭配层次和变化要合理地融入空间氛围之中。

（4）材料的选用与其他设计因素要相互依托

在光线的影响下，同一种材料可能呈现不同的变化，在设计中设计师可以利用材料的不同性质与不同光线环境进行组合，强调或是削弱空间的优势或是弱点。在不同功能的室内空间中，材料运用要体现出空间的特点。如在办公室空间中，材料多以冷色、硬制为主，而在居室空间中，材料多以暖色、柔软为主。对材料特性的了解和熟练运用是室内设计的重要基本功。

3.相关知识

（1）对于装修的理解

一幢建筑的结构施工完成后，所有室内界面总是裸露着结构材料的本来面目，如砖石、混凝土、木材、钢材之类，使用适合于人在近距离观看和触摸的各种质地细腻、色彩柔和的材料进行界面封装，称之为装修。装修的目的是为了满足人们的视觉和审美心理感受。

1）随着室内设计的发展，对于建筑空间的尊重和认识日益成为设计的重要因素。在这种形势下，装修也有了新的发展，从主要对室内固有界面进行封装美化的方式，进一步发展出在保留原建筑结构的基础上对重点部分进行功能与审美结合的局部装修为特征的方式，并逐步强调装修对室内空间的完善和再创造的特点。

2）装修的整体效果要与建筑空间的性格相协调，要能反映出一定的文化品味、艺术风格，并要依照一定的比例尺度关系。因为，界面材料的构图比例对于空间氛围的效果有重要的意义。

3）装修是室内物理环境设计的重要部分，它与陈设、装饰、绿化、照明等部分共同构成室内设计的内容。从技术的层面来讲，装修必须符合建筑构造所限定的要求，必须符合国家各种安全法规和设备安装要求。

（2）对于材料的认识

显现于视觉的界面材料由于自身的不同形态、质地、色彩、肌理，会对人的心理产生完全不同的影响，因此，由不同材料装饰的界面会产生不同的装饰风格。

1）材料的档次、流行与运用。

一般来讲，使用者总是希望在界面的处理上选用高档材料，认为高档材料具有华丽的外表，易于产生良好的视觉效果。但是，这种认识是片面的。设计者一定要根据不同的功能要求、经济状况、审美要求，适当、合理地搭配不同材料，只有在不断的实践中运用材料处理的技巧并不断总结、归纳，使之形成有效的设计经验，才能达到熟练运用材料的境地。

材料的使用总是与不同的功能要求和一定的审美概念相关的。但是，随着科技的发展，各种新型材料的不断涌现，装饰材料的使用上亦呈现出一定的流行趋势。比如，早些年的木装修与软包，随后的玻璃、不锈钢、铝板、大理石等等。材料的流行从社会公众的角度来看是无可厚非的，但是，从专业设计师角度来看，则要注意：一定不能盲从。材料的运用要从空间的艺术效果与功能要求等多种综合因素来考虑。当我们看到众多的钢、铝板、玻璃大厅时，我们难免感到千篇一律。因此，室内设计的材料运用要强调多样性和适用性。

由于材料具有不同的肌理、色彩、形态的变化，因此，它在整个室内气氛的创造中是最直接的手段。由于人们获得信息的重要途径是触觉和视觉，所以材料的表面质感、图案样式、搭配比例则成为室内设计的重要内容。

2）地面装饰材料的特征与选用。

水泥砂浆：适用于一般生活活动及辅助用房。

现浇水磨石：色彩和花饰可按设计配置，防滑及吸声性差，适用于公共活动和盥洗用房。

PVC卷材：色彩和花饰可供选择，有弹性，易清洁，易施工，适用于人流量不大的居住或公共活动用房。

木地面：有纹理，隔热保温性好，有弹性，适用于居住、托幼以及舞厅等。

预制水磨石：色彩和花饰可供选择，易清洁，易施工，防滑及吸声差，适用于公共活动和盥洗用房。

陶瓷锦砖：耐久、耐磨性好，易清洁，易施工，吸声差，适用于公共活动用房、交通性建筑以及盥洗用房等。

花岗石：有纹理，耐久、耐磨性好，易清洁，吸声差，适用于装饰要求高的公共活动建筑的门厅、走廊及有大量人流的交通建筑等。

大理石：有纹理，易清洁，吸声差，适用于装饰要求高的公共活动建筑的门厅、休息廊、餐厅等。

3）墙面装饰材料的特性与选用。

灰砂粉刷、水泥砂浆粉刷：适用于一般生活活动及辅助用房。

油漆涂料：色彩可供选择，易清洗，适用于一般公共活动、居住用房。

墙纸、墙布：色彩、纹样可供选择，高发泡类稍具吸声作用，适用于旅馆客房、居住用房以及人流量不大的公共活动用房和走廊。

PVC板贴面：色彩、纹样可供选择，易清洁，适用于行政办公、餐厅、会议等公共活动用房。

人造革及织锦缎：色彩、纹样可供选择，触摸感好，吸声好，需经阻燃处理，适用于装饰要求高的会堂、接待餐厅或居住用房。

木装修：有纹理，易清洁，触摸感好，需经阻燃处理，适用于公共活动及居住用房等。

陶瓷面砖：易清洁，维修更新较方便，吸声差，适用于公共活动以及盥洗室等。

大理石、花岗石：有纹理，易清洁，吸声差，适用于装饰要求高的旅馆、会场、文化建筑等的门厅、走廊、公共活动用房以及交通建筑等。

镜面玻璃：扩大室内空间感，吸声差，适用于需要扩大室内空间感的公共活动用房。

4）顶面装饰材料的特性与选用。

灰砂粉刷、水泥砂浆粉刷：适用于一般生活活动及辅助用房。

油漆涂料：色彩可供选择，易清洗，适用于一般公共活动、居住用房。

墙纸、墙布：色彩、纹样可供选择，高发泡类稍具吸声作用，适用于旅馆客房、居住用房以及人流量不大的公共活动用房和走廊。

木装修、夹板平顶：有纹理，需经阻燃处理，适用于居住生活及空间不大的公共活动用房。

石膏板、石膏矿棉板：防火性能好，穿孔板具有吸声作用，适用于各类公共活动用房。

金属压型板、金属穿孔板：自重轻，平顶上部便于安装和检修管线，适用于装饰要求高的各类公共活动用房。

金属格片：自重轻，平顶上部便于安装和检修管线及灯具，适用于大面积公共活动用房及交通建筑。

二、色彩与照明

1.掌握要点

了解色彩设计和照明设计的一般知识，能有针对性地根据色彩规律进行一般的室内色彩设计，能合理地解决室内色彩设计与其他设计因素的关系，能运用照明的知识进行照明设计，合理有效地组织室内光环境。

2.工作程序和方法

（1）室内色彩设计的依据

1）室内的使用功能。不同的功能要有不同的色彩设计，室内色彩的运用能体现出不同的氛围。

2）空间体量的大小。色彩的运用能对空间感产生一定的影响。

3）空间中的人的特征。不同的年龄、不同的职业、不同的经历、不同的教育背景的人群，对于室内色彩的认识和要求是有所区别的，因此在色彩设计时要考虑人的特征。

4）空间的使用状况。不同的功能空间有不同的使用状况，教室、会议室等空间单位使用时间较长，而走廊、过厅等空间人的停留时间较少。所以，根据使用情况的不同而选择不同的色彩能给使用者提供良好的环境氛围。

5）室内色彩设计要考虑其空间与周围环境的关系，同时，要注意在不同的光环境下，色调会有些许的变化。所以，要在设计时注意光线的变化与光环境的设计。

（2）室内色彩设计的方法

1）室内色彩的概念分类。①背景色。作为大面积的色彩，对其他室内物件起衬托作用的可称为背景色。背景色多为含灰的中性浅颜色，如浅的暖灰、冷灰、白色等。②主体色。在背景色的衬托下，在室内占有统治地位的部分（如家具等）的颜色可称为主体色。主体色的颜色比背景色要明确，纯度亦高一些，主要体现室内色彩的主导印象。③重点色（或强调色）。作为室内重点装饰和点缀的面积较小却非常突出的色彩称为重点色或强调色。重点色的色彩较为强烈、鲜明。

在这三者之间还应该考虑一定的协调、过渡的色彩。单个的色彩无所谓好坏，但色彩的搭配千变万化。我们常说："没有不好看的颜色，只有不好看的搭配。"再有，就是这三者的关系绝不是孤立的、固定的，如果机械地理解和处理，必然会单调、死板。因此，在色彩设计时，既要有明确的层次关系和视觉中心，又要防止僵化、刻板，这样才能达到丰富多彩的效果。

2）室内色彩设计的要点。在进行室内空间色彩处理时，一定要有一个主体色调，这是具有决定性的一个环节。主体色调要反映空间的性格，或是高贵、华丽，或是纯朴、安静。主体色调一但确立，其他的色彩就要与之相呼应，千万不要再有所动摇，去追求与主体色调无关的色彩（图2-2-30）。

色彩布置的比例要统一协调。在主体色调确立后，次要的辅助点缀的色彩要与主体色调形成一定比例的呼应，在主调的基础上穿插、跳跃，成为室内色彩丰富多彩的活跃因素（图2-2-31）。

在多个空间组合的室内色彩设计时，要注意色彩的节奏和韵律，有规律地进行色彩布置，形成视觉上的韵律，使空间形成连续、完整的印象。另外，色彩之间的相互呼应，从一定程度上控制了室内空间的整体氛围（图2-2-32）。

要能够灵活运用色彩的特性。由于不同色彩具有不同的含义和象征性，不同纯度、明度的颜色对人有一定的心理影响，因此，可以在充分认识和研究色彩规律后，利用色彩的变化改变空间的尺度印象，强调或是削弱某一个构件或是物品的存在（图2-2-33）。

总之，解决室内设计的色彩运用问题，主要就是解决色彩之间的构图、比例搭配的关系问题，色彩之间的层次越多，其相互间的关系越复杂，反之则越简单。通过色彩的面积比例、重复呼应、对比、衬托等手法使室内空间色彩多样统一，形成一个和谐的整体印象。

（3）室内照明设计的作用与方式

室内的光线主要通过自然采光和人工照明两种方式获取，下面主要讨论室内人工照明的相关问题。

室内人工照明设计程序，见表2-2-1所列。

3.相关知识

（1）色彩的相关知识

1）色彩的术语

色相。是指红、黄、蓝等的有彩色才具有的属性。因此无彩色没有色相。

明度。色彩的明亮度叫明度。明度最高的色是白色，最低的色是黑色。它们之间按不同的灰色排列即显示了明度的差别，有彩色的明度是以无彩色的明度为基准来判定的。

彩度（纯度）。色彩的鲜艳度叫彩度。鲜艳色的彩度高叫清色；混浊色的彩度低叫浊色。彩度高的色其色相特征很明显，同一色相中彩度高的色

图2-2-30 室内色彩设计

图2-2-31

图2-2-32

叫纯色，无彩色没有彩度。

2）色彩的物理效应（表2-2-2、表2-2-3）

温度感。在色彩学中，把不同色相的色彩分为热色、冷色和温色。从红紫、红、橙、黄到黄绿色称为热色，以橙色最热；从青紫、青至青绿色称为冷色，以青色最冷；紫色是红（热色）与青色（冷色）混合而成，绿色是黄（热色）与青色（冷色）混合而成，因此是温色。

距离感。色彩可以让人感觉进退、凹凸、远近的不同。一般暖色系和明度高的色彩具有前进、凸出、接近的效果；而冷色系和明度较

图2-2-33

低的色彩则具有后退、凹进、远离的效果。室内设计中常利用色彩的这些特点去改变空间的大小和高低。

重量感。色彩的重量感主要取决于明度和纯度。明度和纯度高的显得轻，如桃红、浅黄色。在室内设计的构图中常以此达到平衡和稳定以及表现性格的需要，如轻飘、庄重等。

尺度感。色彩对物体大小的作用，包括色相和明度两个因素。暖色和明度高的色彩具有扩散作用，因此物体显得大；而冷色和明度低的色彩则具有内聚作用，因此物体显得小。

3）色彩的知觉（色彩的识别方法）

按照色彩的使用方法，可使色彩的识别方法产生出种种变化，在进行色彩计划时，若能很好的利用则可获得较好效果。

照明设计程序	步　骤	内　容
1.明确照明设施的用途和目的	明确环境的性质	确定建筑物的用途和使用目的。如确定为办公室、商场、体育馆等
	确定照明设施的目的	确定需要通过照明设施所达到的目的，如各种功能要求及气氛要求等
2.确定适当的照度	根据照明的目的选定适当的照度 根据使用要求确定照度分布	根据活动性质、活动环境及视觉条件，选定照度标准
3.照明质量	考虑视野内的亮度分布	确定室内最亮面的亮度、工作面亮度与最暗面的亮度之比，同时要考虑主体物与背景之间的亮度比与色度比
	光的方向性和扩散性	一般需要有明显的阴影和光泽面的光亮场合，选择有指示性的光源。为了得到无阴影的照明，应选择有扩散性的光源
	避免眩光	光源的亮度不要过高； 增大视线与光源之间的角度； 提高光源周围的亮度； 避免反射眩光
4.选择光源	考虑色光效果及其心理效果	需要识别色彩的工作地点及自然光不足的房间可采用荧光灯； 目的物的变色与变形； 室内装饰等的色彩效果及气氛等
	发光效率的比较	一般功率大的光源发光效率高； 一般荧光灯是白炽灯的3~4倍
	考虑光源使用时间	白炽灯约为1000h，荧光灯约为3000h
	考虑灯泡的表面温度的影响	白炽灯各种放置方向的表面温度不同，荧光灯的表面温度约为40℃高压水银灯垂直、水平放置时的表面温度
5.确定照明方式	根据具体要求选择照明类型	按活动面上的照明类型分类：直接照明、半直接照明、漫射照明（完全漫射及直接间接照明）、半间接照明； 按活动面上的照度分布分类：一般照明、局部照明、混合照明
	发光顶棚设计	光檐（或光槽）、光梁（或光带）、发光顶棚等（设格片或漫射材料）
6.照明器的选择	灯具的效率、配光和亮度 灯具的形式和色彩 考虑与室内整体设计的调合	外露型灯具，随房间进深的增大，眩光变大； 下面开敞型的也有上述的同样倾向； 下面开敞型半截光灯具眩光少； 镜面型截光灯具（不带遮挡），带棱镜板型灯具均具有限制眩光的效果； 带塑料格片、金属格片的灯具均具有限制眩光的效果，但灯具效率低
7.照明器布置位置的确定	直射照度的计算	逐点计算法：各种光源（点、线、带、面）的直射照度
	平均照度的计算	利用系数法：同时确定灯具的数量、容量及布置
8.电气设计	电压、光源与照明装置的馈电等系统图配电盘的分布、网络布线、异线种类及敷设方法的选择 网络的计算，防护触电的措施等	
9.经济及维修保护	核算固定费用与使用费用 采用高效率的光源及灯具 自然光的利用 选用易于清扫维护、更换光源的灯具	
10.设计时应考虑的事项	与建筑、室内及设备设计师协调 与室内其他设备统一，如空调、烟感、音响等	

感觉与色相的关系　　　　　　　　　　　表2-2-2

感　觉	色　相		
	红	绿	蓝或紫
物理反应（说明对人体的影响）	前进（上升） 热 喧闹（响亮的） 光辉的		后退（下陷） 冷 安静的
单纯的感情反应（说明对人在情绪上的影响）	刺激的 兴奋的	宁静的 愉快的（特别是黄色的）	消沉的 抑制的
综合的理性反应（性质意义）	鲜艳夺目的 原始的 活泼的（有生气的）	富有青春活力的	庄严的 平凡的 单调无生气的

感觉与明度的关系　　　　　　　　　　　表2-2-3

感　觉	明　度		
	亮	中　等　亮　度	暗
物理效果	轻		重
感情效果	愉快的 快乐的 轻薄的	宁静的	消沉的 尊严的
理性反应	女性的（娇柔的）	神秘的	男性的 感人的 阴沉的

①色彩的对比。色相邻时与单独见到该色时感觉不一样，这种现象叫色彩的对比。两个色彩同时看到时产生的对比，叫同时对比。先看到一个色彩再看到另一个色彩时产生的对比叫继时对比。继时对比在短时间内要消失，通常我们讲对比是指同时对比。

A.色相对比。对比的两个色相，总是处在色相环的相反方向上，红和绿、黄和紫。这样的两个色彩称为补色。两个补色相邻时，看起来色相不变而彩度增高，这种现象称之为补色对比。

B.明度对比。明度不同的两色相邻时，明度高的色看起来明亮，而明度低的色看起来越发暗一些，像这样看起来明度差异增大的现象叫明度对比。

C.彩度对比。彩度不同的两色邻时会相互影响，彩度高的色显得更鲜艳，彩度低的色看起来更为暗浊一些，而被无彩色包围的有彩色，看起来彩度更高。

②色彩的面积效果。色的明度、彩度都相同，但因面积大小不同而效果不同。面积大的色比面积小的色其明度、彩度看起来都高。因此，用小的色标去定大面积墙面色彩时，有过因明度和彩度过高而失败的例子。因此大面积决定色彩时应适当降低其明度与彩度。

③色彩的视认性。色彩有时在远处可清楚地被看见，而在近处却模糊不清，这是因为受背景色的影响。清楚可辨认的色叫视认度高的色，相反叫做视认度低的色。视认度在底色和图形色的三属性差别大时增高，特别是在明度差别大时会更增高，同时还受到当时照明状况和图形大小的影响。

④色彩的前进和后退。在相同距离看不同色彩时，有的色比实际距离看起来近（前进色），而有的色则看起来比实际距离远（后退色）。从色相看，暖色系的色为前进色，冷色系的色为后退色；明亮色为前进色，暗色为后退色；彩度高的色为前进色，彩度低的色为后退色。

⑤色彩的膨胀和收缩。同样面积的色彩，有的看起来大一些，有的则小一些。明度、彩度高的色看起来面积膨胀；而明度、彩度低的色则面积缩小。暖色为膨胀色，冷色为收缩色。

⑥色彩的感情效果。形体是具有各种表情的，色彩也具有各种表情，有引起人们各种感情的作用。因此，我们有必要去巧妙地利用它的感情效果。

A．暖色和冷色。看到色彩时，有的使人感到温暖（暖色），有的使人感到寒冷（冷色），这是由色相而产生的感觉。绿和紫是中性色，因它的明度和彩度的高低，而产生冷暖表情的变化。无彩色中白色冷，黑色暖，灰色为中性。

B．兴奋色与沉着色。兴奋色与沉着色由刺激的强弱引起。红、橙、黄色的刺激强，给人以兴奋感，因此称为兴奋色。蓝、青绿、蓝紫色的刺激弱，给人以沉静感，因此称为沉着色。但是，往往彩度低时兴奋性和沉着性都会降低。绿色和紫色是介于二者之间的中性色，是人们看时不感到疲劳的色彩。

C．华丽色与朴素色。华丽和朴素是因彩度和明度的不同而具有感情的。象纯色那样彩度高的色彩或明度高的色彩，给人以华丽感。冷色具有朴素感。白、金、银色有华丽感。而黑色按使用情况有时产生华丽感，有时则产生朴素感。

D．轻色和重色。轻、重是由色彩的明度而具有感情的，明亮色感觉轻快，而暗色感觉沉重。在明度相同的情况下，彩度高的色感觉轻，彩度低的色感觉重。

E．阳色和阴色。暖色红、橙、黄色为阳色，冷色青绿、蓝、蓝紫色为阴色。明度高的色为阳色，明度低的色为阴色。明度和彩度均低时使人感到阴气。白色在与其他纯色一起使用时产生阳气，黑色使人感到阴气，而灰色是中性。

F．柔软色和坚硬色。柔软和坚硬是由明度和彩度而具有感情的。白和黑有坚硬感，灰色具有柔软的表情。

⑦色彩的联想和象征。看到红色时，人们可能会联想到火或血，看到蓝色时，人们可能会联想到水或天空。这是人根据自己的生活经验、记忆或知识而产生的，又会因性别、年龄、民族的不同而不同。但一般来讲，共性的联想也是相当多的。

另外，对色彩的联想社会化，变成习惯或制度的称为色彩的象征，但因民族、阶级的不同，有时具有差异性。也会因个人性格、趣味的不同而不同，但存在着共同的倾向。

（2）照明相关知识

1）室内照明的作用。

创造气氛。人工照明的光源的光色、照度、亮度变化十分丰富，因此，人工照明能创造不同的光环境和气氛。在居室空间可以创造一种柔和的暖色调光环境，为人提供一种舒适放松的氛围；而在歌舞厅等娱乐场所光环境则刺激、热烈，让人置身其中就躁动不安。

加强空间感。光照的不同强度、方向、聚散等可以调节空间的体量感。比如，我们可以加强顶部照度，使顶棚有向上提升的感觉；亦可以加强地面的照明而放松对于顶部和墙面的照明，则产生聚集的感觉，同时，人会感觉空间的模糊、朦胧。因此，我们可以这样认为：光在某种意义上有雕刻刀一般的塑造空间形体的能力，无论是在自然光线下的形体或是在人工光照下的形体，都在光的魔力下产生着令人兴奋的印象——神圣、神秘、神奇……

利用照明的不同形式可以加强室内的艺术表现力。巧妙地协调光与影的关系，可以使室内产生丰富的变化，而又节省造价。比如，我们在设计时可以在一个镂空的装饰物中设置光源，使其影子投射到四周的墙面上产生斑驳的装饰效果，这种影子又会根据光的强弱、色调而变化，设计效果事半功倍。另外，灯具的设计造型亦是室内设计中重要的部分。灯具的造型随着设计潮流的发展，也在不断更新、变化。在一个室内空间中，有几组别致的灯具会为室内增光添色不少。

照明设计可以调节、引导、指示出空间的功能。现代科技可以让照度根据人的需求而自由变化，这就满足了不同的功能对于光线的要求。因此，在进行室内照明设计时，要充分考虑不同功能时的照明要求，尽量做到节能、高效、美观相统一。

2）室内照明的方式。

间接照明。间接照明是由于将光源遮蔽而产生的。是把90%~100%的光射向顶棚、窟窿或其他表面，从这些表面再反射至室内。间接照明是较理想的整体照明方式。如我们常见的反光灯槽。

半间接照明。即将60%~90%的光照射顶棚或墙面，而将10%~40%的光直接照射工作面，这样，顶棚的反射光软化阴影，改善亮度比，有利于阅读、学习。

直接间接照明。即对地面和顶棚提供近乎相同的照度，即均为40%~60%，而周围光线较少。

漫射照明。对所有方向的照明几乎都一样，为了控制眩光，灯的瓦数一般较低。

半直接照明。即有60%~90%的光照射工作面，而其余10%~40%的光则向上照射。

宽光束的直接照明。具有强烈的明暗对比，有生动的阴影。

3）人工照明的相关名词。

照度。人眼对不同波长的电磁波，在相同的辐射量时，有不同的明暗感觉。人眼的这个视觉特性称为视觉度，并以光通量作为基准单位来衡量。光通量的单位为流明（lm），光源的发光效率的单位为流明/瓦特（lm/W）。光源在某一方向单位立体角内所发出的光通量叫做光源在该方向的发光强度，单位为坎德拉（cd），被光照的某一面上其单位面积内所接受的光通量称为照度，其单位为勒克斯（lx）。

光色。光色主要取决于光源的色温（K），并影响室内的气氛。色温低，感觉温暖；色温高，感觉凉爽。一般色温小于3300K为暖色，3300~5300K为中间色，色温大于5300K为冷色。人工光源的光色，一般以显示指数（Ra）表示。Ra最大值为100，80以上显色性优良，79~50显色性一般，50以下显色性差。

亮度。亮度作为一种主观的评价和感觉，和照度的概念不同，它是表示由被照面的单位面积所反射出来的光通量，也称发光度，因此与被照面的反射率有关。

4）主要光源的特征和用途。

见表2-2-4所列。

三、陈设与装饰

1.掌握要点

陈设与装饰是室内设计不可缺少的重要组成部分。室内陈设与装饰物对于室内空间氛围的完善有着锦上添花的作用，对于改善空间文化品味和体现人文精神有着无法替代的作用。在此单元中，要了解陈设布置的方法分类，装饰物的搭配原则及方法。

2.工作程序和方法

凡是进入室内的器物都具有空间造型的作用，了解这些器物的陈设装饰知识，掌握其陈设装饰的艺术规律是十分重要的。统一与对比、主从与重点、均衡与稳定、对比与微差、节奏与韵律、比例与尺度是在室内常用的艺术处理法则。

（1）物品陈设

家具布置。家具的摆放布置本身就是一门艺术，它是室内陈设装饰最主要的内容。家具通过与人相适应的尺度和优美的造型样式，成为室内空间与人之间的一种媒介性过渡要素。它使虚空的房间变得适于人们居住、工作、活动。家具摆放位置是否得当除去功能上的需要外，更重要的是奠定了室内陈设装饰的基调。尤其是依墙而立的家具，对墙面的装饰构图起到了不可替代的控制作用。家具摆放在室内，其陈设装饰的重要性，如同画纸对画家的重要性。

日用品陈设。每个室内都有一大堆日常所用的物品，随便乱堆不仅起不到装饰作用，而且使用起来也特别不方便。如果能够按照不同的用途在墙面、柜架、台面上有秩序地悬挂摆放，其装饰的作用是很明显的。

艺术品陈设。在室内，艺术品陈设本身的作用就是装饰。但也并不是任何一件艺术品都适合某个特定的室内，也不是越多越好。艺术品在室内的装饰作用主要是点缀，过多过滥反而不美。艺术品的陈

灯名	种类	效率（lm/W）	显色性	亮度	色温（K）	启动再启动时间	耐振性	频闪	控制配光	寿命（h）	特征	主要用途
白炽灯	普通型（扩散型）	10~15	低	优	高	2800	瞬间	较差	无	容易	通常1000（短）	一般用途，易于使用，适用于表现光泽和阴影。暖光色，适用于气氛照明	住宅、商店的一般照明
	透明型	10~15	低	优	非常高					非常容易	同上	闪耀效果，光泽和阴影的表现效果好。暖光色，气氛照明用	花吊灯，有光泽陈列品的说明
	球型（扩散型）	10~15	低	优	高					稍难	同上	明亮的效果，看上去具有辉煌温暖的气氛照明	住宅、商店的吸引效果
	反射型	10~15	低	优	非常高					非常容易	同上	控制配光非常好，点光、光泽、阴影和材质感的表现力非常强	显示灯、商店、气氛、照明，适用于投光灯。作为体育馆的体育照明等
卤钨灯	一般照明用（直管）	约20	低稍良	优	非常高	3200	瞬时	差	无	非常容易	2000（短，稍良）	小，大瓦数，易于控制配光	适用于投光灯。作为体育馆的体育照明等
	微型卤钨灯	15~20	低稍良	优	非常高	3200	同上	差	无	非常容易	1500~2000（短，稍良）	小，大瓦数，易于控制配光	适用于下射光和点光等的店铺照明
荧光灯		30~90	高	从一般到高显色性	稍低	6500（日光色）	较短	较好	有	非常困难	10000（非常长）	效率高，显色性也好，露出的亮度低，眩光较小。因可得到扩散光，故难于产生物体的阴影，可做成各种光色和显色性的灯具。灯的尺寸大，因此灯具大。不能做大瓦数的灯	最适用于一般房间、办公室、商店等的一般照明
汞灯	透明型	35~55	稍高	不好（蓝色）	非常高	6000	长	好	有	容易	12000（非常长）	显色性不好，易控制配光，形状小，可得大光通量	用投光器的重点照明（最好同其他暖色系的光源混光）
金属卤化物	透明型	70~90	比汞灯高	好	非常高	6000	长	较好	有	非常容易	6000~9000（长）	控制配光非常容易，大体同荧光型的光色相同	体育场、广场、投光照明
	扩散型	70~90	比汞灯高	同上	高	同上	同上	同上	有	稍易	同上	在显色性好的灯中效率最大，与某些色有差别	体育设施、高顶棚的办公室、商店、工厂
高压钠灯	透明型	90~130	非常高		非常高	2100	长	较好	有	容易	12000（非常长）	在普通照明所使用的光源中，有最大的效率，适用于省能	体育、投光照明、道路照明
	扩散型	90~125	非常高	高	同上	同上	同上	同上	有	稍易	同上	在普通照明所使用的光源中，有最大的效率，适用于省能	高顶棚的工厂照明、道路照明

设只要能达到空间的视觉感舒适即可。当家具就位，织物悬挂铺设停当，日用品摆放齐整后，就可以在适当的位置选择一些合适的尺寸、造型的艺术品进行装饰。墙面上多用绘画与摄影作品，台面上多用雕塑或工艺品。

（2）织物装饰

织物以它不可替代的丰富色泽和柔软质感，在室内装饰中独树一帜，举足轻重。装饰织物的组合，是由室内功能（即实用性、舒适性、艺术性）所决定的。室内装饰织物按用途可分为以下七类。

1）隔帘遮饰类。包括窗帘、门帘、隔帘、帷幕、帐幔、屏风等。

2）床上铺饰类。包括床单、床罩、被褥、蚊帐、床围、枕套等。

3）家具蒙饰类。包括凳罩、椅罩、沙发罩、靠垫、台布、电器罩等。

4）地面铺饰类。包括手工编织、机织、针刺、枪刺、簇绒等地毯。

5）墙面贴饰类。包括无纺、针刺、机织等墙布。

6）陈设装饰类。包括壁挂、灯罩、摆饰等艺术欣赏品。

7）卫生餐厨类。包括毛巾、浴巾、浴帘、餐巾、餐垫等。

在实际应用中起主导作用的主要是前四类：窗帘、床罩、家具布和地毯。一是由于它们的普及性，二是由于它们的使用范围较广。只要这四类组合得体，其他的织物装饰问题就容易解决。

（3）陈设与装饰的布置原则

在进行室内概念设计时就要考虑陈设艺术品的配置关系，把陈设品与装饰物的设计放在整个设计过程中，而不能在室内界面设计完成后再"查缺补漏"。要让陈设装饰物有机地存在于室内空间中，成为室内空间生命力的一部分，而不能是可有可无的东西。

在陈设装饰物设计时亦要注意室内设计的四维特性，确定陈设装饰物置于空间中的位置、高度、大小、色彩时，要充分权衡其与界面的关系。或半隐半露、或醒目突出……要考虑在空间中的人在欣赏陈设物时的时间效应及陈设物与界面景象重叠时的主次关系。

3.相关知识

（1）室内陈设布置的一般分类

界面陈设。界面陈设一般多以平面艺术为主（如画、浮雕、摄影、壁挂等），或是小型的饰物（如弓、剑、壁灯等），亦有陈设物置于界面的龛当中，与界面造型相呼应。在界面陈设布置时，要注意陈设物的尺度、高度与界面及家具的关系。

摆件。即摆在室内空间中平面上的陈设物。其大小、样式要与水平面的大小和位置相协调。

落地陈设。布置于空间中的视觉重点部位，形成视觉中心，亦可放在界面转角、过渡或是空间的尽端，起到过渡或是对景的作用。

陈设柜。多以分层搁板、博古架、展示柜等方式摆放，集中展示有一定意义的陈设品。同时，起到丰富室内界面、衬托气氛的作用。

悬挂陈设。在空间高大的厅堂中，可以采用悬挂装饰品的方式调节空间感，丰富视觉效果，多以抽象金属雕塑、织物、绿化、吊灯等方式出现。

（2）陈设与装饰物的品种特征

字画：我国传统的字画陈设表现形式，有楹联、条幅、中堂、匾额以及具有分隔作用的屏风、纳凉用的扇面、祭祀用的祖宗画像等（可代替祀堂中的牌位）。

摄影作品。摄影作品是一种纯艺术品。摄影和绘画不同之处在于，摄影只能是写实的和逼真的。少数摄影作品经过特技拍摄和艺术加工，也有绘画效果，因此摄影作品的一般陈设和绘画基本相同，而巨幅摄影作品常作为室内扩大空间感的界面装饰，意义已有不同。摄影作品可制成灯箱广告，这是不同于绘画的特点。

雕塑。瓷塑、铜塑、泥塑、竹雕、石雕、晶雕、木雕、玉雕、根雕等，都是我国传统工艺品，题材广泛，内容丰富，巨细不等，是常见的室内摆设。

盆景。盆景在我国有着悠久的历史，是植物观赏的集中代表，被称为有生命的绿色雕塑。

工艺美术品、玩具。工艺美术品的种类和用材更为广泛，有竹、木、草、藤、石、泥、玻璃、塑料、陶瓷、金属、织物等。有些本来就是属于纯装饰性的物品，如挂毯之类。有些是将一般日用品进行艺术加工或变形而成，旨在发挥其装饰作用和提高欣赏价值，而不在实用。

个人收藏品和纪念品。个人的爱好既有共性，也有特殊性。家庭陈设的选择，往往以个人的爱好为转移。不少人有收藏各种物品的癖好，如邮票、钱币、字画、金石、钟表、古玩、书籍、乐器、兵器以及各式各样的纪念品，这里既有艺术品也有实用品。

四、相关设备专业协调

1.掌握要点

了解与室内设计相关专业的基本情况，在专业协调时能自主处理设计风格与设备之间的矛盾，培养一种能把专业设备的限制与室内设计风格相结合整体考虑的设计观。

2.工作程序和方法

（1）室内设计与专业设备的关系

我们知道室内设计是在建筑构造的限定下进行的，而为了满足人们生活的基本的物理功能需求，在建筑空间内会同时设置与人们生活相关的专业设备，如空调、通风设备、给水排水设备、供暖设备、消防设备、音响、照明设备、强弱电气设备等等。因此，在设计施工图的深化过程中，与相关的专业设备的协调工作是不可避免的。

在室内设计的准备过程中或是在方案阶段，如果有条件，要尽量了解相关专业设备的基本情况，为设计提供必要的限定依据，做到艺术风格与技术设备的完美结合，这是最为理想的。在设计概念的实施过程中，一旦发现设计概念与设备发生矛盾，首先要考虑哪一方面让步的可能性较大，权衡利弊。在大概念不变的情况下，双方可以协商做小的修改。如果矛盾较突出，则一定要有放弃原设计重新修改的准备。

在现代设计中，把技术性设备作为设计手段的作品亦是很常见的。罗杰斯、皮亚诺就是其中的代表人物，在他们的设计中经过精心处理的专业设备同时成了空间中的装饰元素，在空间中堂而皇之地裸露出来。在概念设计时，也可以用这种风格来协调设计与设备之间的矛盾，这不失为一个两全其美的办法。

（2）室内设计所涉及的专业系统与协调要点

室内设计所涉及的专业系统与协调要点，见表2-2-5所列。

3.相关知识

专业设备的相关知识是相对比较专业的。在室内空间的功能要求下，各设备专业对于设计的制约条件的侧重也是有所不同的。比如在剧场、音乐厅的室内设计中，室内造型设计就一定要符合声学的要求。这时，建声专业在设计中占据了主导地位，其他专业则要围绕这一专业来进行。所以，在不同的项目设计时，要针对不同的性质了解相关专业的基本知识。作为一名从造型角度入手进行设计的室内设计师，并不需要对于所有相关专业都了如指掌，但是必要的知识是必不可少的。这要在不断的设计实践中进行积累，还有就是要在平时的学习中注意收集、了解相关专业的规范、设计要求，以便在设计时有据可查。下面列出一些需要了解的相关专业的内容。由于篇幅所限，不可能面面俱到，希望在设计实践中，重点参阅相关资料。

1）室内声学原理。

2）室内通风设备要求及规范。

3）照明电气设计的规范。

4）消防设备的规范。

5）给水排水设计的规范。

6）建筑结构设计的一般规范。

室内设计所涉及的专业系统与协调要点

表2-2-5

专业系统	协调要点	与之协调的专业
建筑系统	1.建筑室内空间的功能要求（涉及空间大小、空间序列以及人流交通组织等） 2.空间形体的修正与完善 3.空间气氛与意境的创造 4.与建筑艺术风格的总体协调	建筑
结构系统	1.室内墙面及顶棚中外露结构部件的利用 2.吊顶标高与结构标高（设备层净高）的关系 3.室内悬挂物与结构构件固定的方式 4.墙面开洞处承重结构的可能性分析	结构
照明系统	1.室内顶棚设计与灯具布置、照度要求的关系 2.室内墙面设计与灯具布置、照明方式的关系 3.室内墙面设计与配电箱的布置 4.室内地面设计与脚灯的布置	电气
空调系统	1.室内顶棚设计与空调送风口的布置 2.室内墙面设计与空调回风口的布置 3.室内陈设与各类独立设置的空调设备的关系 4.出入口装修设计与冷风幕设备布置的关系	设备 （暖通）
供暖系统	1.室内墙面设计与供暖设备的布置 2.室内顶棚设计与供暖通风系统的布置 3.出入口装修设计与热风幕的布置	设备 （暖通）
给水排水系统	1.卫生间设计与各类卫生洁具的布置与选型 2.室内喷水池、瀑布设计与循环水系统的设置	设备 （给水排水）
消防系统	1.室内顶棚设计与烟感报警器的布置 2.室内顶棚设计与喷淋头、水幕的布置 3.室内墙面设计与消火栓箱布置的关系 4.起装饰部件作用的轻便灭火器的选用与布置	设备 （给水排水）
交通系统	1.室内墙面设计与电梯门洞的装修处理 2.室内地面及墙面设计与自动步道的装修处理 3.室内墙面设计与自动扶梯的装修处理 4.室内坡道等无障碍设施的装修处理	建筑 电气
广播电视系统	1.室内顶棚设计与扬声器的布置 2.室内闭路电视和各种信息播放系统的布置方式（悬、吊、靠墙或独立放置）的确立	电气
标志广告系统	1.室内空间中标志或标志灯箱的造型与布置 2.室内空间中广告或广告灯箱、广告物件的造型与布置	建筑 电气
陈设艺术系统	1.家具、地毯的使用功能配置、造型、风格、样式的确定 2.室内绿化的配置方式及品种确定，日常管理方式 3.室内特殊音响效果、气味效果等的设置方式 4.室内环境艺术作品（绘画、壁饰、雕塑、摄影等艺术作品）的选用和布置 5.其他室内物件（公共电话罩、污物筒、烟具、茶具等）的布置	相对独立，可由室内设计专业独立构思或挑选艺术品，委托艺术家创作配套作品

第三节　细部构造设计与施工图绘制

在室内空间中，细部构造设计通常是最能展现设计概念及设计表达的专业技术语言。它在室内设计创意中起着细部深化和过渡的作用，使人能恰如其分地体验到室内空间的整体形象和尺度感。施工图绘制则是体现细部构造设计的有效手段。

一、构造与装修
1.掌握要点

通过学习，了解装修的目的和意义，了解装修构造在室内设计中的重要作用，以便能够完成装修的细部设计和构造表达。

2.工作程序和方法

装修是指保护结构及围护面，改善建筑环境原有的物理性能，提高环境效益和使用质量，创造某种艺术氛围的装饰工作。

构造则是指装修界面和细部处理中，各组成部分及其相互的关系。只有了解了这些相互关系和规律，才能更有效地进行图纸表达，才能更合理地进行施工。

装饰装修，不是单纯的表面修饰，它是建筑室内外环境不可缺少的有机组成部分。无论室内、室外，都不可避免地要受到日晒、雨淋、风吹及周围有害物质的侵蚀和影响，装饰装修，可以保护建筑主体，增强耐久性，可以对室内空间的温度、湿度、采光、声响等进行调节，可以抵御有害物质的侵扰，同时可以使空间产生特定的艺术气息和风格，给人带来精神上的愉悦。

因此，了解装修的目的，能充分认识到装修与构造的关系，做到由内而外、由表及里。把握这个逻辑关系，对学习本单元的内容以及对设计实施和施工图绘制等会大有裨益。

（1）构造在室内空间中的意义

谈到构造，不可避免地要涉及到室内空间的细部处理，我们既要关注室内空间的整体效果，又要重视空间中具体的细部形式和处理方法。因此，装修的构造与细部，对室内整体空间的特色追求和人对空间的细部体验起着十分重要的作用。

我们通常对室内空间有许多不同的处理方法。对于空间主体而言，其细部构造主要体现于与建筑主体及界面相关的门、窗、梁、柱、楼梯等，与这些细部相关的各种形式和风格也随之层出不穷。不论是中国各个时期的传统样式，还是西方古典建筑的各种流派，都是通过具体的细部构造展现其独特魅力的。

空间的整体界面，主要以墙面、顶棚、地面围合的空间界面以及与功能密不可分的固定设施（如酒吧的吧台、银行的柜台、酒店的服务台等）体现出来。这些界面或设施的构造细部，与造型的处理、材料的选择、尺度的把握、色彩的搭配、光影的控制等都有着密切的关系。尤其是材料界面转折处的处理，成为构造细部之细部。因此，它的处理是否合理、"耐看"，同样成为室内设计中的重要因素。

我们不但要了解常用的、甚至司空见惯的装修构造及细部处理方法，更应该在此基础上进行细部构造的创新设计，以推动设计创新意识和施工工艺的整体发展。

（2）构造的基本方法及类型

1）饰面式构造。

主要指用经设计处理的、具有特定形式的覆盖物，对建筑原基础构件进行的保护和装饰。其基本问题是处理饰面和结构构件表面两个面的连接构造方法。如在墙面上作软包处理，或在楼板下作吊顶处理等，均属于饰面式构造。墙面与软包饰面、楼板与吊顶或木地板之间的连接，都是处理两个面结合的构造关系。

①饰面的部位及特性。饰面附着于结构构件的表面，随着构件部位的变化，饰面的部位也发生变化。如吊顶处于楼板下方，墙饰面可位于其两侧。吊顶、墙饰面应有防止脱落的基本要求，同时在特定条件下也具备对声音反射或吸收的作用、保温隔热的作用或隐蔽设备管线的作用。

②饰面式构造的基本要求。饰面式构造应解决三个问题：

A.牢固性。饰面式构造如果处理不当，面层材料与基层材料膨胀系数不一致，粘贴材料选择有误或老化，容易使面层出现脱落现象。因此，饰面式构造的要求首先是饰面必须附着牢固可靠。

B.层次性。饰面的厚度与层次往往与坚固性、构造方法、施工技术密切相关。因此，饰面式构造要求进行逐层施工，增强加固构造措施。

C.均匀性。除了附着牢固外，还应均匀又平整，尤其是隐蔽构造形式。否则，很难获得理想的设计效果。

③饰面式构造的分类。饰面式构造可分成三类，即罩面类、贴面类和钩挂类。

A.罩面类构造。是指常见的油漆、水性涂料或抹灰等，通过基层处理附着于构件。

B.贴面类构造。通常指铺贴（墙地面各种瓷砖、面砖通过水泥砂浆粘贴或铺贴）、胶粘（饰面材料以5mm以下薄板或卷材居多，如壁纸、饰面板等可粘贴在处理后的基层上）、钉嵌（玻璃、金属板等饰面板可直接钉固于基层，或钉胶结合，或借助压条等）。

C.钩挂类构造。此种情况主要指墙面安装天然石材或人造石材。一种是较为传统的湿贴法（也称灌浆法）；另一种则是目前常用的干挂法（也称空挂法）。后面"设计实施"章节中也会有所涉及。

2）装配式构造。

装配式构造的配件成型方法分为三类：

①塑造法。用水泥、石膏、玻璃钢等制成各种造型或构件；用金属浇铸或锻造成各种金属装饰造型（如栏杆、花饰等）。

②拼装法。利用木材或石膏板等人造板材可加工、拼装成各种局部造型；金属材料也具有焊、钉、铆、卷的拼装性能；另外，铝合金、塑钢门窗也属于加工、拼装的构件。拼装法在室内装饰工程中极为常见。

③砌筑法。玻璃制品（如玻璃砖等）、陶瓷制品以及其他合成块材等，通过粘结材料，可胶结成一个整体，形成一定组合的装饰造型。

（3）重点部位的装修构造做法

我们平时常见的构造无非是楼地面构造、墙面构造、顶棚吊顶构造及其他细部构造等，由于材料不同、做法不同，很难逐一道来。因此，只能抓其重点，介绍其规律性的构造形式。

1）楼地面构造做法。

楼地面是楼层地面和底层地面的总称。但在室内装饰设计中，我们接触的建筑多是楼房，其一层空间的地面也因建筑较多存在若干层的地下空间，仍可被作为楼层地面来对待。因此，一般我们遇到的或常说的地面，通常可理解成楼层地面，除非地下空间的最底层。而底层地面由于不很普遍，这里暂不作重点表述。

①楼地面构造层次。楼地面一般是由承担荷载的结构层（主要指楼板）和满足使用要求的饰面两个部分组成的。有时为满足找平、结合、防水、防潮、保温、隔热、隔声、弹性及管线等功能要求，往往需要在基层与面层之间增加若干中间层。

②楼地面饰面分类。我们常用的地面饰面材料不少，主要有石材地面、地砖地面、木地板地面、复合木地板地面、强化地板地面、地毯地面等，同时每种材料又有很多式样，会产生丰富的地面效果。

根据构造方法和施工工艺，可分成整体式地面、块状式地面、木地面及软质铺贴式地面等。

A.整体式地面。整体式地面一般造价较低，面层无接缝，档次上也偏低。我们常见的现浇水磨石地面、水泥砂浆地面、细石混凝土地面、涂布油漆地面等均属此类。现阶段似乎某些有个性要求的设计，采用此地面做法的也颇多。

B.块材式地面。块材式地面主要指形状各异的块状材料做成的地面。主要以陶瓷锦砖、地砖、预制水磨石、天然石材、玻璃等材料较为常用。块材地面铺贴，应先清扫基层，并撒一道素水泥浆以增加粘结力；再摊铺1：3水泥砂浆结合层（也有找平的作用）；陶瓷锦砖、地砖地面用的通常是20mm厚1：3水泥砂浆找平层（图2-2-34），大理石、花岗石地面一般用30mm厚1：3干硬性水泥砂浆找平层（图2-2-35）；随后再撒素水泥浆一道，铺贴面材。

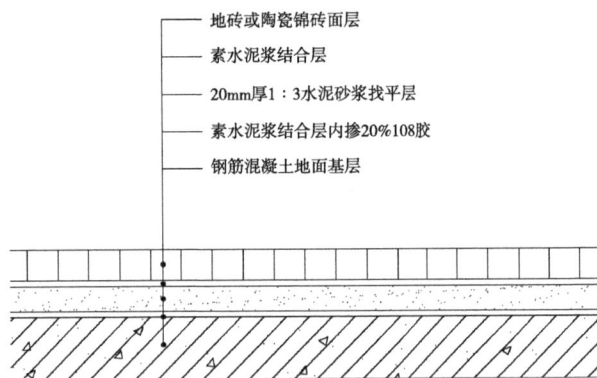

图2-2-34　地砖或陶瓷锦砖地面构造示意图

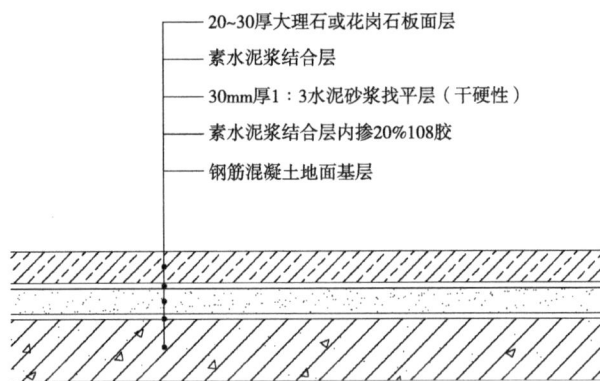

图2-2-35　大理石、花岗石块材装饰地面构造

C.木地板地面。木地板地面按材质不同可简单分为实木地板、复合木地板、强化地板、软木地板等。按构造形式划分，有直铺式、架空式、实铺式。

直铺式，即直接将地板（如强化地板）悬浮铺在地面上，下垫防潮隔离垫层。也可将地板粘结在找平后的地面上。经历过家庭装修的人可能对此有所感受。

架空式，此地垄式做法较为传统，而且占有空间过多，目前较少采用。

实铺式，在结构基层找平的基础上固定木龙骨，上铺设基层板材，再铺木地板。或将木地板直接固定在龙骨上。由于现在住宅空间高度不甚理想，采用此做法会牺牲一定的空间高度，目前需要家装的用户尤其是经济不太宽裕的用户，对此做法多持慎重态度。

D.软质铺贴式地面。软质铺贴式地面最常用的就是地毯、塑料地板等。

需要强调的是，楼地面施工工艺虽然各有不同，但其构造形式却并不复杂，况且我们学习构造知识，目的是通过图纸来表现其构造。因此，只要掌握一定的工艺做法，图纸表现构造形式可相对简单，尤其是常规做法，不必面面俱到。

③特殊地面构造。特殊地面包括发光地面和活动夹层地板等。

A.发光地面。此种地面做法，现在最常见的就是电视台娱乐、访谈类的演播空间的地面以及舞厅的舞台和舞池等。

透光材料常用钢化夹层玻璃、双层中空钢化玻璃等。架空支撑结构一般有钢结构（如L50×50角钢）支架、混凝土或砖墩等，钢结构较常用，并考虑侧面每隔3~5m预留180mm×180mm的散热孔（加封钢丝网，以防老鼠之类破坏捣乱）。灯具应选用冷光源灯具，以免散发大量光热（图2-2-36）。

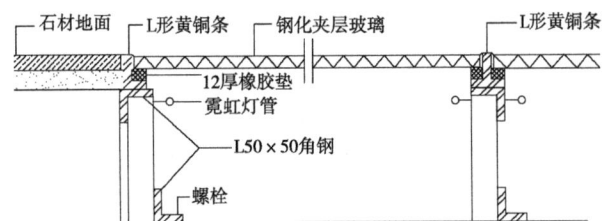

图2-2-36　发光地面构造示意图

B.活动夹层地板。此类地板一般具有抗静电性能，配以缓冲垫、橡胶条及可调节的金属支架等，安装、调试、维修较为便捷，板下可敷设管道和管线，所以常用于计算机房、指挥控制中心、剧场、舞台等。

设计时应重点关注活动夹层地板的标高、规

格尺寸、预留插座接口的位置等，而对于其构造，了解施工原理即可，无需在图纸上交待得过于具体，因为毕竟都是一般常规做法。

2）墙面装修构造做法。

这里主要指室内空间的内墙面构造。当然，随着设计新思路的不断涌现，许多外墙材料也频频出现在室内空间中。如清水墙面、混凝土墙面以及一些外墙砖等都较常使用在室内墙面上。

按照施工工艺和材料的不同，墙面构造可分为抹灰类、贴面类、卷材类、涂刷类、饰面板类、清水墙类等。其中抹灰类、卷材类、涂刷类、清水墙类的重点主要在其施工工艺，它们构造的图纸表现也同样不复杂，一般都有相关的施工标准和规范。我们只要知道结构墙体和面层之间还存在一定比例关系的中间结合层，就容易在图纸上表现其构造了，关键在于文字说明其构造做法。这里不作重点介绍。

①贴面类饰面构造。这里主要指不同规格的块材形成的墙体贴面。由于材料的形状、重量、装饰部位可能不同，它们之间的构造方法也会有一定差异。轻而小的材料（如瓷砖、陶瓷锦砖、小块石材等）可直接用水泥砂浆镶贴；大而厚重的材料（如大理石、花岗石等）则应采取钩挂方式，以保证与主体结构的连接牢固。

对于钩挂类贴面，前面也已经讲过，一种是湿贴法（灌浆法），另一种是干挂法（空挂法）。二者有不同之处，但也存在某些共同点。我们可能对这两种构造形式还是有些不太清楚，不知如何在图纸上表现它们、如何画出其构造节点，就是单纯看有关此类图纸也感觉到眼花缭乱、晕头转向的。其实，我们在图纸上表现其构造详图时，只要掌握其构造规律和施工的可操作性即可。不管哪类方法，石材与结构墙体之间是存在一定比例的空隙的，如果暂时不了解其内部连接构造，也可只画出其比例关系，文字说明其构造方法即可。与其画不清楚，不如不盲目乱画，否则，只能给施工带来不必要的麻烦。因此，重点要交待贴面材料的规格、厚度、品种及外表装饰的造型。

例如，常用石材阳角的构造处理，如图2-2-37所示。

②饰面板类构造。这里主要指木饰面板（如榉木板、樱桃木板、柚木板、枫木板等）、胶合板、石膏板、玻璃、薄金属板等饰面板，通过钉、胶、镶等构造方法形成的墙面做法。

饰面板类的构造做法，一般是先在结构墙体上固定龙骨架（木龙骨或金属龙骨），有时再固定厚基层板（如环保型大芯板等），形成结构层；然后利用钉、粘、铆、嵌等方法，将饰面板安装在结构基层上。我们平时常见的木质墙裙、软包饰面等构造做法均属此类（图2-2-38）。

3）顶棚装修构造做法。

顶棚装修一般可有以下几种分类方法。

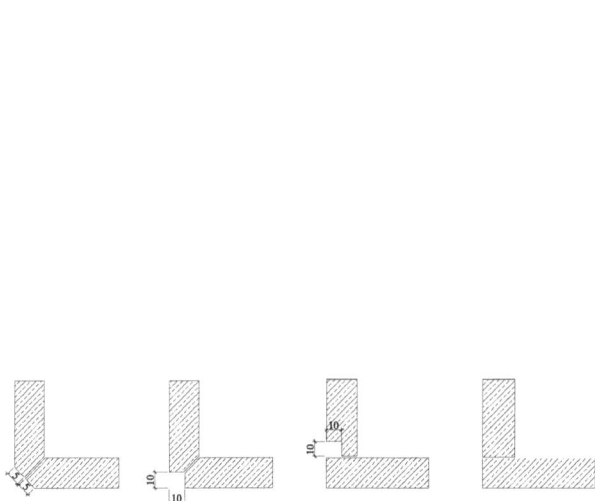

图2-2-37 常用石材阳角处理

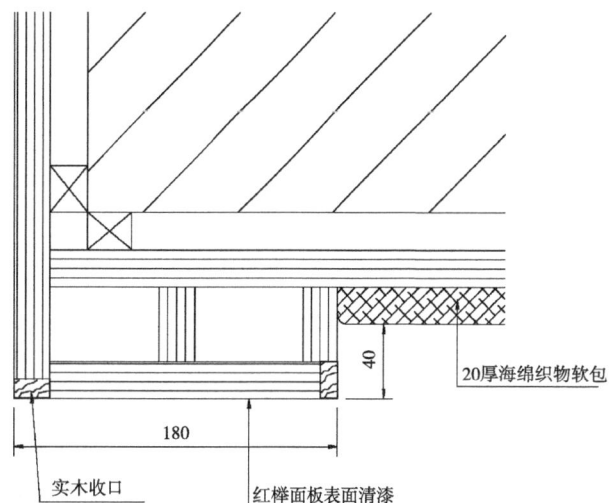

图2-2-38 软包与木饰面墙面构造处理

20厚海绵织物软包

40

180

实木收口

红榉面板表面清漆

①按构造层显露状况的不同分类：开敞式顶棚、隐蔽式顶棚。

②按面层与龙骨的关系不同分类：固定式顶棚、活动装配式顶棚。

③按承受荷载大小的不同分类：上人顶棚、不上人顶棚。

④按施工方法不同分类：抹灰涂刷类顶棚（如乳胶漆饰面）、裱糊类顶棚（如贴壁纸、金箔）、贴面类顶棚（如镶贴木饰面板）、装配式顶棚（如安装矿棉板、铝扣板）等。

⑤按顶棚装修饰面与结构楼板基层关系的不同分类：直接式顶棚、悬吊式顶棚。

直接式顶棚。即不使用吊杆，直接在结构楼板底面进行基层处理，抹灰、涂刷、粘贴壁纸、装饰石膏造型等，管线等设备也均已预埋。我们常见的家装顶棚因空间较低，常用此做法。

悬吊式顶棚。实际上即是常用的所谓"吊顶"。指顶棚的装饰面层与楼板之间留有一定距离，在此段空间中，通常需结合布置各类管道、设备，如空调风管、电管、烟感、喷淋、灯具等。吊顶还可高低变化，进行跌级造型处理，丰富空间层次。此类做法较为普遍，一般公共空间的顶部处理常用这种办法。

悬吊式顶棚主要由吊筋、基层、面层三大部分组成。

吊筋是连接龙骨与结构楼板的承重构件，承受顶棚的荷载。吊筋有钢筋、型钢（角钢或H型钢等，用于重型顶棚）、木龙骨（考虑到防火要求，最好不用或少用）。

基层即骨架层，由主龙骨、次龙骨等形成网格骨架体系，下面连接面层。顶棚基层一般有金属基层（常用轻钢龙骨和铝合金龙骨）、木基层（一般为框架式和厚板式，多用于造型较复杂的顶棚，但必须进行防火处理）两大类。

面层不但能起装饰作用，还可具有吸声、反射等功能。面层有抹灰类、板材类、格栅类，常用板材类（如纸面石膏板、矿棉吸声板、金属微孔板等）。

轻钢龙骨纸面石膏板吊顶构造，如图2-2-39所示。

活动式装配吊顶构造，如图2-2-40所示。

顶棚灯槽构造处理，如图2-2-41所示。

3.相关知识

（1）材料的把握能力

材料在室内设计过程中有着十分重要的作用，不同的材料会有不同的特性、质感、光泽、肌理，也会产生不同的视觉语言，而这些语言又通常和材料的构造方式相互关联。

平时常见的乳胶漆墙面，其构造细部感觉色彩纯净、形式简洁，需要挺括的基底构造；木材的纹理自然、亲切宜人，就需要突出其易加工的构造特征；石材、玻璃、陶瓷等光挺洁净，对空间效果影响大，就需要处理好材料与界面的比例尺度问题，对接缝和基底的连接方法就显得尤为重要；金属材料相

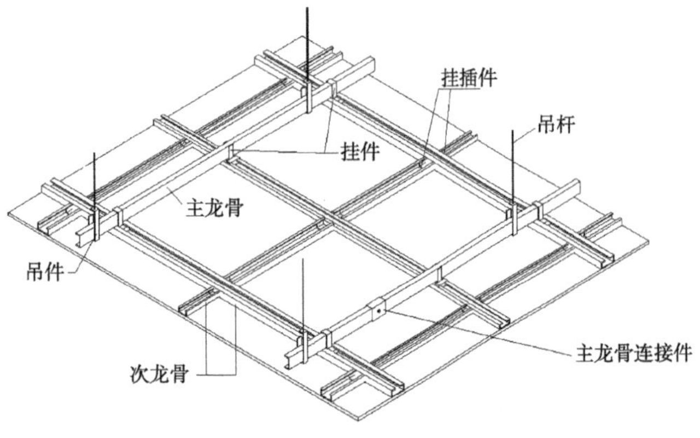

图2-2-39 轻钢龙骨纸面石膏板吊顶构造

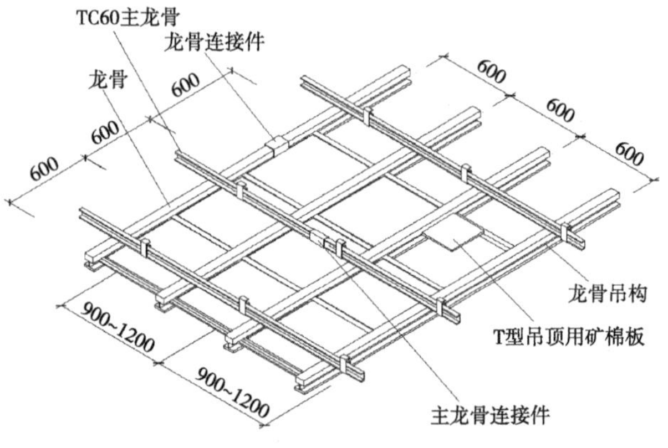

图2-2-40 活动式装配吊顶构造

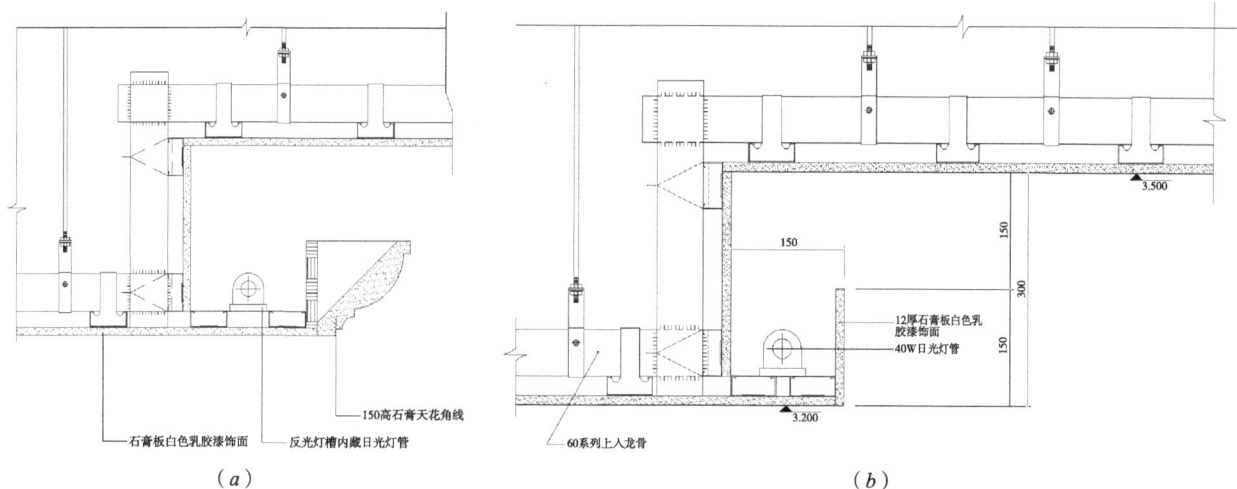

石膏板白色乳胶漆饰面　　反光灯槽内藏日光灯管　　150高石膏天花角线

（a）

12厚石膏板白色乳胶漆饰面　　40W日光灯管　　60系列上人龙骨

（b）

图2-2-41　顶棚灯槽构造示意图

对冷峻光挺，形成的构件造型和构造的工艺美感就容易突出其细部特征；织物面料柔软细腻、图案丰富、附着性强，需要处理好材料自身的选择和与之相邻材质的过渡交接问题。

（2）图纸表达能力

我们学习构造与装修的知识，目的是对室内设计进行更深层次的了解和掌握，构造细部对室内空间的整体起着相当重要的作用。但是学习到的知识最终还要靠图纸表现出来，通过图纸表达其构造处理。

图纸表达，主要是细部构造表达。这是一项很严谨、很理性的工作，需要我们认真对待。重点还是在细部界面的具体比例关系和交接处理，即节点、大样的图纸表达。掌握了它们的图纸表达方法，对今后的施工图绘制会带来极大的便利。

节点、大样的图纸表达，除应掌握制图知识外，还应重点关注其材料剖切图示画法、尺寸关系、材料文字注明以及图面的比例等。有的图面比例过小，根本无法表达清楚其构造做法，因此失去了它存在的意义。这些均应该引起我们的高度重视。

二、设备与装修

1.掌握要点

重点了解室内设计及装修中，有关环境系统的技术设备与装修之间的关系。合理解决空间整体形象及细部造型等美学问题与实用功能之间的矛盾，以使设计创意更加具有可行性。

2.工作程序和方法

我们知道，一个完整的室内设计不仅仅只是解决空间形象问题，还要重点解决实用功能问题。室内空间的物理性能（保温、隔热、通风、照明等）得不到改善，人的最基本的生理需求得不到满足，则其他功能均形同虚设。试想，谁会愿意待在这种房间里"享受"煎熬？

在这里，我们必须先明确，室内设计时各种设备均从属于室内环境系统，室内环境系统实际上是建筑构造中满足人的各种生理需求的人工物理设备与构件。环境系统是现代建筑不可或缺的有机组成部分，它涉及到水、电、风、光、声等多种技术领域。这种由设备构成的人工环境系统是满足室内各种使用功能的基本前提。

（1）设备的系统构成

采光与照明系统、电气系统、给水排水系统、供暖与通风系统、音响系统、消防系统等均属于室内的人工环境系统，这些系统也均由不同功能的相关设备共同组成。它们不但对室内设计空间视觉形象产生影响，同时也受到原建筑空间结构构造的制约。

1）采光与照明系统。

我们在进行设计时常常会感受到，光线的强弱明暗、光影的虚实变化和光色对室内环境气氛的创造起着相当重要的作用。自然光和人工光存在着不同的物理特性和视觉形象，不同的采光方式会导致不同的采光效果和光照质量。

在采光与照明系统中，自然采光受开窗形式和位置的制约，人工照明则受电气系统及灯具配光形式的影响。

2）电气系统。

现代化的智能建筑对电气技术不断提出新的要求，而电气技术的发展又不断完善现代化的建筑功能。电气系统在现代建筑的人工环境系统中处于核心地位，其他各类系统的设备运行，照明、供水、空调、通信、广播、电视、保安监控等都要依赖电能的提供。

在电气系统中，从电能的输入、分配、输送和使用消耗来看，有变配电系统、动力系统、照明系统、智能工程系统的划分；根据建筑用电设备和系统所传输的电压高低或电流大小来看，有强电系统和弱电系统的划分。强电子系统作用于室内设备和室内照明，弱电子系统则又由若干小系统组成：如网络（有线和无线）与布线系统、多媒体及视频系统、保安监控系统（模拟和数字闭路电视监控及入侵报警）、有线电视与广播（含消防广播）系统、信息查询与大屏幕显示系统、电话系统、门禁（一卡通）系统、打铃（强或弱电）系统、楼宇自控系统、机房建设与控制室系统等等。这些在现代建筑中已越来越成为不可或缺的因素。否则，建筑室内空间形象只是一具躯壳而已。

3）给水排水系统。

给水排水系统分为给水系统、热水系统、消防给水系统、排水系统等。消防给水系统主要指供多层及高层民用建筑消防给水的消火栓及自动喷水灭火系统。

给水排水系统中的给水排水管与楼层房间具有对应关系，室内设计中涉及到用水房间应考虑相互位置的关系。

室内设计直接介入前期建筑给水排水系统设计的可能性很小，一般也就是在进行室内设计时，可能需要结合室内的功能要求对该系统进行局部微调，使系统更加符合使用要求和空间整体效果的需要。

4）供暖与通风系统。

该系统的设备与管道是所有人工环境系统中体量最大的，它们占据的建筑空间和风口位置会对室内视觉形象的艺术表现形式产生很大影响。我们在进行室内设计时应结合通风管道、风口等设备的布置，合理地设计或调整吊顶的造型和标高。

通风系统分为新风、空调机组送（新）风、排风、火灾状态下正压送风、排烟及人防通风系统。

新风系统是通过新风机组从室外采集新风，经过新风风管和风口将新风送到各个部位，使室内的新鲜空气得到保证。

空调机组送风系统的机组自身带有冷热水的接口，并从室外采集新风，经过机组内的预冷和预热，可夏天送冷风，冬天送热风。有的机组还受到楼宇自控系统的控制和调整，也有的机组还设置加湿器来调节空气的湿度。

正压送风系统指在火灾状态下，向人员疏散较为集中的楼梯口、电梯间通过送风口输送新风，补充新鲜空气，它属于消防报警系统的联动范畴。

排烟系统则由排风机、280℃排烟防火阀和排烟风口组成，主要是将火灾产生的烟雾排出室外，减轻人员伤亡，该系统也属于消防报警联动系统的重要部分。

5）音响系统。

音响系统包括建筑声学和电声传输两方面内容，建筑构造限定的室内空间形态与声音的传播具有密切关系，界面的装修构造和装修材料的种类会直接影响空间的吸声隔声效果。

有关音响方面的设备位置应考虑与空间整体造型统一规划、合理安排，与相关技术人员密切配合。

6）消防系统。

消防系统对室内设计来说有自动报警系统、管道自动喷水灭火系统及气体灭火系统部分及消火栓、消防箱、防火门、防火卷帘门等。

自动报警系统的形式分为三大类：区域报警系统、集中报警系统和控制中心报警系统。探测器（俗称探头）一般包括感烟探测器（也称烟感器，含离子感烟探测器和光电感烟探测器）、感温探测器（也称温感器，含差温探测器、定温探测器、差定温探测器）、火焰探测器（红外线火焰探测器、紫外线火焰探测器）、可燃气体探测器等。

管道自动喷水灭火系统一般有湿式喷水灭火系统、干式喷水灭火系统、预作用喷水灭火系统、雨淋喷水灭火系统、水幕系统等。

气体灭火系统是消防报警系统的一个重要组成部分，主要使用于建筑的核心部位。如保安监控中心、电话机房、电脑机房、书库、档案室等，均应配置自动气体灭火系统。通过喷射灭火气体，达到扑灭火焰保护控制区域内物品不受损失的目的。

消防设备的安装位置有着严格的界定，在室内装修的空间造型中注意避让消防设备是一个重要问题，比如防火卷帘门窗下面不可摆放家具、陈设等，以免影响防火效果。探测器、喷水系统具体用何种，用多少，用在何位置，不是室内设计师能决定的，需要配合好相关专业人员，既尊重科学，又能使探测器和喷头不影响美观，形成一个有机整体。这才是室内设计师要解决的实际问题。

（2）设备与界面的有机整合

室内设计不能不关注空间整体形象，如何解决好一系列设备的组织安排，使之与空间界面相互整合，成为室内设计师面临的具体问题。

设备难免都要与空间界面发生关系，不同设备也都有自身特定的运行方式，设备所处的位置、占用的空间、外在的形象均会对界面构图产生很大的影响。

地面、墙面、顶棚三种界面中，当数顶棚与设备的关系最为密切。照明灯具、空调风口、音响扬声器、消防等各类设备管道都要通过结构楼板与吊顶之间的空间，或隐藏、或暴露、或半隐半露。处理好顶界面的设备管口布局，关键在于与各工种（指该工种技术人员）之间的相互配合。可见，与其说是解决技术问题，实际上倒不如说是协调人的关系问题。也就是说，室内设计人员应充分预想到由于设备的设置可能出现的不利影响，明确各种设备基本的布局方式。否则，等设计完成后临近施工时，等待我们的将可能是吊顶标高的大幅度降低，吊顶造型的大幅度调整，不再是我们原来设计时追求的效果。

在通风、水、电、消防等设备中，与通风有关的设备由于体积较大、管线众多而对界面的影响最大。自然通风考虑的是通风窗口的尺寸与造型；人工通风考虑的则是进出风口的位置与口径。窗的通风问题在建筑设计时就已考虑，我们一般以尊重现实为原则；而人工通风具有强制空气流动的特征，进出风口的位置在特定空间中有一定的位置局限，处理起来存在一定难度。这就需要室内设计人员与通风专业的技术人员相互协调，相互理解，共同解决好风口与顶界面的整合问题。

这里需要强调的是，室内设计师毕竟不是设备方面的专业技术人员，不可能对设备问题了解得很全面、很透彻。只希望在进行室内设计时，不要忽略设备方面的相关问题，使设计构思更加趋于合理可行。

3.相关知识

由于空调与室内装修的关系相当密切，甚至会严重影响到空间形象和室内设计的效果，因此这里有必要单独对空调技术知识进行重点介绍。

（1）装修与空气质量

现在，人们越来越重视室内的空气质量。实际上，改善空气质量的最有效的办法就是禁用散发污染物的装修材料，减少家具及设备的污染物扩散。另外，通风空调设备与系统功能的改进和提高也同样十分必要——突如其来的"SARS"给我们在专业方面带来的教训太令人难忘了。

空气经过处理通过送风口进入房间，与室内空气进行交换后，由回风口排出。这样，空气的进入和排出，必然引起室内空气的流动，而不同的空气流动状况会有着不同的空调效果。合理地组织室内空气的流动，使室内空气的温度、湿度、流速等能更好地符合人的舒适感受和工艺要求，这即是气流组织的职责。

影响气流组织的主要因素是送风口、回风口的位置、形式及送风射流量。

（2）气流组织及风口形式

目前常用的气流组织的送风方式可分为侧送风、散流器送风、条缝送风和喷射式送风。

1）侧送风。

指风口安装在室内送风管上或墙面上，向房间横向送出气流。侧送风是空调房间最常用的气流组织方式，工作区通常以回风形成气流。一般层高且面积不大的空调房间，常采用单侧送风（如宾馆、酒店的客房）。空间较大时，单侧送风射程或区域温差可能满足不了要求，宜采用双侧送风。

一般侧送风口尽量布置在房间较窄的一边。

2）散流器送风。

散流器是一种安装在房间上部的送风口，一般用于层高较低并且有吊顶的空调房间。其特点是气流从风口向四周辐射状射出，保证空间有稳定而均匀的温度和风速。

散流器送风的形式有圆形、方形或长方形等。散流器中心线与侧墙的距离一般不小于1m。

3）条缝送风。

条缝型送风口的宽长比大于1∶20，由单条缝、双条缝或多条缝组成，其特点是气流衰减较快。可把条缝送风口设置在侧墙上；也可将条缝送风口安装在顶棚内与之持平，甚至与采光带结合布置，使顶部造型更显简洁。

4）喷射式送风。

喷射式送风也称喷口送风，一般是将送、回风口布置在同侧。风速高，风量大，风口少，射程长，并形成一定回流，带动室内空气进行强烈的混合流动，保证了新鲜空气、温度、速度的相对均匀。

喷射式送风主要用在空间比较高大（一般在6~7m以上）的建筑中，如体育馆、报告厅、影剧院等。

（3）回风口的布置

回风口不应设在射流区内。对于侧送风方式，回风口一般设在同侧送风口下方。

（4）空调系统的分类

空调系统一般由空气处理设备、空气输送管道及空气分配装置（或称空调末端设备）所组成。

1）全空气系统。

指空调房间需要全部由经过处理的空气来负担的空气系统。它要求具备较大断面的风道或较高的风速。

2）空气—水系统。

因靠全空气系统要占有较多的建筑空间，故可同时使用空气和水来承担空调的室内负荷。如常用的风机盘管加新风系统。

3）变冷媒空调系统。

指压缩机和冷凝器为室外机组，蒸发器为室内机组。实际上就是家庭最常使用的壁挂式空调、窗式空调或柜式空调。

三、施工图绘制

1.掌握要点

重点了解施工图所包含的主要内容及其构造、材料、尺寸等方面正确的标注方法，相应了解相关系统设备的图示表达。较全面地掌握施工图的绘制程序和方法，对室内设计施工图有一个系统、深入的理解和认知。

2.工作程序和方法

（1）施工图的基本概念

施工图的绘制是以材料构造体系和空间尺度体系作为其基础的，施工图是室内设计施工的技术语言，是室内设计的唯一的施工依据。如果说草图阶段以"构思"为主要内容，方案阶段以"表现"为主要内容，施工图阶段则以"标准"为主要内容。再好的构思，再美的表现，倘若离开施工图作为标准的控制，都可能使设计创意面目全非，只能流于纸上谈兵阶段。可见，室内设计方案若要准确无误地实施出来，就主要依靠于施工图阶段的深化设计，因此可以说施工图绘制是一个二度创作的过程，称之为"施工图设计"一点也不为过。

（2）施工图的作用

施工图对室内设计工程项目完成后的质量与效果负有相应的技术与法律责任，施工图设计文件在室内设计施工过程中起着主导作用。

1）能据以编制施工组织计划及预算。

2）能作为进行施工招标的依据。

3）能据以安排材料、设备定货及非标准材料、构件的制作。

4）能据以组织工程施工及安装。

5）能据以进行工程验收。

（3）施工图设计需要把握的重点

主要表现在以下几个方面：

1）不同类型材料的使用特征。设计者要切实掌握材料的物理特性、规格尺寸、装饰美感及最佳艺术表现力。

2）材料连接方式的构造特征。装修界面的艺术表现与材料构造的连接方式有必然的联系，应充分利用构造特征来表达预想的设计意图。

3）环境系统设备与空间整体的有机结合。环境系统设备部件包括灯具样式、空调风口、暖气造型、管道走向等等，应力求使之成为空间整体的有机组成部分。

4）界面与材料过渡的处理方式。人的视觉注视焦点往往多集中在线形的交接点，因此，空间界面转折与材料过渡的处理成为表现空间细节的关键。

（4）施工图设计应符合制图规范

在施工图设计中，应遵循制图标准，保证制图质量，做到图面清晰、准确，符合设计、施工、存档的要求，以适应工程建设的需要。

施工图绘制的图纸规范要求应在以下各方面予以注意：

1）图纸幅面规格。

2）标题栏与会签栏。

3）图线的粗细及含义。

4）字体。

5）比例。

6）符号（如剖切符号、索引符号、详图符号、作文字说明的引出线及标高符号等）。

7）尺寸标注（如尺寸的尺寸界线、尺寸线、起止符号、数字等）。

（5）施工图文件的基本内容

室内设计施工图文件应根据已获批准的初步设计方案进行编制，内容以图纸为主。其编排顺序依次为：封面；图纸目录；设计及施工说明；图纸（平面图、立面图、剖面图及节点详图）；工程预算书（不是施工图设计文件必须包括的内容，以合同是否约定为准）；材料样板及做法表等。必要时还应附上相关专业（如电气、水等）的图纸。

1）封面。

施工图文件封面应写明装饰工程项目名称、设计单位名称、设计阶段（施工图设计）、设计编号、编制日期等；封面上应盖设计单位设计专用章。

2）图纸目录。

图纸目录是施工图纸的明细和索引，应排在施工图纸的最前面，且不编入图纸序号内，其目的在于出图后增加或修改图纸时方便目录的续编。图纸目录应先列新绘图纸，后列选用的标准图或重复利用图。应写明序号、图纸名称、工程号、图号、备注等，并加盖设计单位设计专用章。注意目录上的图号、图纸名称应与相对应图纸的图号、图名一致。图号从"1"开始依次编排。

3）设计说明。

①工程概况。应写明项目名称、项目地点、建设单位等；同时应写明建筑面积、耐火等级、设计范围、设计构思等。

②施工图设计依据。设计所依据的国家及地方法规、政策、标准化设计及其他相关规定；应着重说明装饰在遵循防火、生态环保等规范方面的情况。

③施工图设计说明。即用语言文字的形式表达设计对材料、设备等的选择和对工程质量的要求，规定了材料、做法及安装质量要求。同时对新材料、新工艺的采用应作相应说明。施工图设计说明作为设计的明确要求，而成为竣工验收、预算、投标以及施工的重要依据。

4）图纸。

即具体的平面图、顶棚（吊顶）平面图、立面图、剖面图及节点详图等。

5）主要材料做法表及材料样板。

材料做法表应包含设计各部位的主要装饰用料及构造做法，以文字逐层叙述的方法为主或引用标准图的做法与编号，也可用表格的形式表达。材料做法表一般应放在设计说明之后。而材料样板则是通过具体真实材料制作的一项可依据的设计文件。它易使人感受到预定的真实效果，同时也作为工程验收的法律依据之一。

6）施工图设计文件的签署。

所有施工图设计文件的签字栏里都应完整地签署设计负责人、设计人、制图人、校对人、审核人等姓名；若有其他相关专业配合完成的设计文件，应由各专业人员进行会签。

一套完整的施工图纸一般包括三个层面的内容：①界面材料与设备定位。②界面层次与材料构造。③细部尺度与图案样式。

界面材料与设备位置在施工图里主要表现在室内设计的平面图、顶棚平面图及立面图中。与方案图不同的是，施工图里的平、立面图主要表现其地面、墙面、顶棚的构造样式、材料分界与搭配组合，标注灯具、供暖通风、给水排水、消防烟感喷淋、电信网络、音响设备等各类端口位置。

常用的施工图中平、立面图比例一般为1∶100、1∶50，重点界面也可放大到1∶10、1∶20或1∶30。

应该强调的是，对于一些规模较小或设计要求较为简单的室内装饰工程，施工图文件的编制可依据相关规定作相应的简化和调整。

（6）图纸部分的基本内容

1）平面图。

平面图是室内设计施工图中最基本、最主要的图纸，其他图纸则是以它为依据派生和深化而成的。同时，平面图也是其他相关专业（结构、水暖、消防、照明、空调等）进行分项设计与制图的重要依据，其技术要求也主要在平面图中表示。

概括起来包括以下几点：

①标明建筑的平面形状和尺寸。有的施工平面图为了与建筑图相对应，而标注建筑的轴线尺寸及编号。这种情况一般出现在具有许多房间的较为综合性的建筑的室内设计施工平面图中，目的是为了给不同房间以更准确的平面定位，不至于在施工过程中因房间众多而增加查找上的麻烦和混乱。

②标明装修构造形式在建筑内的平面位置以及与建筑结构的相互尺寸关系。标明装饰构造的具体形状及尺寸，标明地面饰面材料及重要工艺做法。

③标明各立面图的视图投影关系和视图位置编号。

④标明各剖面图的剖切位置、详图等的位置及编号。

⑤标明各种房间的位置及功能，走廊、楼梯、防火通道、安全门、防火门等空间的位置与尺寸，该情况一般出现在施工总平面图中。

⑥标明门、窗的位置及开启方向。

⑦标明平面图中地面高度变化形成的不同标高。

2）顶棚平面图。

在施工图中，顶棚平面图所表现的内容如下：

①表现顶棚吊顶装饰造型样式、尺寸及标高。

②说明顶棚所用材料及规格。

③标明灯具名称、规格、位置或间距。

④标明空调风口形式、位置，消防报警系统及音响系统的位置。

⑤标明顶棚吊顶剖面图的剖切位置和剖切编号。

3）立面图。

室内设计的立面图表示建筑内部空间各墙面以及各种固定装修设置的相关尺寸、相关位置。通常表现建筑内部墙面的立面图都是剖面图，即建筑竖向剖切平面的正立面投影图，因此也常把立面图称之为剖立面图。剖切面的位置应在平面图上标出。

立面图的基本内容及识图要点：

①在立面图上一般采用相对标高，即以室内地面作为正负零，并以此为基准点来标明地台、踏步、吊顶的标高。

②标明装饰吊顶的高度尺寸及相互关系尺寸。

③标明墙面造型的式样，文字说明材料用法及工艺要求。但要搞清楚立面上可能存在许多装饰层次，要注意它们之间的关系、收口方式、工艺原理和所用材料。这些收口方法的详图，可在剖面图或节点详图上反映。

④标明墙面所用设备（如空调风口）的定位尺寸、规格尺寸。

⑤标明门、窗、装饰隔断等的定位尺寸和简单装饰样式（应另出详图）。

⑥搞清楚建筑结构与装饰构造的连接方式、衔接方法、相关尺寸。

⑦要注意设备的安装位置，开关、插座等的数量和安装定位，符合规范要求。

⑧各立面绘制时，尤其要注意的是它们之间的相互关系。不应孤立地关注单个立面的装饰效果，而应注重空间视觉整体。

4）剖面图及节点详图。

剖面图是将装饰面整个竖向剖切或局部剖切，以表达其内部构造的视图。

界面层次与材料构造在施工图里主要表现在剖面图中，这是施工图的主要部分。严格的剖面图绘制应详细表现不同材料和材料与界面连接的构造关系。由于现代装饰材料的发展，不少材料都有着自己的标准的安装方式，因此如今的剖面图绘制侧重于剖面线的尺度推敲与不同材料衔接的方式，而不是关注过于常规的、具体的施工做法。

①剖面图的表达内容。用细实线和图例画出所剖到的原建筑实体切面（如墙体、梁、板、地面或屋面等）以及标注必要的相关尺寸和标高。用粗实线绘出剖切部位的装修界面轮廓线以及标注必要的相关尺寸和材料。

②剖面图绘制的要求。

A.剖视位置宜选择在层高不同、空间比较复杂或具有代表性的部位。

B.剖面图中应注明材料名称、节点构造及详图的索引符号。

C.主体剖切符号一般应绘在底层平面图内。

D.标高系指装修完成面或吊顶底面标高（单位为m）。

E.内部高度尺寸，主要标注吊顶下净高尺寸及细部尺寸。

③节点详图。节点详图是整套施工图中不可或缺的重要部分，是施工过程中准确地完成设计意图的依据之一。节点详图是将两个或多个装饰面的交接点，按水平或垂直方向剖切，并以放大的形式绘制的视图。

平、立、剖面图中尚未能表示清楚的一些特殊的局部构造、材料做法及主要造型处理应专门绘制节点详图。

用标准图、通用图时要注意所选用的图集是否符合规范，所选用的做法、节点构造是否过时、被淘汰。大量选用标准图集也有可能使设计缺乏创造性和创新意识，这点应引起注意。

细部尺度与图案样式在施工图里主要表现在细部节点、大样等详图中。细部节点是剖面图的具体详解，细部尺度多为不同界面转折和不同材料衔接过渡的构造表现。

常用的施工图细部节点比例一般为1：1、1：2或1：5。在图面条件许可的情况下或构造具体尺度不过大的条件下，应尽可能利用1：1的比例。

细部节点的尺寸标注是施工图设计中不可缺少的重要内容。

图案样式多为平、立面图中特定装饰图案的施工放样表现，自由曲线多的图案需要加注坐标网格。图案样式的施工放样图可根据实际情况决定相应的尺度比例。

3.相关知识

（1）三维空间转化为二维图纸的能力培养

方案阶段完成后，画施工图时，不知如何在二维图纸上表达、贯彻、深入设计意图，图纸完成后对其实施的可行性心里没底，不知画的图是否能用，尤其对节点详图更是感到神秘、恐惧，这些情况在初学阶段都是在所难免的。

初学者在学习施工图设计时，可能会遇到的最大问题，一是对施工的构造及施工工艺了解不多，对一些节点画法不知从何处下笔，缺乏自信心；二是对三维空间与二维图纸表达的相互转化能力有待提高。这两点是室内设计专业学习必须迈过的一道门槛，否则，施工图设计及绘制就很难落实到实处。

施工图中的平面图、立面图、剖面图甚至透视图等，都是以二维图纸方式来表现三维空间形象的。但是作为设计人员，必须始终保持空间思维状态和思维的时空概念。也就是说，在画平面图、立面图、剖面图或节点大样的过程中，头脑里要不停地想象到二维图纸可能产生的实际空间形象和尺度概念。当然，在学习的初始阶段，对三维空间形象的形成不一定马上建立，这既需要有理性知识，也需要用心去感悟，同时也需要那么一点点灵气。

对平面图的空间想象，主要是基于人处于交通流线各点与功能分区不同位置时的视觉感受。实际上是用平面视线分析的方法来确立正确的空间实体要素定位。实体要素包括围合空间的界面、构件、设备、家具、植物等等内容。要考虑人的活动必经的主交通转换点及功能分区中的主要停留点在不同视域方向的空间形象，确立平面的虚实布局。这种经过空间形象视线分析的平面布局显然具有其可行性和科学性，同时也能够达到空间表现的艺术性。

设计师在画施工图的过程中，一定要认识到室内空间时空连续的形象观感特征，万万不可孤立地、片面地审视某一界面。要培养把各个界面串成一个完整的、清晰的、有机的空间形象的思维能力。

（2）常用材料剖切图例

见表2-2-6所列。

常用材料剖切图例

表2-2-6

序号	名称	图例	说明
01	天然石材　人造石材		需有文字注明石材品种和厚度
02	金属	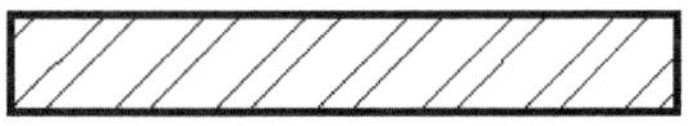	包括各种金属
03	隔声纤维物	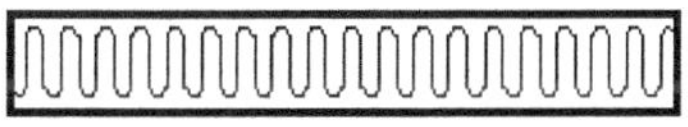	包括矿棉、岩棉、麻丝、玻璃棉、木丝棉、纤维板等
04	混凝土		
05	钢筋混凝土		
06	砌块砖		
07	地毯		包括各种地毯
08	细木工板（大芯板）	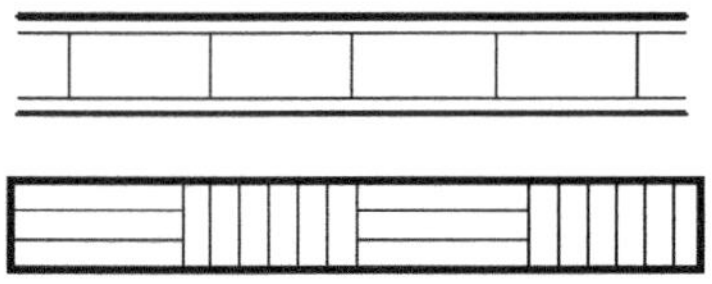	应注明厚度
09	木夹板	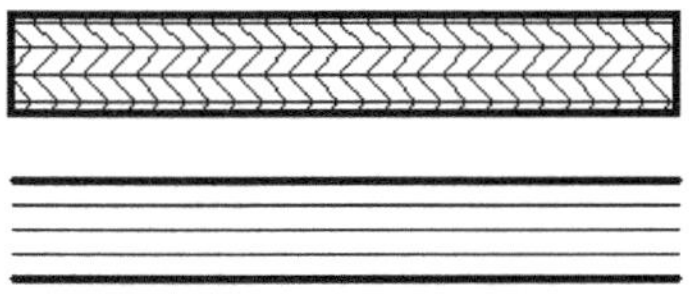	包括3mm厚、5mm厚、9mm厚、12mm厚夹板等
10	石膏板	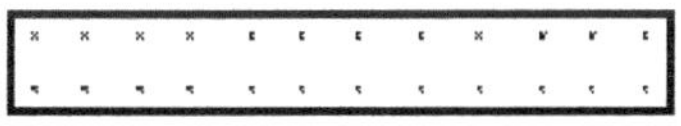	包括9mm厚、12mm厚各种纸面石膏板

序号	名称	图例	说明
11	木材		经过加工作为饰面的实木
12	木龙骨		作为隐蔽工程使用，一般应注明规格
13	软包		应注明厚度尺寸及外包材质
14	玻璃或镜面		包括普通玻璃、钢化玻璃、有机玻璃、艺术玻璃、特种玻璃及镜面等
15	基层抹灰		本图例采用较稀的点
16	防水材料		构造层次较多或大比例时，采用此图例
17	饰面砖		包括墙地砖、陶瓷锦砖等。使用比例较大时，可采用此图例

（3）常见设备及电气图例
见表2-2-7所列。

常用设备及电气图例   表2-2-7

名称	图例
圆形散流器	
方形散流器	
剖面送风口	
剖面回风口	
条形送风口	
条形回风口	
排气扇	
烟感	
温感	

名称	图例
喷淋	
扬声器	
单控开关	
双控开关	
普通五孔插座	
地面插座	
防水插座	
空调插座	A/C
电话插座	TP
电视插座	TV
信息插孔	TD
筒灯	
射灯	
轨道射灯	
壁灯	

名称	图例
防水灯	
吸顶灯	
花式吊灯	
单管格栅灯	
双管格栅灯	
三管格栅灯	
暗藏日光灯管	
烘手器	

洽商记录格式文本   表2-2-8

洽商记录		编　号	
工程名称		专业名称	室内设计
提出单位名称	×××设计公司	日　期	年　月　日
内容摘要		举例：关于二层小会议室、卫生间装修做法	

序　号	图　号	洽　商　内　容
1	室6	小会议室吊顶，原设计为矿棉吸声板，现改为轻钢龙骨石膏板乳胶漆饰面；墙面原设计为耐擦洗涂料，现改为织物壁纸饰面
2	室14	卫生间洗手台面，原设计为木饰台面玻璃手盆，现改为天然大理石台面陶瓷手盆。原设计中墙面的装饰壁龛，现取消
3		

签字栏	建设（监理）单位	设计单位	施工单位
	×××	×××	×××

1. 本表由建设单位、监理单位、施工单位等各保存一份。
2. 涉及图纸修改的，必须注明应修改图纸的图号。
3. 不可将不同专业的工程洽商办理在同一份洽商上。
4. "专业名称"栏应按专业填写，如建筑、室内设计、结构、给水排水、电气、通风空调等。

4.施工图实例

见附图：施工图实例。

图2-2-42 设计说明

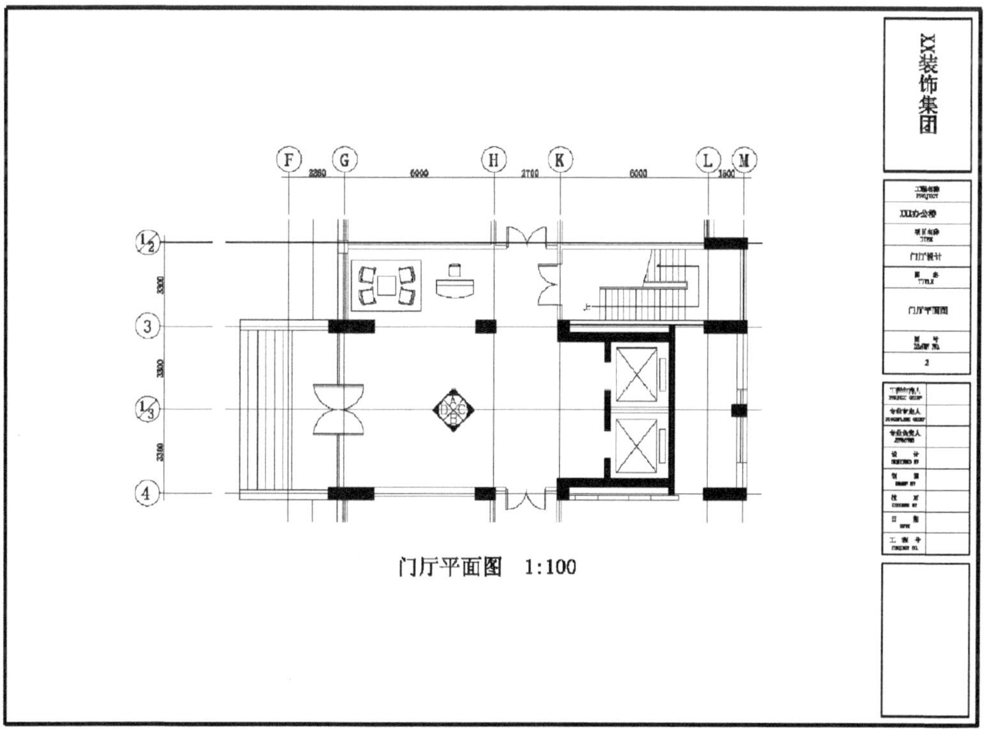

图2-2-43

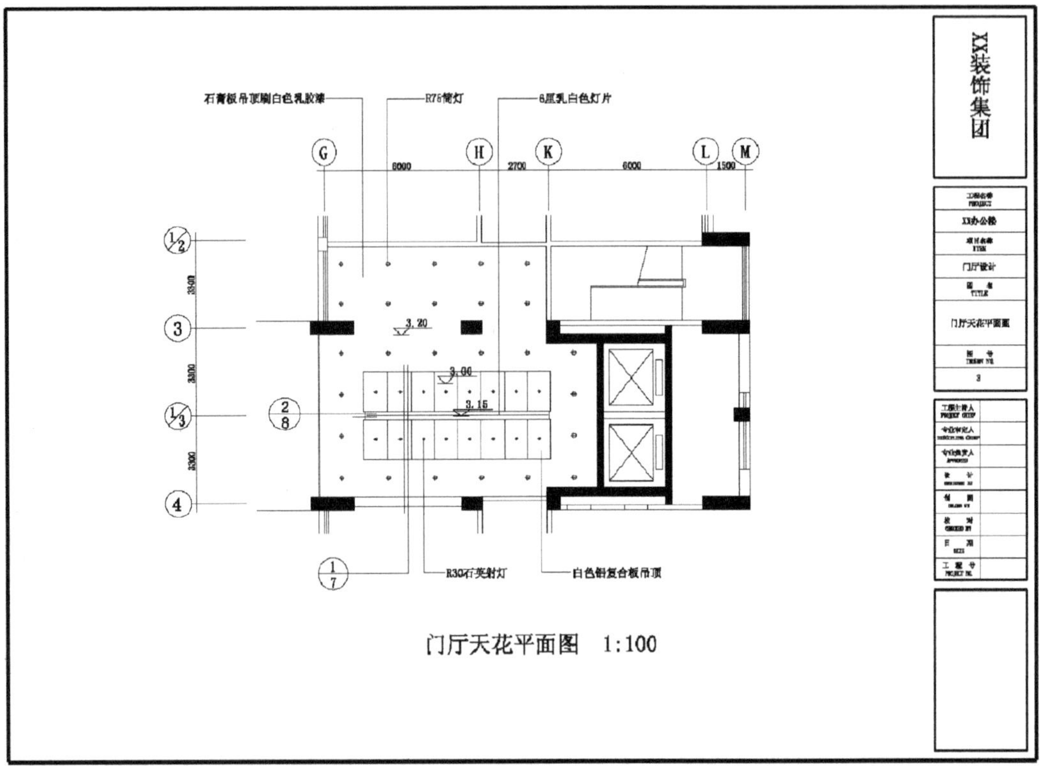

石膏板吊顶刷白色乳胶漆   R75筒灯   8厘乳白色灯片

XX装饰集团

门厅天花平面图   1:100

R3G石英射灯   白色铝复合板吊顶

图2-2-44

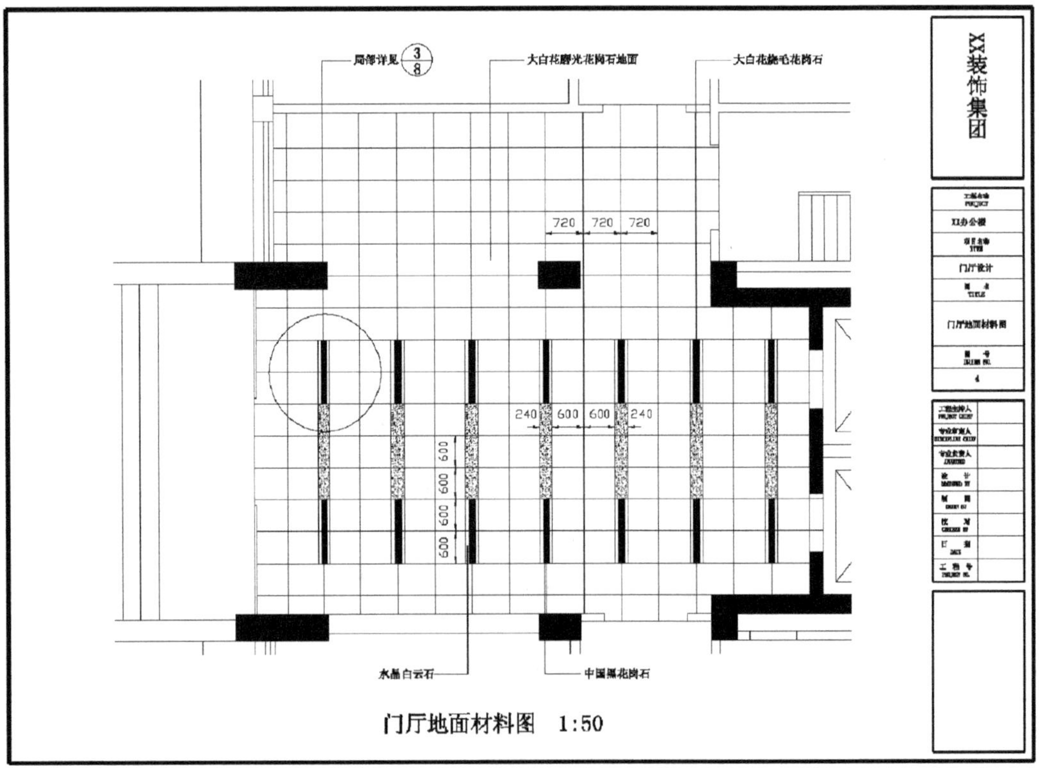

局部详见 ③/⑧   大白花磨光花岗石地面   大白花烧毛花岗石

XX装饰集团

720 720 720

240 600 600 240

600
600
600
600

水晶白云石   中国黑花岗石

门厅地面材料图   1:50

图2-2-45

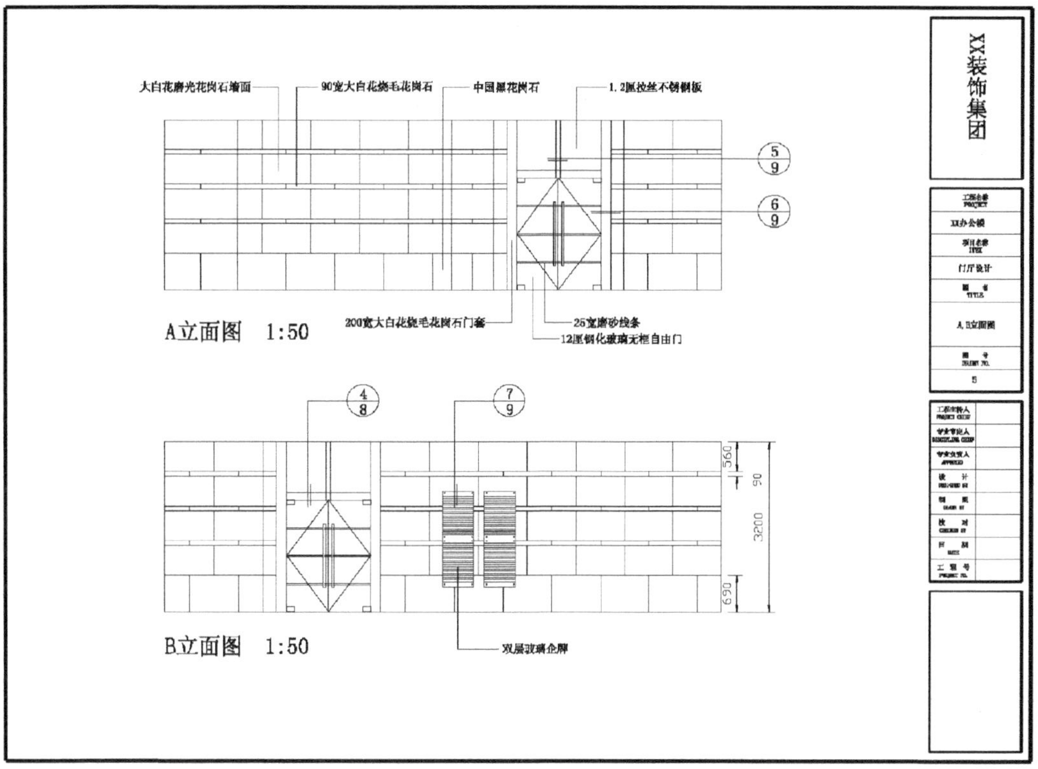
XX装饰集团
大白花磨光花岗石墙面
90宽大白花烧毛花岗石
中国黑花岗石
1.2厘拉丝不锈钢板
A立面图 1:50
200宽大白花烧毛花岗石门套
25宽磨砂线条
12厘钢化玻璃无框自由门
B立面图 1:50
双层玻璃企牌
3200
560
690

图2-2-46

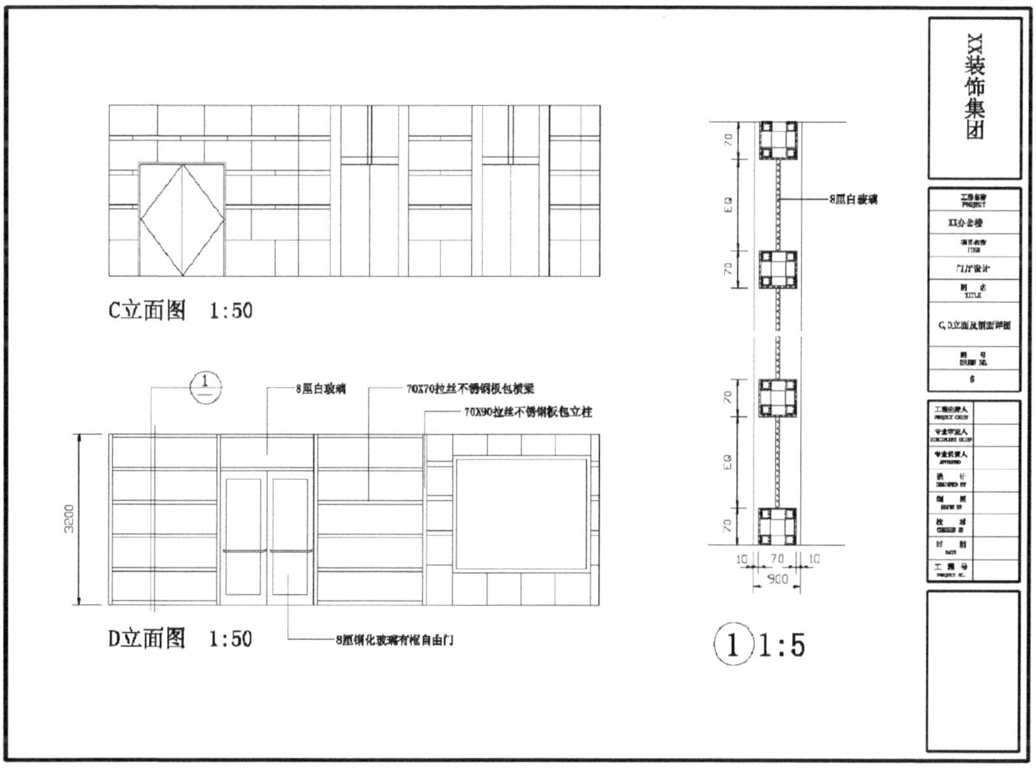
XX装饰集团
C立面图 1:50
8厘白玻璃
70X70拉丝不锈钢板包横梁
70X90拉丝不锈钢板包立柱
3200
D立面图 1:50
8厘钢化玻璃有框自由门
EQ
70
900
1:5

图2-2-47

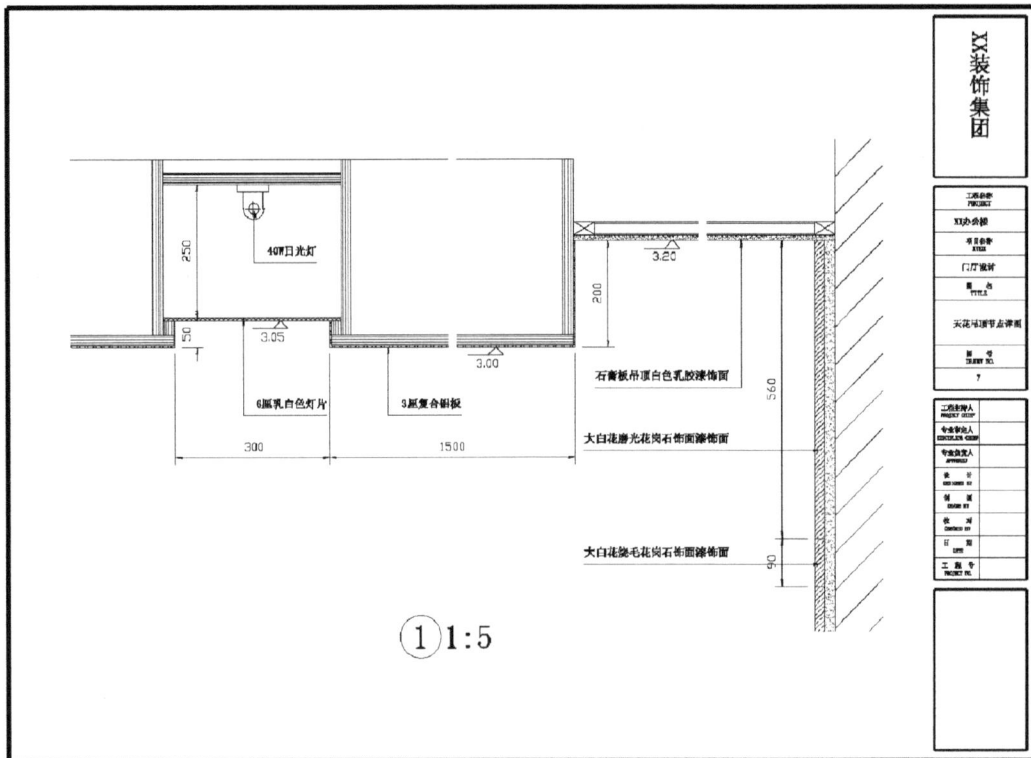

图2-2-48

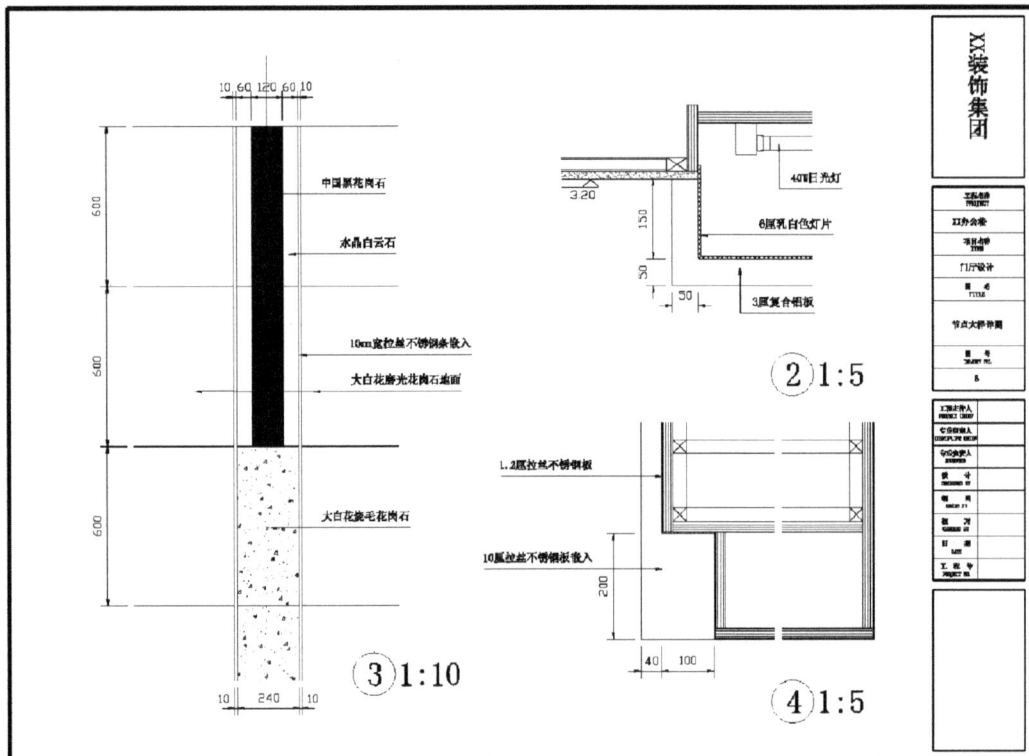

图2-2-49

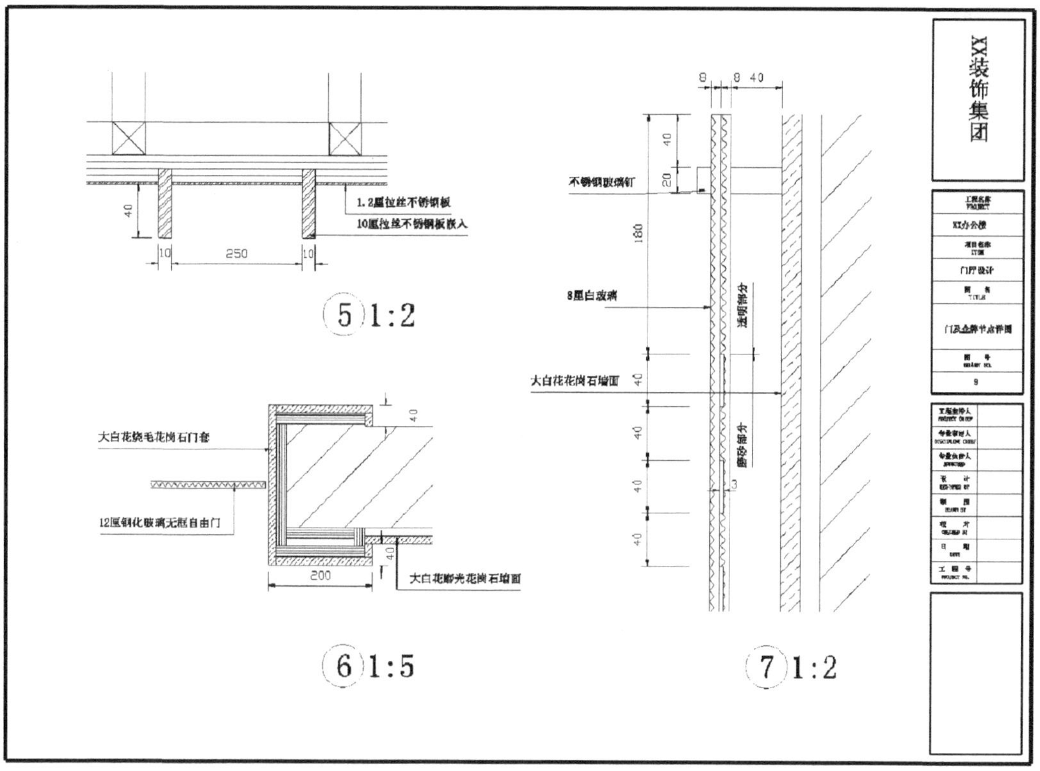

图2-2-50

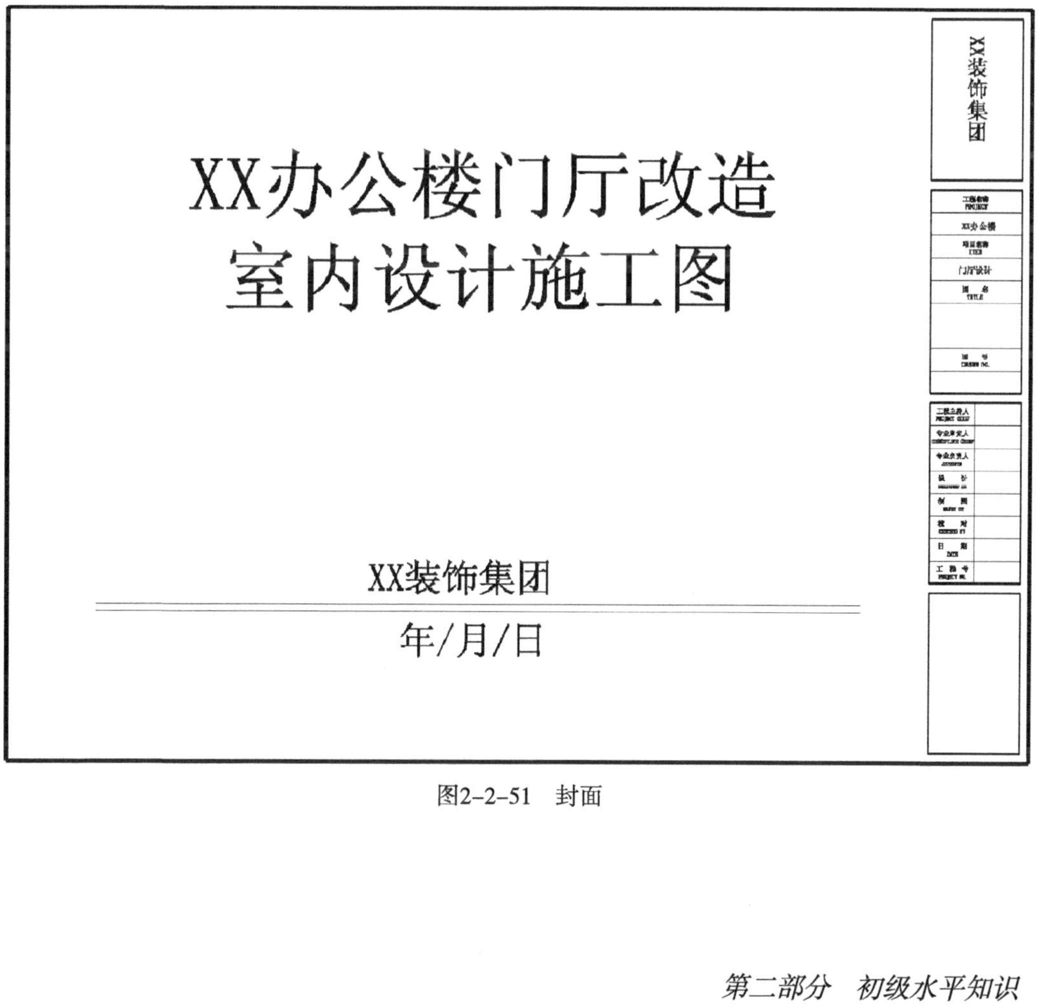

图2-2-51 封面

图纸目录

图 号	图纸名称	图 幅
1	设计说明	A2
2	门厅平面图	A2
3	门厅顶棚平面图	A2
4	门厅地面材料图	A2
5	A,B 立面图	A2
6	C,D 立面及剖面详图	A2
7	顶棚吊顶节点详图	A2
8	节点大样详图	A2
9	门及企牌节点详图	A2

XX装饰集团

图2–2–52 图纸目录

第三章　设计实施

第一节　施工技术工作

一个好的设计创意的实现，固然需要丰富的空间想象力和人文精神，但同样离不开施工技术作为其基本保障。对装饰材料选样的把握和对施工规范的一定了解，是室内设计项目合理实现的有效前提。

一、材料选样
1.掌握要点
通过了解材料的基本特性，认识材料选样的作用和意义。掌握设计中空间界面材料的客观实际效果，把握材料选样的基本原则。
2.工作程序和方法
施工图绘制完成，标志着室内设计项目实施图纸阶段主体设计任务的结束。接下来的工作，主要是与委托设计方和工程施工方的具体协调与指导管理。

材料选样是项目实施最后阶段之先期主要工作。

（1）材料选样的作用

材料的选样在室内工程项目中呈现的是空间界面材料的客观真实效果，对室内设计的最终实施起着先期预定的作用。它既作用于设计者、委托方，又作用于工程施工方，其作用具体可概括为以下几个方面：

1）辅助设计

材料选样作为设计的内容之一，并非在设计完成后才开始考虑，而是在设计过程中，根据设计要求，全面了解材料市场，对材料的特性、色彩及各项技术参数进行分析，以备设计时有的放矢。

2）辅助概预算

材料的选样与主要材料表、工程概预算所列出的材料项目有明确的对应关系。相对于设计图，材料选样更直观、形象，有助于编制恰当的概预算表及复核。

3）辅助工程甲方理解设计

材料选样的真实客观，使甲方更容易理解设计的意图，易感受到预定的真实效果，了解工程的总体材料使用情况，以便对工程造价做出较准确的判断。

4）作为工程验收的依据之一

5）作为施工方提供采购及处理饰面效果的示范依据

材料选样必然要受到材料品种、材料产地、材料价格、材料质量及材料厂商等因素的制约，同时，也受到流行时尚的困扰。在一个相对稳定的时间段内，某一类或某一种材料使用得比较多，这就可能成为材料流行之时尚。这种流行实际上是人们审美能力在室内设计方面的一种体现。一般来讲，材料的使用总是与不同的功能要求和一定的审美概念相关，但是，随着各种新型材料的不断涌现，以及社会的攀比和从众心理，在材料的选样和使用上居然也会泛起阵阵流行的浪潮。

就设计者来讲，材料是进行室内装修设计最基本的要素，材料应该依据设计概念的界定进行选样，而并非一定要使用时尚的或是昂贵的材料。

充分展示材料的特质，注重材料与空间的整体关系以及强调材料的绿色环保概念是我们在材料选样方面应坚持的原则。因此，要求材料厂家提供有关材料的技术检测报告这一环节不容忽视。

（2）材料选样的基本原则

材料的特性、色彩、图案、质地是材料选样的重点，在实际的项目工程中选择材料要切实把握住以下五点：

1）色差

一般的材料样板，总是面积过小并且有时常用白色或其他硬板衬托，这时候就不容易发现材料尤其是天然材料的色差和纹样的宏观视觉效果。这与实际空间中的色彩运用存在较大差异。

2）质感

材料的质感牵涉到功能使用和视觉整体。

3）光泽

材料的不同光泽影响着空间的视觉效果。

4）耐久性

材料的耐久性是关系到材料质量的重要因素之一。老化、腐蚀、虫蛀、裂缝等现象，都影响到其耐久性。

5）安全性

材料的易燃、有毒等安全问题不可忽视，对材料的绿色环保要求更是当今体现其安全性的重要内容，绝对应引起高度重视。所用材料应符合国家有关建筑装饰装修材料有害物质限量标准的规定，所用材料的燃烧性能应符合现行国家标准《建筑内部装修设计防火规范》（GB 50222—95）和《高层民用建筑设计防火规范》（GB 50045—95）的规定。

3.相关知识

（1）材料基本特性知识

目前材料品种繁多，有天然材料，也有人造材料。设计人员应对材料有一个较为全面、系统的认识和掌握，只有如此，才有可能更好地进行材料选样。

材料具备一定的保护功能和环境调节功能。不但能提高建筑的耐久性，还具有改善室内环境使用条件的功能。如木地板、地毯等能起到保温、隔声、隔热的作用，使人感到温暖舒适、自然宜人，改善了室内空间的生活环境。因此，面对众多材料，我们应较为系统地认识材料的基本特性，循序渐进，逐步深入。

（2）对材料的审美知识

材料还有一个重要功能，即装饰功能。应充分认识材料的美学特征和价值，挖掘材料的美学潜力，用一种新的视角审视那些我们司空见惯的材料。

了解材料自身的特性并不困难，关键是材料与材料之间的组合搭配，需要我们具备一定的美学知识和审美经验。对材料自身的色彩、质感、触感、肌理、光泽等性能固然也需要系统把握，但材料的整体与局部、实体与空间的关系更应引起关注。使得材料选样时，能顾及到材料个体与其他材料的组合问题以及材料与空间整体的协调问题。

因此，对于审美方面的知识，不但要掌握一定的理论常识，还要深入生活，多观察、多归纳，具备把握材料美学实际空间的尺度感及整体效果的能力。

（3）材料的环保知识

当前，对材料的有害物质的认识已被人们广泛重视。使用含有污染物质的材料会对环境产生极大危害，损害了人们的身心健康，严重影响了室内装饰设计行业的信誉。因此，必须从设计人员做起，做好材料选样这一重要环节的工作。对含有诸如甲醛、苯、氡、氨等污染物质的装饰板材、胶粘剂、油漆等材料，在选样时应充分重视，予以杜绝。

了解此方面的知识，可参见下列国家有关控制污染物的相关法规：

《室内装饰装修材料　人造板及其制品中甲醛释放限量》（GB 18580—2001）

《室内装饰装修材料　溶剂型木器涂料中有害物质限量》（GB 18581—2001）

《室内装饰装修材料　内墙涂料中有害物质限量》（GB 18582—2001）

《室内装饰装修材料　胶粘剂中有害物质限量》（GB 18583—2001）

《室内装饰装修材料　木家具中有害物质限量》（GB 18584—2001）

《室内装饰装修材料　壁纸中有害物质限量》（GB 18585—2001）

《室内装饰装修材料　聚氯乙烯卷材地板中有害物质限量》（GB 18586—2001）

《室内装饰装修材料　地毯、地毯衬垫及地毯胶粘剂有害物质释放限量》（GB 18587—2001）

《混凝土外加剂中释放氨的限量》（GB 18588—2001）

《建筑材料放射性核素限量》（GB 6566—2001）

（4）材料的防火知识

按现行国家标准《建筑材料燃烧性能分级方法》，可将内部装饰材料的燃烧性能分为四个等级：A为不燃、B1难燃、B2可燃、B3易燃。

按燃烧性能等级规定使用装饰材料时，应注意以下几方面：

1）A、B1、B2级材料须按材料燃烧性能等级的规定要求，由专业检测机构检测确定，B3级材料可不进行检测。

2）安装在钢龙骨上的纸面石膏板，可作为A级材料使用。

3）若胶合板表面涂覆一级饰面型防火涂料时，可作为B1级材料使用。

4）单位重量小于300g/m²的壁纸，若直接粘贴在A级基材上，可作为B1级材料使用。

5）若采用不同装饰材料进行分层装饰时，材料的燃烧性能等级均应事先规定要求；复合型装饰材料应由专业检测机构进行整体测试并划分其燃烧等级。

6）经过阻燃处理的各类装饰燃织物，可作为B1级材料使用。

二、施工规范

1.掌握要点

掌握室内装饰装修工程的施工基本要求，了解施工的基本程序和规范，为室内装饰设计在施工技术方面打下良好的基础，为设计创意的可行性提供坚实的技术保障。

2.工作程序和方法

（1）常用术语

1）基体　Primary Decoration

建筑的主体结构和围护结构。

2）基层　Basic Course

直接承受装饰装修的面层。

3）细部　Detail

室内装饰装修工程中的一些局部处理或饰物。

4）室内环境污染　Indoor Environmental Pollution

一般指室内空气中存在的有害人体健康的氡、甲醛、苯、氨、总挥发性有机物等气体，或由于某些材料产生的有害辐射等现象。

（2）基本规范

1）室内装饰装修工程必须进行设计方可施工，并具有完整的正式施工图设计文件。

2）施工单位应具有相应的资质，并应建立质量管理体系和相应的管理制度，有效控制施工现场对周围环境可能造成污染和危害。施工人员应有相应岗位的资格证书，遵守有关施工安全、劳保、防火、防毒等法律、法规，施工单位应配备必要的安全防护设备、器具和标识等。

3）室内装饰装修工程设计必须保证建筑的结构安全，施工中禁止擅自改动建筑主体、承重结构或主要功能；严禁未经设计确认和有关部门批准擅自拆改水、暖、电、燃气、通信等设施。

4）住宅室内装饰装修施工时，不得铺贴厚度超过10mm以上的石材地面；不得扩大主体结构上原有门窗洞口；不得拆除连接阳台的砌块、混凝土墙体和其他影响建筑结构。

5）施工所用材料应符合设计要求和国家现行标准的规定，严禁使用国家明令淘汰的材料；材料的燃烧性能应符合现行国家标准《建筑内部装修设计防火规范》（GB 50222—95）、《高层民用建筑设计防火规范》（GB 50045—95）等规定；施工材料须按设计要求进行防火、防腐等技术处理。

6）施工前应有主要材料的样板或做样板间，并经有关各方确认。

7）室内装饰装修工程的施工质量应符合设计要求和《建筑装饰装修工程质量验收规范》（GB 50210—2001）的规定，由于违反设计文件和国家标准规范的规定而造成的施工质量问题，应由施工单位负责。

8）施工中的电器安装应符合设计要求和国家现行标准的规定。严禁未经穿管直接埋设电线。

9）管道、设备等安装及调试应在装饰工程施工前完成，若必须同步进行，应在饰面层施工前完成。不得影响管道、设备等的使用和维修。

10）施工环境应满足工艺要求。施工环境温度不应低于5℃，若低于此温度时，应采取保证工程质量的有效措施。

11）室内装饰工程施工过程中应做好半成品、成品的保护，防止污染和损坏。

12）工程验收前应将施工现场清理干净。

（3）防水施工

1）本文所指防水施工为二次施工，主要适用于卫生间等部位。一般常用聚氨酯等涂膜防水材料，但也不排除使用其他类型的防水材料。施工环境温度宜在5℃以上。防水工程应在地面、墙面隐蔽工程完成验收合格后进行。并应做两次蓄水试验。

2）防水层与基层应结合牢固，基层表面应平整，不得有松动、空鼓、开裂和起沙等缺陷。防水层应从地面延伸到墙面，高出地面100mm或以上；浴室墙面的防水层不得低于1800mm。

3）水砂浆施工应注意，其配合比应符合设计或产品要求，阴阳角应做成圆弧形；保护层水泥砂浆的厚度、强度应符合设计要求。

4）涂膜防水施工时，涂刷应均匀一致，不得漏刷，总厚度应符合产品技术性能要求；玻纤布的搭接应顺流水方向，搭接宽度不应小于100mm；两层以上玻纤布的防水施工，上下搭接应错开幅宽的1/2。

（4）施工程序

根据室内的空间特点，室内装饰工程施工原则上一般可按照自上而下、先湿后干、先隐蔽后饰面的流程进行。其施工顺序可遵循以下规定：

1）抹灰、饰面、吊顶及隔断施工，应待隔墙、暗装的管道、电管和电气预埋件等完工后进行。

2）有抹灰基层的饰面板工程、吊顶及轻型装饰造型施工，应待抹灰工程完工后进行。

3）涂刷类饰面工程以及吊顶、隔断饰面板的安装，应在地毯、复合地板等地面的面层和明装电线施工前，以及管道设备调试后进行。

4）裱糊与软包施工，应待吊顶、墙面、门窗或设备的涂饰工程完工后进行。

3.相关知识

（1）防火安全知识

1）完善制度

施工单位必须制定施工防火安全制度，施工人员必须严格遵守。

2）材料防火处理

对装饰织物应进行阻燃处理，使其被阻燃剂浸透；木质装饰装修材料应进行防火涂料涂刷。涂刷前应清洁其表面，一般涂刷两次以上。

3）施工现场防火

施工现场不得大量存放可燃材料。易燃易爆材料的施工，应避免敲打、碰撞、摩擦等可能出现火花的操作；使用油漆等挥发性材料时，应随时封闭其容器；施工现场动用电气焊等明火时，必须清除周围及焊渣滴落区的可燃物质，并设专人监督；施工现场必须配备灭火器等灭火设施。

4）电气防火

当照明灯具或镇流器嵌入可燃材料时，应采取隔热措施；明铺塑料导线应穿管或加线槽板保护，吊顶内的导线应穿金属管或B1级PVC管保护，导线不得裸露。

（2）室内环境污染控制

一般应控制的室内环境污染物为：氡、甲醛、氨、苯和总挥发性有机物（TVOC）。施工所用材料应符合国家有关装修材料有害物质限量标准的规定，应有产品合格证书、中文说明书及相关性能的检测报告。

近来有媒体披露，中国室内环境监测中心认为，在人们所熟知的影响空气质量的主要污染物中，今后还将加上TDI（甲苯二异氰酸酯）。TDI对皮肤、眼睛、呼吸道有强烈的刺激作用，长期接触可引起支气管炎、哮喘、肺炎及皮肤病等症状。TDI主要来自于室内装饰装修中使用的聚氨酯类油漆和胶粘剂，聚氨酯泡沫塑料制作的床垫垫层和复合面料一般也常发现含有TDI。聚氨酯弹性地板常用作机房等室内场所，也发现含有TDI。特别是大面积用于室内外空间的操场塑胶跑道、人行天桥地面以及近年来发展起来的皮革涂饰材料聚氨酯皮革涂饰剂中也含有TDI。对此种新的污染物，应引起足够重视。

三、标准与检验

1.掌握要点

通过学习，能够基本掌握施工质量标准和检验知识，能够发现施工中存在的技术问题，并对施工质量进行有效的检查。

2.工作程序和方法

室内装饰设计的效果必须建立在施工质量的基础之上，没有施工标准与检验的保证，设计意图和施工质量就很难充分地表达出来。因此，对施工的标准与检验的认知和掌握，是室内装饰设计必不可少的内容，是施工的基本前提和先决条件。

（1）基本标准与检验

1）抹灰施工

①这里主要指室内空间抹灰工程施工，包括混凝土、加气混凝土砌块、砖砌体等墙面涂抹水泥砂浆、水泥混合砂浆、白灰砂浆、聚合物水泥砂浆、纸筋石灰、石膏灰等抹灰工程。由于目前新思潮的影响，许多室外工程做法也常用于室内，此抹灰施工做法并不鲜见。

②工程应在隐蔽工程完毕，并经验收后进行。

③顶棚抹灰层与基层之间，以及各抹灰层之间必须粘接牢固，无脱层、空鼓。不同材料基体交接处表面的抹灰应采取防止开裂的加强措施，应先铺设加强材料。

④为了减少碰撞损坏，室内墙面、柱面和门洞口的阳角做法应符合设计要求，或采用1：2水泥砂浆做暗护角其高度不得低于2m，每侧宽度不应小于50mm。

⑤基层处理是抹灰工程的第一道工序，也是影响抹灰质量的关键，目的是防止空鼓、裂缝和脱落等质量隐患。因此要求基层表面应剔平突出部位，光滑部位应凿毛。

⑥抹灰施工应分层进行。底层的抹灰层强度不得低于面层的抹灰层强度。水泥砂浆抹灰层应在常温下24h后喷水养护。

2）吊顶工程

①吊顶分为暗龙骨吊顶和明龙骨吊顶，指以轻钢龙骨、铝合金龙骨、木龙骨为骨架，以各类石膏板、胶合板、纤维板、矿棉板、塑料板、金属板、玻璃板或格栅等为饰面板的吊顶工程。

②吊顶工程所用材料应符合设计要求和国家安全、环保要求。

③吊顶工程应在检验以下隐蔽工程后方可进行饰面板安装：吊顶内通风、水电管道、设备安装及水管试压；木龙骨、木造型应做防火、防腐处理；预埋件、钢筋吊杆和型钢吊杆等应进行防锈处理；吊杆、龙骨安装应牢固。

④轻型灯具应吊在主龙骨或附加龙骨上；重型灯具（一般为重量大于3kg的灯具）及其他重型设备严禁安装在吊顶龙骨上，宜另设吊件；当吊杆与设备相遇时，应调整并增设吊杆。

⑤饰面板上的灯具、烟感器、喷淋头、风口箅子等设备的位置应合理、美观，与饰面板的交接应严密、吻合。

3）轻质隔墙施工

①轻质隔墙一般指板材隔墙、骨架隔墙、玻璃隔墙等非承重轻质隔墙施工，但加气混凝土砌块、空心砌块等砌体类轻质隔墙不包含在此类中。

②板材隔墙是指不需要设置龙骨，由隔墙板材自承重，将预制（或现制）的隔墙板材直接固定于主体结构。适用于复合轻质墙板、石膏空心或夹心板、泰柏板、预制或现制钢丝网水泥板等；骨架隔墙是指在隔墙龙骨两侧安装墙面板以形成墙体。适用于以轻钢龙骨、木龙骨等为骨架，以纸面石膏板、人造木夹板、水泥纤维板等为墙面板的隔墙；玻璃隔墙适用于玻璃砖、玻璃板隔墙等，玻璃砖（或板）砌筑隔墙中应埋设拉结筋，与基体结构连接牢固，保证其整体稳定性。玻璃板隔墙应使用安全玻璃。

③注意隐蔽工程中的管线、设备及填充材料的安装调试，并做相应的防火、防腐处理。

④轻质隔墙与吊顶和其他墙体的交接处应采取防开裂措施。

⑤当轻质隔墙下端采用木踢脚时，饰面板应与地面留有20~30mm缝隙；当用石材、瓷砖等作踢脚板时，饰面板下端应与踢脚上口齐平，接缝严密。

⑥隔墙的隔声性能应符合现行国家标准《民用建筑隔声设计规范》（GBJ 118—88）的规定。

4）门窗施工

①主要指木门窗制作与安装、铝合金门窗、塑钢门窗、特种门的安装施工。

②应注意隐蔽工程的预埋件、锚固件等的防腐、填嵌处理。

③考虑到砌体中砖、砌块及灰缝的强度较低，故在砌体上安装门窗时严禁用射钉固定；混凝土墙洞口可采用射钉或膨胀螺钉固定门窗。

④门窗安装应采用预留洞口的施工方法，不得采用边（先）安装边（后）砌口的施工方法。

⑤推拉门窗扇必须有防脱落措施，扇与框的搭接量应符合设计要求。

⑥门拉手距地面宜为900~1050mm，窗拉手距地应为1500~1600mm。

5）墙面铺装工程

①墙面铺装工程包括石材（含人造石）、墙砖、木材、裱糊及软包等项目。

②墙面铺装工程应在墙、顶隐蔽工程、抹灰工程完成并验收后进行。

③基层表面的强度和稳定性是保证墙面铺装质量的前提，因此要根据铺装材料特性处理基层，满足其强度要求。

④石材铺贴前应进行挑选，并按设计要求进行预拼；强度较低或较薄的石材应在背面粘贴玻璃纤维网布。天然石材采用湿作业法铺贴，墙面会出现泛碱花斑，应用防碱背涂剂处理石材背面。固定石材的钢筋网应与预埋件连接牢固，每块石材与钢筋网拉接点不得少于四个，拉接金属丝应防锈（常多用铜丝），灌注砂浆用1∶25水泥砂浆分层进行。

采用粘贴法施工时，基层处理应平整但无需压光，胶液应均匀饱满地涂刷在基层和石材背面。

⑤石材干挂法是目前常用的、较先进的施工工艺。通过铝合金或不锈钢干挂挂件与石材的连接；挂件与金属框架（常用型钢）的连接；横向框架与纵向立柱的连接；框架立柱与主体结构预埋件的连接，形成合理的安装体系。施工快捷无污染。

⑥墙砖铺贴前应进行挑选，并浸水2h以上，晾干表面水分。应先放线和排砖，非整砖宽度不宜小于整砖的1/3。表面应平整、接缝应顺直、缝宽应均匀，阳角线宜做成45°角对接。墙砖应采用1∶2水泥砂浆粘贴，砂浆厚度为6~10mm，满铺在砂浆背面，不得空鼓。为加强砂浆的粘接力，可在砂浆中掺入一定量的胶粘剂。

⑦瓷砖铺贴目前也有一不同于水泥砂浆的湿作业法，即瓷砖胶粘剂干贴法。瓷砖无需预先浸水、基面不需打湿，粘结效果也相当不错。尤其适用于作业面小、环境不甚理想的中小工程或家庭装修。

⑧木饰墙面所用材料应做防火处理，基层有时须做防潮处理。木砖或木楔须做防腐处理并且深度不小于40mm，龙骨与之连接应牢固。饰面板固定应采用射钉或胶粘，接缝应平顺并在龙骨上。

⑨壁纸和墙布等裱糊工程施工前，新建筑基层墙面应涂刷抗碱封闭底漆；旧墙面应清除疏松的旧装修层并涂刷界面剂。腻子应平整、坚实、牢固，不得有粉化、起皮、裂缝等现象，基层腻子表面颜色应一致。裱糊前应用封闭底胶涂刷基层。壁纸、墙布应粘贴牢固，不得有补贴、脱层、气泡、裂缝、翘边及胶痕。阴角处搭接应顺光搭接，阳角处应无接缝，包角压实。

⑩软包分为硬收边和软收边、有边框和无边框等。软包墙面、门工程施工所用填充材料、纺织面料（或皮革）和龙骨、木基层板等均应进行防火处理，符合国家现行标准的有关规定。龙骨、衬板、边框应安装牢固，无翘曲，拼缝应平直。填充材料制作尺寸应准确，棱角方正，与木基层板粘接紧密。软包表面应平整、洁净，无凹凸不平和皱折；整体图案应清晰无色差，符合设计要求。

6）细部工程

①细部工程主要指门窗套、窗帘盒、窗台板、固定酒柜（橱柜）、吧台、服务台、护栏、扶手、局部装饰等。

②细部工程应在隐蔽工程、管道安装及吊顶工程完成并验收后进行。细部工程常较多使用人造板材、胶粘剂及溶剂性涂料，有可能成为甲醛、苯等污染物的主要来源，所以应使所用材料符合国家现行标准。木饰面板安装后，应立即刷一遍底漆。

③门窗套制作安装应注重洞口、骨架、面板、贴脸、线条五部分，贴脸与门窗套板面结合应平整、洁净、线条顺直、接缝严密，无翘曲和裂缝。木门窗套在对接处应用实木线条封边，贴脸接口成45°角。

④窗帘盒、窗台板等一般为木质、石材等。窗帘盒宽度应符合设计要求，常规窗帘盒宜伸出窗口两侧200~300mm，窗帘盒下沿应与窗口上沿平齐或略低，并做封边处理。

⑤固定的酒柜、橱柜、吧台、服务台等制作安装，应检查隐蔽工程，保证其强度和使用的合理性。视觉观察其整体效果。

⑥护栏、扶手材质较多，扶手高度不得小于900mm，护栏高度不得小于1050mm，栏杆间距不得大于110mm。金属（不锈钢、铜、型材等）扶手、护栏垂直杆件与预埋件连接应牢固，若焊接，表面应打

磨抛光；玻璃栏板应使用厚度不小于12mm的钢化玻璃或钢化夹层玻璃。

7）涂饰工程

①主要指水性涂料、溶剂性涂料和美术涂饰的工程施工。涂饰工程应在抹灰、吊顶、细部、地面及电气工程完成并验收合格后进行。涂饰施工有滚涂法、喷涂法、刷涂法。

②基层处理是涂饰工程的关键环节。新建筑的混凝土（或水泥砂浆抹灰基层）、旧墙面在涂饰涂料前应采取和贴壁纸同样的工艺，分别涂刷抗碱封闭底漆或涂刷界面剂；含水率符合相关施工标准；基层腻子应平实、牢固，无粉化、起皮和裂缝；厨卫空间墙面须用耐水型内墙腻子。

③混凝土、水泥砂浆抹灰基层及纸面石膏板基层均应满刮腻子、砂纸打光，但后者应先对板缝、钉眼进行处理；金属基层应进行除锈、防锈处理。

④木质基层涂刷清漆时，其基层上的节疤应用虫胶漆封闭，钉眼处用油性腻子嵌补。刮腻子前，应涂刷一遍封闭底漆（保证木材含水率稳定，控制油漆渗透的均匀性），再进行补色、修色，修一次刷一遍中层漆，打磨后做饰面漆；木质基层涂刷色漆时，先满刷清油一遍（保证含水率稳定，增加与基层的附着力），干后用油腻子嵌平钉孔、裂缝，打磨光滑，再刷中层漆和面漆。

⑤涂料表面应涂饰均匀、粘贴牢固，不得出现泛碱、咬色、流坠、刷纹等现象。

8）地面铺装工程

①地面铺装常用材料有石材、地板砖、实木地板、实木复合地板、强化地板、地毯等。

②地面铺装宜在隐蔽工程、吊顶工程、墙面抹灰完成验收后进行。

③天然石材为防止面层污损、泛碱现象，应进行防碱背涂处理。石材、地砖铺贴，其结合层砂浆应采用体积比为1：3的干硬性水泥砂浆（就是水分较少，感到潮呼呼的。用手抓一把握紧，砂浆形成拳头状，掉在地上全散开），虚铺厚度高出实铺高度2~3cm，上刷水灰比为1：2的素水泥浆一道，后再铺贴石材或地砖。

④地板、复合地板、强化地板等铺装时，应与墙之间留有8~10mm的缝隙，防止地板膨胀变形；用倒刺板铺装地毯时，倒刺板外边缘与踢脚板之间也应留8~10mm的距离，将地毯边塞入踢脚下面（图2-3-1）。

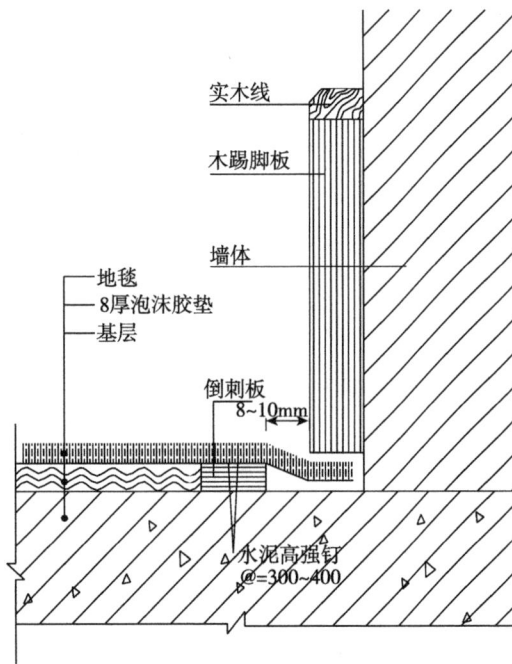

图2-3-1 倒刺板法铺设地毯构造示意

（2）施工检验注意事项

1）基本概念

①分项工程：指按施工工程的主要具体工种工程划分的。如轻钢龙骨、石膏板、贴壁纸、石材安装、涂刷油漆等。

②分部工程：指按施工的主要部位划分的。如吊顶分部、墙面分部、地面分部、电气分部、通风分部等。

2）隐蔽工程检验

隐蔽工程检验，也称隐检，主要指施工竣工后无法再进行检验的项目，在该项目施工完毕后随即进行的质量检验。

隐蔽工程检验，一般应由施工项目负责人、质检员、甲方代表共同进行。重要或较大规模的隐蔽工程检验，可由施工单位、甲方及设计单位代表共同参加进行。隐蔽工程检验如发现问题必须立即整改，否则需进行整改后的第二次隐蔽检验。

隐蔽工程检验项目：

①吊顶分部中的轻钢龙骨、木龙骨、吊件等;

②墙面分部中的轻钢龙骨、木龙骨、基层板及防火涂料等;

③地面分部中的基层、垫层或防水等;

④电气分部中的配线或配管敷设、电缆耐压绝缘与敷设;

⑤通风分部中的管道敷设与连接、试漏或试压、防腐及保温;

⑥暖卫分部中的管道敷设与连接、试漏或试压、防腐等;

⑦其他。

要有隐蔽工程验收记录。

3）施工质量检验方法

分项工程质检主要是两部分,检验项目和实测项目。

检验项目中主要采用"看、摸、敲、照"的方法;实测项目检验主要采用"靠、吊、量、套"等方法。

①看——即对照规范或标准要求进行外观质量的检验。如壁纸裱贴的平整度,油漆、涂料的涂刷等。

②摸——即用手摸检查。如饰面板材的表面等。

③敲——通过工具轻敲检查。如墙地面是否空鼓等。

④照——常用手电筒照射检验,也是"看"的另一形式。如用手电筒从侧面照射墙面,可更高要求地检验墙面的平整度,或门上下窄面的油漆质量等。

⑤靠——用工具(如靠尺)测量检查。如墙面石材的平整度等,测量数据是否符合误差要求。

⑥吊——用吊线等方法测量检查垂直度。

⑦量——通过量进行检查平直度、数据等。

⑧套——用各种角度尺检测如阴阳角的方正、顺直等。

3.相关知识

尽管前面已多次提到有关设计、施工、选材、消防等方面的注意事项,这里还是有必要再次系统地强调一下涉及施工标准与检验的相关法规。不了解这些法规,很难有效地掌握室内装饰设计方面的基本的、原则性的知识,影响对设计的系统宏观把握。

室内装饰装修工程的施工标准与检验可参照以下国家相关法规:

(1)施工及检验知识

《住宅装饰装修工程施工规范》(GB 50327—2001)

《建筑装饰装修工程质量验收规范》(GB 50210—2001)

《民用建筑工程室内环境污染控制规范》(GB 50325—2001)

《木结构工程施工质量验收规范》(GB 50206—2002)

《玻璃幕墙工程质量检验标准》(JGJ/T 139—2001)

《金属与石材幕墙工程技术规范》(JGJ 133—2001)

《建筑室内用腻子》(JG/T 3049—1998)

(2)消防方面的知识

《建筑内部装修设计防火规范》(GB 50222—1995)

《建筑设计防火规范》(GB 50016—2006)

《高层民用建筑设计防火规范》(GB 50045—95)

(3)电气安装知识

1)电器、电料的规格、型号应符合设计要求和国家现行电器产品标准的有关规定。

2）暗线敷设必须配管，若管线长度超过15m或两个直角弯时，应增设接线盒。

3）同一回路电线应穿入同一根管内，但总根数不得超过8根。

4）电源线与通信线不得穿入同一根管内。

5）电源线、插座与电视线、插座的水平间距不应小于500mm。

6）电线与供暖、热水、燃气管之间的平行距离不应小于300mm，交叉距离不应小于100mm。

7）穿管的电线的接头应设在接线盒内，接头搭接应牢固，绝缘带包缠应均匀紧密。

8）安装电源插座时，面向插座的左侧应接零线（N），右侧应接相线（L），中间上方应接保护地线（PE）。

9）原则上同一室内的电源、电话、电视等插座面板应在同一水平标高上，高差应小于5mm。

10）原则上电源插座底边距地宜为300mm，开关面板底边距地宜为1400mm。

11）厨房、卫浴应安装防溅插座，开关宜安装在门外开启侧的墙体上。

2003年建设部颁布的《商品住宅性能认定管理办法》，对住宅的电气设计提出了前瞻性的设计要求，确保了住宅功能性、安全性和可持续发展的实现。例如AAA级[①]性能的住宅，对线路的导线要求采用绝缘铜线，电表规格不小于20A。每户电表前线不小于$16mm^2$，户内分支线，厨房、空调分支截面不小于$4mm^2$，其余支线截面不小于$25mm^2$。

（4）其他

《全国建筑装饰装修工程量清单计价暂行办法》

《全国统一建筑装饰装修工程消耗量定额》（GYD—901—2002）

《高级建筑装饰工程质量检验评定标准》（DBJ 01—27—96）

《家庭居室装饰工程质量验收标准》（DBJ/T 01—43—2000）（2003年10月1日开始执行新的验收标准）

第二节　竣工技术工作

为了更好地使设计效果得到保证，同时也为了使施工技术得到有效检验，应充分重视竣工技术环节。竣工验收和竣工图绘制等方面的基本知识的掌握就显得尤为重要。

一、竣工验收

1.掌握要点

了解验收的基本知识和注意事项，能够协助项目负责人完成设计项目工程的竣工验收。

2.工作程序和方法

竣工验收是室内设计工程项目的一个重要环节。工程验收一般分为材料验收；隐蔽工程验收；分项工程、分部工程、单位工程、单项工程及中间验收；施工记录等阶段，各种验收都有其要求和标准，并办理验收手续。这是工程质量得到保证的重要内容。

（1）技术资料的准备

在工程竣工验收时，应具备下列工程技术资料：

1）竣工工程项目一览表（竣工工程名称、位置、结构、面积或规格和附有设备等）。

2）竣工图。

3）图纸会审记录、设计变更和材料代用核定单、工程洽商记录等。

---

　　① A级住宅包括：1A级（指经济适用房的最高性能标准，即经济适用型住宅）、2A级（指面向中高收入的舒适型住宅）、3A级（指高档公寓、别墅，即高舒适度住宅）。三者均应属于精品住宅，只是性能认定指标体系、建设标准不同而已。

4）材料、设备等的质量合格证明及检测报告。

5）分部工程、分项工程（或称子分部工程）施工报验表（附施工记录和施工试验记录）。

6）电气隐蔽工程验收记录。

7）管道隐蔽工程验收记录。

8）消防隐蔽工程验收记录。

9）通风与空调隐蔽工程验收记录。

10）强弱电、设备、管道等调试测定记录。

11）施工日记。

12）工程竣工报告（工程竣工后由施工单位编写的竣工报告）。

13）竣工验收书。

14）其他。

工程完成后，报请专业主管部门，由建设单位（甲方）、监理单位、设计单位、施工单位进行工程验收并做记录。

作为室内装饰设计员，应基本了解验收程序和注意事项，并协助设计单位进行工程验收。

（2）竣工验收应关注的要点

从工程质量方面，竣工验收应把握以下方面：

1）功能方面

室内设计施工工程包括空调、消防、照明、音响、电视、卫生设备、通信设备以及较高的防火、隔声等安全要求。要保证设备功能的灵敏，水、电系统的畅通，管道及装饰面交接的严密，构造与基体连接的牢固。这些功能质量的要求，均是体现工程项目使用的基本保证。

2）感观方面

装饰工程的质量检验标准很多是通过感观特征（视觉、触觉、听觉）来评定的（有时也要借助工具检测）。总的要求是：点要均匀，线要顺直，面要平滑。墙面的平整，阴阳角的顺直，墙地砖是否空鼓等现象，都是竣工验收应予关注的。主要的还应使工程整体效果与设计艺术创意形成视觉上的有机统一。当然，对于一些非直观部位（人在特定位置才能看到的部位，如洗手台面底面、抽屉面板的底边等），应做到整齐、平滑，油漆、找平等都应认真处理。

3）细部方面

工程的宏观质量和视觉效果固然要把握，但离开了细部或局部设计的施工质量保证，肯定会影响工程的整体效果和耐久性，诸如壁纸起鼓、瓷砖脱落、顶棚塌陷、油漆起皮、木饰开裂、附件松动等。因此，必须做到连接牢靠，粘贴密实，吊挂稳固，加强施工过程的质量监督。

工程验收可参照国家标准《建筑装饰装修工程质量验收规范》（GB 50210—2001）、《民用建筑工程室内环境污染控制规范》（GB 50325—2001）、《高级建筑装饰工程质量检验评定标准》（DBJ 01-27-96）或《家庭居室装饰工程质量验收标准》（DBJ/T 01-43-2000）等。

竣工验收合格，签定竣工验收书及工程保修单。

3.相关知识

一项室内装饰工程的竣工，意味着此项工程已经按照设计图纸要求和业主的变更要求全部施工完毕，具备了交付使用的条件。但仍有许多工作需要处理，还需要了解一些相关知识。

1）对施工项目的核查知识

主要是发现有无漏项，有无增项，是否未办洽商。为工程结算提供了可靠的工程量依据。一般可通过设计图纸或报价清单（概预算书）进行核查，其次是根据洽商记录核查。通过核查，可确定无漏项、无漏洽商，最终甲乙双方确认为全部竣工。

2）施工现场清理方面的常识

此项工作要求具体而细致，也可称得上室内装饰施工的一个专业工艺。一般涉及到油漆工艺；涂料面层及壁纸裱糊面层清理；瓷砖、石材表面的清理；洁具的清理；五金件的清理以及一些修补工作。这都是竣工交付前不可缺少的程序。

3）工程费用结算方面的知识

首先要核对工程量，与前述施工项目的核查不同，那只是施工项目方的自我核对。此时应由工程预算部门与监理部门（或甲方相关负责人）共同核对，签字认可，作为编制结算书的工程量依据。

要注意整理"洽商记录"（表2-2-8），这是确定工程量的重要依据。洽商记录不仅有增项，同时也会有减项，因此原合同价格会发生变化，会重新调整工程总造价。借助洽商和竣工图做好结算书。

4）施工资料的汇集

施工资料的汇集工作主要是由施工单位来完成的，施工单位应将施工资料整理汇总完毕并移交业主进行工程竣工验收。

二、竣工图绘制

1.掌握要点

理解竣工图的基本作用，了解竣工图与施工图的异同之处，掌握竣工图的基本内容和绘制方法。

2.工作程序和方法

竣工图是正规、严谨的室内装饰工程设计的重要环节，是工程竣工资料中不可或缺的重要组成部分，也是工程完成后主要凭证性技术资料，更是工程竣工验收结算的必备条件和维修、管理的主要依据。

因此，竣工图的绘制也是设计人员需要掌握的一项基本内容。

（1）绘制竣工图的意义

我们知道，室内装饰工程的施工是依照施工图来进行的，而施工图最原始的底图一般是画在硫酸纸上的。施工现场使用的施工图是用硫酸纸晒出的若干套蓝图，而施工图底图则由设计方留作存档。

施工期间，施工方按施工图要求进行施工，此过程中难免会出现由于各种原因产生的修改和变更、增项或减项。因此当施工竣工后，必须留下根据工程的变更、修改或增减项形成的技术资料，以备工程完成后结算以及将来使用中维修、管理之需。这份在原施工图的基础上而产生的图纸，即是室内装饰工程的竣工图。

当然，若在施工过程中未发生设计变更、工程增减项，完全按施工图进行施工，可直接将原施工图的新图加盖竣工图章后作为竣工图。

（2）竣工图画法的类型

原则上竣工图一般可分为三种：利用原施工蓝图改绘后形成的竣工图；在二底图上修改产生的竣工图；重新绘制的竣工图。

上述三种类型的竣工图中，目前最好的方法还是重新绘制竣工图较为便捷。由于电脑在室内设计行业中的广泛使用，传统意义上的依靠绘图工具进行手绘施工图或竣工图的办法，已经由于时代的发展与工程施工的要求不相适应，显得颇为落伍。况且，发挥电脑利于修改的优势，可以更方便、更快捷地在储存的原施工图文件基础上进行修改、调整。因此，利用电脑重新绘制竣工图，不失为一种有效的方法。

当然，也有一些不正规的小工程或家装工程，一般对竣工图的要求不高（甚至不需要），这种状况的施工图设计通常以手绘的形式出现。若需要提供竣工图，采用前两种竣工图画法的情况居多。

这里重点介绍的，还是以电脑为手段，重新绘制竣工图的方法。虽然图纸量大，但借助于电脑，工作量也并非想象的那么可怕，重要的是能保证图纸质量。

（3）竣工图绘制的依据

1）原施工图。它是竣工图绘制的重要依据之一。说穿了，竣工图就是将原施工图根据竣工的真实状况修改后，形成的更接近真实的施工图。如果某些原施工图没有改动的地方，也就是说，按施工图施工而没有任何变更的图纸，可转作竣工图，并加盖竣工图章。

2）洽商记录。洽商记录贯穿于整个施工全过程，其主要作用是确定工作量，并为竣工图绘制提供依据。应根据洽商的内容，如门窗型号的改变、某些材料的变化、灯具开关型号的调整及设备配置位置的变化等，对原施工图进行改绘。

3）设计变更。在施工过程中，有可能会出现设计上诸如尺寸的变化、造型的改变、色彩的调整等情况，这时，就需要在竣工图上体现出来。

4）工程增减项。有些工程会有增加或减少某些小项的可能，比如增加某几个原本不属于该工程的项目，或者减少某些原属于此工程的施工。这些都会引起工程造价的变化。通过竣工图，补充或减少因增减项牵涉到设计方面的部分图纸。

这里需要重点强调的是，上述若干依据的罗列，只是为了让大家感觉条理清晰而已，实际上，无论是设计变更还是工程的增减项，都要通过洽商的形式体现出来。严格意义上说，施工中每次洽商记录上应有监理或甲方、施工方、设计方等签字认可。

（4）竣工图绘制的注意事项

1）绘制竣工图应按制图规范和要求进行，必须参照原施工图和专业的统一图例，不得出现与原施工图图示不符的表达方法。

2）原施工图施工而没有任何变更的图纸，可直接作为竣工图。但需在图纸右下角使用竣工图图签。

3）如果有一些数字、文字以及变化不太大的、不影响比例关系的尺寸变更，可在电脑上将原施工图变动处直接修改。

4）如果原施工图改动较大或在原位置上改绘比较困难，需重新绘制该张图纸的竣工图。

5）如果有新增补的洽商图，应按正规设计图纸要求绘制，注明新增的图名、图号，并在图纸目录上增列出图名、图号。

6）某些洽商可能会引起图纸的一系列变化，凡涉及到的图纸和部位、尺寸，均应按规定修改，不能只改一处不改它处。例如一个标高的变动，可能要涉及到平、立、剖及局部大样，均要改正，别怕麻烦。

7）根据洽商内容、设计变更重新绘制的竣工图，一般应通过制图的方法表达其内容。如果仍不能表示清楚，可用精炼的规范用语在图纸上反映洽商内容。比如装饰材料的变更，在图纸上只能以文字的形式说明其变更。

（5）竣工图文件的具体要求

1）竣工图文件应具有明显的"竣工图"字样，并包括编制单位名称、制图人、审核人、技术负责人和编制日期等内容。

2）竣工图签（章）是竣工图的标志和依据，图纸出现竣工图签（章），修改后的原施工图就转化为竣工图，编制单位名称、制图人、审核人、技术负责人应对本竣工图负责。

3）重新绘制的竣工图应在图纸的右下角绘制竣工图签，封面、图纸目录可不出现竣工图签；用蓝图或二底图改绘的竣工图及封面、图纸目录，应在图纸的右上角加盖竣工图章。

4）原施工图中作废的、修改的、增补的图纸，均要在原施工图的图纸目录上重新调整，使之转化为竣工图目录。

5）一套完整的竣工图绘制后，应作为竣工资料提交给监理或甲方，以便竣工验收和存档。

6）重新绘制的竣工图是在原施工图的基础上调整、修改的结果，同时也应要求原施工图内容完整无误，以利相互比较。

3.相关知识

竣工图的绘制与施工图绘制尽管存在许多相同之处，但二者的作用不同，性质也不同。

施工图绘制是为了更具体地体现设计创作的构思，使设计能通过施工图以及施工得以实施；而竣工图则是结合设计变更、洽商记录等，对施工图作进一步修改、调整、增减后形成的工程竣工资料。

竣工图绘制除要掌握基本的制图方法和构造知识外，还应了解有关竣工资料方面的知识，尤其对工程洽商记录、设计变更等资料的掌握，是竣工图绘制能否真实、全面反映竣工效果的关键所在。因此，画好竣工图，会牵涉到有关制图、构造、设备等技术知识，以及施工监理、工程验收等方面的知识。实际上，如果你对施工图绘制有了一定基础，那么对于竣工图的绘制就应该不会有很大困难。

第三部分 | 中级水平知识

第一章 设计创意

第一节 设计构思

室内的设计项目是由人的生活行为所限定功能的使用要求和建筑空间提供的条件所决定的。在这样的基础条件下，运用形象思维的方法确定设计的主导方向就成为设计构思的主要内容。

一、主导概念的引入

1.掌握要点

掌握以室内空间形象构思为主导概念并引入室内平面功能布局设计的程序。

掌握以体现主导概念的审美意识表达，进行空间艺术创造的设计方法。通过建筑构件、界面装修、陈设装饰、采光照明的构成，以空间总体艺术气氛的营造来进行室内装饰设计。

2.工作程序和方法

主导概念的引入就像是确立一篇文章的主题。文学家写一部小说必须有生活的积累，在掌握大量的素材之后才能开始动笔。室内设计的项目在确立主导概念之前当然也需要作深入的项目分析与调查研究。调查研究不细，分析也就不可能深入。正确的主导概念是建立在缜密的项目分析与细致的调查研究之上的。

主导概念的引入体现在技术上就是概念设计。实际上就是运用图形思维的方式，对设计项目的环境、功能、材料、风格，进行综合分析之后，所做的空间总体艺术形象构思设计。

（1）设计项目的任务分析

每一项室内设计，根据其空间类型和使用功能，可以从不同的构思概念进入设计。虽然条条道路都可能到达目的地，但如何选取最佳方案，则是颇费脑筋的。因此在正式进入设计角色之前，一定首先要明确设计任务。对设计项目深入认真的分析，往往会达到事半功倍的效果。

任务分析的程序如下：

①用户的功能需求分析：各部门的功能关系；各房间所占面积；使用人数及人流出入情况；喜欢何种风格；希望达到的艺术效果等。

②预算情况分析：用户拟投入的资金情况，标准定位等。

③环境系统情况分析：建筑所处的位置及环境特点，会对室内产生何种影响；拟采用的人工环境系统及设备情况。

④可能采用的设计语汇分析：室内功能所体现的性格，庄严、雄伟还是轻巧、活泼；采用何种空间形态；采用何种立面构图等等。

⑤材料市场情况分析：当时当地的材料种类与价格；材料的市场流通与流行；拟选用的色彩、质地、图案与相应材料的可行程度。

（2）设计项目的调查研究

调查研究的主要内容：

①查阅收集相关项目的文献资料，了解有关的设计原则，掌握同类型空间的尺度比例关系、功能分区等。

②调查同类室内空间的使用情况，找出功能上存在的主要问题。

③广泛浏览古今中外优秀的室内设计作品实录，如有条件应尽可能实地参观，从而分析他人的成败得失。

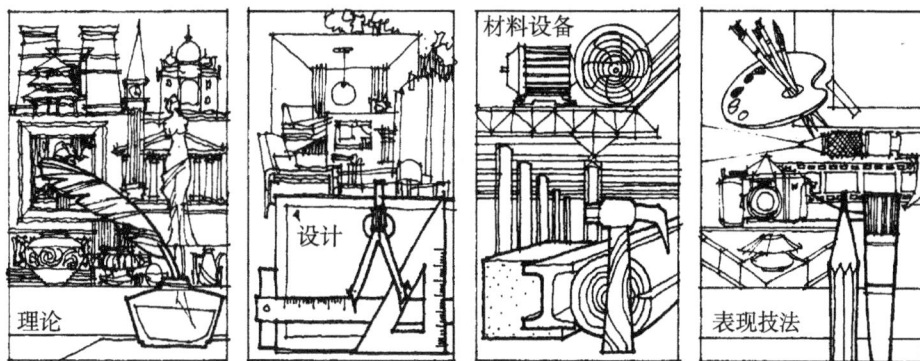

理论　设计　材料设备　表现技法

图3-1-1

④测绘关键性部件的尺寸，细心揣摩相关的细节处理手法，积累设计创作的"词汇"（图3-1-1）。

（3）空间总体艺术形象构思设计

进行美术创作的时候，常常强调"意在笔先"。对室内设计来讲又何尝不是如此，面对一个具体的设计项目，头脑中总是先有一个基本的构思。经过酝酿，产生方案发展总的方向，这就是正式动笔前的概念设计。确立什么样的概念，对整个设计的成败，有着极大的影响。尤其是一些大型项目，面临的影响因素和矛盾就会更多。如果一开始就没有正确的设计概念指导，意图不明，在后来的设计上出现问题就很难补救。

表达室内空间形象构思的概念设计草图作业，以徒手画的空间透视速写为主。这种速写应主要表现空间大的形体结构，也可以配合立面构图的速写，帮助设计者尽快确立完整的空间形象概念。空间形象构思的草图作业应尽可能从多方面入手，不可能指望在一张速写上解决全部问题，把海阔天空跳跃式的设想迅速地落实于纸面，才能从众多的图像对比中得出符合需要的构思。

空间形象构思的概念导入内容：

①建筑内部的空间形态；

②三维空间构图的法则；

③空间氛围的意境联想；

④社会时尚的流行趋势；

⑤空间表达的艺术风格；

⑥建筑构造与材料构成；

⑦光照色彩图案与质地；

⑧传统与现代装饰手法。

空间形象的构思是不受任何限制的，打开思路的方法莫过于空间形象构思的草图作业，当每一张草图呈现在面前的时候都可能触发新的灵感，抓住可能发展的每一个细节，变化发展绘制出下一张草图，如此往复直至达到满意的结果。

3.相关知识

（1）人际沟通常识

室内装饰设计是一门生活的艺术。它所体现的美学价值会因受众审美观念的差异，而呈现出千变万化的外在表象。每一种设计创意所达成的方案都会有自身的缺陷，而方案与方案之间并没有绝对的优劣之分。能够实现的设计方案，总是适应了相应的环境，这个环境自然包括人际交往的社会环境。也就是说设计者必须掌握人际沟通方面的常识。并能够把这种常识运用于实际的专业设计工作。

1）人格尊重的平等原则

就专业知识而言，室内装饰设计者所具备的素质一般要高于设计的受众。但是作为一个社会存在的人来讲，相互间的人格是完全平等的。如果将专业知识的差异体现于人际交往，显然会违背人格尊重的平等原则，从而影响设计的实现。

2）社会价值体现的实施原则

设计师的主观意志必须服从于物质功能的体现，同时还要适应使用者当时的主流审美意识。设计的产品只有实现社会的应用才具有存在的价值。这就是室内装饰设计的社会服务属性。因此，以社会价值体现作为最终目的，就成为设计在实施过程中，设计者人际沟通所必须遵循的原则。

3）语言沟通的基本方法

主题突出，概念清晰，言简意赅，开门见山式的专业谈话方式。

4）合作共事的一般方法

艺术创作的自信心与个人技术的自我审视观结合，是室内装饰设计者基本的合作共事方法。

（2）设计美学知识

设计美学知识是进行艺术设计创作的理论基础，了解和确立相关的设计审美观念，是室内装饰设计者必须掌握的知识内容。

1）基础美学知识

社会现实的审美关系与审美意识，以艺术创作的实践背景为内容，了解美的创造、发展及其规律。主要通过相关美术史、工艺美术史的学习。

2）艺术设计创作的理论知识

艺术创作的基础知识；造型艺术的内容与种类；创作的一般规律及方法：如绘画、雕塑、工艺美术等。艺术设计的内容与种类：以印刷品艺术创作为代表的平面视觉设计（二维空间造型设计）；以日用器物艺术创作为代表的产品造型设计（三维空间造型设计）；以建筑和室内艺术创作为代表的空间设计（四维空间造型设计）等。主要了解以四维空间造型为主的设计创作规律及方法。学习相关艺术概论、艺术设计概论。

3）建筑创作的历史与理论知识

建筑是造型艺术的一种，集工程技术和建筑艺术为一体，集中反映了设计艺术的内在精髓。学习世界建筑发展的历史，并从中了解东西方建筑风格形成的内在因素，建筑艺术创作的基本理论知识。通过相关建筑史和建筑创作概论的学习。

（3）空间形态构成知识

室内设计艺术创作的核心内容是空间形态构成，相关的理论知识散布于各类艺术与科学的文献。需要重点了解与掌握的就是以下两点：

1）空间的基本概念

"空间在哲学上是与'时间'一起构成运动着的物质存在的两种基本形式。空间指物质存在的广延性；时间指物质运动过程的持续性和顺序性。空间和时间具有客观性，同运动着的物质不可分割。没有脱离物质运动的空间和时间，也没有不在空间和时间中运动的物质。空间和时间也是相互联系的。"[1]

这里所讲的空间是由建筑限定的实体与虚空。是空间概念上的客观存在。室内设计实际上就是一个对人工构造的空间作二次限定的过程。从空间限定的概念出发，室内设计的实际意义，就是研究各类环境中静态实体、动态虚形以及它们之间关系的功能与审美问题。

2）空间的形态构成

在抽象的概念中："空间是一个三维统一连续体。我们这样说是指有可能通过x、y、z这三个（坐

---

[1]《辞海》1999年版。

标的）数字来描绘一个（静止）点的位置，并且在其附近有着无数的，其位置能够用诸如x_1、y_1、z_1这样的坐标数来描绘，这跟我们选用的第一个点的坐标数x、y、z的各自的值是一样的。由于后者的特性我们谈到'统一连续体'，并且由于存在三个坐标这一事实我们就把空间说成是'三维的'。"[1] 室内设计的空间限定要素正是建立在三维坐标的概念之上（图3-1-2）。

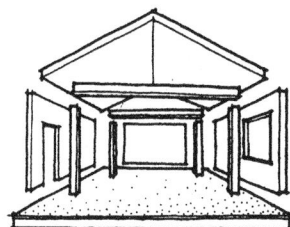

在室内设计中，只有对空间加以目的性的限定，才具有实际的设计意义。空间三维坐标体系的三个轴x、y、z，在设计中具有实在的价值。x、y、z相交的原点，向x轴的方向运动，点的运动轨迹形成线；线段沿z轴方向垂直运动，产生了面；整面沿y轴向纵深运动，又产生了体。体由于点、线、面的运动方向和距离的不同，呈现出不同的形态。诸如方形、圆形、自然形等等。不同形态的单体与单体并置，形成集合的群体，群体之间的虚空，又形成若干个虚拟的空间形态。这就是空间的形态构成需要研究的基本问题，它体现于功能与审美的各个方面（图3-1-3）。

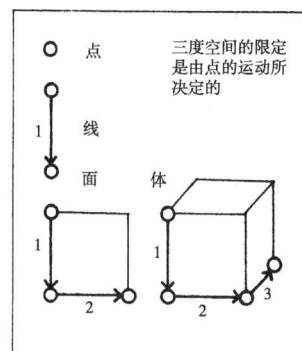

图3-1-2

抽象的空间要素点、线、面、体，在室内设计的主要实体建筑中，表现为客观存在的限定要素。建筑就是由这些实在的限定要素：地面、顶棚、四壁围合成的空间，就像是一个个形状不同的盒子。我们把这些限定空间的要素称为界面。界面有形状、比例、尺度和式样的变化，这些变化造就了建筑内外空间的功能与风格。使建筑内外的环境呈现出不同的氛围（图3-1-4）。

二、限定概念的创意
1.掌握要点

在掌握以主导概念引入作为室内空间形象设计的工作方法之后，进一步确立限定概念的创意方法。也就是控制自己空间视觉形象设计创意的发展方向，使其限定于外在环境所能够允许的范围内。从

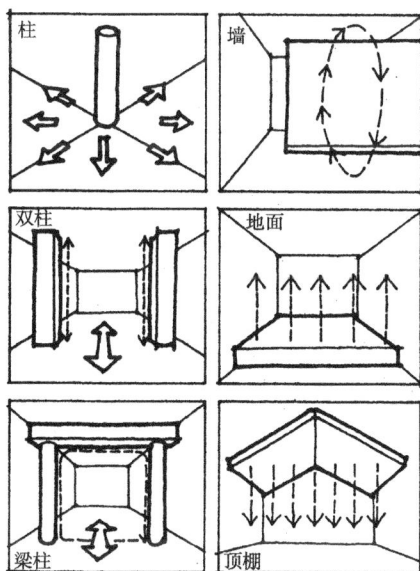

图3-1-3

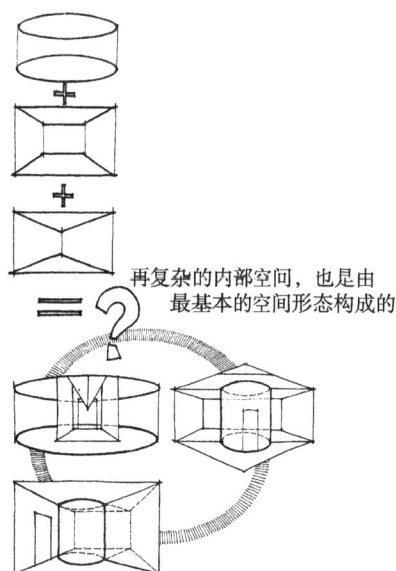

图3-1-4

---

①《相对论》爱因斯坦。

而将使用的功能与美观的形象协调于统一的空间。

2.工作程序与方法

在限定概念的创意中，"限定"具有两层含义：其一为空间构造与使用功能的限定；其二为主导概念自身的限定。第一层含义比较容易理解，第二层含义则往往不被理解。空间构造与使用功能的限定是客观物质的限定，而主导概念自身的限定则是设计者主观意识的自我限定。也就是说设计者往往很难跳出自己为自己设置的陷阱，一旦产生某种所谓好的构思，容易钻到牛角尖里出不来。第一种限定是普遍性的不可回避的，不依设计者的意志所转移和改变；第二种限定则是个别的可以回避的，设计者可以经过改变思想方法摆脱限定。

（1）在限定概念的创意中注意解决主要矛盾

从理论上讲设计概念构思的产生应该不受任何限制，受限制的设计构思往往达不到最佳的艺术效果。然而我们又不得不面对室内被建筑构造和使用功能限定的现实。一方面需要思想像马一样在广阔的草原自由驰骋，另一方面又要受到缰绳和沟坎的羁绊，这就是一对矛盾。当然"矛盾着的两方面中，必有一方面是主要的，另一方面是次要的。其主要的方面，即所谓矛盾起主导作用的方面。事务的性质，主要的是由取得支配地位的矛盾的主要方面所规定的。""因此，研究任何过程，如果是存在着两个以上矛盾的复杂过程的话，就要用全力找出它的主要矛盾。捉住了这个主要矛盾，一切问题就迎刃而解了。"所以限定概念的创意中，创意是主要矛盾，限定是次要矛盾。在设计过程中的这个阶段，首先应该考虑的主要是概念的发展。在概念确立的前提下，再来看限定的制约条件。如果条件允许自然不会有问题，如果条件不允许回过头来再从别的方面寻找新的设计概念。一直到概念的创意符合限定的制约条件。这样的思维过程比较符合室内空间限定的规律。假定不按照这样的方式去构思，一开始就拘泥于限定的条件，可能永远也创造不出有新意的作品。在做学生的阶段由于对实际工程项目缺乏了解，在设计中思想没有任何框框的制约，往往会产生很多新奇的想法。不少成熟的设计者之所以愿意再回到学校中去寻求创作的灵感，也是看中了年青学生初创构思的特点。"然而这种情形不是固定的，矛盾的主要和非主要的方面互相转化着，事物的性质也就随着起变化。"当进入方案设计的阶段，限定就会转化为主要矛盾。这个时候就需要在限定条件下来调整已经符合制约要求的创意。通过调整限定概念的创意，设计才能最终达到较为理想的境界。

（2）注意限定概念创意的时间把握

一般来讲，室内设计者在限定概念的创意的阶段往往注意空间的概念，而忽略时间对于设计的限定。在这里时间的限定不是以空间向量的第四维出现，而是以设计过程中所耗费时间的长短作为限定。在建筑构造实用功能与空间形象概念创意两个方面，要达到十全十美的配合是非常困难的一件事。设计者只能在有限的时间中，最大限度地发掘两者之间的最佳契合点来确定概念。似乎这是一个不值一提的常识性问题，但恰恰是这一点成为在限定概念的创意阶段制约设计构思确立的关键。因为在主导概念确立后，需要有一个合理的时间段来调整创意与功能之间的关系。需要图面和空间现场的不断推敲；需要与各专业的多方配合；需要与业主需求的反复协调。所有这一切都需要时间的磨合。当然也不是说时间越长越好。要是那样的话也许永远也不能完成一项设计。理想的限定概念创意的时间，一般应控制在设计总时间段的三分之一。

3.相关知识

（1）功能分析的常识

室内使用功能所涉及的内容与建筑的类型和人的日常生活方式有着最直接的关系。这些不同的使用功能所体现的内容构成了空间的基本特征。这些特征决定了室内设计的审美趋向以及设计概念构思的确立。

1）建筑平面划分的基本特征

室内具体的每一个有着明确使用功能的空间，其建筑平面的划分因人的行为特点表现为"动"与"静"

两种基本类型。人以行走的动作特征出入特定空间的行为体现为"动"；这种以"动"为主的功能空间，在建筑平面上就是交通面积；人以站、坐、卧的动作特征停留在特定空间的行为体现为"静"；这种以"静"的状态为主要行为内容的功能空间，在建筑平面上就是使用面积。划分空间动静位置的工作就成为室内功能设计的主要内容。称其为室内设计的功能分区。功能分区的设计是构成室内空间形态的基础。

2）交通功能分析

任何一个房间都必须设置出入口。建筑物的门就是出入口形态的典型形式。在室内设计中研究从门到具体使用功能区域的人流线是交通功能分析的主要工作。一般来讲，连接单位空间中入口与出口之间的通道构成了该空间主要的交通流线，而从主交通流线到达具体的使用功能区域的通道就是次交通流线。在出入口共用的情况下，主要交通流线呈现线状或环状往复循环的形态。交通流线的设置要明确通达。在一般情况下，理想的交通功能是在最短的路线中到达更多的使用功能区域。由于室内使用功能的多样性，交通与功能之间往往存在矛盾，根据实际的空间形态和使用功能的需求，来设计人流动线是交通功能分析的内容。

3）使用功能分析

室内使用功能的分析是以人的生活内容设定根据人的行为特征而推断的。功能分析涉及房间的用途，使用的人数，建筑构造和设备构成，环境因素的影响等等。一般来讲在建筑设计中已经根据特定的需求作了初步的使用功能界定。室内设计只是在建筑提供的空间基础上进一步深化设计，由于人的个性特征的复杂性，在建筑设计时很难满足个人行为的细微差异。因此，室内设计的使用功能分析就是人的行为心理特征的分析（图3-1-5）。

（2）空间造型的知识

室内的审美是单位空间中所有实体与虚形的总体形象，通过人的视、听、嗅、触感官反映到大脑所形成的氛围感受来实现的。其中视觉在所有的审美感官中起的作用最大，因此构成典型室内六个界面的形、色、质就成为设计中主要考虑的审美内容。称其为室内的视觉形象设计。视觉形象设计一方面要注重界面本身的装修效果，另一方面更要注意空间中的陈设物与界面在不同视角形成的总体效果。空间造型实际上就是视觉形象设计的本质体现。

1）空间形体塑造

由建筑限定的房间总是呈现一定的空间形态。实现空间形体塑造的第一步，就是要根据限定的形态决定装修的整体形态。一般来讲由建筑限定的室内空间总是从两个方向呈现出不同的几何形。一个是水

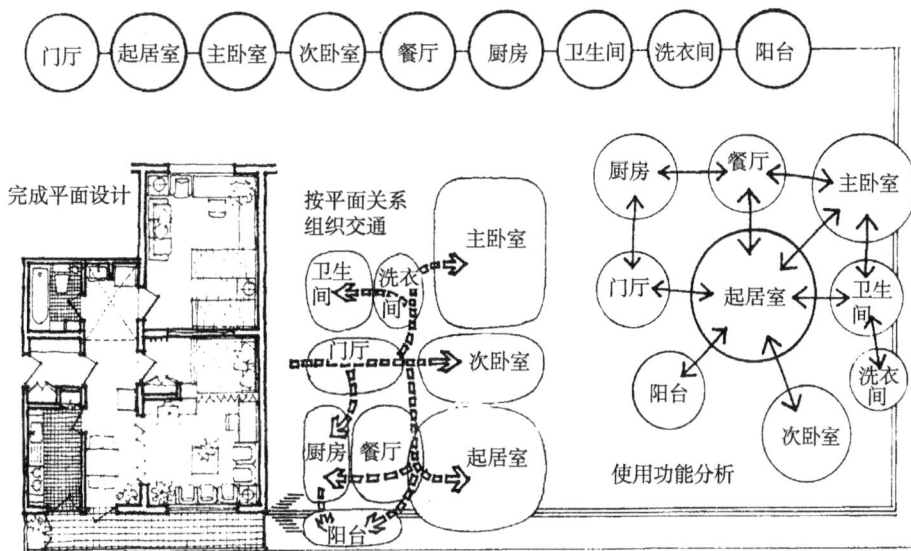

图3-1-5

平剖面的方向，另一个是垂直剖面的方向。矩形、圆形、三角形是剖面形态中最基本的三种几何形，室内的整体形态就是在三种基本型的变化组合中造就的。如果没有特殊的设计概念，依照建筑限定的原有剖面形态来决定室内装修的整体形态是较为适宜的。因为这种模式容易与建筑结构和设备达到理想的配合。当然审美的个性化特点会减弱，除非建筑本身的形态特征就很突出。采用与原有形态完全不同的样式需要慎重考虑。构造与设备条件是否允许，对面积的影响有多大，拟采用的这种样式是否能与原有形态的比例尺度相配等等。如果没有更多的问题，这种模式的设计手法往往能够创造出不同凡响的空间整体形态。

通过手绘的素描、速写、图案构成等作业的训练，有助于提高空间形体塑造的能力。

2）空间光色塑造

在室内空间形象的塑造中，光与色是空间系统中虚拟形态表达最重要的部分，通过控制光照的强度，改变光照的投射方式，达到室内色彩的合理表现，从而创造出不同的空间意境。

①采光的控制。采光的控制实际上是由开窗的样式所决定的。自从人类开始了建筑，根据采光与通风的需要，窗的样式几经变换。由于受到构造和材料的制约，基本的形态并没有发生本质的变化。西方建筑石构造的洞窗，东方建筑木构造的隔扇窗一直延续了数千年。只有在钢结构大量运用于建筑，以及玻璃工艺的日新月异，采光的形式才发生了根本的变化。

②照明的配光。照明的配光主要是指电光源灯具的合理运用。电光源灯具已经为我们提供了直接照明、反射照明、散射照明等多种照明类型。现代的电光源也已经能够产生各种光色的灯型。可以说室内照明的物质基础已经十分雄厚。就室内设计而言照明配光除了照度的功能需求外，一定要考虑照明的装饰效果。否则在一些特殊的场合就达不到应有的视觉效果。

③光影组织。室内空间光色塑造的两个环节：采光与照明。我们所想到的往往是光照的问题，而很少考虑光影的效果。但是在实际的空间中光影所起的作用也是很大的。阳光透过窗户经过窗框的遮挡会在室内产生与之相对的阴影，通过窗框的分格或者窗帘的样式，就能造就变化丰富的阴影，像百叶窗或百叶帘。而照明配光的光影组织则是通过光线投射于界面的凹凸层次所产生的。光影作为界面构图的一部分，能够产生非常突出的空间视觉感受。减少光影与增加光影需要根据界面构图的需要。有时为了一种特殊的光影效果，甚至需要专门设计特殊的构件。

④色彩选配。室内色彩的选配是建立在光环境设计的基础之上。就色彩选配的基本原则而言并没有特殊之处。需要注意的还在于室内空间的四维特征。

色是光的产物，有光才有色。经过三棱镜的投射，阳光依红、橙、黄、绿、青、蓝、紫的顺序排列，以这七种色组成的圆环称为色环，色环中的色互相配合就产生了色谱。

色谱具有明度、纯度、色相的变化。

明度：明度是色彩的明暗变化，由亮到暗的关系。

纯度：纯度是色彩的饱和度，由浓到淡到灰的关系，也称彩度。

色相：色相的变化是质的变化，如：由红到绿的变化。

色彩搭配就是根据需要，依照色谱调整明度、纯度的比例关系以及变化色相。

典型的室内配色一般分为以下系列。

暖色系列：暖色系主要包括红、黄、橙、紫红、赭石、咖啡等色彩。暖色具有热诚、奔放、刺激等特点，使人感觉温暖。

冷色系列：冷色系主要包括蓝、绿、蓝紫等色彩，具有安静、稳重、清怡、凉爽等特征，使人感觉沉静。

亮色系列：亮色是对暗色相对而言，是指一些明度较高的颜色。特点是明快、亮堂，有一尘不染的清洁效果。

暗色系列：暗色是一些明度较低的颜色。暗色显得端庄、厚重，烘托气氛更浓，如果配上灯光将更具魅力。

艳色系列：艳色指纯度较高或形成强烈对比的颜色。具有活跃、热闹的气氛，最适合儿童心理。同时艳色还具备豪华、高贵感，因材质不同而各具特色。

朦胧色系列：朦胧色即色相、纯度、明度、都比较接近，好像隔着一层纱雾朦朦的。感觉到一种柔和、静雅、和谐的气氛。

3）空间材质塑造

空间材质塑造的基础是材料。用于室内装修的材料种类十分丰富，主要分为天然材料与人工合成材料两大类，最常用的是以下几种材料：

①木材。木材用于室内设计工程，已有悠久的历史。它材质轻、强度高；有较佳的弹性和韧性、耐冲击和振动；易于加工和表面涂饰，对电、热和声音有高度的绝缘性；特别是木材美丽的自然纹理、柔和温暖的视觉和触觉是其他材料所无法替代的。

②石材。饰面石材分天然与人工两种。前者指从天然岩体中开采出来，并经加工成块状或板状材料的总称。后者是以前者石渣为骨料制成的板块总称。

饰面石材按其使用部位分为三类：一为不承受任何机械荷载的内、外墙饰面材。二为承受一定荷载的地面、台阶、柱子的饰面材料。三为自身承重的大型纪念碑、塔、柱、雕塑等。

饰面石材的装饰性能主要是通过色彩、花纹、光泽以及质地肌理等反映出来。同时还要考虑其可加工性。

③金属。在自然界至今已发现的元素中，凡具有好的导电、导热和可以锻造性能的元素称为金属，如铁、锰、铝、铜、铬、镍、钨等。

合金是由两种以上的金属元素，或者金属与非金属元素所组成的具有金属性质的物质。如钢是铁和碳所组成的合金，黄铜是铜和锌的合金。

黑色金属是以铁为基本成分（化学元素）的金属及合金。有色金属的基本成分不是铁，而是其他元素。例如铜、铝、镁等金属和其他合金。

金属材料在装修设计中分结构承重材与饰面材两大类。色泽突出是金属材料的最大特点。钢、不锈钢及铝材具有现代感，而铜材较华丽、优雅，铁则古拙厚重。

④塑料。塑料是人造的或天然的高分子有机化合物，如合成树脂、天然树脂、橡胶、纤维素酯或醚、沥青等为主的有机合成材料。这种材料在一定的高温和高压下具有流动性，可塑制成各式制品，且在常温、常压下制品能保持其形状不变。

塑料有质量轻、成型工艺简便，物理、机械性能良好。并有抗腐蚀性和电绝缘性等特征。缺点是耐热性和刚性比较低，长期暴露于大气中会出现老化现象。

⑤陶瓷。陶瓷是陶器与瓷器两大类产品的总称。陶器通常有一定的吸水率，表面粗糙无光、不透明，敲之声音粗哑、有无釉与施釉两种。瓷器坯体细密，基本上不吸水，半透明，有釉层，比陶器烧结度高。

⑥玻璃。玻璃是以石英砂、纯碱、石灰石等主要原料与某些辅助性材料经1550~1600℃高温熔融、成型并经急冷而成的固体。

玻璃作为建筑装修材料已由过去单纯作为采光材料，而向控制光线、调节热量、节约能源、控制噪声以及降低建筑结构自重、改善环境等方向发展，同时用着色、磨光、刻花等办法提高装饰效果。

材料是空间材质塑造的基础。随着科技的发展，新型的材料不断涌现。设计者需要注意材料市场的变化，掌握不同材料的应用规律，从而促进装修设计水平的提高。

材料的质感变化是界面处理最基本的手法，利用采光和照明投射于界面的不同光影，成为营造空间氛围最主要的手段。质感的肌理越细腻则光感越强，界面的色彩亮度越高。不同质感的界面，在光照下会产生不同的视觉效果。

第二节　功能定位

一、室内功能分类

1.掌握要点

通过学习明确室内空间使用功能分类的内容。掌握以功能分类为基础的室内交通面积确定方法，完成设计风格发展方向的定位。

2.工作程序与方法

（1）按使用类型进行功能分类

居住空间、工作空间、公共空间是按空间使用类型区分的三个大的方面，每一个方面都包括相当的内容。

1）居住空间

居住空间在建筑类型上有单体平房、平房组合庭院、单体楼房、楼房组合庭院以及综合群组等样式；在使用类型上有单间住宅、单元住宅、成套公寓、景园别墅、成组庄园等形式。

2）工作空间

工作空间的建筑类型相对简单，一类为适合白领阶层工作的办公楼房，也就是俗称的写字楼；一类为适合蓝领阶层工作的功能性较强的厂房车间。其使用类型则以功能为主进行分区的不同空间来界定。

3）公共空间

公共空间是内容最为丰富的一类，建筑形式变化多样，使用类型复杂多元。商场、饭店、餐厅、酒家、娱乐场、影剧院、体育馆、会堂、展览馆等等。

（2）按功能分类确定交通面积的布局

研究功能分类的空间平面特征是决定室内功能布局中交通面积的首要任务。

以室内人流活动的交通功能进行分区是室内平面设计的首要特征。这种以交通功能为目的分区，基本可以按照单向、双向和多向的概念进行分类。在这里"向"指的是人流活动的方向，人流活动的合理组织是室内平面功能布局是否恰当的基础。而人流活动的方向定量又是以同一时间，进出同一室内空间的行为特征与活动功能所决定的。

1）单向交通

单向交通的平面布局形式一般在居住与工作空间中采用。进出房间只考虑一条主交通线，只要这条交通线能够方便连接各类使用功能的空间，平面的布局就是合理的。能够以最短的交通线连接最多的功能空间，同时又能够照顾到美观的空间视觉形象体现，那么这种平面设计就是最优秀的。

2）双向交通

双向交通的平面布局形式一般在需要双向交流的商业与公共接待空间中采用。如银行、邮局、售票处、小型商店等类空间。在这里内部与外部的两类人流不能够交叉，需要有不同的出入口和两条主交通线。两类人流在互不干扰的空间中进行各自的活动，并最终交汇于同一界面进行交流。在这种空间的平面布局中，既要考虑各自交通线的合理性，又要考虑各自活动空间的人流容纳量，同时还要考虑到达交汇界面的便捷性。只有每一个环节都丝丝入扣才能在功能与审美的平面设计中达到高度的统一。

3）多向交通

多向交通的平面布局形式则用于各类大型的公共空间。大型交通设施：如车站、机场、码头等；大型体育与文化设施：如综合体育馆、综合剧场、展览场馆等。在这里人流、物流、交通工具流错综复杂，交通线呈现多量向的特征，仅靠线路的自然导引已很难满足人到达特定功能空间的需要。必须有科学的视觉导引系统作为辅助才能达到目的。由此可见各种交通的合理分流是这类空间平面设计的关键。

（3）按功能分类确定设计风格

所有的室内空间都是以满足人的不同功能需求而设置的。以人的生活行为方式界定室内设计系统的空间内容表现，在设计的思维逻辑方面显得更为合理。从这样的概念出发室内空间可以区分为：餐饮空间、睡眠空间、休息空间、会谈空间、购物空间、劳作空间、娱乐空间、运动空间等等。不同功能分类的空间具有不同的设计风格表现样式：

1）相对静态的中性统一风格

以人的室内空间使用功能而言，以居住和工作为主的空间在建筑中占了绝大多数。由于人在这类空间中的停留时间相对较长，因此使用功能对空间的要求相对静态，要求平面的交通流线清晰顺畅功能布局明确，空间氛围的视觉感受平稳和谐。这样的空间需要相对静态的中性统一风格，空间造型的构图一般比较规整，光源使用要求照度均衡色度柔和。色彩选取一般是以明度较高的浅灰色系为主。只是以陈设物来点缀和活跃空间的气氛。

2）相对动态的对比夸张风格

在人的全部生活空间中，尽管公共类建筑空间所占比例相对较少，但在人们的视觉印象中这类空间往往具有较强的冲击力，尤其是商业类空间。由于人在这类空间中的停留时间相对较短，因此使用功能对空间的要求相对动态，要求平面的交通流线迂回通达功能布局合理丰富，空间氛围的视觉感受强劲动感。这样的空间需要相对动态的对比夸张风格，空间造型的构图一般比较活泼，光源使用要求照度集中色度鲜明。色彩选取一般是以彩度较高的各类主调色系为主。界面形体对比变化，图案线型动感强烈。

3）功能相对特殊的艺术风格

尽管居住空间、工作空间、公共空间有着一般对应的设计风格处理手法。但是在一些功能相对特殊的建筑空间中，艺术风格的选取则是不拘一格的。可以说这是一种艺术概念先行，按功能分类确定设计风格的方法。文化作为人类社会历史发展过程中所创造的物质与精神财富的总和，表现出无比深厚的内涵，不同地域的文化又呈现出完全不同的特征。文化积淀所反映出的传统理念，以及物化的风格样式，成为设计者取之不尽的创作源泉。

3.相关知识

（1）社会行业空间运行的一般常识

室内设计的主旨是空间平面功能的规划，而所有的这类规划都涉及社会行业运作的基本规律。了解社会行业运作的一般常识，是一个合格的设计者必须掌握的基础知识。

1）工业生产类行业

在现代工业生产类行业的空间运行中，物处于主导地位，人处于次要位置。此类行业的运作主要是物流的空间占有形式。物流动线的合理设置，是此类行业运作的基础。原料配件的导入，工艺流程的运行，人员配置的管理，产品包装的入库与运输，构成完整的生产运行程序。

2）行政办公类行业

在现代行政办公类行业的空间运行中，人处于主导地位，物处于次要位置。这是一个典型的信息运行场所。传统的信息处理主要是通过人的直接见面交流来实现。但是随着信息处理技术的电子化，人的交流逐渐虚拟化，从而导致此类行业运行的模式处于过渡的转型期。信息处理的个体空间，信息交流的群体空间，信息决策的管理空间，构成完整的行政办公运行程序。

3）商业服务类行业

在商业服务类行业的室内空间中，交流是主导的运行方式。体现在人与人和人与物之间交流的两种类型。其运行在于限定人的特殊环境行为方式，是以人在室内流动与停留的时空行为特征和功能需求来决定的。信息传达导入的过渡接待空间，体现使用功能的交流空间，人与物流的控制管理空间，构成完整的商业服务运行程序。

（2）房地产业运作的一般常识

房地产业是从事土地开发、经营，房屋的建设、买卖、租赁、信托、维修、综合服务，以及以房地产业为依托进行多种经营的企业群体组成的行业。了解房地产业运作的一般常识对于设计者也是必需的。

二、准确的功能定位

1.掌握要点

通过学习明确室内空间设计准确的功能定位内容。掌握以人的生活行为方式确立功能定位的方法，完成以人的行为心理定式推导功能定位的工作内容。

2.工作程序与方法

（1）按使用要求对项目进行准确的功能定位

每一个室内空间都必须按照使用要求的界定进行设计，也就是在明确室内功能内容的基础上，根据使用要求的不同内容，对设计项目进行准确的功能定位。一般来讲，相同的室内功能内容针对不同的使用对象，会出现不同的运行状态，根据这种特定的运行状态调整功能定位，是进行室内设计全部工作的基础。

（2）以人的生活行为方式确立功能定位

所有的室内空间都是以满足人的各种需求设置的。以人的生活行为方式界定室内设计系统的空间内容表现，在设计的思维逻辑方面显得更为合理。从这样的概念出发室内空间可以区分为：餐饮空间、睡眠空间、休息空间、会谈空间、购物空间、劳作空间、娱乐空间、运动空间等等。遵循人的生活行为方式特点确立特定室内空间的功能定位，符合于室内设计准确功能定位的要求。

（3）以人的行为心理定式推导功能定位

人的空间使用是构成其行为心理变化的主要因素。研究人在空间中活动的行为心理对室内设计具有重要意义。人的体位与尺度是研究行为心理作用于设计的主要内容。有必要对人的体位与尺度和室内的关系进行分析。人在室内的活动通常保持着四种基本的体位。即：站立体位、倚坐体位、平坐体位、卧式体位。不同的体位形成人的不同动作姿态，不同的动作姿态与不同的生活行为结合，就构成了每一种特定的生活姿态。这些生活姿态又决定了空间与家具的形态和尺度。从而对室内空间的功能定位产生作用。

1）站姿体位的功能定位

人长期站立保持不动是非常困难的一件事，因此站姿体位的主要表现是动态的走，而又以下肢的活动为主。在这种姿态中动是主要方面，静则是次要方面。站姿体位是与空间界面接触最小的一种姿态，因而是单位尺度空间中容纳量最大的体位。站姿体位在室内相对定位于各类交通使用功能的空间。是以站姿的行为心理特征来研究不同的准确功能定位问题。

2）坐姿体位的功能定位

坐姿体位处于相对的静态，无论是倚坐还是平坐，活动的部分主要是上肢，要以坐姿体位实现在空间中的移动只有在交通工具或代轮的椅凳上。正是由于人的坐姿体位才产生了相应的坐具，诸如椅凳沙发之类。倚坐体位主要指人在座具上的姿态。平坐体位则是人在空间界面上的自然坐态。坐姿体位在室内相对定位于各类工作和休闲的功能空间。是以坐姿的行为心理特征来研究不同的准确功能定位问题（图3-1-6）。

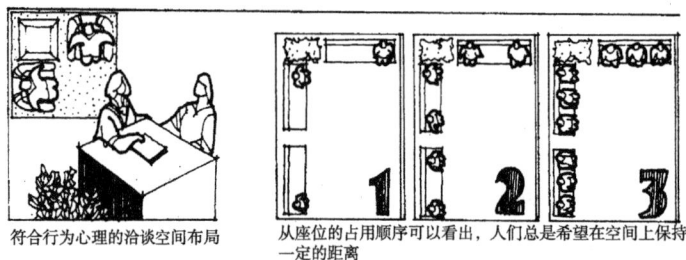

符合行为心理的洽谈空间布局　　　从座位的占用顺序可以看出，人们总是希望在空间上保持一定的距离

图3-1-6

3）卧姿体位的功能定位

卧姿体位则是人体相对松弛的姿态，在这种姿态中静是主要方面，动则是次要方面。然而卧式体位却是与空间界面接触最大的一种姿态，因而是单位尺度空间中容纳量最小的体位；因此在卧室或客房的室内平面设计中，只有床的位置确定后才能考虑其他家具的摆放。卧姿体位在室内相对定位于休息与睡眠功能的空间。是以卧姿的行为心理特征来研究不同的准确功能定位问题。

3.相关知识

（1）社会学的一般常识

社会学从社会整体出发，通过社会关系和社会行为来研究社会的结构、功能、发生、发展规律的综合学科。现代社会学运用一套比较严格的经验研究方法，强调社会调查和经验证明，重视数量分析。其研究范围涉及社会现象的各个方面，从宏观社会系统、社会组织及制度，到微观的初级群体、人际关系等。不仅从理论上对其进行分析研究，更重视对现实社会问题进行综合研究，提供解决方案。

（2）行为心理学的一般常识

室内相对于人的空间包容性成为设计中行为心理制约的重要因素。界面围合所形成的空间氛围通过形态、尺度、比例、光色传达的信息，构成了设计所要利用的空间语言。这种空间语言包含着两种含义：一种是室内空间的物化实体与虚空自身所具有的，另一种则与人的行为心理有关。利用人的这种行为特征心理进行合理的室内空间环境设计，就成为设计中深入探讨的课题。成为了解行为心理学常识的必需。

行为心理学是有关行为科学的分支学科。广义的行为科学是研究人与动物行为的一般规律的综合性学科。主要任务是解释、预测和控制动物、个人和群体的行为。从人的生理行为特征出发，心理学与行为科学的关系较为紧密。属于狭义的行为科学概念，即研究人类工作动机、情绪、行为与工作、环境之间的关系，探索影响生产率因素的管理理论与方法。

涉及行为心理学的设计问题主要归结为：距离感、围护感、光色感。一般来讲这三种感觉的产生，在室内设计的相关专业技术设计中都有相对应的物质界定：距离感对应于室内空间平面使用功能的尺度比例选择，是个人空间领域自我保护的尺度界定。围护感对应于室内空间竖向界面的形式，是个人空间领域感的物化外延。光色感对应于采光照明的类型样式，是个人空间领域产生的心理限定（图3-1-7）。

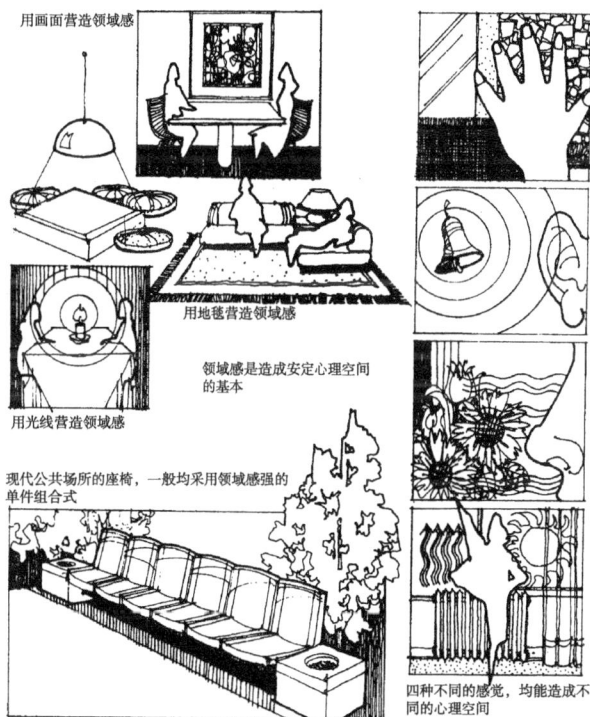

图3-1-7

第三节 创意草图

一、图形思维的训练

1.掌握要点

通过对于可视形象或图形的空间想象力的基础绘图训练，培养对形象敏锐的观察和感受能力。掌握科学的图形分析思维方式，达到借助于各种工具绘制不同类型的形象图形，完成对其进行设计分析的思维过程。

2.工作程序与方法

就室内设计的整个过程来讲，几乎每一个阶段都离不开绘图。概念设计阶段的构思草图：包括空间形象的透视与立面图、功能分析的坐标线框图；方案设计阶段的图纸：包括室内平面与立面图、空间透视与轴测图；施工图设计阶段的图纸：包括装修的剖立面图、表现构造的节点详图等等。

养成图形分析的思维方式，无论在设计的什么阶段，设计者都要习惯于用笔绘图，将自己一闪即逝的想法落实于纸面。而在不断的图形绘制过程中，又会触发新的灵感。这是一种大脑思维形象化的外在延伸，完全是一种个人的辅助思维形式，优秀的设计往往就诞生在这种看似纷乱的草图当中。不少初学者喜欢用口头的方式表达自己的设计意图，这样是很难被人理解的。在室内设计的领域，图形是专业沟通的最佳语汇，因此掌握图形分析的思维方式就显得格外重要。

使用不同的笔在不同的纸面进行的徒手画，是学习设计进行图形思维的基本功。设计最初阶段的草图最好使用粗软的铅笔或0.5mm以上的各类墨水笔在半透明的拷贝纸上作图，这样的图线醒目直观，也使绘图者不拘泥于细部，十分有利于图形思维的进行。

徒手画的图形应该是包括了设计表现的各种类型：具像的建筑室内速写、空间形态的概念图解、功能分析的图表、抽象的几何线形图标、室内空间的平面图立面图剖面图、空间发展意向的透视图等等。总之一句话：室内设计的图形思维方法建立在徒手画的基础之上。

（1）预想空间形象的草图

这类草图为室内空间实体的可视形象图形，表现为速写式空间透视草图或空间界面样式草图。

室内的空间形象构思是体现审美意识表达空间艺术创造的主要内容，是概念设计阶段与平面功能布局设计相辅相成的另一翼。由于室内是一个由界面围合而成相对封闭的空间虚拟形体，空间形象构思的着眼点应主要放在空间虚拟形体的塑造上，同时注意协调由建筑构件、界面装修、陈设装饰、采光照明所构成的空间总体艺术气氛。作为表达这种空间形象构思的草图作业，自然是以徒手画的空间透视速写为主。这种速写应主要表现空间大的形体结构。也可以配合室内立面构图的设想，也就是空间界面样式草图的速写，帮助设计者尽快确立完整的空间形象概念。

空间形象构思的草图作业应尽可能从多方面入手，不可能指望在一张速写上解决全部问题，把海阔天空跳跃式的设想迅速地落实于纸面，才能从众多的图像对比中得出符合需要的构思。

①速写式空间透视草图；

②空间界面样式草图。

（2）平面功能定位的草图

这类草图为抽象自由线条的平面图形与严谨的画法几何图形。表现为功能定位的自由圆方图形分析草图和采用正投影制图方法绘制的平面草图两种形式。

自由圆方图形分析法是以几何图形从圆到方的变化过程对比作为图解思考方法的。这是一种室内平面设计的专用图形分析法，在这里单位功能空间本体以"圆圈"的符号罗列出功能空间的位置；无方位的"圆圈"关系组合显示出相邻的功能关系；在建筑空间和外部环境信息的控制下"圆圈"表现出明确的功能分区；"圆圈"向矩形"方框"的过渡中确立了最后的平面形式与空间尺度。

正投影制图法平面草图作业所要解决的问题，是室内空间设计中涉及功能的重点。它包括平面的功能分区、交通流向、家具位置、陈设装饰、设备安装等。各种因素作用于同一空间，所产生的矛盾是多方面的。如何协调这些矛盾，使平面功能得到最佳配置，是平面草图作业的主要课题，必须通过绘制大量的草图，经过反复的对比才能得出理想的平面。

①自由圆方图形分析草图；

②正投影制图法平面草图（图3-1-8~图3-1-12）。

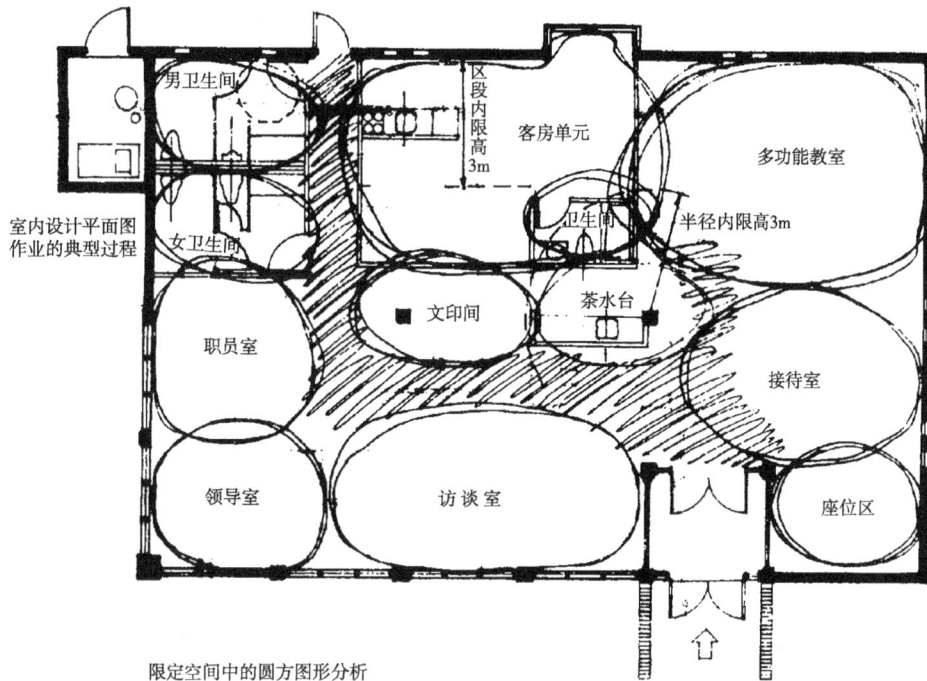

室内设计平面图
作业的典型过程

限定空间中的圆方图形分析

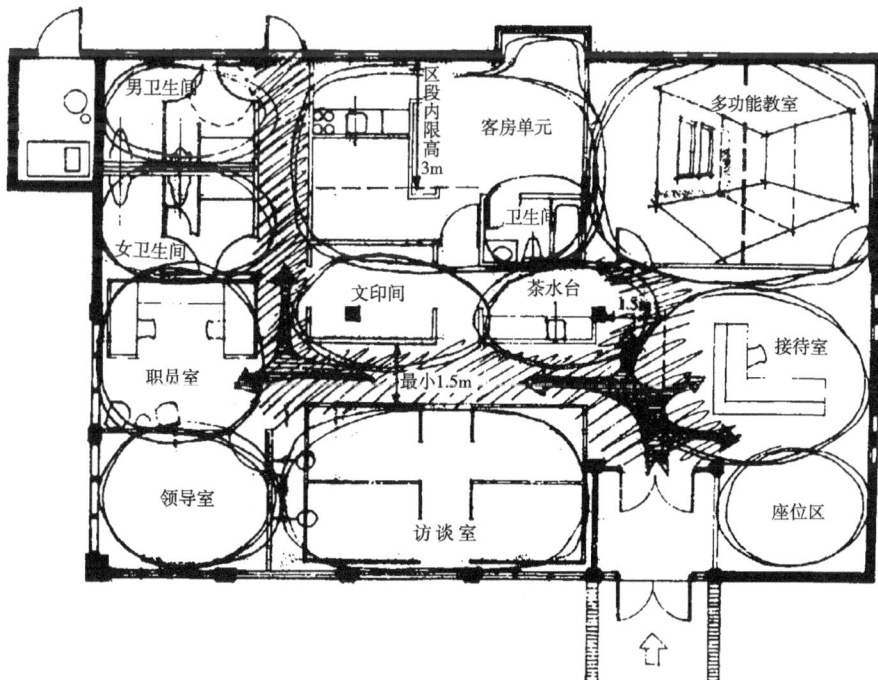

图3-1-8

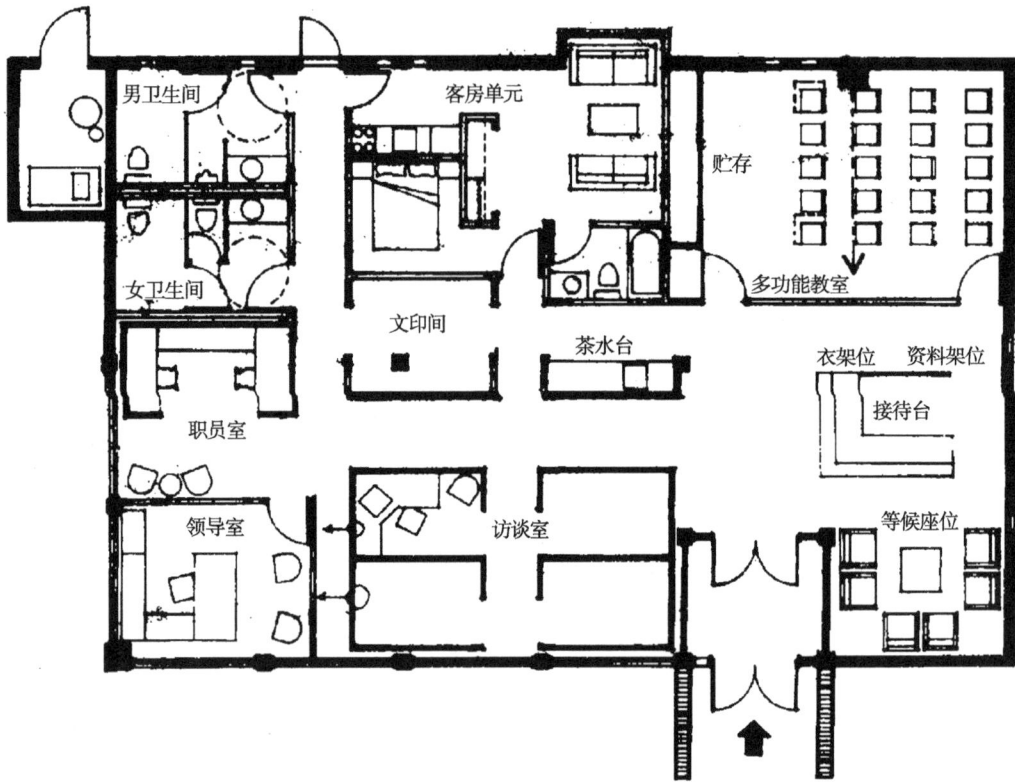

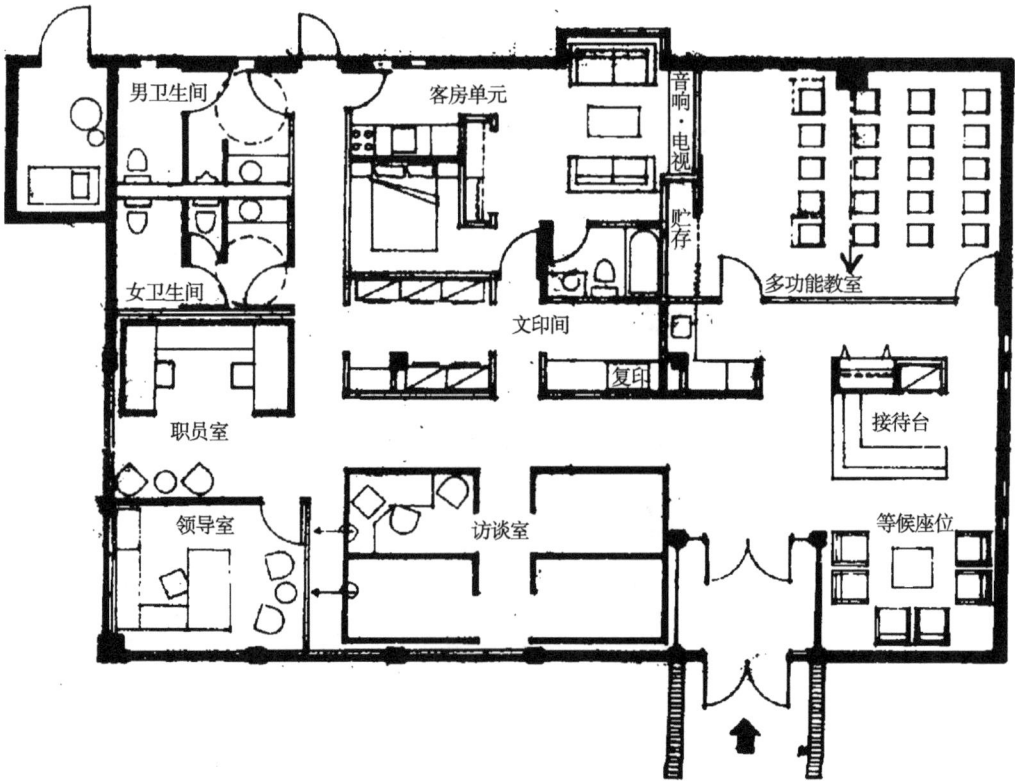

图中文字：

第一幅图：
男卫生间
客房单元
贮存
多功能教室
女卫生间
文印间
茶水台
衣架位　资料架位
接待台
职员室
领导室
访谈室
等候座位

第二幅图：
男卫生间
客房单元
音响·电视
贮存
多功能教室
女卫生间
文印间
复印
接待台
职员室
领导室
访谈室
等候座位

图3-1-9

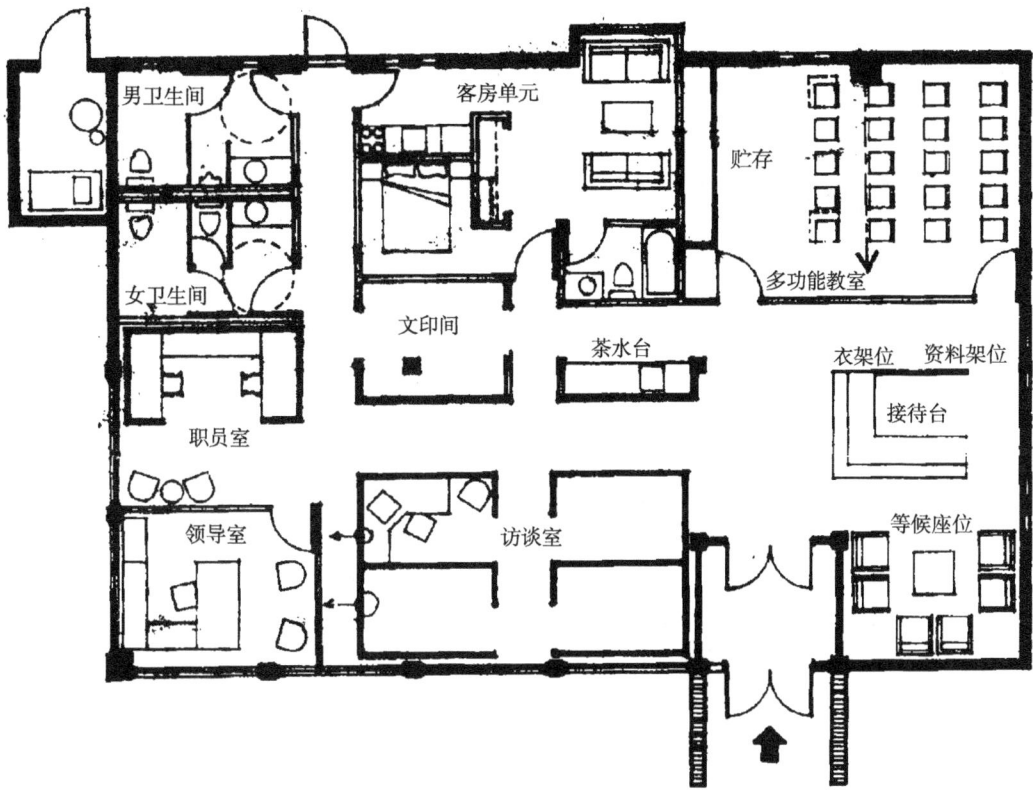

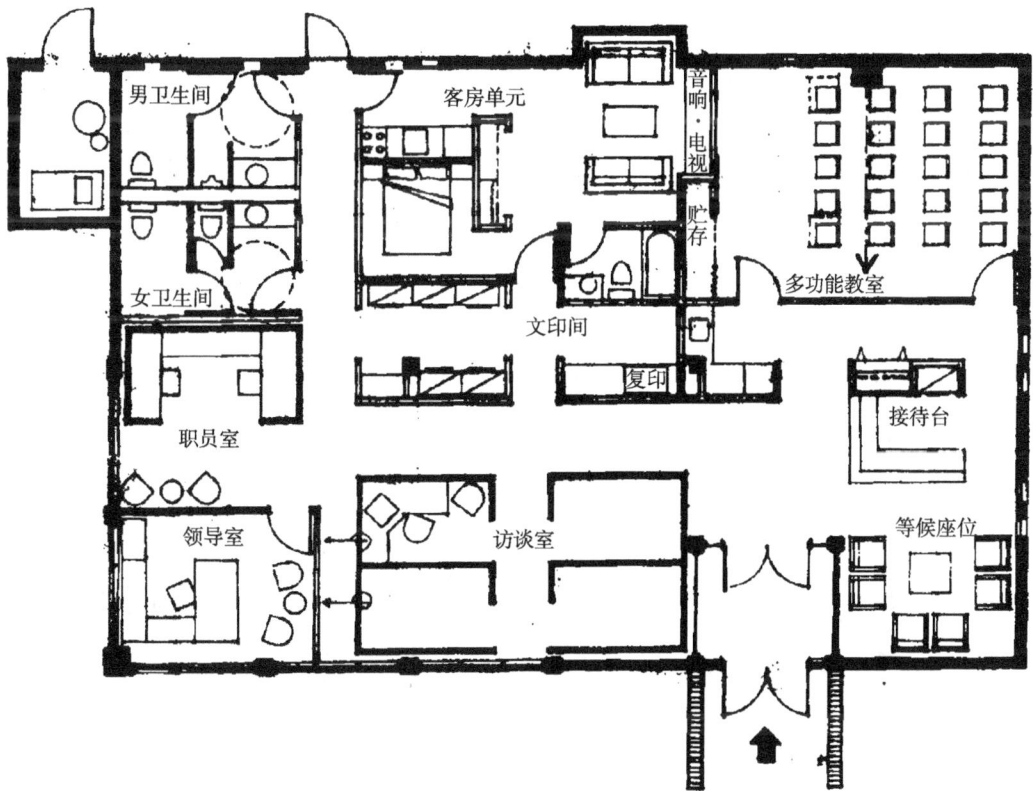

图3-1-10

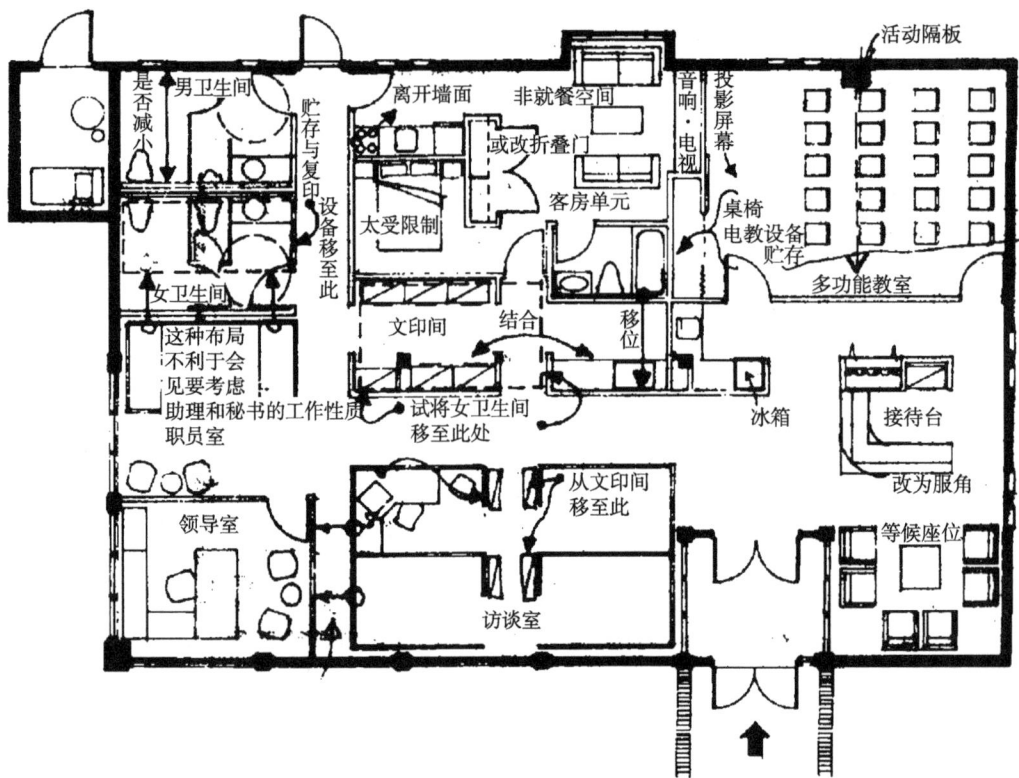

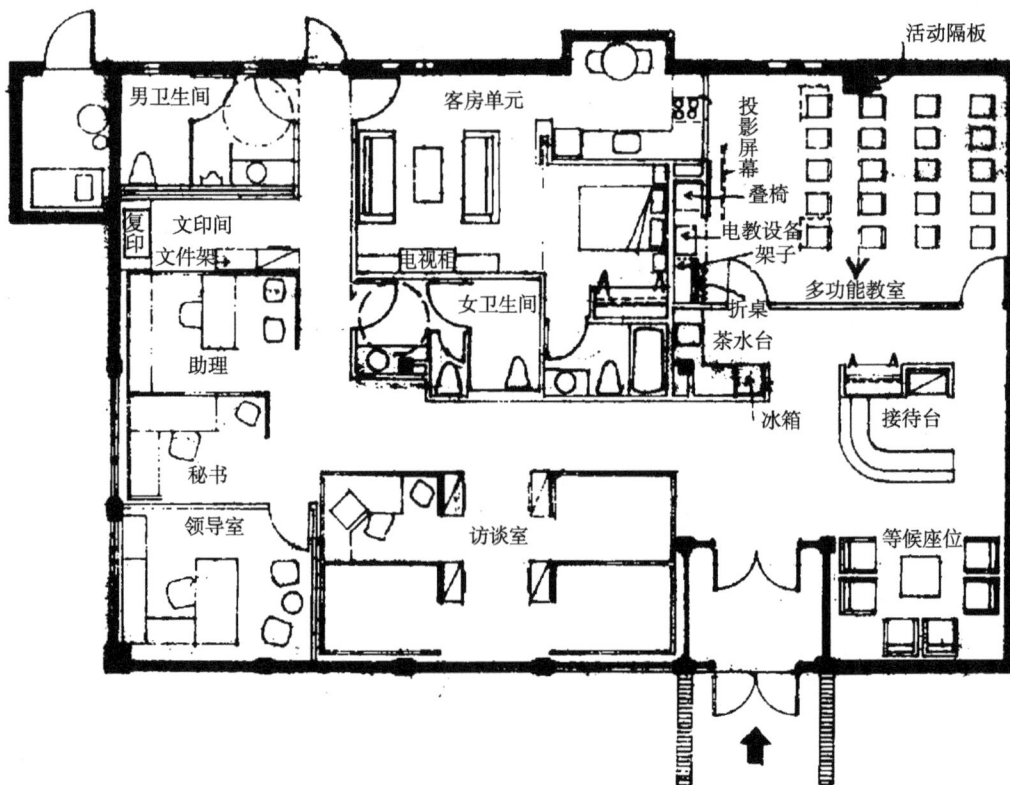

上图标注：

活动隔板

是否减小　男卫生间　贮存与复印　离开墙面　非就餐空间　音响·电视　投影屏幕

客房单元

设备移至此　或改折叠门

太受限制　桌椅电教设备贮存

女卫生间　多功能教室

文印间　结合　移位

这种布局不利于会见要考虑助理和秘书的工作性质　冰箱

职员室　试将女卫生间移至此处

领导室　从文印间移至此　接待台

改为服角

访谈室

等候座位

下图标注：

活动隔板

男卫生间　客房单元　投影屏幕

复印　文印间文件架　叠椅

电教设备架子

电视柜　多功能教室

女卫生间

助理　折桌

茶水台

秘书　冰箱　接待台

领导室　访谈室　等候座位

图3-1-11

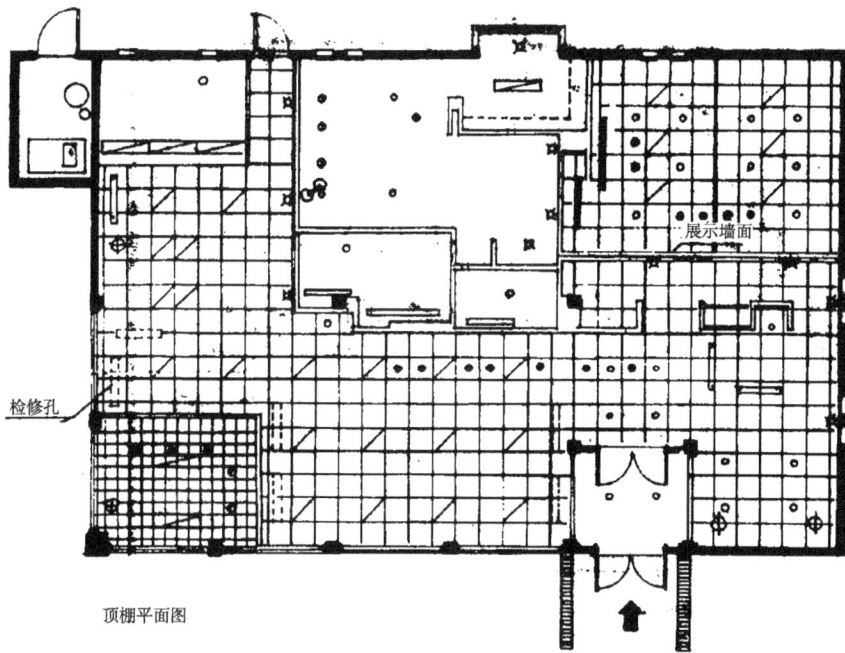

顶棚平面图

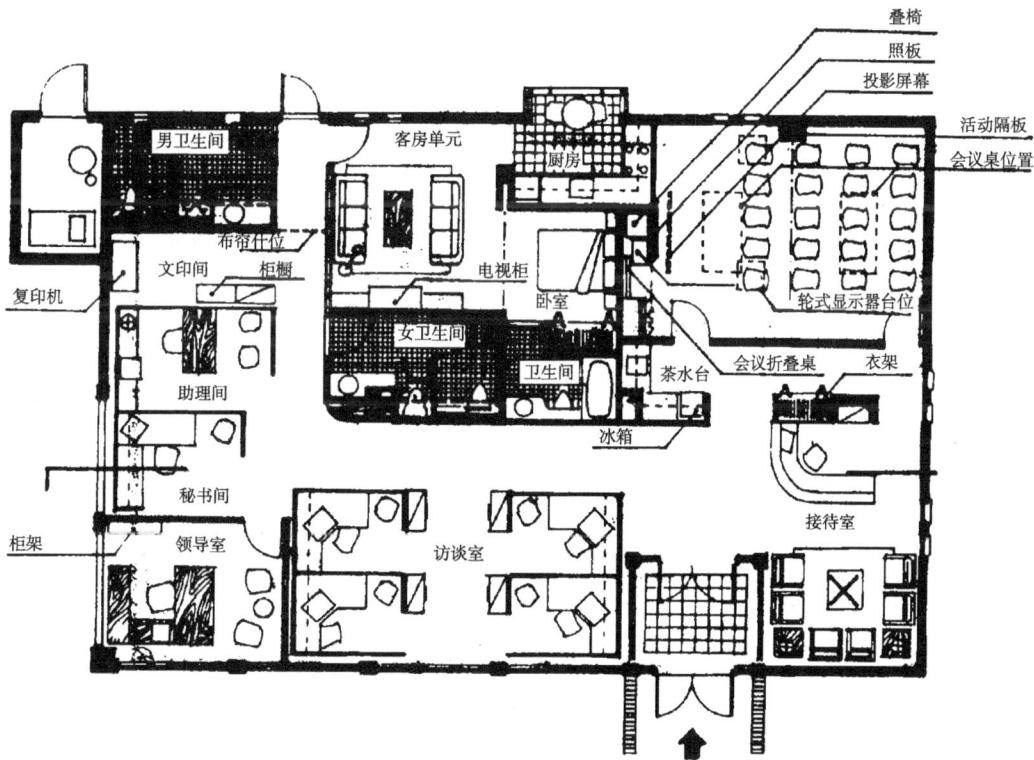

叠椅
照板
投影屏幕
活动隔板
会议桌位置
轮式显示器台位
衣架
会议折叠桌
接待室
冰箱
茶水台
卫生间
女卫生间
电视柜
卧室
客房单元
厨房
男卫生间
布帘什位
柜橱
文印间
复印机
助理间
秘书间
柜架
领导室
访谈室

图3-1-12

（3）工作程序控制的草图

这类草图为表格式的分析图形。表现为关联矩阵坐标与树形系统图形。

关联矩阵坐标法是以二维的数学空间坐标模型作为图形分析基础的。这种坐标法以数学空间模型y纵向轴线与x横向轴线的运动交点形式作为图形的基本样式，成为表现时间与空间或空间与空间相互作用关系结果的最佳图形模式。这种图形分析的方法广泛应用于：空间类型分类、空间使用功能配置、设计程序控制、工程进度控制、设备物品配置等众多方面。

树形系统图形法是以二维空间中点的单向运动与分立作为图形表象特征的。这是一种类似于细胞分裂或原子裂变运动样式的树形结构空间模型。成为表现系统与子系统相互关系的最佳图形模式。这种图形分析的方法主要应用于：设计系统分类、空间系统分类、概念方案发展等方面。

①关联矩阵坐标图；

②树形系统图。

3.相关知识

（1）绘画习作的一般知识

设计者的图形思维能力是建立在坚实的绘画基础之上的。一般来讲美术功底较为深厚的人，进入设计者的行列比之没有经过美术基础训练的业者，在室内设计的空间造型能力方面要强。因此，没有这方面经历的人，需要经过一定的绘画习作训练。即使条件不允许，不能够真正动手，也必须了解绘画习作的一般知识，通过观摩提高自身在这方面的修养。

1）素描

素描是造型艺术的基础，也是美术创作的基本功。素描以三维空间的造型规律为主，通过严谨的绘画过程，训练运用透视规律及准确表达形态的能力。通过理性与感性的综合分析理解形态的结构关系，从结构的本质掌握观察、表达对象的规律。

素描训练通常是以写生的方法进行。通过石膏几何形体、人像，实际生活中的静物人物、风景建筑写生，来达到培养上述内容能力的目的。

2）速写

速写实际上就是素描的快速表现形式，之所以单独立项，是因为速写的训练更符合设计者造型能力培养的实际，因为速写是以简练的线条塑造对象总体形象大关系的绘图技法。对空间形体总体把握训练特别有帮助。就室内设计者而言：古典建筑速写；古典建筑单体与组合速写；现代建筑单体与组合速写的写生训练是最为有效的。

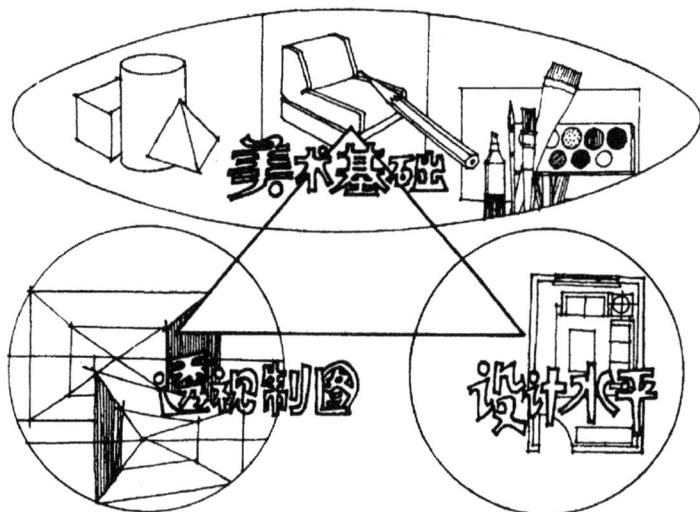

图3-1-13

3）色彩

掌握色彩的基础知识，进行色彩绘图的基本训练，同样是提高空间造型能力的需要。

色彩知识的基础训练由写生与构成两部分内容组成。写生课培养学生运用色彩表现对象的基本能力。主要通过静物和风景写生来实现训练目的。构成课讲授色彩的物理性质；色彩表示法；色彩的视觉规律；色彩心理；色彩调和；结构色彩等（图3-1-13）。

（2）制图的一般知识

正投影制图与透视的基本概念及绘

制方法；建筑与室内制图的规范及绘制方法；建筑空间测绘的内容与方法。通过实地测绘的手段，确立符合建筑与室内制图规范的图纸绘制方法。

1）正投影制图

正投影的概念是：设想在观察者与被画景物之间有一个透明的"取景框"，正投影是指物件在垂直于取景框条件下，以其原有尺度被投影到取景框，也即画面上。正投影视图有两种基本类型，立面：取景框位于观察者与景物之间；剖面：取景框切开被画景物，因而能显示其内部形象。其他类型均系这二者延伸、发展。屋顶平面是从上而下看一栋建筑物的水平视图，而平面实际上是一个水平剖面。采用这种投影方法所作的图，就是正投影制图。正投影制图包括平面图、立面图、剖面图、细部节点详图等内容（图3-1-14，图3-1-15）。

2）轴测图

轴测图是运用平行投影的方法绘制的。是将物体的三个坐标面放在与投射线都不平行的位置，使物体的三个坐标面在一个投影面上都能够反映出来并具有立体感。物体上与任一坐标轴平行的长度，在轴测图中均可按一定的比率来度量。室内空间轴测图的绘制，是将平面图在水平线上扭转到一定的角度后，把图上的各点按同一比例尺寸，向上作设计高度的垂直线，然后连接垂直线上端的各点，即可求出

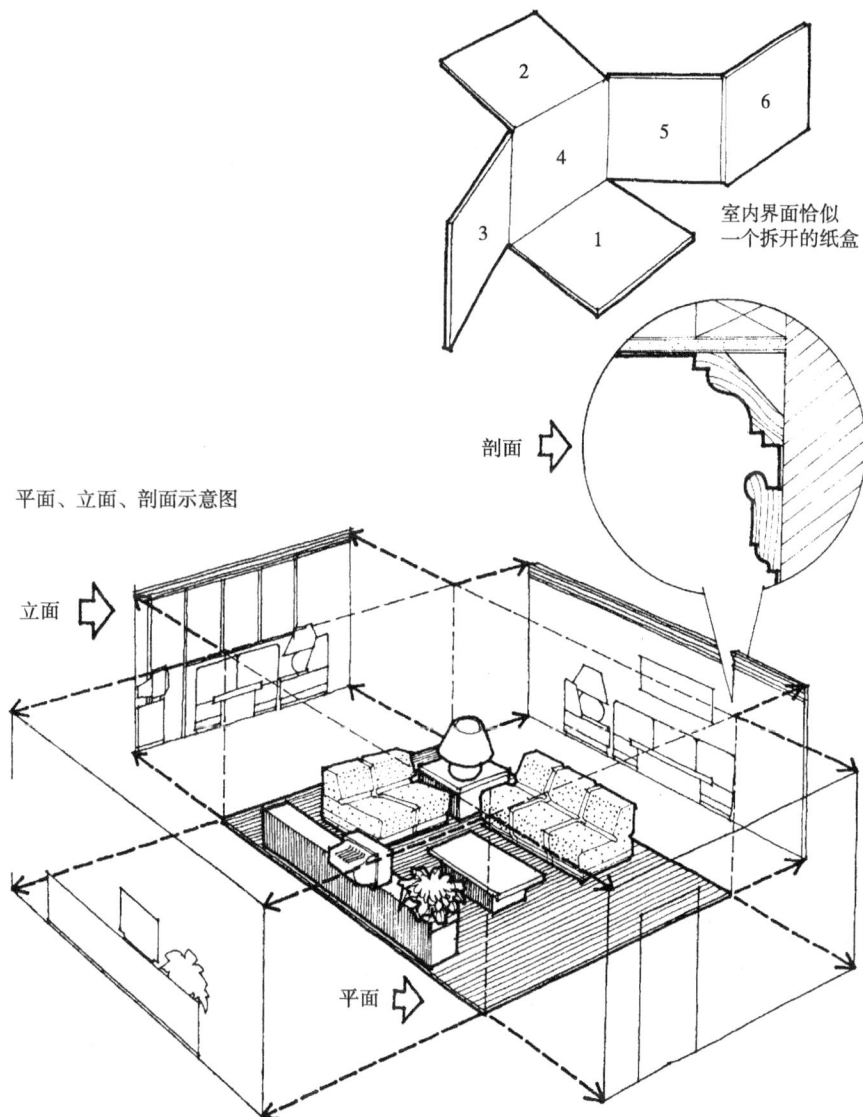

室内界面恰似一个拆开的纸盒

剖面

平面、立面、剖面示意图

立面

平面

图3-1-14

比例尺比较：

◁ 1：100　　▽ 1：50

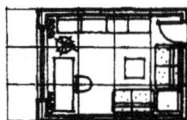

1：100 图中一格为1cm²等于实际房间的1m²

1：50 图中一格为20cm²等于实际房间的1m²

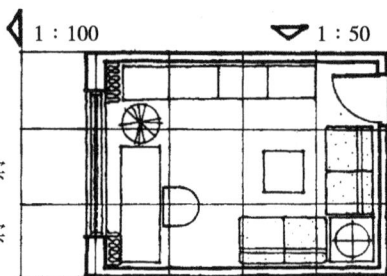

实　线 ——— 表示形体的轮廓线

细实线 ——— 表示尺寸引线

中心线 ·—·— 表示形体的中轴位置

剖切线 ——— 表示被剖切部分的轮廓线

虚　线 ------ 表示物体被遮挡部分的轮廓线

折断线 —／— 表示形体在图面上被断开的部分

室内设计图常用比例尺举例

图名	比例尺	代表实物长度	图面上线段长度
平面图	1：100	1（m）	10（mm）
立面图	1：50	1（m）	20（mm）
剖面图	1：20	1（m）	50（mm）
细部大样图	1：10	1（m）	100（mm）
	1：5	1（m）	200（mm）
	1：1	1（m）	1000（mm）

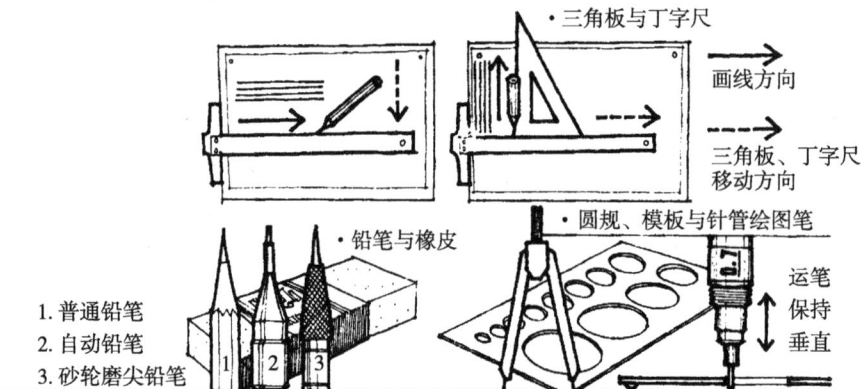

· 三角板与丁字尺

画线方向

三角板、丁字尺移动方向

· 圆规、模板与针管绘图笔

运笔保持垂直

· 铅笔与橡皮

1. 普通铅笔
2. 自动铅笔
3. 砂轮磨尖铅笔

图3-1-15

所需的作图。轴测图的每个线段尺寸都与按比率表现的空间中实际物体的相应尺寸相符。

3）透视图

透视图是运用画法几何的方法，所求出的符合人眼视角观看的三维空间实际景象图。目前透视图的绘制既可以运用先进的计算机工具，也可以运用徒手绘制的手法。徒手绘制要求制图者具备较高的绘画水平，对尺度有相当敏锐的感觉。经常运用的透视图有两种：一种是一点透视，也叫平行透视。这种透视表现范围广，纵深感强。适合表现庄重、稳定、宁静的室内空间。缺点是比较呆板，与真实效果有一定距离。另一种是两点透视，也叫成角透视。这种透视图面效果比较自然，生动活泼，反映空间比较接近于人的真实感受。缺点是角度选择不好，容易产生变形（图3-1-16，图3-1-17）。

二、室内空间形态构成

1.掌握要点

培养设计者观察与研究对象的正确方法，提高观察室内空间形态构成的整体意识与研究对象的内

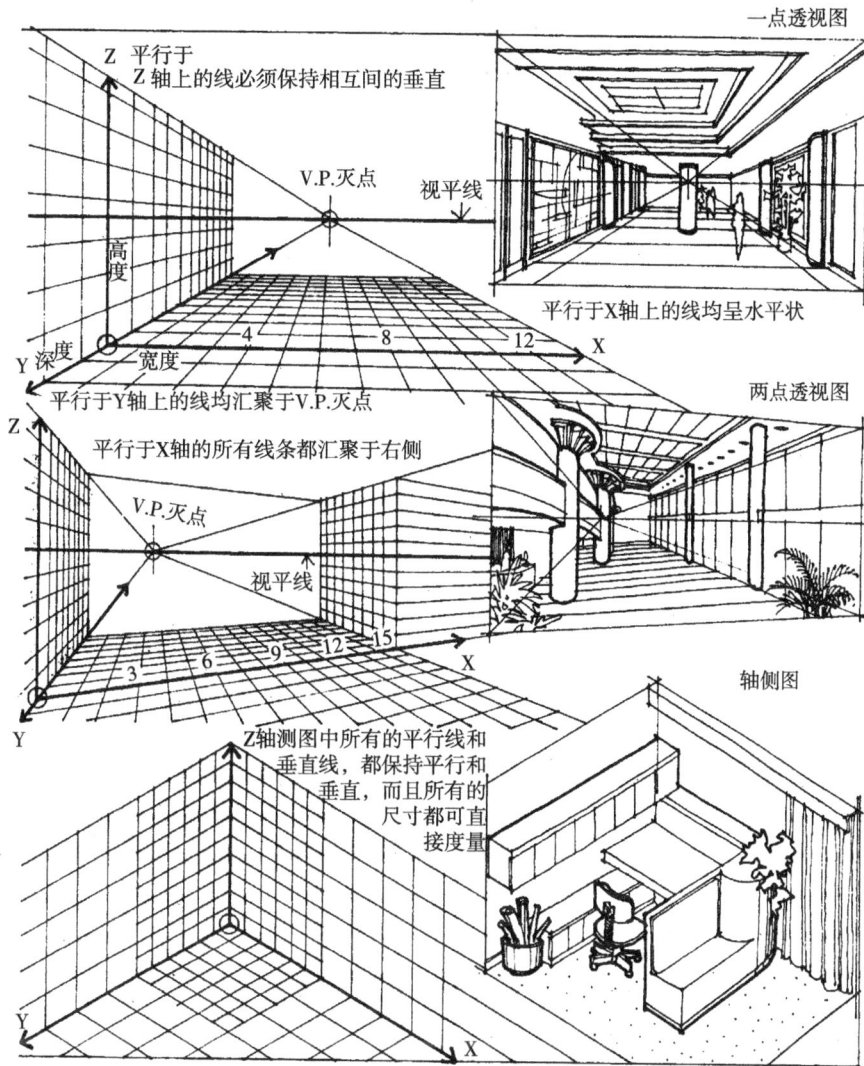

一点透视图

平行于Z轴上的线必须保持相互间的垂直

V.P.灭点

视平线

高度

深度

宽度

平行于X轴上的线均呈水平状

平行于Y轴上的线均汇聚于V.P.灭点

两点透视图

平行于X轴的所有线条都汇聚于右侧

V.P.灭点

视平线

轴侧图

Z轴测图中所有的平行线和垂直线，都保持平行和垂直，而且所有的尺寸都可直接度量

图3-1-16

光照方向

图3-1-17

在本质的能力，通过设计绘图以及空间构图的造型实践，使设计者的整体观念、美感意识能够得到较高层次的训练，包括对体量、比例、尺度和富有节奏韵律变化的几何形体的认识和理解。在学习中强化对客观对象的感受和复杂形体的分析、理解，力求掌握较多的表现方法以提高空间表现的设计能力。

2.工作程序与方法

（1）空间形态构成的视觉形象设计

室内空间形态构成的实体环境要素是由建筑的构造、围合的界面、家具与设备、陈设与装饰物品所组成。这些三维的形体具有可视的实际空间表象，自身的造型、色彩、材质，直白地表露出所代表的风格。这种经过有意识选择的风格营造就是设计者对于室内空间形态构成的视觉形象设计。

空间实体的形象设计应该按照材料、形体、色彩、质感的顺序依次综合考虑。材料是塑造形体的基础，不同材料的构造方式以及自身的表象往往具有特定的形体塑造方式。选材和材料搭配是设计者首要的专业技术功课；形体是空间形象存在的本质，形体的塑造成为空间形象变化最显著的特征。在室内空间中形体塑造既可以从整体的形象入手，也可以从构造细部的节点推开。色彩是表达空间形象视觉感受最直接的要素。色彩所反映出的表象，对空间大小、轻重、虚实的意境起着至关重要的作用。不同色彩所唤起的人类情感是其他要素所不能取代的。正确选用色彩是设计者实际操作技术中最难过的一关；质感与光影的关系是显而易见的，选择不同质感的材料体现于空间形象的表达，能够协助形体与色彩达到所要表现对象的特质。高雅与通俗的气质往往是通过质感所体现的。因为只有质感才能直接作用于人的触觉，并通过触觉达到细腻的空间体验。

由建筑限定的房间总是呈现一定的空间形态。实现空间实体要素空间组织的第一步，就是要根据限定的形态决定装修的整体形态。一般来讲由建筑限定的室内空间总是从两个方向呈现出不同的几何形。一个是水平剖面的方向，另一个是垂直剖面的方向。矩形、圆形、三角形是剖面形态中最基本的三种几何形，室内的整体形态就是在三种基本型的变化组合中造就的。如果没有特殊的设计概念，依照建筑限定的原有剖面形态来决定室内装修的整体形态是较为适宜的。因为这种模式容易与建筑结构和设备达到理想的配合。当然审美的个性化特点会减弱，除非建筑本身的形态特征就很突出。采用与原有形态完全不同的样式需要慎重考虑。构造与设备条件是否允许，对面积的影响有多大，拟采用的这种样式是否能与原有形态的比例尺度相配等等。如果没有更多的问题，这种模式的设计手法往往能够创造出不同凡响的空间整体形态。

（2）室内实体界面装修的草图

在所有制图方式中，立面图是其中最古老的方式之一，然而它仍是最直接、明了、简单、易于为看图人所广泛理解的建筑图像交流方式。通过对图像主体中可识别的特征，如其尺度、构图、比例、节奏、韵律、质感、色彩、形状、格调和细部等作认真描述，可使图面具有真实性。选择立面图的制图方法，运用徒手绘制的草图形式，进行室内实体界面装修方案的草图绘制，是最为适用的室内空间形态构成训练方法。

（3）室内装饰陈设概念的草图

室内装饰陈设概念的草图，同样也可以运用立面图的表示方法。结合界面装修的草图所作的综合立面，容易显现空间构图的总体关系。在立面作图的基础上，如果还能够配合透视草图的绘制，则所得出的空间创意印象将更为直接（图3-1-18，图3-1-19）。

3.相关知识

（1）建筑构造与装修设计的知识

尽管今天的建筑构造形式比之过去有了相当大的进步，但是还没有达到随心所欲创建内部空间造型的地步，受经济、材料、技术的制约，室内设计依然要充分考虑构造对空间造型的影响。因此了解建筑构造的知识是十分必要的。

中国传统风格的陈设立面

欧式风格的陈设立面

图3-1-18

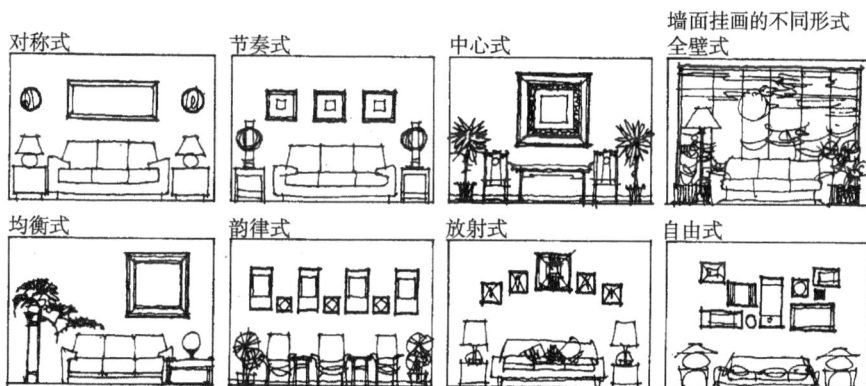

图3-1-19

一幢建筑的结构施工完成后，室内的墙面总是裸露着结构材料的本来面目，砖石、混凝土、木材之类。使用适合于人在近距离观看和触摸的各种质地细腻色彩柔和的材料进行封装，称之为装修。装修的目的更多地是为了满足人的视觉审美感受（图3-1-20）。

1）建筑构造

砖混构造，钢筋混凝土整体现浇板式构造，钢筋混凝土框架构造，钢结构框架构造是当代常用的建筑构造。在框架构造的建筑空间中柱网间距的尺度，柱径与柱高之比，梁板的厚度，都对室内空间的塑造具有重要的影响力。利用框架构造本身的特点，在柱与梁上做文章已成为这类空间室内设计的一种常用手法。相对来讲砖混构造的建筑在空间上留给室内设计的余地十分有限，因此在这类空间中界面的

不同的界面处理产生不同的空间个性

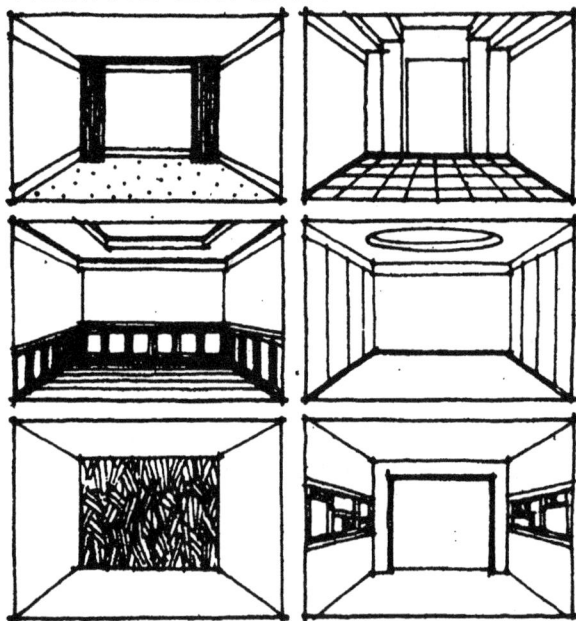

图3-1-20

装饰就显得非常重要。同时建筑构造类型也会对门窗的样式产生直接的影响，横带窗，全玻璃落地窗只可能出现在框架构造的建筑中，传统建筑的门窗样式之所以注重周圈的装饰，重要的一点也在于受当时建筑构造的限定，不可能在大的方面有更多的变化。

2）装修设计

形体与过渡：界面形体的变化是空间造型的根本，两个界面不同的过渡处理造就了空间的个性。室内的界面形体是以不同的形式处于同一空间的不同位置，需要通过不同的过渡手法进行处理。

质感与光影：材料的质感变化是界面处理最基本的手法，利用采光和照明投射于界面的不同光影，成为营造空间氛围最主要的手段。质感的肌理越细腻则光感越强，界面的色彩亮度越高。不同质感的界面，在光照下会产生不同的视觉效果。

色彩与图案：在界面处理上，色彩和图案是依附于质感与光影变化的，不同的色彩图案赋予界面鲜明的装饰个性，从而影响到整个空间。在室内空间中色彩的变化与质感有着密切的关系，由于天然材料本身色彩种类的限制，以及室内界面色彩的中性基调，一般的室内色彩总是处于较为含蓄的高亮度的中性含灰色系，质感一般倾向于毛面的亚光系列构成。图案是界面本身所采用材料的纹样处理，这种处理主要应考虑纹样的类型、风格，以及单个纹样尺寸的大小、线型的倾向与整体空间的关系。

变化与层次：界面的变化与层次是依靠结构、材料、形体、质感、光影、色彩、图案等要素的合理搭配而构成的（图3-1-21）。

（2）建筑物理环境系统的常识

建筑物理环境系统是由采光与照明系统、电气系统、给水排水系统、供暖与通风系统、音响系统、消防系统组成的。建筑物理环境系统的设置不但对室内设计空间视觉形象产生影响，同时也受到建筑空间构造的制约。

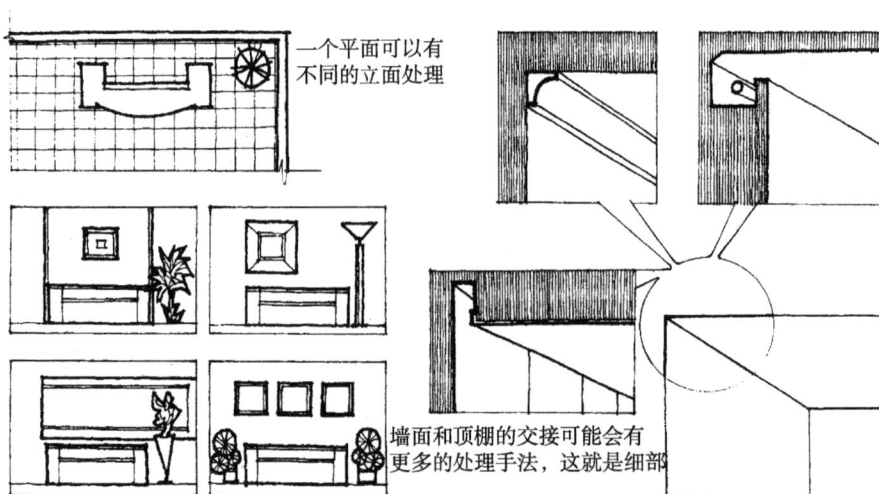

一个平面可以有不同的立面处理

墙面和顶棚的交接可能会有更多的处理手法，这就是细部

图3-1-21

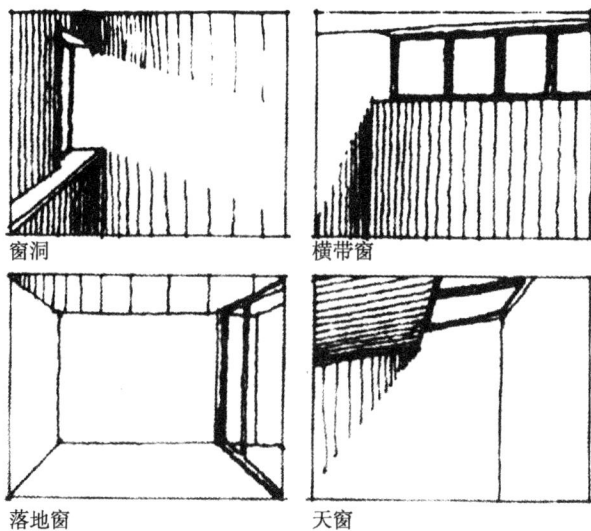

图3-1-22

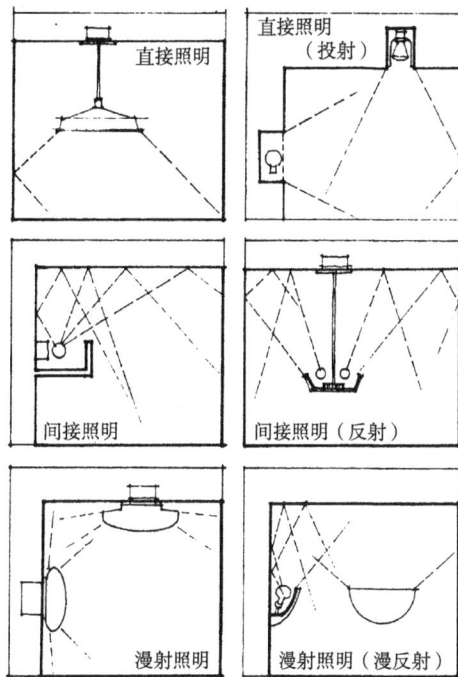

图3-1-23

1）采光与照明系统

光线的强弱明暗，光影的虚实形状和色彩对室内环境气氛的创造有着举足轻重的作用。自然光和人工光有着不同的物理特性和视觉形象，不同的采光方式导致不同的采光效果和光照质量。在采光与照明系统中：自然采光受开窗形式和位置的制约；人工照明受电气系统及灯具配光形式的制约（图3-1-22，图3-1-23）。

2）电气系统

电气系统在现代建筑的人工环境系统中居于核心位置，各类系统的设备运行，供水、空调、通信、广播、电视、保安监控、家用电器等等都要依赖于电能。在电气系统中：强电系统的功率对室内设备与照明产生影响；弱电系统的设备位置造型与空间形象发生关系（图3-1-24）。

3）给水排水系统

在给水排水系统中，给水排水管与楼层房间具有对应关系，室内设计中涉及到用水房间需考虑相互位置的关系（图3-1-25，图3-1-26）。

4）供暖与通风系统

在供暖与通风系统中，设备与管路是所有人工环境系统中体量最大的，它们占据的建筑空间和风口位置会对室内视觉形象的艺术表现形式产生很大影响（图3-1-27，图3-1-28，图3-1-29）。

5）音响系统

音响系统包括建筑声学与电声传输两方面的内容：建筑构造限定的室内空间形态与声音的传播具有密切关系；界面装修构造和装修材料的种类直接影响隔声吸声的等级。

6）消防系统

消防系统包括烟感警报系统与管道喷淋系统两方面的内容，消防

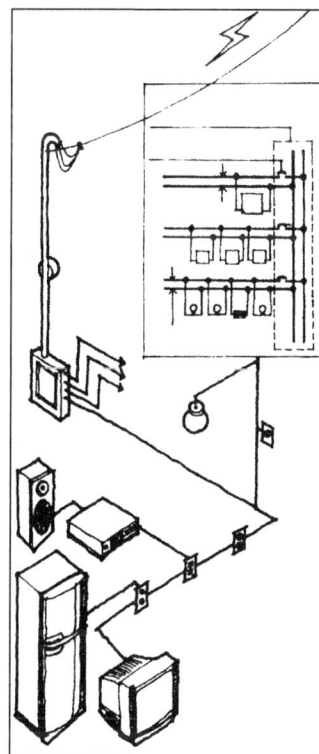

图3-1-24　室内电气系统

设备的安装位置有着严格的界定，在室内装修的空间造型中注意避让消防设备是一个较为重要的问题。

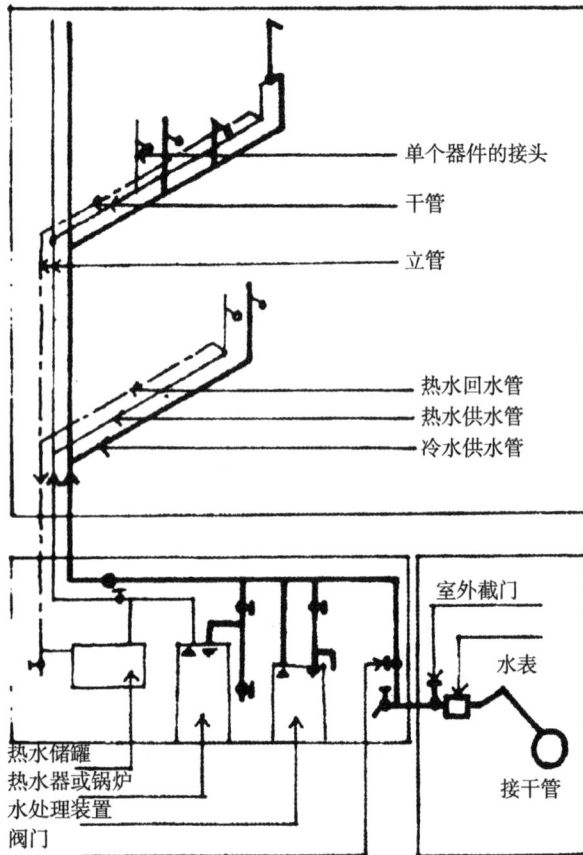

单个器件的接头

干管

立管

热水回水管
热水供水管
冷水供水管

室外截门

水表

热水储罐
热水器或锅炉
水处理装置
阀门

接干管

图3-1-25　供水系统图

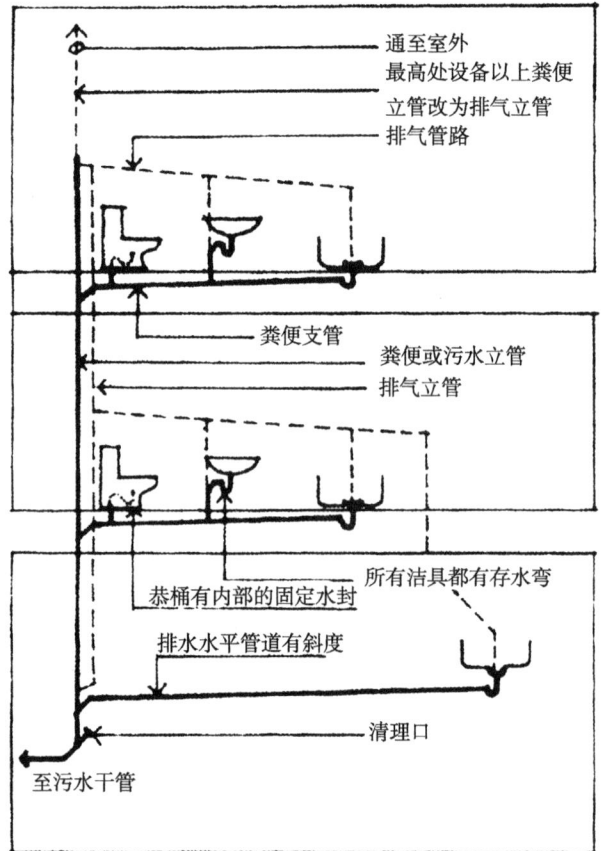

通至室外
最高处设备以上粪便
立管改为排气立管
排气管路

粪便支管

粪便或污水立管
排气立管

所有洁具都有存水弯

恭桶有内部的固定水封

排水水平管道有斜度

清理口

至污水干管

图3-1-26　卫生排污系统图

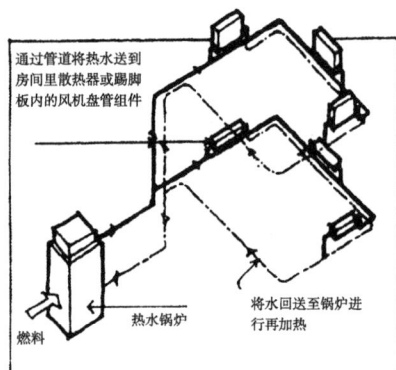

通过管道将热水送到
房间里散热器或踢脚
板内的风机盘管组件

热水锅炉

将水回送至锅炉进
行再加热

燃料

图3-1-27　热水加热系统

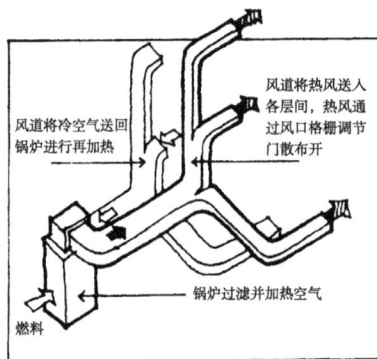

风道将热风送入
各层间，热风通
过风口格栅调节
门散布开

风道将冷空气送回
锅炉进行再加热

锅炉过滤并加热空气

燃料

图3-1-28　热风供暖系统

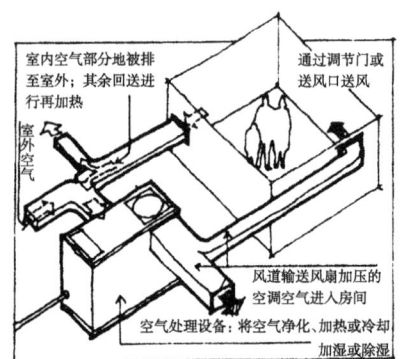

室内空气部分地被排
至室外；其余回送进
行再加热

室外
空气

通过调节门或
送风口送风

风道输送风扇加压的
空调空气进入房间

空气处理设备：将空气净化、加热或冷却
加湿或除湿

图3-1-29　空调系统

第四节 设计方案

方案设计是将所有创作灵感经过总结归纳付诸实施的关键环节，是设计概念思维的进一步深化。在方案设计阶段，需要设计者进一步收集、分析、运用与设计任务有关的资料与信息，进行多个设计构思的对比优选，进行方案设计。

一、工作内容与程序

1.掌握要点

进入到方案设计阶段，需要设计师对于制图、透视、设计表现以及概预算等相关知识具有一定的驾驭能力，通过对平面图、顶平面图、立面图、方案表现图和设计说明、造价概算等方面工作的完成来实现。

2.工作程序和方法

室内设计是一项复杂的系统工程，目前我国室内设计项目的实施主要通过委托设计或招投标设计的方式来完成。两种方式在具体的实施过程中有所不同，如果是委托设计，在设计构思、功能定位、创意草图阶段就有更多的机会与时间同甲方进行沟通与交流，因而在方案设计阶段就会避免走很多弯路，拿出的设计成果更容易得到甲方的认可与接受。而公开的招投标设计与委托设计不同，作为设计师这时在进行方案设计前就应该在人文环境调研和功能分析等方面多下功夫，从不同的方面去思考，通过几个方案的展示来争取甲方的认可。

但不论是委托设计还是招投标设计，也不管是沿着一个设计思路还是从不同的方面去着手，方案设计阶段的工作内容与程序都是一致的，它主要包括以下几个方面：

（1）平面图（图3-1-30）

室内设计中平面图的内容与建筑制图有所不同，建筑设计的平面图只表现空间界面的分隔，而室内设计的平面图则要表现包括家具及陈设在内的其他内容。

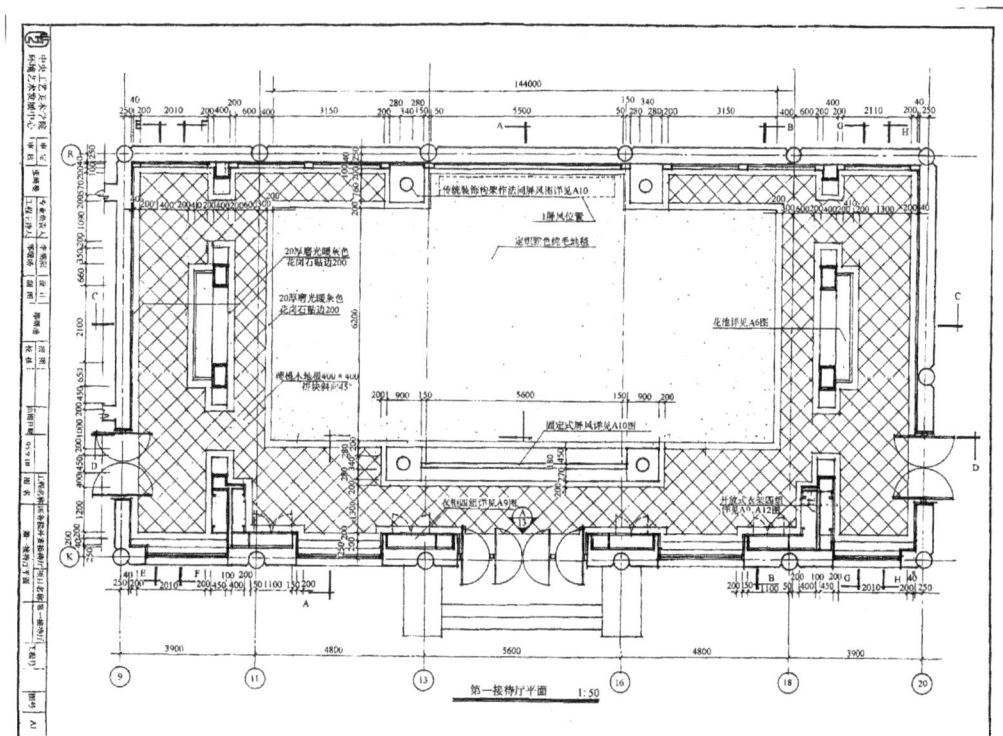

图3-1-30

1）作用

通过平面布置方案将功能分区、交通流线以及家具摆放等方面的内容准确的传达给甲方，同时它也是编制概算、准备材料样板的主要依据。

2）基本内容

①表明室内空间的基本形状、功能分区、交通流线以及家具位置的摆放和朝向。

②表明室内空间的尺寸。在平面图中，用轴线和尺寸线表示各部分的长宽尺寸和准确位置。

③表明室内空间各楼层的地面标高，室内首层地面标高一般定为±0.000，必要时注明地面的坡度。

④标明立面图和详图的位置及其编号。

⑤表明室内空间装修作法的文字说明。

（2）顶平面图（图3-1-31）

顶平面图也称为顶棚平面图，常用比例为1：50，1：100。

1）作用

通过顶平面图来表示灯具、风口的具体位置，以及消防系统中烟感、喷淋的平面布置和顶棚造型中不同的标高变化。

2）基本内容

①表明室内空间中顶棚的基本形状以及平面尺寸的变化，用轴线和尺寸线表示各部分的长宽尺寸和准确位置。

②灯具、风口以及消防系统中烟感、喷淋的平面布置。

③顶棚造型中不同的标高变化。

④表明顶平面装修作法的文字说明。

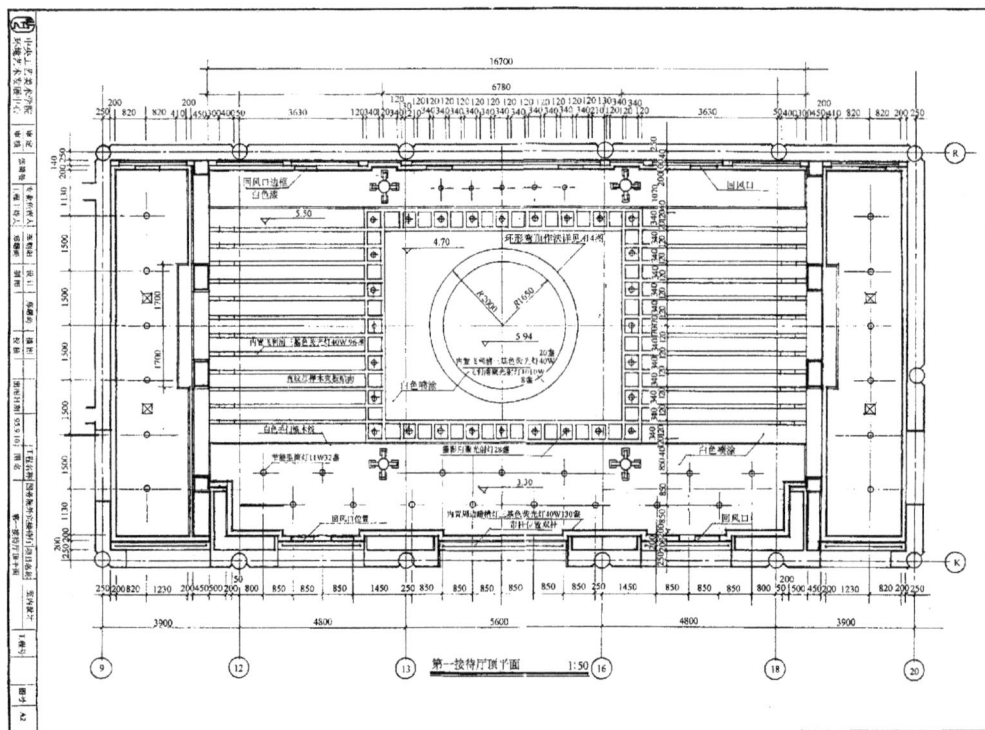

图3-1-31

（3）立面图（图3-1-32、图3-1-33）

在方案设计阶段，并不一定空间内的每一个立面都需要画展开图，一般都是选择主要立面进行绘

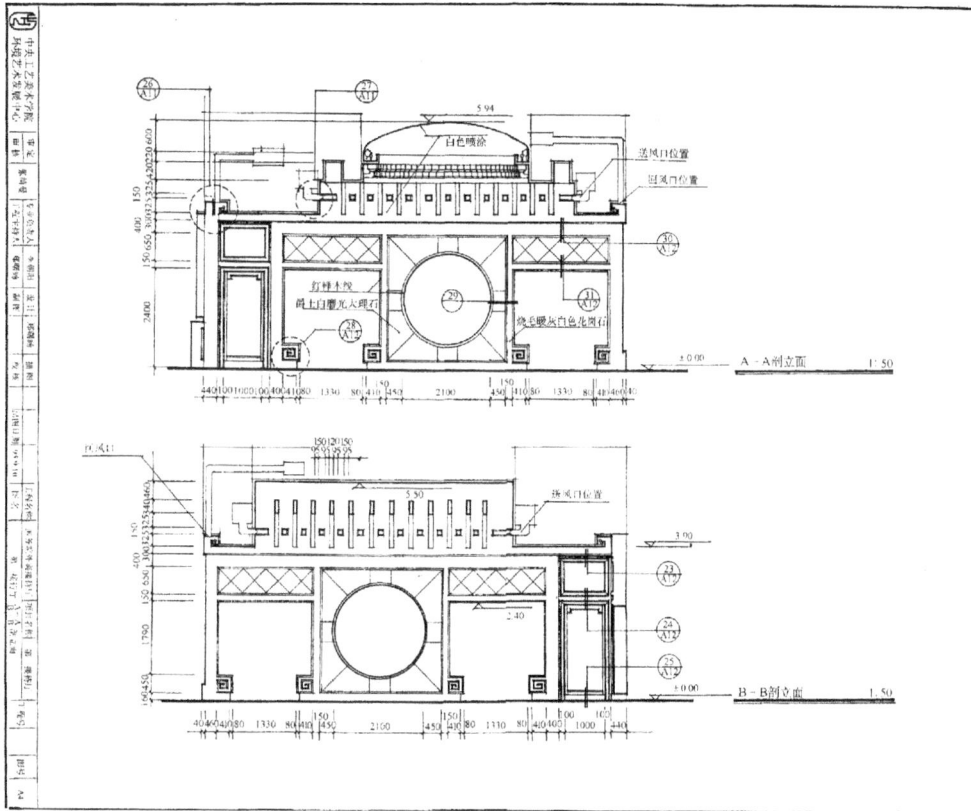

图3-1-32

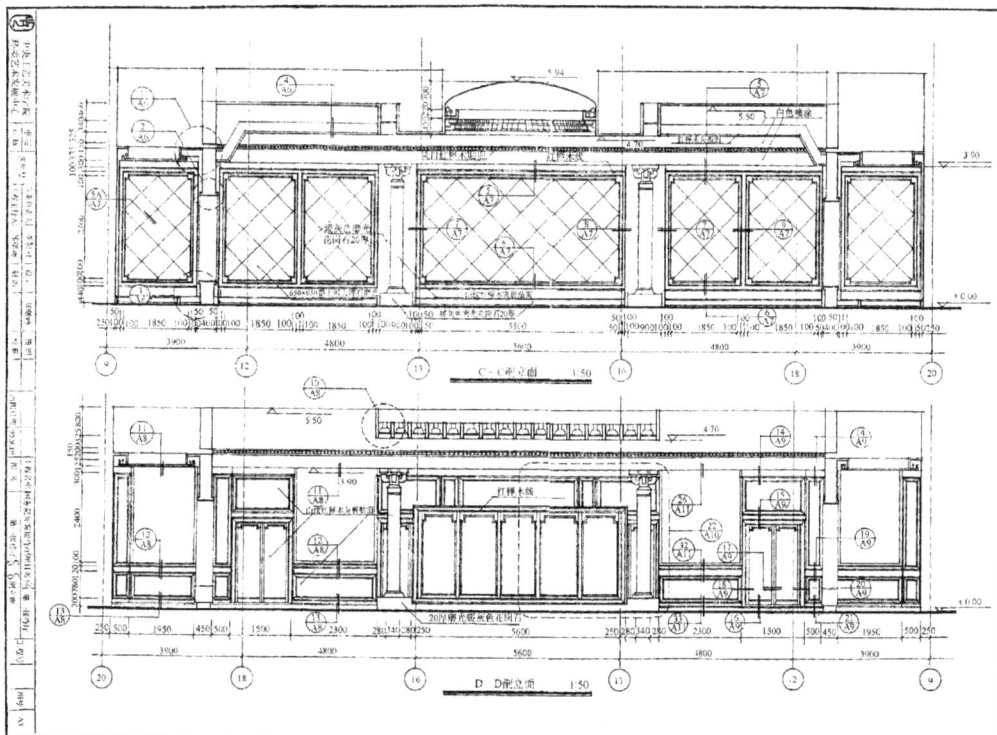

图3-1-33

制并深入推敲。立面图常用的比例为1：20，1：50。

1）作用

室内空间由六个面组成，因而占有四个面的墙体在室内设计对于整体风格起到了决定性的作用，同时它也是预算编制的主要依据。

2）基本内容

①表明室内空间立面轮廓、造型以及门窗位置。

②标注室内空间的层高和各部位尺寸。

③标注室内空间中局部剖面的位置。

④各种装修作法的文字说明。

（4）空间设计表达

设计表达是设计师用来阐述设计思想的一种表现形式，它是设计者表达设计意图的媒介，同时也是传达设计师情感以及体现整个设计构思的一种设计语言。

设计表达的概念十分宽泛，它的目的在于采用最佳的表现方式将设计者的设计思想和设计概念完全的传达和展示给甲方。

3.相关知识

（1）设计表达的种类与方式

1）手绘表现图（图3-1-34）

手绘表现图的形式多种多样，主要包括水粉、水彩、彩色铅笔、马克笔等技法。在计算机普遍使用的今天，使用手绘草图来表达设计概念的方法更多地被设计师所采用。

2）计算机表现图（图3-1-35）

计算机表现图的制作目前也是人为的制作过程，但是在绘画的媒介和制作程序上同传统的应用工具和手法有了本质的区别。电脑表现图以它对空间尺度的准确表现，对建筑材料以及光影变化的真实再现受到了普遍的欢迎。目前，随着软、硬件水平的不断提高，静态的计算机表现图已经逐步被动画漫游

图3-1-34

图3-1-35

以及虚拟现实所取代。

3）复合式表现图（图3-1-36）

所谓"复合式表现技法"就是把若干幅不同制图类型、风格和形式的表现图组合在一张图纸上，以期全方位和更加直接地表达设计意图。在当代社会，复合式表现技法是设计师们必须掌握的一门技巧，它的形式和种类是多种多样的。它可以作为设计师向业主全面展示设计方案的一种手段和途径，同时也是设计师表现自我设计理念与追求的一种形式。在具有探索性和研究性的学生作业以及设计竞赛中，我们经常也可以看到这一类型的作品。

4）立体模型（图3-1-37）

模型在建筑设计中被广泛采用，而相对于室内设计，设计师们主要是依靠立体模型来更好地分析和研究空间，同时能够将平面布局和功能分区更为直观地展示给甲方。

5）多媒体表现（图3-1-38）

近几年，CG（Computer Graphic）技术在建筑及室内设计设计中被广泛应

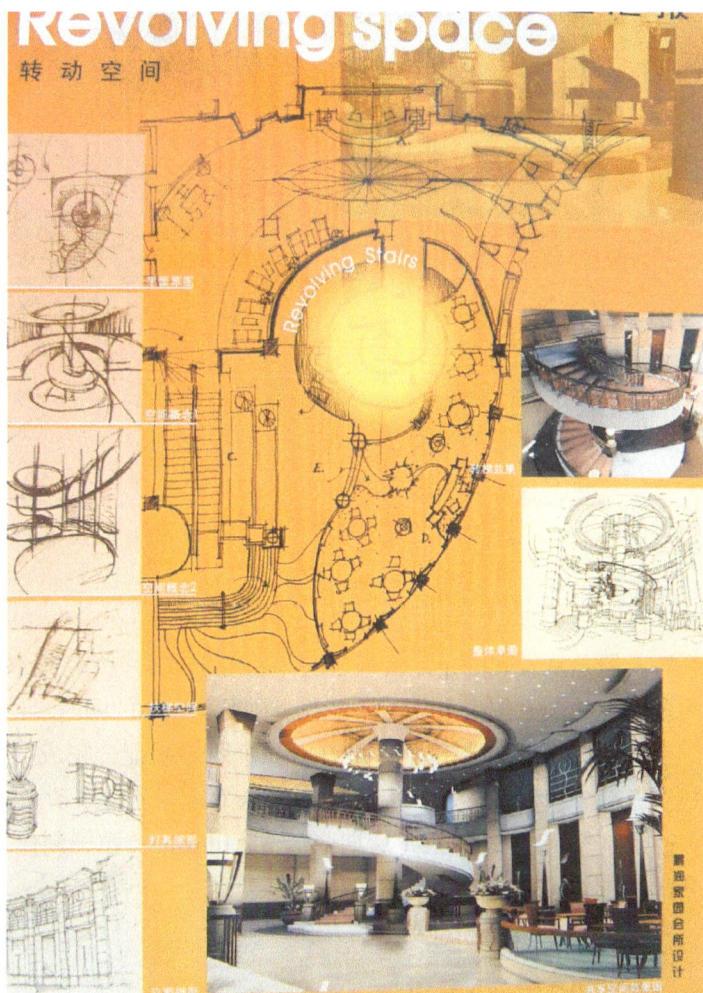

图3-1-36

图3-1-37

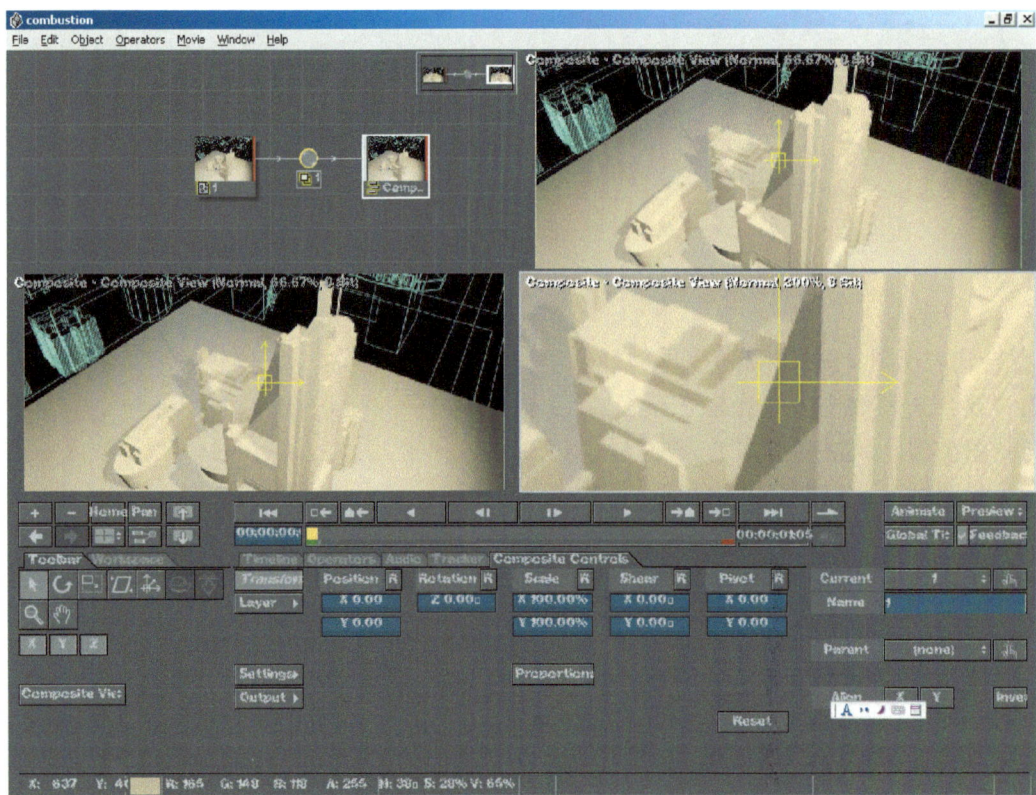

图3-1-38

用。多媒体表现本身包含很多种类，像Power Point、Flash以及用Premiere合成的电脑图像都属于这一类范畴。但是从发展的角度讲，多媒体表现应当是一个综合体，作品应力求通过视频与音频的完美结合，从多角度、全方位去表达设计创意，在展示作品的同时带给观赏者与众不同的视觉冲击和审美享受。

多媒体表现的制作工作最好由一个团队来配合完成，它应当分为脚本、动画、特效、音乐和后期制作五部分。涉及的软件主要有3D Max（建模及制作动画）、Combusion（3D动画特效）、After Effects（特效制作）、Premiere（后期剪辑）、Illusion（粒子制作）等。

二、编制设计创意文案

1.掌握要点

设计创意文案是将设计方案展示给甲方的最终文本。设计方案主要包括平面图、顶平面图、立面图、方案表现图和设计说明、造价概算等方面的内容，由于受到表现形式、设计周期等方面的制约，设计师最终提交的设计方案并不一定能够将他的全部思路和创意表达出来。同时，绝大多数的甲方并不是这一领域内的专业人士，因而在提交设计方案的同时应当配有各类表述明确的文字说明和脉络清晰的图文编排顺序。

作为一名专业的室内设计师，在完成了设计方案的各项工作后，就应当将工作的重点放在如何编制设计创意文案这一环节，也就是说如何更好地包装自己的作品，将自己的设计作品能够全面和完整地呈现给业主，获得业主的支持与认可。

2.工作程序和方法

设计创意文案的编制有很多种类型，手法也各不相同。现在社会上大多数工程设计项目以招投标的形式居多，所以各设计单位在文案的形式和内容方面也是尽其所能，力争全面的展示自身的实力。设计创意文案的表现形式被采用得最多的是以图册文本的形式出现，开本以1／16和1／8为主，制作与印刷均非常精美。随着计算机及相关设备水平的不断提高，利用多媒体来演示设计创意的形式也开始被设计师们所采用，由于有动态的图像以及音效的配合，这种手法也受到了甲方的欢迎。

无论采用何种表现形式与手法，编制设计创意文案的工作程序、方法和内容都是一致的。

（1）设计说明

设计说明是创意文案的核心部分，通过对各设计单元设计立意、构思的文字表述使甲方对设计方案有更为深入和直观的了解。设计说明的编写主要从以下几个方面入手：

1）艺术风格

室内设计中的风格与流派直接影响到整个空间效果，室内设计的风格虽然表现于形式，但是它又具有艺术、文化、社会发展等深刻内涵，因而在设计说明中首先应当用清晰、准确的文字来阐述方案的风格定位。

2）功能布局

它包括平面的功能分区、交通流向、家具位置、陈设装饰、设备安装等诸多方面。

3）空间形象

着重阐述设计方案在空间形式、艺术风格、建筑构件、材料构成以及装饰手法等方面所展开的设计与联想。

4）色彩设计

色彩在专业设计中占有至关重要的地位，设计师所要表现的空间环境，是冷色调还是暖色调，以及在设计中所要体现的材料色泽、质感都需要通过色彩的表现来完成。

5）细部设计

细部设计的语言运用体现了设计精髓，是设计含量最重的一个环节。在设计中既要考虑到材料的使用和尺度的运用是否合理，又要兼顾与时代背景的融合以及历史文脉的延续。

（2）设计方案

1）总平面及主要立面图

室内设计中的平、立面图除了要表现空间界面的分隔外，还应当表现包括家具及陈设在内的其他内容，精细的室内平、立面图甚至要表现出色彩和材质。平面图的常用比例为1：50，1：100；立面图的常用比例为1：20，1：50。

2）空间透视表现图

空间透视效果图的目的是将设计者的设计意图通过它独特的表现形式完全的展示给甲方，使甲方预想到方案实施后的艺术效果。在选择表现形式时应当根据自身的特点，采用擅长的技法来表现。

3）推荐或参考方案

在创意文案中，也可以选择一些与设计方案在类型、风格等方面相关的国内外已建成的优秀项目作为推荐或参考方案介绍给甲方，构筑更多与甲方沟通的渠道。同时，设计师作为专业人员应当更好地通过优秀作品来提升甲方审美情趣，开拓思路，当好顾问与参谋。

　　（3）材料样板

　　创意文案中的材料样板可以为甲方提供更为直观的感受，在材料样板的选择上要将材料的色彩、图案、质地和价格作为重点。墙面地面石材或面砖、地毯、窗帘、木材、墙纸等均应提供小型的实物样板或图片，家具、灯具、设备等一般采用实物图片。

　　（4）工程预算

　　在进行方案设计和编制创意文案前应当做好充分的市场调研和功能分析，按照业已确定的投资限额和建设标准来设计及编制设计概算，为今后甲方的工程招标以及甲方制定投资额度提供依据。

　　1）编制说明

　　①工程概况；

　　②图纸依据；

　　③采用定额、单价及地区材料预算价格；

　　④取费计算标准和依据。

　　2）分项预算

　　3）工料分析

第二章 设计表达

第一节 综合表达

一、设计意图表达

1.掌握要点

对于设计意图及意图的表达有较为清晰的认识，了解意图与表达之间的相互作用关系。能了解一种或几种表达方式，并能与设计意图之间产生和谐的对应关系，最大限度地表达设计意图的内涵。

2.工作程序与方法

（1）设计意图表达的概念

设计的表达属于信息传递的概念。信息"通常需通过处理和分析来提取，信息的量值与其随机性有关，如在接收端无法预估消息或信号所蕴涵的内容或意义，即预估的可能性越小，信息量就越大"，而这种预估在室内设计中恰恰是较大的，几乎所有人都会对自己将要生活的空间有着某种特定形式的期待。设计所表达的理念如果与之相左，往往很难获得通过。所以，不同的设计阶段、不同的设计要求、不同的使用者要有针对性的选择不同的表达手段。因此，室内设计的表达必须调动起所有的信息传递工具才有可能实现受众的真正理解。

在设计意图确立的过程中，表达方式多以草图的形式为主，这种表达方式是一种设计者内部的自我交流的产物，只要能表达自己或同行看得懂的信息即可。所以，我们提倡在设计意图表达的阶段要尽可能地运用徒手草图的方式，因为，手绘草图是设计者对于被设计空间的思维的最迅捷的表达手段，并通过手、眼、脑的循环配合不断完善设计意图，这种方法远远优于用计算机这种工具进行思维，毕竟这一个环节中多了一道操作计算机的程序。在徒手表达思维的基础上还可以利用三维模型进行空间形体的分析、比较，以辅助思维的发展。

（2）设计意图表达的主要手段与方法

在前面关于表达的章节中，我们将表达分为不同的阶段。在这里设计意图表达所涉及的部分，主要与思维性的图像表达部分对应，表达的主要特征亦与思维性表达图像的特征与作用相对应。

我们知道，设计意图的转化有一个从头脑中的虚拟形象朝着实际物体转变的阶段。在这个阶段，这种转化的主要媒介是徒手草图的形式，要熟练、自主地表达自己的设计意图，可以从几个方面去做：

1）尝试着创立或是学习借鉴一种自己适合的思维图像的符号语言，设置自己能识别的图像表达的符号性的"词汇"，以便能在设计意图表达的过程中，用不同的"词汇"去诠释设计意图，并能为进一步类比做准备。

2）扎实的绘画基本功训练和对自身的形象思维的理性判断的能力，有助于快速准确地表达设计意图，徒手地表达总是要历经从紧张、刻意、不准确到松弛、自然、准确地过程，这需要不断地训练，设计者要习惯于用笔将自己转瞬即逝的想法落实于纸面，而在不断地图形绘制过程中，又会触发新的灵感，这是一个大脑思维形象化的延伸过程，完全是一个人的思维形式的图像化，优秀的设计往往就诞生在这种看似纷乱的不经意的草图之中。

3）徒手表达的图形的类型十分丰富，具像的建筑室内速写，空间形态的概念图解，功能分析的图表，抽象的几何线形图标，室内空间的平面、立面、剖面草图，空间意象透视等。在设计意图表达的图像中，不一定拘泥于图像的格式、分类，在表达时要充分尊重自己的思维意识的引导，在同一个图象空间中，可以有平、立面的分析、透视意象图、功能的分析图等各种表达类型，以能梳理自己的思维为目的。

4）在设计意图表达时，我们应该端正对于透视表达的认识，换句话说，就是不要过分依赖透视表达。在暗合即意图表达的过程中，设计者应该在正投影图中细心揣摩，因为只有在正投影图的情况下空间的尺度才有真实性，只有合理协调透视图与正投影图的关系才能把设计者的设计意图准确地传导出来。

5）在强调徒手表达设计意图的同时，设计者还应该充分挖掘有利表达的方式。有时候一段文字一张图片就可能清晰地传达出设计立意地出发点，利用三维概念模型可以比较空间体量，表达设计者对空间的认识。

3.相关知识

关于"设计意图"：在进行艺术创作时，常常强调"意在笔先"，对于室内设计而言也是如此。而对一个具体的设计项目，头脑中总是先要有一个基本构思，或者说是对未来空间形象的一个预期。在头脑中反复酝酿后，产生方案发展的方向，这就是正式动笔前的概念设计，也就是所谓的"设计意图"。如果在设计开始没有一个明确的意图，可能会对后来的设计产生难以补救的影响。正像是盖房子如果基础不扎实，盖起来的形状再漂亮也不算成功，因为它可能会是歪的。

在室内设计中，设计意图实际上是运用图形思维的方式对设计项目的环境、功能、材料、风格进行综合分析之后所形成的总体空间艺术印象。

设计艺术产生的相关知识：

1）空间形式的知识：从建筑的空间体量、形式入手找到与建筑形体语言相对应的形式，从发展变化入手，使内部空间的设计与建筑产生某种关系，成为建筑形体的延续。

2）构图法则的知识：建立一种或几种空间构图的模式框架，比如，以立方体为框架，以柱体为框架，以三棱锥体为框架等等，把要设计的空间置于框架中，选择最合适的一种。

3）意境联想的知识：从诗、书画、文学作品中吸取灵感，通过对于文学中对于某种意境的描写而产生联想，最后物化成空间形体。

4）流行趋势的知识：分析、捕捉当前最新流行趋势，提取其中的形式语言，运用到所要设计的项目当中，并通过自己的艺术判断和处理，使之较有效地服务于特定的空间。

5）艺术风格的知识：从建筑历史、人文历史、艺术历史等角度确立所要预期的设计意图，抓住"历史研究"的片断，发展、充实，并用设计语言表达出来，从而产生一个有意义的创意。

设计意图的确立途径并不指上述所提到的几点。根据不同的项目、不同的情况还可以从材料构成、建筑构件、装饰手法等诸多的角度考虑，只要张开想象的翅膀，设计的源泉是无穷无尽的。

二、设计项目表达

1.掌握要点

认识设计项目表达的意义，了解设计项目表达的种类、方法，与设计意图表达之间的区别和接续关系。

2.工作程序和方法

一项设计项目从立项到竣工，设计到一系列人际之间的交流过程，其中包含了不同人群与人士之间的诸多交流过程。设计项目表达就是在设计师与业主和使用者之间建立一种有效的交流的媒介。在这媒介的基础上，设计师、业主、使用者共同分析、判断、解决问题。因此，一个设计项目表达水平的高低，风格定位准备与否是最直接关系到交流成败的。一个成功的设计师必须同时是一名卓越的人际交流的专家，具有组织有效交流的能力。

（1）设计项目表达的方法

在现代设计发展的阶段，设计项目表达的方式已经十分丰富多样，设计师可以选用、借鉴各种不同的样式以表达自己的设计思想，这种表达设计思想的渠道也远远不限于图像的范围。从传统的平面图像展示到语言文字的表达再到幻灯机、录像机的应用，三维实体模型及计算机辅助设计的普及，加之现在十分具有数码科技特色的多媒体演示技术、虚拟现实技术，设计师可以从这些表达方式中提取自己所需要的形式来最大限度地表现设计思想。

在确立表达形式以后，根据表达形式的不同特点选用不同的工具进行表达。对应于表达方式的工具常见的有：墨水笔、马克笔、喷笔、计算机渲染、相关实体模型材料等等。

在表达过程中，要注意表达图像的艺术效果，使之在众多同等竞争者中与众不同，达到脱颖而出的效果。所以在表达中应注意尺度、构图、特征、状态、风格、色彩等方面。

随着数字技术的发展，设计过程应积极发现新型的表达媒介和工具，丰富表达的手段。

（2）设计项目表达的一般过程

首先，在确立设计意图的过程中就要溶入对于将来表达效果的考虑，这样，表达媒介与工具可以较早的确立，并能提前进行相关的准备。

在设计立意确定以后，设计项目表达的手段与设计立意的表达在形式上应有一定的连续性，针对表达内容和业主的审美取向的不同，在项目表达的内容上有所侧重。一般情况下，设计项目表达的内容以空间形象为主体，可以用透视效果图、动画、实体模型表现，穿插相应的文字、图片。在某特定的项目中，可能会以平面图、剖面图、轴测图等正投影图为主表达。

在设计项目表达的制作过程，不要拘泥于某一种工具，而应是综合运用各种手段，以达到最优效果为目的。

3.相关知识

（1）表达媒介知识

设计师往往采用他们习惯的媒介表达，这种习惯取决于媒介的效率、艺术表现力、设计师的思维等。因此，有必要了解相关的表达媒介知识。

1）装裱的大型表现图板。

2）幻灯片、影像片。

3）实体空间模型。

4）语言、文字、图表、图片文本文件。

5）多媒体数字文本图像。

（2）影响表达媒介的表现效果因素的知识

尺度：不同比例的表达图像可以影响交流时的信息量。

构图：调整构图格式以求主次分明并形成连续性。

特征：保持特定的表达风格，有助于形成良好的印象。

状态：设计人对所表达主题的态度，对交流有一定影响。

风格：适当的图像表达风格能带来某种优雅的风度，使之鹤立鸡群。

色彩：至今，优雅的色彩仍是设计表达的最佳选择。

第二节　施工图绘制与审核

施工图绘制以材料构造体系和空间尺度体系作为基础，施工图是工程施工的技术语言，也是室内设计的施工依据。施工图审核则是工程施工前必不可少的重要环节，是设计效果和施工质量得到保证的有效前提。

一、装修构造设计

1.掌握要点

了解装修构造设计在室内设计中的重要作用和意义，掌握构造设计的基本原理和方法，能够独立完成装修构造的细部设计，为施工图绘制打下良好基础。

2.工作程序和方法

（1）装修构造设计的基本原则

装饰装修，不是单纯的表面修饰，它是建筑室内外环境不可缺少的有机组成部分，无论室内、室外，都不可避免地要受到日晒、雨淋、风吹及周围有害物质的侵蚀和影响。装饰装修，可以保护建筑主体，增强耐久性；可以对室内空间的温度、湿度、采光、声响等进行调节；可以抵御有害物质的侵扰；同时可以使空间产生特定的艺术气息和风格，给人带来精神上的愉悦。

装修构造设计是室内装饰设计总体效果的细部深化，必须对多种因素加以考虑和分析比较，才能从中优选出一种对于特定的室内装饰工程而言相对最佳的方案，以求达到体现设计效果、保证施工质量、提高施工进度、节约装修材料和降低工程造价的目的。

1）满足使用功能要求

改善室内空间环境。通过装修，不仅可以提高防火、防腐、防水等性能，还能改善室内空间的保温、隔热、隔声、声响、采光等物理性能，为人们营造良好的生活环境。

空间的充分利用。在不影响主体结构的前提下，可运用各种处理手法，充分利用空间，提高空间的有效使用率。

协调各专业之间的关系。对于现代室内空间，其结构空间丰富，功能要求多样，尤其各种设备纵横交错，相互位置关系复杂。在此情况下，装修的目的之一就是将各种设备进行有机地组织，如风口、烟感、喷淋、音响、灯具等设施与吊顶或墙面的有机组合，使之具有良好的装饰性和形式感。因此，协调、解决好各工种之间的矛盾问题，可以减少这些设备所占据的空间，同时也能使空间处理更具特色。

2）遵循美学法则

室内装饰设计必须注重审美上的追求，力争营造出具有艺术特色的空间环境。构造设计就是通过构造形式与方法、材料质地与色彩以及细部处理，改变室内的空间形象，使技术与艺术融于一体，创造出较高品位的空间环境。

3）确保安全性、耐久性

装饰物自身的强度和稳定性，不仅直接影响到装饰效果，还会涉及到人身安全。

装饰构件与主体结构的连接也应注意其稳定性。如果连接节点强度不足，则可能导致构件脱落，给人带来危害。吊顶、灯具等，就要确保与主体结构连接的安全性。

4）满足施工方便和经济要求

构造设计应便于施工操作，便于各工序工种之间协调配合，同时也应考虑到检修方便。有的设计只顾造型自身的效果，却严重忽略了构造实施的可行性和经济性，给施工带来了极大不便，也造成了经济上的浪费。

（2）装修构造的基本类型

1）饰面式构造

饰面式构造指经设计处理的、具有特定形式的覆盖物，对建筑原基础构件进行保护和装饰。其基本问题是处理饰面和结构构件表面两个面的连接构造方法，如在墙面上做软包处理，或在楼板下做吊顶处理等，均属于饰面式构造。墙面与软包饰面、结构楼板与吊顶或与木地板之间的连接，都是处理两个面结合的构造关系。

①饰面的部位及特性。饰面附着于结构构件的表面，随着构件部位的变化，饰面的部位也随之变化。如吊顶处于楼板下方，墙的饰面可位于墙体两侧。吊顶、墙饰面应有防止脱落的基本要求，同时在特定条件下也具备对声音反射或吸收作用、保温隔热作用或隐蔽设备管线的作用。

②饰面式构造的基本要求。饰面式构造应解决三个问题：

附着与脱落——饰面式构造如果处理不当，面层材料与基层材料膨胀系数不一，粘贴材料选择有误或老化，可会使面层容易出现脱落现象。因此，饰面式构造的要求首先是饰面必须附着牢固可靠。

厚度与分层——饰面的厚度与层次往往与坚固性、构造方法、施工技术密切相关。因此，饰面式构造要求进行逐层施工，增强加固构造措施。

均匀与平整——除了附着牢固外，还应均匀又平整，尤其隐蔽构造形式。否则，很难获得理想的设计效果。

③饰面式构造的分类。饰面式构造可分成三类，即罩面类、贴面类和钩挂类。

罩面类构造——是指常见的油漆、水性涂料或抹灰等，通过基层处理附着于构件。

贴面类构造——通常指铺贴（墙地面各种瓷砖、面砖通过水泥砂浆粘贴或铺贴）、胶粘（饰面材料以5mm以下薄板或卷材居多，如壁纸、饰面板等可粘贴在处理后的基层上）、钉嵌（玻璃、金属板等饰面板可直接钉固于基层，或钉胶结合，或借助压条等）。

钩挂类构造——此种情况主要指墙面安装天然石材或人造石材。一种是较为传统的湿贴法（也称灌浆法）；另一种则是目前常用的干挂法（也称空挂法）。

2）装配式构造

装配式构造的配件成型方法分为三类：

塑造法——用水泥、石膏、玻璃钢等制成各种造型或构件；用金属浇铸或锻造成各种金属装饰造型（如栏杆、花饰等）。

拼装法——利用木材或石膏板等人造板材可加工、拼装成各种局部造型；金属材料也具有焊、钉、铆、卷的拼装性能；另外，铝合金、塑钢门窗也属于加工、拼装的构件。拼装法在室内装饰工程中极为常见。

砌筑法——玻璃制品（如玻璃砖等）、陶瓷制品以及其他合成块材等，通过粘结材料，可胶结成一个整体，形成一定组合的装饰造型。

（3）构造设计的基本要素

1）结构要素

结构要素作为建筑的基础骨架，起着支撑整个实体、抵抗外力的重要作用。结构形式多种多样，较为传统的木结构、砖石结构等都是以天然材料作为结构体系；而现代的框架结构、钢结构等大都以金属材料和混凝土材料作为结构体系。

原来，设计师只能局限于原结构空间进行装饰或陈设的工作，精力也只能放在对界面的装修和陈设的处理上。新型的结构材料与结构方式就有可能带来空间整体样式的变化，材料与结构也成为主导空间样式的装饰要素，并形成了空间的律动感、整体感。这时，结构构件不再只是起承载外力的作用，同时还具有空间的限定和装饰意味。

2）界面要素

空间的围合主要依靠界面的作用，界面由墙、顶、地、梁、柱等构成，同样也是构造设计的主体要素。

我们平时做设计工作，实际上大都把精力和关注的重点放在对界面要素的处理与推敲上。可见界面的处理对空间形象影响颇大。

3）门窗要素

门窗作为空间限定和联系的过渡，对空间的形象和风格起着重要作用。门窗的位置、尺寸、造型构造等都会因功能的变化而变化，尤其是通过门的处理，会从中映射出整体空间的性格特征。

4）楼梯要素

作为垂直交通体系的楼梯，其形式可谓多种多样。随着技术的进步，楼梯的概念也已突破了传统的形式，轿厢式升降梯、自动滚梯及观景式升降梯的广泛使用，给人们带来了视觉上的巨大变化，对室内空间界面的观赏角度也突破了原来静态的低视角状态。因此，楼梯作为空间结构要素，其构造设计的样式处理和材质变化，应预留一定的发挥空间，这是构造设计的关注重点。

5）固定配置

也可称作固定配套设置。我们知道，就整体而言，室内空间中的配套设置主要分为固定配置和活动配置。固定配置主要包括以固定方式出现的服务台、接待台、酒吧台、银行柜台、售货柜、固定屏风架及大空间的装饰亭、廊、桥等；而活动配置则主要指配套的家具、陈设等。

固定配置通常可由混合式构造组成，即固定的亭、台、架、柜，一般由木结构、金属结构、砌块结构、混凝土结构或厚玻璃结构等两种（或以上）结构形式所组合构成；也有的固定配置其结构构造是以单一形式出现的。固定配置在室内装饰装修设计和施工中，一般是室内空间的功能要素和装饰要素，也往往起着某些空间内的视觉中心作用。

（4）混合式构造

1）强调混合式构造的目的

在这里，之所以重点强调混合式构造，实际上并不是固定配置的构造都是以混合式构造的形式出现的，目前也有相当多的固定配置采用的是单一的结构构造方式（常用木结构或金属结构等）。只是通过借助于固定配置这个载体，目的是介绍混合式构造的特点。这样似乎容易抓住相互之间的某些规律，显得富有层次性和逻辑性，对了解和掌握装修构造设计会有一定帮助。

在固定配置中如采用混合式构造，有其一定道理：一是为了满足配置的防火、防烫、防腐、耐磨和操作使用方便的功能要求；二是为了满足创造整体感和个性化装饰效果的要求；三则是重点保证了固定配置的结构稳定性。当然，由于现代施工技术和新型材料的不断发展，单一型构造的固定配置也不存在稳定性的问题。

2）混合式构造的组合形式

稳定性——在混合式构造中常以钢架结构、砌块砖结构或混凝土结构作为基础骨架，来保证固定配置的稳固性。

实用性——通常用木结构（或厚玻璃结构）来组合成固定配置的功能使用部分，以满足使用要求。

装饰性——用大理石或其他饰面材料作为固定配置的表面装饰，满足视觉和触觉等感观要求。

精致性——用不锈钢槽、管；铜条、管；木线条等来构成固定配置上的点缀部分。

3）对混合式构造的要求

装饰装修工程对混合式构造配置体的质量要求是：各种结构之间连接稳固，不同材料的过渡流畅自然，衔接之处紧密贴切，达到整体上浑然一体的装饰效果。

由此可见，只要掌握了混合式构造的特点，对于其他单一的结构形式，如木结构、金属结构等，就比较容易把握了。而对感觉较复杂的装饰造型，也能够抓住其构造规律，由内而外，由表及里，对构造设计的"神秘感"和"畏惧心理"也会逐步减弱的。

（5）装修构造的基本连接方式

1）石材与金属骨架之连接常采用干挂法或钢丝网水泥砂浆粘贴。

2）石材与木结构之间采用强力云石胶粘接或铆钉连接。

3）金属骨架与木结构之连接采用螺栓。

4）砌块砖、混凝土结构与木结构之连接常采用预埋木楔方式。

5）厚玻璃结构采用金属卡脚或玻璃胶固定。

6）线条材料常用粘、卡、钉接固定。

7）金属材料的连接方式。

装饰金属材以后三种为主，而结构金属材多以前三种结合。

①焊接；

②压子母槽连接；

③用铆钉螺栓连接；

④用强力胶连贴其他基层材料；

⑤高压或热压，可弯曲一体施工；

⑥金属板直接置放于构架间。

（6）常用装修构造的处理

1）金属包柱构造处理（图3-2-1、图3-2-2）；

2）门及门套构造处理（图3-2-3）；

3）护栏扶手构造处理（图3-2-4）；

4）固定配置（图3-2-5）。

3.相关知识

（1）材料组合搭配能力的提高

材料是装修构造和设计的基础，离开了材料谈设计和施工，就等于是缘木求鱼，不着边际。随着

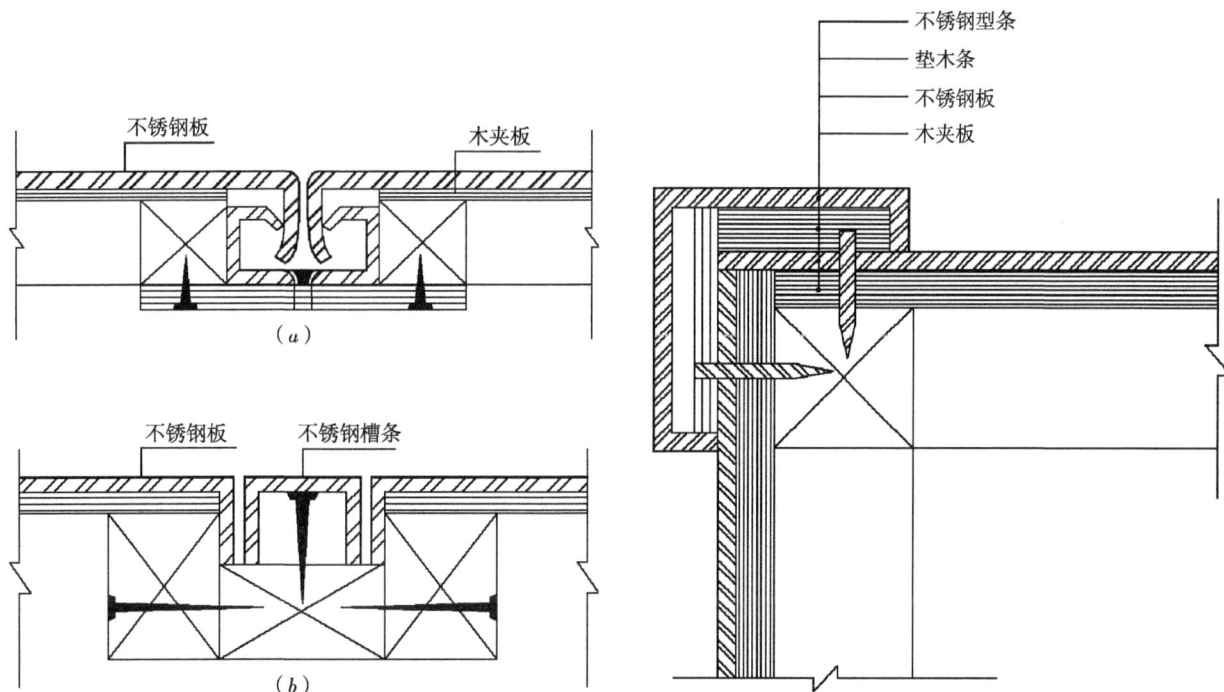

图3-2-1　圆包柱收口
（a）卡口式（b）嵌槽压口式

图3-2-2　方形包柱转角收口

黑胡桃实木线条　　　　黑胡桃面板

20 10 20 10 20 10 20 10

R110

门节点A

（b）

冰花玻璃
实木收口　黑胡桃面板　　黑胡桃实木门套线
墙面贴壁纸

10 40
20 20
9 9

18

195

9 9
10 20 20

18

墙面白色乳胶漆饰面

门节点B

（c）

50
300

2100　2050

黑胡桃实木门套线

拉手中距地900mm

冰花玻璃

黑胡桃面板

黑胡桃实木线条

295　350　310　295

900
1000
50　50

（a）

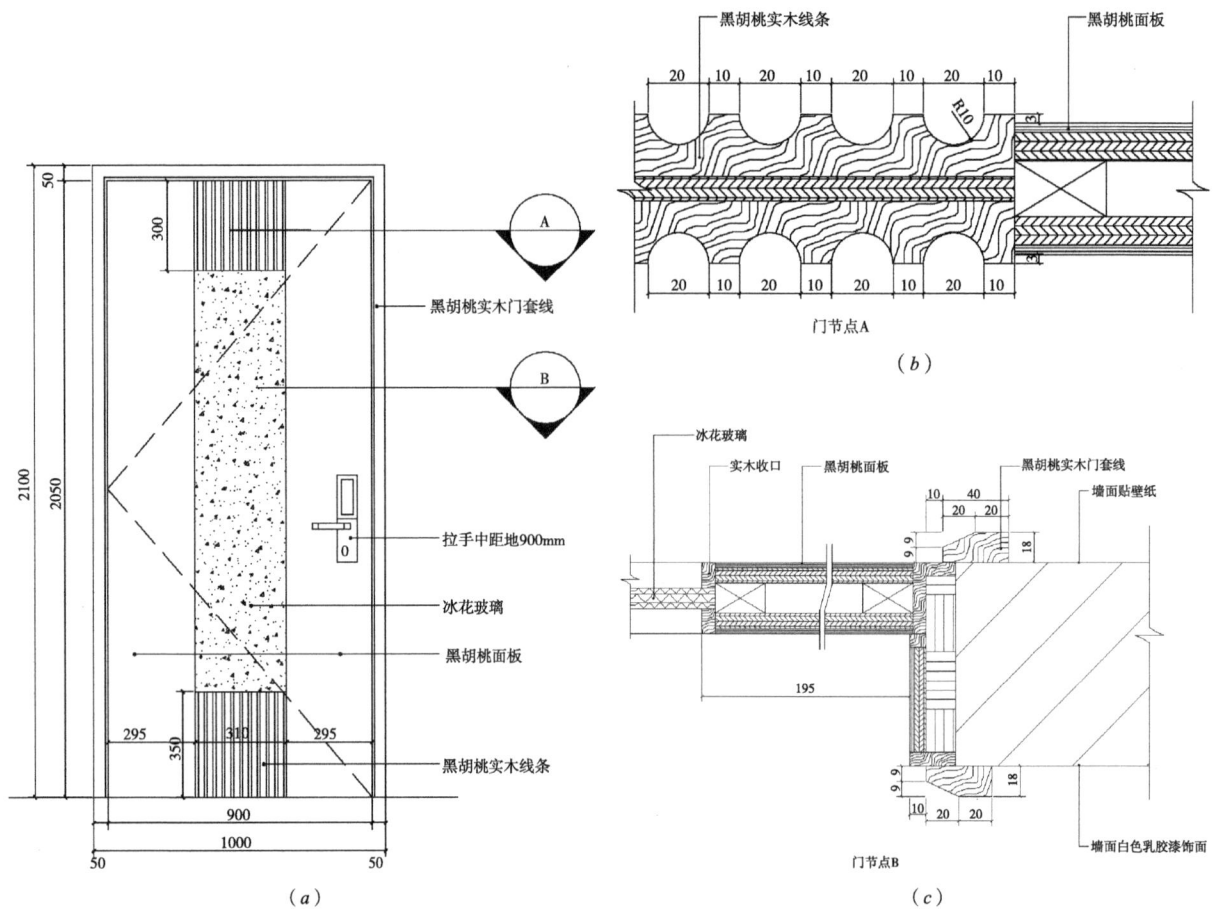

图3-2-3　门立面图

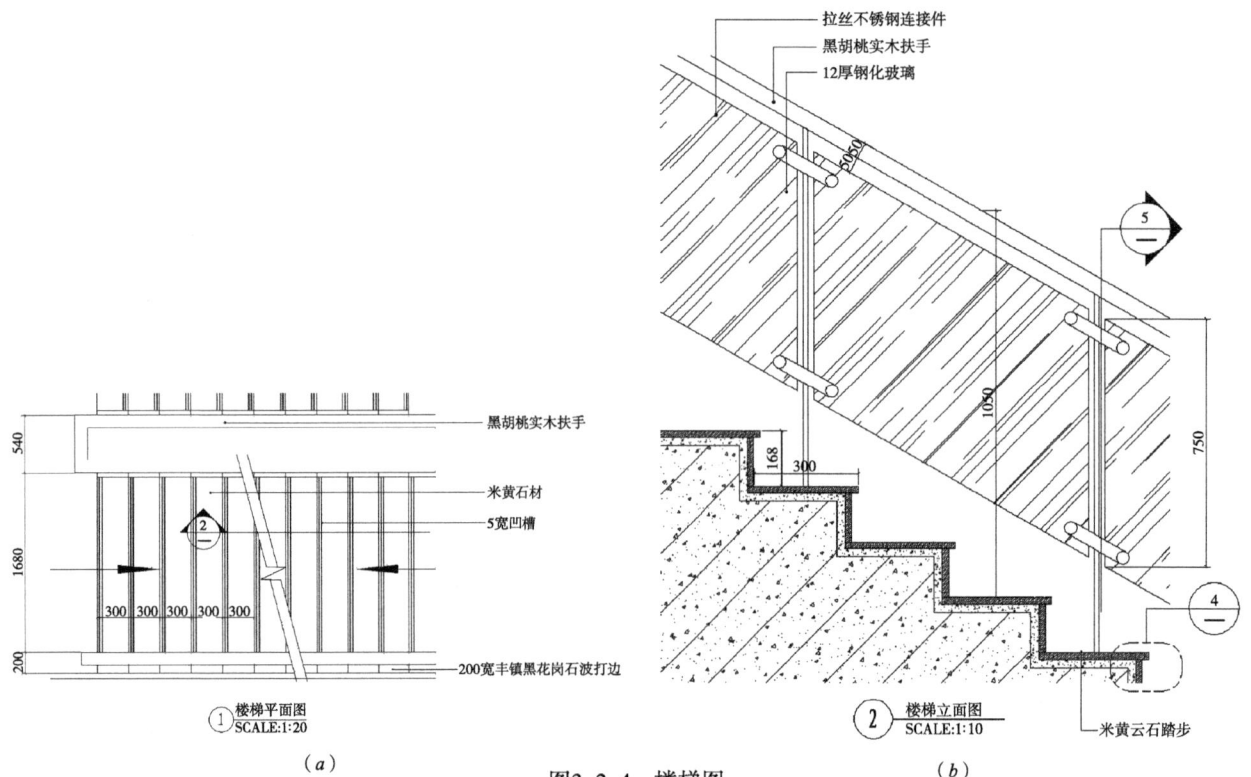

黑胡桃实木扶手

米黄石材

5宽凹槽

200宽丰镇黑花岗石波打边

540
1680
200

300 300 300 300 300

①楼梯平面图
SCALE:1:20

（a）

拉丝不锈钢连接件
黑胡桃实木扶手
12厚钢化玻璃

1050
1050

168
300

750

米黄云石踏步

②楼梯立面图
SCALE:1:10

（b）

图3-2-4　楼梯图

（a）楼梯平面；（b）楼梯立面图；

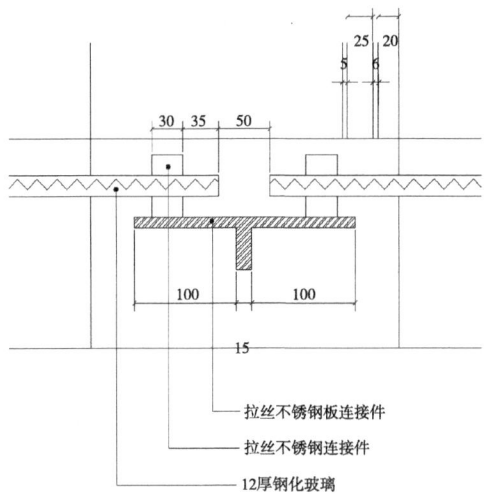

节点详图
SCALE:1:5

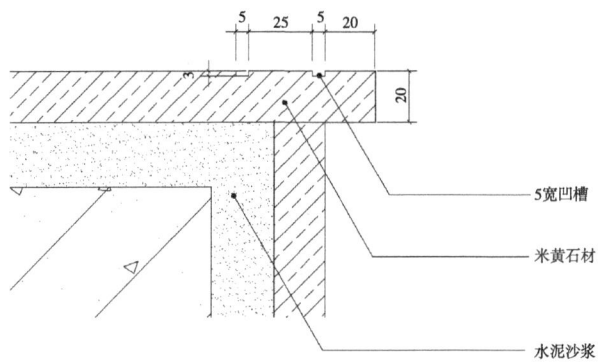

（c）

节点详图
SCALE:1:2

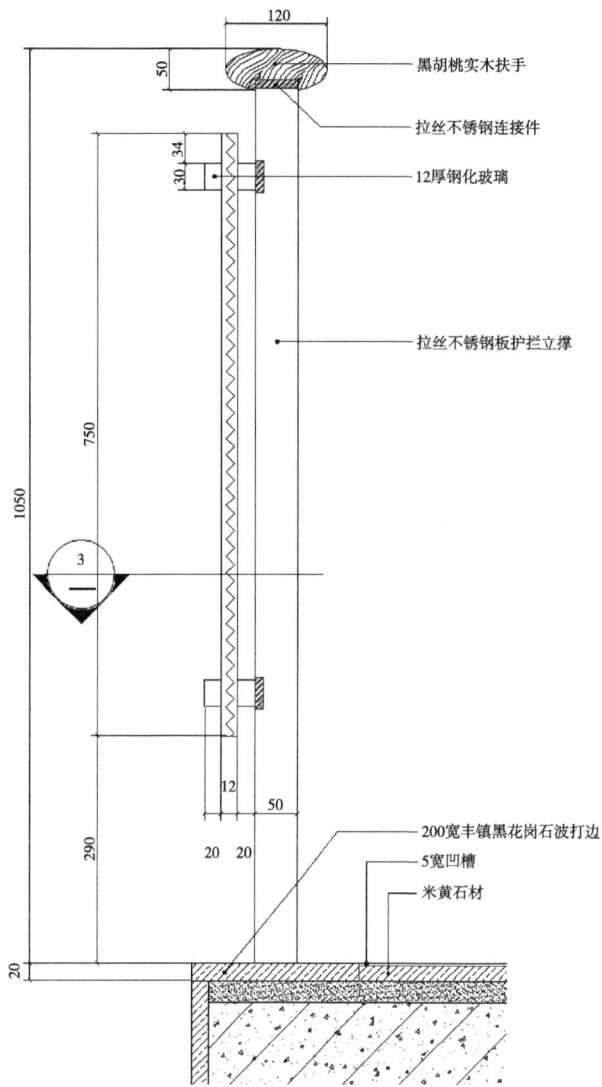

（d）

节点详图
SCALE:1:5

（e）

图3-2-4 楼梯图（续）

（c）楼梯节点；（d）楼梯节点；（e）楼梯节点

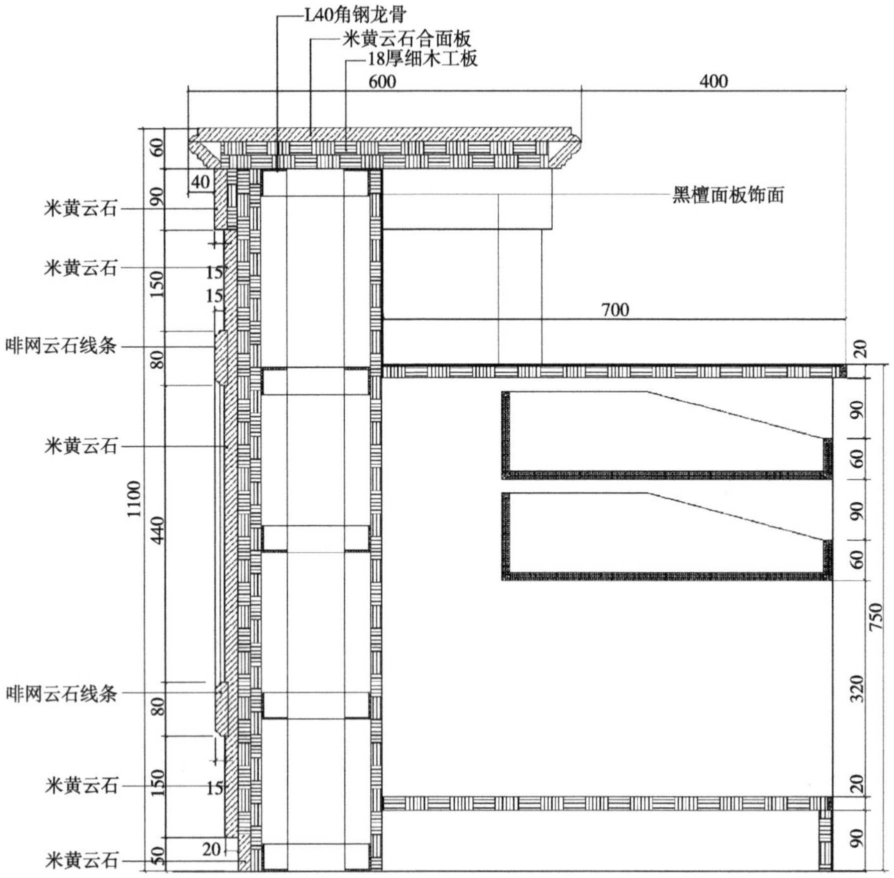

（*a*）

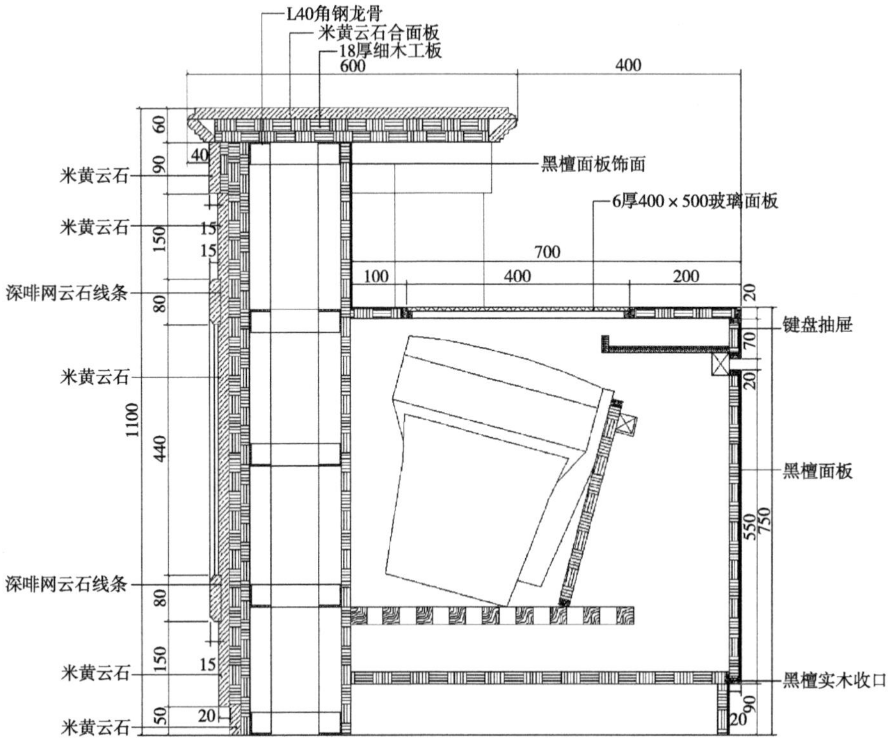

（*b*）

图3-2-5　服务台详图

（*a*）服务台A剖面图　（*b*）服务台B剖面图

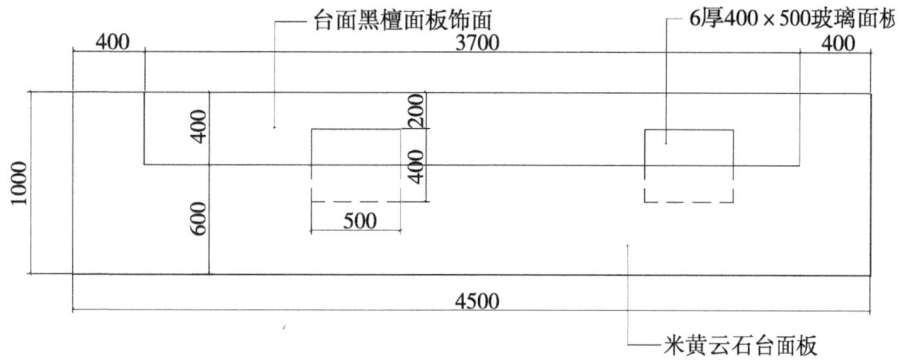

（c）

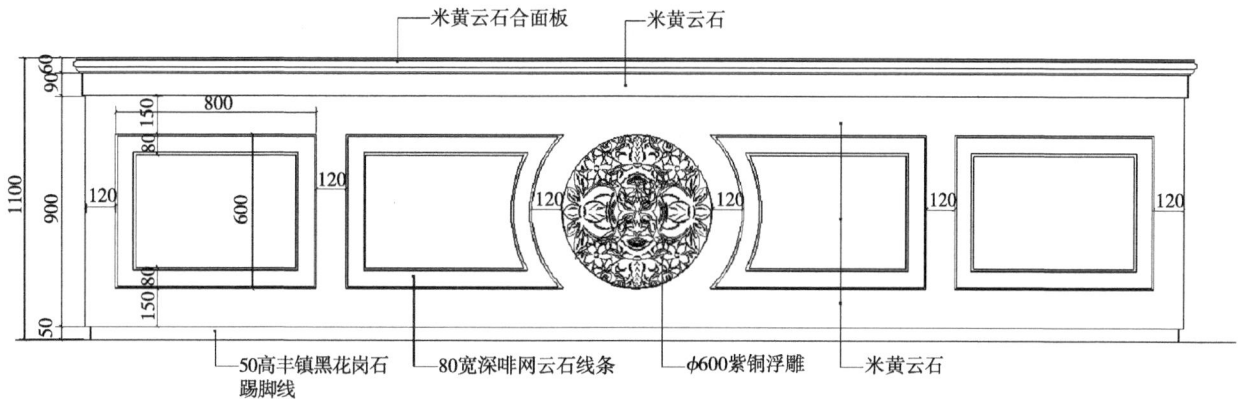

（d）

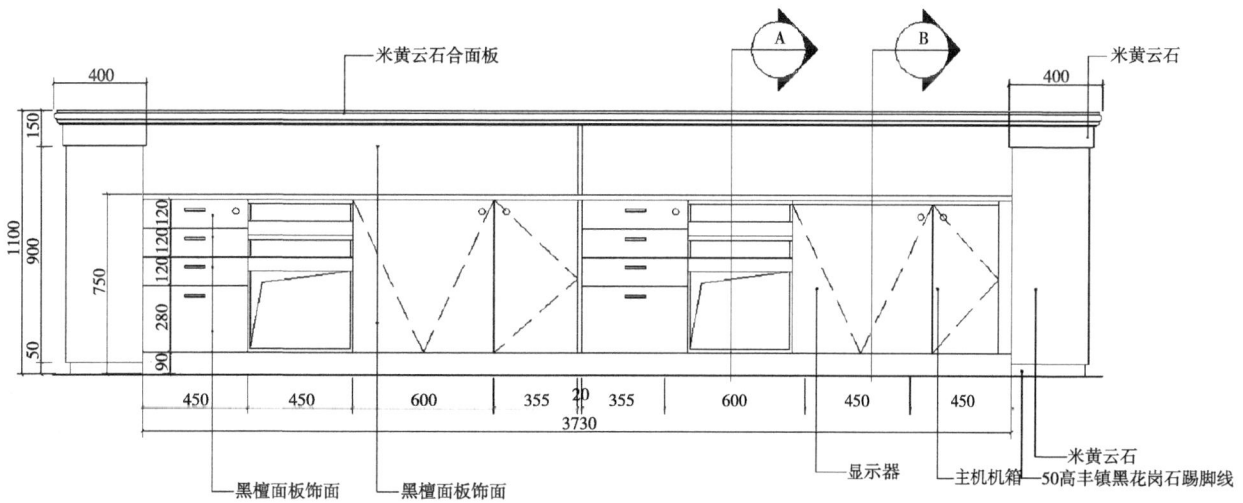

（e）

图3-2-5 服务台详图（续）

（c）服务台平面图 （d）服务台正立面图 （e）服务台背立面图

科学技术的不断发展，新型材料也不断涌现。应该说，我们对装修材料有了一定了解，对材料的种类、特性及作用等也基本掌握。作为室内装饰设计师，应掌握现代不同材料的应用规律，从技术和艺术的层面推动构造设计的发展。

了解材料本身并不困难，难的是设计中材料之间的相互组合搭配。这是一个需要循序渐进、逐步提高的过程，需要设计师的综合素养和较强的领悟力及对社会的洞察力，很难一蹴而就。

材料自身不同的特性、形态、质地、色彩、肌理、光泽等会对室内空间和空间界面产生不同的影响，因而也会形成相对不同的视觉效果和空间风格。

材料的合理选用与组合搭配应该遵循以下原则：

1）应发挥材料自身的独特魅力。

2）注意材料的特性与空间设计风格的结合。

3）材料的比例、尺度应与整体协调、统一。

4）应展示材料之间的肌理、纹样、光泽等特色及相互关系。

5）关注材料之间的衔接、过渡等细部处理。

6）应符合材料组合的构造规律和施工工艺。

需要再强调一点，材料的使用不是越高档、越华贵，空间效果就越理想，也不是材料用的越多就认为越丰富。相反，那些平时司空见惯的普通材料，只要注意发掘其潜力，同样会散发出奇异的光彩。

（2）施工现场知识

设计师的职责是做好设计工作，结合设计功能要求、技术条件等各因素，充分展现自身的才智。但仅仅做到这一步还不够，闭门造车、画完图撒手不管不会成为全方位、高水平的设计师，所以要经常深入"基层"，多去施工工地，应该会对自身的业务素质有较大提高。

现归纳如下：

1）学习办理设计变更、现场修改及洽商程序。

2）切实感受和指导施工材料的选择和组合搭配效果。

3）完善施工工艺及充实相关技术规范知识。

4）观察如何解决设计与其他设备专业的冲突或配合问题。

5）重点了解隐蔽工程的施工工艺、构造及验收工作。

6）掌握施工中对设计细部、节点的工艺要求。

7）熟悉对特殊处理、特殊构造的施工技术要求。

8）核对设计的尺寸、造型、色彩、照明及饰面效果的落实情况。

9）总结在施工现场得到的经验、教训，利于完善设计工作。

二、施工图审核

1.掌握要点

作为室内装饰设计师，应认识到施工图审核的重要性和严肃性，重点审核并发现施工图绘制人员所绘图纸中容易出现的问题，及时指出并修改施工图纸，为施工实施做好基础技术准备。

2.工作程序和方法

（1）施工图的作用及重要性

我们知道，室内设计中的施工图是室内设计施工的技术语言，是室内设计的唯一的施工依据。施工图对室内设计工程项目完成后的质量与效果负有相应的技术与法律责任。

1）能据以编制施工组织计划及预算。

2）能作为进行施工招标的依据。

3）能据以安排材料、设备定货及非标准材料、构件的制作。

4）能据以组织工程施工及安装。

5）能据以进行工程验收。

显然，施工图在室内装饰设计工程项目中起着至关重要的作用。

（2）施工图审核的重要性

施工图设计文件在室内设计施工过程中起着主导作用。施工图阶段是以"标准"作为主要内容，再好的构思，再美的表现图，倘若离开施工图作为控制标准，则可能使设计创意无法得到合理实施和有效体现。

在施工图绘制过程中，如果出现尺寸标错、文字含混、前后矛盾甚至图纸漏项、各专业衔接冲突等原则性问题，则会严重影响图纸的质量，给施工带来极大的不便，同时也可能会造成一定的经济损失。可见，施工图的审核工作十分重要，这是室内装饰设计工程项目中一个不容忽视的重要环节，是一项极其严肃、认真的技术工作。

（3）施工图审核的原则和要点

施工图审核可以有两个层面的理解，一是设计单位对图纸的审核；另一个是工程开工前，施工图纸下发到建设单位和施工单位，进行图纸审核，一般称作图纸会审。

另外，从2000年1月起，建筑工程的设计施工图均要经过专门机构的审查，主要由建设行政主管部门组建的审查机构或经国家审批的全国甲级设计单位的审查机构进行图纸审查，重点审查施工图文件对安全及强制性法规、标准的执行情况。这也是建设行政主管部门对建筑工程设计质量进行监管的有效途径之一。这一关过不了，则无法开工。当然，这只是针对建筑设计的施工图审查，而目前室内设计领域还没有实行由相关主管部门进行的图纸审查制度，但也至少说明了施工图审核的重要意义。

1）施工图纸必须是有设计资质的单位签署，没有经过正式签署的图纸不具备法律效力，更不能进行施工。

2）施工图纸应遵循制图标准，保证制图质量，做到图面清晰、准确，符合设计、施工、存档的要求，以满足工程施工的需要。

3）施工图设计应依据国家及地方法规、政策、标准化设计及其他相关规定，应着重说明装饰在遵循防火、生态环保等规范方面的情况。

4）施工图采用的处理方法是否合理、可行，对安全施工有无影响；是否有影响设备功能及结构安全的情况。

5）核对图纸是否齐全，有无漏项，图纸与各个相关专业之间配合有无矛盾和差错。

6）审核图纸中的符号、比例、尺寸、标高、节点大样及构造说明有无错误和矛盾。

7）审核图纸中对设计提出的一些新材料、新工艺及特殊技术、构造有无具体交待，施工是否具有可行性。

8）审核选定的材料样板与图纸中的材料做法说明是否相吻合。

9）审核图纸时对发现的问题和差错，应及时通知相关设计人员进行修改和调整。

（4）施工图审核的程序

施工图作为室内装饰装修工程施工的依据，体现了图纸对设计质量、施工标准、安全要求等方面的严格要求，施工图审核也具有一套严格的管理制度和程序。

1）一般是设计人自查、校对者核对、审核人审查、审定人审定一系列程序，各负其责，逐级审核。发现问题，及时修改，最后由设计人开始，依次逐级签字出图。

2）大型或相对较正规的工程，需要若干专业相互配合。若需某专业（如电气、给水排水等）出图，则应经过该专业逐级审核、签字后，由相关工种对图纸进行会签。

3）施工图设计的各个设计阶段，其设计依据资料、变更文件等均应统计、整理、归档，以备今后查阅。

3.相关知识

（1）施工图文件的主要内容

室内设计施工图文件应根据已获批准的初步设计方案进行编制，内容以图纸为主。其编排顺序依次为：封面；图纸目录；设计及施工说明；图纸（平、立、剖及节点详图）；工程预算书（不是施工图设计文件必须包括的内容，依合同是否约定为准。）；材料样板及做法表等。必要时还应附上相关专业（如电气、给水排水等）的图纸。

1）封面

施工图文件封面应写明装饰工程项目名称、设计单位名称、设计阶段（施工图设计）、设计编号、编制日期等；封面上应盖设计单位设计专用章。

2）图纸目录

图纸目录是施工图纸的明细和索引，应排在施工图纸的最前面，且不编入图纸序号内，其目的在于出图后增加或修改图纸时方便目录的续编。图纸目录应先列新绘图纸，后列选用的标准图或重复利用图。应写明序号、图纸名称、工程号、图号、备注等，并加盖设计单位设计专用章。注意目录上的图号、图纸名称应与相对应图纸的图号、图名一致；图号从"1"开始依次编排。

3）设计说明

①工程概况。应写明项目名称、项目地点、建设单位等；同时应写明建筑面积、耐火等级、设计范围、设计构思等。

②施工图设计依据。设计所依据的国家及地方法规、政策、标准化设计及其他相关规定；应着重说明装饰在遵循防火、生态环保等规范方面的情况。

③施工图设计说明。即用语言文字的形式表达设计对材料、设备等的选择和对工程质量的要求，规定了材料、做法及安装质量要求。同时对新材料、新工艺的采用应作相应说明。施工图设计说明作为设计的明确要求，而成为竣工验收、预算、投标以及施工的重要依据。

4）图纸

即具体的平面图、顶棚（吊顶）平面图、立面图、剖面图及节点详图等。

5）主要材料做法表及材料样板

材料做法表应包含本设计各部位的主要装饰用料及构造做法，以文字逐层叙述的方法为主或引用标准图的做法与编号，也可用表格的形式表达。材料做法表一般应放在设计说明之后。而材料样板则是通过具体真实材料制作的一项可依据的设计文件。它易使人感受到预定的真实效果，同时也作为工程验收的法律依据之一。

6）施工图设计文件的签署

所有施工图设计文件的签字栏里都应完整地签署设计负责人、设计人、制图人、校对人、审核人等姓名；若有其他相关专业配合完成的设计文件，应由各专业人员进行会签。

（2）施工图审核对图纸规范要求应注意的内容

1）图纸幅面规格；

2）标题栏与会签栏；

3）图线的粗细及含义；

4）字体；

5）比例；

6）符号（如剖切符号、索引符号、详图符号、作文字说明的引出线及标高符号等）；

7）尺寸标注（如尺寸的尺寸界线、尺寸线、起止符号、数字等）。

第三章　设计实施

第一节　设计与施工指导

明确设计与施工相互之间存在着密切关系，室内设计需要合理的施工技术和先进的管理理念来体现，而施工指导知识则是设计人员联系设计与施工的主要内容。

一、项目组织与协调

1.掌握要点

认识项目组织与协调工作的重要意义，了解并掌握项目组织与协调作为工程项目管理的主要内容，其涵盖的基本原则和方法，以增强对设计与施工之间系统性、协作性的有机把握。

2.工作程序和方法

室内装饰装修是一项复杂的系统工程，涉及到多学科、多工种、多专业的交叉和融合，室内空间的各种功能愈发齐全，艺术化、自动化、智能化、自然化等要求越来越高，从而导致专业之间的交叉作业更具有复杂性和系统性。因此，项目组织与协调工作就显得非常重要。

项目的组织与协调是项目管理的主要内容，其目标就是保证项目目标的顺利实现。随着现代社会的快速发展，原来那种管理无序、缺乏理性的工程项目操作模式已完全不能适应时代的要求。

项目组织与协调工作似乎显得技术含量不高，但如果各专业、各工种之间协调、组织不到位，往往会出现拖延工程进度、影响整体工期、加大工程成本、降低施工质量等后果。

我国近年来在室内装饰装修行业也正逐步向正规化、系统化、制度化的方向发展，这对提高设计水平，增强项目质量，保证施工工期，降低工程成本都起到了重要作用，经济效益也会有很大改观。

（1）项目组织与协调的职能原则

"项目"一词其含义颇为广泛，它含盖了诸多内容，存在于社会的各个领域。一般对项目较为通俗的理解，就是指在特定的限定条件下，具有专门组织、专门目标的一次性任务。

而项目组织与协调是指在一定的限定条件下，为实现项目的目标对项目的实施所采取的组织、计划、指挥、协调和控制的措施。其组织和协调的对象是项目本身，要求具有针对性、系统性、科学性、严谨性、创新性。

室内装饰装修行业也同样遵循此规则。作为设计单位，有其涉及的设计项目组织与协调；有建设单位（或称作甲方）进行的项目组织与协调（也可委托给监理单位）；也有施工单位进行的项目组织与协调。相互关联，分工明确，各尽其责，用一定的形式合理地、紧密地、高效地加以组织与协调。

显然，由于管理者不同，管理内容不同，管理阶段不同，所以项目的组织与协调在不同阶段会有不同之处。我们学习此章节的目的，主要是从设计的角度来关照项目的组织与协调，对其有一个了解和认识，而非当作自己的主攻专业，使其成为设计单位项目管理或设计者拓展知识领域的重要组成部分。

（2）项目组织与协调的任务和要求

1）项目组织与协调的基本任务

就是要执行国家和职能部门制定的技术规范、标准、法规，科学地组织各项技术工作，使项目组织与协调形成有序、高效的状态，以提高装饰装修行业的整体管理水平。同时还要不断革新原有技术，采用、创造新技术，提升设计水平，保证工程质量，实现安全施工，节约材料能源，强化环保意识，降低工程成本。

2）项目组织与协调的基本要求

国家现行有关装饰装修行业的政策、法规及相关规范，基本都带有一定的强制性，在项目组织与协调的过程中均应不折不扣地贯彻、执行、落实。项目组织与协调工作是一个系统而严肃的重要环节，这时一定要采取理性、科学的态度和方法，遵循科学规律进行项目组织与协调。而不可完全沿袭诸如方案设计时的感性思维模式对待项目组织与协调工作，否则，可能会陷入难以想象的困境。

项目组织与协调还体现于组织各专业的相互协调，会同甲方、监理、设计、施工等各方专业技术人员，提前分析出可能出现的问题，协商出解决问题的最佳方案。

项目组织与协调不能不考虑经济问题，虽然我国总的经济发展趋势非常乐观，装饰装修行业也势头不错，但一股片面追求奢华、盲目攀比崇洋、炒作"创新"理念等"不正之风"正在堂而皇之地腐蚀和扭曲着公众纯洁而善良的心灵。因此，装饰装修行业的项目组织与协调工作就要力争避免不必要的浪费发生。

（3）项目组织与协调的基本内容

1）基础工作

一般指为开展项目组织与协调创造前提条件的最基本工作。包括技术责任制、标准与规范、技术操作流程、技术原始记录、技术文件管理等工作。

2）业务工作

①施工前技术准备工作。主要指施工图纸会审、施工组织设计、技术交底、材料检验、安全保障等。

②施工中技术管理工作。包括施工检验、质量监督、专业协调、现场设计技术处理、协助竣工验收等。

基础工作与业务工作相互依赖，同等重要，任何一项业务工作都离不开基础工作的支持。项目组织与协调的基础工作不是目的，其基本任务还要靠各项具体的业务工作来实施和完成。

（4）设计方参与的相关工作

1）了解编制施工组织设计及施工方案

2）参加图纸会审和施工技术交底

①参加材料验收工作。

②组织设计人员学习、掌握各项技术政策、技术规范、技术标准及技术管理制度。

③了解保证工程质量、安全施工的技术措施。

④参与隐蔽工程验收。

⑤参与工程的质量检验，协助处理有关施工技术和各专业的组织与协调问题。

⑥现场指导施工，督促按图施工，主持现场设计和设计变更，保证设计效果。

⑦帮助甲方完成竣工图文件的编制。

⑧参与竣工验收。

3.相关知识

（1）图纸会审的知识

1）基本概念

图纸会审是指工程项目在施工前，由甲方组织设计单位和施工单位共同参加，对图纸进一步熟悉和了解。目的是领会设计意图，明确技术要求，发现问题和差错，以便能够及时调整和修改，从而避免带来技术问题和经济损失。可见，这是一项极其重要的技术环节。

2）基本程序

由于工程项目的规模大小不一、要求不同，施工单位也存在资质等级的差别，因此对图纸会审的理解和操作可能也会有所不同，但一般还是应遵循一定的基本程序。

①熟悉图纸。由施工单位在施工前，组织相关专业的技术人员认真识读有关图纸，了解图纸对本专业、本工种的技术标准、工艺要求等内容。

②初审图纸。在熟悉图纸的基础上，由项目部组织本专业技术人员核对图纸的具体细部，如节点、构造、尺寸等内容。

③会审图纸。初审图纸后，各个专业找出问题、消除差错，共同协商，配合施工。使装修与建筑土建之间、装修与给水排水之间、装修与电气之间、装修与设备之间等进行良好的、有效的协作。

④综合会审。指在图纸会审的前提下，协调各专业之间的配合，寻求较为合理、可行的协作办法。

图纸会审记录是工程施工的正式文件，不得随意更改内容或涂改。

（2）有关施工组织设计的知识

1）基本概念

施工组织设计是安排施工准备、组织工程施工的技术性文件，是施工单位为指导施工和加强科学管理编制的设计文件，也是施工单位管理工作的重要组成部分。

如果实行工程总包分包，由总包单位负责编制施工组织设计或阶段性施工组织设计；分包单位在总包单位的总体安排下，负责编制分包工程的施工组织设计。

施工组织设计的作用是全面设计、布置工程施工；制定有效、合理的技术和组织措施，确定经济、可行的施工方案；调整、处理施工中的疏漏和问题；加强各专业的协作配合，切实避免各自为政；力争实现人、财、物的合理发挥。

2）施工组织设计的主要内容

①开工前的施工准备工作。

②制定施工技术方案。明确施工的工程量，合理安排施工力量、机具。

③编制施工进度计划。

④确定施工组织技术保障措施。使工程质量、安全防护、环境污染防护等落实到实处。

⑤物资、材料、设备的需用量及供应计划。

⑥施工现场平面规划，等等。

二、施工技术指导

1.掌握要点

了解设计与施工的相互关系，掌握施工过程中对各专业需要提供配合的特点和规律，以便从设计的角度对施工进行技术指导。

2.工作程序和方法

施工技术指导应属于项目技术管理的范畴。我们知道，在室内装饰装修工程中，"设计"应始终处于"龙头"的地位，没有一个合理的设计作为艺术和技术保障，设计的整体效果和空间形象就无法通过施工和施工技术得以实现，也无法使施工得到更多的技术支持。因此设计与施工是一个问题的两个重要方面，施工技术指导则是衔接、解决该问题的重要环节。

（1）施工技术指导的基本原则

作为设计方，对施工过程中进行相关的技术指导尤其重要。图纸上无法具体涉及的问题，可通过施工过程中的技术指导进行解决，同时也利于解决相关专业在安装、施工时出现的协作、配合问题。

1）严格执行涉及本专业的有关技术政策、技术规范、法令法规。

2）施工技术指导应以安全施工作为基本前提，体现设计效果为基本要求。

3）应尊重施工图文件作为设计实施的法律性和严肃性。

4）对技术交底、设计变更、现场指导、施工验收、资料整理等予以高度重视。

（2）施工技术指导的具体内容

1）做好施工前的技术交底工作。

2）认真办理设计变更、现场修改及洽商。

3）指导施工材料的选择和组合搭配。

4）检查施工工艺是否符合相关技术规范。

5）协调设计与其他设备专业的冲突或配合问题。

6）协助检查隐蔽工程验收工作。

7）强调施工中对设计细部、节点的工艺要求。

8）指导设计中的特殊处理、特殊构造的施工技术要求，帮助解决施工时出现的技术难题。

9）监督施工中对设计的尺寸、造型、色彩、照明及饰面效果的技术落实和把握。

10）参与竣工验收，重点关注饰面、细部及空间整体的视觉效果。

11）重视施工技术指导的记录及资料整理、归档工作。

12）总结施工技术指导的有关经验、教训，利于逐步完善该项工作。

3.相关知识

（1）技术交底知识

技术交底是指工程项目施工之前，就设计文件和有关工程的各项技术要求向施工方做出具体解释和详细说明，使参与施工的人员了解项目的特点、技术要求、施工工艺及重点难点等，做到有的放矢。

技术交底分为口头交底、书面交底、样板交底等。严格意义上，一般应以书面交底为主，辅助以口头交底。书面交底应由双方签字归档。

1）图纸交底

其目的就是设计方对施工图文件的要求、做法、构造、材料等向施工技术人员进行详细说明、交待和协商，并由施工方对图纸咨询或提出相关问题，落实解决办法。

图纸交底中确定的有关技术问题和处理办法，应有详细记录，经施工单位整理、汇总，各单位技术负责人会签，建设单位盖章后，形成正式设计文件，具有与施工图同等的法律效力。

2）施工组织设计交底

施工组织设计交底就是施工方向施工班组及技术人员介绍本工程的特点、施工方案、进度要求、质量要求及管理措施等。

3）设计变更交底

对施工变更的结果和内容及时通知施工管理人员和技术人员，以避免出现差错，也利于经济核算。

4）分项工程技术交底

这是各级技术交底的重要环节。就分项工程的具体内容，包括施工工艺、质量标准、技术措施、安全要求以及对新材料、新技术、新工艺的特殊要求等。

（2）施工的基本程序

根据室内的空间特点，室内装饰工程施工原则上一般可按照自上而下，先顶棚后墙地、先湿后干、先隐蔽后饰面的流程进行。其施工一般可按以下程序：

1）抹灰、饰面、吊顶及隔断施工，应待隔墙、暗装的管道、电管、和电气预埋件等完工后进行。

有抹灰基层的饰面板工程、吊顶及轻型装饰造型施工，应待抹灰工程完工后进行。

2）涂刷类饰面工程以及吊顶、隔断饰面板的安装，应在地毯、复合地板等地面的面层和明装电线施工前、管道设备调试后进行。

3）裱糊与软包施工，应在吊顶、墙面、门窗或设备的涂饰工程完工后进行。

第二节　竣工与验收

竣工与验收是一项系统而复杂的多方参与的综合性工作，竣工意味着工程施工的完结，验收则是依照相关标准对工程施工质量进行查验，使其顺利移交。

一、正常竣工验收

1.掌握要点

认识正常竣工验收工作的重要性和验收技术工作的复杂性，了解正常竣工验收的基本程序、依据和标准，掌握竣工验收中应把握的要点。

2.工作程序和方法

竣工验收是室内工程项目最后一个重要环节，也是检验设计和施工质量的关键步骤。

通过竣工验收，可以发现设计和施工存在的技术问题，总结经验教训；同时还能依此移交合格项目，使其尽快投入使用。

（1）竣工验收的组织和程序

相对于竣工验收来说，施工验收目前根据项目规模的大小和复杂程度，一般分为前期验收和竣工验收两个阶段。大型工程项目应先进行前期验收，最后再进行全部项目的竣工验收；而规模小、施工简单的项目，可一次进行竣工验收。

前期验收可分为材料验收；隐蔽工程验收；分项工程、分部工程、单位工程、单项工程及中间验收；施工记录等阶段，各种验收都有其要求和标准，并办理验收手续。这是工程质量得到保证的重要内容，也为竣工验收的顺利进行打下良好的基础。相反，前期验收工作如果没做好，或者发现诸多问题，竣工验收工作则根本无法展开。

在正式竣工验收前，最好由施工单位先进行预验收。通过预验收，可初步鉴定工程质量，返修不合格部位，补救有瑕疵部位，以保证竣工验收的顺利进行和工程的交付使用。

建设单位在收到施工单位提交的工程竣工报告后，应组织人员会同施工单位、设计单位、监理单位、质检单位及相关管理部门参加竣工验收工作，并组成竣工验收小组或验收委员会，根据施工图纸、验收规范及质量评定标准，对设计、施工、管理、设备安装等质量问题进行全面评价，提交书面竣工验收评估报告，形成验收小组成员签署的工程竣工验收意见。

（2）竣工验收的依据

1）建设单位和施工单位签定的工程合同。

2）设计文件、施工图纸及设备技术说明书。

3）国家相关施工、验收规范。

4）完整的技术档案和施工管理资料。

5）监理单位提交的工程质量评估报告。

6）设计单位提交的质量检查报告。

7）施工单位提交的工程质量保修书。

8）消防、环保等部门出具的验收合格文件等。

（3）竣工验收的标准

1）施工达到国家制定的施工标准和验收规范（同时也是施工中对工程质量的控制标准和质量尺度）。

2）各种设备的调试、运转达到设计、使用要求。

3）竣工工程现场清理完毕，环境整洁。

4）技术档案资料齐备。

（4）施工技术资料的准备

竣工验收技术资料是工程技术档案的重要组成部分，建设单位将来使用、管理、维修等均要依此资料，同时还是工程结算必不可少的依据。在工程竣工验收时，施工单位应准备提交以下工程施工技术资料：

1）竣工工程项目概况（竣工工程名称、位置、结构、面积或规格和附有设备等）。

2）竣工图纸。

3）图纸会审记录、技术交底记录等。

4）材料、设备等的质量合格证明及检测报告。

5）分部工程、分项工程（或称子分部工程）施工报验表（附施工记录和施工试验记录）。

6）隐蔽工程验收记录（电气隐蔽工程验收记录、管道隐蔽工程验收记录、消防隐蔽工程验收记录、通风与空调隐蔽工程验收记录等）。

7）设备、管道安装施工、调试和检验记录。

8）工程质量事故整改记录。

9）施工日志。

10）工程竣工报告（工程竣工后由施工单位负责编制，向建设单位提请组织验收）。

11）其他。

工程完成后，报请专业主管部门，由建设单位（甲方）、监理单位、设计单位、施工单位进行工程验收并做记录。

作为室内装饰设计师，应了解基本的验收程序和注意事项，并有能力代表设计单位进行工程的竣工验收，履行设计单位竣工验收职责。

（5）竣工验收应把握的要点

从工程质量和艺术效果方面，竣工验收应关注以下几点：

1）功能方面

室内设计施工工程包括空调、消防、照明、音响、电视、卫生设备、通信设备以及较高的防火、隔声等安全要求。要保证设备功能的灵敏，水、电系统的畅通，管道及装饰面交接的严密，构造与基体连接的牢固。这些功能质量的要求，均是体现工程项目使用的基本保证。

2）感观方面

装饰工程的质量检验标准不少是通过感观特征（视觉、触觉、听觉）来评定的（有时也要借助工具检测）。总的要求是：点要均匀，线要顺直，面要平滑。墙面的平整，阴阳角的顺直，墙地砖是否空鼓等现象，都是竣工验收应予关注的。主要的还应使工程整体效果与设计艺术创意形成视觉上的有机统一。当然，对于一些非直观部位（人在特定位置才能看到的部位，如洗手台面底面、抽屉面板的底边等），应做到整齐、平滑，油漆、找平等都应认真处理。

3）细部方面

工程的宏观质量和视觉效果固然要把握，但离开了细部或局部设计的施工质量保证，肯定会影响工程的整体效果和耐久性，诸如壁纸起鼓、瓷砖脱落、顶棚塌陷、油漆起皮、木饰开裂、附件松动等。

因此，必须做到连接牢靠，粘贴密实，吊挂稳固，加强施工过程的质量监督。

工程验收可参照国家标准《建筑装饰装修工程质量验收规范》（GB 50210—2001）、《民用建筑工程室内环境污染控制规范》（GB 50325—2001）、《高级建筑装饰工程质量检验评定标准》（DBJ 01—27—96）或《家庭居室装饰工程质量验收标准》（DBJ/T 01—43—2000）等。

竣工验收合格，建设单位负责填写工程竣工验收报告，以提交上级主管部门备案、监管。

可见，只要工程施工正常完成，工程质量符合质量要求，并且相关准备工作细致到位、资料齐备，那么正常竣工验收会很顺利，不会遇到什么阻力。

3.相关知识

（1）施工日志

施工日志亦称施工技术日记，它是工程项目施工过程中有关技术方面的原始记录，是一项改进和提高施工质量和技术管理水平的重要工作。工程施工相关技术人员应从工程施工的起始阶段一直到工程竣工，详细记录每日的施工情况、施工进度、出现的问题、解决方案等。这也是工程技术档案管理和施工技术资料的重要组成部分（表3-3-1）。

施工日志格式文本 表3-3-1

施工日志		编号	
	天气状况	风力	最高/最低温度	备 注
白天		×～×级	×℃/×℃	
夜间		×～×级	×℃/×℃	

施工情况记录：（施工部位、施工内容、机械作业、班组工作、施工存在问题等）

1.

2.

3.

技术质量安全工作记录：（技术质量安全活动、检查评定验收、技术质量安全问题等）

1.

2.

3.

记录人	×××		日期	年　月　日		星期×

本表由施工单位填写并保存

（2）工程竣工报告

工程施工完成后，由施工单位事先进行预验，通过自查、自验等工作，工程项目已照合同约定，保质保量地完成了工程施工，具备了工程竣工验收的基本条件，施工资料也整理齐全，并准备工程质量保修书。施工单位完成了以上工作，此时，即向建设单位提交包含各种技术资料的工程竣工报告，提请建设单位组织进行该工程的竣工验收。

施工单位编制的工程竣工报告，主要包含以下方面：

1）工程概况及实际完成情况。

2）施工单位自检的工程质量情况。

3）施工技术资料和管理资料。

4）设备调试、运转情况。

5）有关问题的整改情况。

6）有关技术检测情况等。

工程竣工报告须经项目经理及施工单位有关负责人审核签字。

（3）工程验收报告

"工程验收报告"和"工程竣工报告"不是一个概念，工程验收报告是指建设单位（甲方）在收到施工单位提请的工程竣工报告，并进行竣工验收合格后，向上级主管部门提交的备案材料，以便监督管理。主要内容包括：

1）工程概况。

2）对设计、施工、监理等评价。

3）工程竣工验收的程序、内容、时间及组织形式。

4）工程竣工验收意见等。

同时还应附有以下相关文件：

1）施工许可证书。

2）施工单位工程验收报告。

3）监理单位工程质量评估报告。

4）施工图纸审核意见。

5）设计单位的设计变更通知书和有关质量查验报告。

6）消防、环保等部门验收意见。

7）工程验收小组签署的竣工验收意见。

8）施工单位签署的工程质量保修书。

9）其他。

显然，工程验收报告的内容还是涉及"竣工验收依据"和"施工技术资料"中的基本概念，无非再补充些相关文件、资料。一般有统一印制的文本式样。

二、设计变更的竣工验收

1.掌握要点

理解设计变更条件下竣工验收的基本特征，掌握正常竣工验收与设计变更的竣工验收存在的异同和基本概念，并能代表设计方参与竣工验收工作。

2.工作程序和方法

设计变更的竣工验收，顾名思义，就是在存在设计变更条件下进行的工程竣工验收。它与正常竣工验收既有一定的共同之处，其基本原则不会有本质变化，也存在一定意义上的不同点。掌握了正常竣工验收的基本概念和原则，对设计变更的竣工验收仍会有一定帮助和指导作用。应重点抓住设计变更这一技术环节对竣工验收带来的影响及产生的技术操作程序变化。

（1）设计变更的概念

设计变更就是设计单位根据某些变化，对原设计进行局部调整和修改。在施工过程中，有可能会出现设计上诸如尺寸的变化、造型的改变、色彩的调整等情况，这时，就需要通过设计变更体现出来。有时候出现项目的增项和减项，可能也会产生设计变更。

施工单位不得随意擅自变更设计及与设计相关的内容和要求。

需要强调一点，设计变更要办理相关手续，要有设计变更通知书。变更文件、图纸资料要注意整理、归档，以免将来出现管理混乱、互不知情的现象。但是，设计变更的办理必须限定在施工工期规定的一定期限范围之内，特别是施工后期，设计的大效果、大模样也逐渐显露出来，对一些视觉上的或细部处理的半成品状态，极有可能会出现没达到甲方某领导预想中的所谓效果，而频繁要求进行设计变更的情况。因此必须设定一个变更截止日期，否则设计单位无暇有效工作，施工工期也很难保证，可能会没完没了地拖延下去。

（2）竣工验收依据的补充

正常竣工验收的依据是工程施工在没有设计变更情况下，存在的常规的竣工验收概念和依据。因此对于竣工验收依据，因设计变更带来的相应技术资料整理、汇总，应补充到设计单位提交的质量检查报告之中，使其成为设计变更的竣工验收工作不可忽视的重要部分。

实际上，在目前室内装饰装修工程中，由于种种可以预料和不可预料的原因及这样那样的"充分"理由，可以说很多工程项目都会有设计变更的情况发生，由设计单位来频繁进行签署设计变更通知书也成为家常便饭。所以，设计变更的竣工验收自然就变成一项颇为正常的工作。

（3）施工技术资料的完善

施工技术资料在竣工验收中的准备和整理是十分重要的，尤其对设计变更的竣工验收，离开了施工技术资料完整性，会给验收工作带来一系列的被动，档案管理、工程结算的严谨性无法得到保证。也将给以后工程使用方带来极大不便，日常维护、维修和管理工作都存在相当大的困难。

因此，施工技术资料中设计变更通知书、洽商记录等文件的补充，是设计变更的竣工验收不可或缺的重要方面。

（4）竣工验收报告的变化

在正常竣工验收下的验收报告内容基础上，应将有关设计单位的设计变更通知书及质量检查报告等附加于验收报告中，使之更加完整。

（5）验收时查验的要点

作为一名室内装饰设计师，在代表设计单位进行竣工验收时，除了关注功能方面、感观方面等技术质量问题，还应重点查验因设计变更而可能产生的施工项目和施工质量问题：

1）确认有无漏项，设计变更项目是否在施工中实现。

2）核准施工时对设计变更的项目定位是否准确到位。

3）检查设计造型是否依照设计变更进行调整。

4）测定尺寸变化是否符合设计变更要求的数据。

5）核对施工中对设计变更的色彩处理是否准确。

6）若有材质的变更，核实是否在施工中得到有效体现。

这里需要强调的是，上述所谓若干要点的罗列，只是为了显得条理清晰而已，目的是便于分析和理解。实际上，对于设计变更的竣工验收，查验的项目大都具有其相关性、综合性、系统性。因此要结合正常竣工验收的基本原则、程序和方法，对设计变更的竣工验收进行宏观把握。

3.相关知识

一项室内装饰工程的竣工，意味着此项工程已经按照设计图纸要求和设计变更要求全部施工完毕，具备了交付使用的条件。但仍还有许多工作需要处理，还需要了解一些相关知识。

（1）洽商记录的概念

洽商记录是对施工过程中的一些变更、修改、调整、增减项等情况进行记录，其主要作用是确定工程量，并贯穿于施工全过程，同时也是绘制竣工图的依据。在装饰装修工程中，办理洽商是相当频繁的，也是一项很艰巨的工作。洽商记录既要靠平时积累，也要注意不要出现漏项的情况，应及时办理，否则结算时会有麻烦，审计单位也不予承认。

严格意义上，施工中每次洽商记录上应有监理或甲方、施工方、设计方代表签字确认。

（2）施工项目的核查

主要是发现有无漏项，有无增项，是否未办洽商。为工程结算提供了可靠的工程量依据。一般可通过设计图纸或报价清单（概预算书）进行核查，其次是根据洽商记录核查。通过核查，可确定无漏项、无漏洽商，最终甲乙双方确认为全部竣工。

（3）施工现场的清理

此项工作要求具体而细致，也可称得上室内装饰施工的一个专业工艺。一般涉及到油漆工艺；涂料面层及壁纸裱糊面层清理；瓷砖、石材表面的清理；洁具的清理；五金件的清理以及一些修补工作。这都是竣工交付前不可缺少的程序。

（4）工程费用的结算

首先要核对工程量，与前述施工项目的核查不同，那只是施工项目方自我核对。此时应由工程预算部门与监理部门（或甲方相关负责人）共同核对，签字认可，作为编制结算书的工程量依据。

要注意整理"洽商记录"，这是确定工程量的重要依据。洽商记录不仅有增项，同时也会有减项，因此原合同价格会发生变化，会重新调整工程总造价。借助洽商和竣工图作好结算书。

（5）施工资料的汇集

施工资料的汇集工作主要是由施工单位来完成的，施工单位应将施工资料整理汇总完毕以工程竣工报告的形式提交业主进行工程竣工验收。

第四章　设计管理

第一节　专业指导

一、工作方法指导

1.掌握要点

通过学习本章节，了解室内设计专业指导中工作方法指导的内容，并结合学习相关室内设计的理论知识，掌握室内设计工作方法指导的基本能力。

2.工作程序和方法

室内设计活动是室内装修工程建设的灵魂，是室内装修工程建设中最重要、最关键的环节。通过设计指导，保障室内设计的质量是室内设计工作方法指导的基本目的。

室内设计中工作方法指导的主要内容：

指导室内设计员确定设计工作程序，设计工作程序的确定是室内设计工作能否按期按质完成的关键。

室内设计的工作程序有：

①对设计进行前期勘察调研；

②确定设计概念并制作相关设计文件；

③统一原始资料和采用统一基础数据及设计标准；

④规划总图方案，确定单项设计或各专业设计的相互关系及配合原则；

⑤确定总体设计或初步设计的编制提纲及内容深度，研究和指导设计项目组成人员完成相关设计内容。

在完成上述工作内容时应主要从以下几个步骤入手：

（1）对室内设计员的设计方案进行工作方法指导和技术指导

室内装饰设计师应对由室内设计员所绘制的各等级的设计方案，从初步设计阶段到技术设计阶段，尤其是施工图阶段设计文件进行工作方法指导和技术指导。

在总体设计或初步设计开始阶段，主要检查指导设计是否符合和满足项目设计任务书中甲方或业主所提要求。概念表达是否明确清晰、设计文件是否安排合理、表达适宜。设计文件与工程现场勘查情况是否相吻合，有无重大失误与漏项之处，设计工程的标准是否高于或低于甲方建设概算的标准。设计进度与工程进度是否合拍或脱节。

在初步设计完成后进入技术设计阶段时，工作方法指导和技术指导的重点应放在：设计方案与建筑结构专业、给水排水系统专业、强电弱电系统、消防系统、网络系统、空调与供暖系统等其他专业的配合协调上，这是一个充满争论与妥协的阶段，作为室内装饰设计师，在此阶段应从室内工程全局出发，把握总体效果，并对其他专业进行总体协调。为整体方案的顺利落实服务。

在完成初步设计方案之后，开始施工图制作之前，设计指导的主要内容为：

根据初步设计审定文件落实实施修改设计方案和工程内容，调整设计分工，研究控制施工图预算的措施。

（2）在施工图阶段要对全部施工图纸进行认真的工作方法指导和设计技术指导与审核

其主要内容是：

1）施工图纸是否完整并完成室内设计合同约定的各项内容，并全面地反映了设计全貌。

2）是否有完整的技术设计方案和施工细部处理方案与资料。对工程使用的主要建筑装修材料、建筑设备有无完整反映。

3）是否符合国家制定的相应专业技术规范如消防、节能、环保等强制性标准。

3.相关知识

室内设计指导理论知识

室内设计的创作思维和方法的基础理论知识内容包括：设计指导方法的哲学理论基础；设计思维的特征与方法；不同设计阶段的思维与表现模式；科学的室内设计程序等。其重点归结三个方面：

1）艺术设计的方法论包括以下几个部分：设计的本质、艺术的感觉、科学的逻辑、创造的基础。

2）室内设计系统的特征包括以下几个部分：设计控制体系、设计系统的要素、行为心理的因素等。

3）室内设计思维与表达包括：概念与构思、方案与表达、构造与细部等。

以上的理论知识都是室内设计高级设计师在进行设计指导时需要掌握的基础理论知识。

二、设计技能指导

1.掌握要点

通过学习本章节，了解室内设计专业指导中设计技能指导的内容，并结合学习相关室内设计的理论知识，掌握室内设计专业中设计技能指导的基本知识。

2.工作程序和方法

在设计工作中，室内装饰设计师一方面要通过设计管理、发挥设计团队在思维创造方面的能动性、设计出具创新意义的设计作品，另一方面，也要依据国家制定的相应专业技术规范对室内装饰设计员的设计作品进行设计技能指导及审核。

（1）室内设计的设计技能指导的主要内容

1）设计制图专业技能；

2）设计表达专业技能；

3）设计思维与程序专业技能；

4）设计管理与施工配合专业技能。

（2）室内设计的设计技能指导的主要步骤和方法

室内设计的设计技能指导依据设计的不同阶段有不同的步骤和方法：

1）室内建设工程的方案设计阶段是在批准的立项文件的基础上，对建设项目进行总体部署和安排，使设计构思和设计意图具体化；细化总体布局、功能定位、空间组合、交通组织、风格色彩、材料质感等；室内设计的设计技能指导在此阶段应主要指导和检查方案设计文件的深度是否满足编制初步设计和总概算的需要。

2）室内建设工程的初步设计阶段是对方案设计的深化。室内设计的设计技能指导在此阶段应主要指导和检查初步设计文件的深度是否满足该阶段的具体要求。编制初步设计和总初步设计要具体阐明设计原则，细化设计方案，解决关键技术问题，计算各种技术经济指标，编制总概算，初步设计文件的深度应当满足：设计方案的比选和确定，主要设备材料订货，编制施工图，编制施工组织设计，施工准备和生产标准等。对于初步设计批准后就要进行施工招标的，初步设计文件还应当满足编制施工招标文件的需要。

3）施工图设计阶段要按照初步设计确定的具体设计原则，设计方案和主要材料样板进行编制，绘制出各部分的施工详图和其他各工种的专业施工图。施工图文件的深度应满足设备材料的安排和非标准工艺的制作、编制施工图预算和施工要求。

室内设计的设计技能指导在此阶段还应指导和检查设计文件中所选用的材料、构配件、设备等是否注明了规格、型号、性能等技术指标，其质量要求是否符合国家规定的标准。

（3）室内设计的设计技能指导的主要标准和依据

1）国家对工程建设强制性标准；

2）国家规定的对建设工程设计深度的要求。

国家对工程建设强制性标准，是指工程建设标准中直接涉及人民生命财产、人身健康、环境保护和其他公众利益，以及提高经济效益和社会效益等方面的要求，在建设工程设计中必须严格执行的强制性条款。室内设计中需遵守的国家强制性标准主要有《建筑制图标准》（GBJ 16—87）、《民用建筑照明设计标准》（GBJ 133—90）、《方便残疾人使用的城市道路和建筑物设计规范》（JGJ 50—88）等。

国家规定的建筑工程设计深度内容包括设计文件的内容、要求、格式等具体规定。

3.相关知识

室内设计的专业技术规范来源于现行的建筑设计规范标准，室内设计中主要应用以下几个标准：

1）建筑制图规范及标准（参照GBJ 103—87）

建筑制图规范标准的制定是为了使建筑专业制图及与之相关的室内设计、环境设计制图做到统一、清晰、简明，提高制图效率、满足设计、施工及存档等要求，以适应工程建设需要。

总体技术审核人员需掌握的建筑制图基本知识应该有以下几点：

①对图线、比例、字体、图例、尺寸标准的基本规定。

②对平面图、立面图、剖面图、节点大样的画法规定。

③对建筑施工图的画法规定。

2）建筑设计防火规范（参照GBJ 16—87）

建筑设计防火规范是为了保卫公民生命财产安全和建筑物的安全，防止和减少建筑火灾的危害而制定的国家法规，其主要内容有：

①建筑物的分类和耐火等级的设计规范；

②室内防火、防烟区的划分与设计规范；

③室内安全疏散设计与防火间距设计规范；

④室内消防给水与灭火装置设计规范；

⑤防烟、排烟、通风和空气调节的设计规范。

3）建筑照明设计规范（GBJ 133—90）

建筑照明设计规范是为了使一般建筑物的室内照明设计符合建筑功能和保护人们视力健康的要求，并做到节约能源、技术先进、经济合理，使用安全和维修方便所制定的国家标准和规范，它主要包括以下内容：

①照度标准。照度标准值是指工作或生活场所参考平面上的平均照度值，是根据各类建筑物室内的不同活动或作业类别将照度标准规定为高、中、低三个值。设计人员应根据建筑物等级、功能条件和使用条件，从中选取适当的标准值，一般情况下应取中间值。

②照明质量。分为照度均匀度、眩光限制、光源颜色等几个方面。

③照明设计。照明设计分为照明方式与照明种类及光源与灯具的选择及照明设计要求三个方面。

照明方式分为基础照明、重点照明和分区照明。

照明种类可分为正常照明、应急照明、值班照明和障碍照明几大类。应急照明又包括疏散照明、安全照明和备用照明。

光源与灯具的选择对建筑室内在不同功能和条件下选用光源与灯具做了限定和要求，如在潮湿场所，应选用防潮防水的密闭型灯具。在可能受水浸蚀的场所，宜选用带防水灯头的开启式灯具等。

在照明设计要求一节中对图书馆建筑室内、办公楼建筑室内、商业建筑室内、旅馆建筑室内、住宅建筑室内的照明设计均有一些要求和规定。

照明设计标准是室内设计师在设计和设计管理中的重要参考依据。

4）方便残疾人使用的城市道路与建筑物设计规范（JGJ 50—88）

该规范是为了方便残疾人使用城市道路和建筑物而制定的国家规范，大致内容包括：

①对城市道路设计的规范。为方便残疾人使用和通行城市道路而对城市道路设施的设计。包括非

机动车车行道、人行道、人行天桥和人行地道的设计。

②对残疾人使用的建筑物及室内设计内容的规定，包括出入口、坡道、走道、门、楼梯和台阶、电梯、扶手、地面、厕所及浴室、室内床位及门窗家具、电气设施的设计等。

③对国家适用残疾人标志进行了规定。

④对残疾人使用的如轮椅及杖类工具的基本参数做了说明和示意。

第二节　技能培训

一、培训内容

1.掌握要点

通过学习本章节，了解室内设计管理工作中设计培训的内容，并能够对室内装饰设计员进行设计培训工作。

2.工作程序和方法

室内设计技能培训的主要内容：

1）制图专业技能专业培训；

2）设计表达技能专业培训；

3）设计思维与程序专业培训；

4）设计管理与施工配合专业培训；

5）设计师职业素养与职业道德培训。

3.相关知识

教育学相关知识

教育学中对师生关系的论述——师生关系的建立与发展

良好的师生关系是在教育过程中形成的。师生关系作为一种关系，它的建立与发展，同师生双方都有联系，有赖于教师、学生的共同努力，以及学生家庭和社会的有力配合。但其中关键因素在教师。从根本上说，良好的师生关系首先取决于教师的教育水平；取决于教师的文化知识、思想品德、教育技巧等职业素养。师生关系的建立，离不开他们之间的直接交往，而且受交往的程度和内容的制约。教师如果不经常主动地接近学生，了解他们的要求，满足他们合理的需要，真诚的师生关系就难以建立，建立了也难以持久。

因此，建立与发展良好的师生关系，教师应当做到：

①树立正确的学生观，理解学生、尊重学生、信任学生、热爱学生。不要把学生仅仅看成教育的客体，或看成消极的、被动的接受教育者，从而看不到学生的潜力，不相信学生所具有的能力，在教育过程中或者管得太死，或者包办代替，严重限制了学生主动性的发挥。应把学生看成是学习和发展的主体，从学生的实际出发，多给他们以激励和积极的肯定的评价。这样，在师生关系上，就能更好地体现出教育活动的协调一致。

②树立为学生服务的观点，对学生全面负责。教师的职责就是把学生教育成国家建设的合格人才。学生既是教师劳动的对象，也是教师服务的对象。教师应有全心全意为学生服务的思想。这种思想体现为对学生的殷切期望，耐心的教育，热情的帮助。从而使学生感受到教师对自己的关怀与爱护，并产生积极的反响，密切同教师的联系，促进师生关系健康发展。

③发扬教育民主，善于倾听学生的意见。教师对学生应一视同仁。不可对学生存有任何偏见，也不能偏爱一些学生而疏远另一些学生。严格律己，平等待人，是教师应具备的职业品质，也是建立与发展良好的师生关系的重要前提。教师要善于倾听学生的意见，虚心向学生学习，能和各种学生打成一片，这就可以在更大范围内形成良好的师生关系。

④善于控制自己的情绪，正确处理师生之间的矛盾。教育过程是充满矛盾的过程。有认识上的矛

盾，也有情感上的矛盾。当师生之间产生矛盾时，教师一定要注意不要使自己的情绪失控，做出伤害学生的事情来。在师生矛盾面前，情绪失控、耍教师权威、甚至不惜采取体罚学生的错误作法，只能激化矛盾，破坏良好的师生关系。遇到矛盾，教师首先需要冷静，找出恰当的解决办法，需要教师设身处地来一个"心理移位"，即把自己放在学生的位置上，从学生方面多想想，或解剖一下自己。这有利于矛盾的缓和与解决，从而维护与发展良好的师生关系。

二、培训方法

1.掌握要点

通过学习本章节，了解室内设计管理工作中设计培训的方法，并能够对室内装饰设计员进行设计培训工作。

2.工作程序和方法

1）直接传授式培训

这种方法的主要特征是：每个培训对象积极主动参与培训活动，从亲身参与中获得知识、技能和正确的行为方式，其主要方法又分为：

①个别指导。类似于传统的"师傅带徒弟"。这种方法能清楚地掌握培训进度，让接受培训的设计师集中注意力，很快适应工作要求。

②开办讲座。主要是向众多的培训对象同时介绍同一个专题知识，比较省时省事，但是如果没有一定的水平和技巧，讲座就不能达到应有的效果。

2）参与式培训方式

①会议。很少有人把参加会议视为一种培训方式。实际上，参加会议能使人相互交流信息，启发思维，了解到某一领域的最新情况，开阔视野。

②小组培训。小组培训的目的是树立参加者的集体观念和协作意识，教会设计师自觉地与他人沟通协作，齐心协力，保证设计目标的实现。因此，小组培训的效果在短期内不明显，要在一段时期之后才能显现出来。

小组培训的参加者一般4~6人为宜，最好有不同的性格、不同的经历、不同的知识背景和技能。

小组培训要集中解决某一设计问题，在解决问题的过程中让参加者领悟沟通与协作的重要性。

③设计案例研究。设计案例研究方法是针对某个特定的问题，向参加者展示真实性背景，提供大量背景材料，由参加者依据背景材料来分析问题，提出解决问题的方法，从而培养参加者分析、解决实际问题的能力。

④头脑风暴法。头脑风暴法是相互启迪思想，激发设计师创造性思维的有效方法，它能最大限度地发挥每个参加者的创造能力，提供解决问题的更多更佳的方案。

运用头脑风暴法一般只规定一个设计主题，明确要解决的问题，把参加者组织在一起无拘无束地提出解决问题的建议或方案，组织者和参加者都不能评议他人的建议和方案。事后再收集各参加者的意见，然后排除重复的、明显不合理的方案，重新表达内容含糊的方案。组织全体参加者对各可行方案逐一评价，选出最优方案。

头脑风暴法的关键是要排除思维障碍，消除心理压力，让参加者轻松自由、各抒已见。

⑤参观访问。有计划、有组织地安排设计师到有关单位、样板工程或优秀设计项目实地参观访问，也是一种培训方式。设计师有针对性的参观访问，可以从其他设计中得到启发，巩固自己的知识和技能。

⑥其他方法。除上面介绍的培训方法之外，下面的几种培训方法是要通过参与的设计师自身努力、自我约束才能够完成的，培训组织者只起鼓励、支持、引导的作用。

第一：开展读书、查阅相关资料活动。

第二：参加函授、业余进修学习。

第三：参加设计方案竞赛，鼓励设计师不断参与社会竞争、提高设计水准。

3.相关知识

心理学相关知识

心理学中对学习动机的培养与激发的论述：人的学习动机不是自发产生的，而是在社会生活条件和教育的影响下培养起来的。学习动机的培养是指使人们把社会和教育向他们提出的客观要求变为他们内在学习需要的过程。教师要通过学习目的的教育，使人们对学习的社会意义有一个正确的认识。把自己的学习与国家的利益和前途，把学习与对自己的理想要求联系起来，形成一种对社会的责任感，这时长远的间接动机就形成了。

在人们不明确学习目的，缺乏学习的内部动力的情况下，应注意发现他们在某一方面的兴趣。教师可以把人们对其他活动的兴趣迁移到学习活动上来，从而产生对学习的需要，这时的学习动机就被诱发出来了。

要使人们已经产生的学习需要真正地变成学习中经常起作用的有效动力，教师还必须采取相应的措施把学习动机激发起来，也就是说，要利用一定的诱因，使已经形成的动机由潜伏状态转入激活状态，使它成为实际上起推动学习作用的内部动因。

学习动机的激发是在学习过程中实现的，通常采用以下几种途径。

1）用新颖的教学内容与灵活多样的教学方法引起人们的学习兴趣

丰富有趣的教学内容与生动的教学方法可以使人们在学习中产生愉快的情绪体验，得到精神上的满足。教学内容与方法的不断更新与变化，可以不断引起人们的探究活动，从而产生更高水平的求知欲。

2）及时提供学习反馈强化正确的学习动机

在学习过程中，让人们及时了解自己的学习结果，包括解题中的正误以及学习成绩的好坏都可以进一步激发努力学习的动机。许多实验证明，人们了解学习结果比不了解学习结果的学习积极性高、进步快。通过提供反馈，人们看到自己的学习成绩，可以提高学习热情，增强学习信心。另外，通过反馈也可以看到自己的缺点和错误，激起学习的进取心。研究结果表明，反馈在学习上的效果是明显的。及时与不及时反馈、利用与不利用反馈，在强化人们的正确学习动机方面效果大不一样。

3）适当的开展竞赛

实验研究表明，运用竞赛激发人们学习的积极性是一种有效的手段。因为每个人都有上进心、自尊心与荣誉感，用竞赛的形式可以调动他们学习的积极性，挖掘学习的潜能，利用人们不甘心落后的心理。因此，在竞赛过程中人们往往会发挥出自己最大的努力。也就是在这努力的过程中让他们自己体验到学习积极性被激发的过程，从而使他们可以找到自我激发的途径。

但是，竞赛也具有消极的一面。不适当的竞赛会造成紧张气氛，加重负担。有时竞赛还可能使人产生不友善的、自私的或阻碍他人前进的行为。因此，采用竞赛来激发学习动力时必须慎重、适当，防止消极因素的出现。

4）以表扬鼓励为主

一般说来，表扬和鼓励比责备、体罚、嘲讽、恐吓对激励人们的积极性更为有效。前者能使人们产生成功感，后者则会挫伤人们的自尊心和自信心。有人做过一个实验，让人们练习难度相等的一系列加法题5d，每天15min。根据他们第一天练习的成绩，把被试分成四个等组，以后几天，对第一组进行表扬；对二组给予批评；让第三组听着对一、二组的表扬与批评，而不提到他们；第四组与前三组隔离，对其成绩不加任何评价。比较各组学习效果，发现表扬优于批评，而批评又比没有批评好。

像竞赛一样，过分的表扬也会引起消极的结果。有经验的教师常常从积极的方面把鼓励和批评二者结合起来运用，表扬时指出进一步努力的方向，批评时又肯定其进步的一面。

上述激发动机的诱因是十分复杂的，必须根据人们的特征和个别差异以及学习任务的不同灵活运用，最好是把几种方法结合起来。

第四部分 | 高级水平知识

第一章 设计定位

第一节 系统规划

室内设计所涉及的自然、人工、社会环境问题；室内设计与各种艺术和设计门类的关系；室内设计空间模式的四维化特征，使其具有明显的边缘性与综合性，本身的多元化特征格外突出。在设计中采用一般的工作方法和程序显然不能满足其特殊需求，因此系统规划的概念与应用对室内设计具有十分重要的意义。

一、项目综合分析

1.掌握要点

掌握科学的项目综合分析方法，即以定性与定量紧密结合的控制系统论方法为基础，进行的项目综合分析方法。通过背景资料的数据分析，明确项目要素之间的逻辑关系，得出正确的项目设计实施方法。

2.工作程序与方法

作为项目综合分析的程序与方法，主要涉及社会环境的背景资料与可供实施的工程技术资料两个方面。项目的社会环境反映特定时代背景条件下，政治、经济、地域、文化各个方面的制约因素。对这些制约因素的分析判断，有助于项目实施的综合定位。而工程技术资料分析则是保证项目顺利实施的基础，两者之间相辅相成缺一不可。

（1）设计项目的背景资料分析

设计项目的背景资料分析涉及到社会的政治、经济，人的道德伦理、心理、生理，技术的功能、材料，审美的空间、装饰等等。分析是否到位涉及到设计者所具备知识水平的高低。必须具备广博的社会科学、自然科学知识，还必须具有深厚的艺术修养与坚实的专业表达能力，才能在复杂的工程项目中胜任犹如"导演"角色的工作。

社会的政治经济背景：每一项室内设计项目的确立，都是根据主持建设的国家或地方政府、企事业单位或个人的物质与精神需求，依据其经济条件、社会的一般生活方式、社会各阶层的人际关系与风俗习惯来决定。准确的定位成为设计能否成立的关键，同时也是背景资料分析的重点。

设计者与项目委托者的文化素养：文化素养体现于设计者与项目委托者心目中室内未来的理想空间，他们在社会生活中所受到的教育程度，欣赏趣味及爱好，个人抱负与宗教信仰等，决定了将要兴建的项目内容与风格。正确的分析判断有助于项目设计要素的取舍。

技术的前提条件：包括各项科学技术成果在手工艺及工业生产中的应用。每一个特定的时期，都会出现新的材料、构造与施工技术。了解这些要素的基本特征，成为项目综合分析中设计定位的前提。

形式与审美的理想：指项目委托者的艺术观与设计者艺术表现方式的把握，以及环境造型艺术语汇的使用能力。在这方面的分析判断，涉及到项目设计的人选与人力投入，成为实施决策的重要环节。

（2）设计项目的实施资料分析

由于室内设计是一项复杂的系统工程，一个具体的室内设计项目，其项目实施资料对于不同的部门具有不同的内容，物业使用方、委托管理方、装修施工方、工程监理方、建筑设计方、室内设计方虽然最后的目标一致，但实施过程中涉及的内容确有着各自的特点。本套教材的对象主要是针对设计者，因此项目的实施资料内容自然是以室内设计方为主。

在室内设计项目的实施资料分析过程中，室内设计者在受到物质与精神、心理上主观意识的影响下，要想以系统工程的概念和环境艺术的意识正确决策就必须依照下列顺序进行严格的功能分析（图4-1-1）：

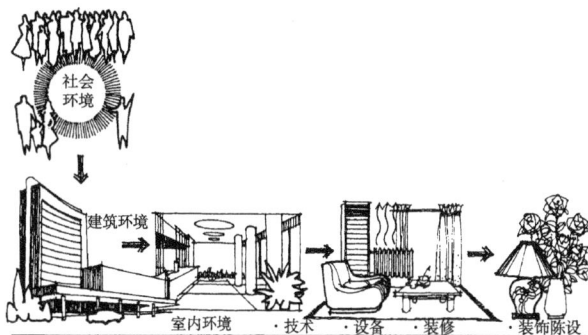

图4-1-1

①社会环境功能分析；

②建筑环境功能分析；

③室内环境功能分析；

④技术装备功能分析；

⑤装修尺度功能分析；

⑥装饰陈设功能分析。

3.相关知识

建筑法规的知识

建筑法规的知识：包括国家颁布的与建筑相关的法律文件，与室内建筑相关的国家标准和技术规范。这是设计者必须了解和参照的基础知识。

下列内容则是高级室内装饰设计师必须掌握的知识：

①中华人民共和国国家标准《住宅设计规范》（GB 50096—1999）；

②中华人民共和国国家标准《住宅建筑模数协调标准》（GB／T 50100－2001）；

③中华人民共和国国家标准《住宅装饰装修工程施工规范》（GB 50327－2001）；

④中华人民共和国国家标准《建筑装饰装修工程质量验收规范》（GB 50210－2001）；

⑤中华人民共和国国家标准《民用建筑工程室内环境污染控制规范》（GB 50325－2001）。

二、项目总体规划

1.掌握要点

在项目综合分析内容学习的基础上，通过具体的实施项目，在宏观的设计理念与微观的技术处理两个层面，掌握项目总体规划的内容与方法。

2.工作程序与方法

项目总体规划体现于：特定建筑中处于统一时间序列的空间形象总体构思设计，以及综合协调各类功能要素进行设计的实施方案。也可以说，就是确立设计构思主题和确立设计工作程序。室内的空间形象总体构思是体现审美意识表达空间艺术创造的主要内容，成为设计概念总体策划的重点。室内功能要素的综合协调则需要通过编制详尽的项目总体规划任务书来实现。

（1）设计概念的总体策划

设计概念的总体策划所决定的内容，是项目空间功能与审美表现的全面规划。既包括务虚的设计理念，也包括务实的实施方案，但重点在于项目设计的总体发展方向。

设计概念的界定可以按照两种思维方式进行。一种是在确立合理的平面功能布局后，再进行空间视觉形象的设计，称为顺向思维。另一种是先行导入空间视觉形象的概念，再来调整平面功能布局，称为逆向思维。前者由于受功能要素的限制，容易造就平庸的空间视觉形象；后者虽然创造了新颖的空间视觉形象，但却容易损害某些重要的使用功能。

因此，需要综合两种思维方式进行设计概念的总体策划。

（2）编制项目总体规划任务书

项目总体规划任务书主要应用于设计单位内部，属于设计程序的质量管理系统。其编制的内容与方法类似于标书的制作。胜任编制标书等同于能够编制项目总体规划任务书，当然标书的内容深度远胜于任务书。

项目总体规划任务书主要包括三个方面的内容：项目功能需求规划；项目艺术处理规划；项目工艺技术规划。项目功能需求规划是基础的分析内容，需要通过查阅相关建筑法规，咨询各方相关专业人士，调研实际完工的相关项目来最终确认。项目艺术处理规划是核心的任务分析，需要界定项目发展的主体艺术设计概念，制定相应方案的艺术表达内容与方式，并确定合理的设计人员分工与工作进度。项目工艺技术规划是任务执行与实施的保障，需要研究可供项目使用的材料与构造，通过市场调研和财政分析，并结合设计内容合理规划。

3.相关知识

（1）总体规划设计知识

室内工程项目的总体设计规划所涉及的知识，实际上就是项目实施程序中的设计内容。以室内的实用功能，艺术处理以及工艺技术内容组成。

1）室内空间实用功能的总体规划

室内设计的物质功能体现于人的体位运动尺度系统和物理的环境系统。人的不同行为直接影响两大系统的设置。

室内使用功能所涉及的内容与建筑的类型和人的日常生活方式有着最直接的关系。按照人的生活行为模式，室内空间可分为三个大的类型，即：居住空间、工作空间、公共空间。每一类空间都有明确的使用功能，这些不同的使用功能所体现的内容构成了空间的基本特征。这些特征决定了室内设计的审美趋向以及设计概念构思的确立。

与建筑空间构造相配的是室内物理的环境系统。所谓环境系统实际上是建筑构造中满足人的各种生理需求的物理人工设备与构件。环境系统是现代建筑不可或缺的有机组成部分，涉及到水、电、风、光、声等多种技术领域。这种人工的环境系统与建筑构造组成了室内设计的物质基础，是满足室内各种功能的前提。两者的结合构成了空间构造与环境系统。

室内空间实用功能的总体规划应考虑如下内容：

①室内空间的使用面积分配。功能布局的面积与尺度，使用功能面积与交通通道面积的界定。

②室内各功能房间的组合关系。以不同功能限定构成交通流程的房间相接、相邻、相近位置关系的合理安排。

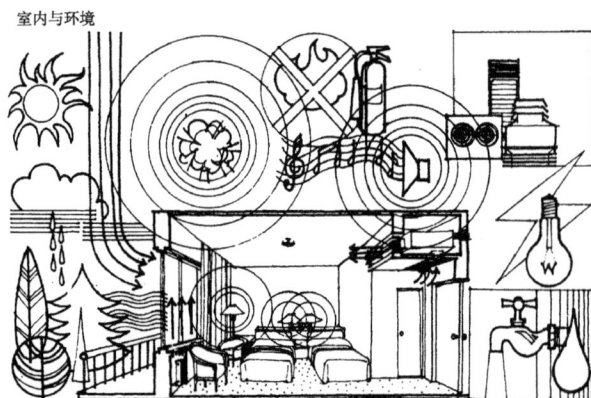

图4-1-2

③室内各功能空间交通、疏散、流线设计的安全性，消防设施与设备安置的合理性。

④室内各类设施与设备功能设计的合理性。

⑤室内采光与照明功能设计的合理性。

⑥室内通风与采暖功能设计的合理性。

⑦室内固定物体设置及尺度与视线关系的处理。

⑧室内空间形态的造型要素、设施、设备与声学处理的关系（图4-1-2）。

2）空间形式艺术处理的总体规划

在这里所说的空间形式具有美学的含义，即

符合特定审美意识的空间构成形式。这种空间构成的形式，是人对空间形态外观的感觉，主观的空间形态感觉反映于大脑产生的形象，形象所表达的形、色、质，以及形、色、质本身状态的变化，组成空间形式美的内容。因此属于艺术处理的范畴。

空间形式艺术处理的总体规划应考虑如下内容：

①以空间主体设计概念进行创意的独创性。

②空间造型样式符合美学规律，空间整体审美的相互关系协调统一。

③空间实体界面的造型满足视觉美感的需求并符合功能。

④空间的整体色调及形式相互协调。

⑤造型与工艺、材质与形式运用的先进性、合理性。

⑥室内装修造型处理与采光照明设施设备的关系。

⑦艺术装饰照明与普通照明的关系，包括灯具形式及照明方式的选用。

⑧满足不同功能需求设备的布置方式与装饰设计的结合度。

⑨陈设装饰设计材料、器物设置与空间总体氛围的和谐度。

3）室内装修工艺技术的总体规划

尽管今天的建筑构造形式比之过去有了相当大的进步，但是还没有达到随心所欲创建内部空间造型的地步，受经济、材料、技术的制约，室内设计依然要充分考虑构造对空间造型的影响，并根据这种影响来制定室内装修工艺技术的总体规划。

室内装修工艺技术的总体规划应考虑如下内容：

①材质选择及在空间区域分布的合理性。

②材料构造形式与工艺节点选用的合理性。

③装修工艺技术设计与空间总体视觉形象的协调性。

④界面表层工艺处理细节与美学规律的相互关系。

⑤材质选择与构造作法与声学控制方法的关系。

（2）总体规划文本制作的知识

室内设计总体规划文本的制作过程，实际上就是项目设计实施技术环节的研究过程，采用文件的方式将其定稿，就成为设计过程管理的依据。编制总体规划文本是增强设计科学性提高设计水平的必需。

1）人员组织

在室内设计项目的总体规划中，合理调配人员是项目得以顺利实施的基础保证。各项设计任务分配的规划是否得体，直接关系项目设计水平的高低。成为总体规划文本成功制作的前提。

①人力资源分配。在一个具体的设计项目实施过程中，设计人力资源分为三个层次。第一层次为设计主持者，其任务为项目的总体策划与指导。确定设计的总体概念，把握设计发展的方向，对具体技术环节的内容优化实施决策。第二层次为设计者，其任务为具体空间的室内设计，需要在主持者的概念原则指导下进行工作，在确立的项目大方向不变的基础上，最大限度地发挥潜在的创造力。第三层次为设计方案的表现者，其任务是将设计完成的项目方案，通过专业的表现技能，以视觉图像的形式再现于项目委托者面前。

由于艺术设计专业的特点，设计者只对自己承担的技术内容负责，需要服从于主持者的指导。设计主持者为项目总负责，具有最终的裁定权。因此在一个项目中只能由一位设计主持者，而设计者和设计表现者则可根据需要任用，没有具体数量的限定。

②项目内容分配。每一个建筑项目对于室内专业来讲，都是由多种功能组成的综合体，表现在空间上就是由不同界面分隔而成的房间综合体。具体到一个实际项目，需要同时实施对所有房间的设计，设计主持者需要充分了解所任用设计者的工作能力、水平与特点，合理进行项目内容的分配，以最大限

度调动积极因素，实施项目设计人力资源的最大优化。

2）时段控制

争取合理的设计工作时间，是项目得以实施的基本保证。在现阶段由于经济高速发展的态势，以及相当一部分业主不了解设计程序的周期。给予设计者的时间往往只有方案制作所需的最低限度。因此时段控制的概念在不少情况下易于流产，这是总体规划中尤其需要注意解决的一个难点问题。

从艺术设计的基本理念出发，概念创意的时间可能是无限的。同一个功能空间可以有无限的视觉形象创造，于是在相对限定的一个时间段，安排多少时间分别给概念创意与方案制作，就成为项目设计时段控制的一个重要问题。一般来讲，完成方案制作的快慢与投入人力的大小成正比。而概念创意则不尽然，除了在学校可能调动大量的人力集中于一个项目的设计创意，在一个社会的设计单位中是不可能投入大量人力的。即使投入也不一定能够取得好的效果。所以，当项目设计的总时段确立后，总是根据方案制作完成的所需时间来倒排日程，以便合理确定最佳的概念创意时间。一旦时段控制规划确立就不要轻易变更。

3）文本制作

总体规划文本可以通过语言文字描述，数据模型图表模拟。按照设计程序的先后，以外部环境为背景的主题概念，项目设计实施过程的时间与内容，方案制作的形式、内容、方法为顺序来完成制作。

在总体规划文本中需要涉及以下四方面的内容：

①设计协调组织；

②材料选配组织；

③工程预算组织；

④方案制作组织。

第二节　程序控制

一、项目运行控制环节

1.掌握要求

掌握科学的项目运行控制方法。即以系统程序控制的方法为基础，按照时段控制循序渐进的设计概念发展模式，完成分阶段控制的目标，掌握项目设计的阶段管理控制方法。

2.工作程序与方法

设计概念的转化有一个从头脑中的虚拟形象朝着物化实体转变的过程，这个转变不仅表现于设计从概念方案到工程施工的全过程，同时更多地表现于设计者自身思维的外向化过程。这是一个设计概念从形成、发展到变成设计方案的图形化与实物化推敲渐进过程。在这个过程中从抽象到表象、从平面到空间、从纸面图形到材料构造成为设计概念转化的三个中心环节，也成为项目运行发展阶段的控制环节。

（1）设计概念发展阶段的控制

设计概念的发展阶段就是实现从抽象到表象的转化。是设计意念从概念向方案转换的创意物化环节。抽象的设计概念在设计者的头脑中只是一个不定型的发展意向，它可能是一种理念、一种风格、一种时尚……就好像许多设计任务书中描绘的：某某设计要体现一种时代精神，在现代中蕴含传统的韵味……一句话好说，但要把它转化为具体的空间实物。则需要设计者艰苦的脑力劳动。在这里关键点在于设计概念表象特征的选取，也就是说要选择一个能够正确表达概念的物化形象，用一句专业的术语叫做——设计定位。设计者往往需要经过多方面的尝试才能最终确立，既要经过十月怀胎的艰辛，还要经受一朝分娩的阵痛。一旦孩子出生，剩下的事就好办多了。

因此，设计概念发展阶段控制的关键点，在于能否在有限的时间内产生较多可供选择的设计概念，并能够进行正确的设计概念定位决策，使虚拟的设计概念成为符合项目要求的空间实体形态。

（2）设计方案发展阶段的控制

设计方案的发展阶段就是实施从平面到空间的转化。是设计意念从概念向方案转换的技术表达环节。创意物化的工作完成之后，摆在设计者面前的可能是一堆文案草稿，也可能是一件卡纸模型，要把它转换成可实施的方案还必须使用科学的空间表达技术手段。正投影制图、空间模拟透视图、实物模型成为传统的表达方式，计算机虚拟空间表现与实景动态空间模拟成为新型的表达工具。不论是何种方式，技术表达环节的最终目的除了让观者理解空间设计的意图之外，同时也是为了设计者自身实现从平面绘图概念向空间实施概念的转换。

因此，设计方案发展阶段控制的关键点，在于能否以有限的时段合理调配人力资源，统筹安排技术表达环节的进度，并适时给与设计方案制作者从平面到空间的技术指导。

（3）设计实施发展阶段的控制

设计实施的发展阶段就是实施从纸面图形到材料构造的转化。是设计意念从概念向方案转换的建筑实施环节。当技术表达完成对实施空间的模拟之后。选择合适的材料与构造就成为最终完成设计意念的关键。纸面的图形与实际的材料构造之间还是有着相当大的差别。纸上谈兵与实际带兵毕竟是完全不同的两个概念，图画得好并不意味着能够选择合适的材料，进行理想的构造设计，材料选择和构造设计同样要经过实践的考验。

因此，设计实施发展阶段控制的关键点，在于能否最大限度的实现图纸表现的合理内容。在有限的时段与相关专业和施工者以有机的配合，在材料、色彩、构造选择的关键问题上适时给与施工者技术指导。当图纸与施工现场的情况出现误差，应掌握先行检查图纸的原则。并根据实际的发展可能性确定最终的实施方案。

3.相关知识

（1）系统程序控制的知识

系统程序控制的知识主要来自于控制论和系统科学，并依靠控制论系统的理论发展来建立自身的体系。

1）由一般系统论和控制论构成的系统科学

系统的科学概念源于20世纪30年代奥地利生物学家贝塔朗菲（Ludwig Von Bertalanffy）提出的一般系统论（General System Theory）。并在后来成为系统科学的理论基础之一。一般系统论把所有可以称为系统的事务当作统一的研究对象进行处理，从系统形式、状态、结构、功能、行为一直探索到系统的可能组织、演化、生长或消亡，而不管这种系统究竟来自何种学科。这种基本思路与后来的控制论不同，控制论产生的初期汲取了一般系统论的许多重要概念或结论，因而在系统的观点上基本一致，但控制论主要对受控的系统感兴趣，创造条件把本来不受控的系统置于控制之下。

在20世纪70年代初由于一般系统论和控制论的发展，开始形成我们今天所讲的系统科学（Systems Science）。系统科学处于自然科学与社会科学交叉的边缘地带，是20世纪末信息论、运筹学、计算机科学、生命科学、思维科学、管理科学等科学技术高度发展的必然产物。简单地说，系统科学就是立足于"系统"概念，按一定的系统方法建立起来的科学体系。由于控制论的方法论地位和高度综合性。控制论和系统科学在国际学术界有时是相提并论甚至等同的。

一般系统论、控制论一直到系统科学，都是在系统概念的基础上发展起来的。今天，系统的概念已经渗透到各类学科，可以说它是一种方法，是一把打开未知世界大门的金钥匙。在室内设计的领域有了系统概念，就可以通过有条不紊的归纳、类比、联想、判断来解决一个个设计上的难题。

2）一般系统的概念

按照一般系统的定义，多个矛盾要素的统一体就叫系统。这些要素也叫系统成分、成员、元素或子系统。要对一个系统进行分析，必须获得有关该系统的四方面知识：结构、功能、行为、环境。

面对我们所处的世界，系统无处不在，地球是一个系统，同时又是太阳系的子系统；太阳系本身是一个更大的系统，但却是银河系这样一个更为巨大的系统中的子系统。就室内设计而言它也是一个复杂的系统，空间界面是室内设计的要素，空间界面本身又是由地面、墙面、顶棚、门窗、设备、装饰物等子系统所构成，它们又能细分为形状、材质、色彩等等。

3）控制论系统的基本属性

就设计的实用概念而言需要的是控制论系统，控制论系统是当然的一般系统，但一般系统却不一定都是控制论系统。一个控制论系统要具备五个基本属性：

可组织性：系统的空间结构不但有规律可循，而且可以按一定秩序组织起来。

因果性：系统的功能在时间上有先后之分，即时间上有序，不能本末倒置。

动态性：系统的任何特征总在变化之中。

目的性：系统的行为受目的支配。要控制系统朝某一方向或某一指标发展，目的或目标必须十分明确。

环境适应性：了解系统本身，尚不能说可成为控制论系统。必须同时了解系统的环境和了解系统对环境的适应能力。

由此我们可以看出一个能进行有效控制的控制论系统，必须具备"可控制性"和"可观察性"。这就是说控制论必须是受控的，系统受控的前提是由足够的信息反馈来保证的。

4）系统类型与系统模型

系统归类后的分析是建立在创造性思维的模型基础之上。这种模型是对客观事务的模拟、写照、描绘或翻版。分为两种类型：一类为定性模型，一类为定量模型。定性模型分为三种：实物模型（木工模型、飞机模型、建筑模型、物理实验模型等）；概念模型（政治模型、心理模型、语言模型等）；直观模型（广告模型、方框图、程序框图等）。定量模型也分三种：数学模型（用代数方程、微分或差分方程、积分方程或其他符号化方式表明系统要素间数量关系的模型）；结构模型（用几何或图论方法描述系统要素间因果数量关系的模型，如网络模型、决策树模型等）；仿真模型（利用计算机的数据处理和逻辑运算两大功能，用计算机能读懂的语言编写的程序表现的模型）。

在分析特定问题或描述指定事件时，控制系统论主张定性与定量的方法紧密结合，定性模型和定量模型相互参照印证才能得出科学的结论。这是因为缺乏定量分析、没有数据支持的定性模型是不科学和不可靠的。缺乏定性模型、没有逻辑推理的定量模型是片面和不完善的。

5）系统工程

二十多年来"系统"概念在控制论、信息论、运筹学基础上，从一般系统论发展成为具有三个层次的系统科学：系统哲学或方法论、系统理论、系统工程。其中属于系统科学应用部分的系统工程对室内设计最具实用价值。所谓系统工程就是把系统科学的原理运用于工程和社会经济实际。

系统工程的主导思想就是通过系统分析、系统设计、系统评价、系统综合达到物尽其用的目的。系统工程既是组织管理技术，也是创造性思维方法，又是现代科学技术的大综合，它与其他学科的联系十分紧密。

系统工程所采用系统科学原理的主要观点有：整体观点、综合观点、比证观点（即价值观点）、战略观点、优化观点。

系统工程的实施总包含三个基本步骤。第一是提出问题；第二是通过建立模型，优化目标，进行系统分析；第三是按一定的评价标准（价值准则）将不同的措施方案加以解释评价，选择最优方案。

通过对系统科学和系统工程的分析，我们不难看出"系统"概念对于室内设计所具有的重要意义。实际上室内设计程序的科学实施必定是建立在系统科学和系统工程的理论基础之上，缺乏系统概念指导的室内设计必定会在某个环节出现漏洞，完成的工程项目也不会是一个完整的室内设计。

（2）设计阶段管理的知识

1）项目概念设计与专业协调

在占有了各种不同的设计信息资源之后，开始进行项目的概念设计应该说是水到渠成。面对一个具体的设计项目，头脑中总要先有一个基本的构思。经过酝酿，产生方案发展总的方向，这就是正式动笔前的概念设计。确立什么样的概念，对整个设计的成败，有着极大的影响。尤其是一些大型项目，面临的影响因素和矛盾就会更多。如果一开始就没有正确的设计概念指导，意图不明，在后来的设计上出现问题就很难补救。

室内工程项目的概念设计，实际上就是运用图形思维的方式，对设计项目的环境、功能、材料、风格，进行综合分析之后，所做的空间总体艺术形象构思设计。

在开始进行空间的概念设计时为了让思维的翅膀不受任何羁绊翱翔于广阔的天空，一般不过早和过多地考虑建筑构造与环境系统设备的制约。可是一旦有了明确的设计概念后，与各专业的协调工作就必须马上进入设计者的思维，并迅速排入急需待办的日程。在图面作业的程序中与各种相关专业的协调多体现于方案图和施工图，这在以表现为主的具体的制图绘制程序中是合理的。但在项目实施程序中及早与各相关专业协调，则对设计概念的实施具有重要意义。也就是说一旦设计概念与构造设备发生矛盾，就必须通过协调解决，其结果无非是三种：构造设备为设计概念让路；放弃已有设计概念另辟新路；在大原则不变的情况下双方作小的修改。因此项目概念设计与专业协调是一个成功室内设计必不可少的关键程序。

2）确定方案与施工图设计

当设计方案完全确定下来以后，准确无误的实施就主要依靠于施工图阶段的深化设计。施工图设计需要把握的重点主要表现在以下四个方面：

①不同材料类型的使用特征。设计者不可能做无米之炊，装修材料如同画家手中的颜料，切实掌握材料的物质特性、规格尺寸、最佳表现方式。

②材料连接方式的构造特征。装修界面的艺术表现与材料构造的连接方式有着必然的联系，可以充分利用构造特征来表达预想的设计意图。

③环境系统设备与空间构图的有机结合。环境系统设备部件如灯具样式、空调风口、散热器造型、管道走向等等，如何成为空间界面构图的有机整体。

④界面与材料过渡的处理方式。人的视觉注视焦点多集中在线形的转折点，空间界面转折与材料过渡的处理成为表现空间细节的关键。

施工图绘制过程的本身就是一个设计深化的极好机会，设计者不要轻易放弃这个过程。委托别人绘制固然减轻了自己的负担，但从设计意图的全面实现来讲毕竟存在着很大的缺陷。至少应该在界面构图与关键性的细部节点上有自己限定性很强的图示。

3）材料选择与施工监理

施工图绘制完成标志着室内设计项目实施图纸阶段主体设计任务的结束。接下来的工作主要是与委托设计方和工程施工方的具体协调与指导管理。材料选择与施工监理是项目实施最后阶段的主要工作。

材料选择受到类型、价格、产地、厂商、质量、批次等要素的制约。就设计者来讲，材料是进行室内装修设计最基本的要素，材料应该依据设计概念的界定进行选择，并不一定使用流行的或是昂贵的材料。材料的色彩、图案、质地是选择的重点，在实际的项目工程中选择材料要切实注意两点。一要注重实地选材不迷信材料样板。一般的材料样板，总是用白色之类的纸板衬托且面积较小，在调和色的背衬下任何一种颜色都是好看的，这与实际空间中的色彩运用有较大的区别。二要注意天然材料在色彩与纹样上的差异。天然材料尤其是石材，受矿源的影响同一种材料在色彩与纹样上有着不小的差别。

施工监理是项目实施过程中必不可少的一项工作，较大的工程项目通常需要任用专业的施工监理。作为设计者不论有无专业的监理，都要在施工的关键阶段亲临现场指导，尤其是需要现场体验的构造、尺度、色彩、图案等问题。

二、设计程序指导

1.掌握要点

程序是按时间先后或依次安排的工作步骤。掌握室内设计完整的科学程序，即：广义的从设计概念构思到工程实施完成全过程中的设计过程；狭义的从设计意念界定概念方案并落实为工程图纸过程中的设计过程。

2.工作程序与方法

室内设计的精髓在于空间总体艺术氛围的塑造。由于这种塑造过程的多向量化，使得室内设计的整个设计过程呈现出各种设计要素多层次穿插交织的特点。从概念到方案，从方案到施工，从平面到空间，从装修到陈设，每一个环节都要接触到不同专业的内容，只有将这些内容高度地统一，才能在空间中完成一个符合功能与审美的设计。协调各种矛盾成为室内设计最基本的行业特点。因此遵循科学的设计程序就成为室内设计项目成功的一个重要因素。

（1）设计概念扩展与界定的指导

设计概念扩展与界定的过程相似于艺术创作。每一个人都会有表象的感知，但并不意味每一个人都能够进行艺术创作。因为，如果只有表象的感知而不张开想象的翅膀，认知的表象就不可能转换为新的形象。在这里想象具有决定的意义。我们经常能够在生活中发现一些画家或摄影师面对看似平凡的物象发呆，这是因为他们往往可以在这些平常的物象中发现新的创作灵感。敏锐的表象感知能力是新形象产生的基础，而丰富开阔的想象则是新形象产生的本质。

当前的第一感觉，是指人接触新事物或新形象后最初的刺激强度。一般来讲第一印象总是最深的，随着接触同一事物或形象的次数增多，刺激的强度会逐渐减弱。因此第一感觉的想象如果不能够迅即展开，往往会失去最佳的创作想象时机。感觉是在生物的反映形式——即刺激反应性的基础上发展起来的。感觉属于认识的感性阶段，是一切知识的源泉。虽然，人类感觉在复杂的生活条件下和变革现实的活动中得到了高度发展，它的产生同时包含社会发展的因素，与自然动物简单的刺激反应有本质的区别。但是生命体本源的刺激反应性所起的作用却是第一性的。因此保持对事物的第一感觉，在想象的概念中是极其重要的环节。

瞬时感悟未知形态的物象，实际上是认知回忆与强烈的第一感觉碰撞的产物。在这里联想起着关键的作用。联想属于一种对物象跳跃式思维的连锁反映。是由一事物想起另一事物的心理过程。是现实事物之间的某种联系在人脑中的反映，往往在回忆中出现。联想有多种形式。一般分为接近联想、类似联想、对比联想、因果联想等。在艺术创作中联想具有强烈的主观意识。在充分调动自身思想贮藏的同时，往往能够在瞬时从一种形象转换到毫不相关的另一种形象。从而产生创作的冲动，将一个从未有过的形象表现出来。

对于艺术家和设计师而言想象的空间不受任何约束，离开想象我们不可能进行任何创造。从表象的认知到想象的演绎，构成了艺术设计创作过程典型的概念思维模式。

作为项目设计主持的指导者，在主导虚拟概念的限定下需要给予设计者充分的想象空间，不要有更多的具体空间形态限定。设计概念经过有限时段的充分扩展后需要及时确定，不能没完没了的反复。

（2）设计方案发展与制作的指导

设计方案发展与制作的程序，包括图形表达的两个环节，即：设计概念确立后的方案图；方案深化后的施工图。

1）设计概念确立后的方案图

概念设计阶段的草图一般都是设计者自我交流的产物，只要能表达自己看得懂的完整的空间信息，并不在乎图面表现效果的好坏。而设计概念确立后的方案图作业则是另一种概念。在这里方案图作业具有双重的作用，一方面它是设计概念思维的进一步深化；另一方面它又是设计表现关键的环节。设计者头脑中的空间构思最终要通过方案图作业的表现，展示在设计委托者的面前。

视觉形象信息准确无误的传递对方案图的作业具有非常重要的意义。因此平立面图要绘制精确，符合国家制图规范；透视图要能够忠实再现室内空间的真实景况。可以根据设计内容的需要采用不同的绘图表现技法，如水彩、水粉或透明水色、马克笔、喷绘之类。随着计算机技术的迅猛发展，在方案图作业的阶段使用计算机绘图已是大势所趋，尤其是制图部分基本已完全代替了繁重的徒手绘图，透视图的计算机表现同样也具有模拟真实空间的神奇能力，用专业的软件绘制的透视图类似于摄影作品的效果。在这方面因为涉及艺术表现的问题，计算机绘图不可能完全取而代之，但至少会成为透视图表现的主流，而手绘透视表现图只有达到相当的艺术水准才能被接受。两者之间的关系如同人像摄影与肖像绘画。

作为学习阶段的方案图作业仍然要提倡手工绘制，因为直接动手反映到大脑的信息量，要远远超过隔了一层的机器，通过手绘训练达到一定的标准，再转而使用计算机必然能够在方案图作业的表现中取得事半功倍的效果。

在室内设计的方案图作业中，平面图的表现内容与建筑平面图有所不同，建筑平面图只表现空间界面的分隔，而室内平面图则要表现包括家具和陈设在内的所有内容。精细的室内平面图甚至要表现材质和色彩。立面图也是同样的要求。

一套完整的方案图作业，应该包括平立面图、空间效果透视图以及相应的材料样板图和简要的设计说明。工程项目比较简单的可以只要平面图和透视图。具体的作图程序则比较灵活，设计者可以按照自己的习惯做相应的安排。

2）方案深化后的施工图

室内设计方案经委托者通过后，即可进入施工图作业阶段。如果说草图作业阶段以"构思"为主要内容，方案图作业阶段以"表现"为主要内容，施工图作业则以"标准"为主要内容。这个标准是施工的唯一科学依据。再好的构思，再美的表现，如果离开标准的控制则可能面目全非。施工图作业是以材料构造体系和空间尺度体系为其基础的。所以施工图的绘制过程，就是方案进一步深化与确定的过程。

一套完整的施工图纸应该包括三个层次的内容：界面材料与设备位置、界面层次与材料构造、细部尺度与图案样式。

界面材料与设备位置在施工图里主要表现在平立面图中。与方案图不同的是，施工图里的平立面图主要表现地面、墙面、顶棚的构造样式、材料分界与搭配比例，标注灯具、供暖通风、给水排水、消防烟感喷淋、电器电信、音响设备的各类管口位置。常用的施工图平立面比例为1∶50，重点界面可放大到1∶20或1∶10。

界面层次与材料构造在施工图里主要表现在剖面图中。这是施工图的主体部分，严格的剖面图绘制应详细表现不同材料和材料与界面连接的构造，由于现代建材工业的发展不少材料都有着自己标准的安装方式，所以今天的剖面图绘制主要侧重于剖面线的尺度推敲与不同材料衔接的方式。常用的施工图剖面比例为1∶5。

细部尺度与图案样式在施工图里主要表现在细部节点详图中。细部节点是剖面图的详解，细部尺度多为不同界面转折和不同材料衔接过渡的构造表现。常用的施工图细部节点比例为1∶2或1∶1，图面条件许可的情况下，应尽可能利用1∶1的比例，因为1∶2的比例容易造成视觉尺度判断的误差。图案样式多为平立面图中特定装饰图案的施工放样表现，自由曲线多的图案需要加注坐标网格，图案样式的施工放样图可根据实际情况决定相应的尺度比例。

（3）设计实施阶段的指导

设计实施阶段的指导主要体现于室内装修中材料与构造的应用。在室内界面的处理中呈现出两种表象。一种是建筑自身材料与构造的直接视觉表现；另一种是通过装修的手法覆盖在建筑构造上的视觉表现。由于大量的室内界面是以后一种方式进行处理，所以装修就成为室内界面处理的代名词。

显现于视觉的界面材料构造由于自身不同的形态、质地、色彩、纹理会对人的心理产生完全不同的影响。因此会由于不同材料构造在界面的使用而产生不同的装饰风格。

木材质感温暖润泽、纹理优美、着色性好，历来是室内用材的首选。东方世界用木材创造了以构造为特征的彩画框架装饰体系；石材质感坚硬、纹理色彩多变、雕凿性好，是建筑理想的结构材料，同时也是室内界面铺砌的高档用材；西方世界用石材创造了以柱式拱券为代表的雕塑感极强的界面装饰体系；金属材料质感冷峻平滑、色彩单纯、加工成型可塑性强，但是需要现代加工技术水平的支撑，因此以金属作为室内界面的构造与材料就代表了现代最典型的装饰风格。可见材料与装饰风格有着本质上的联系。

一般来讲设计者总是希望在界面的处理上选用高档材料，这是因为所谓的高档材料本身具有华丽的外表，易于产生良好的视觉效果。但是滥用高档材料不但得不到好的空间装饰，而且还会因为材料衔接过渡的处理不当，造成适得其反的效果。设计者合理选用与合理搭配材料的能力并不是一蹴而就的简单技巧。同一空间中使用的材料越多面临的矛盾也就越大，因此一些高档的场所反而用材极为简洁。当然材料用得少就更需要精细的工艺水平。简约主义流行，不少设计者趋之若鹜，但由于并没有真正理解使用材料的真谛，所以材料使用和衔接的尺度比例掌握不好，加之装修工艺粗糙，空间效果反而不如以往。可见简约比之繁复在设计的用材上要更见功力。

一般来讲材料的使用总是与不同的功能要求和一定的审美概念相关。似乎很少与流行的时尚发生关系。但是随着各种新型装饰材料的不断涌现，以及大众的攀比和从众心理，在装饰材料的使用上居然也泛起阵阵流行的浪潮。以墙面的装饰材料为例墙纸、喷涂、木装修、织物软包等依次登场，这两年具有不同柔和色调适合于居室墙面装饰的高级乳胶漆又颇为流行。装饰织物方面：窗帘、床罩、靠垫、枕套等等，更是与色彩图案的流行有着直接的联系。可见材料也有流行的时尚。

在一个相对稳定的时间段内，某一类或某一种装饰材料大家用得比较多。这就是材料流行的时尚。这种流行实际上是人们审美能力在室内界面装饰方面的一种体现。喜新厌旧是青年人最基本的审美特征；怀恋旧物则是一般老年人最常见的审美特征。在居住环境的室内装修由于新婚家庭的主体是年轻人，主流社会中家庭的决策人又往往是中青年。而这一类家庭的居室装修又占据了室内装饰材料使用的主流，因此也就促成了材料流行的时尚。在公共环境的室内装修中同样也会因为追求所谓的现代感或是时代感，造成某一种新材料的流行潮。

材料的流行从社会公众的角度来看无可厚非。而从专业的角度来看则表现出设计上的不够成熟。运用何种材料构造来处理界面是需要从空间的整体效果来考虑的。

由于材料具有形态、色彩、质感、图案的变化，在图形方案表达中必须采用物质实样的表现方式，这就是材料样板的概念。同样设计者运用材料构造处理界面的能力也需要经过实践的不断磨练，才能达到炉火纯青的境地。

3.相关知识

（1）设计方法的知识

任何一门专业都有着自己科学的工作方法，室内设计的方法主要体现于两种思维方式的综合运用。

设计的过程与结果都是通过人脑思维来实现的。思维的模式与人脑的生理构成有着直接的联系。根据最新的科学研究成果，人大脑的左右两半球分管的思维类型是完全不同的。左半球主管抽象思维，具有语言、分析、计算等能力。右半球主管形象思维，具有直觉、情感、音乐、图像等鉴别能力。人的思维过程一般地说是抽象思维和形象思维有机结合的过程。就设计思维而言，由于本身跨越学科的边缘性，使单一的思维模式不能满足复杂的功能与审美需求。而室内设计在所有的设计门类中又是综合性最强的一类，因此它的思维模式显然具有自身鲜明的特征。正是这种思维特征构成了室内设计方法的特有模式。

1）综合多元的思维渠道

抽象思维着重表现在理性的逻辑推理，因此也可称为理性思维；形象思维着重表现在感性的形象推敲，因此也可称为感性思维。

理性思维是一种线形空间模型的思路推导过程，一个概念通过立论可以成立，经过收集不同信息反馈于该点，通过客观的外部研究过程得出阶段性结论，然后进入下一点，如此循序渐进直至最后的结果。

感性思维则是一种树形空间模型的形象类比过程，一个题目产生若干概念（三个以上甚至更多），三种概念可能是完全不同的形态，每一种都有发展的希望，在其中选取符合需要的一种再发展出三个以上新的概念，如此举一反三的逐渐深化，直至最后产生满意的结果。

从以上分析我们不难看出理性思维与感性思维的区别，理性思维从点到点的空间模型，方向性极为明确，目标也十分明显，由此得出的结论往往具有真理性。使用理性思维进行的科学研究项目最后的正确答案只能是一个。而感性思维从一点到多点的空间模型，方向性极不明确，目标也就具有多样性，而且每一个目标都有成立的可能。结果十分含混，因此使用感性思维进行的艺术创作，其优秀的标准是多元化的。

室内设计属于艺术设计的范畴，同时又是一门边缘学科，就空间艺术本身而言，感性的形象思维占据了主导地位。但是在相关的功能技术性门类，则需要逻辑性强的理性抽象思维。因此，进行一项室内设计，丰富的形象思维和慎密的抽象思维必须兼而有之、相互融合。

可见使用综合多元的思维渠道是室内设计思维方法的主要特征。

由于室内设计的受制因素较多，因此在设计的思维过程中，不能死钻牛角尖，一条路走不通，就换一条试试。在实际生活中十全十美的设计是很难办到的，任何一个方案都可能有这样或那样的缺点。所以设计者要善于解决主要矛盾，在不影响主要使用功能和艺术效果的情况下适可而止。在很多情况下单元的线性思维很难应付纷繁的设计问题，只有多元的思维方式才能产生可供选择的方案。换个角度想问题，往往会取得意想不到的收获。

2）图形分析的思维方式

感性的形象思维更多地依赖于人脑对于可视形象或图形的空间想象，这种对形象敏锐的观察和感受能力，是进行设计思维必须具备的基本素质。这种素质的培养主要依靠设计者本身建立科学的图形分析思维方式。所谓图形分析的思维方式，主要是指借助于各种工具绘制不同类型的形象图形，并对其进行设计分析的思维过程。就室内设计的整个过程来讲，几乎每一个阶段都离不开绘图。概念设计阶段的构思草图：包括空间形象的透视与立面图、功能分析的坐标线框图；方案设计阶段的图纸：包括室内平面与立面图、空间透视与轴测图；施工图设计阶段的图纸：包括装修的剖立面图、表现构造的节点详图等等。可见离开图纸进行设计思维几乎是不可能的。

养成图形分析的思维方式，无论在设计的什么阶段，设计者都要习惯于用笔将自己一闪即逝的想法落实于纸面。而在不断的图形绘制过程中，又会触发新的灵感。这是一种大脑思维形象化的外在延伸，完全是一种个人的辅助思维形式，优秀的设计往往就诞生在这种看似纷乱的草图当中。不少初学者喜欢用口头的方式表达自己的设计意图，这样是很难被人理解的。在室内设计的领域，图形是专业沟通的最佳语汇，因此掌握图形分析的思维方式就显得格外重要。

在设计中图形分析的思维方式主要通过三种绘图类型来实现：第一类为空间实体可视形象图形，表现为速写式空间透视草图或空间界面样式草图。第二类为抽象几何线平面图形，在室内设计系统中主要表现为关联矩阵坐标、树形系统、圆方图形三种形式。第三类为基于画法几何的严谨图形，表现为正投影制图、三维空间透视等。

3）对比优选的思维过程

选择是对纷繁客观事物的提炼优化，合理的选择是任何科学决策的基础。选择的失误往往导致失败的结果。人脑最基本的活动体现于选择的思维，这种选择的思维活动渗透于人类生活的各个层面。人的生理行为，行走坐卧穿衣吃饭无不体现于大脑受外界信号刺激形成的选择。人的社会行为，学习劳作经商科研无不经历各种选择的考验。选择是通过不同客观事物优劣的对比来实现。这种对比优选的思维过程，成为人判断客观事物的基本思维模式。这种思维模式依据判断对象的不同，呈现出不同的思维参照系。

就室内设计而言选择的思维过程体现于多元图形的对比优选，可以说对比优选的思维过程是建立在综合多元的思维渠道以及图形分析的思维方式之上。没有前者作为对比的基础，后者选择的结果也不可能达到最优。一般的选择思维过程是综合各类客观信息后的主观决定，通常是一个经验的逻辑推理过程，形象在这种逻辑的推理过程中虽然有一定的辅助决策作用，但远不如在室内设计对比优选的思维过程中那样重要。可以说对比优选的思维决策，在艺术设计的领域主要依靠可视形象的作用。

在概念设计的阶段，通过对多个具像图形空间形象的对比优选来决定设计发展的方向。通过抽象几何线平面图形的对比优选决定设计的使用功能。在方案设计的阶段，通过对正投影制图绘制不同平面图的对比优选决定最佳的功能分区。通过对不同界面围合的室内空间透视构图的对比优选决定最终的空间形象。在施工图设计的阶段，通过对不同材料构造的对比优选决定合适的搭配比例与结构，通过对不同比例节点详图的对比优选决定适宜的材料截面尺度。

对比优选的思维过程依赖于图形绘制信息的反馈，一个概念或是一个方案的诞生必须靠多种形象的对比。因此作为设计者在构思的阶段不要在一张纸上用橡皮反复涂改，而要学会使用半透明的拷贝纸，不停地拷贝修改自己的想法，每一个想法都要切实地落实于纸面，不要随意扔掉任何一张看似纷乱的草图。积累、对比、优选，好的方案就可能产生。

（2）设计技能的知识

设计在很大程度上依赖于表现，表现在很大程度上又依赖于图形，因此设计技能的知识就是图形思维方法的知识。关键在于学会各种不同类型的绘图方法，绘图的水平因人受教育经历的不同，可能会呈现很大的差别，但就图形思维而言绘图水平的高低并不是主要问题，主要问题在于自己必须动手画，要获得图形思维的方法和表现视觉感受的技法，必须能够熟练地徒手画。即使在电子计算机绘图高度发展的今天，这种能够迅速直接反映自己思维成果的徒手画依然不会被轻易地替代。

1）从视觉思考到图解思考

室内设计图形思维的方法实际上是一个从视觉思考到图解思考的过程。空间视觉的艺术形象设计从来就是室内设计的重要内容，而视觉思考又是艺术形象构思的主要方面。视觉思考研究的主要内容出自心理学领域对创造性的研究。这是一种通过消除思考与感觉行为之间的人为隔阂的方法，人对事物认识的思考过程包括信息的接受、贮存和处理程序，这是个感受知觉、记忆、思考、学习的过程。认识感觉的方法即是意识和感觉的统一，创造力的产生实际上正是意识和感觉相互作用的结果。

根据以上理论，视觉思考是一种应用视觉产物的思考方法，这种思考方法在于：观看、想象和作画。在设计的范畴，视觉的第三产品是图画或者速写草图。当思考以速写想象的形式外部化成为图形时，视觉思维就转化为图形思维，视觉的感受转换为图形的感受，作为一种视觉感知的图形解释而成为图解思考。

图解思考的本身就是一种交流的过程。这种图解思考的过程可以看作自我交谈，在交谈中作者与设计草图相互交流。交流过程涉及纸面的速写形象、眼、脑和手，这是一个图解思考的循环过程，通过眼、脑、手和速写四个环节的相互配合，在从纸面到眼睛再到大脑，然后返回纸面的信息循环中，通过对交流环的信息进行添加、消减、变化，从而选择理想的构思。在这种图解思考中，信息通过循环的次数越多，变化的机遇也就越多，提供选择的可能性越丰富，最后的构思自然也就越完美。

从以上分析我们可以看出图解思考在室内设计中的六项主要作用：

表现—发现；

抽象—验证；

运用—激励。

这是相互作用的三对六项。视觉的感知通过手落实在纸面称为表现，表现在纸面的图形通过大脑的分析有了新的发现。表现与发现的循环得以使设计者抽象出需要的图形概念，这种概念再拿到方案设计中验证。抽象与验证的结果在实践中运用，成功运用的范例反过来激励设计者的创造情感，从而开始下一轮的创作过程。

2）基本的图解语言

根据室内设计专业的特点，室内设计的图形思维以及它的图解思考方法，有着自己特定的基本图解语言。这是一种为设计者个人所用的抽象图解符号，这种图解符号主要用于设计的初期阶段，它与设计最后阶段的类似画法几何的严格图解语言尚有一定的区别，一般的图解语言并没有严格的绘图样式，每一个设计者都可能有着自己习惯运用的图解符号，当不少约定俗成的符号成为那种能够正确记录任何程度的抽象信息的语言，这种符号就成为设计者之间相互交流和合作的图解语言。

符号是一种可表达较广泛意义的图解语言，如同文字语言一样图解语言也有着自己的语法规律。文字语言在很大程度上受词汇的约束，而图解语言则包括图像、标记、数字和词汇。一般情况下文字语言是连续的，而图解语言是同时的，所有的符号与其相互关系被同时加以考虑。因此图解语言具有描述兼有同时性和错综复杂关系问题的独特效能。

图解语言的语法规律与它要表达的专业内容有着直接的关系。就室内设计的图解语言来讲，它的语法是由图解词汇"本体"、"相互关系"、"修饰"组成。本体的符号多以单体的几何图形表示，如方、圆、三角等；在设计中本体一般为室内功能空间的标识，如餐厅、舞厅、办公室等。相互关系的符号以多种类型的线条或箭头表示，在设计中一般为室内功能空间双向关系的标识。修饰的符号多为本体符号的强调，如重复线形、填充几何图形等，在设计中一般为区分空间个性或同类显示的标识。

由图解词汇组成的图解语法，在室内空间的设计构思中基本表现为四种形式：位置法、相邻法、同类法、综合法。位置法以本体的位置作为句型，本体之间的关系采用暗示网格表示，具有较强的坐标程序感。在设计构思中常以此法推敲单体功能空间在整体空间中的合理位置程序。相邻法以本体之间的距离作为句型，本体之间关系的主次和疏密以彼此间的距离表示。距离的增大暗示不存在关系。在设计构思中常以此法推敲单体功能空间在整体空间中相互位置的交通距离。同类法以本体的组群作为句型，本体以色彩或者形体之类的共同特征进行分组，在设计构思中常以此法推敲空间使用功能或环境系统的类型分配。综合法是以上三种图解语法组合形成的变体。

当然以上的图解语法只是在室内设计的概念或方案设计初期经常运用的一般语法。设计者完全可以根据自己的习惯创造新的语法，在图形思维中并没有严格的图解限定，只要能够启发和表现设计的意图采用任何图解思考的方式都是可以的。

第二章　设计创意

第一节　系统空间形象创意

一、项目空间序列总体分析

1.掌握要点

通过对室内建筑环境构成的研究，了解空间形态要素与空间序列环境氛围组合的内容。掌握项目设计中空间序列总体分析的方法，从而提高系统空间的形象创意水平。

2.工作程序与方法

（1）室内建筑环境的空间形态分析

室内建筑环境的空间形态主要体现于建筑界面实体与围合虚空所呈现的空间氛围。从专业的角度出发，室内设计是由空间环境、装修构造、装饰陈设三大部分构成的一个整体。空间环境的氛围是由建筑的地面、梁柱、墙体、顶棚、门窗等基本要素构成的空间整体形态及人的尺度感受，加上采光、照明、供暖、通风等设备的设计与安装，共同营造完成的。装修构造是组成空间的界面结构，由设计者运用不同的材料，依照一定的比例尺度选择合适的色彩与质地对其进行的铺装。界面的装修构成了营造空间美的背景。不同的照明类型会对界面的造型和空间氛围的美感产生重大影响；装饰陈设包括对已装修的界面进行的装饰和用活动物品进行的陈设。由家具摆放、灯具选用、织物选择、绿化样式、日常生活用品、各类艺术品组合的陈设装饰构成了营造空间美的主体。

可见室内的审美是单位空间中所有实体与虚形的总体形象，通过人的视、听、嗅、触感官反映到大脑所形成的氛围感受来实现的。其中视觉在所有的审美感官中起的作用最大，因此构成典型室内六个界面的形、色、质就成为设计中主要考虑的审美内容。称其为室内的视觉形象设计。视觉形象设计一方面要注重界面本身的装修效果，另一方面更要注意空间中的陈设物与界面在不同视角形成的总体效果。

作为一个具体的工程项目则要根据以上的分析内容，针对同一交通流线序列的房间，逐一进行视线可及景观的空间环境形态分析。

（2）室内空间序列环境氛围的总体分析

在室内设计中空间实体主要是建筑的界面，其次是家具与设备之类的器物，这些是静态的实体。而人是作为动态的实体进入室内空间的。界面的效果是人在空间的流动中形成的不同视觉观感，因此界面的艺术表现是以个体人的主观时间延续来实现的。家具与设备则在不同的时间里直接与人体发生接触，从而在各种不同行为的生活中完成艺术表现，最终完成了室内的功能。在这里界面等同于舞台，器物等同于道具，人的活动等同于演员，三者之间相辅相成，相得益彰，才能共同营造出特定时段的特定空间表象。

室内空间的表象可以归结为两类。一类是空间静态表象；一类是时间动态表象。界面与物品之类的静态表象，其艺术表现显然比较容易。而动态表象除了人的活动外，还包括光影、声音、气息等环境因素。这些动态的表象都有着明显的时间特征，所谓时过境迁。室内的总体空间氛围基本上是由动态表象所控制的。我们经常有这样的生活体验，好看的室内图片真到了现场却未必如此，画面平平的室内，现场效果却出奇地好。现场参观与实际使用也会是完全不同的空间感受。作为设计者只有通过实践经验去预想实际的效果。这种对未知时空的想象力也是一种设计的语言。从这个角度来讲生活阅历就成为设计者必须积累的设计语言。因此，每一个室内设计者绝不能轻视特定空间实地实时体验的重要作用。

每一栋建筑由于特定的使用功能，都会形成一条主要的人流动线，这条人流动线就是室内的空间序列。依照上述理论进行室内空间序列环境氛围的总体分析，就成为室内设计项目空间形象创意的主要内容。

3.相关知识

（1）空间构成的知识

空间构成是通过空间中实体要素自身的合理定位，实现其整体空间审美价值的。如何进行实体要素的空间组织，是设计者在整个设计过程中重点考虑的问题。

1）空间形态

室内空间是唯一可以让人自由出入的空间，同时也是能够被人真实感受的空间。要创造美的空间形象，从空间形态入手来启发创作概念与设计构思显然是符合其客观规律的。

"众所周知，现实世界中的空间是没有形状的。即使在科学上，空间也只是'逻辑形式'而没有实际形状；只存在着空间的关系，不存在具体的空间整体。空间本身在我们现实生活中是无形的东西，它完全是科学思维的抽象。"[①] 我们在这里所讲的室内空间形态，是由空间限定要素组成的界面围合而成。如同杯与水的关系，杯体是圆柱形水自然会被限定成圆柱体。不同尺度形状的界面所组成的空间，由于形态上的变化，会给人带来不同的心理感受。空间形态的确定，需要根据人的活动尺度，空间的使用类型，材料结构的选用等功能因素，以及设计的审美，人的行为心理等精神因素综合权衡。从本质上讲室内空间的设计就是空间形态的设计。由于空间形态是由界面围合产生的形状，在物化存在的概念上，这个空间形态是由实体与虚空两个部分组成。除了地板、顶棚、墙面相对静止不动外，家具、灯具以及各类陈设物包括人本身都处于相对运动的状态。因此室内的空间形态总是处于时空的流动之中。基于这样的空间概念，室内空间的形态设计，恰似孩子们玩的积木。这种积木既有"实体"的也有"虚拟"的。空间形态的构成如同虚与实的积木搭造的一场空间游戏（图4-2-1）。

空间形体是由点线面运动所产生的结果。典型的空间线型表现为直线与曲线两种形态，产品造型设计总是在这两种线型之间寻求变化。直线与曲线的有规律运动就产生了矩形体、棱锥体、圆柱体、球形体……不规律运动则产生异形体。空间中点的坐标连接方式变化无穷，从理论上讲空间形态的变化也就永

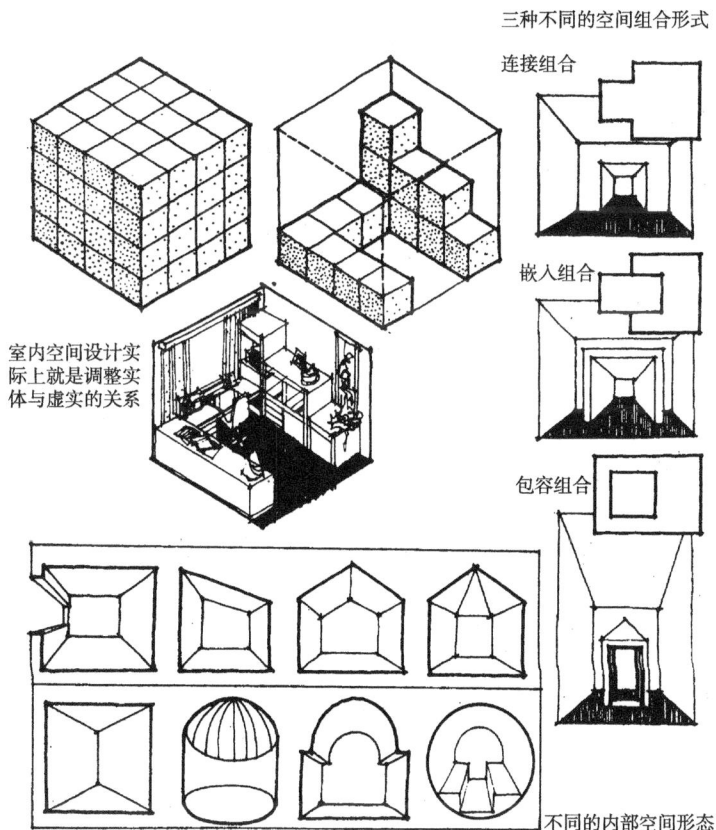

三种不同的空间组合形式

连接组合

嵌入组合

包容组合

室内空间设计实际上就是调整实体与虚实的关系

不同的内部空间形态

图4-2-1

---

① ［美］苏珊·朗格.情感与形式（第85页）.北京：中国社会科学出版社，1986.

无止境。因此室内设计的概念与构思，首先要从空间形态上寻求启示。

2）空间构件

在实体要素中空间构件的视觉作用是十分明显的，尤其是建筑构件暴露于室内空间时，一定要注意利用。从目前建筑发展的趋势来看，工厂化装配式构件的建筑只会越来越多。由于机械加工的构件本身就经过设计，外形美观工艺精巧，处于室内空间可以充当特定的装饰物，没有必要再进行额外的装修，除非其比例与室内的氛围不符。在这里需要格外指出的是关于加装构件的问题。从室内设计的角度出发凡是加装构件，绝大多数是为了空间形象的美观。只有很少一部分是为了功能。从设计的整体概念来讲，加装构件是一个十分慎重的问题，其衡量的标准应该是审美的优点压倒了功能的需求，确实是物有所值。这个值就是审美的价值。也就是说经过加装构件后，室内空间的视觉效果对人的愉悦作用远远胜过了其他。当然这只是一般性的原则。如果是一些特殊的空间需求，加装构件仍然是装修行之有效的利器。

3）界面构图

在所有的室内空间实体要素中界面无疑是主体，它的空间组织对室内整体氛围的影响将是决定性的。关于界面的分隔与组合在本书的"空间组织"一节已经有过分析。在这里主要对界面中的立面样式——墙面的设计手法进行分析。墙面的定位是根据房间功能的需求来确定的，实际上是平面布局的设计内容。而我们在这里所讲的则是墙面本身的空间构图。基于房间整体的墙面空间构图而言，基本上可分为四种类型：

①单面整体构图。这种构图适应性最强，一般的室内空间都采用这种构图。除了踢脚线或顶角线的过渡控制外，主要靠门窗等必备构件的工艺处理，来达到调节构图装饰空间的目的。表现在顶平面往往与灯具或设备管口形成完整的几何构图。

②水平方向分格构图。水平方向的分格构图，利用材料接缝的不同处理手法，变化分格的间距，营造出舒展的视觉空间。由于水平的线型与交圈的踢脚线、顶角线完全平行，因此容易造就统一完整的墙面效果。

③垂直方向分割构图。垂直方向的分格构图，是利用材料接缝手法最为普遍的墙面处理。向上的线型与人的立面主观印象完全相符，容易营造稳定与活跃的空间氛围。在接缝处添加的灯具或构件极易造就节奏感与韵律感强的装饰效果，因此在装修中采用的非常多。

④散点自由构图。散点自由构图属于艺术性较强的处理手法。这种手法并没有一定之规，既可以是平面的画作，又可以采用不同的材料进行点缀。图案与线形变化多样，可以做出十分丰富的界面造型。

除去以上四种类型，墙面的三维造型也是极富戏剧性变化的组织手法，诸如开洞、壁龛、插接等手法。总之墙面的处理手法是千变万化的，设计者不要拘泥于所谓的规矩。只要能够满足特定的功能需求，什么样的构图都可以采用。

（2）空间造型语言运用的知识

空间氛围的创意需要相应的造型语言，并通过一定的物化方式进行表达。这种物化方式就是针对室内空间实体形象的设计，和通过对这种实体形象设计所产生的虚空意境的再创造。

室内空间的实体形象是由建筑的构造、围合的界面、家具与设备、陈设与装饰物品所组成。这些三维的形体具有可视的实际空间表象，自身的造型、色彩、材质，直白地表露出所代表的风格。这种有意识的风格营造，就是设计者运用不同的造型语言对空间实体的形象设计。

作为空间造型艺术的雕塑：雕——作的是减法，塑——作的是加法，但都是由简单形体到复杂形体的创造。室内空间形态的创造在做法上很像是雕塑，可是却不一定都是由简单形体到复杂形体，在很多情况下是反其道而行之，从复杂形体到简单形体。当一座建筑的结构完工后，留给室内设计师的往往是构造裸露设备横陈的复杂形体，运用何种空间形态与之相配，以最大限度发挥空间的效能就成为设计者首先要考虑的问题。

界面围合实体是室内空间造型的主体，在技术上表现为装修的概念；界面围合虚空中的物品是室内空间造型的次体，在技术上表现为陈设的概念。然而在人的主观视觉印象中次体却处于主要的位置，无论是与人的距离，还是形色质的感受，都要比主体来得强烈。在这一点上如同舞台与演员的关系，从空间形态的概念出发舞台布景与灯光绝对是主体，但是从表演的视觉效果出发演员则处于主要的中心位置。因此在空间形态设计的一般理念上：界面围合实体的设计应遵循整体统一、简练素洁的原则；界面围合虚空中的物品设计则应遵循变化多样、醒目突出的原则。

就空间形态的造型手法而言，经常运用的是：直线与矩形、斜线与三角形、弧线与圆形三种空间类型以及由此引发的各种综合形态。

直线与矩形是各类空间形态中应用最广的样式。这是由于建筑构造本身的特点所造成的。同时在人们传统的习惯认识中房间也总是以方盒子的空间形象出现。这与直线矩形的形态特征有很大关系。直线与矩形的方向感、稳定感、造型变化的适应性都较强。而且在材料与构造的选用方面也较为经济。中国传统的建筑正是运用直线与矩形创造出了空间变化极为丰富的平面样式。当然较多的优点也会转化为缺点，选用较多而设计的深度不够特别容易使直线与矩形的空间造型设计流于平庸。

斜线与三角形是点在空间坐标 x、y、z 轴斜向运动的结果。实际上是直线与矩形在方向表现上的异化。从平面使用的功能意义上讲，斜线与三角形的空间形态是最不符合规律的样式。因而也最不容易做好，往往只适应于特定的空间场所。尤其是小于90°的斜线夹角在具体的室内空间中特别容易造成死角，既浪费空间又影响使用。正因为斜线与三角形在空间形态中的这种不利因素，反而成为造型设计出奇制胜的法宝，如果处理得当构思巧妙则能够产生非常好的空间效果。贝聿铭设计的美国国家美术馆东馆，正是受限于三角形场地而因势利导，巧妙地化解了斜线与三角形带来的矛盾，创造出了优秀的斜线与三角形空间形态。

弧线与圆形是个性化强变化丰富的空间线形。弧线的正圆曲线与自由曲线具有强烈的空间导引倾向，弧线与圆形在室内设计中能够营造特殊的空间形态。满足淡化方向或强化方向的室内空间功能。同是一个圆形平面，处于内弧位置方向感弱，处于外弧位置方向感强。在同样面积的空间中圆形的容积率最大，同时圆形的向心感最强。在需要上述两种特点的功能空间采用圆形平面无疑是最理想的选择。赖特的古根海姆博物馆正是采用了弧线与圆形的空间形态，并最大限度地发挥了弧线与圆形的形态特征，从而达到了功能与形式的高度统一。

二、项目空间形象创意

1.掌握要点

掌握室内设计项目空间形象创意的思维方法，重点在于理解室内造型中四维时空运动的氛围表象特征，并能够遵循这种特征的规律，控制项目过程的各个环节，进行完整的空间设计。

2.工作程序与方法

（1）项目空间形象创意思维的拓展

空间形象创意思维的拓展从理论的角度来讲：就是以人的感官所感受的室内空间实体与虚形所反映的全部信息去发散思维。也就是空间总体氛围表象的设计创意。但是，室内设计作为一门操作性极强的专业，毕竟还是要通过各种技术的手段，运用不同的材料，按照艺术设计的规律，用图形思维的方式，最终完成空间形象的创造。既要有理论的指导，又要掌握实际的设计手段。

室内空间的实体形象是由建筑的构造、围合的界面、家具与设备、陈设与装饰物品所组成。这些三维的形体具有可视的实际空间表象，自身的造型、色彩、材质，直白地表露出所代表的风格。这种有意识的风格营造就是设计者对于空间实体的形象设计，也就是室内空间表象的设计。

室内空间的表象是建筑内部的所有物品在自然与人为环境因素共同作用的影响下产生的。表现这种感官的形象，并使之转换为设计的特定语言，而后熟悉这种语言，就成为设计者掌握设计工作方法的主要内容。室内空间表象的体现是一件十分困难的工作。其难点就在于室内时空不断转换的不定模式。

在这里我们所讲的室内空间表象的体现显然属于环境艺术表达的概念，它的艺术表现形式既不同于音乐一类的时间艺术；也不同于绘画一类的空间艺术。而是融合时间艺术与空间艺术的表现形式为一体的四维综合艺术。通俗地说这种艺术表现形式就是房间内部总体的艺术氛围。如同一滴墨水在一杯清水中四散直至最后将整杯水染成蓝色，如同一瓶打开盖子的香水的浓郁气息在密闭的房间中四溢。具体地说室内空间的艺术表现要靠界面（地面、墙面、顶棚）装修和物品陈设的综合效果，要靠进入房间的人在不同时间段的活动来体现（图4-2-2）。

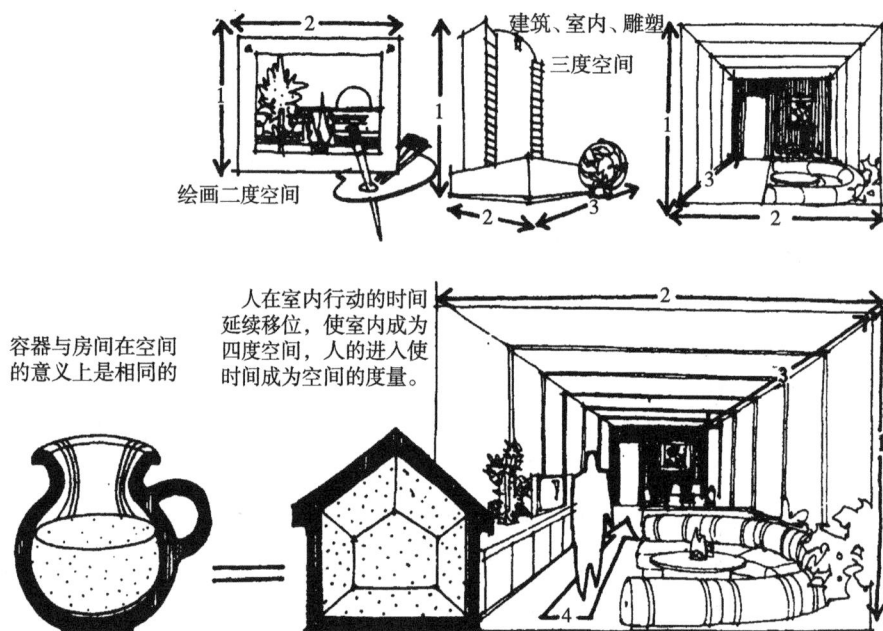

图4-2-2

（2）项目空间形象创意的界定

项目空间形象创意的界定实际上就是空间实体形象的确立。空间实体形象的确立应该按照材料、形体、色彩、质感的顺序依次综合考虑。材料是塑造形体的基础，不同材料的构造方式以及自身的表象往往具有特定的形体塑造方式。选材和材料搭配是设计者首要的专业技术功课；形体是空间形象存在的本质，形体的塑造成为空间形象变化最显著的特征。在室内空间中形体塑造既可以从整体的形象入手，也可以从构造细部的节点推开。纵观世界室内装饰发展的历史，我们可以看到以形体塑造产生的不同具有符号意义的装饰构件所起的重要作用；色彩是表达空间形象视觉感受最直接的要素。色彩所反映出的表象，对空间大小、轻重、虚实的意境起着至关重要的作用。不同色彩所唤起的人类情感是其他要素所不能取代的。正确选用色彩是设计者实际操作技术中最难过的一关；质感与光影的关系是显而易见的，选择不同质感的材料体现于空间形象的表达，能够协助形体与色彩达到所要表现对象的特质。高雅与通俗的气质往往是通过质感所体现的。因为只有质感才能直接作用于人的触觉，并通过触觉达到细腻的空间体验。

空间实体的形象设计在技术上是通过装修与装饰两个层面来实施的。装修是通过对建筑限定空间构造的再设计，运用二次封装的方式重塑其空间形象。多采用几何构图的材料组织来达到美化空间的目的。装饰是通过固定或悬挂于界面的艺术品或其他构件，陈设于室内的家具、器物、绿化或艺术品所共同营造的。纺织品在室内的装饰中起着重要的作用，需要设计者予以充分注意。

空间实体要素选用的类型与数量的多寡、风格的取向与形式的简繁，都会对室内虚空意境的营造产生巨大的影响。究其室内空间设计的本质，我们最终所需要的是这个虚空意境的"无"而不是围合界面的"有"。这种从"有"到"无"的情境转换，主要是通过人的生活经验审美的联想作用。中国传统的匾额、隔扇、盆景所含蓄传达的诗化意境；现代照明材料以其绚丽的光色变化所构成的商业氛围，给与人的审美联想是截然不同的。

"盖居室之制，贵精不贵丽，贵新奇大雅，不贵纤巧烂漫。凡人止好富丽者，非好富丽，因其不能创异标新，舍富丽无所见长，只得以此塞责。"① 在室内设计中，所谓的高档材料并不一定能够营造所要表达的意境。只有以空间总体概念出发的设计理念指导，和与之相适应的空间设计构图技巧，方能创造理想的虚空意境。"创异标新"的意境创造要依靠设计者超凡的空间想象力，要依靠设计者深厚广博的生活积累。如果只停留于"舍富丽无所见长"的一般装修概念，那么我们将永远也达不到室内设计的最高境界。

3.相关知识

（1）创意思维的知识

表象与想象作为认知物质世界最基本的思维客体与主体，显然在新的物象创造中具有决定意义。然而在艺术设计的领域仅具备这样的认知能力是远远不够的。我们在评价一个人是否具备艺术设计的创造能力时经常要提到"悟性"的问题，所谓悟性实际上就是观察客观世界的思维方式。也就是能否成功从表象到想象的认知转换到新形象的创造。这种创作思维的形象转换方法是一个艺术设计创造者必须具备的专业素质。

1）思维与思维的工具

思维："指理性认识或指理性认识的过程。是人脑对客观事物能动的，间接的和概括的反映。包括逻辑思维与形象思维，通常指逻辑思维。它是在社会实践的基础上进行的。认识的真正任务在于经过感觉而到达于思维。"② 由于我们的教育体系，无论学校、家庭还是社会。在培育人的思维认识进程中都偏重于逻辑思维而忽视形象思维。然而在艺术设计中创造者的形象思维能力又显得格外重要。因此我们在思维与创造的问题上将着重于形象思维模式的探讨。

人的所有活动都要借助于工具，使用工具是人脱离一般动物成为高级动物的显著特征。作为人脑的思维显然也要借助于工具，这个思维的工具就是语言；人之所以能够成为有智慧的生物。语言的发育具有决定的意义。语言成为人区别于其他动物的本质特征之一。就其本身的机制而言，语言是约定俗成的音义结合的符号系统，与思维有着密切的联系，是人类形成思想和表达思想的重要手段。通过语言交流人类得以保存和传递文明的成果。从而成为人类社会最基本的信息载体。

由声音转换为文字表达，成为人类自身语言最基本的外在表达形式。文字成为记录和传达语言的书写符号，从而扩大了语言表达的时空。作为人类交际功用的文化工具，文字对人类的文明起了很大的促进作用。正因为此文字也就成为人类思维表达最重要的语言工具。

2）艺术表达与艺术设计思维

艺术表达的语言来自于生活又高于生活。文学语言使用符号的文字表达，抽象的文字符号使一部文学作品预留的想象空间十分广阔。所有的事物描述必须经过大脑的记忆联想，才能产生具体的形象。由于每人的社会经历不同，同一文学作品的内容可能会产生无数种人与物的空间形象。形象的不确定性

---

① ［清］李渔.闲情偶寄·居室部.

② 《辞海》1999年版。

使文学极具艺术的魅力。所以越是名著越不容易用影视的手段表现。舞蹈语言是人类最原始的语言类型。舞蹈语言使用身体的动作表意,通过动作的姿态、节奏和表情传达,经过提炼、组织和艺术加工产生特定的形体语言。音乐语言使用一定形式的音响组合表达思想和情态,通过旋律、节奏、和声、复调、音色、力度、速度,以声乐和器乐的形式传递抽象的语言。绘画语言使用一定的工具在特定物质的平面上进行空间形态的塑造。通过构图、造型和设色等表现手段,创制可视形象。绘画语言既可表现具像又可表现抽象。属于典型的空间视觉表述语言。

艺术设计从物象的概念来讲,基本上属于不同类型空间的形态表述。从设计的角度出发必须选取适合于自身的语言表达方式。由于绘画语言的条件与之最为相近,所以在技术上采用的最为广泛。可以说艺术设计主要采用视觉的图形语言工具进行思维。

艺术传达是艺术设计创作过程的重要阶段之一。作者用一定的物质材料及形态构成,来实现构思成熟的形象体系,将其从内心世界投射到现实世界,化为可供人欣赏的外在审美对象。是作者实践性的艺术能力的表现。这种表现必须依靠大量信息的积累,包括各型各类的物质形象在头脑中的积淀。在设计者的设计生涯中始终需要不断补充这种积淀,这是一种类似充电的过程。人类创造力中的感知与记忆正是在外界不断的信息刺激中生成与积累的。

3)思维的形式

思维的形式是概念、判断、推理等。

概念:"反映对象特有属性的思维形式。人们通过实践,从对象的许多属性中,抽出其特有属性概括而成。概念的形成,标志人的认识已从感性认识上升到理性认识。科学认识的成果,都是通过形成各种概念来总结和概括的。"[1]在艺术设计中最初的概念应该具有极其强烈的个性,往往成为控制整个设计发展方向的总纲。设计概念的生成反映了设计者本身的设计素质以及社会实践经验的积累。"社会实践的继续,使人们在实践中引起感觉和影响的东西反复了多次,于是在人们的脑子里生起了一个认识过程中的突变(即飞跃),产生了概念。"[1]从理论上讲表达概念的语言形式是词或词组。在设计中这种形式表现于空间形象的基本要素是一种风格的类型。概念都有内涵和外延。在设计中概念的内涵表现为主观的功能与审美意识,外延表现为这种意识决定的客观物象。内涵和外延是互相联系和互相制约的。概念不是永恒不变的,而是随着社会历史和人类认识的发展而变化的。在设计中概念自然也不会一成不变,同一个设计项目会同时有不同的设计概念,那一种最好也是要根据当时当地人的特定需求综合判定。

判断:"对事物的情况有所断定的思维形式。任何一个判断,都或者是真的或者是假的。如果一个判断所肯定或否定的内容与客观现实相符合,它就是真的;否则,它就是假的。检验判断真假的唯一标准是实践。"[1]这种概念是以逻辑思维的状态来界定的,然而在形象思维中情况有所不同,尤其是当艺术的成分作为设计内容的主要方面时,物象的判断就很难确定对与错。而只能是相对而言。判断都是用句子来表达。同一个判断可以用不同的句子来表达,同一个句子也可表达不同的判断。在设计中正确的判断也只能是以相对完整的图形、图纸或部件。判断可按不同标准进行分类,如简单判断和符合判断,模态判断与非模态判断等。

推理:"亦称'推论'。由一个或几个已知判断(前提)推出另一未知判断(结论)的思维形式。例如:'所有的液体都是有弹性的,水是液体,所以水是有弹性的。'推理是客观事物的一定联系在人们意识中的反映。由推理得到的知识是间接的,推出的知识。要使推理的结论真实,必须遵守两个条件:①前提真实;②推理的形式正确。推理有演绎推理、归纳推理、类比推理等。"[1]推理的概念更是以严密的逻辑为基础的。在设计中推理的应用往往以人的行为心理在空间功能的体现上为主。而形象的设计则很难以这样的思维形式进行。

---

① 《辞海》1999年版。

4）思维的方法

思维的方法是抽象、归纳、演绎、分析与综合等。

思维方法中的抽象"同'具体'相对。是事物某一方面的本质规定在思维中的反映。"在设计中抽象作为一种形象思维的意识，具体表现为抽象美概念的应用。这种抽象美是："排除了客观事物的具体形象，仅凭点、线、面、块和色彩等抽象形式组合而成的美。如工艺美术中的几何图案、建筑艺术、书法、抽象派绘画与雕塑等。抽象美有助于扩展艺术表现领域和手段的多样化，使人得到广阔、深远、朦胧的印象，产生联想、体味和补充，从而获得美感。"[1]在设计的审美意识中具有典型意义。

归纳作为思维方法的一种，在设计中同样也具有广泛的意义。归纳："从个别或特殊的经验事实出发推出一般性原则、原则的推理形式、思维进程和思维方法。同由一般性知识的前提出发得出个别性或特殊性知识的结论的推理形式、思维进程和思维方法的'演绎'相对。一般说来，两者之间的区别是：归纳是由特殊推到一般，演绎是由一般推到特殊。在认识过程中两者是相互联系、相互补充的。演绎所依据的理由，来自对特殊事物的归纳，演绎离不开归纳；而归纳对特殊现象的研究，又必须以一般原理为指导，归纳也离不开演绎。"[1]

分析："与'综合'相对。思维的基本过程和方法。分析是把事物分解为各个部分加以考察的方法，综合是把事物的各个部分联结成整体加以考察的方法。二者是辩证的统一，互相依存、互相渗透与转化。西方哲学史上，有的经验论者片面强调分析，有的唯理论者片面强调综合，分析与综合的统一，是辩证逻辑的基本方法之一。"[1]

创造是做出前所未有的事情。如发明创造。艺术设计本身就是一种创造。创造是人的创造力的体现。创造力："是对已积累的知识和经验进行科学的加工和创造，产生新概念、新知识、新思想的能力。大体上由感知力、记忆力、思考力、想象力四种能力构成。"[1]艺术设计创作是一种具有显著个性特点的复杂精神劳动，需极大地发挥创作主体的创造力以及相应的艺术表现技巧。

（2）空间想象与造型的知识

存在决定意识的哲学理念是认识艺术感觉产生的基础，研究物质的客观世界与意识的主观世界之间物象信息交流的生成与转换就显得格外重要。在空间想象与造型的认知过程中，表象与想象所起的作用是至关重要的。

1）表象与想象

表象是"在感觉与知觉的基础上所形成的具有一定概括性的感性形象。"对于艺术家或设计师的艺术感觉而言表象具有决定意义。这种感性形象是外部世界作用于创造者头脑最初的刺激信息源。表象"通过对记忆中保存的感觉和知觉的回忆或改造而成。感性认识的高级形式。是由客观世界的直接感知过渡到抽象思维的一个中间环节。"[1]对于艺术家来讲表象所传达的信息仅具有审美的意义，对于设计师而言不但涉及空间形态的审美，同时与时空的功能形态相关联。

想象是"利用原有的表象形成新形象的心理过程，人脑在外界刺激物的影响下，对过去存储的若干表象进行加工改造而成。人不仅能回忆起过去感知过的事物的形象（即表象），而且还能想象出当前和过去从未感知过的事物的形象。但想象的内容总是来源于客观现实。一般可分为创造想象与再造想象两种，它们对人进行创造性活动和掌握新的知识经验起重要作用。"[1]要体现为空间形态、色彩、质地、气味、光影等要素。空间形态是以物质存在的实体构成的感性形象为基础要素，具有形体、方向、尺度、比例的视觉感知特征。色彩与质地是表达抽象空间形态材质内容的实质要素，具有控制氛围、调节情绪的心理感知特征。前者为视觉感知，后者除了视觉感知外还表现为触觉感知。气味是感性形象中的虚拟要素，由于相当一部分的物质是无味的，所以味觉感知属于动态的感知类型。光影所表达的是两

_____

① 《辞海》1999年版。

种概念：影是由光照射物体被遮蔽所投射的暗像，或因反射而显现的虚像，在视觉感知中属于中介要素。影的产生柔化了形、色、质生硬的表象。光是能够引起视觉的电磁波，人的肉眼能够感知波长范围约在红光的0.77μm到紫光的0.39μm之间的电磁波，这个区段的电磁波就成为我们所熟知的光线。可以说光线在人的整个主观感知体系中处于终极限定要素的地位。如果没有光线视觉感知也就无从产生。当光线照射于物体，物体表层的形、色、质被人的感觉器官感知，就形成了我们所认知的物质表象。

2）空间形态的表象特征

不同空间形态的表象所传递的信息具有不同的特征。二维空间实体表现为平面，在艺术表达的类型中，绘画是典型的平面表象。设计门类中视觉传达的书籍装帧、海报招贴、包装标识属于平面表象。三维空间实体表现为立体，在艺术表达的类型中，雕塑是典型的立体表象。设计门类中产品造型的陶瓷、家具、交通工具属于立体表象。四维空间实际是时空概念的组合，它的表象是由实体与虚空构成的时空总体感觉形象。在艺术表达的类型中，戏剧影视是典型的时空表象。设计门类中环境艺术的建筑、景观、室内属于时空表象。空间形态逾简单人的感知时间就逾短，得到的印象逾明确，要求的图形构成尺度比例关系逾严谨；空间形态逾复杂人的感知时间就逾长，得到的印象逾含混，要求的图形构成尺度比例关系逾综合。可见空间形态在表象的感知形象中具有重要的意义。

第二节　使用功能调控

一、室内物理环境功能分析

1.掌握要点

通过对特定项目设计任务室内的深入分析，了解项目规定任务所涉及使用功能的本质内容，以及相应的某些特殊需求。为进一步的室内使用功能调控奠定基础。

2.工作程序与方法

与建筑空间构造相配的是室内物理的环境系统。所谓环境系统实际上是建筑构造中满足人的各种生理需求的物理人工设备与构件。环境系统是现代建筑不可或缺的有机组成部分，涉及到水、电、风、光、声等多种技术领域。这种人工的环境系统与建筑构造组成了室内设计的物质基础，是满足室内各种功能的前提。

（1）项目设计任务限定的使用功能分析

项目设计任务限定的使用功能在实施的过程中，往往会与建筑的室内物理环境限定发生冲突。深入研究分析设计任务书规定的内容，找出项目任务中必须保证的基本使用功能，在此基础上协调所发生的矛盾。因为在室内空间的实体中，与设备所发生的矛盾基本上属于实用功能与视觉审美之间的问题。一般情况下总是审美为功能让路，特殊情况下也有例外。作为使用功能在一个项目中也是有主次的区别，哪些必须保证，哪些又可以舍弃，需要通过与使用方的协商确定。而所有这一切，又都必须建立在房间使用可行性的科学研究与理性分析基础之上。需要遵循人的行为心理特征在社会中的体现来最终决策。

（2）室内界面与设备使用功能分析

室内在建筑构造限定的条件下，几乎所有的设备都要与界面发生关系。由于不同设备都有着自身特定的运行方式，在完成各种室内环境需求功能的前提下，其所处的位置、占用的空间、外在的形象都会对界面的构图产生很大的影响。室内界面与设备使用功能的分析，也就必须基于实用功能与视觉审美两个层面。

从界面构图的审美意象出发来考虑问题，主要是处理审美所需的空间构图与设备位置的相互协调。在地面、墙面、顶棚三类界面中，数顶棚与设备的关系最密。照明、空调、音响、消防各类管道都要通过结构楼板与顶棚内的空间，并穿透顶棚界面作用于室内。处理好顶界面的设备管口布局，主要在于各工种之间的相互配合，与其说是技术问题，倒不如说是人的关系问题。也就是说室内设计者要想到由于设备设置可能出现的不利影响，明确各种设备基本的布局方式。

从设备影响的技术角度出发考虑问题，在风、水、电三类设备中，与风有关的设备对界面的影响最大。在自然通风中考虑的是通风窗的尺寸与造型；在人工通风中考虑的是进出风口的位置与口径。窗在中外建筑设计的发展历程中形成了风格各异的样式，成为界面有机构成的整体。一般来讲窗的设计总是要考虑到通风的问题，空间构图与通风采光的矛盾不会很大。而人工通风具有强制空气流动的特征，进出风口的位置在特定空间中有一定的位置局限。所以处理起来有一定的难度。这就需要设计者精心考虑仔细规划。以选择最合适的方案作风口部件的设计。电气设备在室内分为两类，一类直接安装于界面，另一类属于可移动电器。前者要考虑安装位置与造型对界面的影响，后者要考虑电器自身造型色彩与界面之间的关系。

3.相关知识

（1）室内装修构造细部设计的知识

作为室内设计的空间形象语汇。构造与细部无疑是最能够体现设计概念和方案表达的专业技术语言。这是由室内空间自身的特点所决定的。由界面围合的室内空间犹如搭建的一座舞台，没有布景、道具和演员，这台戏是唱不起来的。即使所有的配置都已齐全，演出的剧情没有细节的铺垫也是极不耐看的。于是装修的构造与细部，在室内设计的整台戏中就发挥着非常重要的起承转合作用。处于室内界面围合中的人自然对这种作用的体验十分敏感。

1）空间主体的构造细部

所谓空间主体是特定室内界面实体与围合的虚空形成的总体。空间主体给予人的视觉印象就成为评价空间形象的标尺。这种印象主要是由界面实体的形态、质感、色彩向围合的虚空中发散的信息反映于大脑产生的，而起决定作用的则是空间主体的构造细部。

空间主体的构造细部是针对界面围合的空间对比而言。徒然四壁的房间，门窗就成为构造的细部；暴露梁柱的房间，梁柱自身就成为空间的构造细部。门窗与梁柱又以各自的风格样式营造出不同的构造细部。古今中外的室内空间，大量的文章都作在门窗与梁柱上，其中的道理不言自明。由此门窗与梁柱构建了各种类型的界面与构件，空间主体的构造细部就是在不同界面与构件的组合中呈现出来的。

界面的材质与工艺对空间主体的构造细部影响巨大。光洁透明的玻璃幕墙会凸显出建筑内外全部的结构，与点式挂挂的钢架结构配合恰好显现了自身构造精致的细部表象。用涂料刷就平整无影四白落地的房间，仅仅只是一圈截面比例适度外部造型精巧的挂镜线，就能够起到空间主体中构造细部的点睛作用。

空间主体的构造细部形态与样式的选择，同样是为了表达空间的概念主题。主题表现愈突出室内空间主体的风格特征就愈强，给与人的印象就愈深刻。后现代建筑所体现的隐喻性与象征性，主要就是通过构造细部所表达的某种传统构件符号所传递出来的概念。在室内空间主体的设计概念中也经常利用传统构造的细部表象特征，形成某种特殊风格的符号来体现需要表达的设计概念。像中国传统建筑的斗栱，室内天花的藻井；古希腊罗马柱式的柱头等构造细部都具有类似的符号功能。

2）整体界面的构造细部

尽管我们反复强调室内空间实体与虚空的时空整体性，但从技术操作的物理层面来看，居于空间实体主要位置的围合界面，在空间主体的视觉印象中依然具有其他物体不可替代的重要作用。因此整体界面的构造细部对空间主体的影响也就不能低估。在这里整体界面所指是包括地面墙面顶棚在内的典型室内围合界面。就室内中的人而言，在很多情况下所观看的界面与正视图表现的立面图像十分相近。也就是说由于室内空间的围合与包容特征，人与界面经常处于正视的角度，界面的构造细部一般处于二维的视域，如同在画廊观看壁面的图画。由于大面积单一材质的衬托，构造细部会被清晰地凸显出来，所以选材、造型、比例、尺度、色彩都需要精心调整。

要做好整体界面构造细部的设计，需要对材料表象的特质作深入的推敲。不同的材质有不同的视觉表达语汇。这种语汇往往与材料结构的本质相通。涂料粉饰的构造细部，色彩单纯、形体分明、雕塑感强，需要线性挺括的基底构造；木材质感温馨，纹理优美、着色性好，需要显示材质本色的榫接构造表象；金属材料质感冷峻，光亮洁净、结构性强，需要突出构件自身的造型与结构的工艺美感；织物质感柔软悬垂性好，色彩绚丽、织纹图案变化丰富，需要根据不同的构造突出织物可塑性强的特点。石材玻璃陶瓷坚硬光挺，自身成形好，产品选型多，需要处理好边缘的线型，根据界面的比例尺度将接缝作为构造细部的重点。

比例尺度是整体界面构造细部设计中的重点。整体界面的空间构图一般是根据材料成型的基本模数来决定的，构造细部如同天平的砝码，起着调节界面构图的作用。不同造型的采用，横竖比例的选择，细节尺寸的确立，都要经过在立面作图的反复推敲中决定。

光影在整体界面构造细部的设计中具有重要意义，尤其是雕塑感强的细部造型，需要结合采光与照明设计通盘考虑。要注意阴影对细部造型观感的影响。在这里不当的形态比例会破坏界面的整体形象。一般来讲单一色彩的构造细部易于处理，多种色彩搭配的构造细部难于处理。问题的关键在于不同色彩的面积比率与衔接处理的手法，当然色彩是否相配还在于设计者的色彩素养高低。

3）过渡界面的构造细部

在这里所说的过渡界面构造细部，是指不同方向与材料界面转接处的构造细部。主要指地面与墙面、墙面与顶棚、墙面与墙面的转接细部。

在室内设计构造细部的概念当中，过渡界面的构造细部应该说是细部之中的细部。他在连接不同界面形成室内空间主体形象审美心理的视知觉中起着十分重要的作用。从技术处理的层面来看，过渡界面的构造细部设计一般采用三种典型的手法。即：并置、加强、减弱。并置的手法符合格式塔知觉中占优势的简化倾向。也就是将两个界面以相互衔接的方式直接组合。这种手法要求极高的工艺水平，比较适合于同种材料的连接过渡，能够达到线性过渡的简约视觉效果。加强与减弱的手法都是采用分散视知觉注意力的方式来达到界面过渡的目的。加强的手法主要利用不同形式的线脚构造，如踢脚线、檐口线、窗楣线等。既起到了对界面装饰的作用，又以其丰富的截面线型完成了过渡的任务。减弱的手法主要利用界面构造之间不同的开缝，通过虚空的距离以尺度控制或光影处理达到过渡的目的。

过渡界面的构造细部设计中，加强的手法是传统建筑室内装修的典型做法；并置的手法则是现代建筑室内装修的典型做法；而减弱的做法则出现于各种类型与风格的建筑室内装修。不论采用何种手法，构造细部截面的线型样式与尺寸选择都是至关重要的。

（2）室内家具与器物设计的知识

1）家具选型

作为设计方案图纸，建筑平面图与室内平面图的最大区别在于画不画家具。因为家具在界面围合的室内陈设空间中，是体量最大的实体。它的存在会改变室内交通的流线与功能分区。而且家具的选型直接影响到空间的整体造型。所以家具选型是室内空间实体要素中不可忽视的设计组成部分。尺度选型是家具选型的首要问题，尺度失当再漂亮的家具也会失去自身的魅力。虽然同一类型的家具其绝对对比尺度的差异并不大，但是由于室内尺度的衡量标准是厘米，即使差10cm，在人的感觉中也会是很大的差别。风格选型是室内空间艺术氛围创造体现于家具选型的最重要方面。需要在装修设计时就通盘考虑，一般总是要与装修的风格取得一致。如果采取对比的手法则对比度越大越好。综合选型是指成套家具之间的相互协调。其选择的原则与尺度选型和风格选型的规律基本相同。

2）家具摆放

家具摆放实际上就是平面设计的组成部分，室内设计师面对建筑平面图，除去考虑界面的分隔组

陈设与装饰

·中国明式圈椅   ·法国路易16式椅

·胶合板钢木椅   ·壳体模塑椅

工作   会客   就餐

用家具组织不同的活动中心

图4-2-3

合外，更重要的是决定家具的摆放位置。在一个单位功能平面中就是靠家具的正确摆放，来决定交通的流向和功能的分区。家具摆放要遵循满足功能需求的成组配合。所谓的成组配合是指特定使用功能的家具组合。沙发与茶几、音响电视柜；写字台与工作椅、书柜；床与床头柜、梳妆台等等。每一个组合中必有一种家具处于主体位置，确定了它的位置其他的才能随之就位。这是由人的行为特征和房间的面积与功能所决定的。一般情况下家具靠墙摆放是绝大多数的选择，这是受交通与面积的影响，同时也是立面构图的需要。在封闭性强空间面积小的房间中这种摆放方式确实行之有效。但是在开敞性的综合功能大空间中，采取这种方式就显得不那么合适，往往需要成组自行围合。在不少场合家具的摆放与人的社会行为有着密切的联系，摆放的位置、距离和方向都会成为体现人的社会地位与主宾关系的空间暗示符号。坐姿家具在这方面表现得尤为突出。因此家具的摆放既要考虑功能因素也要考虑精神因素（图4-2-3）。

3）陈设组件

在实体要素中陈设组件可以说是类型丰富。电气设备、灯具、日用器皿、艺术品、工艺品、织物成品、植物盆栽等等不胜枚举。形态的多样性使陈设组件具有广泛的选择性。因此在空间的总体构图中具有砝码的作用。因为其他的实体要素都与使用的功能关系密切，很少有削减的可能。唯有陈设组件完全可以根据实际的需要去选型。就像是天平上的砝码，一直加到平衡为止。既然陈设组件的摆放主要起着砝码的作用，那么在实际的摆放过程中就要考虑好平面与立面都能够兼顾的最佳位置。平面位置的选择需要考虑交通与使用功能的影响。立面的位置则是人的视点与视域作用于陈设物和墙面的重叠景象选择。这是一个需要反复比较的权衡过程。其构图的手法自然要遵循艺术的一般规律，需要注意的是人的视点变换所引发的四维空间效果。也就是说不论站在房间的任何角度观看，所要安置的这件陈设品都能够与所有的立面相配。

二、室内使用功能调控

1.掌握要点

通过对室内平面总体设计和行为心理学知识的学习，明确空间尺度比例调整和行为心理空间模数推敲的方法，掌握运用这些方法进行室内使用功能调控的技能。

2.工作程序与方法

人在室内的活动受制于空间尺度的限定，因此不同的使用功能需要不同的空间尺度。这里所指的空间尺度不仅指整体界面之间的尺度，如从地面到顶棚或从墙面到墙面。同时还包括实体物品之间局部空域的尺度。所以室内使用功能调控的工作主要就是房间尺度的调整。尺度的调整包括空间界面与器物设置的比例关系，和针对行为心理空间需求的模数关系。

（1）符合特定空间尺度比例特征的功能调控

尺度作为尺寸的定制，比例作为尺度对比的结果，在空间造型的创作中具有决定的意义。造型的表现是点在空间中运动的距离定位。二维空间中的平面矩形是点在x轴与y轴的运动中连接构成四个完全平行线的结果，三维空间中的立方体则是这个矩形的四个端点同时向z轴运动后定位的结果。如果点的运动没有任何时间的限制而随意定位于空间中的某个位置，那么就不可能形成任何有意义的造型。主观地限定空间中点的运动轨迹，同时又将它定位于特殊的位置，就成为有意识的空间造型设计活动。当它与人生活中的某种具体功能发生联系就产生了设计的实际意义。点在运动中的有意识定位取决于人为确定的空间功能与形象，而理想空间功能与形象的取得，则是由两点之间准确适宜的尺度所决定的。

作为一个特定专业的设计者，必须具备该类专业所需的单位尺度概念。对于一个人来讲这种尺度概念一旦确立就很难改变。城市规划设计者需要确立以千米为单位的尺度概念；建筑设计者需要确立以米为单位的尺度概念；室内设计者则需要确立以厘米为单位的尺度概念。不同专业的设计者之所以不容易跨行业转换成为全能设计者，也在于尺度概念转换的困难。功能调控的本质意义就在于选择符合特定空间特征需求的尺度比例。

（2）符合行为心理空间模数特征的功能调控

人的体位与尺度的关系同时主要反映于室内的空间模数。模数作为两个变量成比例关系时的比例常数，通常含有某种度量的标准的意义。在建筑与室内的设计中，建筑模数与室内模数所代表的内容是不尽相同的。建筑模数主要针对建筑物的构造、配件、制品和设备而言，室内模数则与人的体位状态在空间活动中的尺度相关联。按照国家标准10cm的基本单位作为基本尺度模数，则室内设计的空间模数应该是10的三倍数即30cm。这个数字的取得主要依据人的体位姿态与相关行为的尺度，同时又与室内装修材料的规格尺寸相吻合。中国成年人的平均肩宽尺寸一般在40cm左右，肩宽尺寸在四种体位的室内平面中具有典型意义，肩宽尺寸加上空间活动的余量，两侧各增加10cm就是60cm，60cm的二分之一正好是30cm。这个数字之所以能够担当室内尺度模数，是与它在人的行为心理与室内的平面、立面设计中具有的控制力相关。

空间中的区域距离是一个典型的涉及到行为心理的问题，"区域距离，也是一种空间范围圈，指的是社交场合中人与人身体之间所保持的距离间隔。"[1] 不同民族和文化的区域距离在尺度上是不同的。一般来讲非洲人的区域距离尺度感相对较小，澳洲人的区域距离尺度感相对较大，中国人和美国人的区域距离尺度感觉相类似。但即使是同一类人其区域距离的尺度也取决于不同的场合。区域距离的尺度按照人与人交往的亲疏程度，分为四类区域，即：密切区域、个人区域、社交区域、公共区域。

①密切区域。这个区域的空间距离在15~60cm之间。而30cm以内的空间则属于人的核心范围圈，这个范围圈属于亲密区域距离，只有感情相近的人才能够彼此进入。拥抱爱人、双亲、配偶、孩子、近亲

---

① 汪福祥编译.奥妙的人体语言（第29页）.北京：中国青年出版社，1988.

和密友，一般都在这个区域内进行。

②个人区域。这个区域的空间距离在60~120cm之间。这是个人在与人交往中所保持的一般距离间隔。通常在酒会、办公室集会、社交场所和友谊聚会时彼此所保持的距离。社交区域：这个区域的空间距离在120~360cm之间。其中120~210cm为近社交区域，这是人们近距离接触的尺度，在办公室的同事之间站立谈话时，通常总是保持这样的距离。而210~360cm为远社交区域，这是与陌生人交往所保持的一般距离间隔。

③公共区域。这个区域的空间距离在360cm之外。这是人们在较大的公共场合所保持的距离间隔。通常出现在会议报告、学术演讲和公众讲话等场合。

以上的区域距离显然都与30cm有着倍数关系。

室内设计的平面功能配置主要由交通空间与功能空间两部分组成。交通空间的通道宽度尺寸是以人的站立体位作为度量的标准。室内单人通道的最小尺寸为60cm，合理的适宜尺度为90cm；室内双人通道的低限尺寸为120cm，高限尺寸为150cm；室内公共通道的低限尺寸为150~210cm，高限尺寸为210~270cm；270cm以上室内通道就仅限于特大型的交通空间，如机场和车站。所有的这些平面通道宽度尺寸也都与30cm有着倍数关系。

室内设计的立面构件尺度同样也与30cm的距离有着直接的联系。以办公空间的隔断为例：90cm的隔断仅能够阻挡桌面的物品防止其掉落；120cm的隔断正好处于坐姿体位人的水平视线，低头可用心于桌面工作，抬头可看到桌外景物；150cm的隔断遮蔽了坐姿体位人的视线，却遮蔽不了站立体位人的视线；180cm的隔断能够遮挡一般站立体位人的视线；210cm的隔断则能够遮挡几乎所有站立体位人的视线（图4-2-4）。

3.相关知识

（1）室内平面总体设计的知识

以人在空间中的使用功能出发，按照界面分隔程度的高低进行分区，是平面设计的主要特征。在封闭性与流动性、公共性与私密性之间进行选择是这类设计的主要内容。人是具有情感的高级动物，既要求有独处空间的私密性，又要求有与他人共处同一空间的公共性。表现在室内空间的平面布局，就成为如何根据使用功能进行空间界面的分隔，以及按照需求进行界面分隔封闭程度的设计。就建筑的单体空间而言，一般总是按照进入空间的时间先后来安排从公共到私密，也就是说在居住和工作类的空间中，在进口的周围安排公共性空间是符合逻辑的。而界面的封闭与流动并不一定与公共性与私密性有直

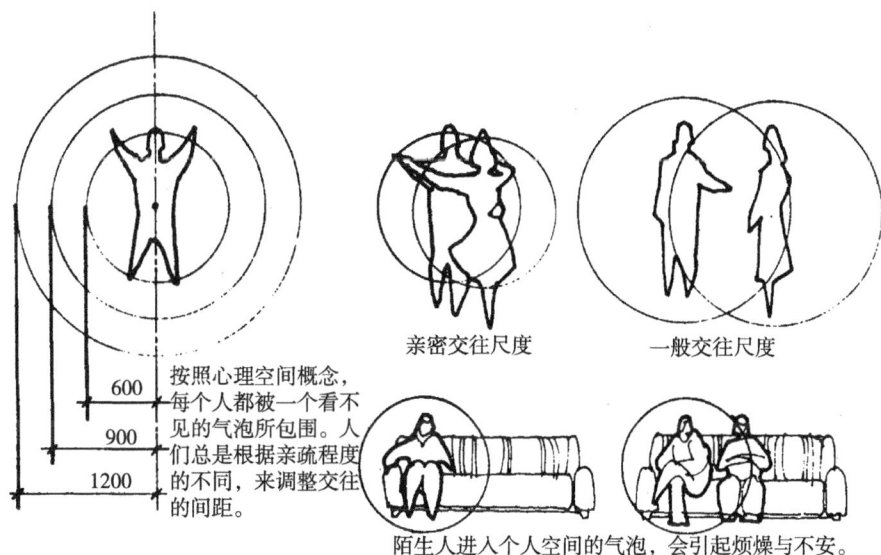

600
900
1200

按照心理空间概念，每个人都被一个看不见的气泡所包围。人们总是根据亲疏程度的不同，来调整交往的间距。

亲密交往尺度　　　一般交往尺度

陌生人进入个人空间的气泡，会引起烦燥与不安。

图4-2-4

接关系，关键是要看视觉交流的对象，所谓公共与私密主要是针对人来讲，而非赏心悦目的景物。所以界面分隔的高低程度是因地而异的。

平面的总体布局形态还表现在功能技术因素限定的特征。在这里选用的设备、家具的特定类型都会对其产生影响，而且还要特别注意声音传播的问题。在各类设备中采暖与通风类型对空气流动的方向有着特定的需求，要求设计中的平面界面分隔与之配合。家具中储藏类的柜架属于高尺度类型，具有界面分隔的特征，需要与空间平面布局的界面分隔一起综合考虑。隔声、吸声与传声与平面的形态有直接的关联，需要根据不同空间的功能作相应的形态配合。

虽然室内平面总体设计是以功能分区为最终目的，但就平面的空间构图而言依然有着自身的规律。这种构图的规律符合审美的一般原则。按照这样的原则，再结合室内空间组织的需求，就产生了平面布局的设计手法。

1）网格与形体

网格与形体是平面布局设计手法的作图基础，是室内空间组织体现于平面布局的基本要素。室内平面的尺度模数与空间比例体现于图面表现为纵横交错的定制网格，网格坐标两个方向的绝对等距尺寸，决定了不同空间比例作图的发展基础。在空间的几何形体与自然形体之间，建筑室内一般采用几何形体，在几何形体之中又以矩形为主。几何形体的本质区别在于线型的不同，也就是直线与曲线的区别。方形、三角形、梯形、多边形都是直线形态；圆形、椭圆形则都是曲线形态。以坐标直线构成的矩形其方向与比例的受控性最强，与作图网格的空间感觉完全相符，因此易于设计者操作。以不同方向直线构成的三角形与多边形，以等圆曲线构成的圆形与椭圆形，则要在网格的控制下转换空间的概念，因此难于设计者掌握。而纯粹的自然形体则是直线、等圆曲线、自由曲线的综合，对于建筑室内来讲这完全是一种特殊样式，只有在一些极特殊的场合使用。按照网格作图的方法进行平面布局的设计，容易使设计者确立正确的空间概念和尺度概念，至于选用何种空间形体却没有一定之规，需要从功能与审美的综合因素去通盘考虑。

2）局部与总体

局部与总体的协调概念是平面布局设计手法的指导思路，是以单元的空间形态统一总体平面布局的形体构思。室内给与人的空间印象一般总是从一个单元空间开始的。一栋建筑的室内空间总体印象就是由一个个单元空间串接起来的。因此单元空间的形体概念会影响到整栋建筑。"单元和整体之间最简单的关系是两者的整体相同——即单元等于整体。""单元到整体关系的最普遍的形式是把单元集合起来构成整体。集合单元就是把各个单元放在彼此接近的位置，使人们能感觉到它们之间存在的某种联系。要表示这种联系，单元之间既可以直接接触，也可以不接触。单元集合创造整体的方法有以下几种：连接、隔开和重合。"[①]设计者组合单元的能力体现于平面布局的作图，就是处理局部与总体的关系，如同作文确立主题，一切都要围绕着主题做文章。杂乱无章的单元组合不可能造就完美的总体空间效果。

3）均衡与对位

均衡与对位是平面布局设计手法空间构图的主体法则。是室内空间分隔要素相互位置确立的定位依据。均衡体现于空间构图，表现为绝对均衡与相对均衡。绝对均衡就是空间构图的视觉对称，相对均衡就是空间构图的视觉平衡，如同天平两端砝码的大小与位置。在平面布局的设计中，均衡的视觉体现虽然不如立面构图那样明显，但还是能在人的空间运动中体验出来，这是一种时空转换的节奏感和韵律感。如果设计者不能在平面作图中体现均衡的原则，那么一定会造成空间的比例失调和尺度失当。在实际建造的空间当中就会给人以狭小、动荡、憋闷，以至无所适从的空间感受。要在平面布局的构图中做

---

① ［美］罗杰·H·克拉克，迈克尔·波斯.世界建筑大师名作图析（第6页）.汤纪敏译.北京：中国建筑工业出版社，1997.

到均衡，除去基本的比例尺度概念外，平面中表达空间实体的点（柱）、线（墙）、面（房间）线性对位构图法则就显得十分重要。这种线性对位的构图法则，实际上就是一种符合平面几何作图规律的数学概念。在作图的过程中总是寻找形与形之间的线性契合点。如圆形中圆心的对位，两段曲线的相切对位，两个矩形的成比例对位等等。依照这种方法作图一般来讲总能够达到均衡的目的。这已为不少成功的实例所证明。

4）加法与减法

加法与减法作为调整空间构图形态的设计手法，是改变单元空间的形体并协调平面总体布局的形体构思技术。由于室内空间的大小是由建筑提供的面积所限定的，对于某栋建筑的室内空间来讲实质性的增加或减少是不存在的，这间房的面积增大，旁边的那间房就会变小。因此这里讲的加法和减法，主要是针对整体空间分隔的构图技巧而言。在特定的面积限定中，采用容积率大的形体实际上就是加法，反之就是减法。由于建筑物中的房间相互衔接，因此怎样合理地运用加法与减法，是需要根据房间的功能与视觉形象，在协调交通流线的过程中反复作图来确定的。在这里因地制宜是一个重要的原则。

5）重叠与渗透

重叠与渗透作为单元空间过渡的平面布局设计手法，是空间组织中静态、动态与虚拟空间构图的典型综合方式。室内空间相互衔接的特点决定了界面相互影响的定位特征。于是单元空间的相互重叠与渗透就不可避免，实际上现代建筑中的室内平面构图特征就主要体现于空间的流动。所以有意识地利用重叠与渗透的构图手法，容易造就比较符合时代特点的室内空间。就空间构图的平面作图技巧而言，重叠与渗透空间效果的体现，主要是根据具有衔接或相邻关系的不同界面形体的特征所决定的。界面形体的方向、高低、开洞等视觉限定要素在这里具有决定作用。虽然界面在平面图的表现中只是线状的图像，但设计者必须以三维空间形象的视觉表象去推断实际的效果。

（2）环境行为心理学的知识

人的空间使用是构成其行为心理变化的主要因素。研究人在空间中活动的行为心理对室内设计具有重要意义。而环境行为心理学正是研究环境的各种因素如何影响人的问题。噪声作用、空间使用、人际交往的密度、建筑与城市的设计，都是环境作用于人——从而对人的行为心理产生影响的本质问题。

1）空间与人的行为

对于人的活动而言，室内是一个包容的空间，人在这个包容的空间中活动其行为必定会受到某种限定。这种限定在某种程度上限制了人的活动自由，从而产生一系列矛盾与问题。问题的核心在于人际空间的距离远近——邻近性，这是一个社会心理学在环境行为心理研究方面的重要问题。也是室内设计专业涉及环境行为心理的主要方面。

在室内人所处的位置总是与特定的功能需求发生关系，如果功能需求不强，这种位置又总是与室内空间中的物质实体发生联系，一根立柱、一块挡板往往像磁石一样吸引人们靠近。诺大的报告厅如果不是什么精彩的表演，而是枯燥的例行会议总是角落的地方先坐满人，接着从后排两侧向中间包抄，直至最后填满所有座位。空间中的人总是时刻调整着自己与别人之间的距离，在调整位置的同时又总是选择不同的物体作为个人空间的心理依靠。室内空间中人的行为以及所导致的心理活动，主要表现于不同尺度空间中人与人的交往距离。

人的行为特征是由自身的动作、特定的生活习惯以及人群的集合方式所构成，同是一个开门的动作，有人习惯于推，有人则习惯于拉。为了避免出现失误我们经常可以看到门把手旁边贴出"推"与"拉"的字样。圆形的门把手，有人习惯于顺时针旋转，有人则习惯于逆时针旋转，参观展览或逛商店，有人习惯于右行，有人则习惯于左行。所有的这些动作与习惯一旦与空间发生联系就必然对设计产生重大的影响。研究空间与人的行为之间的关系，有意识地利用人的行为心理特征进行室内设计，才能有相对的设计发展深度。

2）行为心理与设计

室内相对于人的空间包容性成为设计中行为心理制约的重要因素。界面围合所形成的空间氛围通过形态、尺度、比例、光色传达的信息，构成了设计所要利用的空间语言。这种空间语言包含着两种含义：一种是室内空间的物化实体与虚空自身所具有的，另一种则与人的行为心理有关。这种"空间语言是人类利用空间来表达某种思想信息的一门社会语言，属于无声语言范畴。"[①]

这种无声语言如同物理学中"场"的概念。人体就像是一个电磁场的发散源，每人都被一个无形的气泡所包围，与身体愈近场的效应就愈强，由此形成了个人空间的特有领域，由这种领域感产生的空间语言就成为制约人的行为规范的心理效应。"根据人类学家艾德华·T·霍尔（Edward T·Hall）的研究成果，我们得出这样一个概念，即我们每个人都被一个看不见的个人空间气泡所包围。当我们的'气泡'与他人的'气泡'相遇重叠时，就会尽量避免由于这种重叠所产生的不舒适，即我们在进行社会交往时，总是随时调整自己与他人所希望保持的间距。"[②] 利用人的这种行为特征心理进行合理的室内空间环境设计，就成为设计中深入探讨的课题。

涉及行为心理的设计问题主要归结为：距离感、围护感、光色感。一般来讲这三种感觉的产生，在室内设计的相关专业技术设计中都有相对应的物质界定：距离感对应于室内空间平面使用功能的尺度比例选择；围护感对应于室内空间竖向界面的形式；光色感对应于采光照明的类型样式。设计者一般只是注意到技术的或是审美的解决要素，而往往忽略人的行为心理要素。从严格的意义上讲，只有深入到研究人的行为心理的层面，并最终实施于特定的空间，才是完整的室内设计。

①距离感。距离感是个人空间领域自我保护的尺度界定。在"人的体位与尺度"一节中我们已经对这个问题有了初步的了解。由于人体本身就是一个能量的发射场，距离人的身体越近场的效应就越强。因此人们总是根据亲疏程度的不同，来调整交往的间距，这种距离感就是一个行为心理的空间概念问题。室内本身就是空间围合的强制限定，人在室内的活动就远不如室外那么自由。尤其是公共小空间所产生的人贴人的拥挤问题，实际上已经冲破了心理空间最后的防线，像电梯或车厢之类的空间就成为此类问题产生的典型场所。人们在这种空间通常总是想方设法转移自己的注意力，电梯中注视着楼层号码的闪动，车厢里尽可能找可依靠的角落或将视线转向窗外的街景，以维持自身领域的心理平衡。距离尺度界定是一个室内设计的敏感问题，平面分区的位置，家具型制的大小都与人的行为心理相关。我们注意到三人沙发往往只是两端坐人而中间空出，所反映的就是这样一个问题。在每一个特定的室内场所，空间的距离感都是人心理尺度的反映，在这里一切都得适度，也不见得空间越大越好，一旦超出了人体感应场的范围，同样会感到很不舒服。总之，距离感是室内设计中涉及行为心理最重要的方面。

②围护感。围护感是个人空间领域感的物化外延。这种渴望围护的感觉是人与生俱来的天性，最初的生存空间来自母体的围护，继而转换为襁褓的围护、摇篮的围护、栅栏童床的围护，乃至到学龄前的儿童仍然喜欢于钻洞的行为。而在成人后这种围护感的获得主要来自于外界物品。其围护的依赖心理主要表现在纺织品的利用方面，因为与人体接触最直接的纺织成品是服装，内衣甚至被称为第二皮肤。这是作为成人围护感获得的第一层次。但是由于服装完全与人吻合，适合于人的所有体位活动方式，在人的心理感觉上服装同属于内在的自我，完全是自我形象的物化体现。因此与人有着一定距离的家具包括室内界面与装饰织物就成为外在围护感获得的主要方面，虽然它处于第二层次。我们注意到在公共餐厅用餐，大多数人总是愿意选择靠墙或靠窗的位置。会场中也总是先坐角落再靠墙边。办公桌的习惯摆放方式总是与墙形成围合状的90°夹角，背对门设置的办公桌肯定是最不受欢迎的。所有这些现象都说明围护感是设计中重要的行为心理因素。在通道与功能空间、隔断与家具尺度以及织物样式和陈设物品

---

① 汪福祥编译. 奥妙的人体语言（第24页）. 北京：中国青年出版社，1988.

② ［美］阿尔伯特 J·拉特利奇著.

摆放的选择上都要予以充分的注意。

③光色感。光色感成为个人空间领域产生的心理限定。"严格说来,一切视觉表象都是由色彩和亮度产生的。那界定形状的轮廓线,是眼睛区分几个在亮度和色彩方面都截然不同的区域时推导出来的。组成三度形状的重要因素是光线和阴影,而光线和阴影与色彩和亮度又是同宗。"①正是因为光色感是视觉表象最直接的影响要素,因此它对人的行为心理造成的反应也是最强烈的。室内设计中光环境营造的优劣直接影响人的行为,正因为此光色感的控制成为室内设计关键的环节。自然的光色来自于太阳光线的照射,周而复始的昼夜变化形成了明暗的交替,从而成为人体生物钟调节的依据。人的睡眠需要在黑暗的状态下进行就是受控于由光的明暗反映于人体的生物钟现象。有些人的生物钟现象十分敏感只要亮着灯就绝对睡不着觉。可见光对人的行为产生的影响有多大。在饲养场,就是通过人为改变明暗交替的时间来缩短鸡的生物钟,从而达到多产蛋的目的。在传统的人工照明中运用最多的是直接照明,虽然直接照明的光效率最高,但是由此产生眩光而引起的不良心理反应也最大。卧室的主要功能是睡眠,作为照明最适宜的光线是漫反射,所以按睡眠作为主要功能设计的旅店中的客房就很少设置直接照明的顶灯。改变光线照射的方式实际上就是为了迎合人的行为心理需求。

由光线照射产生色彩所引发的心理感应,同样是室内设计关注的问题。"人们所看到的色彩究竟以何种表象出现,不仅要取决于它在时间与空间中的位置和关系,而且还要取决于它的准确的色彩以及它的亮度和饱和度。"②问题在于设计中如何确定位置与关系,如何把握色彩的度量,显然只能取决于人对色彩的心理认知。"一个事实是,大部分人都认为色彩的情感表现是靠人的联想而得到的。根据这一联想说,红色之所以具有刺激性,那是因为它能使人联想到火焰、流血和革命;绿色的表现性则来自于它所唤起的对大自然的清新感觉;蓝色的表现性来自于它使人想到水的冰冷。"由于"色彩的表现作用太直接、自发性太强,以至于不可能把它归结于认识的产物。"③所以在人对色彩反映的生理机制尚未得到完全科学证实的情况下,很难准确界定出不同人群所需的色彩评价标准。有关个人色彩感觉的测试也只能建立在主观心理感应的基础上,诸如色彩的冷暖、对色彩的喜好…… 因此,室内设计色彩的选择在受到主观心理观念制约的前提下,在相当大的程度上具有一定的随机盲目性。

---

①〔美〕鲁道夫·阿恩海姆.艺术与视知觉(第454页).北京:中国社会科学出版社,1984.
②〔美〕鲁道夫·阿恩海姆.艺术与视知觉(第469页).北京:中国社会科学出版社,1984.
③〔美〕鲁道夫·阿恩海姆.艺术与视知觉(第460页).北京:中国社会科学出版社,1984.

第三章　设计表达

总体规划设计

一、设计表达中总体规划设计的主要内容和基本设计手段

1.掌握要点

通过学习本章节，了解室内设计表达中总体规划设计的主要内容和基本设计手段，并结合学习相关知识，掌握设计表达中总体规划设计工作的基本能力。

2.工作程序和方法

总体规划设计的目地是为室内设计表达提供基本框架和内容，作为高级室内装饰设计师，其基本技能要掌握以下两点：

1）能够运用各类设计手段进行总体规划设计；

2）能够准确运用各类技术标准进行设计。

（1）室内设计表达中总体规划设计的主要内容和基本设计手段

1）设计概念表达的主要内容和基本设计手段

①室内设计分析草图

室内设计场地条件的草图表示：地形地貌、交通、水体。

室内设计现场条件变化的草图表示：气候、日照、交通、人流、人群分析。

室内设计功能分析的草图表示：功能、用途。

室内设计空间关系的分析表示：空间关系、空间环境。

②室内设计概念表达

概念产生；

概念的分析、推敲；

概念的确定；

概念的表示（图或文）。

2）室内设计方案表达主要内容和基本设计手段

图面表达的内容：

①设计概念分析图，历史、人文、风俗、周边环境。

②室内设计场地分析图，交通形态、气候变化、风向、日照等。

③室内设计场地功能分析图，功能与区域关系、面积关系与环境关系，使用人群、使用时间、使用方式、使用要求。

④室内设计空间形态分析图。

A.原有空间形态分析

原有空间形态分布、特点。

B.设计后空间形态及分布（平面）

空间形态、功能分区、相互关系、空间设计原则。

C.空间形态及配置（立、剖面）

空间形态分析及与周边各要素的关系。

⑤室内设计色彩及材质分析图

A.室内设计色彩及材质分析图

色彩及材质位置、变化。

B.色彩及材质形态分析图

色彩及材质剖面形态、与周边空间关系。

⑥室内设计照明系统分析图

A.照明分布图

B.照度分析图

不同区域照度分析、照度关系、层次关系及原则。

C.灯具选型

灯具样式品种推荐。

⑦室内设计家具分析图：家具分布图及原则。

⑧室内装饰及陈设分析图。

⑨室内设计中标识、视觉传达系统分析图：标识、视觉传达系统分布原则及与场地关系。

⑩室内设计总体效果图。

A.透视效果图

B.局部场景透视效果图

C.立面效果图

⑪室内设计图面表达的方式

A.样本表达方式

a.吹泡分析图

b.图表分析图

c.图文综合分析图

B.模型表达方式

a.概念模型

b.工作模型、分析模型、草模型

c.正式模型、大型沙盘

C.多媒体表达

a.三维动画

b.Poinpoint制作

c.Flash制作

d.影视制作

D.语言表达与陈述

（2）室内设计施工图表达主要内容和基本设计手段

1）设计说明及经济技术指标分析

2）材料作法表及门窗作法

3）总平面图

4）平面、剖面施工图

5）照明系统施工图

6）结构施工图

7）家具施工图

8）室内装饰及陈设施工图

9）视觉识别系统施工图

10）管线综合施工图

3.相关知识

工程项目管理学相关知识

在工程项目管理的五大职能（组织、指挥、计划、协调、控制）中，工程项目计划管理是首先发生的职能，它是其他四项管理职能实现的前提（基础和依据）。任何项目管理，都是从制订计划开始的，为实现项目的目标，必须对项目所需的资源（人力、财力、物力、时间）进行周密的安排和策划，项目的协调控制都要以计划作为基础和依据。一个项目管理的成败，首先取决于项目计划的质量，其次才是项目管理其他四项职能发挥的程度。

1）项目计划管理概念

工程项目计划是对工程项目预期目标进行筹划安排等一系列活动的总称。工程项目计划管理是项目管理的重要组成部分，它对工程项目的总体目标进行规划，对工程项目实施的各项活动进行周密的安排，系统地确定项目的任务、综合进度和完成任务所需的资源等。如对工程项目的可行性研究和论证，工程项目的设计、施工、设备安装、竣工验收以及投产使用等全过程关系进行有计划、有步骤、高效率的规划、组织、指导和控制，从而使工程项目在合理的工期内以较低的价格、高质量地完成任务。

2）项目计划管理的主要任务

按照国家法令和有关政策，经过市场预测和可行性研究，使工程项目目标符合国民经济发展总目标，并能获得良好的经济效益、社会效益和环境效益。

在广泛收集资料的基础上，运用科学的预测方法，通过计划的编制、使工程项目实施计划的各项工作得以统筹安排、综合平衡、优化组合；拟定合理有效的措施，在项目计划统一指导下协调地、有节奏地进行，以充分挖掘和发挥人力、物力、财力的潜力，实现项目的预期目标。

通过项目计划过程中的检查、控制、调节等手段和统计分析，揭露矛盾、解决问题、总结经验教训、反馈信息，达到改进管理、提高效率的目的。

二、设计表达中总体规划设计的主要依据和技术标准

1.掌握要点

通过学习本章节，了解室内设计表达中总体规划设计的主要依据和技术标准，并结合学习相关知识，掌握设计表达中总体规划设计工作的基本能力。

2.工作程序和方法

（1）室内设计表达中总体规划设计的依据和技术标准

1）技术资料

①建筑设计技术图纸资料：区域位置地形图；建设用地现状图；建筑设计；结构设计；其他技术设计如水、暖、电、通风设计图纸资料。

②气象资料：气温、日照、湿度、污染度及地区小气候。

2）人文资料

①历史、文化背景。

②民族、民俗、风土人情。

③场地背景。

3）设计任务书

（2）室内设计基本规范和技术标准

室内设计的专业技术规范来源于现行的建筑设计规范标准，室内设计中主要应用以下几个规范或标准：

《建筑制图规范及标准》（GB T50104—2001）

《建筑设计防火规范》（GB 50016—2006）

《建筑照明设计标准》（GB 50034—2004）

《方便残疾人使用的城市道路和建筑物设计规范》（JGJ 50—88）

3.相关知识

建筑规范与专业技术标准知识，具体内容参考中级水平知识设计管理。

第四章　设计管理

第一节　组织协调

一、设计工作的组织

1.掌握要点

通过学习本章节，了解室内设计管理工作的基本内容，并结合学习相关管理知识和公共关系知识，掌握设计管理中组织工作的基本能力，要求掌握合理组织相关设计人员完成综合性设计项目的能力。

2.工作程序和方法

设计项目管理是实施工程设计服务的关键组成部分。它组织时间和人力，组织实施合同文件所需要的内容、监督工程设计的变更及实施工程监理，高级室内装饰设计师要学会协调和管理，以使设计项目按照已定的目标实施。

（1）设计项目分类与管理

在设计项目的管理中要区分大型项目与中型项目及小型项目的区别；大型的设计项目（通常指设计费金额50万元以上），通常需要综合性的管理工作组和设计小组以协调各专业之间的协作。项目的复杂性与项目中不可预测的情况迫使管理者要更加注重组织流程和多方协调的必要性，设计日程管理和预算监督是大型设计项目管理中的两项主要内容。

而中型设计项目管理（通常指设计费金额10万元~50万元），设计工程进行中通常没有太多的变化，依据与甲方的约定按程序和合同，按步就班落实即可。在中型设计项目中时间和预算非常关键，因为规模经济较小，可以犯错误的机会也更少。在这种规模项目中，管理水平尤显重要。

小型设计项目管理（通常指设计费10万元以下），听从甲方的意见尤显重要，其工作也常常更加关注对现场设计的协商，以及保持项目不超出预算金额，小型设计项目管理的重点应放在人员管理和协商技巧上。管理上要更注重原始合同的兑现及对甲方服务的方式和水平。

（2）设计工作的组织

一个室内设计项目不是一个人或一个小团体可以独立完成的，它一般要由多名设计师共同合作协调，亦包括其他辅助专业的设计师（如建筑师、结构工程师、水暖通风工程师、强弱电工程师等）共同参与，才可完成。因此，如何做好组织分工和协调是工程设计按期、按质完成的重要保证条件。

设计工作的组织协调包括设计外部组织协调和设计内部组织协调两种。

设计外部组织协调是指设计任务的承发包形式与关系。如果整个设计项目是采用设计总承包方式得到的，则由总承包单位负责组织协调和分包单位的设计工作，总承包单位除负责完成本身所承担的设计任务之外，还应负责组织各个设计分包单位的工作，负责编写总体设计和设计文件的总说明，汇编设计总概算和预算。其他单位应按统一要求完成分担的设计任务，并对所分担的设计任务质量负责，还应主动向主体设计单位提供资料，密切配合，以保证设计文件的完整性。

一般室内设计任务的分包主要是指除室内设计之外的其他专业部分，如给水排水系统设计与消防系统设计、强电系统设计、弱电系统设计、网络系统设计、通风与采暖系统设计等。

设计工作的内部组织是指设计单位针对建设项目的内部管理机制，它包括针对工程项目的性质组成项目设计组，实施工程设计的服务、其主要内容包括：制订设计计划和日程安排、制订设计人力和资源配置方案等。

1）制订设计计划和日程安排

在设计项目开始之前，要清楚地理解设计的范围和服务的范围，并将其转化为设计计划表和日程安排表，在表中提出可行的计划。项目管理人应经常性地运用列表来说明计划。

项目日程安排的主要目标是保证设计任务可以按时完成，在资金使用上符合规定的设计预算，这需要对工作进程进行系统的监督、并按要求进行调整。

2）设计人力和设计资源的配置与组织

在设计计划和日程安排完成后，设计项目管理者应根据所制定的设计合同与设计计划合理配置与组织设计人手、设计场所、设计用设备及资金。并对配置与组织方案进行不间断的追踪管理与及时调整。

3.相关知识

（1）工程项目管理学相关知识

在工程项目管理的五大职能（组织、指挥、计划、协调、控制）中，工程项目计划管理是首先发生的职能，它是其他四项管理职能实现的前提（基础和依据）。任何项目管理，都是从制订计划开始的，为实现项目的目标，必须对项目所需的资源（人力、财力、物力、时间）进行周密的安排和策划，项目的协调控制都要以计划作为基础和依据。一个项目管理的成败，首先取决于项目计划的质量，其次才是项目管理其他四项职能发挥的程度。

1）项目计划管理概念

工程项目计划是对工程项目预期目标进行筹划安排等一系列活动的总称。工程项目计划管理是项目管理的重要组成部分，它对工程项目的总体目标进行规划，对工程项目实施的各项活动进行周密的安排，系统地确定项目的任务、综合进度和完成任务所需的资源等。如对工程项目的可行性研究和论证，工程项目的设计、施工、设备安装、竣工验收以及投产使用等全过程关系进行有计划、有步骤、高效率的规划、组织、指导和控制，从而使工程项目在合理的工期内以较低的价格、高质量地完成任务。

2）项目计划管理的主要任务

按照国家法令和有关政策，经过市场预测和可行性研究，使工程项目目标符合国民经济发展总目标，并能获得良好的经济效益、社会效益和环境效益。

在广泛收集资料的基础上，运用科学的预测方法，通过计划的编制、使工程项目实施计划的各项工作得以统筹安排、综合平衡、优化组合；拟定合理有效的措施，在项目计划统一指导下协调地、有节奏地进行，以充分挖掘和发挥人力、物力、财力的潜力，实现项目的预期目标。

通过项目计划过程中的检查、控制、调节等手段和统计分析，揭露矛盾、解决问题、总结经验教训、反馈信息，达到改进管理、提高效率的目的。

3）工程项目计划管理的主要作用

工程项目计划过程是一个决策过程，尤其是大型工程项目综合性极强，往往涉及到政治、经济和技术等诸方面的决策问题，因而项目计划管理的作用，就是通过收集、整理和分析所掌握的信息，为项目决策人提供工程项目需不需要进行，有没有可能进行，怎样进行以及可能达到的目标等一系列决策依据。

项目计划是工程项目实施的指导文件。凡工程项目都必须有明确的项目目标和实施方案，而项目各项工作的开展，要以项目计划为依据，使工程项目在实施中做到有法可依、有据可查，以此来协调各项活动。因此，项目计划管理就是使整个工程项目的实施过程都在项目计划指导下进行。

项目计划是实现项目目标的一种手段。通过计划管理使人力、材料、机械、资金等各种资源得到充分有效的运用，并在项目实施过程中，及时地对各方面的活动进行协调，以达到质量优良、工期合理、造价较低的理想目标。

4）项目计划管理的主要过程

项目计划管理可概括为P、D、C、A四个过程，或称P、D、C、A周期。

"P"代表计划编制（Plan），指通过编制计划，落实安排有关各个方面的工作和责任，协调内部和外部的活动，做好综合平衡。

"D"代表计划实施（Do），指有关各方按计划组织实施，根据计划互相配合协作。

"C"代表计划检查（Check），也称计划控制（Control），指实施中发生偏差，立即采取有效措施加以补救，并对计划进行必要的调整。

"A"代表采取措施（Action）指计划检查后，针对不能完成计划的原因，立即采取有效措施加以补救，并对计划进行必要的调整。

计划管理过程，如图4-4-1所示：

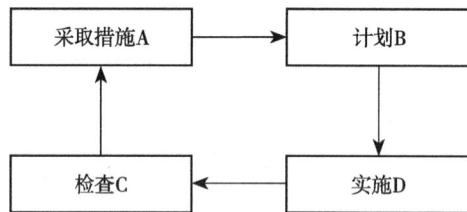

图4-4-1　计划管理过程

从20世纪60年代后期，滚动式计划首先在美国施行。它的主要特征是：长短结合，前后响应动态地编制和修订计划，滚动前进，而不是静止地划分阶段。在计划执行过程中，前一个阶段为后一个阶段创造条件，使计划管理工作处于主动地位，一切经济活动都是在动态中不断地检查、修订，分阶段以滚动方式前进。这种计划编制方式，有利于使计划符合实际情况，并取得良好的效果。

滚动式计划的编制程序（图4-4-2）。在计划阶段是前后响应，近期计划细，远期计划粗。每一计划周期的第一个阶段，亦即本期需要完成的计划，要安排得比较细致、具体，其后阶段计划的内容和深度可简略一些。

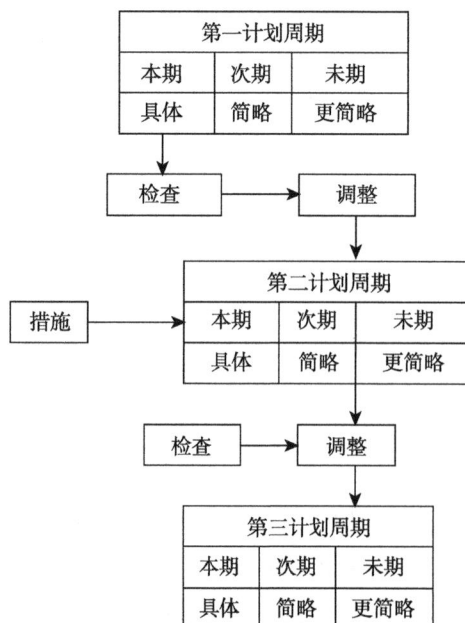

图4-4-2　滚动式计划程序

滚动式计划不仅适用于编制长期计划，如国家的五年计划，施工企业的长期规划等，也适用于编制工程项目建设或设计的年、季度、月计划。

5）工程项目总体计划的编制内容及形式

工程项目计划的构成文件很多，对不同项目的组织形式、项目计划的编制过程和计划的表达形式各异，项目总计划一般应包括下列内容：

①总则：

A.项目背景、工程概况的简要描述；

B.项目的目标、性质、范围；

C.项目的环境与项目的关系；

D.发、承包的权力、义务、责任和奖罚方法；

E.项目规格（采用的规范标准）；

F.项目管理机构；

G.项目进度的主要关键点；

H.特殊问题说明。

②项目的目标和基本原则：

A.详细说明项目的总目标（利润、技术、竞争）；

B.项目的组织形式原则（矩阵式、工程队式、直线职能式、指挥部式、监理委托式等）；

C.业主参与的范围；

D.与其他方面的关系（供货商、政府、承包商、咨询机构等）；

E.质量衡量标准，语言的规定；

F.其他特殊事项的规定，如设计变更、图纸修改的规定。

③项目实施总方案：

A.技术方案（工艺、工程设计、施工方案、技术措施等）；

B.管理方案（承发包形式、采购运输、施工管理、成本控制等）。

④合同形式：

A.合同类型和选择；

B.承包商的选择（业主方面的要求）；

C.咨询方式；

D.合同双方的通信方式；

E.业主方面提供的资源；

F.项目复查、审核，付款的手续、程序；

G.特殊管理的规定；

H.移交的方式、规定和进度安排。

⑤进度计划：

A.说明并列举各项目进度安排，说明各关键工作点；

B.各项工作的执行者做出其完成工作的时间估计；

C.以（1）、（2）为依据规定项目的总进度计划；

D.各级负责人在最终计划上签字。

⑥资源使用：

A.资源分类：资金、设备、材料、人力等；

B.预算；

C.成本监督、控制方法、程序。

⑦人事安排与组织机构：

A.人员培训，人员补充；

B.人事制度、法律、政策；

C.安全保障（保密要求，人身安全）；

D.组织机构的人事安排，责权分工；

E.人员流动与项目计划的关系。

⑧监理、控制与评价：

A.监理、控制的内容范围；

B.通信方式；

C.文件、信息收集（内容、时间）、整理、管理；

D.评价方法、指标。

⑨潜在问题：

A.列举可能发生的意外事故，障碍因素分析，气候、资源短缺、扯皮、分包商破产、技术失败等事故；

B.应急计划。

上述项目计划的内容是基本内容，其他更详细的分类计划是由相应的职能部门做出更详细的分类计划。

二、设计工作的协调

1.掌握要点

通过学习本章节，了解室内设计管理工作的基本内容。并结合学习相关管理知识和公共关系知识，掌握设计管理工作中组织协调的基本能力和在设计项目进行过程中与甲方、施工方、材料商、建筑设计方等进行总体协调的能力。

2.工作程序和方法

设计工作的协调

室内设计工作是一个设计师不断与甲方、业主、施工方、材料商、建筑设计方、水暖电通各专业方沟通与协调的过程，这个过程是多种方式、不间断式的，所以作为一个优秀的设计师应具备综合协调各方，向着一个共同目标前进的能力（图4-4-3）。

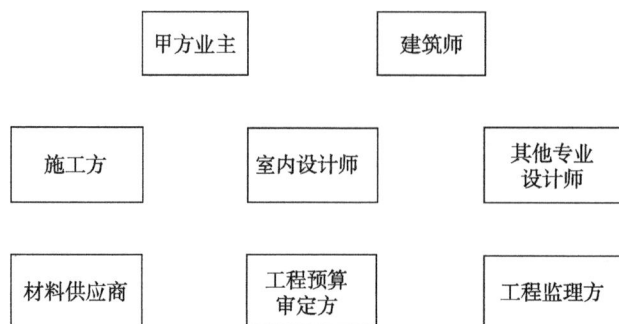

图4-4-3

设计工作协调的内容包括：

1）设计工作协调的制度

在设计工作开始时，与各协调方确定协调工作制度，比如：定期、定员组织协调会议等。

2）设计工作协调的方式

如开协调会、现场会议、电话会议、座谈或辩论、突击检查与落实汇报方式。

3）设计工作协调的工具

如：文件、电话、简报等。

3.相关知识

（1）公共关系知识

高级室内装饰设计师应掌握公共关系知识，以处理在设计过程中与业主、建筑设计方、施工单位、材料供应商等方方面面的人员之间的关系。通过学习公共关系知识掌握以下基本能力：

1）人际交往协作能力

这是高级室内装饰设计师除了专业知识以外，要掌握的重要能力，因为室内设计是需要众多人员，团结协作，共同完成的，在这中间，高级室内装饰设计师是一个组织协调的关键点，高级室内设计师应以自己的交往协作能力，维系大家，协调好各方面的利益，调和各种矛盾，以达到最终的设计目标。

2）业务沟通能力

应具备良好的业务沟通能力，在协调各专业协同设计时发挥良好的沟通和主持作用，业务沟通能力分两部分，一是业务能力，高级室内装饰设计师一定要对本专业和协作专业的业务精通或熟悉；二是沟通能力，高级室内设计师在专业沟通和协调方面应注意该坚持的坚持，该妥协的妥协，在设计中始终抓住主要矛盾，解决主要和关键问题，抓大放小。

3）专业表达表现能力

高级室内装饰设计师应具备良好的专业表达表现能力。除了在绘制图纸设计表达能力之外，此能力还指需具备良好的语言协调与表达沟通能力。

第二节　设计指导

一、设计工作指导的主要内容和基本方法

1.掌握要点

通过学习本章节，了解室内设计管理工作中设计指导的内容，并结合学习相关室内设计指导的理论知识，掌握设计管理工作中设计指导的基本能力，并能够对由室内装饰设计师和室内装饰设计员的设计工作进行指导。

2.工作程序和方法

室内设计活动是室内装修工程建设的灵魂，是室内装修工程建设中最重要、最关键的环节。通过设计指导，保障室内设计的质量是室内设计指导工作的基本目的。

（1）设计指导的主要内容为

1）设计制图专业技能指导

2）设计表达专业技能指导

3）设计思维与程序专业技能指导

4）设计管理与施工配合专业技能指导

（2）设计指导工作的基本方法为

1）建立健全设计指导工作的管理体制

高级室内装饰设计师应主持建立健全设计项目的指导与监督管理体制，该体制应具有权威性、强制性和综合性。权威性是指对设计项目的指导监督是工程项目建设必须进行的工作，是保障工程设计顺利进展的必要手段。任何设计人员都应服从这种指导监督管理而无例外。强制性是指这种指导监督管理是以国家相关条例、法规及行业规定为背景的，具有强制力。综合性是指这种指导监督管理不局限于设计的某一阶段或者某一方面，而是贯穿于室内设计全过程的，指导监督的对象应是所有与设计相关的人员。

2）对各等级的设计方案进行设计指导和技术审核

高级室内装饰设计师应对由室内装饰设计师和室内设计员所绘制的各等级的设计方案，尤其是施工图设计文件进行设计指导和技术审核。

第一，在总体设计或初步设计开始阶段，设计指导的主要工作是落实设计任务和分工，确立设计概念及原则，统一设计标准、规范、设计文件和编制办法，并做好下列工作：

①确定总体概念并指导设计员制作相关设计文件。

②统一原始资料和设计采用的基础数据及技术标准。

③规划总图方案，确定单项设计或各专业设计的相互关系及配合原则。

④确定总体设计或初步设计的编制提纲及内容深度，研究和指导设计项目组成人员完成相关设计内容。

在总体设计或初步设计开始阶段，还应主要检查指导设计是否符合和满足项目设计任务书中甲方或业主所提要求。概念表达是否明确清晰、设计文件是否安排合理、表达适宜。设计文件与工程现场勘查情况是否相吻合，有无重大失误与漏项之处，设计工程的标准是否高于或低于甲方建设概算的标准。设计进度与工程进度是否合拍或脱节。

在初步设计完成后进入技术设计阶段时，设计指导和技术监督的重点应放在设计方案与建筑结构专业、给水排水系统专业、强电弱电系统、消防系统、网络系统、空调与供暖系统等其他专业的配合协调上。

在完成初步设计方案之后，开始施工图制作之前，设计指导的主要内容为：

根据初步设计审定文件落实实施修改设计方案和工程内容，调整设计分工，研究控制施工图预算的措施。

第二，在施工图阶段，高级室内装饰设计师要对全部施工图纸进行认真的设计技术指导和审核，其主要内容是：

①施工图纸是否完整并完成室内设计合同约定的各项内容，全面地反映了设计全貌。

②是否有完整的技术设计方案和施工细部处理方案与资料。对工程使用的主要建筑装修材料、建筑设备有无完整反映。

③是否符合消防、节能、环保等强制性标准。

④是否符合施工图设计深度的要求。

施工图设计文件审查合格的，由设计主管部门批准，即可交付施工单位施工。施工图设计文件审查不合格的，由监督审查机构退回设计单位或相关人员经设计修改、重新送审。

3.相关知识

室内设计指导理论知识

室内设计的创作思维和方法的基础理论知识内容包括：设计指导方法的哲学理论基础；设计思维的特征与方法；不同设计阶段的思维与表现模式；科学的室内设计程序等。其重点归结三个方面：

1）艺术设计的方法论与包括以下几个部分：设计的本质、艺术的感觉、科学的逻辑、创造的基础。

2）室内设计系统的特征包括以下几个部分：设计控制体系、设计系统的要素、行为心理的因素等。

3）室内设计思维与表达包括：概念与构思、方案与表达、构造与细部等。

以上的理论知识都是室内设计高级设计师在进行设计指导时需要掌握的基础理论知识。

第三节　总体技术审核

一、总体技术审核的主要内容和基本方法

1.掌握要点

通过学习本章节，了解室内设计管理工作中总体技术审核的内容，并结合学习相关专业技术规范知识和专业技术审核知识，掌握设计管理工作中总体技术审核的方法。并运用技术规范对设计工作中的各阶段进行设计审核工作。

2.工作程序和方法

在设计工作中，高级室内装饰设计师一方面要通过设计管理、发挥设计团队在思维创造方面的能动性、设计出具创新意义的设计作品；另一方面，也要依据国家制定的相应专业技术规范对室内装饰设计员和室内装饰设计师的设计作品进行设计审核。

室内设计的设计审核应主要从以下几个方面入手：

（1）审核设计文件的编制是否符合国家规定的设计依据及原则

室内设计的文件编制应以下列规定为依据：

1）项目批准文件；

2）国家对工程建设强制性标准；

3）国家规定的对建设工程设计深度的要求。

项目批准文件是指政府有关部门批准建设项目成立的项目建议书、可行性研究报告或者其他准予立项文件。一般包括：工程地点、工程规模、总建筑面积、使用功能、项目组成；环境保护、城市规划、防震、防火，文物保护等要求和采取的相应措施方案；建设工期和实施进度；投资估算和资金筹措；经济效益和社会效益等。

国家对工程建设强制性标准，是指工程建设标准中直接涉及人民生命财产、人身健康、环境保护和其他公众利益，以及提高经济效益和社会效益等方面的要求，在建设工程设计中必须严格执行的强制性条款。室内设计中需遵守的国家强制性标准主要有《建筑制图标准》（GBJ 16—87）、《民用建筑照明设计标准》（GBJ 133—90）、《方便残疾人使用的城市道路和建筑物设计规范》（JGJ 50—88）等。

国家规定的建筑工程设计深度内容包括设计文件的内容、要求、格式等具体规定。

（2）审核设计文件的编制是否真实、准确、是否可满足建设工程设计和施工的需要及是否满足控制概算的需要

检查和审核各阶段的设计文件、应当达到规定的深度要求，满足建设工程的需要。

室内设计技能依据设计的不同阶段有不同步骤和方法，详见中级水平知识设计管理。

（3）设计文件的技术性审核与检查

审核与检查在设计文件中所选用的材料、构配件、设备等是否注明了规格、型号、性能等技术指标，其质量要求是否符合国家规定的标准。

3.相关知识

（1）专业技术规范知识

室内设计的专业技术规范来源于现行的建筑设计规范标准，室内设计中主要应用几个标准，详见中级水平知识设计管理相关知识。

（2）专业技术审核知识

1）专业技术审核目的

通过运用技术规范对室内设计员和室内设计师进行专业技术审核，正确评价设计师的工作业绩，为设计师的奖惩、任用、工资、培训等提供正确依据，并通过审核，激发设计师工作的积极性、创造性，提高工作效率、提高素质、优化设计师队伍。

2）专业技术审核内容

主要是审核设计师的业务知识和工作能力以及设计师完成设计任务的数量、质量、效率和贡献。重点是考核实际业绩；对不同岗位层次设计师，考核内容有不同要求，所占比重也不同。

3）专业技术审核方法

①事实记录审核法：主要用于记录设计师在设计工作中的实际工作业绩（图4-4-4）。

②量化考核法：用一系列设计标准和设计规范，制成一系列标准的量表，进行审核评价，并进行综合分析，得出审核结论（表4-4-1）。

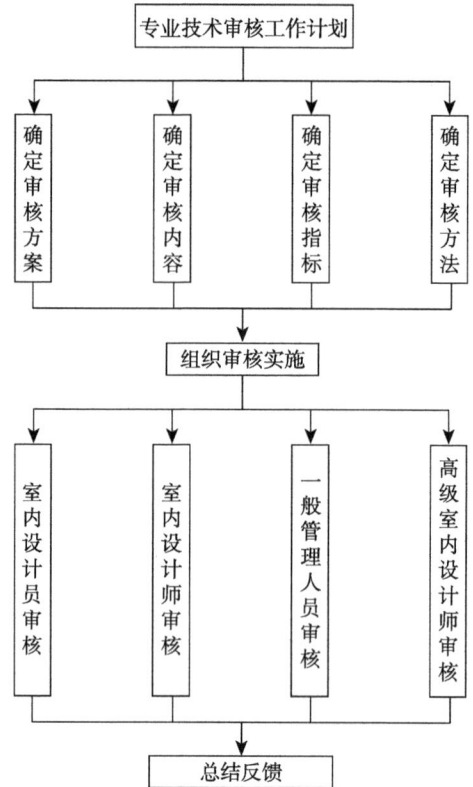

专业技术审核工作流程图

图4-4-4 专业技术审核工作流程图

室内设计师审核评分表　　　　　　　　　　表4-4-1

姓名：_____　　　　　　　　　　　　　　　累计得分：_____分

项目	内容	分　数					项目评分
		5分	4分	3分	2分	1分	
知识素质20分	专业知识水平	很高	高	尚可	欠佳	差	
	外语水平	很高	高	尚可	欠佳	差	
	自学能力	很强	强	尚可	欠佳	差	
	知识传授能力	很强	强	尚可	欠佳	差	
专业态度20分	专业经验运用	很好	好	尚可	欠佳	差	
	处理问题能力	很强	强	尚可	欠佳	差	
	业务实操水平	很高	高	尚可	欠佳	差	
	技术创新能力	很强	强	尚可	欠佳	差	
工作态度20分	工作积极性	很高	高	尚可	欠佳	差	
	工作责任心	很强	强	尚可	欠佳	差	
	协作互助	很好	好	尚可	欠佳	差	
	服从指挥	很好	好	尚可	欠佳	差	
工作状况与绩效40分	工作严谨认真	很好	好	尚可	欠佳	差	
	办事周密精细	很好	好	尚可	欠佳	差	
	完成工作任务	很好	好	尚可	欠佳	差	
	工作量	很大	大	一般	少	很少	
	工作质量	很好	好	一般	欠佳	差	
	工作效率	很高	高	一般	欠佳	低	
	创造效益	很高	高	一般	欠佳	低	
	研究成果	很多	多	一般	少	无	

考评人签字：　　　　　　　　　　　　　　　　　　　　　年 月 日

第 四 节   设 计 培 训

一、设计培训的目的和内容

1.掌握要点

通过学习本章节，了解室内设计管理工作中设计培训的内容，并结合相关教育学知识和其他知识，掌握设计管理工作中设计培训的基本目的和内容，并能够对室内装饰设计师和室内装饰设计员进行设计培训工作。

2.工作程序和方法

（1）设计培训的目的

1）使设计人员通过设计培训提高素质、培养丰富的知识和技能，同时养成高尚的品德，提高处理业务的能力，使设计人员成为自强不息的从业人员。

2）使设计师认识自身对社会所负的使命，并激发自己的求知欲和创造心，能够充实自己不断努力向上。

3）通过培训使设计人员通晓法规，了解设计程序和方法，通晓施工程序要求，了解室内装修材料，为提高设计水准进行必要的研修学习。

（2）设计培训的内容

制图专业技能专业培训：

1）设计表达技能专业培训；

2）设计思维与程序专业培训；

3）设计管理与施工配合专业培训；

4）设计师职业素养与职业道德培训。

3.相关知识

教育学相关知识；

详见中级水平知识设计管理。

二、设计培训的方法和类型

1.掌握要点

通过学习本章节，了解室内设计管理工作中设计培训的内容，并结合相关心理学知识和其他知识，掌握设计管理工作中设计培训的基本方法和培训类型，并能够对室内装饰设计师和室内装饰设计员进行设计培训工作。

2.工作程序和方法

（1）设计培训方法

详见中级水平知识设计管理。

（2）设计培训的类型

1）上岗前培训

也称适应性培训或入门培训。这种培训是在设计人才进入设计工作岗位之后、开始正式工作之前的培训。主要目的是缩小人才与工作岗位要求之间的差距，使人才尽快适应工作环境，创造出应有的效益。

第一，上岗前培训着眼点在于引导人才将所拥有知识和才能发挥出来，而不在于提高人才的知识和技能水平。

第二，上岗前培训的内容主要包括：对将要进行的设计项目情况背景进行介绍，对具体工作职责、任务、程序以及发展方向进行介绍，对有关规章制度进行介绍。

第三，培训的内容重点和培训手段应因不同类型的设计人员而不同。第一类，对室内设计员的培训应着重于其正确理解设计工作的意义，培训其基本设计技巧和知识，增强其动手能力；第二类，对室内设计师的培训，应着重使他们正确认识设计工作的具体情况，消除其在以往工作经验中形成的消极经验的影响。

2）岗位技能培训和提升培训

对室内设计员和室内设计师应根据其工作绩效评估结果进行经常性培训和提升培训，目的在于不断提高人才与具体工作的相融性，提高工作绩效。

第一，岗位技能培训内容具有很强的针对性，因人而异。通过工作成绩和效益评价分析，找出人才个人工作绩效不佳的技术性因素，排除工作态度、工作安排等内外激励因素之外的因素，包括知识、技能不足、对工作程序、方法、指令的误解等，进而确定培训内容。

第二，岗位技能培训强调培训与实践相结合。培训方式可有导师指导、工作实例研讨、学术交流、示范教学、专题讲座等。

第三，岗位技能培训时间一般随机而定。发现设计人员有不足情况时及时培训，而不必规定固定集中的时间。岗位技能培训是连续不断的过程。

提升培训是设计单位为室内设计专业技术人才补充、增新、提高有关本专业新知识、新理论、新技术、新方法、新工艺，以及相关学科知识而进行的培训活动。目的在于使设计人员的专业技术知识及技术水平始终与科学技术发展水平保持一致。这类培训对设计单位组织人才资源具有日益重要的作用。

第一，针对室内设计员和室内设计师的提升培训计划除应具有实用性外，还应具有一定程度的超前性，培训应反映出有关学科、专业或技术领域的最新成果和发展趋势。

第二，提升培训应分室内设计员和室内设计师两个层次。各层次的教学内容、范围、深度、方式应有所不同，教学目标也应不尽相同。根据不同的教学目标，可将提升培训分知识补充型、知识扩展型、职业转换型等几种类型。

3.相关知识

心理学相关知识

具体内容见中级水平知识设计管理。

第五节　监督审查

一、监督审查的管理体制

1.掌握要点

通过学习本章节，了解室内设计管理工作监督审查的内容，并结合学习相关技术监督知识和其他知识、掌握设计管理工作中监督审查工作的基本能力和方法。

2.工作程序和方法

室内设计活动是室内装修工程建设的灵魂，是室内装修工程建设中最重要、最关键的环节。通过监督审查，保障室内设计的质量是室内设计监督审查工作的基本目的。

其工作程序和方法同设计指导工作的基本方法——建立健全设计监督审查的管理体制。

3.相关知识

技术监督相关知识

国家《建设工程质量管理条例》中对设计单位的质量责任和义务作了明确规定：

1）从事建设工程勘察、设计的单位应当取得相应等级的资质证书，并在其资质等级许可的范围内承揽工程。

2）禁止设计单位超越其资质等级许可范围或者以其他设计单位的名义承揽工程。禁止设计单位允许其他单位或者个人以本单位的名义承揽工程。

3）设计单位必须按照工程建设强制性标准进行勘察、设计，并对其设计的质量负责。

4）注册执业人员应当在设计文件上签字，对设计文件负责。

5）勘察单位提供的设计成果必须真实、准确。

6）设计单位应当根据勘察成果文件进行建设工程设计。

7）设计文件应当符合国家规定的设计深度要求，注明工程合理使用年限。

8）设计单位在设计文件中选用的建筑材料、建筑构配件和设备，应当注明规格、型号、性能等技术指标，其质量要求必须符合国家规定的标准。

9）除有特殊要求的建筑材料、专用设备、工艺生产线等外，设计单位不得指定生产厂、供应商。

10）设计单位应当就审查合格的施工图设计文件向施工单位作出详细说明。

11）设计单位应当参与建设工程质量事故分析，并对因设计造成的质量事故，提出相应的技术处理方案。

二、监督审查的内容及方式方法

1.掌握要点

通过学习本章节，了解室内设计管理工作监督审查的内容及方式方法，并结合学习设计项目相关知识和其他知识，掌握设计管理工作中监督审查工作的基本能力和方法。

2.工作程序和方法

（1）对各等级的设计方案尤其是施工图进行技术审查的内容及方式方法

具体内容与设计指导工作基本方法中对各等级的设计方案进行设计指导和技术审核相同。

（2）高级室内设计师应履行对室内设计员、室内设计师所做设计进行全面监督、审核的职责，并对整个室内设计项目全面负责

高级室内设计师有权力和义务对室内设计员和室内设计师所做设计进行全面监督审查和管理。

室内设计员和室内设计师的设计文件应在高级室内设计师签字认可后，交付甲方或施工单位。

高级室内设计师应依据法律、法规以及有关技术标准、设计文件和设计承包合同，代表设计单位对设计的质量负完全责任；高级室内设计师在设计工作中应具良好的职业道德和专业水准，不得玩忽职守、滥用职权、徇私舞弊。

3.相关知识

设计项目主持人相关知识

室内设计项目主持人应具有多年从事室内设计的专业经历，有从事大、中、小型室内设计工程的实际经验、设计项目主持人应具有良好的职业道德和专业水准，并应掌握室内设计的思维与方法的具体内容，应具体掌握以下的专业知识。

1）室内设计方法的理论基础知识；

2）室内设计系统特征知识；

3）设计思维与表达方式知识；

4）设计语言与设计方法知识；

5）设计管理与工程管理知识。

参考文献

［1］中国建筑学会室内设计分会编.全国室内建筑师资格考试培训教材.北京：中国建筑工业出版社，2003.

［2］陈卫华主编.建筑装饰构造.北京：中国建筑工业出版社，2000.

［3］房志勇主编，王文仲等编著.装修装饰工程项目管理与预算.北京：金盾出版社，2000.

［4］陈振海，陈琪编著.施工现场专业配合及管理百问.北京：中国建筑工业出版社，2001.

［5］章先仲编著.建筑项目建设程序实务手册.北京：知识产权出版社，2002.

［6］田振郁主编.工程项目管理实用手册.北京：中国建筑工业出版社，2000.

［7］魏连雨主编.建设项目管理.北京：中国建材工业出版社，2000.

［8］中国建筑工业出版社编.建筑装饰装修行业最新标准法规汇编.北京：中国建筑工业出版社，2002.

［9］郑曙阳编著.室内设计程序.北京：中国建筑工业出版社，1999.

［10］郑曙阳著.室内设计思维与方法.北京：中国建筑工业出版社，2003.

［11］李朝阳编著.室内空间设计.北京：中国建筑工业出版社，1999.

［12］张剑敏，马怡红等编.建筑装饰构造.北京：中国建筑工业出版社，1995.

［13］王海平，董少峰编著.室内装饰工程手册.北京：中国建筑工业出版社，1992.

［14］任玉峰，刘金昌主编.建筑装饰工程预算与投标报价.北京：中国建筑工业出版社，1993.

［15］陈晋楚.建筑装饰工程的开工管理和竣工管理.2003年首届全国建筑装饰行业优秀科技论文集.中国建筑装饰协会，2003.

［16］陈起俊，谢京仁主编.建设工程合同管理百问.北京：中国建筑工业出版社，2001.

［17］周迎春.建筑装饰工程设计合同亟待重视.2003年首届全国建筑装饰行业优秀科技论文集.中国建筑装饰协会，2003.

［18］北京土木建筑学会主编.建筑工程资料表格填写范例.北京：经济科学出版社，2003.